Marc Weber

Unveräußerliches Kulturgut im nationalen und internationalen Rechtsverkehr

Schriften zum Kulturgüterschutz
Cultural Property Studies

Schriften zum Kulturgüterschutz
Cultural Property Studies

Herausgegeben von
Edited by

Professor Dr. Wilfried Fiedler, Saarbrücken
Professor Dr. Dr. h. c. Erik Jayme, Heidelberg
Professor Dr. Kurt Siehr, Zürich

Marc Weber

Unveräußerliches Kulturgut im nationalen und internationalen Rechtsverkehr

Walter de Gruyter · Berlin · New York 2002

Dr. iur. Marc Weber, Zürich

♾ Gedruckt auf säurefreiem Papier,
das die US-ANSI-Norm über Haltbarkeit erfüllt.

Die Deutsche Bibliothek – CIP Einheitsaufnahme

Weber, Marc:
Unveräußerliches Kulturgut im nationalen und internationalen Rechtsverkehr /
Marc Weber. – Berlin ; New York : de Gruyter, 2002
(Schriften zum Kulturgüterschutz)
ISBN 3-11-017286-0

Printed in Germany
Einbandgestaltung: +malsy kommunikation und gestaltung, Bremen
Datenkonvertierung: WERKSATZ Schmidt & Schulz, Gräfenhainichen
Druck und Bindung: Hubert & Co, Göttingen

Meinen lieben Eltern

Danksagung

Danken möchte ich allen, die mich – in welcher Art auch immer – bei meiner Arbeit unterstützt haben. Den ersten Dank erhält mein Doktorvater, Herr Prof. Dr. iur. Kurt Siehr, der mir die Türen zum faszinierenden Kunstrecht geöffnet und mit Interesse das Entstehen der vorliegenden Arbeit begleitet hat. Bedanken möchte ich mich auch für die lehrreiche Zeit zunächst als wissenschaftlicher Mitarbeiter sowie später als Assistent an seinem Lehrstuhl für Privatrecht, IPR und Rechtsvergleichung.

Besonderen Dank gebührt meinem Doktorandenkollegen Herrn lic. utr. iur. Peter Johannes Weber (Rechthalten) für die kritische Durchsicht des Manuskripts, die Ausleihe etlicher Bücher, das Bereithalten von Dokumenten sowie die vielen wertvollen Hinweise zum Kulturgüterschutz. Danken möchte ich zudem Herrn Dipl. El.-Ing. HTL Stefan Weber (Nänikon), der mit grosser Geduld meinen Computer betreute, Herrn Dr. iur. Andrea F. G. Raschèr (Zürich), Bundesamt für Kultur, Leiter Recht, Herrn Dr. phil. Karl F. Wälchli (Liebefeld/Bern), Herrn Rechtsanwalt lic. iur. Thomas Armbruster (Zürich/London) und schliesslich Herrn Dr. iur. Matthias Plutschow (Uetikon am See).

Ferner danke ich folgenden Damen und Herren aus dem Ausland: Dr. iur. Mario Speroni (Università di Genova); Cliff Wilkes (London); Dott.ssa. Anna Lisa Fineschi Del Lungo (Florenz), Gerd F. Trautmann (Bonn); Sir Matthew Farrer (London); Pater B. Schandt SJ (Bonn) sowie Dr. iur. Marina Schneider (Unidroit, Rom) und Prof. Dr. iur. Hartmut Bauer (TU Dresden). Dank schulde ich zudem Dr. phil. Ute Kröger (Zürich) für das speditive Lektorat der Druckvorlage.

Der grösste Dank gebührt aber meinen lieben Eltern, denen die Arbeit gewidmet ist, und die mir eine unbeschwerte Studien- und Doktorandenzeit ermöglicht haben.

Diese Arbeit wurde im Sommersemester 2001 von der Rechtswissenschaftlichen Fakultät der Universität Zürich als Dissertation abgenommen und liegt hier als leicht veränderte Fassung vor. Gesetzgebung, Rechtsprechung und Literatur wurden bis Ende Juni 2001 berücksichtigt.

Zürich, im November 2001 *Marc Weber*

Inhaltsübersicht

Inhaltsverzeichnis

Abkürzungsverzeichnis[1]

a. A.	anderer Ansicht
A. C.	The Law Reports. House of Lords and Judicial Committee of the Privy Council and Peerage Cases and references ot The European Court of Justice from the House of Lords. [genannt Appeal Cases]. London: Butterworth 1 (1865–67) ff.
a. F.	alte Fassung
AAS	Acta Apostolicae Sedis. Commentarium officiale. Rom: Typis polyglottis Vaticanis 1909 ff.
Abb.	Abbildung, -en
Abdr.	Abdruck
abgedr.	abgedruckt
ABl.	Amtsblatt der Europäischen Gemeinschafen. 1958 ff.
Abs.	Absatz
aBV	alte Bundesverfassung der Schweizerischen Eidgenossenschaft vom 29. Mai 1874
AbwSchG	Gesetz zum Schutz deutschen Kulturgutes gegen Abwanderung vom 6. August 1955
Accordo 1984	Accordo tra la Santa Sede e la Republica Italiana che apporta modificazioni al concordato lateranense del 18 febbraio 1984
Act 1939	Import, Export and Customs Powers (Defence) Act 1939
ad.gen.	adunanza generale [= Hauptsitzung]
ad.plen.	adunanza plenaria [= Vollsitzung]
AG	Kanton Aargau
AI	Kanton Appenzell Innerrhoden
AJDA	L'Actualité juridique. Droit administratif. Paris: Moniteur des travaux publics 1945 ff.
AJP	Aktuelle Juristische Praxis (= Pratique juridique actuelle). Lachen: Dicke 1992 ff.
All E.R.	The All England Law Reports. Edingburgh: W. Green; etc. 1936 ff.
Amm.it.	L'amministrazione italiana. Rivista mensile delle amministrazioni statali degli enti locali e delle organizzazioni tributarie. Florenz: Stet 1946 ff.
Amtl. Begr. RegE	Amtliche Begründung zum (dt.) Regierungsentwurf eines Kulturgutschutzgesetzes vom 19. November 1953

[1] Die Abkürzungen aus der Danksagung sind nicht aufgeführt. Für die ausländischen Termini in [= ...] wurden verwendet: Für das Englische *Alfred Romain/Hans Anton Bader/B. Sharon Byrd*, Dictionary of legal and commercial terms. Part I: English-German. 5. Aufl., München etc.: C. H. Beck et al. 2000; für das Französische *Michel Doucet/Klaus E. W. Fleck*, Dictionnaire juridique et économique. Tome I: Français-allemand. 5. Aufl., Paris: Litec 1997; und für das Italienische *Giuseppe Conte/Hans Boss*, Dizionario giuridico ed economico. Parte I: Italiano-tedesco. 4. Aufl., Mailand: Giuffrè 1993.

Anm.	Anmerkung, -en
Ann.fr.dr.int.	Annuaire français de droit international. Paris: Centre national de la recherche scientifique 1955 ff.
Ann.Inst.dr.int.	Annuaire de l'Institut de droit international. [zuletzt] Paris: A. Pedone 1877 ff.
anschl.	anschliessend
AöR	Archiv für öffentliches Recht. Glashüten: Auvermann 1 (1886)–26 (1910); Archiv des öffentlichen Rechts. N. F. 1 (1911) ff.
APIL	Swiss Act of Private International Law
Apollo	Apollo. The International Magazine of the Arts. London: D. Sutton N.S. 1962 ff.
App.	Appendix
art	Art. Das Kunstmagazin. Hamburg: Gruner & Jahr 1979 ff.
Art, Ant. & L.	Art, Antiquity and Law. Im Haag: Kluwer Law International 1996 ff.
Art., Artt.	Artikel
ARTnews	Artnews. New York: Artnews 1902 ff.
ARTnewsletter	Artnewsletter. The International Biweekly Report on the Art Market. New York: Artnews 1975/76 ff. [ein Jahrgang entspricht der Monate September–Juli]
AS	Amtliche Sammlung des Bundesrechts; ab 1948 Sammlung der eidgenössichen Gesetze
ASS	Acta Sanctae Sedis. Rom: Typis polyglottis Vaticanis 6 (1871)–41 (1908); anschl. s. AAS
Aufl.	Auflage
B.C.A.	Beni Culturali e Ambientali
B.W.	Burgerlijk Wetboek
BAK	Bundesamt für Kultur
Bay	Bayern
BayVBl.	Bayerische Verwaltungsblätter. Zeitschrift für öffentliches Recht und öffentliche Verwaltung. 1 (1853)–81 (1933); N.F. 1 (1953) ff.
BB	(schw.) Bundesbeschluss
Bbg	Brandenburg
BBI	British Biographical Index. 7 Bde. 2. Aufl., München: Saur 1998
BBl.	Bundesblatt der schweizerischen Eidgenossenschaft. Bern: Stämpfli 1848/49 ff.
Bd., Bde.	Band, Bände
BE	Kanton Bern; canton de Berne
Bericht 2000	Bericht der Kommission an den Rat, das Europäische Parlament und den Wirtschafts- und Sozialausschuss über die Durchführung der Verordnung (EWG) Nr. 3911/92 des Rates über die Ausfuhr von Kulturgütern und der Richtlinie 93/7/EWG des Rates über die Rückgabe von unrechtmässig aus dem Hoheitsgebiet eines Mit-

	gliedstaats verbrachten Kulturgütern, vom 25. Mai 2000
Berl	Berlin
BFH	(dt.) Bundesfinanzhof
BFHE	Sammlung der Entscheidungen des Bundesfinanzhofs. Bonn: Stollfuss 1888 ff.
BG	(schweiz.) Bundesgesetz
BGA	(schweiz.) Bundesgesetz über die Archivierung vom 26. Juni 1998
BGB	Bürgerliches Gesetzbuch für das Deutsche Reich vom 18. August 1896
BGBl.	(dt.) Bundesgesetzblatt
BGE	Entscheidungen des Schweizerischen Bundesgerichts. Amtliche Sammlung. Lausanne: Edipresse imprimerie réunies Lausanne S. A. 1875 ff.
BGer	(schweiz.) Bundesgericht
BGH	(dt.) Bundesgerichtshof
BGHWarn	Warneyer Rechtsprechung des Bundesgerichtshofes in Zivilsachen. Köln: Carl Heymanns 1961 ff.
BGHZ	Entscheidungen des Bundesgerichtshofes in Zivilsachen. Amtliche Sammlung. Köln: Carl Heymanns 1951 ff.
BGS	Bereinigte Gesetzessammlung des Kantons Zug. Zug: Staatskanzlei 1982 ff.
BJM	Basler Juristische Mitteilungen. Organ für Gesetzgebung und Rechtspflege der Kantone Basel-Stadt und Basel-Landschaft. Basel: National Zeitung und Basler Nachrichten 1954 ff.
BL	Kanton Basel-Landschaft
BMK	Beauftragter der Bundesregierung für Angelegenheiten der Kultur und der Medien
BNB	Biographie Nationale publiée par l'Academie Royale des sciences, des lettres et des Beaux-Arts de Belgique. 44 Bde. [zuletzt] Brüssel: Émile Bruylant. 1 (1866)–44 (1985–1986)
BR	Bündner Rechtsbuch. Amtliche Gesetzessammlung Graubünden. 5 Bde. Chur: Staatskanzlei 1976 ff.
BRB	(schw.) Bundesratsbeschluss
Brem	Bremen
BS	Kanton Basel-Stadt
BSG	Bernische Systematische Gesetzessammlung. 15 Bde. Bern: Staatskanzlei 1976 ff.
BStBl.	(dt.) Bundessteuerblatt. Bonn: Bundesministerium der Finanzen 1951 ff.
BT-Drs.	(dt.) Bundestagsdrucksache
Bull. civ.	Bulletin des arrêts de la cour de cassation rendus en matière civile. Paris: Imprimerie nationale 1804 ff.
Bull. crim.	Bulletin des arrêts de la cour de cassation rendus en matière criminelle. Paris: Imprimerie nationale 1805 ff.
BV	Bundesverfassung der Schweizerischen Eidgenossenschaft vom 18. April 1999

BVerfG	(dt.) Bundesverfassungsgericht
BVerfGE	Entscheidungen des Bundesverfassungsgerichts. Tübingen: J. C. B. Mohr 1952 ff.
BVerwG	(dt.) Bundesverwaltungsgericht
BVerwGE	Entscheidungen des Bundesverwaltungsgerichts. Köln: Carl Heymanns 1955 ff.
BW	Baden-Württemberg
bzw.	beziehungsweise
C.	Codex Iustinianus
c.	contre; chapter
c. civ.	Code civil
C. dom. État	Décret n° 62–298 du 14 mars 1962 portant revision du code du domaine de l'État
C. c. ned.	s. B.W.
C. M. L. Rev.	Common Market Law Review. Im Haag: Nijhoff 1963 ff.
C. nav.	Codice della navigazione
C. p. c.	Codice di procedura civile
CA	Court of Appeal (England und Wales)
Cah. jur. élec. gaz	Cahiers juridiques de l'électricité et du gaz. Paris: Dalloz 1951 ff.
Calif. L. Rev.	California Law Review. Berkeley: School of Law/University of California 1912 ff.
can., -n.	canon, -es
Case West.Res. J.Int.L.	Case Western Reserve Journal of International Law. Cleveland: Case Western Reserve University/School of Law 1968 ff.
Ccf	s. c. civ.
Cci	Codice civile
CEE	Communauté économique européenne (EWR)
cf., cfr.	confer, conferatur
ch.	s. c.
Ch. D.	Chancery Division
CHF	Schweizer Franken
CIC	Corpus iuris civilis
CIC 1917	Codex iuris canonici [= kirchliches Gesetzbuch vom Jahre 1917]
CIC 1983	Codex iuris canonici [= kirchliches Gesetzbuch vom Jahre 1983]
Clunet	Journal du droit international privé et de la jurisprudence comparée. Paris: Marchal et Godde 1 (1874)–41 (1914); Journal du droit international 42 (1915) ff.
cod. civ.	s. c. civ.
Comunicazioni e studi	Comunicazioni e studi. Mailand: Giuffrè 1942 ff.
Concordato 1929	Concordato fra la Santa Sede e l'Italia del 11 febbraio 1929
Cons.d'État	Le Conseil d'État [= oberstes Verwaltungsgericht]
Cons.giust.amm.	Consiglio di giustizia amministrativa [= Verwaltungsgerichtshof]

Cons.Stato	Il Consiglio di Stato [= oberstes Verwaltungsgericht]
Const. Ct.	Consistory Court [= Konsistoriengericht: unteres Kirchengericht]
Contratto e impresa	Contratto e impresa. Padua: Cedam 1985ff.
Corte cost.	Corte costituzionale [= Verfassungsgericht]
Cost.	Costituzione della Repubblica italiana del 22 dicembre 1947
cp.	compare
crim.	Cour de cassation, chambre criminelle
CTS	The Consolidated Treaty Series. 231 Bde. Dobbs Ferry, New York: Oceana Publications 1 (1969)–231 (1986)
D.	Décret; Digesta Justiniani; Recueil Dalloz analytique et critique de doctrine, de jurisprudence et de législation. Paris: Jurisprudence générale Dalloz 1924–1964
D. H.	Dalloz. Recueil hebdomadaire de jurisprudence en matière civile, commerciale, criminelle, administrative et de droit public. Paris: Dalloz 1924–1944
D. L.	Decreto legislativo
D. L. 1999/490	Decreto legislativo del 29 ottobre 1999, n. 490, Testo unico delle disposizioni legislative in materia di beni culturali e ambientali, a norma dell'articolo 1 della legge 8 ottobre 1997, n. 352 (Suppl. Ordinario n. 229)
D. P.	Dalloz Périodique. Jurisprudence générale. Recueil périodique et critique de législation et de doctrine. Paris: Dalloz 1825–1923
D. P. R.	Decreto del Presidente della Repubblica
DBI	Dizionario Biografico degli Italiani. Rom: Istituto della Enciclopedia Italiana 1960 ff.
ders.	derselbe
DHGE	Dictionnaire d'histoire et de géographie ecclésiastiques. Paris: Letouzey et Ané 1912 ff.
dies.	dieselbe, -n
Dig. disc. pubbl.	Digesto delle Discipline Pubblicistiche. Turin: Utet 1987ff.
Dir. eccl.	Il diritto ecclesiastico. Mailand: Giuffrè 1990 ff.
Dir. comm. int.	Diritto del commercio internazionale. Pratica internazionale e diritto interno. Mailand: Giuffrè 1987 ff.
disp. prel.	disposizioni preliminari al codice civile [= Einführungsbestimmungen zum Cci]
Diss.	Dissertation
DM	Deutsche Mark
DMF	Direction des musées de France
DNB	Dictionary of National Biography. 63 Bde. 2. Aufl., London: Smith & Elder Co. 1 (1885)–63 (1900)
DNH	Department of National Heritage
DÖV	Die Öffentliche Verwaltung. Zeitschrift für öffentliches Recht und Verwaltungswissenschaft. Stuttgart: W. Kohlhammer 1948 ff.

Dr.adm.	Droit administratif. Revue mensuelle. Paris: Juris-Classeur 1962 ff.
Droits	Droits. Revue française de théorie juridique. Paris: Presses universitaires de France 1985 ff.
DSchG	Denkmalschutzgesetz
dt.	deutsch, -e, -en
DVBl.	Deutsches Verwaltungsblatt. Köln: Carl Heymanns 1886 ff.
E	Entwurf
E KultgSRG	Entwurf Rahmengesetz zum Schutz nationalen Kulturgutes vom 10. Oktober 1997
E.	Erwähnung
e. g.	exempli gratia
E.R.	The English Reports. London: Stevens 1 (1900)–176 (1930)
EC	European Communities
ECU	European Currency Unit
éd.	édition
EDI	Eidgenössisches Departement des Innern
EDMZ	Eidgenössische Drucksachen- und Materialzentrale
EEA	European Economic Area (EWR)
EEC	European Economic Community (EWG)
EEE	Espace économique européen (EWR)
EG	Europäische Gemeinschaften; Vertrag zur Gründung der Europäischen Gemeinschaft vom 25. März 1957 i. d. F. des Vertrages von Amsterdam zur Änderung des Vertrags über die Europäische Union, der Verträge zur Gründung der Europäischen Gemeinschaften sowie einiger damit zusammenhängender Rechtsakte vom 2. Oktober 1997
EG RPG	Gesetz über die Einführung des BG über die Raumplanung des Kantons Appenzell Ausserrhoden vom 28. April 1985
EGBGB	Einführungsgesetz zum Bürgerlichen Gesetzbuch i. d. F. vom 21. September 1994
Emory Int.L.Rev.	Emory International Law Review. Atlanta: Emory University School of Law 1987 ff.
Empfehlung vom 3. 12. 1976	Empfehlung der Kultusministerkonferenz vom 3. Dezember 1976 über die Ausdehnung des Gesamtverzeichnisses im Gesetz zum Schutz deutschen Kulturgutes gegen Abwanderung vom 6. August 1955
EMRK	Konvention zum Schutze der Menschenrechte und Grundfreiheiten vom 4. November 1950
En.	Endnote
Enc. dir.	Enciclopedia del diritto. 46 Bde. Mailand: Giuffrè 1 (1958)–46 (1993)
Enc. giur.	Enciclopedia giuridica. Rom: Istituto della Enciclopedia Italiana. Mailand: Vallardi 1884 ff.
engl.	englisch, -e

ErbStG	(dt.) Erbschaft- und Schenkungsteuergesetz vom 17. April 1974
et al.	et alii
etc.	et cetera
ETS	European Treaty Series
EU	Europäische Union
EuGH	Gerichtshof der Europäischen Gemeinschaften (Luxemburg)
EuGHRspr.	Gerichtshof der Europäischen Gemeinschaften. Sammlung der Rechtsprechung des Gerichtshofes. Luxemburg: [zuletzt] Amt für amtliche Veröffentlichungen der Europäischen Gemeinschaften 1954/55 ff.
EuGMR	Europäischer Gerichtshof für Menschenrechte (Straßburg)
EuGMRRspr.	Cour européenne des droits de l'homme. Recueil des arrêts et décisions. Köln: Carl Heymanns N. F. 1 (1996) ff.
Eur.R.	Europarecht. Baden-Baden: Nomos 1966 ff.
European L. Rev.	European Law Review. London: Sweet & Maxwell 1976 ff.
EUV	Vertrag zur Gründung der Europäischen Gemeinschaft vom 25. März 1957 i. d. F. des Vertrags zur Gründung der Europäischen Union vom 7. Februar 1992
EuZW	Europäische Zeitschrift für Wirtschaftsrecht. München: C. H. Beck 1990 ff.
EVÜ	Römisches EWG-Übereinkommen vom 19. Juni 1980 über das auf vertragliche Schuldverhältnisse anzuwendende Recht
EWG	Europäische Wirtschaftsgemeinschaft
EWR	Europäischer Wirtschaftsraum
F. Supp.	Federal Supplement. Cases argued and determined in the District Courts of the United States and the Court of Claims with key number annotations. St. Paul: West Publishing 1 (1932/33) ff.
f., ff.	folgende, fortfolgende
F. 2d	Federal Reporter. Second Series. St. Paul: West Publishing 1925–1993
Family Reports	The Law Reports. Family Division. And on appeal therefrom in the Court of Appeal and Decisions in the Ecclesiastical Courts. London: The incorporated Council of Law Reporting for England and Wales 1972 ff.
FAZ	Frankfurter Allgemeine Zeitung. Frankfurt: FAZ 1949 ff.
FF	Francs Français
figs.	figures
Fn.	Fußnote
Fordham Int.L.J.	Fordham International Law Journal. New York: Fordham International Law Journal 1977
Foro amm.	Foro amministrativo. Rivista mensile di dottrina e giurisprudenza. Mailand: Giuffrè 1976 ff.
Foro it.	Il Foro italiano. Rom: Foro italiano 1876 ff.

Foro pad.	Il Foro padano. Rivista di dottrina e giurisprudenza dell'Alta Italia. Mailand: Foro Padano 1946 ff.
FR	Kanton Freiburg; canton de Fribourg
Franceschini-Kommission	Italienische Untersuchungskommission, konstituiert durch L. 26.4.1964, n. 310
frz.	französisch, -e
FS	Festschrift
G.U.	Gazzetta Ufficiale della Repubblica italiana. Rom: [zuletzt] Istituto poligrafico e Zecca dello stato 1860 ff.
GATT	General Agreement on Tariffs and Trade/Allgemeines Zoll- und Handelsabkommen vom 30. Oktober 1947
Gaz. Antiquaria	Gazzetta Antiquaria. Rivista dell'associazione antiquari d'Italia. Florenz: Polistampa 1959 ff.
Gaz. Pal.	La Gazette du Palais. Paris: Dalloz 1 (1881/82) ff.
GBl.	(dt.) Gesetzblatt
GE	République et canton de Genève
germ.	germinal
Gesamtred.	Gesamtredaktion
GG	Grundgesetz für die Bundesrepublik Deutschland vom 23. Mai 1949
Giur. cost.	Giurisprudenza costituzionale. Mailand: Giuffrè 1956 ff.
Giur. it.	Giurisprudenza italiana. Raccolta generale progressiva delle decisioni delle Corti del Regno, Consiglio di Stato ecc. in materia civile, penale, commerciale, amministrativa ecc. Turin: Unione tipografico-editrice 1862–1912; Giurisprudenza italiana e La legge riunite. Raccolta generale di giurisprudenza, dottrina e legislazione. Turin: Utet 1913–1916; Giurisprudenza italiana e La legge. Rivista universale di giurisprudenza e dottrina. Turin: Utet 1917–1964; Giurisprudenza italiana con repertorio generale annuale di giurisprudenza, dottrina e legislazione. Turin: Utet 1965 ff.
Giust.civ.	Giustizia civile. Rivista bimestrale di giurisprudenza e dottrina. Mailand: Giuffrè 1951 ff.
Giust.civ.mass.	Giustizia civile. Massimario annotato della Cassazione. Mailand: Giuffrè 1955 ff.
GL	Kanton Glarus
gl.M.	gleicher Meinung
GMBl.	(dt.) Gemeinsames Ministerialblatt
GR	Kanton Graubünden
GS	Gedankenstrich
GV	(dt.) Gesetz- und Verordnungsblatt
GVBl.	s. GV
GVOBl.	s. GV
GVÜ	Brüsseler Übereinkommen über die gerichtliche Zuständigkeit und die Vollstreckung gerichtlicher Entschei-

	dungen in Zivil- und Handelssachen vom 27. September 1968
H.	Hinweis, -e, -en
h.L.	herrschende Lehre; herrschende Lehrmeinung
H.L.	House of Lords [= Oberhaus; höchstes Berufungsgericht]
Haager Abkommen 1899	Internationale Übereinkunft vom 29. Juli 1899 betreffend die Gesetze und Gebräuche des Landkriegs
Haager Abkommen 1907	Haager Abkommen vom 18. Oktober 1907 betreffend die Gesetze und Gebräuche des Landkriegs
Haager Abkommen 1954	Haager Abkommen vom 14. Mai 1954 für den Schutz von Kulturgut bei bewaffneten Konflikten
Harv. Int. L. J.	Harvard International Law Journal. Cambridge: Harvard International Law Club Harvard Law School 1960 ff.
Hbg	Hamburg
Hess	Hessen
Hg., hg.	Herausgeber, herausgegeben
HGer	Handelsgericht
HLF	Heritage Lottery Fund
HMSO	Her Majesty's Stationery Office
HS	Halbsatz
Human Rights L. J.	Human Rights Law Journal. Strassburg: N.P. Engel 1980 ff.
i.c.	in casu
i.d.F.	in der Fassung
i.d.R.	in der Regel
i.E.	im Ergebnis
I.L.R.	International Law Reports. London: [zuletzt] Butterworth 1 (1919/22) ff.
i.S.	im Sinne; in Sachen
i.V.m.	in Verbindung mit
IBF	Index biographique français. 7 Bde. 2. Aufl., München: Saur 1998
IBI	Indice Biografico Italiano. 7 Bde. 2. Aufl., München: Saur 1997
IJCP	International Journal of Cultural Property. Oxford: Oxford University Press 1992 ff.
inf. rap.	informations rapides
insb.	insbesondere
Int. Comp. L. Q.	The International and Comparative Law Quarterly. Oxford: Oxford University Press 1952 ff.
Int. Lawyer	The International Lawyer. Chicago: American Bar Association 1 (1966/67) ff.
Int. Leg. Mat.	International Legal Materials. Washington, D.C.: The American Society of International Law 1962 ff.
IPRax	Praxis des Internationalen Privat- und Verfahrensrechts. Bielefeld: Gieseking 1981 ff.

IPRG	Bundesgesetz über das Internationale Privatrecht vom 18. Dezember 1987
IPRspr.	Die deutsche Rechtsprechung auf dem Gebiete des Internationalen Privatrechts Tübingen: J.C.B. Mohr 1 (1926/28) ff.
ital.	italienisch, -e, -en
J. Hist. Collect.	Journal of the History of Collections. Oxford: Oxford University Press 1989 ff.
J. L. Society	Journal of Law and Society. Oxford: B. Blackwell 1974 ff.
J. O.	Journal Officiel de la République Française. Paris: Journaux officiels 1869 ff.
J. Trib.	Journal des Tribunaux. Lausanne: [zuletzt] Ruckstuhl 1853/54 ff.
JCP	La Semaine Juridique. Paris: Éditions techniques 1927 ff.
Jh.	Jahrhundert
JherJb	Jahrbücher für die Dogmatik des heutigen römischen und deutschen Privatrechts. Frankfurt a. M.: Glashütten 1857–1873; N. F. 1 (1874) – 19 (1892); Jherings Jahrbücher für die Dogmatik des bürgerlichen Rechts. Jena: N. F. 20 (1893) – 24 (1896); Neudruck Frankfurt a. M.: Sauer & Auvermann 1967
JöR	Jahrbuch des öffentlichen Rechts der Gegenwart. Tübingen: J. C. B. Mohr 1 (1907)–25 (1938); N. F. 1 (1951) ff.
JU	République et Canton du Jura
jur.	jurisprudence
JuS	Juristische Schulung. München: C. H. Beck 1961 ff.
JZ	Deutsche Juristenzeitung. Tübingen: J. C. B. Mohr 1946 ff.
kant.	kantonal
Kat.	Kategorie
KMK	(deutsche) Kultusministerkonferenz
KOM	Dokumente der Kommission der Europäischen Gemeinschaften
Kriterienkatalog vom 20. 5. 1983	Kriterienkatalog vom 20. Mai 1983 zum Vollzug des Gesetzes zum Schutz deutschen Kulturgutes gegen Abwanderung vom 6. August 1955
KultgSchGÄndG	Gesetz zur Änderung des Gesetzes zum Schutz deutschen Kulturgutes gegen Abwanderung vom 15. Oktober 1998
KultGüRückG	(dt.) Gesetz zur Umsetzung der Richtlinie 93/7/EWG des Rates über die Rückgabe von unrechtmässig aus dem Hoheitsgebiet eines Mitgliedstaats verbrachten Kulturgütern vom 15. Oktober 1998
KultgutSiG	Gesetz zur Umsetzung von Richtlinien der Europäischen Gemeinschaften über die Rückgabe von unrechtmässig aus dem Hoheitsgebiet eines Mitgliedstaats verbrachten Kulturgütern und zur Änderung des Gesetzes zum Schutz deutschen Kulturgutes gegen Abwanderung vom 15. Oktober 1998

KUR	Kunstrecht und Urheberrecht. Köln: Carl Heymanns 1999 ff.
L.	Legge; lei; ley; lex; liber; loi
L. 1902/185	Legge del 12 giugno 1902, n. 185, portante disposizioni circa la tutela e la conservazione dei monumenti ed oggetti aventi preggio d'arte o d'antichità
L. 1909/364	Legge del 20 giugno 1909, n. 364, Norme per l'inalienabilità delle antichità e delle belle arti
L. 1939/1089	Legge del 1 giugno 1939, n. 1089, Tutela delle cose d'interesse artistico e storico
L. 1964/310	Legge del 26 aprile 1964, n. 310, Costituzione di una Commissione d'indagine per la tutela e la valorizazzione del patrimonio storico, archeologico, artistico e del paesaggio
L. 30.3.1887	Loi du 30 mars 1887 relative à la conservation des monuments et objets d'art ayant un intérêt historique et artistique
L. n° 79–18	Loi n° 79–18 du 3 janvier 1979 sur les archives
L. n° 92–1477	Loi n° 92–1477 du 31 décembre 1992 relative aux produits soumis à certaines restrictions de circulation et à la complémentarité entre les services de police, de gendarmerie et de douane
L.Q.Rev.	The Law Quarterly Review. London: Stevens 1885 ff.
LDIP	Loi fédéral du droit international prive du 18 décembre 1987
LG	(dt.) Landgericht
LGDJ	Librairie Générale de Droit et de Jurisprudence
LIT	Lire
Lit.	Literatur
LS	(Zürcher) Loseblattsammlung
Ltd.	Limited
LThK	Lexikon für Theologie und Kirche. 10 Bde. 3. Aufl., Freiburg i. B.: Herder 1 (1993)–10 (2001)
LU	Kanton Luzern
LugÜ	[Lugano] Übereinkommen über die gerichtliche Zuständigkeit und die Vollstreckung gerichtlicher Entscheidungen in Zivil- und Handelssachen vom 16. September 1988
LUI	Lessico Universale Italiano. 24 Bde. Rom: Istituto della Enciclopedia italiana 1 (1968)–24 (1981)
LVwVfG	Verwaltungsverfahrensgesetz für Baden-Württemberg vom 21. Juni 1977
m. a. W.	mit anderen Worten
m. E.	meines Erachtens

M. P.	Member of Parliament
m. w. H.	mit weiteren Hinweisen
m. w. N.	mit weiteren Nachweisen
MGC	Museum & Galleries Commission (England und Wales)
Minerva	Minerva. Ein Journal historischen und politischen Inhalts. 263 Bde. [zuletzt] Jena: Bran 1 (1792)–263 (1858)
MV	Mecklenburg-Vorpommern
n.	numero
N. F.	Neue Folge
N. R.	Neue Reihe
N. S., n. s.	New Series, nuova serie
N. Y.	New York
N.Y.Univ.J.Int.L. & Pol.	New York University Journal of International Law and Politics. New York: New York University 1968 ff.
n°	numéro
NACF	National Art Collections Fund
Nds	Niedersachsen
NdsVBl.	Niedersächsisches Verwaltungsblatt. Zeitschrift für öffentliches Recht und öffentliche Verwaltung. München: Boorberg 1994 ff.
NE	République et canton de Neuchâtel
Ned.Jur.	Nederlandse Jurisprudentie. Zwolle: W.E.J. Tjeenk Willink 1913 ff.
Neth.Int.L.Rev.	Netherlands International Law Review. Rockville: Sijthoff & Noordhoff 1954 ff.
New L.J.	The New Law Journal. London: Butterworths 1851 ff.
NHMF	National Heritage Memorial Fund
NJW	NJW. Neue Juristische Wochenschrift. München/Frankfurt: C. H. Beck 1 (1947/48) ff.
NLG	Niederländische Gulden
no.	number
Northwestern J.Int.L. & Business	Northwestern Journal of International Law & Business. Chicago: Northwestern University School of Law 1979 ff.
Noviss.Dig.it.	Novissimo Digesto italiano. 20 Bde. Turin: Utet 1 (1957)–20 (1987)
Nr.	Nummer
núm.	número
Nuova giur. civ.	La nuova giurisprudenza civile commentata. Padua: Cedam 1985 ff.
NVwZ-RR	Neue Zeitschrift für Verwaltungsrecht. Rechtsprechungs-Report. München/Frankfurt: C.H. Beck 1988 ff.
NW	Kanton Nidwalden
NWf	Nordrhein-Westfalen
NWVBl.	Nordrhein-Westfälische Verwaltungsblätter. Zeitschrift für öffentliches Recht und öffentliche Verwaltung. Stuttgart etc.: Richard Bloomberg 1987 ff.
NZZ	Neue Zürcher Zeitung. Zürich: NZZ 1870 ff.

o. J.	ohne Jahr
OG	Bundesgesetz über die Organisation der Bundesrechtspflege vom 16. Dezember 1943
ÖJZ	Österreichische Juristen-Zeitung. Wien: Manz 1946 ff.
OR	Bundesgesetz betreffend die Ergänzung des Schweizerischen Zivilgesetzbuches (Fünfter Teil: Obligationenrecht) vom 30. März 1911
OVG	(dt.) Oberverwaltungsgericht
OW	Kanton Obwalden
para., -s.	paragraph, -s
PBG	(Zürcher) Gesetz über die Raumplanung und das öffentliche Baurecht vom 7. September 1975
Pra	Die Praxis. Entscheidungen des Schweizerischen Bundesgerichts. Entscheidungen des Eidgenössischen Versicherungsgerichts. Entscheidungen des Europäischen Gerichtshofes für Menschenrechte. Entscheidungen der Europäischen Gemeinschaften. Basel: Helbing & Lichtenhahn 1912 ff.
Q. B.	Queen's Bench Division [= Abteilung des High Court of Justice]; The Law Reports. Queen's Bench Division. And on appeal therefrom in the Court of Appeal and decisions in the Court of Appeal criminal division and employment Appeal Tribunal. London: W. Clowes 1952 ff.
R.D.	Regio decreto
R.D. 1913/363	Regio decreto del 30 gennaio 1913, n. 363, Regolamento di esecuzione delle Leggi 20 giugno 1909, n. 364, e 23 giugno 1912, n. 688, per le antichità e le belle arti
R.D.S.	Recueil Dalloz et Sirey de doctrine, de jurisprudence et de législation: Paris: Dalloz 1965 ff.
RabelsZ	Rabels Zeitschrift für ausländisches und internationales Privatrecht. Tübingen: J. C. B. Mohr 1927 ff.
Rass. Avv. Stato	Rassegna mensile dell'Avvocatura dello Stato. Rom: Istituto poligrafico e Zecca dello Stato 1948–1959; Rassegna dell'Avvocatura dello Stato. Rom: Istituto poligrafico e Zecca dello Stato 1960ff.
Rass. Cons. Stato	Il Consiglio di Stato. Rassegna di giurisprudenza e dottrina. Rom: Italedi 1953 ff.
Rec. des Cours	Académie de droit international (Hg.), Recueil des Cours. Im Haag etc.: M. Nijhoff 1923 ff.
Rec. Cons. d'État	Recueil des arrêts du Conseil d'Etat. Paris: Delhomme 1848–1954; Recueil des décisions du Conseil d'Etat. Paris: Sirey 1955 ff.
RegE	(dt.) Regierungsentwurf
Rep. Giur. it.	Repertorio generale annuale della Giurisprudenza italiana. Turin: Utet 1899–1968;

	Repertorio generale della Giurisprudenza italiana. Turin: Utet 1969 ff.
req.	Cour de cassation, chambre des requêtes
Resolution 1991	La vente internationale d'objets d'art, sous l'angle de la protection du patrimoine culturel. Resolution vom 3. September 1991 des Institut de Droit international
Rev. crit. dr. int.	Revue critique de droit international. Paris: Sirey 1 (1905) – 35 (1946); Revue critique de droit international privé. Paris: Sirey 36 (1947) ff.
Rev. crit. dr. int. privé	Revue critique de droit international privé. Paris: Libraire du Recueil Sirey 1934 ff.
Rev. dr. can.	Revue de droit canonique. Strassburg: Université de Strasbourg 1951 ff.
Rev. dr. int. lég.	Revue de droit international et de législation comparée. [zuletzt:] Im Haag etc.: Belinfante 1 (1869)–30 (1898); 1 (1894)–16 (1914); 1 (1920)–21 (1940)
Rev. dr. int. privé	Revue de droit international privé et de droit pénal international. Paris: Libraire de la Société du Recueil Sirey 1905–1933
Rev. dr. publ.	Revue du droit public et de la science politique en France et à l'étranger. Paris: Chevalier-Marescq 1894 ff.
Rev. dr. uniforme	Revue de droit uniforme/Uniform law review. Rom: Unidroit 1973–1995; N. F. 1 (1996) ff.
Rev. fr. dr. adm.	Revue française de droit administratif. Paris: Sirey 1985 ff.
Rev.gén.dr.int.publ.	Revue général de droit international public. Paris: A. Pedone 1894 ff.
Rev. marché unique eur.	Revue du marché unique européen. Paris: Clément Juglar 1 (1992)–8 (1999)
Rev. trim. dr. civ.	Revue trimestrielle de droit civil. Paris: Sirey 1902 ff.
RG	Entscheidungen des Reichsgerichts in Zivilsachen. Leipzig: Von Veit 1 (1880)–50 (1902); N. F. 1 (1903)–172 (1945)
RGBl.	(dt.) Reichsgesetzblatt
RGer	(dt.) Reichsgericht
Ricerche di Storia dell'arte	Ricerche di Storia dell'arte. Rom: [zuletzt] La Nuova Italia Scientifica 1976 ff.
Richtlinienvorschlag 93/7	Vorschlag für eine Richtlinie des Rates betreffend die Rückgabe von Kulturgütern, die unrechtmässig aus dem Staatsgebiet eines Mitgliedstaats verbracht wurden
Riv. dir. amm. trib.	Rivista di diritto amministrativo e tributario ticinese. Agno: Arti Grafiche Bernasconi 1991 ff.
Riv. dir. int.	Rivista di diritto internazionale. Mailand: Giuffrè 1906 ff.; 1944–1952 keine Publikation
Riv. dir. int. priv. proc.	Rivista di diritto internazionale privato e processuale. Padua: Cedam 1965 ff.
Riv. giur. edil.	Rivista giuridica dell'edilizia. Mailand: Giuffrè 1958 ff.
Riv. it. dir. pubbl. com.	Rivista italiana di diritto pubblico comunitario. Mailand: Giuffrè 1991 ff.
Riv. pen.	Rivista italiana di diritto penale. Padua: Salmin 1 (1874)–

	55 (1929); Padua: Cedam 1 (1929)–15 (1943); Mailand: Giuffrè n. s. 1 (1948)–10 (1957)
Riv. trim. dir. proc. civ.	Rivista trimestrale di diritto e procedura civile. Mailand: Giuffrè 1947 ff.
Riv. trim. dir. pubbl.	Rivista trimestrale di diritto pubblico. Mailand: Giuffrè 1951 ff.
RIW	Recht der Internationalen Wirtschaft. Heidelberg: Recht und Wirtschaft 1 (1954/55) ff.
RL	Richtlinie
RL 93/7	Richtlinie 93/7/EWG des Rates vom 15. März 1993 über die Rückgabe von unrechtmässig aus dem Hoheitsgebiet eines Mitgliedstaats verbrachten Kulturgütern
RL 96/100	RL 96/100/EG des Europäischen Parlaments und des Rates vom 17. Februar 1997 zur Änderung des Anhangs der Richtlinie 93/7/EWG über die Rückgabe von unrechtmässig aus dem Hoheitsgebiet eines Mitgliedstaats verbrachten Kulturgütern
RM	Reichsmark
Rn.	Randnummer
RP	Rheinland-Pfalz
RPDSchPflG	Landesgesetz zum Schutz und zur Pflege der Kulturdenkmäler vom 23. März 1978 [Rheinland-Pfalz]
RR	Regierungsrat
RRB	Regierungsratsbeschluss
RS JU	Recueil systématique du droit jurassien
RSN	Recueil systématique de la législation neuchâteloise
S	Saarland
s.	siehe
S.	Recueil Sirey. Recueil général des lois et des arrêts, avec notes et commentaires. Paris: Sirey 1791–1830; Recueil Sirey. Recueil général des lois et des arrêts, en matière civile, criminelle, administrative et de droit public. Paris: Sirey 1831–1964
S. D.	Southern District
S. I.	Halsbury's Statutory Instruments. London: Butterworth 1954 ff.
s. n.	senza nome
SA	Sachsen-Anhalt
SAR	Systematische Gesetzessammlung des Aargauischen Rechts
SavZ/Germ.	Zeitschrift der Savigny-Stiftung für Rechtsgeschichte. Germanistische Abteilung. Weimar: Böhlau 1 (1880/81) ff.
Schip en Schade	Schip en Schade. Beslissingen op het gebied van zee- en binnenvaartrecht, transport- en brandverzekeringsrecht. Uitg. onder auspiciën van de Nederlandsche Vereeniging voor Zeerecht, Koninklijke Nederlandsche Reedersvereeniging, Vereeniging van Transportassuradeuren in Neder-

	land, Vereeniging van Brandassuradeuren in Nederland. Zwolle: W. E. J. Tjeenk Willink 1957 ff.
SchlT	Schlußtitel
schweiz.	schweizerisch, -er, es
sect., -s	section, -s
Sem. jud.	La Semaine judiciaire. Genf: Jules-Guillaume Fick 1879 ff.
sez.	sezione
sez. un.	sezioni unite [= vereinigte Senate]
SG	Kanton St. Gallen
SGF	Systematische Gesetzessammlung des Kantons Freiburg. 9 Bde. Freiburg: Amt für Gesetzgebung 1987 ff.
sGS	Systematische Gesetzessammlung des Kantons St. Gallen. 5 Bde. St. Gallen: Staatskanzlei 1956 ff.
SH	Kanton Schaffhausen
SHR	Schaffhauser Rechtsbuch. 5 Bde. Schaffhausen: Staatskanzlei 1964 ff.
SHs	Schleswig-Holstein
SJZ	SJZ. Schweizerische Juristen-Zeitung (= Revue suisse de jurisprudence). Zürich: Schulthess 1904 ff.
somm. comm.	sommaires commentés
Sp.	Spalte
SPR	Schweizerisches Privatrecht
SR	Systematische Sammlung des Bundesrechts
SRL	Systematische Rechtssammlung des Kantons Luzern. 15 Bde. Luzern: Staatskanzlei 1986 ff.
SRSZ	(schwyzerische) Systematische Gesetzessammlung. 7 Bde. Schwyz: Staatskanzlei 2000 ff.
SRÜ	Seerechtsübereinkommen der Vereinten Nationen vom 10. Dezember 1982
Ss	Sachsen
Stan. L. Rev.	Stanford Law Review. Stanford: Stanford University 1948 ff.
StenBull. StR	Amtliches stenographisches Bulletin der Bundesversammlung: Ständerat
StGB	(dt.) Strafgesetzbuch vom 15. Mai 1871 i. d. F. vom 10. März 1987
suppl. ord.	supplemento ordinario
Syr. J. Int. L. & Com.	Syracuse Journal of International Law and Commerce. Syracuse: Syracuse University 1 (1972/73) ff.
SZ	Kanton Schwyz
SZIER	Schweizerische Zeitschrift für internationales und europäisches Recht. Zürich: Schulthess 1991 ff.
Tab.	Tabelle
TAR	I Tribunali amministrativi Regionali. Rassegna di giurisprudenza e dottrina. Rom: Italedi 1975 ff.
Texas Int. L. J.	Texas International Law Journal. Austin: University of Texas School of Law 1965 ff.
TG	Kanton Thurgau

Th	Thüringen
The Art J.	The Art Journal. 74 Bde. London: Virtue 1 (1839)–74 (1912)
TI	Cantone di Ticino
Times L.Rep.	The Times Law Reports. London: G. E. Wright 1885–1951
Trattato 1929	Trattato fra la Santa Sede e l'Italia del 11 febbraio 1929
Trib.	(ital.) Tribunale
Trib. civ.	(frz.) Tribunal civil
Trib. correctionnel	Tribunal correctionnel [= Strafkammer eines Trib. gr. inst.]
Trib. des confl.	Tribunal des conflits [= Kompetenzkonflikthof]
Trib.amm.reg.	Tribunale amministrativo regionale [= regionales Verwaltungsgericht]
Trib.gr.inst.	Tribunal de grande instance [= Grossinstanzgericht]
u.	und
u. a.	unter anderem; unter anderen
U.C.C.	Uniform Commercial Code
U.S.C.A.	United States Court of Appeals
U.S.D.C.	United States District Court
Übers.	Übersetzung
UNESCO	United Nations Educational, Scientific and Cultural Organization/Organisation der Vereinten Nationen für Erziehung, Wissenschaft und Kultur (Paris)
UNESCO-Konvention 1970	Übereinkommen über Massnahmen zum Verbot und zur Verhütung der unzulässigen Einfuhr, Ausfuhr und Übereignung von Kulturgut vom 14. November 1970
UNIDROIT	International Institute for the Unification of Private Law/Internationales Institut für die Vereinheitlichung des Privatrechts (Rom)
UNIDROIT-Konvention 1995	UNIDROIT-Konvention vom 24. Juni 1995 über gestohlene oder rechtswidrig ausgeführte Kulturgüter
UNTS	United Nations Treaty Series
UR	Kanton Uri
USA	Vereinigte Staaten von Amerika
usw.	und so weiter
Utet	Unione Tipografico-Editrice Torinese
v.	vom; versus
v. a.	vor allem
VAM	Victoria & Albert Museum (London)
VD	Canton de Vaud
VE KGTG	Vernehmlassungsentwurf vom Oktober 2000 zu einem Bundesgesetz über den internationalen Kulturgütertransfer
Vertrag von Amsterdam	Vertrag von Amsterdam zur Änderung des Vertrags über die Europäische Union, der Verträge zur Gründung der Europäischen Gemeinschaften sowie einiger damit zusammenhängender Rechtsakte vom 2. Oktober 1997

Vertrag von Maastricht	Vertrag zur Gründung der Europäischen Union vom 7. Februar 1992
Vertrag von Rom	Vertrag zur Gründung der Europäischen Gemeinschaft vom 25. März 1957
Verw. Arch.	Verwaltungsarchiv. Zeitschrift für Verwaltungslehre, Verwaltungsrecht und Verwaltungspolitik. Bonn: Carl Heymanns 1 (1892/93) ff.
VG	(dt.) Verwaltungsgericht
VGH	(dt.) Verwaltungsgerichtshof
vgl.	vergleiche
VO	Verordnung
VO (EWG) 2469/96	Verordnung (EG) Nr. 2469/96 des Rates vom 16. Dezember 1996 zur Änderung des Anhangs der Verordnung (EWG) Nr. 3911/92 über die Ausfuhr von Kulturgütern
VO (EWG) 752/93	Verordnung (EWG) Nr. 752/93 der Kommission vom 30. März 1993 zur Durchführung der Verordnung (EWG) Nr. 3911/92 des Rates über die Ausfuhr von Kulturgütern
VO 3911/92	Verordnung (EWG) des Rates vom 9. Dezember 1992 über die Ausfuhr von Kulturgütern
Vol.	Volume
VPB	Verwaltungspraxis der Bundesbehörden. Bern: Stämpfli 1937 ff.
VS	Republik und Kanton Wallis; République et canton du Valais
VVDStRL	Veröffentlichungen der Vereinigung der Deutschen Staatsrechtslehrer. Paris: de Gruyter 1924 ff.
VwGO	(dt.) Verwaltungsgerichtsordnung vom 19. März 1991
W. L. R.	The Weekly Law Reports. The House of Lords, The Privy Council, The Supreme Court of Judicature, Assize Courts, Ecclesiastical Courts and Restrictive Practices Court. London: Incorporated Council of Law Reporting for England and Wales 1964 ff.
WRV	Weimarer Reichsverfassung vom 11. August 1919
WTO	World Trade Organization
z. B.	zum Beispiel
ZaöRV	Zeitschrift für ausländisches öffentliches Recht und Völkerrecht. Berlin: W. Kolhammer 1929 ff.
ZBJV	Zeitschrift des Bernischen Juristenvereins. Bern: Stämpfli 1865 ff.
ZevKR	Zeitschrift für evangelisches Kirchenrecht. Tübingen: J. C. B. Mohr 1 (1951/52) ff.
ZfRV	Zeitschrift für Rechtsvergleichung, Internationales Privatrecht und Europarecht. Wien: Manz 1969 ff.
ZG	Kanton Zug
ZGB	Schweizerisches Zivilgesetzbuch vom 10. Dezember 1907
ZH	Kanton Zürich
Ziff.	Ziffer

zit.	zitiert
ZPO	(dt.) Zivilprozessordnung vom 30. Januar 1877
ZR	Blätter für Zürcherische Rechtsprechung. Zürich: Schulthess 1902 ff.
ZSR	Zeitschrift für Schweizerisches Recht. Basel: Helbing & Lichtenhahn 1 (1852)–22 (1882); N. F. 1 (1882) ff.
zugl.	zugleich
ZvglRWiss	Zeitschrift für vergleichende Rechtswissenschaft. Heidelberg: Recht und Wirtschaft 1878 ff.

Grundlagen

§ 1 Gegenstand der Arbeit

Die vorliegende Arbeit untersucht die Situation von unveräusserlichen Kulturgütern im nationalen und internationalen Rechtsverkehr, und zwar aus der Sicht der schweizerischen, deutschen, französischen, italienischen und englischen Rechtsordnung. Manche Staaten entziehen Kulturgüter gänzlich dem Rechtsverkehr, indem sie einen selbst gutgläubigen Erwerb an diesen ausschliessen (Frankreich und Italien), während andere den privaten Handel mit Kulturgut durch öffentlich-rechtliche Eigentumsbeschränkungen erschweren. Selbst gutgläubiger Erwerb kann eine solche Widmung zur öffentlichen Sache nicht überwinden; diese Kulturgüter sind aber nur „partiell" *res extra commercium*[1].

Die Sacheigenschaft der Extrakommerzialität beurteilt sich nach der *lex rei sitae*. Wird also beispielsweise eine nach französischem Recht unveräusserliche Sache in Frankreich gestohlen und in die Schweiz verbracht, so bestimmt das schweizerische IPR, ob an diesem Objekt Eigentum erworben werden kann (vgl. Art. 100 Abs. 2 IPRG).

Da die Gerichte ausländisches Kulturgut anders behandeln als eigenes und Exportvorschriften über Kulturgut als ausländisches öffentliches Recht im Inland nicht durchsetzen, ist es für den Herkunftsstaat schwierig, sein Kulturgut im Ausland herauszuklagen. Zwar fällt es dem Herkunftsstaat leichter, wenn er sein Eigentum am Kulturgut geltend machen kann, aber auch dann kann er sein Eigentum kraft gutgläubigen Erwerbs nach der ausländischen *lex rei sitae* verlieren. In diesen Fällen sind Rückgabeklagen nur mit Hilfe von Staatsverträgen wie der UNESCO-Konvention 1970 oder der UNIDROIT-Konvention 1995 möglich. Innerhalb der Europäischen Union schafft zudem die Richtlinie 93/7/EWG Abhilfe, so dass Kulturgut wenigstens innerhalb der EU bzw. des EWR als *res extra commercium* behandelt wird.

Nicht berücksichtigt wurde der nationale und internationale Rechtsverkehr von Kulturgütern in Kriegszeiten.[2]

---

1 In vorliegender Arbeit werden keine Fremdwörter den deutschsprachigen Geschlechtsformen angepasst; es heisst also beispielsweise *der* Tribunale di Roma, *die* Cour de cassation und *der* Centre Georges Pompidou. Besteht in der Fremdsprache nur das Neutrum, so wird dieses dem Deutschen angepasst; es heisst also *der* High Court.

2 Zum Schutz von Kulturgut in kriegerischen Konflikten vgl. grundlegend *Nahlik*, 61–163; vgl. auch *Fiedler* Vom territorialen, 159–173; *Henckaerts*, 593–620; *Herdegen*, 161–173.

§ 2 Begriffserklärungen

A. Private Kulturgüter

Als private Kulturgüter sind Kulturgüter im Eigentum natürlicher und juristischer Personen des Privatrechts zu verstehen.

B. Öffentliche Kulturgüter

Mit öffentlichen Kulturgütern sind Kulturgüter gemeint, die im Eigentum der öffentlichen Hand stehen. Eigentumssubjekt kann ein Staat, eine andere Gebietskörperschaft oder eine öffentlich-rechtliche Anstalt sein. Andere Gebietskörperschaften sind in der Schweiz Kantone und Gemeinden, in Deutschland Bundesländer und Gemeinden, in Frankreich Departements und Gemeinden sowie in Italien Regionen, Provinzen und Gemeinden.

C. Domaniale Kulturgüter

Unter domanialen Kulturgütern sind Objekte zu verstehen, die nach französischem bzw. italienischem Recht zum öffentlichen Gut (*domaine*[3] *public* bzw. *demanio pubblico*) gehören. Der *Code civil* bzw. der *Codice civile* finden auf solche Güter keine Anwendung, da an ihnen kein Privateigentum begründet werden kann und sie somit gänzlich dem Privatrechtsverkehr entzogen sind. Nur diese sind nach römisch-rechtlicher Terminologie *res extra commercium*.[4]

---

[3] „Domaine" wird etymologisch von „dominus" abgeleitet; vgl. *Choppin*, Bd. 2, 11; *Boulet-Sautel*, 93, Fn. 3 m. H. auf *Choppin*, Bd. 2, 2, 10f. Zur Entwicklung des Begriffs „domaine" vgl. den Überblick bei *Leyte* Domaine, 105–110.

[4] Vgl. hierzu hinten § 3 A.

1. Teil:
Res extra commercium im nationalen Rechtsverkehr

1. Kapitel: Kulturgüter als res extra commercium

§ 3 Begriff der res extra commercium

A. Römisches Recht

Das Rechtsinstitut der *res extra commercium* entstand mit dem römischen Recht.[1] Zu den *res extra nostra patrimonium* oder *res quarum commercium non est* zählten die *res divini iuris*, also die den Göttern geweihte Sache, und die *res publicae*, die dem Gemeingebrauch gewidmete Sache.[2] Die *res divini iuris* waren wiederum unterteilt in *res sacrae*, *res religiosae* und *res sanctae*. Die *res sacrae*, den Göttern der Oberwelt geweihte Kultgegenstände und Tempel, die *res religiosae*, den Göttern der Unterwelt geweihte Sachen – vor allem Grabstätten und Grabbeigaben – und schliesslich die *res sanctae*, wie vor allem Stadtmauern und -tore, standen unter dem besonderen Schutz der Götter.[3] Für die Entstehung einer *res sacra* bedurfte es zudem einer Widmung.[4]

Die *res publicae* (öffentliche Sachen)[5] waren Sachen im Eigentum des Staats, die nicht den Vorschriften des Privatrechts unterstanden und an denen kein Privateigentum bestehen konnte: z. B. öffentliche Strassen, Plätze, Flüsse und Seen.[6]

---

1 Vgl. dazu *Bekker*, 323–329; *Wappäus*, 5–44; eingehend auch *Biondi* La vendita, 1–56.

2 Gai Institutiones 2, 1f.: „Superiore commentario de iure personarum exposuimus; modo uideamus de rebus, quae uel in nostro patrimonio sunt uel extra nostrum patrimonium habentur. Summa itaque rerum diuisio in duos articulos diducitur: nam aliae sunt diuini iuris, aliae humani." Abgedr. bei *Gaius*, 45f.

3 Gai Institutiones 2, 1–10; abgedr. bei *Gaius*, 45f. Vgl. dazu *Coing*, 274f.; *Hausmaninger/Selb*, 180; *Honsell*, 46; *Kaser*, 90f. *Pagenstecher*, 41–48 (41), fasst *res sacrae* und *res sanctae* zusammen, weil „jedes sacrum und religiosum zugleich sanctum [ist], nicht aber umgekehrt."

4 D. 1, 8, 9, pr. & 1; abgedr. in: Corpus iuris civilis. Volumen primum, 40.

5 Gai Institutiones 2, 11: „Quae publicae sunt, nullius uidentur in bonis esse; ipsius enim uniuersitatis esse credentur. priuatae sunt quae singulorum hominum sunt." Abgedr. bei *Gaius*, 46.

6 Hiervon unterschied Marcian die *res communes omnium*, die allen gemeinsam gehören, wie Luft, fliessendes Wasser in Bächen und Flüssen, Meer und Strand; vgl. D. 1, 8, 2; abgedr. in: Corpus iuris civilis. Volumen primum, 39. Pomponius unterteilte zudem die öffentlichen Sachen in *res publico in usu* (öffentliches Gut im Gemeingebrauch), wie öffentliche Plätze und Strassen, Theater usw., und in *res publicae in pecunia populi* (Staatsvermögen), wie z. B. Bergwerke. Auch in anderen antiken Rechtsordnungen, vor allem im ägyptischen Recht, gab es dem Rechtsverkehr entzogene Gegenstände; vgl. *Revillout*, 127–131.

B. Pandektenrecht

Das Pandektenrecht relativierte die römische-rechtliche Anschauung, wonach keine privaten Rechte, insbesondere Eigentum, an *res extra commercium* bestehen können;[7] allerdings handelte es sich um „gebundenes Privateigentum".[8] *Res extra commercium* sind also nach der Pandektenlehre nicht gänzlich dem Rechtsverkehr entzogen, sondern unterliegen lediglich gewissen Verkehrsbeschränkungen.[9] Manche Sachen erhielten ihre Verkehrsbeschränkung durch ihre natürliche Beschaffenheit,[10] andere durch einen besonderen Willensakt,[11] namentlich durch Errichtung von Fideikommissen,[12] wobei auch einzelne Sachen unter ein Veräusserungsverbot gestellt werden konnten.[13] Ferner waren es gesetzliche Veräusserungsverbote, die gewisse Sachen dem Rechtsverkehr entzogen,[14] wohl nicht aber vertragliche Verbote.[15] Auch an den im Gemeingebrauch stehenden *res publicae* konnte Privateigentum bestehen;[16] dieses Eigentum war aber ebenfalls beschränkt.[17]

C. Folgerung

Der Begriff der *res extra commercium* wird in dieser Arbeit nicht nach der klassischen römisch-rechtlichen Terminologie verwendet, sondern ist in einem weiteren Sinne zu verstehen. Daher werden nicht nur Kulturgüter im nationalen

---

7 Vgl. *Bekker,* 325; *Wappäus,* 81.

8 Vgl. *Bekker,* 331 u. § 79.

9 Dem Einwand von *Wappäus,* 129 m. w. N., wonach Sachen, die einem Einfuhr- oder Ausfuhrverbot unterstehen, nicht dem Verkehr entzogen sein sollen, kann nicht gefolgt werden. Denn indem der Staat ein Kunstwerk im Eigentum eines Privaten mit einem Ausfuhrverbot belegt und somit die Eigentumsrechte des Privaten beschränkt, führt das Verbot zu einer wenigstens „partiellen Extrakommerzialität", da der Eigentümer sein Bild nur noch im Inland verkaufen kann, nicht aber im Ausland; ähnlich *Knapp* Rapport, 335: „le bien a alors perdu toute valeur marchande et est devenu une sorte de bien hors-commerce". Zu einem Beispiel aus der Praxis s. hinten § 7 D III 2.

10 Dazu gehören namentlich Flüsse und Seen, aber auch die im Gemeingebrauch stehenden Strassen und Plätze; vgl. *Bekker,* 329.

11 Dazu gehören die kraft Benediktion und Konsekration gewidmeten *res sacrae*; vgl. *Bekker,* 329 f.; zur *consecratio* bzw. *dedicatio* vgl. *Meurer,* §§ 24, 27.

12 *Bekker,* 328; zur Entstehung des Fideikommisses vgl. *Eckert,* 27–36.

13 *Bekker,* 353, nennt in Fn. h) alte Waffen und Porträts.

14 Vgl. *Bekker,* 354f., Fn. k) mit Beispielen.

15 Dies war bereits in der Pandektenlehre umstritten; vgl. *Bekker,* 354, Fn. i); zum heutigen Recht vgl. z. B. die Vorschrift in § 137 BGB.

16 *Bekker,* 339, zählt in Fn. m) zu den Sachen im Gemeingebrauch öffentliche Bibliotheken, Kunstmuseen und andere Sammlungen.

17 *Bekker,* 336.

und internationalen Rechtsverkehr untersucht, die gänzlich dem Privatrechtsverkehr entzogen sind, sondern auch Kulturgüter, die als öffentliche Sachen dem Rechtsverkehr nur „partiell" oder „beschränkt" entzogen sind.[18]

§ 4 Begriff „Kulturgut" im internationalen Recht

A. Völkerrecht

I. Haager Landkriegsordnung 1954

Der Begriff „Kulturgut" erschien auf internationaler Ebene erstmals im Haager Abkommen vom 14. Mai 1954 für den Schutz von Kulturgut bei bewaffneten Konflikten.[19] Nach diesem Übereinkommen ist ein Kulturgut ohne Rücksicht auf Herkunft oder Eigentumsverhältnisse ein „bewegliches oder unbewegliches Gut, das für das kulturelle Erbe aller Völker von grosser Bedeutung ist, wie z. B. [...] Kunstwerke, Manuskripte, Bücher und andere Gegenstände von künstlerischem, historischem oder archäologischem Interesse sowie wissenschaftliche Sammlungen und bedeutende Sammlungen von Büchern, Archivalien oder Reproduktionen des oben bezeichneten Kulturguts" (Art. 1).[20]

II. UNESCO-Konvention 1970

Die UNESCO-Konvention über Massnahmen zum Verbot und zur Verhütung der unzulässigen Einfuhr, Ausfuhr und Übereignung von Kulturgut vom 14. November 1970[21] enthält eine weite Begriffsdefinition. Nach Art. 1 des Überein-

---

[18] Bereits *Wappäus*, 49, verwendet den Begriff „partiell dem Verkehr entzogene Sache". Nach seiner Auffassung besitzen *res sacrae* und *res religiosae* lediglich eine „beschränkte Extrakommerzialität" oder „partielle Extrakommerzialität"; vgl. *Ders.*, 50, 68. Zu den öffentlichen Sachen im Eigentum von Privatpersonen vgl. *Ders.*, 114–117, mit der Einschränkung, dass private Gemäldegalerien und Museen, die der Öffentlichkeit zugänglich sind, keine „eigentlichen res publicae extra commercium" sind.

[19] Vgl. Haager Landkriegsordnung 1954. Die beiden Haager Abkommen 1899 u. 1907 verwenden nicht den Begriff „Kulturgut" („bien culturel"), sondern „geschichtliches Denkmal" („monument historique") (Artt. 27 Abs. 1, 56 Abs. 2) oder „Werke der Kunst und Wissenschaft" („œuvres d'art et de science") (Art. 56 Abs. 2).

[20] Zur Begriffsbestimmung des Kulturguts i. S. der Haager Landkriegsordnung 1954 vgl. *Hönes* Zur Kennzeichnung, 541–544; *Ders.* Zum Kulturgutbegriff, 988–992; zum Kulturgüterschutz im Kriegsvölkerrecht vgl. *Herdegen*, 161–173.

[21] Originalfassung: Multilateral Convention on the Means of Prohibiting and Preventing the Illicit Import, Export and Transfer of Ownership of Cultural Property, Adopted by the General Conference of the United Nations Educational, Scientific and Cultural Organization as its Sixteenth Session, Paris, 14.11.1970. Nichtamtl. dt. Übers.: Übereinkommen vom 14. November 1970 über Massnahmen zum Verbot und zur Verhütung der unzulässigen Einfuhr, Ausfuhr und Übereignung von Kulturgut. Die Konvention wurde bisher in 91 Staaten ratifiziert; vgl. <http://www.unesco.org> (Stand: 1. 12. 2001).

kommens gilt als Kulturgut das von jedem Staat aus religiösen oder weltlichen Gründen als für Archäologie, Vorgeschichte, Geschichte, Literatur, Kunst oder Wissenschaft besonders bedeutungsvoll bezeichnete Gut. In lit. a bis k von Art. 1 werden namentlich Antiquitäten erwähnt, die mehr als hundert Jahre sind, oder Gut von künstlerischem Interesse, wie z. B. Bilder, Gemälde und Zeichnungen, die ausschliesslich von Hand auf irgendeinem Träger und in irgendeinem Material angefertigt sind.

III. UNIDROIT-Konvention 1995

Kulturgüter im Sinne der UNIDROIT-Konvention 1995 über gestohlene oder rechtswidrig ausgeführte Kulturgüter[22] sind Güter mit religiösem oder weltlichem Charakter, die für Archäologie, Vorgeschichte, Geschichte, Literatur, Kunst oder Wissenschaft bedeutungsvoll sind. Diese Güter müssen nach Art. 2 der Kovention einer im Anhang der Konvention erwähnten Kategorie angehören.[23] Dieser Anhang gibt die Liste der Kategorien von Art. 1 der UNESCO-Konvention 1970[24] wieder. Diese Definition gilt für gestohlene Kulturgüter uneingeschränkt. Eine Einschränkung gilt jedoch für rechtswidrig ausgeführte Kulturgüter. Ein Kulturgut muss zusätzlich die Bedingungen von Art. 5 Abs. 3 erfüllen. Danach muss der klagende Staat nachweisen, dass die Ausfuhr des Kulturguts eine wesentliche Beeinträchtigung bestimmter kultureller oder wissenschaftlicher Interessen darstellt (significant cultural importance, importance culturelle significative, importanza culturale significativa). Werke lebender oder verstorbener Kunstschaffenden bis 50 Jahre nach deren Tod werden nicht erfasst (Art. 7 Abs. 1 lit. b). Ausnahmen bilden lediglich Kulturgüter, die zum traditionellen oder rituellen Gebrauch einer Eingeborenen- oder Stammesgemeinschaft bestimmt sind (Art. 7 Abs. 2).

Auch die Konvention hilft folglich nicht weiter, den Begriff des Kulturguts zu definieren; denn sie sagt nur, welche Kulturgüter unter das Übereinkommen fallen.

---

22 Originalfassung: *Convention of June 24, 1995 on Stolen or Illegally Exported Cultural Objects.* Nichtamtl. dt. Übers.: UNIDROIT-Konvention vom 24. 6. 1995 über gestohlene oder rechtswidrig ausgeführte Kulturgüter. Die Konvention ist seit dem 1. 4. 2000 in folgenden zwölf Staaten in Kraft: Bolivien, Brasilien, China, Ekuador, El Salvador, Finnland, Italien, Litauen, Rumänien, Paraguay, Peru und Ungarn; vgl. <http://www.unidroit.org> (Stand: 1. 12. 2001). Die Schweiz hat die Konvention unterzeichnet, jedoch noch nicht ratifiziert.

23 Nach *Volken,* 11 f., 25, und *Hänni,* 11, 77, versteht sich der Begriff „Kulturgut" von UNIDROIT als Konkretisierung der Begriffsdefinition in Art. 1 Haager Landkriegsordnung 1954 (s. Fn. 19).

24 Vgl. Fn. 21.

B. Rechte der Europäischen Gemeinschaften

I. Art. 30 EG

Ebenso Schwierigkeiten schafft der Versuch, „nationales Kulturgut" zu definieren. Der Vertrag zur Gründung der Europäischen Gemeinschaft vom 25. März 1957[25] spricht in seinem Art. 30[26] von „nationalem Kulturgut".[27] Was darunter zu verstehen ist, sagt der Vertrag hingegen nicht. Der europäische Gerichtshof hatte leider bis jetzt noch keine Gelegenheit, sich über die Auslegung des unbestimmten europarechtlichen Kulturgutbegriffs[28] zu äussern.

Was als „nationales Kulturgut" gilt, bestimmen letztlich die einzelnen EU-Mitgliedstaaten. Dass die Qualifizierung von Kulturgut als „nationales Kulturgut" problematisch sein kann, zeigen viele Beispiele aus der Praxis: Französische Behörden bezeichneten ein Gemälde des Genfer Malers Jean-Étienne Liotard (1702–1789) als französisches Kulturgut und verweigerten dessen Ausfuhr.[29] Der französische Staatsrat stellte ein Gemälde von Vincent Van Gogh (1853–1890) unter Denkmalschutz, um die dauernde Ausfuhr zu verhindern und drückte diesem Kunstwerk gemeinschaftsweit den Immobilitätsstempel[30] auf.[31] Italien notifizierte ein in Privateigentum stehendes Gemälde des französischen Malers Henri Matisse (1869–1954) als italienisches Kulturgut.[32] In all diesen Fällen blieb allerdings die Kernfrage offen, nämlich nach welchen Kriterien die jeweilige Qualifikation als nationales Kulturgut zu erfolgen hat.

---

25 Vertrag von Rom vom 25. 3. 1957.

26 Mit dem Vertrag von Amsterdam vom 2. 10. 1997 wurden sämtliche Artikel, Titel und Abschnitte des EUV umnummeriert. Die ursprünglich in Art. 36 gefasste Bestimmung wurde mit Inkrafttreten des Vertrags von Amsterdam vom 2. 10. 1997 zu Art. 30; zu dieser Vorschrift vgl. eingehend *Schmeinck*, 107–168.

27 Art. 30 EG lautet in seiner dt. Fassung: „Die Bestimmungen der Artikel 30 bis 34 stehen Einfuhr-, Ausfuhr- und Durchfuhrverboten oder -beschränkungen nicht entgegen, die aus Gründen der öffentlichen Sittlichkeit, Ordnung und Sicherheit, zum Schutz der Gesundheit und des Lebens von Menschen, Tieren oder Pflanzen, des nationalen Kulturguts von künstlerischem, geschichtlichem oder archäologischem Wert oder des gewerblichen und kommerziellen Eigentums gerechtfertigt sind. Diese Verbote oder Beschränkungen dürfen jedoch weder ein Mittel zur willkürlichen Diskriminierung noch eine verschleierte Beschränkung des Handels zwischen den Mitgliedstaaten darstellen."

28 So *Siehr* Die EG-Richtlinie, 34.

29 Vgl. dazu hinten § 30 B IX.

30 *Hanisch* Der Fall, 21.

31 Vgl. dazu hinten § 7 D III 2.

32 Vgl. dazu hinten § 31 B I.

II. Richtlinie Nr. 93/7/EWG

Die Richtlinie vom 15. März 1993 über die Rückgabe von unrechtmässig aus dem Hoheitsgebiet eines Mitgliedstaats verbrachten Kulturgütern[33] definiert den Begriff „nationales Kulturgut" nicht abschliessend. Die RL bestimmt lediglich im Anhang A Kategorien von Gegenständen, die als Kulturgut eingestuft zu werden geeignet sind und somit Gegenstand eines Rückgabeverfahrens i. S. der RL sein können. Nach Art. 1 Nr. 1 muss ein Objekt als Kulturgut drei verschiedene Voraussetzungen erfüllen. Es muss gehören[34]

(1) zum „nationalen Kulturgut von künstlerischem, geschichtlichem oder archäologischem Wert" i. S. des Art. 30 EG und

(2) zu den Objekten, die nach dem Recht des Mitgliedstaats, in dem es vor dem Verbringen belegen war, die Qualität nationaler Kulturgüter besitzen (Art. 1, 1. GS) und ausserdem

(3) zu den Objekten, die entweder
– zu einer der Kategorie zählen, die im Anhang zur RL[35] aufgeführt sind (Art. 1 Abs. 1, 2. GS),[36] oder, wenn dies nicht der Fall ist,
– zu den öffentlichen Sammlungen, die im Bestandesverzeichnis von Museen, von Archiven oder von erhaltenswürdigen Beständen von Bibliotheken aufgeführt sind (Art. 1 Abs. 1, 3. GS), oder
– im Bestandesverzeichnis kirchlicher Einrichtungen aufgeführt sind (Art. 1 Abs. 1, 4. GS).

III. Verordnung (EWG) Nr. 3911/92

Die Verordnung (EWG) Nr. 3911/92[37] regelt die Ausfuhr von Kulturgütern aus EU-Mitgliedstaaten in Drittländer. Nach Art. 1 der VO 9311/92 gelten als Kulturgüter dieser VO die im Anhang aufgeführten Güter. Der Anhang zur VO ist äquivalent mit dem Anhang zur RL 93/7.

---

[33] RL 93/7/EWG des Rates vom 15. 3. 1993 über die Rückgabe von unrechtmässig aus dem Hoheitsgebiet eines Mitgliedstaats verbrachten Kulturgütern. Die Richtlinie wurde geändert durch RL 96/100.

[34] Vgl. die grafische Darstellung eines Dreikreise-Modells bei *Siehr* Die Richtlinie, 228; *Ders.* International Art,. 234.

[35] ABl. EG Nr. L 74/78f. vom 27. 3. 1993; geändert durch RL 96/100. Im Anhang A werden 14 Kategorien von Kulturgut aufgezählt. Im Anhang B werden fünf Wertgruppen aufgezählt. Der Anhang ist fast identisch mit demjenigen der VO (EWG) Nr. 3911/92. Lediglich bei der Kategorie A 14 („sonstige Gegenstände") differenziert die RL nicht mehr gegenständlich, sondern nur noch wertmässig.

[36] Nach Art. 14 Abs. 1 RL 93/7 kann jeder Staat seine Rückgabeverpflichtungen auf andere als die im Anhang aufgeführten Kategorien von Kulturgütern ausdehnen.

[37] Verordnung (EWG) Nr. 3911/92 des Rates vom 9. 12. 1992 über die Ausfuhr von Kulturgütern. Die erforderlichen Präzisierungen dazu sind in der VO (EWG) Nr. 752/93 der Kom-

C. Lehre

Weder nationale Gesetze[38] noch das Völkerrecht[39] haben den Begriff „Kulturgut“ zweckmässig definiert. Auch die Lehre hat dies nicht getan.[40] Der Begriff „Kulturgut“ ist zudem ein dynamischer Begriff, für den eine internationale Definition nicht nur unmöglich, sondern auch nicht wünschenswert ist.[41]

Da der Begriff „Kulturgut“ ein funktionaler Begriff ist, basieren alle Definitionsversuche letztlich auf gewissen Systemen. So kann zwischen der Enumeration, Klassifizierung oder Kategorisierung unterschieden werden.[42] Das Enumerationssystem setzt eine Liste voraus, welche diejenigen Güter erfasst, die schützenswert sind.[43] Die Klassizierung basiert auf einer Liste, in welche Güter, gestützt auf eine Einzelentscheidung einer hierzu ermächtigten Stelle, eingetragen werden.[44] Das System der Kategorisierung schliesslich liefert sehr allgemein gehaltene Beschreibungen und Definitionen dessen, was zu den Kulturgütern zu zählen ist. Die offensichtliche Unmöglichkeit einer einheitlichen Definition ist damit zu erklären, dass die einzelnen Staaten unterschiedlicher Auffassung sind, was unter „Kulturgut“ zu verstehen ist.

Der Umstand, dass es sich bei Kulturgütern um Objekte handelt, bei denen der künstlerischen, kultursoziologischen und kulturhistorischen Komponente eine wesentliche Bedeutung zugemessen werden muss, kann der Begriff „Kulturgut“ nicht eng gefasst sein. Eine Annäherung an den Begriff des Kulturguts wird wohl nur der interdisziplinäre Dialog von Recht, Kunstgeschichte und Archäologie erreichen.[45] Die Begriffsdefinition des UNIDROIT-Vorentwurfs vom September/Oktober 1993 trägt m. E. der erwähnten Schwierigkeit am besten Rechnung. Danach kann ein „Kulturgut“ als ein körperlicher Gegenstand von „archäologischer, prähistorischer, historischer, literarischer, künstlerischer oder wissenschaftlicher Bedeutung“[46] bezeichnet werden.

---

mission vom 30. 3. 1993 zur Durchführung der VO (EWG) Nr. 3911/92 des Rates über die Ausfuhr von Kulturgütern erlassen worden. Der Anhang zur (EWG) VO Nr. 3911/92 wurde revidiert durch VO (EG) Nr. 2469/96 des Rates vom 16. 12. 1996 zur Änderung des Anhangs der VO (EWG) Nr. 3911/92 über die Ausfuhr von Kulturgütern.

[38] Vgl. dazu hinten §§ 5 A, 6 A, 7 A, 8 A und 9 A.

[39] Vgl. hierzu den Überblick bei *Blake*, 62–85.

[40] Vgl. dazu *Schorlemer*, 46–86; *Byrne-Sutton* Le trafic, 60–71; *Jaeger*, 9–11; *Lalive* Le statut, 91–94; *Knott*, 21, Fn. 1, versucht gar nicht erst, „Kulturgut“ zu definieren.

[41] So *Reichelt* Kulturgüterschutz in Österreich, 63.

[42] Vgl. *Schmeinck*, 50–52.

[43] So z. B. in einigen Schweizer Kantonen; vgl. dazu hinten § 5 A II 1.

[44] So z. B. in Frankreich; vgl. dazu hinten § 7 C VI (öffentliche Kulturgüter) und § 7 D I 1 (private Kulturgüter).

[45] Vgl. dazu *Jayme* Rechtsbegriffe, 11–27, insb. 21–25.

[46] Abgedr. bei *Siehr* The UNIDROIT (1994), 301–307. Art. 2 Vorentwurf i. d. F. vom 26. 1. 1990 erwähnte die archäologische Bedeutung nicht; abgedr. bei *Prott* Commentary, 97

§ 5 Schweiz

A. Begriff „Kulturgut"

I. Bund

Abgesehen vom Bundesgesetz über den Schutz der Kulturgüter bei bewaffneten Konflikten vom 6. Oktober 1966[47] definiert das Bundesrecht den Begriff des Kulturguts nicht. Nach dem Vernehmlassungsentwurf vom Oktober 2000 zum Kulturgütertransfergesetz gilt als ein Kulturgut ein aus religiösen oder weltlichen Gründen zur Archäologie, Vorgeschichte, Geschichte, Literatur, Kunst oder Wissenschaft bedeutungsvolles Gut, das einer der Kategorien nach Art. 1 UNESCO 1970 angehört.[48]

II. Kantone

Der Begriff „Kulturgut" *(bien culturel, bene culturale)* fand bisher nur in den Kantonen Freiburg, Neuenburg und Tessin Eingang in die entsprechenden Erlasse.[49] Die anderen kantonalen Erlasse umschreiben „Kulturgut" in verschiedener Art. Nicht sinnvoll wäre, diese verschiedenen Kulturgüterbegriffe alle einzeln aufzuführen. Vielmehr sollen sie nach gewissen Einteilungskriterien gruppiert werden. Keine Gruppe bilden dabei die kantonalen Erlasse, die ausdrücklich auf den Kulturgutbegriff des Bundesgesetzes über den Schutz der Kulturgüter bei bewaffneten Konflikten vom 6. Oktober 1966 verweisen.[50]

(engl.); *Reichelt* Die Rolle, 212 (frz.); IJCP 1 (1992) 252 (engl.); *Dolzer/Jayme/Mussgnug*, Anhang (78) (frz.); zum Vorentwurf 1990 allgemein vgl. *Kinderman*, 503–536; *Reichelt* Die Vereinheitlichung, 71–81; *Siehr* The UNIDROIT (1992), 321–330. Art. 2 Vorentwurf i. d. F. vom 26. 1. 1990 lautete: „‚cultural object' means any material object of artistic, historical, spiritual, ritual or other cultural significance." Dessen französische Fassung lautet: „revêtant une importance culturelle, notamment artistique, historique, spirituelle ou rituelle." Eine falsche Übers. verwendet *Franz* Zivilrechtliche, 25, der die Übers. von *Jaeger*, 143, übernimmt.

47 Art. 1 Abs. 1 lit. a Bundesgesetz über den Schutz der Kulturgüter bei bewaffneten Konflikten vom 6. 10. 1966 wiederholt die Umschreibung von Art. 1 lit. a Haager Landkriegsordnung 1954.

48 Vgl. Art. 1 VE KGTG. In Art. 2 wird zudem „Kulturgut im engeren Sinn" und in Art. 3 „kulturelles Erbe" umschrieben.

49 FR: Art. 3 Abs. 1 Gesetz über den Schutz der Kulturgüter vom 7. 11. 1991; NE: Art. 3 *Loi sur la protection des biens culturels du 27. 3. 1995*; TI: Art. 2 *Legge sulla protezione dei beni culturali del 13. 5. 1997*. Zum Begriff „bene culturale" nach dem zuletzt genannten Gesetz vgl. *Cattaneo Beretta*, 147 f.

50 So einzig ZG: § 2 Abs. 2 Gesetz über Denkmalpflege, Archäologie und Kulturgüterschutz vom 26. 4. 1990. Hierbei bleibt anzumerken, dass dieses Gesetz nicht nur den Schutz der Kulturgüter regelt, sondern gleichzeitig das BG vom 6. 10. 1966 vollzieht.

1. Definitionen

a) Definition durch Schutzgründe

Die Kantone Appenzell-Ausserhoden, Basel-Stadt und Schwyz erachten diejenigen Kulturgüter als schutzwürdig, welche von besonderer künstlerischer und historischer Bedeutung sind.[51] In den Kantonen Aargau, Genf, Luzern, Obwalden, Solothurn und Waadt wird zudem eine wissenschaftliche Bedeutung verlangt.[52] Auf die Bedeutung der alten Sitten und Gebräuche wird beispielsweise in den Kantonen Basel-Landschaft, Freiburg, Nidwalden und Neuenburg abgestellt.[53] Nach der sehr weit gefassten Definition des Tessiner Kulturgut-

---

[51] AR: Art. 16 Abs. 2 EG RPG vom 28.4.1985: „Kulturdenkmäler sowie andere historisch oder künstlerisch wertvolle Bauten und Bauteile"; BS: § 5 Abs. 1 Gesetz über den Denkmalschutz vom 20.3.1980: „Denkmäler sind Einzelwerke, Ensembles und deren Reste, die wegen ihres kulturellen, geschichtlichen, künstlerischen oder städtebaulichen Wertes erhaltenswürdig sind." SZ: § 6 Verordnung betreffend den Natur- und Heimatschutz und die Erhaltung von Altertümern und Kunstdenkmälern vom 29.11.1927.

[52] AG: § 1 Abs. 1 Dekret über den Schutz von Kulturdenkmälern vom 14.10.1975: „Kulturdenkmäler sind bewegliche oder unbewegliche Werke, die wegen ihrer historischen, künstlerischen oder wissenschaftlichen Bedeutung erhaltenswürdig sind." GE: Art. 4 *Loi sur la protection des monuments, de la nature et des sites du 4.6.1976*: „Sont protégés [...] les monuments de l'histoire, de l'art ou d'architecture et les antiquités immobilières situés ou découverts dans le canton, qui présentent un intérêt archéologique, historique, artistique, scientifique ou éducatif"; Art. 26 (chapitre III: Objets mobiliers): „La protection des objets mobiliers présentant un intérêt esthétique, artistique, historique ou scientifique, trouvés ou situés dans le canton"; LU: § 1 Gesetz über den Schutz der Kulturdenkmäler vom 8.3.1960: „Kulturdenkmäler sind Werke menschlicher Tätigkeit, die ihres wissenschaftlichen, künstlerischen, historischen oder heimatkundlichen Interesses wegen zu erhalten sind"; OW: Art. 3 Abs. 2 Verordnung über den Schutz von Bau- und Kulturdenkmälern vom 30.3.1990: „Als Kulturobjekte werden [...] Bauten und Bauteile bezeichnet, deren historische, kulturgeschichtliche oder wissenschaftliche Bedeutung ihnen einen besonderen Stellenwert im Orts- und Landschaftsbild verleiht." SO: § 2 Abs. 1 Verordnung über den Schutz der historischen Kulturdenkmäler vom 19.12.1995: „Als historische Kulturdenkmäler gelten Werke früherer menschlicher Tätigkeit sowie Zeugnisse der Vergangenheit, die eine besondere archäologische, geschichtliche, soziale, künstlerische, städtebauliche, technische, wissenschaftliche oder heimatkundliche Bedeutung haben." VD: Art. 46 Abs. 1 *Loi du 10.12.1969 sur la protection de la nature, des monuments et des sites*: „tous les monuments de la préhistoire, de l'histoire, de l'art et de l'architecture et les antiquités immobilières et mobilières, trouvés dans le canton, qui présentent un intérêt archéologique, historique, artistique, scientifique ou éducatif."

[53] BL: § 3 Abs. 1 Gesetz über den Denkmal- und Heimatschutz vom 9.4.1992: „Schutzobjekte sind Kulturdenkmäler, an deren Erhaltung wegen ihres kulturellen, geschichtlichen, künstlerischen, kunsthistorischen, städtebaulichen, volkskundlichen oder wissenschaftlichen Wertes ein erhebliches öffentliches Interesse besteht. Dazu gehören Ensembles, Einzelwerke und deren Fragmente sowie deren Ausstattung." FR: Art. 3 Abs. 1 Gesetz über den Schutz der Kulturgüter vom 7.11.1991: „unbewegliches oder bewegliches, geschichtliches oder zeitgenössisches Objekt, das für die Allgemeinheit als Zeuge der geistigen Tätigkeit, des Kunstschaffens oder des gesellschaftlichen Lebens von Bedeutung ist." NE: Art. 3 *Loi sur la protection des biens culturels du 27.3.1995*: „Par biens culturels il faut entendre les objets,

schutzgesetzes sind Kulturgüter „bewegliche und unbewegliche Sachen, welche allein oder zusammen im Hinblick auf die Erzeugnisse menschlicher Kreation in all ihren Erscheinungsformen für die Gemeinschaft von Bedeutung sind.“[54] Vereinzelt wird der einzigartige Charakter,[55] der besondere kulturelle, historische oder ästhetische Wert[56] oder der antiquarische Wert des Kulturguts in den Vordergrund gestellt.[57]

Manche kantonale Erlasse zählen im Anschluss an die Definition eine Reihe von Objekten auf.[58]

b) Definition durch Klassifizierung

Für die klassische Methode der Eintragung in das jeweilige kantonale Denkmalschutzverzeichnis[59] haben sich nur gerade die Kantone Graubünden, Schaffhausen, Wallis und Zürich entschieden.[60]

---

immobiliers ou mobiliers, anciens ou contemporains, qui présentent pour la communauté, de l'importance comme témoins de la vie artistique, sociale et religieuse.“ Vgl. auch Art. 2 *Règlement d'application de la loi sur la protection des biens culturels du 30. 8. 1995*: „Objets de culte, meubles, tableaux, pièces d'orfèvrerie, enseignes, outils, documents, collections archéologiques.“ NW: Art. 4 Ziff. 5 Gesetz über den Natur- und Heimatschutz vom 24. 4. 1988: „Schutzobjekte sind bewegliche Kulturgüter, die als wichtige Zeugen früherer Wohnkultur oder von früheren Epochen des Erwerbslebens von wesentlicher Bedeutung sind“.

[54] TI: Art. 2 *Legge sulla protezione dei beni culturali del 13. 5. 1997*: „Sono beni culturali i beni mobili e gli immobili che singolarmente o nel loro insieme rivestono interesse per la collettività, in quanto testimonianze dell'attività creativa dell'uomo in tutte le sue espressioni.“

[55] So z. B. UR: Art. 4 Abs. 2 Gesetz über den Natur- und Heimatschutz vom 18. 10. 1987: „Schutzwürdig sind Objekte, die sich durch ihre Einmaligkeit, ihre Seltenheit oder ihr harmonisches Gesamtbild auszeichnen. Dabei sind auch der ökologische Stellenwert sowie die kulturelle, historische und wissenschaftliche Bedeutung der Objekte mitzuberücksichtigen.“

[56] Vgl. BE: Art. 2 Abs. 1 Gesetz über die Denkmalpflege vom 8. 9. 1999.

[57] Vgl. JU: Art. 1 Abs. 1 *Loi sur la conservation des objets d'art et monuments historiques du 9. 11. 1978*: „et ont une valeur comme antiquités“.

[58] Vgl. AG: § 1 Abs. 2 Dekret über den Schutz von Kulturdenkmälern vom 14. 10. 1975; BS: § 5 Abs. 2 Gesetz über den Denkmalschutz vom 20. 3. 1980; GE: Art. 4 *Loi sur la protection des monuments, de la nature et des sites du 4. 6. 1976*; LU: § 1 lit. a–f Gesetz über den Schutz der Kulturdenkmäler vom 8. 3. 1960; NE: Art. 4 Abs. 1 *Loi sur la protection des biens culturels du 27. 3. 1995*; NW: Art. 44 Gesetz über den Natur- und Heimatschutz vom 24. 4. 1988; SO: § 2 Abs. 2 Verordnung über den Schutz der historischen Kulturdenkmäler vom 19. 12. 1995; UR: Art. 6 Abs. 3 Gesetz über den Natur- und Heimatschutz vom 18. 10. 1987; VD: Artt. 46, 49 *Loi du 10. 12. 1969 sur la protection de la nature, des monuments et des sites*. – Nicht so FR, der einen weiten Kulturgutbegriff kennt; vgl. *Jungo*, 349, Ziff. 1.

[59] Die Terminologie ist uneinheitlich. Manche Kantone verwenden den Begriff „Inventar“.

[60] Vgl. GR: Art. 1 Ziff. 4 Verordnung über den Natur- und Heimatschutz vom 27. 11. 1946, wonach die Interessen des Natur- und Heimatschutzes insbesondere durch die Bewahrung von „wertvollen Altertümern (Gebäudebestandteile, Inschriften, Wappen, Mobiliar, Geräte, Werkzeuge, Waffen, Schmucksachen, Textilien, Münzen, Handschriften, Bücher, Bilder, Kultgegenstände, vorgeschichtliche Denkmäler, wie Grabanlagen, Versteckfunde, Siedlungs-

c) Keine Definition

Die Kantone Appenzell Innerrhoden, Basel-Landschaft, Glarus, Jura und St. Gallen definieren den Kulturgutbegriff nicht.

2. Unterschutzstellung

a) Herkunft des Kulturguts

Fällt ein ursprünglich aus dem Kanton Bern stammendes Kulturgut unter das Freiburger Kulturgüterschutzgesetz, wenn es seit längerer Zeit im Kanton Freiburg gelegen war? Muss ein historischer Zusammenhang mit diesem Kanton bestehen, oder genügt eine herausragende künstlerische Bedeutung des Objekts?

Die kantonalen Erlasse verzichten auf eine Präzisierung der massgeblichen Kriterien.[61] Es darf aber wohl davon ausgegangen werden, dass die Kulturgüter im Eigentum der öffentlichen Hand im Zweifel unabhängig ihrer Herkunft geschützt, bzw. in das Denkmalschutzverzeichnis einzutragen sind. Hingegen darf bei Kulturgut in Privateigentum eine enge Beziehung zum Kanton, dessen Schutzbereich beansprucht wird, verlangt werden.[62] Enthält der kantonale Erlass die Formulierung „Güter, die sich auf dem Kantonsgebiet befinden", so spielt wohl die Herkunft des Kulturguts keine Rolle.[63]

Eine interessante Bestimmung enthält das Gesetz über den Schutz der Kulturdenkmäler des Kantons Luzern vom 8. März 1960. Gemäss § 9 Abs. 1 sind nur

---

reste, Wehranlagen, Wohnhöhlen und Opferplätze) vor der Zerstörung, dem Verschwinden oder der Ausfuhr aus dem Kanton" gewahrt werden. Vgl. auch Art. 4 Satz 1 Gesetz über die Förderung des Natur- und Heimatschutzes im Kanton Graubünden vom 24.10.1965, umgenannt durch Gesetz über die Förderung der Kultur vom 28.9.1997: „Der Kanton fördert die Sicherung, Erhaltung, Untersuchung und Restaurierung von künstlerisch oder historisch wertvollen Bauwerken oder ihrer Überreste [...] und von wertvollen Altertümern aller Art." SH: § 1 Verordnung betreffend den Schutz der Kulturdenkmäler vom 20.9.1939, wonach namentlich kulturhistorische Bodenfunde von kulturhistorischen Stätten der prähistorischen und historischen Zeit sowie einzelne Bauteile wie z. B. Portale, Getäfer, Skulpturen und Wappen von historisch oder künstlerisch wertvollen Bauten dem staatlichen Schutz unterstellt sind; VS: Art. 9 Abs. 2 Gesetz über den Natur- und Heimatschutz vom 13.11.1998 i. V. m. Artt. 9–13 Verordnung über den Natur- und Heimatschutz vom 20.9.2000; ZH: Art. 1 Verordnung über das Natur und Heimatschutzgesetz vom 20.7.1977 verweist auf das PBG.

61 Ausnahmen bestehen beim Schutz von Kulturgut in Kriegszeiten; vgl. etwa Art. 2 Einführungsgesetz zur Bundesgesetzgebung über den Schutz von Kulturgütern bei bewaffneten Konflikten des Kantons Nidwalden vom 29.4.1979, wonach die Herkunft des Kulturguts keine Rolle spielt.

62 So auch *Knapp* La protection, 232, Ziff. 2.

63 Vgl. z. B. VD: Art. 1 lit. c und Art. 49 *Loi du 10.12.1969 sur la protection de la nature, des monuments et des sites*: „situés dans le canton"; GE: Art. 1 lit. a und Art. 26 Abs. 1 *Loi sur la protection des monuments, de la nature et des sites du 4.6.1976*: „situés dans le canton".

diejenigen beweglichen Kulturdenkmäler eintragungsfähig, „deren Herkunft aus dem Kanton Luzern feststeht oder mit grosser Wahrscheinlichkeit anzunehmen ist, oder wenn sie ein einheimischer Künstler geschaffen hat."[64] Ein „fremdes" Kulturgut fällt nur dann unter diese Bestimmung, wenn das Objekt „mit der einheimischen Vergangenheit so eng verbunden ist, dass ihr Verlust eine wesentliche Einbusse für die Allgemeinheit bedeuten würde" (Art. 9 Abs. 2).[65] Ähnlich, aber vergleichsweise weniger klar, ist § 3 der Verordnung über das Nidwaldner Museum vom 2. Dezember 1983, wonach Kulturgut als nidwaldnerisch gilt, „wenn es zu Nidwalden einen Bezug aufweist, oder von Nidwaldnern oder in Nidwalden lebenden Personen geschaffen wurde oder in Nidwalden in Gebrauch gestanden ist." Noch weiter geht die Formulierung des Kulturdenkmalschutzgesetzes des Kantons Luzern, wonach Kulturdenkmäler Werke menschlicher Tätigkeit sind, die „ihres wissenschaftlichen, künstlerischen, historischen oder heimatkundlichen Interesses wegen zu erhalten sind."[66]

b) Werke lebender Künstler

Nur gerade die einschlägigen Gesetze der Kantone Freiburg und Neuenburg erwähnen zeitgenössische Objekte als geschützte Kulturgüter.[67] Wo die Grenze zwischen „historisch" und „zeitgenössisch" anzusetzen ist, bleibt in diesem Fall

---

[64] Vgl. auch die gleichlautende Bestimmung in NW: Art. 50 Abs. 1 Gesetz über den Natur- und Heimatschutz vom 24.4.1988. Unklar bleibt, wann ein Künstler als einheimischer Künstler des Schutzkantons zu betrachten ist. Ein möglicher Lösungsansatz mag Art. 2 Abs. 2 Verordnung zum Kulturgesetz des Kantons Appenzell Innerrhoden vom 14.6.1999 sein, der zur Zuwendung von Kantonsbeiträgen an Kulturschaffende folgendes bestimmt: „Kulturschaffende haben eine Beziehung zum Kanton, insbesondere wenn sie: lit. a: seit wenigstens einem Jahr im Kanton wohnen und hauptsächlich im Kanton tätig sind; lit. b: nicht oder weniger als ein Jahr im Kanton wohnen, jedoch einen wesentlichen Lebensabschnitt im Kanton verbracht, einen bedeutenden Teil ihres Werkes im Kanton geschaffen haben oder für das kulturelle Leben des Kantons einen wesentlichen Beitrag leisten."

[65] Vgl. auch die gleichlautende Bestimmung in NW: Art. 50 Abs. 2 Gesetz über den Natur- und Heimatschutz vom 24.4.1988. – Auch hier bleibt unklar, wann ein Kulturgut eine Beziehung zum Schutzkanton hat. Ein möglicher Lösungsansatz mag Art. 2 Abs. 3 Verordnung zum Kulturgesetz [des Kantons Appenzell Innerrhoden] vom 14.6.1999 sein, welcher für die Zuwendung von Kantonsbeiträgen an Kulturschaffende Folgendes bestimmt: „Projekte, Werke oder Kulturstätten haben eine Beziehung zum Kanton, wenn sie sich innerhalb des Kantons befinden und:
a. einem grösseren Teil der appenzell-innerrhodischen Bevölkerung zugänglich sind;
b. das kulturelle Angebot im Kanton wesentlich erweitern."

[66] Vgl. § 1 Gesetz über den Schutz der Kulturdenkmäler vom 8.3.1960. Vgl. auch die exrem weite Definition von Kulturgut im Kanton TI. Art. 1 *Legge sulla protezione dei beni culturali del 13. 5. 1997* lautet: „Sono beni culturali i beni mobili e gli immobili che singolarmente o nel loro insieme rivestono interesse per la collettività, in quanto testimonianza dell'attività creativa dell'uomo in tutte le sue espressioni."

[67] Vgl. FR: Art. 3 Gesetz über den Schutz der Kulturgüter vom 7.11.1991: „Der Ausdruck Kulturgut bezeichnet ein [...] geschichtliches oder zeitgenössisches Objekt"; NE: Art. 3 *Loi*

unerheblich. Spricht aber das Gesetz nur von historischen Objekten, ist unklar, ob auch ein zeitgenössisches Werk unter das Gesetz fällt. M. E. ist in Anlehnung an das aufgehobene Denkmalschutzgesetz des Kantons Tessin vom 15. April 1946[68] die Grenze zwischen „historisch" und „zeitgenössisch" bei 50 Jahren anzusetzen.

B. Öffentliche Kulturgüter

I. Bund

1. Allgemeines

In der Schweiz ist von der Möglichkeit, Sachen und insbesondere Kulturgüter als *res extra commercium* zu qualifizieren, nur sehr zurückhaltend Gebrauch gemacht worden.[69] Die einzige bundesrechtliche Norm, die gewisse Sachen dem Privatrechtsverkehr entzieht, ist Art. 20 des Bundesgesetzes über die Archivierung[70]. Danach ist Archivgut des Bundes grundsätzlich unveräusserlich (Abs. 1) und unersitzbar (Abs. 2);[71] d. h. die Klage der Eidgenossenschaft gegen den Besitzer gestohlenen Archivguts des Bundes auf Herausgabe unterliegt keiner Verjährung.

Nicht nur Gesetze können Kulturgüter dem Rechtsverkehr entziehen, sondern es sind v. a. letztwillige Verfügungen, die Kunstsammlungen vor deren Zerstückelung schützen sollen. Zudem können Kunstsammlungen durch Errichtung von Stiftungen dem Handel entzogen werden.

2. Vermächtnis mit Auflage: Fall Reinhart

Oskar Reinhart (1885–1965) vermachte im Jahre 1958 *ex legato* seine Gemäldesammlung[72] zusammen mit Villa und Park „Am Römerholz" in Winterthur der Schweizerischen Eidgenossenschaft, welche seit 1965 Eigentümerin der welt-

---

sur la protection des biens culturels du 27. 3. 1995: „Par biens culturels, il faut entendre les objets [...] anciens ou contemporains."

[68] *Legge per la protezione dei monumenti storici ed artistici del 15. 4. 1946*. Es fand keine Anwendung auf Werke lebender Künstler oder Werke, die vor weniger als 50 Jahren seit dem Eintrag bzw. der Deklarierung als „monumento" i. S. des Gesetzes geschaffen wurden (Art. 2 Abs. 1 lit. a). Es war lediglich vorausgesetzt, dass der Verlust oder die Ausfuhr einen erheblichen Schaden (danno grave) für das künstlerische Kulturerbe oder die Geschichte des Kantons Tessin hervorrufen würde (Art. 2 Abs. 2).

[69] *Raschèr*, 17.

[70] Bundesgesetz über die Archivierung vom 26. 6. 1998; vgl. dazu *Theler*, 157–171.

[71] Vorbehalten sind vom Bundesrat bezeichnete Ausnahmen; vgl. Art. 25 Verordnung zum Bundesgesetz über die Archivierung vom 8. 9. 1999.

[72] Der eine Teil der Sammlung von Dr. h.c. Oskar Reinhart (1885–1965) – 600 Werke – ging im Jahre 1951 als „Stiftung Oskar Reinhart" in den Besitz der Stadt Winterthur über (Kunst-

berühmten und einzigartigen Sammlung ist.[73] Anlässlich der geplanten Renovation der Villa in den Jahren 1994/95 sollten die über 200 Bilder aus dem 14. bis 20. Jh. während der Umbauarbeiten für etwa zehn Wochen ins *Metropolitan Museum of Art* in New York „integral ausgelagert" werden. Bundesrat Flavio Cotti und Alfred Defago, damaliger Direktor des Bundesamts für Kultur,[74] unterzeichneten am 31. März 1992 eine Absichtserklärung über eine einmalige Ausstellung in New York. Allerdings sind die Gemälde gemäss Schenkungsurkunde vom 16. Februar 1958 nicht nur unverkäuflich, sondern dürfen auch nicht „ausgeliehen" werden.[75] Das BAK, der Winterthurer Stadtpräsident, die Aufsichtskommission[76] sowie zwei Gutachter setzten sich für diese im Schenkungsvertrag nicht geregelte „integrale Auslagerung" ins Ausland ein.[77] Nachdem es zu einer massiven Opposition durch Prof. Hanspeter Landolt[78] sowie in- und ausländische Medien gekommen war,[79] wurde schliesslich darauf verzichtet, v. a. weil die Unsicherheit über den Passus im Schenkungsvertrag „dürfen nicht ausgeliehen werden" offensichtlich zu gross war und eine mögliche gerichtliche Auseinandersetzung mit den Opponenten vermieden werden sollte. Im Falle einer Klage schien eine rechtzeitige Ausstellung in New York im Voraus unwahrscheinlich. Die Bilder kamen schliesslich im Einvernehmen aller Beteiligten während der verspäteten Umbauarbeiten in den Jahren 1997/98 ins „Kunstmuseum am Stadtgarten" in Winterthur, wo ein anderer Teil der Reinhart-Sammlung ausgestellt ist.

---

museum am Stadtgarten). Den anderen Teil der Sammlung vermachte Reinhart im Jahre 1958 – zusammen mit seinem Wohnhaus und dem Park „Am Römerholz" – der Eidgenossenschaft („Sammlung Oskar Reinhart am Römerholz"); vgl. *Jung*, 356, Fn. 305 m. w. H. Spätestens ab 1940 richtete sich Oskar Reinharts Ankaufspolitik auf zwei getrennte Bestände, die er voneinander unabhängig zu einem jeweils abgerundeten Ensemble ergänzen wollte; vgl. *BAK* Kulturgüter, 13.

[73] Zur Sammlung Oskar Reinhart „Am Römerholz" vgl. *Frehner*.

[74] Zugegen waren auch der Winterthurer Stadtpräsident Dr. Martin Haas sowie Andreas Reinhart als Vertreter der Familie Reinhart; vgl. *Defago*, 15.

[75] Vgl. Ziff. II. lit. c Öffentliche Urkunde über eine Schenkung von Todes wegen des Herrn Dr. h.c. Oskar Reinhart an die Eidgenossenschaft: „Auf die Ausleihe, den Verkauf, den Hinzukauf und die Annahme einer Schenkung von Bildern wird ausdrücklich verzichtet."

[76] Vgl. Reglement über die Aufsichtskommission für die Sammlung Oskar Reinhart „Am Römerholz" in Winterthur vom 1. 1. 1984.

[77] Vgl. die Begründung der beiden Gutachten: „Die notwendige Renovation der Villa und die damit verbundene Schliessung der Galerie sowie die unumgängliche Auslagerung der Sammlung stellen einen im Erbvertrag nicht vorgesehenen und daher ergänzungsbedürftigen Sachverhalt dar. Was letztlich der Wille des Schenkers in einer solchen, vertraglich nicht geregelten Situation gewesen wäre, muss offen bleiben." Zit. gemäss *Defago*, 15.

[78] Dr. Hanspeter Landolt (1920–2001) war 1968–1985 ordentlicher Ordinarius für Neuere Kunstgeschichte an der Universität Basel und 1979–1988 Präsident der Stiftungskommission der Gottfried-Keller-Stiftung; vgl. *Stückelberger*, 68.

[79] Vgl. *Landolt*, 27; *Missachtung des Willens von Oskar Reinhart?*, 19; *Beaucamp* Mobil, 25; *Neumeister*, 33; *Händler/Schweighöfer*, 10f.

II. Kantone

Die nachstehende Analyse betrifft nur den Schutz von Kultur- und Archivgut in Friedenszeiten, nicht aber den Schutz von Kulturgut bei bewaffneten Konflikten i. S. des Haager Abkommens vom 14. Mai 1954[80].

1. Kulturgüter

a) Rechtsgrundlage

Nach Art. 6 Abs. 2 ZGB können die Kantone in den Schranken ihrer Hoheit[81] den Verkehr[82] „mit gewissen Arten von Sachen" beschränken oder untersagen oder die Rechtsgeschäfte über solche Sachen als ungültig bezeichnen. Damit sind v. a. öffentliche Sachen gemeint, also Sachen im Gemeingebrauch und Sachen des Verwaltungsvermögens.[83] Art. 6 Abs. 2 ZGB erfasst nur bewegliche Sachen im Eigentum der Kantone, der Gemeinden oder sonstiger juristischer Personen des öffentlichen Rechts wie öffentlich-rechtliche Körperschaften und Anstalten.[84] Diese Bestimmung soll verhindern, dass diese Sachen ihrem öffentlichen Zweck[85] entzogen werden.[86] Die Lehre erwähnt neben den öffentlichen Sachen die polizeilich relevanten Sachen, also beispielsweise Altertümer und Kunstgegenstände.[87] Die Verkehrsbeschränkungen müssen durch ein öffentliches Interesse gerechtfertigt sein.[88] Sie betreffen nicht nur Gegenstände von wissenschaftlichem Wert, sondern können das ganze Gebiet des Natur- und Heimatschutzes einschliessen. Insbesondere sind die Kantone

---

80 Haager Landkriegsordnung 1954; von der Schweiz ratifiziert durch Bundesgesetz über den Schutz der Kulturgüter bei bewaffneten Konflikten vom 6. 10. 1966. Zur Rechtslage in der Schweiz vgl. *Lattmann*. Zur Rückgabe von Kulturgütern gestützt auf die Haager Landkriegsordnung 1954 vgl. *Carducci* L'obligation, 332–340. Zu den kantonalen Ausführungsgesetzen vgl. *Hänni* Die Auswirkungen, 54–58.

81 Diese ist z. B. nicht gegeben bei Vorliegen einer ausschliesslichen Bundeskompetenz oder einer konkurrierenden Kompetenz, soweit der Bund davon schon Gebrauch gemacht hat.

82 Entgegen dem französischen und italienischen Wortlaut von Art. 6 Abs. 2 ZGB fällt darunter nicht nur der Handel, sondern allgemein der rechtsgeschäftliche und tatsächliche Verkehr bestimmter Sachen; vgl. *Marti*, Rn. 393 u. 453.

83 *Riemer* Die Einleitungsartikel, § 10, Rn. 17.

84 Liegenschaften und Gewässer im Gemeingebrauch fallen unter Art. 664 Abs. 1 ZGB; vgl. *Marti*, Rn. 413.

85 Der öffentliche Zweck beruht in der Erhaltung wertvoller Kulturgüter für die Öffentlichkeit. Solche Kulturgüter sollen dem Studium der Kunst und Wissenschaft dienen sowie den Zugang der Öffentlichkeit zu den Kulturgütern ermöglichen, welche einen Beitrag zu Lehre und Forschung, Bildung und auch Erziehung leisten.

86 *Riemer* Die Einleitungsartikel, § 10, Rn. 17.

87 Vgl. *Huber*, Rn. 253; *Meier-Hayoz* Syst. Teil., Rn. 212, 94. Zu den polizeilich relevanten Sachen vgl. *Riemer* Die Einleitungsartikel, § 10, Rn. 18–21.

88 *Huber*, Rn. 246.

berechtigt, das Ausgrabungsrecht näher zu regeln und gegenüber Art. 724 ZGB auszudehnen.[89]

Soweit der Verkehr ganz untersagt wird, handelt es sich um *res extra commercium.*[90] Das gilt für solche im Eigentum der öffentlichen Hand. Private Kulturgüter sind zwar nicht gänzlich dem Privatrechtsverkehr entzogen, Verfügungen über solche Güter sind aber nur beschränkt zulässig.

b) Unveräusserlichkeit

α) Kanton Bern

Nach Art. 11 Abs. 2 Denkmalpflegegesetz vom 8. September 1999[91] sind eingetragene bewegliche Denkmäler „dem Rechtsverkehr entzogen". Bewegliche Denkmäler werden aber nur in dem „Verzeichnis der beweglichen Denkmäler" erfasst, wenn es sich um „öffentliche Sachen" handelt (Art. 11 Abs. 1). Was unter „öffentliche Sachen" zu verstehen ist, regelt Art. 6 Verordnung über die Denkmalpflege vom 25. Oktober 2000[92]. Danach sind Denkmäler im Eigentum des Kantons oder seiner öffentlich-rechtlichen Anstalten sowie von öffentlich-rechtlichen Körperschaften gemäss Gemeindegesetz gemeint (Abs. 1). Zum anderen fallen darunter auch Denkmäler im Eigentum von Institutionen, die vom Kanton oder öffentlich-rechtlichen Körperschaften gemäss Gemeindegesetz „mitgetragen oder massgeblich mitfinanziert werden" wie z. B. Museen, Bibliotheken oder Stiftungen (Abs. 2).

Wo die Grenze der „massgeblichen Finanzierung" zu setzen ist, wird die Praxis beantworten müssen. Ob eine privatrechtliche Körperschaft, die z. B. zu weniger als einem Drittel von der öffentlichen Hand „mitgetragen wird", ihre Kulturgüter ins „Verzeichnis der beweglichen Denkmäler" eintragen kann, ist fraglich.[93]

Das Verzeichnis ist unter dem Vorbehalt der Datenschutzgesetzgebung öffentlich (Art. 8 Abs. 2 VO), der Käufer muss sich über die Eintragung im Verzeichnis vorgängig informieren.[94] Eine Herausgabeklage unterliegt keiner Verjährung. In das Verzeichnis eingetragene Kulturgüter werden durch Streichung aus dem Verzeichnis wieder zu handelbaren Sachen.

---

[89] *Liver,* 368.

[90] *Liver,* 309, Fn. 5.

[91] In Kraft seit dem 1. 1. 2001.

[92] In Kraft seit dem 1. 1. 2001.

[93] Als Beispiel mag hier das private „Freiluftmuseum Ballenberg" genügen, welches nur zu 4% vom Bund finanziert wird. Objekte dieses Museums dürften wohl nicht in das „Verzeichnis der beweglichen Denkmäler" eingetragen werden.

[94] Vgl. Vortrag des Regierungsrates an den Grossen Rat vom 14. 10. 1998 zum Gesetz über die Denkmalpflege.

Allerdings schützt die Eintragung in das Verzeichnis gestohlene oder sonstwie abhanden gekommene Kulturgüter nur innerhalb der Kantonsgrenzen vor einem gutgläubigem Erwerb. Wird also ein eingetragenes Kulturgut ohne Genehmigung in einen anderen Kanton verbracht, so wird die *res extra commercium* hier zur handelbaren Sache und kann in diesem Kanton zu Eigentum erworben werden. Die im „Verzeichnis der beweglichen Denkmäler" eingetragenen Objekte sind somit nur im Hoheitsgebiet des Kantons Bern dem Rechtsverkehr entzogen.[95] Auch schliesst das neue Recht Vorfälle, wie sie noch nach altem Recht[96] vorkamen, nicht gänzlich aus, sondern verhindert lediglich den Handel mit gestohlenem oder sonstwie abhanden gekommenem eingetragenem Kulturgut innerhalb des Kantonsgebiets, was drei Beispiele aus der Praxis zeigen sollen:

– Bezirksarchiv Wangen:[97] Drei wertvolle Gerichtsbände aus dem 19. Jh., die sich im Bezirksarchiv Wangen befanden und im Jahre 1946 inventarisiert wurden, übergab man im Jahre 1984 einem Altstoffhändler zur Vernichtung. Wie sie anschliessend in den Besitz eines Solothurner Antiquars gekommen waren, konnte nicht lückenlos geklärt werden. Unbestritten war lediglich, dass der Antiquar die Bände von einem Privaten abgekauft hatte. Dieser soll sie angeblich auf einem Trödelmarkt gegen Briefmarken getauscht haben. Noch bevor das wertvolle Archivgut in Basel zur Versteigerung kam, wurde es am 1. Februar 1993 beschlagnahmt. Da nach altem Recht keine Aussicht auf Erfolg bestand, die Herausgabe gerichtlich durchzusetzen,[98] wurden nach erfolgloser Aufforderung, die Bücher zurückzugeben, keine rechtlichen Schritte eingeleitet. Der Antiquar war schliesslich einverstanden, die Archivalien dem Berner Staatsarchiv zu einem reduzierten Kaufpreis in Höhe von CHF 2 000 (statt CHF 2 380) Ende 1994 zu verkaufen.[99]

– Landschaftsarchiv Oberhasli:[100] Im Mai 1996 kamen bei einem Auktionshaus in Bern das Haslital betreffende Schriften aus dem 15. bis 18. Jh. zur Versteigerung.[101]

---

[95] Dies kann streng genommen zu der grotesken Situation führen, dass ein im Kanton Ansässiger in einem anderen Kanton gutgläubig Berner Kulturgut kauft und dies als sein Eigentum in den Kanton Bern zurückführt.

[96] Vgl. Gesetz über die Erhaltung der Kunstaltertümer und Urkunden vom 16. 3. 1902.

[97] Vgl. Staatsarchiv des Kantons Bern, Signatur A3.3.655.

[98] Gemäss Art. 4 Satz 1 VO über die Bezirksarchive vom 6. 8. 1943 haben die Organe der Bezirksverwaltung darüber zu wachen, dass bei Veräusserung ausgeschiedener Bestände der Bezirksarchive die restlose Vernichtung gesichert ist. Eine Veräusserung an Händler ist gemäss Satz 2 unzulässig.

[99] Dieser Fall wäre nach neuem Recht gleich zu behandeln, weil der Antiquar das Archivgut ausserhalb des Kantonsgebiets gekauft hatte.

[100] Vgl. Staatsarchiv des Kantons Bern, Signatur A3.3.570.

[101] Vgl. den Katalog „Stuker-Auktionen Frühling 1996. 9. bis 24. Mai 1996. Teile aus der Sammlung Dr. Walter Hugelshofer. Gemälde-Helvetica-Bücher. Dekorative Graphik", Nr. 6747, Schätzpreis: CHF 2 000/2 500.

Die 34 Originaldokumente befanden sich ursprünglich im Landschaftsarchiv Oberhasli. Das Berner Staatsarchiv versuchte vergeblich, die Bücher aussergerichtlich zurückzuverlangen. Es gelang ihm jedoch, die historisch wertvollen Dokumente zu CHF 2 000 (plus Zuschlag) zu ersteigern.

– Staatsarchiv des Kantons Bern: Ein äusserst wertvoller Aktenband aus dem 18. Jh. tauchte im Handel auf und wurde von einem niederländischen Antiquar in Bern zum Preis von CHF 25 000 zum Kauf angeboten. Auch in diesem Fall einigten sich das Berner Staatsarchiv und der Anbieter aussergerichtlich, so dass das Staatsarchiv den Aktenband im Jahre 1984 für CHF 9 000 erwerben konnte.[102]

β) Andere Kantone

Nur das Natur- und Heimatschutzgesetz des Kantons Waadt vom 10. Dezember 1969 bestimmt ausdrücklich die Unveräusserlichkeit von eingetragenem Kulturgut im Eigentum des Kantons oder einer Gemeinde.[103] Nach dem Reglement zur Kulturförderung des Kantons Wallis vom 7. Juli 1999 sind Sammlungen im Eigentum des Kantons unveräusserlich[104]. Unveräusserlich bleiben im Kanton Jura die vom Kanton auf Verlangen des Eigentümers übernommenen Gegenstände (Heimschlagsrecht).[105] Die Verordnung über den Natur- und Heimatschutz des Kantons Graubünden vom 27. November 1946 verbietet ausdrücklich die Veräusserung von archäologischen Gegenständen i. S. des Art. 724 ZGB.[106] Der Kanton Thurgau schliesst die Veräusserlichkeit öffentlichen Eigentums der Kirchgemeinden aus[107] und verbietet die Veräusserung von Kult- und Kunstgegenständen von kunsthistorischem Wert.[108] Die Kantone Nidwalden und

---

[102] Im Vortrag RR 1998, 10, ist versehentlich von einem Aktenband aus dem 16. Jh. die Rede. Dies trifft aber laut der schriftlichen Auskunft vom 10. 9. 2000 von Herrn Dr. Karl F. Wälchli, Liebefeld/Bern, damaliger Staatsarchivar, nicht zu.

[103] Vgl. Art. 66 Abs. 1 *Loi du 10. 12. 1969 sur la protection de la nature, des monuments et des sites*: „Les objets mobiliers classés appartenant à l'État ou à une commune sont inaliénables."

[104] Vgl. Art. 31 Abs. 2 Satz 1 Reglement zur Kulturförderung vom 7. 7. 1999: „Die staatseigenen Sammlungen der Kantonsmuseen sind in der Regel unveräusserlich." Nach Satz 2 dieser Vorschrift können Objekte, die im Doppel vorhanden sind, als Tauschobjekte im Handel mit anderen vergleichbaren Institutionen dienen.

[105] Vgl. JU: Art. 7 Abs. 3 *Loi sur la conservation des objets d'art et monuments historiques du 9. 11. 1978.*

[106] Vgl. GR: Art. 21 Abs. 2 Satz 2 Verordnung über den Natur- und Heimatschutz vom 27. 11. 1946.

[107] Vgl. § 1 Abs. 2 Verordnung der Katholischen Synode über die Archivalien, Kult- und Kunstgegenstände vom 4. 12. 1995: „Es ist unveräusserliches öffentliches Eigentum der Kirchgemeinde."

[108] Vgl. § 24 Abs. 2 (vorige Fn.): „Veräusserungen von Kult- und Kunstgegenständen von historischem Wert sind unzulässig."

Zürich machen den Verkauf von Museumsobjekten von gewissen Bedingungen abhängig.[109]

c) Unersitzbarkeit

Nach der Verordnung betreffend die Erhaltung von Altertümern des Kantons Basel-Landschaft vom 10. Oktober 1921 können die im Inventar verzeichneten beweglichen Kunstgegenstände im Eigentum des Kantons nicht ersessen werden.[110]

2. Archivgut

a) Rechtsgrundlage

In allen Kantonen bestehen Regelungen über die Archivierung.[111] Mit Ausnahme der Kantone Tessin[112], Uri[113] und Wallis[114] haben alle anderen Kantone dazu eine Verordnung oder ein Reglement zum Staatsarchiv erlassen.[115]

---

[109] Vgl. NW: § 28 Museumsverordnung vom 2.12.1983: „Der Verkauf oder Tausch von dem Kanton gehörenden Museumsobjekten ist zulässig, wenn diese mehrfach vorhanden sind oder sonst für das Museum entbehrlich geworden sind; die Inventarkarten verkaufter oder getauschter Museumsobjekte sind dauernd aufzubewahren. Dem Museum geschenkte oder als Deposita überlassene Objekte dürfen weder verkauft noch getauscht werden."

[110] Vgl. § 4 Abs. 2 i.V.m. § 1 Abs. 1 VO betreffend die Erhaltung von Altertümern vom 10.10.1921. – Andere kantonale Vorschriften über die Unersitzbarkeit von Kulturgut konnten nicht gefunden werden. Die kantonalen Vorschriften über den Ausschluss der Ersitzung wären zudem nur insofern gültig, als sie sich auf öffentliche Sachen i.S.v. Art. 664 Abs. 1 ZGB beziehen; denn seit dem 1.1.1912 regelt Art. 728 ZGB die Ersitzung bundeseinheitlich; vgl. *Siehr* Handel (1994), 362f.

[111] Unklar *Hänni* Die Auswirkungen, 45, wonach sich in allen Kantonen mit Ausahme der Kantone Uri, Appenzell Innerrhoden und Basel-Landschaft Bestimmungen zum Archivwesen befinden.

[112] Nach wie vor gültig ist der *Decreto legislativo del 24.11.1874 sulla riorganizzazione dell'Archivio cantonale*. Diese Verordnung war die Rechtsgrundlage für die Errichtung eines ständigen Archivs in Bellinzona und eines Archivs am Sitz der Regierung. Laut der schriftlichen Auskunft vom 15.9.2000 von Herrn Andrea Ghiringhelli, Archivio cantonale, Bellinzona, befinden sich die Normen über das Staatsarchiv und dessen Aufgaben in acht verschiedenen Erlassen.

[113] Einzig die Artt. 2 Abs. 2 lit. b und 13 Abs. 3 Gesetz über den Schutz von Personendaten vom 20.2.1994 erwähnen das Staatsarchiv.

[114] Bestimmungen über das Staatsarchiv finden sich in Artt. 29–31 Kulturförderungsgesetz vom 15.11.1996, in den Artt. 19–23 Reglement zur Kulturförderung vom 7.7.1999, im Reglement vom 17.11.1982 betreffend die Archive der Staatsverwaltung sowie im Beschluss vom 19.6.1968 betreffend die Organisation des Staatsarchivs und der Kantonsbibliothek.

[115] AG: Verordnung über die Archivierung vom 6.5.1998.
AI: Standeskommissionsbeschluss betreffend das Landesarchiv vom 27.10.1992.
AR: Verordnung über das Archivwesen vom 14.11.1988.
Verordnung über die Besorgung und die Benützung des Staatsarchivs vom 21.1.1961.

b) Begriff

Nach dem Zürcher Archivgesetz sind Archive ganz allgemein Einrichtungen zur Bewahrung, Erschliessung und Vermittlung einer dauerhaften dokumentarischen Überlieferung, welche rechtlichen, administrativen, kulturellen und wissenschaftlichen Zwecken dienen.[116] Im Kanton Basel-Stadt gehören z. B. zum Archivgut alle Träger von Aufzeichnungen wie Urkunden, Protokolle, Amtsbücher, Akten, Register, Karteien, Bildmaterial (Karten, Pläne usw.), Tondokumente, Druckschriften, Zeitungen und andere Datenträger.[117] Zudem hält das Archivgesetz des Kantons Neuenburg fest, dass ihre kantonalen Archive „Teil des historischen und kulturellen Erbes der neuenburgischen Gemeinschaft" sind.[118]

BS: Gesetz über das Archivwesen vom 11. 9. 1996.
BE: Verordnung über das Staatarchiv des Kantons Bern vom 24. 6. 1992.
FR: Reglement des Staatsarchivs vom 2. 3. 1993; Artt. 19–21 Gesetz über die kulturellen Institutionen des Staates vom 2. 10. 1991.
GE: *Loi sur les archives publiques du 2. 12. 1925.*
GL: Reglement über die Organisation des Landesarchivs und die Ablieferung von Akten vom 4. 4. 1972.
GR: Verordnung für das Staatsarchiv Graubünden vom 5. 9. 1988.
JU: *Loi sur les archives de la République et Canton du Jura du 11. 10. 1984.*
LU: Verordnung über die Verwaltung des Schriftgutes und seine Ablieferung an das Staatsarchiv vom 18. 10. 1988.
NE: *Loi sur les archives de l'Etat du 9. 10. 1989.*
NW: Verordnung über das Staatsarchiv vom 12. 6. 1975. Ein neuer Erlass ist in Vorbereitung. Bei Annahme durch die Stimmberechtigten tritt dieser voraussichtlich im Jahre 2002 in Kraft; vgl. <http://www.nw.ch> (Stand: 1. 9. 2001).
OW: Verordnung über das Staatsarchiv vom 18. 10. 1996.
SG: Verordnung über das Staatsarchiv vom 26. 6. 1984.
SH: Verordnung über das Staatsarchiv und die Archivierung der Verwaltungsakten vom 8. 2. 1994.
SZ: Verordnung über das Archivwesen des Kantons Schwyz vom 10. 5. 1994.
TG: Reglement des Regierungsrats über das Staatsarchiv vom 6. 12. 1988.
VD: *Règlement pour les Archives cantonales vaudoises du 6. 10. 1989.*
ZG: Verordnung über das Staatsarchiv vom 5. 4. 1982.
ZH: Archivgesetz vom 24. 9. 1995; Archivverordnung vom 9. 12. 1998.
Ungenau daher *Hänni* Die Auswirkungen, 45, wonach sich grundsätzlich ausser in UR, AI und BL in allen Kantonen Bestimmungen finden, die das Archivwesen regeln.

116 Vgl. ZH: § 4 Archivgesetz vom 24. 9. 1995.

117 Vgl. BS: § 3 Abs. 3 Gesetz über das Archivwesen vom 11. 9. 1996.

118 NE: Art. 1 Abs. 1 *Loi sur les archives de l'Etat du 9. 10. 1989*: „Les archives de l'Etat font partie du patrimoine historique et culturel de la communauté neuchâteloise." Ähnlich lautet die Vorschrift in Kanton BS: § 1 Gesetz über das Archivwesen vom 11. 9. 1996: „Das Staatsarchiv und die Archive der Gemeinden bewahren kulturelles Erbe".

c) Unveräusserlichkeit

Einige Erlasse sehen die Unveräusserlichkeit staatlicher Archivbestände[119] vor.[120] Im Kanton Basel-Stadt sind auch private Unterlagen und Dokumentationsmaterialien unveräusserlich, welche das Staatsarchiv verwahrt.[121] Das Eigentum muss aber nicht zwingend dem Kanton allein zustehen. So ist z. B. das St. Galler Stiftsarchiv gemeinsames Eigentum des Kantons und des katholischen Konfessionsteils der Bevölkerung St. Gallens.[122]

Auch wenn die öffentlichen Archive nach den Archivgesetzen der Kantone Genf[123] und Jura[124] Teil des „domaine public" sind, ist dieser Begriff nicht gleichzusetzen mit dem Begriff *domaine public* nach französischem Recht, da öffentliches Eigentum oder besser „öffentlich-rechtliches Eigentum" im schweizerischen Recht nicht existiert.[125]

Archivgut ist aber auch dann unveräusserlich, wenn dies nicht ausdrücklich in einem Erlass verankert ist, und zwar weil der Zweck der Archivierung gerade

---

[119] Oder jedenfalls des in ihrem Eigentum stehenden Archivguts.

[120] Vgl. JU: Art. 3 Abs. 1 *Loi sur les archives de la République et Canton du Jura du 11. 10. 1984*: „Les archives sont des biens du domaine public dont la propriété est inaliénable." Im Kanton JU sind auch Archivgüter unveräusserlich, die zur Vernichtung bestimmt sind; vgl. Art. 8 Abs. 2 [Destruction d'archives] Ordonnance sur les archives publiques de la République et Canton du Jura: „La remise à des tiers, à titre gracieux ou onéreux, est interdite." TG: § 1 Abs. 2 Verordnung der Katholischen Synode über die Archivalien, Kult- und Kunstgegenstände vom 4. 12. 1995: „Es ist unveräusserliches öffentliches Eigentum der Kirchgemeinde." Vgl. auch § 19: „Das Archiv der Katholischen Landeskirche ist ihr unveräusserliches öffentliches Eigentum, soweit das Eigentum nicht Dritten zusteht."

[121] Vgl. § 6 Abs. 3 Gesetz über das Archivwesen vom 11. 9. 1996: „Unterlagen und Dokumentationsmaterialien, welche das Staatsarchiv in Erfüllung seiner Aufgaben nach § 5 Abs. 1 und 2 [Unterlagen privater Herkunft] verwahrt, sind unveräusserlich." Gemäss § 3 Abs. 2 lit. b gehören zum staatlichem Archivgut nicht nur archivwürdige Unterlagen von öffentlichen Organen des Kantons, sondern auch Unterlagen anderer Stellen und Privater, welche das Staatsarchiv im öffentlichen Interesse „entgegengenommen" hat.

[122] Vgl. Art. 1 Abs. 1 Übereinkunft betreffend das Eigentum und die Verwaltung des Stiftsarchives St. Gallen vom 2. 6. 1953.

[123] Vgl. Art. 2 Satz 1 *Loi sur les archives publiques du 2. 12. 1925*: „Les archives publiques genevoises sont des biens du domaine public" und Art. 3, 1. HS: „Les documents des archives publiques sont, en leur qualité de bien du domaine public".

[124] Vgl. Fn. 120.

[125] Verständlicher wäre die Formulierung „sont des biens publics". Endlich richtig *Ruck* Schweizerisches, 99: „Soweit aber von ihm [dem domaine public] die Rede ist, handelt es sich nicht um ein eigenartiges öffentliches Eigentum, sondern um Privateigentum, das ‚öffentlich' genannt wird wegen seiner Verbindung mit einem Träger öffentlicher Gewalt, insbesondere mit dem Kanton. Wenn somit solches Staatseigentum unter dem Namen ‚domaine public' auftritt, ist es trotz dieser Bezeichnung nichts anderes als Privateigentum." *Ders.* Das Eigentum, 21: „dieses [öffentliche Eigentum] besagt soviel wie Privateigentum in der Hand einer öffentlichrechtlichen juristischen Person, insbesondere des Staates oder der Gemeinden. Auch in dem ‚domaine public' der welschen Kantone steckt Privateigentum."

in der dauerhaften dokumentarischen Überlieferung besteht, die durch die mögliche Veräusserung von Schriftgut vereitelt würde.[126] Gemäss § 6 Abs. 2 lit. c der Aargauer Archivverordnung vom 6. Mai 1998 verwahrt das Staatsarchiv weiteres Schrift- und Überlieferungsgut, „welches für die Kantons-, Orts- und Personengeschichte von Bedeutung ist, und dem Staatsarchiv zu dauerndem Besitz oder als Depositum – von Institutionen, Organisationen, natürlichen und juristischen Personen – geschenkt oder anvertraut wird oder auf andere Weise in den Besitz des Staatsarchivs gelangt." Diese Vorschrift spricht nicht von Eigentum, sondern lediglich von Besitz. Nach grammatikalischer Auslegung sind also auch Archivalien im Eigentum Privater, welche vom Staatsarchiv aufbewahrt sind, unveräusserlich, selbst wenn keine andere Vorschrift dieses Erlasses die Unveräusserlichkeit von Archivgut ausdrücklich erwähnt.[127]

Im Kanton Waadt sind allgemein ins Denkmalschutzverzeichnis eingetragene Objekte im Eigentum des Kantons oder von Gemeinden – also auch Archivgut – unveräusserlich.[128]

Im Kanton Basel-Landschaft z. B. ist eine „Abtretung" von Archivgut an geeignete Institutionen zulässig, wenn „das öffentliche Interesse am Verwahren, Erschliessen und Bereitstellen dieser Unterlagen nicht beeinträchtigt wird."[129] Eine interessante Vorschrift enthält zudem Art. 4 Satz 2 Berner Verordnung über die Bezirksarchive vom 6. August 1943, wonach Veräusserungen von Beständen der Bezirksarchive an Händler unzulässig sind.[130]

---

[126] So *Hänni* Die Auswirkungen, 47.

[127] Eine ähnliche Vorschrift findet sich z. B. in § 20 Abs. 1 der Verordnung über das Staatsarchiv vom 12.6.1975 des Kantons Nidwalden: „Dokumente in Privatbesitz, die als Ergänzung geeignet erscheinen, sucht das Staatsarchiv als Geschenk, als Deposita oder durch Kauf zu erwerben; wo dies nicht gelingt, bemüht es sich, Verzeichnisse und allenfalls Kopien zu beschaffen." AR: Art. 3 der Archivverordnung vom 14.11.1988: „Das Staatsarchiv übernimmt weitere für die appenzellische Geschichte bedeutende Archivalien, die ihm als Geschenk, als Depositum, durch Verkauf oder gemäss anderweitiger Vereinbarung von öffentlichen Institutionen, Vereinen, Firmen, Familien oder Einzelpersonen übergeben werden." FR: Art. 19 lit. d Gesetz vom 2.10.1991 über die kulturellen Institutionen des Staates: „Das Staatsarchiv hat zum Zweck, die von Dritten abgegebenen Dokumente von offensichtlicher geschichtlicher Bedeutung als Geschenk oder zur Aufbewahrung entgegenzunehmen." Nach grammatikalischer Auslegung dieser Vorschriften sind die im Staatsarchiv deponierten Archivalien noch immer im Eigentum des privaten Depositars. Solches Archivgut ist unveräusserlich, auch wenn dies nicht ausdrücklich geregelt ist.

[128] Vgl. z. B. VD: Art. 66 *Loi du 10.12.1969 sur la protection de la nature, des monuments et des sites*: „Les objets mobiliers classés appartenant à l'État ou à une commune sont inaliénables." Nach Art. 2 Règlement pour les Archives cantonales vaudoises du 6.10.1989 gelten archivierte Dokumente als klassifiziert.

[129] Vgl. § 7 Verordnung über die Registraturen und das Archivieren vom 13.10.1998.

[130] Verordnung über die Bezirksarchive vom 6.8.1943.

Das Unveräusserlichkeitsprinzip wird durch den Grundsatz des Ausleihverbots von Archivgut an Private gestützt.[131] Eine Ausleihe ist unter gewissen Voraussetzungen an andere Archive[132], Amtsstellen[133] oder auch an Private[134] erlaubt, wobei Originaldokumente i. d. R. nicht ausgeliehen werden.[135] Der Kanton St. Gallen unterstellt historisch wertvolles Archivgut einem aboluten Ausleihverbot.[136] Im Kanton Schwyz bedarf die Ausleihe von besonders wertvollen Archivalien der Bewilligung des Regierungsrats.[137]

Vom Ausleihverbot oder von den Ausleihbeschränkungen ist das Einsichtsrechts zu unterscheiden. Während der Sperrfrist sind Archivalien für Private grundsätzlich nicht einsehbar.[138] Ausnahmen macht beispielsweise der Kanton

---

131 Vgl. z. B. GR: Art. 18 Satz 2 Verordnung für das Staatsarchiv Graubünden vom 5. 9. 1988; SG: Art. 7 Verordnung über das Staatsarchiv vom 26. 6. 1984; SH: § 8 Abs. 2 Verordnung über das Staatsarchiv und die Archivierung der Verwaltungsakten vom 8. 2. 1994; TG: § 11 Abs. 1 Satz 4 Verordnung der Katholischen Synode über die Archivalien, Kult- und Kunstgegenstände vom 4. 12. 1995 (Kirchgemeindearchive); ZH: § 13 Abs. 2 Archivgesetz vom 24. 9. 1995.

132 Vgl. z. B. SG: Art. 8 Abs. 1 Verordnung über das Staatsarchiv vom 26. 6. 1984, wonach Archivgut anderen inländischen Archiven zu wissenschaftlichen Zwecken ausgeliehen wird, wenn die sachgemässe Behandlung gewährleistet wird; GL: Art. 12 Abs. 1 lit. b Reglement über die Organisation des Landesarchivs und die Ablieferung von Akten vom 4. 4. 1972.

133 Vgl. z. B. BE: Art. 10 Verordnung über das Staatsarchiv des Kantons Bern vom 24. 6. 1992; SZ: § 13 Abs. 2 Verordnung über das Archivwesen des Kantons Schwyz vom 10. 5. 1994.

134 Vgl. z. B. ZH: § 22 Archivverordnung vom 9. 12. 1998, wonach die Ausleihe von Archivalien an Dritte i. d. R. nur für Ausstellungen möglich ist, und wenn namentlich der Zustand der Archivalien es erlaubt (lit. a) und die Ausleihe keinen unverhältnismässigen Aufwand verursacht (lit. e). In SG ist die Ausleihe erlaubt, wenn der Benützer vertrauenswürdig ist und dem Archivar bekannt ist; vgl. Art. 3 Abs. 2 lit. a Verordnung über die Gemeindearchive vom 26. 6. 1984.

Häufig sind Archivalien für Privatpersonen und für andere als die abliefernden Amtstellen erst nach einer Sperrfrist von 35 Jahren zugänglich. Vgl. z. B. GE: Art. 5 Abs. 1 *Loi sur les archives de l'État du 9. 10. 1989*; ZG: § 2 Abs. 1 Verordnung über das Staatsarchiv vom 5. 4. 1982; VS: Art. 13 Abs. 1 Reglement vom 17. 11. 1982 betreffend die Archive der Staatsverwaltung; eine kürzere Frist sieht z. B. SO vor: § 10 Abs. 1 Weisungen für das Staatsarchiv vom 11. 8. 1992 (30 Jahre); eine längere Schutzfrist gilt in AI: Art. 11 Standeskommissionsbeschluss betreffend das Landesarchiv vom 27. 10. 1992 (50 Jahre).

135 So ausdrücklich NW: § 22 Abs. 1 Vollziehungsverordnung zum Gesetz über die Kulturförderung vom 21. 12. 1988. Diese Verordnung nennt allerdings keine Ausnahmen.

136 Vgl. Art. 8 Abs. 2 Verordnung über das Staatsarchiv vom 26. 6. 1984: „Historisch wertvolle Akten dürfen nicht ausgeliehen werden." Ähnlich BL: § 36 Abs. 3 Satz 1 Verordnung über die Besorgung und die Benützung des Staatsarchivs vom 21. 2. 1961: „Urkunden und wertvolle Archivalien sowie Protokolle und die Kirchenbücher sind von der Ausleihe ausgeschlossen."

137 Vgl. § 13 Abs. 3 Verordnung über das Archivwesen des Kantons Schwyz vom 10. 5. 1994.

138 Vgl. z. B. SG: Art. 9 Abs. 1 Verordnung über das Staatsarchiv vom 26. 6. 1984: bezüglich nicht veröffentlichter Akten; SO: § 10 Abs. 1 Weisungen für das Staatsarchiv. Regierungsratsbeschluss vom 11. 8. 1992; VS: Art. 31 Abs. 1 Satz 1 Kulturförderungsgesetz vom 15. 11. 1996.

Wallis im Interesse der Wissenschaft.[139] Im Kanton Tessin sind Dokumente, die im Staatsarchiv aufbewahrt sind, für Private nicht einsehbar, es sei denn, diese können ein legitimes Interesse *(interesse legittimo)* nachweisen.[140]

d) Unersitzbarkeit

Nach den Archivgesetzen der Kantone Jura[141] und Genf[142] können Archivalien nicht ersessen werden. Verlangt der Kanton Genf die Rückgabe von gestohlenem oder verlorenem Archivgut, so legen die Gerichte die Entschädigung für den gutgläubigen Besitzer fest.[143]

III. Rechtsfolge der Unveräusserlichkeit

„Wer eine bewegliche Sache in gutem Glauben zu Eigentum erhält, ist in seinem Erwerbe auch dann zu schützen, wenn sie dem Veräusserer ohne jede Ermächtigung zur Übertragung anvertraut worden war“ (Art. 933 ZGB). An Kulturgütern, welche nach kantonalem Recht unveräusserlich sind, kann aber kein Eigentum erworben werden, da sie verkehrunfähig sind. Art. 933 ZGB findet also auf solche Güter keine Anwendung. Öffentlich-rechtliche Veräusserungsverbote verhindern somit einen Eigentumserwerb.[144]

IV. Erwerbstatbestände

1. Allgemeines Erwerbsrecht

Manche Kantone können geschütztes oder schutzwürdiges bewegliches Kulturgut erwerben.[145] Der Eintrag in das jeweilige Denkmalschutzverzeich-

---

[139] Vgl. VS: Art. 31 Abs. 1 Satz 2 Kulturförderungsgesetz vom 15.11.1996, wonach die Schutzfrist von 30 Jahren für Forscher sowie bei Anliegen von öffentlichem Interesse aufgehoben werden kann.

[140] Vgl. Art. 4 Abs. 2 *Regolamento concernente l'organizzazione e il funzionamento degli archivi e la microfilmatura all'interno dell'Amministrazione Pubblica del 16. 3. 1983.*

[141] Vgl. Art. 3 Abs. 2 *Loi sur les archives de la République et Canton du Jura du 11. 10. 1984*: „Elles ne peuvent être acquises par prescription.“

[142] Vgl. Art. 3 Satz 1 *Loi sur les archives publiques du 2. 12. 1925*: „Les documents des archives publiques sont, en leur qualité de bien du domaine public, au nombre des choses dont la propriété ne peut être acquise par la prescription.“

[143] Vgl. Art. 3 Satz 2 *Loi sur les archives publiques du 2. 12. 1925*: „Les tribunaux apprécient si une indemnité doit être accordée au tiers possesseur de bonne foi de documents revendiqués par l'État.“

[144] *Schnyder*, 30; so schon *Homberger*, Rn. 28; *Stark*, Rn. 73.

[145] Vgl. z.B. AG: § 18 Vollziehungsverordnung zum Gesetz über die Förderung des kulturellen Lebens vom 25.4.1969; BL: § 5 lit. c Gesetz über den Denkmal- und Heimatschutz vom 9.4.1992; SO: § 30 Satz 1 Verordnung über den Schutz der historischen Kulturdenkmäler vom 19.12.1995: Erwerb von gefährdeten historischen Kulturdenkmälern; TG: § 19 Gesetz

nis[146] ist dafür nicht zwingend vorausgesetzt. Der Kanton Thurgau z. B. verlangt für den Erwerb eine erhebliche kantonale Bedeutung.[147] Im Kanton Nidwalden kommt der Erwerb von Kulturgut nur ausnahmsweise in Frage.[148] Das im Denkmalschutzverzeichnis eingetragene bewegliche Kulturgut wird im Kanton Jura zum Schätzungspreis angekauft, falls dies der Eigentümer verlangt.[149]

2. Vorkaufsrecht bei entgeltlichen und unentgeltlichen Veräusserungen

Einige Kantone haben zudem die Möglichkeit, bei entgeltlichen und unentgeltlichen Veräusserungen ihr gesetzliches Vorkaufsrecht zum Verkehrswert des Kulturguts auszuüben,[150] während bei Schenkungen das Verwaltungsgericht den Kaufpreis bestimmt.[151] Im Kanton Freiburg muss es sich beim Erwerbsobjekt um ein Kulturgut von überragender Bedeutung für das kulturelle Erbe des Kantons Freiburg handeln.[152] Nach den Gesetzen der Kantone Luzern, Nidwalden und Waadt liegt kein Vorkaufsfall vor, wenn das Eigentum des Objekts an den Ehegatten, einen Verwandten oder Verschwägerten des Veräusserers über-

---

zum Schutz und zur Pflege der Natur und der Heimat vom 8. 4. 1992; TI: Art. 30 *Legge per la protezione dei beni culturali del 13. 5. 1997*; TG: § 19 Gesetz zum Schutz und zur Pflege der Natur und der Heimat vom 8. 4. 1992; UR: Art. 4 Abs. 3 Gesetz über den Natur- und Heimatschutz vom 18. 10. 1987; VD: Art. 64 Abs. 1 *Loi du 10. 12. 1969 sur la protection de la nature, des monuments et des sites.*

[146] Die Terminologie ist uneinheitlich. Einige Kantone verwenden den Begriff Verzeichnis, andere wiederum Inventar.

[147] TG: § 19 Gesetz zum Schutz und zur Pflege der Natur und der Heimat vom 8. 4. 1992.

[148] NW: § 8 Vollziehungsverordnung zum Gesetz über die Kulturförderung vom 21.12.1988.

[149] JU: Art. 7 Abs. 1 *Loi sur la protection des objets d'art et monuments historiques du 9. 11. 1978.* Kommt keine Einigung über den Kaufpreis zustande, so wird der Kaufpreis durch Dekret des Parlaments festgelegt (Art. 7 Abs. 2).

[150] Vgl. z. B. GE: Art. 24 Abs. 1 i. V. m. Art. 26 Abs. 1 *Loi sur la protection des monuments, de la nature et des sites du 4. 6. 1977*: Vorkaufsrecht des Kantons, wenn die Gemeinde auf den Erwerb verzichtet, betreffend „objets mobiliers présentant un intérêt esthétique, artistique, historique ou scientifique, trouvées ou situées dans le canton"; GR: Art. 10 Abs. 1 lit. b Verordnung über den Natur- und Heimatschutz vom 27. 11. 1946; LU: § 11 Abs. 1 Gesetz über den Schutz der Kulturdenkmäler vom 8. 3. 1960; NE: Art. 30 Abs. 1 i. V. m. Art. 26 Abs. 1 *Loi sur la protection des biens culturels du 27. 3. 1995*; NW: Art. 52 Abs. 1 Satz 1 Gesetz über den Natur- und Heimatschutz vom 24. 4. 1988; SG: Art. 7 Verordnung betreffend den Schutz von Naturkörpern und Altertümern vom 21. 3. 1933; TI: Art. 31 Abs. 1 *Legge per la protezione dei beni culturali*; VD: Art. 65 Abs. 1 i. V. m. Abs. 2 *Loi du 10. 12. 1969 sur la protection de la nature, des monuments et des sites.*

[151] So ausdrücklich die Regelung in GR: Art. 10 lit. a Abs. 2 Verordnung über den Natur- und Heimatschutz vom 27. 11. 1946.

[152] *Jungo,* 352, Ziff. 4.3., schränkt den Anwendungsbereich noch weiter ein und schliesst das Vorkaufsrecht des Kantons bei Schenkungen und im Falle einer Erbfolge gänzlich aus. Zum Vorkaufsrecht im Kanton FR vgl. *Plutschow,* 128 f.

geht. Dies gilt aber nur, sofern diese Personen im Kantonsgebiet Wohnsitz haben.[153]

Entweder sind die Gemeinden[154] oder die Kantone[155] vorkaufsberechtigt. Der Kaufpreis bestimmt sich nach dem Preis, den die Parteien vereinbart haben. Kommt keine Einigung zustande, so wird der Preis durch ein oder mehrere Sachverständige, welche vom Präsidenten des Obergerichts ernannt werden, bestimmt.[156] Das Vorkaufsrecht kann beispielsweise im Kanton Waadt innerhalb dreier Monate seit Kenntnisnahme der Veräusserung ausgeübt werden.[157] Namentlich im Kanton Graubünden besteht eine absolute Frist von drei Jahren, die im Zeitpunkt des Abschlusses des Rechtsgeschäfts beginnt.[158]

3. Erwerbsrecht bei der Ausfuhr

Nur gerade die Kantone Appenzell Ausserrhoden, Basel-Landschaft, Graubünden, Nidwalden und St. Gallen sehen ein Erwerbsrecht zu Gunsten des Kantons an Kulturgütern vor, die aus dem Kantonsgebiet ausgeführt werden sollen,[159] wobei im Kanton St. Gallen das Erwerbsrecht an archäologischen Fundgegenständen auch bei Verbringung aus dem Kantonsgebiet durch Erbgang besteht.[160] Der Kanton Nidwalden schränkt den Anwendungsbereich des Erwerbsrechts ein

---

153 Vgl. LU: § 11 Abs. 1 Satz 2 Gesetz über den Schutz der Kulturdenkmäler vom 8. 3. 1960; NW: Art. 52 Abs. 1 Satz 2 Gesetz über den Natur- und Heimatschutz vom 24. 4. 1988; VD: Art. 65 *Loi du 10. 12. 1969 sur la protection de la nature, des monuments et des sites.*

154 Vgl. z. B. AR: Art. 73 Abs. 1 lit. a EG RPG vom 28. 4. 1985: Subsidiäres Vorkaufsrecht des Kantons, wenn die Gemeinde auf den Erwerb verzichtet. Das Vorkaufsrecht kann ausgeübt werden, wenn die Gefahr droht, dass das künstlerisch, historisch oder naturwissenschaftlich wertvolle Objekt verloren geht, verdirbt oder zerstört wird.

155 Vgl. z. B. FR: Art. 25 Abs. 1 Satz 2 Gesetz über den Schutz der Kulturgüter vom 7. 11. 1991; LU: § 11 Abs. 2 Gesetz über den Schutz der Kulturdenkmäler vom 8. 3. 1960.

156 So ausdrücklich AR: Art. 73 Abs. 3 EG RPG vom 28. 4. 1985.

157 Vgl. z. B. VD: Art. 65 Abs. 3 *Loi du 10. 12. 1969 sur la protection de la nature, des monuments et des sites.*

158 Vgl. GR: Art. 10 Abs. 1 lit. b Verordnung über den Natur- und Heimatschutz vom 27. 11. 1946. Im Kanton TI fällt das Vorkaufsrecht nach 2 Jahren seit Abschluss des Verpflichtungsgeschäfts dahin; vgl. Art. 31 Abs. 3 *Legge sulla protezione dei beni culturali del 13. 5. 1997*: „ma scade al più tardi dopo due anni dalla vendita."

159 Vgl. AR: Art. 73 Abs. 1 lit. b EG RPG vom 28. 4. 1985; BL: § 9 Abs. 1 Satz 2 Verordnung betreffend die Erhaltung von Altertümern vom 10. 10. 1921: „Er [der Regierungsrat] ist auch ermächtigt, Altertümer, die für die Landesgeschichte Wert haben und in Gefahr stehen, ausser Kantons zu kommen, zu erwerben." GR: § 10 Abs. 1 lit. c Verordnung über den Natur- und Heimatschutz vom 29. 11. 1946; NW: Art. 53 Gesetz über den Natur- und Heimatschutz vom 24. 4. 1988; SG: Art. 7 Verordnung betreffend den Schutz von Naturkörpern und Altertümern vom 21. 3. 1933.

160 Vgl. Art. 7 Satz 3 Verordnung betreffend den Schutz von Naturkörpern und Altertümern vom 21. 3. 1933.

und verbietet die Ausübung des Erwerbsrechts im Falle der entgeltlichen und unentgeltlichen Veräusserung von Kulturgut, welches im Denkmalverzeichnis eingetragen ist, an den Ehegatten, an einen Verwandten oder Verschwägerten des Veräusserers, sofern diese im Kantonsgebiet Wohnsitz haben.[161]

4. Enteignung unbeweglicher Kulturgüter

Gemeinde und Kantone können bei Bedarf ein unter Denkmalschutz stehendes unbewegliches Kulturgut, das für das kulturelle Erbe des Kantons von überragender Bedeutung ist, enteignen,[162] wobei die Enteignung die Erhaltung, Restaurierung oder Widmung zu einem öffentlichen Zweck sicherstellen soll.[163] Das Gemeinwesen kann unter gewissen Voraussetzungen die Übernahme eines unbeweglichen Schutzobjekts zu Eigentum verlangen (Übernahmeanspruch).[164] Bewirkt die Schutzmassnahme des unbeweglichen Objekts eine materielle Enteignung, steht dem Betroffenen neben einem möglichen Entschädigungsanspruch das Heimschlagsrecht zu, d. h., übt er dieses Recht aus, so hat der Staat die Pflicht, das Objekt zu erwerben.[165]

V. Kulturgüter als öffentliche Sachen

Auch wenn die kantonalen Denkmalschutzgesetze Kulturgüter als unveräusserlich erklären, so sind diese nicht gänzlich dem Rechtsverkehr entzogen.[166] Wird ein Kulturgut im Eigentum der öffentlichen Hand gestohlen, so kann ein gutgläubiger Dritter Eigentum an diesem Kulturgut erwerben. Ist aber das Kulturgut Bestandteil einer öffentlichen Sammlung und als solches registriert, so ist diese öffentlich-rechtliche Zweckbindung selbst durch einen gutgläubigen Erwerb nicht zu beseitigen, und die Trägerschaft kann die Sache zum widmungsgemässen Gebrauch zurückfordern.[167]

---

[161] Vgl. NW: Art. 53 Abs. 2 i. V. m. Art. 52 Abs. 1 Satz 2 Gesetz über den Natur- und Heimatschutz vom 24. 4. 1988.

[162] Vgl. z. B. FR: Art. 27 Abs. 1 Gesetz über den Schutz der Kulturgüter vom 7. 11. 1991; GE: Art. 25 *Loi sur la protection des monuments, de la nature et des sites du 4. 6. 1976*. – Ist das Kulturdenkmal von nationaler Bedeutung, so steht das Enteignungsrecht nach Art. 15 Abs. 1 NHG dem Bund zu; zur formellen Enteignung vgl. *Häfelin/Müller*, Rn. 1600–1677 b; *Knapp* Précis, Rn. 2273–2386ter.

[163] Vgl. z. B. FR: Art. 27 Abs. 1 Gesetz über den Schutz der Kulturgüter vom 7. 11. 1991.

[164] So z. B. ZH: § 212 Abs. 1 PGB.

[165] Vgl. z. B. NW: Art. 14 Abs. 1 Gesetz über den Natur- und Heimatschutz vom 24. 4. 1988 und § 9 Abs. 1 Vollziehungsverordnung zum Gesetz über die Kulturförderung vom 21. 12. 1988; UR: Art. 16 Satz 1 Gesetz über den Natur- und Heimatschutz vom 18. 10. 1987; ZG: § 32 Gesetz über Denkmalpflege, Archäologie und Kulturgüterschutz; ZH: § 214 Abs. 1 PBG.

[166] Zur Ausnahme im Kanton Bern vgl. vorne II 1 b α.

[167] *Raschèr*, 109. Zu der im schweizerischen und deutschen Recht massgebenden Theorie des modifizierten Privateigentums s. hinten § 6 B III 4.

C. Private Kulturgüter

I. Eintrag ins Denkmalverzeichnis

Private bewegliche Kulturgüter erlangen den staatlichen Schutz i. d. R. durch Eintrag ins kantonale Denkmalschutzverzeichnis.[168] Der Eintrag kann entweder auf Antrag des Eigentümers[169] oder von Amts wegen mit Zustimmung des Eigentümers erfolgen.[170] Der Kanton Jura macht den Eintrag von einer besonderen Bedeutung für das kantonale kulturelle Erbe abhängig.[171] Der Kanton Freiburg z. B. verlangt für die Eintragung eine überragende Bedeutung.[172] In den Kantonen Nidwalden und Tessin bedarf es sogar einer ausserordentlichen Bedeutung.[173] In letzterem ist Kulturgut im Eigentum von privatrechlichen kulturellen Institutionen von Gesetzes wegen geschützt und bedarf keiner Eintragung.[174]

Der Kanton Solothurn lässt die Eintragung von beweglichen Sachen als Sachgesamtheit neben denjenigen als Einzelobjekte zu.[175] Hingegen können nach den Gesetzen der Kantone Luzern und Nidwalden private Sammlungen nicht in das

---

[168] Nicht so im Kanton Bern. Bewegliche Kulturgüter im Eigentum Privater sind nicht eintragungsfähig, sondern können nur vertraglich unter Schutz gestellt werden. Solche Kulturgüter können nicht gegen den Willen des Eigentümers unter Schutz gestellt werden. Vielmehr bedarf es einer vertraglichen Vereinbarung zwischen dem Kanton und dem Eigentümer. Vorausgesetzt ist dabei, dass die längerfristige und unbeeinträchtigte Bewahrung im öffentlichen Interesse ist (Art. 20 Abs. 1). Der Umfang des Schutzes und die Wirkungen der Unterschutzstellung regelt der Vertrag (Art. 20 Abs. 2). Das so unter Schutz gestellte private Kulturgut wird nicht in das „Verzeichnis der beweglichen Denkmäler" (Art. 11) eingetragen, sondern in das „Verzeichnis der unter Schutz gestellten Denkmäler" (Art. 12), falls dies der Vertrag vorsieht (Art. 21). Dieses Verzeichnis ist öffentlich und liegt bei der kantonalen Fachstelle, den Regierungsstatthalterämtern und den Gemeinden auf (Art. 12 Abs. 2).

[169] Vgl. z. B. JU: Art. 2 Loi sur la conservation des objets d'art et monuments historiques du 9. 11. 1978.

[170] Vgl. z. B. BL: § 1 Abs. 4 Verordnung betreffend die Erhaltung von Altertümern vom 10. 10. 1921.

[171] So z. B. JU: Art. 2 Abs. 1 *Loi sur la conservation des objets d'art et monuments historiques du 9. 11. 1978.*

[172] Vgl. FR: Art. 19 lit. b Ziff. 2 Gesetz über den Schutz der Kulturgüter vom 7. 11. 1991.

[173] Vgl. NW: Art. 50 Abs. 1 Gesetz über den Natur- und Heimatschutz vom 24. 4. 1988; TI: Art. 19 Abs. 2 *Legge sulla protezione dei beni culturali del 13. 5. 1997*: „un'importanza culturale eccezionale, tenendo conto anche del legame tra l'oggetto e la cultura ticinese, a meno che non sia il proprietario a richiederla o ad acconsentirvi."

[174] Vgl. TI: Art. 21 Abs. 1 i. V. m. Art. 4 Abs. 1 *Legge sulla protezione dei beni culturali del 13. 5. 1997.*

[175] Vgl. SO: § 3 i. V. m. § 2 Abs. 2 lit. f Verordnung über den Schutz der historischen Kulturdenkmäler vom 19. 12. 1995.

jeweilige Denkmalschutzverzeichnis eingetragen werden.[176] Werden mehrere bewegliche Sachen als Sachgesamtheit eingetragen, so genügt eine einzige Unterschutzstellungsverfügung.[177]

II. Verfügungsbeschränkungen

1. Unveräusserlichkeit

Es gibt keine kantonale Vorschrift, die ausdrücklich besagt, dass Kulturgüter in Privateigentum unveräusserlich sind. Etwas anderes gilt, wenn Kulturgüter in Privateigentum sich in öffentlichen Museen befinden und dort inventarisiert[178] sind.[179] Private Kulturgüter, welche nicht in öffentlichen Museen aufbewahrt werden, sind somit keine *res extra commercium*.

2. Unersitzbarkeit

Nur die Denkmalschutzgesetze der Kantone Basel-Landschaft und Jura bestimmen die Unersitzbarkeit von Kulturgütern, die im jeweiligen Denkmalschutzverzeichnis eingetragen sind.[180]

3. Anzeigepflicht bei Veräusserungen

In den Kantonen Basel-Landschaft und Jura beispielsweise sind die Eigentümer verpflichtet, Veränderungen des Aufbewahrungsorts an die zuständige Behörde anzuzeigen.[181] Die Gesetze der Kantone Freiburg, Genf, Graubünden, Luzern, Nidwalden, St. Gallen, Tessin und und Waadt sind Veräusserungen anzuzeigen.[182]

---

[176] Vgl. LU: § 9 Abs. 3 Gesetz über den Schutz der Kulturdenkmäler vom 8. 3. 1960; NW: Art. 50 Abs. 3 Gesetz über den Natur- und Heimatschutz vom 24. 4. 1988.

[177] So *Jungo*, 351 bei Ziff. 4.1.2., für das Recht des Kantons Freiburg.

[178] Vgl. z. B. VS: Art. 36 lit. c Kulturförderungsgesetz vom 15. 11. 1996: „Zweck der kantonalen Museen ist [...] die dem Staat gehörenden oder unter seiner Verantwortung stehenden und keiner anderen Institution anvertrauten beweglichen Kulturgüter zu inventarisieren, für deren Sicherheit, deren Wartung und gegebenenfalls für deren Restaurierung zu sorgen".

[179] Bezüglich Archivalien vgl. z. B. BS: § 6 Abs. 3 Gesetz über das Archivwesen vom 11. 9. 1996, wo Archivgut in Privateigentum, welches das Staatsarchiv des Kantons BS „übernommen" hat, unveräusserlich ist.

[180] Vgl. BL: § 4 Abs. 2 i. V. m. § 1 Abs. 4 VO betreffend die Erhaltung von Altertümern vom 10. 10. 1921; JU: Art. 5 Abs. 2 i. V. m. Abs. 1 *Loi sur la conservation des objets d'art et monuments historiques du 9. 11. 1978.*

[181] Vgl. BL: § 8 Abs. 3 Gesetz zum Denkmal- und Heimatschutz vom 9. 4. 1992; JU: Art. 4 Abs. 2 *Loi sur la conservation des objets d'art et monuments historiques du 9. 11. 1978*; TI: Art. 28 Abs. 1 *Legge per la protezione dei beni culturali del 13. 5. 1997.* Die anerkannten kulturellen Institutionen sind nach Art. 28 Abs. 2 von dieser Anzeigepflicht befreit; VD: Art. 66 Abs. 2 *Loi du 10. 12. 1969 sur la protection de la nature, des monuments et des sites.*

[182] Vgl. FR: Art. 26 Abs. 2 Gesetz über den Schutz der Kulturgüter vom 7. 11. 1991; GE: Art. 26 Abs. 2: *Loi sur la protection des monuments, de la nature et des sites du 4. 6. 1976*; LU: § 11

4. Bewilligungspflichtige Eigentumsübertragung

In den Kantonen Basel-Landschaft, Freiburg und Jura dürfen im Verzeichnis eingetragene Kulturgüter nur mit behördlicher Bewilligung zu Eigentum übertragen werden.[183] Im Kanton Schwyz sind nur Veräusserungen über Altertümer, Kunstgegenstände und Kirchengüter bewilligungspflichtig, die sich in öffentlichen Gebäuden, Kirchen und Kapellen befinden.[184] Im Kanton Tessin[185] ist die Veräusserung von geschützten beweglichen Gütern nur im Eigentum öffentlich-rechtlicher Anstalten bewilligungspflichtig (Art. 27 Abs. 1); Rechtsgeschäfte über Objekte in Privateigentum sind lediglich anzuzeigen (Art. 26 Abs. 1).

In den Kantonen Basel-Landschaft und Jura verwirkt der ursprüngliche Eigentümer das Rückforderungsrecht, wenn dieser sich weigert, das ohne Bewilligung des Regierungsrates veräusserte Kulturgut vom neuen Eigentümer zurückzuverlangen. An seine Stelle tritt der Kanton und kann das Rückforderungsrecht ausüben.[186]

5. Bewilligungspflichtige Ausfuhr

Einige Kantone verlangen für die Ausfuhr aus dem jeweiligen Kantonsgebiet eine Bewilligung.[187]

Abs. 1 Satz 3 Gesetz über den Schutz der Kulturdenkmäler vom 8.3.1960 (Anzeigepflicht des Veräusserers); NW: Art. 52 Abs. 1 Satz 3 Gesetz über den Natur- und Heimatschutz vom 24.4.1988 (Anzeigepflicht des Veräusserers); SG: Art. 7 Satz 1 Verordnung betreffend den Schutz von Naturkörpern und Altertümern vom 21.3.1933; TI: Art. 26 Abs. 1 *Legge per la protezione dei beni culturali del 13.5.1997*; VD: Art. 66 Abs. 2 *Loi du 10.12.1969 sur la protection de la nature, des monuments et des sites.*

[183] BL: § 4 Abs. 1 VO betreffend die Erhaltung von Altertümern vom 10.10.1921 (Regierungsrat); FR: Art. 24 Abs. 1 Gesetz über den Schutz der Kulturgüter vom 7.11.1991 (Departement für kulturelle Angelegenheiten); GR: Art. 21 Abs. 2 Satz 2 Natur- und Heimatschutzverordnung: „Jede Veräusserung solcher Objekte [herrenlose Naturkörper und Altertümer von erheblichem wissenschaftlichem Wert] ohne Bewilligung der Regierung ist verboten." JU: Art. 5 Abs. 1 *Loi sur la conservation des objets d'art et monuments historiques du 9.11.1978* (Regierung).

[184] SZ: § 7 Verordnung betreffend den Natur- und Heimatschutz und die Erhaltung von Altertümern und Kunstdenkmälern vom 29.11.1927.

[185] Vgl. *Legge sulla protezione dei beni culturali del 13.5.1997.*

[186] BS: § 8 Verordnung betreffend die Erhaltung von Altertümern vom 10.10.1921; JU: Art. 8 Abs. 1 *Loi sur la conservation des objets d'art et monuments historiques du 9.11.1978.* Diese Regelungen verstösst nicht gegen die Eigentumsgarantie, weil der ursprüngliche Eigentümer gerade auf sein Eigentumsrecht verzichtet hat; a. A. *Knapp* La protection, 242, der ein Verstoss gegen die Eigentumsgarantie annimmt, wenn der ursprüngliche Eigentümer nicht entschädigt wird.

[187] Vgl. dazu hinten § 26 A II 1.

6. Rechtsfolge bei Verstoss gegen Verkehrsbeschränkungen

Rechtsgeschäfte, die gegen die Vorschriften über Verkehrsbeschränkungen verstossen, sind nichtig.[188]

III. Geltungsbereich der Verfügungsbeschränkungen

Diese Verfügungsbeschränkungen dürfen den innerschweizerischen Warenverkehr nicht behindern (vgl. Artt. 27, 94 BV), und gelten kraft verfassungskonformer Auslegung nur für den Export.[189] Auch die kantonalen Vorschriften über den Ausschluss der Ersitzung[190] sind nur insofern gültig, als sie sich auf öffentliche Sachen i. S. v. Art. 664 Abs. 1 ZGB[191] beziehen; denn seit dem 1. Januar 1912 regelt Art. 728 ZGB die Ersitzung bundeseinheitlich und abschliessend.

IV. Materielle Enteignung wegen Unterschutzstellung

Die aus der Unterschutzstellung des Kulturguts folgenden Eigentumsbeschränkungen sind nicht in jedem Fall entschädigungslos zu dulden. Wird dem Eigentümer der bisherige oder ein voraussehbarer künftiger Gebrauch seiner Sache untersagt oder besonders schwer eingeschränkt oder liegt ein Sonderopfer[192] vor, weil dem Eigentümer eine wesentliche, aus dem Eigentum fliessende Befugnis entzogen wird, so muss der Eigentümer des vinkulierten Kulturguts entschädigt werden.[193] Die Entschädigungsfrage kann sich

---

[188] In Bezug auf nicht angezeigte Veräusserungen vgl. z. B. LU: § 11 Abs. 4 Gesetz über den Schutz der Kulturdenkmäler vom 8. 3. 1960; NW: Art. 52 Abs. 4 Gesetz über den Natur- und Heimatschutz vom 24. 4. 1988. Beide Vorschriften sprechen allerdings von „Ungültigkeit". Betreffend nicht bewilligter Veräusserungen vgl. z. B. FR: Art. 24 Abs. 4 Satz 1 Gesetz über den Schutz der Kulturgüter vom 7. 11. 1991; TI: Art. 27 Abs. 4 *Legge sulla protezione dei beni culturali del 13.5.1997* (bewegliches Kulturgut im Eigentum öffentlich-rechtlicher Anstalten). – Den Verkehrsbeschränkungen entgegenstehende Rechtsgeschäfte sind auch dann nichtig, wenn dies das kantonale Recht nicht ausdrücklich vorsieht; vgl. *Marti,* Rn. 460.

[189] Vgl. *Knapp* La protection, 241 f.

[190] Vgl. Fn. 180.

[191] Art. 664 Abs. 1 ZGB lautet: „Die herrenlosen und die öffentlichen Sachen stehen unter der Hoheit des Staates, in dessen Gebiet sie sich befinden."

[192] Ein Sonderopfer liegt vor, wenn ein oder eine beschränkte Anzahl von Eigentümern weniger schwer betroffen sind, aber doch so, dass ihr Opfer gegenüber der Allgemeinheit unzumutbar ist, und es mit der Rechtsgleichheit unvereinbar erschiene, wenn hierfür keine Entschädigung geleistet würde; vgl. BGer 18. 7. 1941 (in Sachen Wettstein), unveröffentlicht; BGE 110 Ib 32; BGE 112 Ib 506 E. 3.

[193] Vgl. z. B. FR: Art. 10 Gesetz über den Schutz der Kulturgüter vom 7. 11. 1991, wonach eine „gerechte und vollständige" Entschädigung zu leisten ist; ZG: § 32 Abs. 1 Satz 1 Gesetz über Denkmalpflege, Archäologie und Kulturgüterschutz vom 26. 4. 1990, wonach der Eigentümer „voll" zu entschädigen ist, wenn ihn die Unterschutzstellung wie eine Enteignung trifft.

auch bei einer ganzen oder auch nur teilweisen Anlegung lokaler Sammlungen stellen.[194]

Das Bundesgericht äusserte sich im Jahre 1987 zur materiellen Enteignung von beweglichen Sachen, nämlich im Falle der Unterschutzstellung einer privaten Sammlung archäologischer Gegenstände. Das Gericht bejahte einen Entschädigungsanspruch der Eigentümer (Fall Balli).[195]

V. Familienfideikommiss

1. Allgemeines

Nicht nur Stiftungen (Artt. 80ff. ZGB) können als Rechtsträger von Kunstsammlungen Kulturgüter kraft Stiftungsreglement dem Handel entziehen, sondern auch Fideikommisse. Das Familienfideikommiss[196] ist ein Sondervermögen ohne eigene Rechtspersönlichkeit des jeweiligen Inhabers bzw. Nutzungsberechtigten, der mit der Auflage belastet ist, es als Ganzes oder die einzelnen Vermögensgegenstände zu erhalten und bei seinem Tod seinem Rechtsnachfolger innerhalb der Familie zu überlassen.[197] Die Unveräusserlichkeit des Familienfideikommisses gehörte also zu dessen Wesen.[198] Dieses strikte Veräusserungsverbot, das zumindest stillschweigend in jeder Fideikommiss lag, wurde weit ausgelegt. Dem Fideikommissar war die ganze oder teilweise Veräusserung des FideikommissGuts durch Umwandlung beweglichen Kapitals in Grundbesitz verwehrt und umgekehrt sowie durch Umtausch einzelner Teile des Fideikommissvermögens.[199]

---

[194] So die Regelung im Kanton Basel-Landschaft; vgl. RRB des Kantons Basel-Landschaft betreffend die Anlegung und Inventarisierung von lokalen Sammlungen von Altertümern durch Gemeinden, öffentlich-rechtliche Korporationen, wissenschaftliche Vereinigungen und private Personen vom 2.10.1937. Eine Kommission bestimmt die Höhe der Entschädigung (§ 7 Abs. 1). Ist der Sammlungsinhaber nicht einverstanden, so entscheidet endgültig und unanfechtbar ein Schiedsgericht (§ 7 Abs. 2 Sätze 1 u. 4).

[195] Vgl. dazu hinten § 26 A II 5 b.

[196] Die Terminolgie in den Kantonen ist uneinheitlich, so heissen sie z. B. in den Kantonen Zug und Zürich „Familienfonds" und in Bern „Familienkisten"; vgl. *Riemer* ZGB 335, Syst. Teil, Rn. 136. Zu den Berner Familienkisten vgl. Gesetz über die Familienkisten und Familienstiftungen vom 6.5.1837; *Stettler,* 97–111, 145–163.

[197] Vgl. *Riemer* ZGB 335, Syst. Teil, Rn. 133, 102; vgl. auch die bundesgerichtliche Definition in BGer 12.10.1883 (i.S. Solothurn g. Erben Tugginer), BGE 9, 577 (586): „Das Familienfideikommiß ist bekanntlich ein durch gültige Privatdisposition unveräußerlich mit einer Familie verbundener, zum Genuße durch die Familienmitglieder nach festgesetzter Successionsordnung bestimmter Vermögenskomplex; durch dasselbe soll das Bewußtsein der Einheit der Familie in ihren sich folgenden, wechselnden Gliedern erhalten und den Glanz der Familie erhöhen."

[198] *Eckert,* 100; *Hoffmann,* 122f.

[199] *Eckert,* 100.

Das Familienfideikommiss wurde durch den Stifter schriftlich durch Schenkung oder letztwillige Verfügung errichtet. Gegenstand des Fideikommisses waren neben Grundstücken und Gebäuden auch Schmuckstücke, Bibliotheken und Kunstsammlungen.[200] Fideikommissar und somit Nutzungsberechtigter ist grundsätzlich jeweils nur ein Familienmitglied, in aller Regel der Erstgeborene (Majorat, Primogenitur).[201] Nach der wohl herrschenden Auffassung ist der Fideikommissar Eigentümer des Fideikommissguts.[202] Sein Eigentum ist aber beschränkt,[203] weil er zur Veräusserung des Fideikommissguts nicht befugt ist.[204] Veräusserungen, die gegen den Zweck des Fideikommisses verstossen, sind nichtig.[205] Der Verkauf des Fideikommissguts als Ganzes und somit dessen Auflösung bedarf der Bewilligung des Kantonsparlamentes.[206]

Gemäss Art. 335 Abs. 2 ZGB ist die Errichtung von Fideikommissen nicht mehr gestattet.[207] Allerdings blieben die vor dem Inkrafttreten des ZGB errichteten Fideikommisse bestehen. Für diese, die sich – wenn auch in geringer Zahl – in nahezu allen Gegenden der Schweiz finden, gelten die Bestimmungen der Stiftungsurkunden und das kantonale Gesetzes- und Gewohnheitsrecht.[208] Dieses kann zwar keine Neuerrichtung mehr gestatten, wohl aber die bestehenden Fideikommisse regeln, indem es ihnen Beschränkungen auferlegt oder sie ganz verbietet.[209]

---

200 Vgl. *Gierke*, 884.

201 Dies im Unterschied zur Familienstiftung, wo das Sondergut grundsätzlich allen Familienmitgliedern zugute kommt; vgl. dazu *Riemer* ZGB 335, Syst. Teil, Rn. 133–139; *Kaufmann*, 11–16; zur Familienstiftung allgemein vgl. *Hoffmann*, 40–118; zum Unterschied zwischen Familienfideikommiss und Familienstiftung vgl. *Ders.*, 126–140.

202 *Sautier*, 463; *Hoffmann*, 29, 123, 125, 127, 132, 134; zu den anderen Rechtsauffassungen vgl. *Sautier*, 459–461.

203 *Meyer von Schauensee* Rechtliche Natur, 220; *Hoffmann*, 124f., 133, 135.

204 *Hoffmann*, 125; *Steiger*, 33.

205 *Eckert*, 100f.; *Kaufmann*, 3 m. w. N.

206 Vgl. *Steiger*, 104, insb. zu den Kompetenzkonflikten zwischen Regierung und Parlament. So bedurfte z. B. im Kanton Luzern der Verkauf des Majorats Pfyffer von Altishofen im Jahre 1839 und Mayr von Baldegg im Jahre 1856 der Zustimmung des Kleinen und Grossen Rates; vgl. *Meyer von Schauensee* Rechtliche Natur, 221; *Sautier*, 106.

207 Im Kanton Bern wurde ihre Errichtung bereits im Jahre 1771 abgeschafft; vgl. *Riemer* ZGB 335, Syst. Teil, Rn. 138; *Hoffmann*, 19–21. Andere Kantone übernahmen das in der Helvetischen Verfassung von 1798 verankerte Verbot der uneingeschränkten fideikommissarischen Substitutionen; vgl. dazu *Hoffmann*, 13–26.

208 *Jenny*, 143.

209 *Bühler*, 139 m. w. H.

2. Beispiel: Familienfideikommiss Pfyffer-Feer zu Buttisholz

Als Beispiel einer Fideikommiss soll das Luzerner Familienfideikommiss Pfyffer-Feer zu Buttisholz[210] genügen.[211] Die mit Stiftungsbrief vom 18. Juni 1757 errichtete Primogenitur umfasst die Herrschaft Buttisholz (Schloss, Bauernhof, Landwirtschaftsgut, Wald und den Soppensee). Zum Fideikommiss gehört nicht nur das in den Jahren 1570/71 erbaute Schloss, sondern auch die sich darin befindenden Mobilien (Möbel, Gemälde, Geschirr). Trotz des Veräusserungsverbots[212] genehmigte der Regierungsrat im Jahre 1901 den Verkauf eines nur unwesentlichen Teils des Grundstücks.[213] Die Anmerkung der Fideikommiss im Grundbuch (vgl. Art. 45 SchlT ZGB)[214] schliesst einen gutgläubigen Erwerb aus. Die Schlossanlage mit Nebengebäuden wurden Ende des Jahres 2000 unter Denkmalschutz gestellt.[215]

D. Zwischenergebnis

In der Schweiz ist auf Bundesebene nur Archivgut im Eigentum des Bundes *res extra commercium*. Auf Kantonsebene entzieht einzig das bernische Denkmalpflegegesetz vom 8. September 1999 Kulturgut im Eigentum Privater dem Rechtsverkehr, sofern es öffentliche Sachen i. S. dieses Gesetzes sind, was nur zutrifft, wenn sie vom Kanton oder öffentlich-rechtlichen Körperschaften „mitgetragen oder massgeblich mitfinanziert werden". Wird ein solches unveräusserliches Kulturgut gestohlen und taucht dieses im Handel in einem anderen Kanton wieder auf, so kann es gutgläubig zu Eigentum erworben werden, weil die Extrakommerzialität nur im Hoheitsgebiet des Kantons Bern Gültigkeit hat. Es wird also hier zur handelbaren Sache.

Andere Kantone sehen zwar ausdrücklich die Unveräusserlichkeit und Unersitzbarkeit öffentlicher Kulturgüter und Archivbestände vor. Diese Objekte sind

---

[210] Dieses Fideikommiss wurde von den Gebrüdern Franz Bernhard Feer (1691–1775) und Leopold Christoph Feer (1693–1770) errichtet. Nach dem Tod des älteren Bruders im Jahre 1775 ging das Fideikommiss an Jakob Anton Pfyffer (1745–1809); vgl. *Sautier*, 328f.

[211] Zu den Familienfideikommissen anderer Kantone vgl. *Steiger*, 39–48; zu anderen Luzernischen Fideikommissen vgl. eingehend *Sautier*, 2–432.

[212] „Erstlich soll der Sitz Buttisholz [...] mit allem in dem Schloss sich befindenden Hausgerät und Mobilien [...] zu einem steten, ewigen fideicommissum [...] geordnet und eingerichtet werden, also mit dieser heitern Bedingung, dass solches jeweilen in seinem esse erhalten, mehreres eräufnet und von keinem Nutzniesser weder ganz, noch zum Teil verkauft, verpfändet, vertauscht, oder um Schulden versetzt, oder sonst abgeändert, sondern unverbrüchlich, unabhängig erhalten werde." Zit. gemäss *Sautier*, 329.

[213] Vgl. *Sautier*, 340f.

[214] Vgl. dazu *Meyer von Schauensee* Über die rechtliche Natur, 61.

[215] So die mündliche Auskunft vom 20. 10. 2000 von Herrn Bernhard Pfyffer-Feer zu Buttisholz (Luzern), gegenwärtiger Eigentümer des gleichnamigen Fideikommisses.

aber – auch innerhalb des jeweiligen Schutzkantons – nicht gänzlich dem Rechtsverkehr entzogen, sondern können zu Eigentum erworben werden. Durch Widmung werden sie zu öffentlichen Sachen, verlieren aber selbst durch gutgläubigen Erwerb die öffentlich-rechtliche Zweckbindung nicht. Die öffentliche Trägerschaft kann die Kulturgüter zum widmungsgemässen Gebrauch zurückfordern.

Private Kulturgüter sind ebenfalls keine *res extra commercium*. Der Handel mit Kulturgütern, die in den kantonalen Denkmalschutzverzeichnissen eingetragen sind, ist lediglich beschränkt. So müssen namentlich Rechtsgeschäfte, die das Eigentum von solchen Objekten übertragen, angezeigt werden, damit der Kanton gegebenenfalls sein gesetzliches Vorkaufsrecht ausüben kann. Eine Minderheit der Kantone verlangt zudem für die Ausfuhr eine Bewilligung. Wirken sich diese Eigentumsbeschränkungen wie eine materielle Enteignung aus, so muss der Eigentümer gemäss Art. 26 Abs. 2 BV voll entschädigt werden.

Nur noch Stiftungen sowie Fideikommisse, deren Errichtung seit Inkrafttreten des ZGB verboten ist, entziehen Kulturgüter dem Handel. Veräusserungen von Vermögenssubstrat aus dem Fideikommiss sind nichtig. Ist die Verfügungsbeschränkung im Grundbuch eingetragen, so ist selbst ein gutgläubiger Erwerb ausgeschlossen.

§ 6 Deutschland

A. Begriff „Kulturgut“

I. Bund

Weder das Abwanderungsschutzgesetz von 1955 [216] noch die „Gesamtverzeichnisse national wertvollen Kulturgutes und national wertvoller Archive“ [217] definieren den Begriff „Kulturgut“.

§ 1 Abs. 1 AbwSchG spricht von „Kunstwerke und anderes Kulturgut“, wobei „Kunstwerke“ wohl nur beispielhaft als Unterfall des Kulturguts zu deuten ist. „Kulturgut“ ist mit „Kunstbesitz“ gleichbedeutend und ist nach den Vorstellun-

---

[216] Gesetz zum Schutz deutschen Kulturgutes gegen Abwanderung vom 6. 8. 1955.

[217] Vgl. „Gesamtverzeichnisse national wertvollen Kulturgutes und national wertvoller Archive“ vom 19. 4. 1999. Das Gesamtverzeichnis wird etwa alle vier Jahre herausgegeben. Das aktuelle Verzeichnis enthält 748 Positionen (davon 508 Kulturgüter u. 240 Archive). Die Verzeichnisse von Brandenburg, Mecklenburg-Vorpommern und Sachsen-Anhalt enthalten keine Einträge. Werke von Gianantonio Guardi (1698–1760) sind insgesamt sieben Mal eingetragen, Rembrandt van Rijn (1606–1669) ist vier Mal vertreten, Francisco José de Goya (1746–1828) drei Mal, Peter Paul Rubens (1577–1640) zwei Mal, Leonardo da Vinci (1452–1519), Pablo Picasso (1881–1973) und Raffael (1483–1520) je ein Mal.

gen des Gesetzgebers „allumfassend" zu verstehen.[218] Gemäss der amtlichen Begründung zum Entwurf eines Kulturgutschutzgesetzes vom 19. November 1953 werden bedeutsame Sammlungen als „anderes Kulturgut" erwähnt.[219]

Teil A der „Gesamtverzeichnisse national wertvollen Kulturgutes und national wertvoller Archive" unterscheidet nicht zwischen Kunstwerken und Kulturgut, sondern benutzt den Sammelbegriff[220] Kulturgut.[221] Unter der letzten der neun Arten („Sonstige") sind beispielsweise Tierknochen mit geritzter Zeichnung, ein Spangenhelm aus Metall, eine Violine, Kutschen, Silbermobiliar, eine Glaskanne sowie Fotoarchive eingetragen worden. Nach allgemeinem Begriffsverständnis umfasst Kulturgut „jedes geistige Schaffen und Wirken des Menschen, das sich in Werken der Kunst, Musik, Literatur oder Wissenschaft dokumentiert."[222]

II. Länder

Gemäss Art. 70 Abs. 1 GG liegt die Kulturhoheit bei den Ländern.[223] Alle 16 Bundesländer haben von dieser Gesetzgebungskompetenz Gebrauch gemacht.[224]

---

[218] Der Begriff „Kulturgut" soll nebem dem Kunstbesitz i. S. des Art. 150 Abs. 2 WRV u. a. auch Inkunabeln, kunstgewerbliche Gegenstände und – im Bereich der Geschichte der Technik – „erste Konstruktionen, z. B. eines Dieselmotors oder eines Automobils" erfassen; vgl. BT-Drs. 76/6, 7; abgedr. bei *Doemming/Füsslein/Matz*, 506.

[219] Vgl. BT-Drs. 76/6, 6; *Pieroth/Kampmann*, 1387; vgl. auch *Maunz*, Rn. 100, wonach auch wissenschaftliches, bibliothekarisches und archivalisches Gut unter den Begriff des Kulturguts i. S. des AbwSchG fallen. – Die Verwaltungsgerichte legen den Begriff „anderes Kulturgut" weit aus, so wurde beispielsweise eine weltweit einzigartige private Käfersammlung von grösstem wissenschaftlichen Wert als „anderes Kulturgut" i. S. des § 1 Abs. 1 AbwSchG qualifiziert; vgl. VG München 30. 11. 1988 – M 6 K 88.1457, unveröffentlicht; bestätigt durch VGH München 4. 12. 1991, NJW 1992, 2584; bestätigt durch BVerwG 30. 3. 1992, NJW 1992, 2584.

[220] *Berndt*, 88.

[221] Vgl. Teil A der Gesamtverzeichnisse 1999: „1. Gemälde, 2. Glasmalereien, 3. Handzeichnungen, Grafik, 4. Bibliotheksgut (Handschriften, frühe Drucke, sonstiges), 5. Skulpturen, 6. Kunstgewerbe (aus Glas und Kristall, Keramik, Metall, Holz, Textilien, sonstigen Materialien), 7. Münzen und Medaillen, 8. Sammlungen einschließlich Bibliotheken, 9. Sonstige."

[222] So ausdrücklich VGH München 4. 12. 1991 (Käfersammlung), NJW 1992, 2585.

[223] Vgl. BVerwG 21. 11. 1996, NJW 1997, 1171 (1172); *Geis*, 524f.

[224] BW: Gesetz zum Schutz der Kulturdenkmale i. d. F. vom 6. 12. 1983.
Bay: Gesetz zum Schutz und zur Pflege der Denkmäler vom 25. 6. 1973.
Berl: Gesetz zum Schutz von Denkmalen in Berlin vom 24. 4. 1995.
Bbg: Gesetz über den Schutz und die Pflege der Denkmale und Bodendenkmale im Land Brandenburg vom 22. 7. 1991.
Brem: Gesetz zur Pflege und zum Schutz der Kulturdenkmäler vom 27. 5. 1975.
Hbg: Denkmalschutzgesetz vom 3. 12. 1973.
Hess: Gesetz zum Schutze der Kulturdenkmäler i. d. F. vom 5. 9. 1986.
MV: Denkmalschutzgesetz i. d. F. vom 6. 1. 1998.
Nds: Niedersächsisches Denkmalschutzgesetz vom 30. 5. 1978.

I. Definitionen

Die Denkmalschutzgesetze der Länder unterscheiden jeweils vier Denkmalgruppen: Baudenkmäler[225], Bodendenkmäler[226], Denkmalbereiche oder Denkmalensembles[227] und bewegliche Denkmäler[228]. Ein sachlicher Unterschied besteht hierbei aber nicht.[229] Bei der Unterschutzstellung stehen dem Gesetzgeber die Klassifizierung und die Generalklausel, zwei gleichwertige[230] Eintragungssysteme zur Verfügung.[231]

a) Klassifizierung

Die beweglichen Denk- oder Kulturdenkmäler werden durch Eintragung in eine Denkmalliste[232] unter Schutz gestellt;[233] die Eintragung wirkt konstitutiv.[234] Alle

---

NWf: Gesetz zum Schutz und zur Pflege der Denkmäler im Lande Nordrhein-Westfalen vom 11.3.1980.
RP: Landesgesetz zum Schutz und zur Pflege der Kulturdenkmäler vom 23.3.1978.
S: Gesetz zum Schutz und zur Pflege der Kulturdenkmäler im Saarland vom 12.10.1977.
Ss: Gesetz zum Schutz und zur Pflege der Kulturdenkmale im Freistaat Sachsen vom 3.3.1993.
SA: Denkmalschutzgesetz des Landes Sachsen-Anhalt vom 21.10.1991.
SHs: Gesetz zum Schutz der Kulturdenkmale i.d.F. vom 21.11.1996.
Th: Gesetz zur Pflege und zum Schutz der Kulturdenkmale im Land Thüringen vom 7.1.1992.

225 Ein Baudenkmal liegt vor, wenn ein körperlicher Gegenstand auf Dauer fest mit dem Boden verbunden ist; vgl. z. B. NWf: § 2 Abs. 2 DSchG: „Baudenkmäler sind Denkmäler, die aus baulichen Anlagen oder Teilen baulicher Anlagen bestehen."

226 Bodendenkmäler sind bewegliche und unbewegliche Denkmäler, die sich im Boden oder in Gewässern befinden oder befanden: vgl. etwa Bbg: § 2 Abs. 5 DSchG; MV: § 2 Abs. 5 DSchG.

227 Vgl. Bbg: § 2 Abs. 3 DSchG; MV: § 2 Abs. 3 DSchG; Ss: §§ 2 Abs. 5 lit. b, 21 DSchG; S: § 2 Abs. 2 Nr. 2 DSchG; Th: § 2 Abs. 3 bis 7 DSchG.

228 Vgl. etwa Bay: Art. 1 DSchG; MW: § 2 DSchG; NWf: §§ 1, 2 DSchG. Diese werden häufig auch „Kulturdenkmale" genannt; vgl. etwa BW: § 2 DSchG; Brem: § 2 DSchG; Hess: §§, 1, 2 DSchG; Nds: §§ 1, 2 DSchG; S: §§ 1, 2 DSchG; SHs: § 1 DSchG. *Kohler* Das Recht an Denkmälern, 773, definiert den Denkmalbegriff wie folgt: „Unter Denkmal ist eine Sache zu verstehen, die den Charakter eines Kunstwerkes besitzt und zu gleicher Zeit für die Kennzeichnung einer vergangenen Periode der Menschheit bedeutsam ist." Zu den verschiedenen Definitionen in der Lehre vgl. *Buchert,* 31–35.

229 *Berndt,* 94.

230 *Erbguth/Passlick/Püchel,* 21; a. A. *Niebaum/Eschenbach,* 22.

231 Vgl. *Moench* Reichweite, 2001.

232 Häufig sprechen die Ländergesetze auch von „Denkmalbuch"; vgl. etwa BW: § 14 DSchG; Hess: § 9 Abs. 2 DSchG; RP: § 10 Abs. 2 DSchG; SHs: § 5 Abs. 1 DSchG; Th: § 4 DSchG. Andere Ländergesetze verwenden den Begriff „Denkmalverzeichnis"; vgl. etwa Nds: § 4 DSchG.

233 Vgl. z. B. Berl: § 4 Abs. 1 DSchG; Brem: § 3 Abs. 1 DSchG; Hbg: § 6 Abs. 3 i. V. m. § 2 Nr. 3 DSchG; Hess: § 9 Abs. 2 DSchG; NWf: § 3 DSchG; RP: § 10 Abs. 2 DSchG; SHs: § 5 Abs. 1 DSchG.

234 Statt vieler *Niebaum/Eschenbach,* 13; *Erbguth/Passlick/Püchel,* 18.

Denkmalschutzgesetze, die dem Eintragungsprinzip folgen, kennen die vorläufige Unterschutzstellung. Das Objekt gilt als vorläufig eingetragen, wenn damit zu rechnen ist, dass das Denkmal in die Denkmalliste eingetragen wird.[235]

b) Generalklausel

Andere Denkmalschutzgesetze wiederum folgen dem Prinzip der Generalklausel.[236] Danach sind alle Gegenstände von Gesetzes wegen geschützt, wenn die begrifflichen Voraussetzungen erfüllt werden. Eine formelle Eintragung in ein Verzeichnis ist nicht nötig, es bedarf zudem keiner konstitutiv oder auch nur deklaratorisch wirkenden Entscheidung.[237] Die Legaldefinition ist aus mehreren unbestimmten Rechtsbegriffen zusammengesetzt.[238] Wird das geschützte Denkmal in ein Verzeichnis eingetragen, so hat dieses nur deklaratorische Wirkung.[239]

c) Kombination

Nur wenige Länderdenkmalschutzgesetze kombinieren beide Systeme.[240] Werden die gesetzlichen Begriffsmerkmale erfüllt, so geniessen die Denkmäler einen Mindestschutz.[241] Durch die Eintragung erfahren die beweglichen Kulturdenkmäler von besonderer Bedeutung einen zusätzlichen Schutz.[242] Hier gilt wiederum das Eintragungsprinzip.[243]

---

[235] Vgl. z. B. BW: § 17 DSchG; Bbg: § 10 DSchG; Brem: § 8 DSchG; NWf: § 4 DSchG; RP: § 11 DSchG. Die vorläufige Eintragung dient dazu, den Behörden schon vor Abschluss des förmlichen Eintragungsverfahrens ein rasches Eingreifen zu ermöglichen, wenn einem Denkmal akute Gefahr droht; vgl. *Erbguth/Passlick/Püchel,* 19.

[236] Vgl. z. B. Bay: Art. 2 Abs. 2 DSchG; Hess: § 9 Abs. 2 DSchG; Nds: § 5 Satz 1 DSchG; S: § 7 DSchG; § 18 Abs. 1 i. V. m. § 2 Abs. 2 Nr. 5. *Niebaum,* 33, nennt dieses Eintragungsprinzip „Ipso-iure-Unterschutzstellung". – Hessen übernahm mit der Novellierung vom 5. 5. 1986 des Gesetzes zum Schutze der Kulturdenkmäler das Prinzip der Generalklausel; vgl. dazu *Steinberg,* 14–18.

[237] Kritisch zu diesem Eintragungsprinzip *Niebaum,* 34f.; *Niebaum/Eschenbach,* 22.

[238] Vgl. *Niebaum/Eschenbach,* 15 m. w. H.

[239] Statt vieler *Kleeberg/Eberl,* 70, Rn. 63. Der Eintrag im Denkmalverzeichnis wird aber häufig faktisch entscheidend dafür sein, ob die Denkmalschutzbehörde schützend tätig wird; vgl. *Niebaum,* 32.

[240] Vgl. etwa das Denkmalschutzgesetz von Baden-Württemberg. Nach der Auffassung von *Berndt,* 97, insb. Fn. 574f., kombiniert auch das Denkmalschutzgesetz von Rheinland-Pfalz beide Eintragungsverfahren, was nicht zutrifft; denn nach § 8 Abs. 1, 1. HS DSchG werden Kulturdenkmäler durch Verwaltungsakt unter Schutz gestellt, wobei bewegliche Kulturdenkmäler nur dann eintragungsfähig sind, wenn sie von besonderem Wert sind oder der Eigentümer die Unterschutzstellung anregt.

[241] Vgl. etwa BW: § 2 DSchG.

[242] Vgl. etwa RP: § 8 Abs. 3 DSchG; anders ist die Rechtslage in Bayern: Nach Art. 3 Abs. 1 DSchG werden namentlich nur die eingetragenen beweglichen Denkmäler geschützt.

[243] *Erbguth/Passlick/Püchel,* 21.

d) Bewertung

Das konstitutive Eintragungsverfahren dürfte auf Grund seiner rechtsstaatlichen Grundsätzen entsprechenden Rechtssicherheit und Klarheit einen effektiveren Denkmalschutz gewährleisten als das Verfahren nach dem Prinzip der Generalklausel.[244]

2. Unterschutzstellung

a) Werke lebender Urheber

Die Denkmalschutzgesetze der Länder legen für die Unterschutzstellung kein Mindestalter der Kulturgüter fest. Lediglich die Denkmalschutzgesetze von Bayern, Niedersachsen, Rheinland-Pfalz, Sachsen und Schleswig-Holstein sprechen von Gegenständen „aus vergangener Zeit".[245] Ob die anderen elf Länderdenkmalschutzgesetze auch zeitgenössische Denkmäler schützen, ist unklar.[246]

b) Sammlungen, Archiv- und Bibliotheksgut

Einige Länderdenkmalschutzgesetze schliessen Archivgut ganz[247] oder teilweise[248] aus ihrem Geltungsbereich aus. Soweit die Archivgesetze Schutz- und Pflegevorschriften für öffentliches Archivgut enthalten, gehen sie als Spezialgesetze den allgemeinen Denkmalschutzgesetzen vor.[249]

Kulturdenkmäler, die sich in staatlichen Sammlungen oder in öffentlichen Archiven befinden, werden häufig nicht unter Denkmalschutz gestellt.[250] Staatliche Sammlungen sind oft kraft Gesetzes geschützt und bedürfen keiner Eintragung. So sieht z. B. das Thüringer Denkmalschutzgesetz von der Eintragung beweglicher Kulturdenkmäler ab, wenn die Objekte von einer staatlichen Sammlung

---

244 *Erbguth/Passlick/Püchel,* 22, Fn. 62 m. w. H.; differenzierend *Niebaum/Eschenbach,* 22.

245 Vgl. Bay: Art. 1 Abs. 1 DSchG; Nds: § 3 Abs. 5 DSchG; RP: § 3 Abs. 1 DSchG; Ss: § 2 Abs. 1 DSchG; SHs: § 1 Abs. 2 DSchG; unvollständig *Berndt,* 96.

246 *Berndt,* 96, verneint die Schutzfähigkeit von Gegenständen aus der unmittelbaren Gegenwart; ähnlich *Hammer* Das Recht, 967, wonach eine historische Komponente – auch wenn dies nicht ausdrücklich gefordert zu werden scheint – stets notwendig sei; nach Auffassung von *Giesker,* 22f., ist jegliche Altersbegrenzung abzulehnen (in Bezug auf das Hessische Denkmalschutzgesetz von 16. 7. 1902); *Kohler* Das Recht an Denkmälern, 773, verlangt die Zugehörigkeit des Schutzobjekts zu einer „abgeschlossenen Kulturepoche"; nach BVerwG 28. 5. 1965, BVerwGE 11, 32 (34f.) können Werke aus jüngster Zeit als Kulturdenkmal geschützt werden, wenn mit einiger Sicherheit die zukünftige Bedeutung zu ermessen ist, und seine Existenz ohne denkmalpflegerische Massnahmen besonders gefährdet erscheint.

247 Vgl. etwa MV: § 2 Abs. 6 DSchG.

248 Vgl. etwa Bbg: § 2 Abs. 4 Satz 2 DSchG.

249 *Hammer* Das Recht, 967.

250 So etwa ausdrücklich RP: § 8 Abs. 2 DSchG.

verwaltet werden (§ 4 Abs. 3). Private Sammlungen sind in 13 Bundesländern eintragungsfähig,[251] in den Denkmalschutzgesetzen von Bayern, Berlin und Hamburg schweigt der Gesetzgeber.

3. Öffentliches Interesse

Der sehr weite Kreis schutzfähiger Objekte findet seine notwendige Einschränkung darin, dass nach allen Gesetzen an der Erhaltung ein öffentliches Interesse bestehen muss.[252] So besteht dies in Baden-Württemberg an der Erhaltung der Kulturdenkmäler aus wissenschaftlichen, künstlerischen oder heimathistorischen Gründen (§ 2 Abs. 1). In Nordrhein-Westfalen ist das öffentliche Interesse an der Erhaltung und Nutzung der Denkmäler gegeben, „wenn die Sachen bedeutend für die Geschichte des Menschen, für Städte und Siedlungen oder für die Entwicklung der Arbeits- und Produktionsverhältnisse sind und für die Erhaltung und Nutzung künstlerische, wissenschaftliche, volkskundliche oder städtebauliche Gründe vorliegen" (§ 2 Abs. 1). In anderen Bundesländern werden bewegliche Denkmäler unter Schutz gestellt, wenn der Eigentümer die Unterschutzstellung beantragt[253] oder wenn es von besonderem Wert ist.[254] Der besondere Wert ist namentlich in Rheinland-Pfalz gegeben, wenn das Kulturgut heimatgeschichtlich, überörtlich, national oder übernational bedeutsam ist (§ 3 Abs. 1 Nr. 1).

B. Öffentliche Kulturgüter

I. Bund

Keine Norm des Bundesrechts bestimmt die Unveräusserlichkeit von Kulturgut. Auch besteht im Bundesarchivgesetz vom 6. Januar 1988[255] keine Vorschrift über die Unveräusserlichkeit von Bundesarchivgut.[256]

---

[251] Vgl. BW: § 2 Abs. 1 DSchG; Bbg: § 2 Abs. 1 DSchG (Mehrheit von Sachen); Brem: § 2 Abs. 1 Nr. 3 DSchG (explizit Sammlungen); Hess: § 2 Abs. 1 DSchG; MV: § 2 Abs. 1 DSchG; Nds: § 3 Abs. 5 DSchG; NWf: § 2 Abs. 1 DSchG (Mehrheit von Sachen); RP: § 4 Abs. 2 Nr. 2 DSchG (explizit Sammlungen); S: § 2 Abs. 1 DSchG (Mehrheit von Sachen); Ss: § 2 Abs. 5 lit. i DSchG (explizit Sammlungen); SA: § 2 Abs. 2 Nr. 5 DSchG (explizit Sammlungen); SHs: § 1 Abs. 2 DSchG (Gruppen von Sachen); Th: § 2 Abs. 1 DSchG.

[252] Vgl. z. B. Bbg: § 2 Abs. 1 DSchG; MV: § 2 Abs. 1 DSchG; S: § 2 Abs. 1 DSchG.

[253] Vgl. etwa BW: § 12 Abs. 2 Nr. 1 DSchG; RP: § 8 Abs. 3 Nr. 2 DSchG.

[254] Vgl. etwa BW: § 12 Abs. 2 Nr. 2 DSchG; Nds: § 4 Abs. 1 DSchG; RP: § 8 Abs. 3 Nr. 1 DSchG, wobei der besondere Wert nach Satz 2 von Nr. 2 gegeben ist, „wenn es heimatgeschichtlich, überörtlich, national oder übernational bedeutsam ist."

[255] Gesetz über die Sicherung und Nutzung von Archivgut des Bundes vom 6. 1. 1988.

[256] Laut einem Zeitungsbericht vom November 2000 (vgl. *Ein Streit um des Ministers Akten*, 12) wurden Akten des ehemaligen Kanzleramtchefs Bohl ins Archiv der privaten Konrad-

II. Länder

1. Kulturgut

Kein Bundesland bestimmt die Unveräusserlichkeit von Kulturgut im Eigentum der öffentlichen Hand.

2. Archivgut

a) Rechtsgrundlagen

Alle Länder haben Gesetze über die Archivierung erlassen.[257]

Adenauer-Stiftung gegeben. Gemäss § 2 Abs. 1 BArchG (vorige Fn.) gehören jedoch alle Unterlagen namentlich von Bundesbehörden, „die sie zur Erfüllung ihrer öffentlichen Aufgaben nicht mehr benötigen" ins Bundesarchiv oder ins zuständige Landesarchiv. Das Bundesarchiv nimmt das Archivgut an, wenn den Unterlagen u. a. „bleibender Wert für die Erforschung oder das Verständnis der deutschen Geschichte" zukommt (§ 3 BArchG). In Bezug auf die Bohl-Akten ist umstritten, ob auch archivwürdiges Material enthalten ist. Ob in Zukunft Private ihre Dokumente einem Archiv anvertrauen, wenn sie damit rechnen müssen, dass sich vielleicht unzulässiges Dienstliches unter dem erlaubten Privaten findet, ist im Lichte dieser Affäre zweifelhaft. Vielmehr werden sich die Besitzer von Archivgut, das sie z. B. geerbt haben, das tun, was zu verhindern ist, nämlich die wertvollsten Stücke einem Antiquar zum Kauf anbieten und den Rest vernichten. Kommen die Bohl-Akten ins Bundesarchiv, so bleiben sie der Nachwelt zwar erhalten, Dritte dürften sie aber erst 30 Jahre nach dem Tod des Betroffenen benützen (§ 5 Abs. 2 BArchG). Was mit den Bohl-Akten schliesslich geschehen ist, konnte nicht in Erfahrung gebracht werden.

[257] BW: Gesetz über die Pflege und Nutzung von Archivgut vom 27. 7. 1987.
Bay: Bayerisches Archivgesetz vom 22. 12. 1989.
Berl: Gesetz über die Sicherung und Nutzung von Archivgut des Landes Berlin vom 29. 11. 1993.
Bbg: Gesetz über die Sicherung und Nutzung von öffentlichem Archivgut im Land Brandenburg vom 7. 4. 1994.
Brem: Gesetz über die Sicherung und Nutzung öffentlichen Archivguts im Lande Bremen vom 7. 5. 1991.
Hbg: Hamburgisches Archivgesetz vom 21. 1. 1991.
Hess: Hessisches Archivgesetz vom 18. 10. 1989.
MV: Archivgesetz für das Land Mecklenburg-Vorpommern vom 7. 7. 1997.
Nds: Gesetz über die Sicherung und Nutzung von Archivgut in Niedersachsen vom 25. 5. 1993.
NWf: Gesetz über die Sicherung und Nutzung öffentlichen Archivguts im Lande Nordrhein-Westfalen vom 16. 5. 1989.
RP: Landesarchivgesetz vom 5. 10. 1990.
S: Saarländisches Archivgesetz vom 23. 9. 1992.
Ss: Archivgesetz für den Freistaat Sachsen vom 17. 5. 1993.
SA: Landesarchivgesetz Sachsen-Anhalt vom 28. 6. 1995.
SHs: Gesetz über die Sicherung und Nutzung öffentlichen Archivgutes in Schleswig-Holstein vom 11. 8. 1992.
Th: Thüringer Gesetz über die Sicherung und Nutzung von Archivgut vom 23. 4. 1992.

b) Begriff

Nach dem Berliner Archivgesetz vom 29. November 1993 gehören zum Archivgut alle archivwürdigen Dokumente wie namentlich Unterlagen, Einzelschriftstücke, Film, Karten, Pläne (§ 3 Abs. 1). Diese sind archivwürdig, wenn sie namentlich für die wissenschaftliche Aufklärung und das Verständnis von Geschichte und Gegenwart bleibenden Wert haben (§ 3 Abs. 2). Das Archivgesetz des Landes Brandenburg vom 7. April 1994 z. B. nennt auch Siegel (§ 2 Abs. 5) und das Sächsische Archivgesetz vom 17. Mai 1993 zudem Medaillen als Archivgut (§ 1 Abs. 2). Nach dem Archivgesetz von Sachsen-Anhalt vom 28. Juni 1995 sind Dokumente archivwürdig, wenn ihnen namentlich für die Wissenschaft und Forschung und das Verständnis von Geschichte und Gegenwart bleibender Wert zukommt (§ 2 Abs. 4). Im Übrigen hält dieses Gesetz fest, dass Archivgut Kulturgut sei (§ 8 Abs. 2 Satz 1).

c) Unveräusserlichkeit

Nach der Mehrheit der Archivgesetze ist Archivgut im Eigentum des Bundeslands unveräusserlich. Dies gilt in zehn Bundesländern: Berlin, Brandenburg, Bremen, Hessen, Mecklenburg-Vorpommern, Nordrhein-Westfalen, Rheinland-Pfalz, Sachsen, Sachsen-Anhalt und Thüringen.[258]

Archivgut im Eigentum der Bundesländer ist wohl auch dann unveräusserlich, wenn dies nicht ausdrücklich in einem Archivgesetz verankert ist.[259]

---

[258] Berl: § 7 Abs. 2 ArchGB: „Archivgut im Eigentum des Landes Berlin ist unveräusserlich."
Bbg: § 6 Abs. 2 Satz 1 ArchivG: „Öffentliches Archivgut des Landes Brandenburg ist unveräusserlich."
Brem: § 4 Abs. 1 ArchivG: „Im Staatsarchiv zu verwahrendes Archivgut ist unveräusserlich."
Hess: § 3 Abs. 3 Satz 1 ArchivG: „Öffentliches Archivgut ist unveräusserlich."
MV: § 8 Abs. 5 LArchivG: „Öffentliches Archivgut des Landes ist unveräusserlich."
NWf: § 4 Abs. 1 ArchivG: „Staatliches Archivgut ist in staatlichen Archiven zu verwahren; es ist unveräusserlich."
RP: § 1 Abs. 3 Satz 2 LArchG: „Im übrigen ist Archivgut unveräusserlich." Nach Satz 1 kann Archivgut nur an Träger anderer hauptamtlich und fachlich geleiteter Archive übereignet werden, wenn dies wegen der Herkunft oder des Zusammenhangs geboten oder die Gegenseitigkeit gewährleistet ist.
Ss: § 8 Abs. 4 ArchivG: „Archivgut ist ein Bestandteil des Landeskulturgutes; seine Veräusserung ist verboten."
SA: § 8 Abs. 4 Satz 2 ArchG: „Im übrigen ist Landesarchivgut unveräusserlich." Nach Satz 1 kann Landesarchivgut an Staatsarchive anderer Länder übereignet werden, wenn es fachlich geboten ist und Gegenseitigkeit gewährleistet ist.
Th: § 2 Abs. 5 Satz 1 ArchivG: „Öffentliches Archivgut ist unveräusserlich." Nach Satz 2 ist eine Abgabe an andere öffentliche Archive zulässig, wenn sie im öffentlichen Interesse liegt und die Grundsätze des Thüringer Archivgesetzes für die Aufbewahrung und Benutzung von öffentlichem Archivgut beachtet werden.

[259] Zu den analogen Gründen im Schweizer Recht s. vorne § 5 B II 2 c.

III. Kulturgüter als öffentliche Sachen

1. Öffentliche Sache

Als öffentliche Sachen sind diejenigen Sachen anzusehen, die durch ihre Benutzung öffentlichen Zwecken dienen und für deren Behandlung öffentliches Recht massgebend ist.[260] Die h. L. unterscheidet öffentliche Sachen im Zivilgebrauch und öffentlichen Sachen im Verwaltungsgebrauch. Zu den öffentlichen Sachen im Zivilgebrauch zählen die Sachen im Gemeingebrauch, im Sondergebrauch und im Anstaltsgebrauch.[261]

2. Widmung

Die Eigenschaft als öffentliche Sache wird durch den Hoheitsakt der Widmung begründet, und zwar in Form eines Rechtssatzes oder eines ausdrücklichen Verwaltungsaktes (förmliche Widmung) oder – so regelmässig bei öffentlichen Sachen im Verwaltungsgebrauch – einer durch inneradministrativen Inventarisierung (nicht förmliche Widmung), wobei letztere zumindest nach aussen erkennbar und amtlich nachweisbar sein muss.[262] Die Widmung erzeugt erst dann Rechtswirkung, wenn die öffentliche Sache ihrer unmittelbar hoheitlichen Zweckbestimmung entsprechend benutzt wird; vor der faktischen Indienststellung kann die öffentlich-rechtliche Dienstbarkeit, obwohl sie schon mit der Widmung entstanden ist, noch keine Rechtswirkung auslösen.[263] Die Rechtsprechung verneint das Erfordernis einer gesetzlichen Grundlage für die Begründung einer öffentlich-rechtlichen Sachherrschaft an einem der privaten Eigentumsordnung unterstehenden Eigentumsgegenstand.[264]

Wird ein gewidmetes Gemälde aus einem öffentlichen Museum eines Bundeslands gestohlen und wird es von einem städtischen Museum für seine Sammlung erworben und wiederum gewidmet, so kann das Bundesland mit einer sog. Inanspruchnahmeverfügung[265] den Besitz verlangen. Denn wird eine öffentliche Sache zum zweiten Mal gewidmet, bevor die erste Widmung aufgehoben worden ist, dürfte die zweite Widmung nicht unwirksam sein, der ersten aber im Rang

---

260 Vgl. statt vieler *Wolff/Bachof/Stober*, § 75 I, Rn. 1; allgemein zum öffentlichen Sachenrecht vgl. *Wolff/Bachof/Stober*, §§ 75–79; *Forsthoff*, 273–297; *Kromer*, 16–154; vgl. auch die kritische Analyse von *Ehlers* Das öffentliche, 327–333.

261 Vgl. statt vieler *Salzwedel*, § 45 I, Rn. 1.

262 Vgl. *Wolff/Bachof/Stober*, § 76 II 1–3, 689–691; *Salzwedel*, 45 II, Rn. 6, 536. Dies genügt nach Auffassung von *Ehlers* Das öffentliche, 330, nicht; vielmehr bedürfe es eines „Aussenrechtsaktes".

263 *Wolff/Bachof/Stober*, § 76 III, Rn. 21; *Forsthoff*, 387; *Papier*, 39.

264 Vgl. VG Köln 20. 3. 1991 (Hamburger Stadtsiegel), NJW 1991, 2584; a. A. *Axer*, 13; *Kromer*, 59, 70; *Manssen*, 748; *Papier*, 15.

265 *Papier*, 38.

nachgehen.[266] Für Museen dürfte es selbstverständlich sein, dass der feste Bestand an regelmässig und wiederkehrend ausgestellten Kunstwerken einen öffentlich-rechtlichen Statuts besitzt, falls die Kunstwerke gewidmet sind. Ob aber alle magazinierten Kunstwerke den gleichen Bindungen unterliegen sollen, kann bezweifelt werden.[267]

3. Ablehnung der Lehre vom „öffentlichen Eigentum"

Die Lehre vom „öffentlichen Eigentum"[268] konnte sich in Deutschland nicht durchsetzen.[269] Abgesehen von drei Ausnahmen[270] unterliegen in Deutschland daher auch Güter, die im Eigentum eines Trägers öffentlicher Gewalt sind, der Privatrechtsordnung. Nach geltendem deutschen Recht ist die öffentliche Sache Gegenstand privater dinglicher Rechte.[271] Die Widmung entzieht also die öffentlichen Sachen nicht dem allgemeinen Rechtsverkehr; sie können veräussert, erworben oder belastet werden. Die öffentlichen Sachen sind somit keine *res extra commercium*.[272]

---

[266] Vgl. *Salzwedel,* § 45 II, Rn. 9.

[267] *Salzwedel,* § 48 II, Rn. 5, 570; *Fechner* Der Hamburger, 704, wonach die alleinige Inventarisation kaum ausreichen wird.

[268] Vgl. *Mayer* Deutsches Verwaltungsrecht, (1. Aufl.) 60–110, (2. Aufl.) 71–135, (3. Aufl.) 39–72. *Mayer* lehnte sich dabei an den frz. *domaine public* an, wonach der *Code civil* auf Güter im Eigentum der öffentlichen Hand, die zum *domaine public* gehören, keine Anwendung findet. Zum *domaine public* s. hinten § 7 C I; ungenau deshalb *Müller-Katzenburg* Internationale, 75, die nur von „Sachen im Staatseigentum" spricht. Um das „öffentliche Eigentum" nicht mit Eigentum der öffentlichen Hand zu verwechseln, sollte m. E. besser der Begriff „öffentlich-rechtliches Eigentum" verwendet werden; richtig daher *Mayer* Deutsches Verwaltungsrecht (3. Aufl.), 41; *Ders.* Der gegenwärtige, 502; *Ruck* Das Eigentum, 21; *Peters,* 170 (zum ALR); *Schelcher,* 348, 351; *Stern* Die öffentliche, 203. Zum Begriff des öffentlichen Eigentums vgl. auch *Friederichs,* 307–316; *Hardinghaus,* 90–92.

[269] Vgl. dazu *Stern* Zur Problematik, 159, Fn. 71 m. w. H.; kritisch auch *Bartlsperger,* 210–212, insb. Fn. 701 m. H. auf die Lit.

[270] Das „öffentliche Eigentum" fand Eingang in folgende Spezialgesetze: § 4 Abs. 1 HambWegeG; zur verfassungsrechtlichen Zulässigkeit vgl. BVerfG 10. 3. 1976, BVerfGE 42, 20 (33 f.); BW WasserG (§ 4 Abs. 1, § 5); § 4a HbgDOG: „Grundflächen, die als öffentliche Wege gewidmet sind und der Freien und Hansestadt Hamburg gehören, stehen [...] in öffentlichem Eigentum der Freien und Hansestadt Hamburg. Das öffentliche Eigentum begründet eine hoheitliche Sachherrschaft. Die in öffentlichem Eigentum stehenden Gegenstände sind dem Rechtsverkehr entzogen. Die Vorschriften des bürgerlichen Rechts, insbesondere über den Besitz und das Eigentum, finden keine Anwendung." Zur Verfassungsmässigkeit des öffentlichen Eigentums an Hochwasserschutzanlagen nach § 2 Abs. 1 u. 3 HambDOG vgl. BVerfG 24, 367 (388); *Dicke,* 554–557. Alle drei Fälle von „öffentlichem Eigentum" sind erwähnt bei *Papier,* 6.

[271] Statt vieler *Hardinghaus,* 97.

[272] BGH 5. 10. 1989 (Hamburger Stadtsiegel), NJW 1991, 900.

4. Gutgläubiger Eigentumserwerb vom Nichtberechtigten

Es ist von folgendem Beispiel auszugehen: Eine Bibliothekarin verkauft ein Buch aus einer öffentlichen Bibliothek[273] an einen gutgläubigen Dritten. Nach § 932 Abs. 1 BGB wird der gutgläubige Erwerb vom Nichtberechtigten geschützt. Dies gilt aber nicht bei gestohlenen, verlorenen oder sonstwie abhanden gekommenen Sachen (§ 935 Abs. 1 Satz 1 BGB). Nach h. L. ist eine Sache auch dann abhanden gekommen, wenn ein Besitzdiener sie entgegen den Weisungen des Besitzherrn veräussert.[274] Die Bibliothekarin ist als Angestellte im öffentlichen Dienst lediglich Besitzdienerin und kann somit nicht wirksam Eigentum übertragen. Nach § 935 Abs. 1 Satz 1 BGB scheitert also ein gutgläubiger Eigentumserwerb des Buches.[275]

Die herrschende Meinung geht von einer durch die Widmung begründeten öffentlich-rechtlichen Sachherrschaft aus, die als beschränkt dingliches Recht, als Dienstbarkeit des Öffentlichen Rechts auf dem Eigentum lastet,[276] auf den Rechtsnachfolger im Eigentum übergeht und insbesondere einen gutgläubigen, *lastenfreien* Erwerb (§ 936 BGB) oder eine *lastenfreie* Ersitzung (§ 945 BGB) ausschliesst.[277] Dieses Rechtsinstitut des sog. modifizierten Privateigentums[278] geht davon aus, dass auch öffentliche Sachen weiterhin der Privatrechtsordnung unterliegen, so dass an ihnen auch privates Eigentum erworben werden kann. Dieses Eigentum wird jedoch überlagert durch die öffentlich-rechtliche Zweckbindung, die diese öffentliche Sache widmungsgemäss erfahren hat.[279]

Die Belastung bedeutet also nicht zwingend, dass öffentliche Sachen dem allgemeinen Rechtsverkehr entzogen sind. Private Rechte an öffentlichen Sachen können aber nur solange und soweit ausgeübt werden, wie sie dem öffentlichen Sachzweck nicht entgegenstehen. Rechtsgeschäftliche Verfügungen über öffentliche Sachen, welche mit der öffentlichen Zweckbestimmung unvereinbar sind, sind nichtig.[280]

Inhalt der Dienstbarkeit ist die Verpflichtung des jeweiligen Eigentümers, die Benutzung der öffentlichen Sache im Rahmen ihrer spezifischen Zweckbestim-

---

[273] Nach *Salzwedel*, § 48, Rn. 1, sind Güter aus öffentlichen Museen und Bibliotheken öffentliche Sachen im Anstaltsgebrauch.

[274] *Frotscher*, 155.

[275] Zum selben Ergebnis führte auch der Verkauf des Buches durch ein Organ einer juristischen Person des öffentlichen Rechts; vgl. *Frotscher*, 155f.

[276] Statt vieler *Papier*, 10.

[277] Vgl. VG Köln 20.3.1991, NJW 1991, 2584 (2585) m. w. H.

[278] Statt vieler *Wolff/Bachof/Stober*, § 77 I 1, Rn. 2–8.

[279] Vgl. *Wolff/Bachof/Stober*, § 77 I 1, Rn. 4, 698f.; kritisch *Mussgnug* Museums- und Archivgut, 203–205.

[280] BGH 14.7.1953, NJW 1953, 1705.

mung zu dulden.[281] Überwiegend wird allen öffentlichen Sachen diese Eigenschaft zugestanden.[282] Steht also ein Auseinanderfallen von Eigentum und öffentlich-rechtlicher Sachherrschaft der widmungsgemässen Zweckbindung entgegen, so kann die Sache vom Eigentümer herausverlangt werden.[283]

Die Belastung mit einer öffentlich-rechtlichen Dienstbarkeit als dingliches Herrschaftsrecht an Sachen könnte im Kunst- und Antiquitätenhandel von Bedeutung sein, wie der bekannte Hamburger Stadtsiegel-Fall zeigen soll (siehe hierzu sogleich 5).

5. Versteigerung einer öffentlichen Sache: Hamburger Stadtsiegel-Fall[284]

a) Sachverhalt

Die Freie und Hansestadt Hamburg (Klägerin) verlangte von einer Kölner Antiquitätenhändlerin (Beklagte) die Herausgabe eines Handstempels zum Siegeln von Urkunden (Siegeltypar) und des dazu gehörigen Aufbewahrungsbeutels.[285] Im Jahre 1944 wurde das Stadtsiegel mit anderen hamburgischen Archivgegenständen ausgelagert. Nach der Rücküberführung wurde festgestellt, dass die Kiste, in der das Siegel aufbewahrt wurde, aufgebrochen und Teile des Archivs entwendet worden war. Ob auch das streitige Siegeltypar dabei entwendet wurde, ist wahrscheinlich, der Täter war aber nicht mehr auffindbar.

Die Beklagte erwarb das Siegel 1986 auf einer öffentlichen Auktion eines Kunsthauses zum Preis von ca. DM 2 100. Auftraggeber war ein Ehepaar, welches das

---

[281] *Salzwedel,* § 45 II, Rn. 5, 535.

[282] Vgl. BGH, NJW 1969, 1437 (städtisches Grundstück, für den Feuerwehrsdienst gewidmet); VGH München, BayVBl. 1987, 720 (723); a. A. *Papier,* 15; *Kromer,* 58 f., 70, wonach eine öffentlich-rechtliche Dienstbarkeit als Belastung des Privateigentums nur kraft Gesetzes entstehen könne.

[283] Nach *Salzwedel,* § 45 II, Rn. 10, kann der öffentliche Sachherr die Dienstbarkeit – jedenfalls im Wegerecht – durch Verwaltungsakt gegenüber dem Eigentümer oder sonst dinglich Berechtigten geltend machen, nämlich mit einer sog. Inanspruchnahmeverfügung; kritisch *Frotscher,* 159.

[284] BGH 5.10.1989, NJW 1990, 899 = JuS 1990, 411 = BGHWarn 1989, 598; VG Köln 20.3.1991, NJW 1991, 2584 = NWfVBL 1991, 425; dazu die Besprechungen von *Manssen,* 745–748; *Axer,* 11–13; *Thormann,* 354–357; OVG Münster 25.2.1993, NJW 1993, 2635; BVerwG 12.8.1993, NJW 1994, 144 = NJW 1993, 2635; zum Ganzen vgl. *Ehlers* Das öffentliche, 330–332; *Fechner* Der Hamburger, 704; *Hipp,* 361–364; *Mussgnug* Europäischer, 25–27; *Spinellis,* 231–233.

[285] Beim Siegeltypar handelt es sich um das Original des IV. Hamburger Stadtsiegels, das nachweislich bereits um 1306 zum Siegeln einer Urkunde benutzt worden war. Es wurde seit 1810 nicht mehr gebraucht, jedoch unter Verschluss gehalten und später in das Stadtarchiv übernommen und dort inventarisiert. Soweit erforderlich, wurde es zur Überprüfung der Echtheit von Urkunden herangezogen; vgl. NJW 1990, 899.

Siegel einige Jahre zuvor auf einem Trödelmarkt erworben hatte. Die Beklagte bot ihrerseits das Siegel mit dazugehörendem Beutel 1987 auf einer Messe für DM 6800 zum Verkauf an.

Die beklagte Antiquitätenhändlerin machte ihr Eigentum geltend; die Freie und Hansestadt Hamburg war der Ansicht, die öffentlich-rechtliche Zweckbestimmung als Archivgut ruhe einer Dienstbarkeit vergleichbar auf den herausgeforderten Gegenständen. Zudem sei die Archivierung des Siegelstempels unentbehrlich, um eine missbräuchliche Verwendung zu verhindern und die Echtheit alter Siegelungen zu überprüfen.

b) Rechtliche Erwägungen

α) Zivilgerichtliche Beurteilung

Die Freie und Hansestadt Hamburg erhielt Kenntnis von der Versteigerung und versuchte zunächst auf dem Zivilweg, die Gegenstände herauszuverlangen. Sie klagte auf Herausgabe (§ 985 BGB) mit der Behauptung, sie sei Eigentümerin des Siegels. Der Bundesgerichtshof als letztinstanzliches Zivilgericht war schliesslich der Auffassung, die beklagte Antiquitätenhändlerin habe auf der öffentlichen Auktion gutgläubig Eigentum erworben (§ 935 Abs. 2 BGB), da das Siegeltypar keine *res extra commercium* sei. Vielmehr handle es sich um eine öffentliche Sache des Verwaltungsgebrauchs, an der privatrechtliches Eigentum begründet werden könne.[286] Selbst wenn aus der ursprünglichen öffentlich-rechtlichen Zweckbestimmung des Siegeltypars ein Veräusserungsverbot hergeleitet werden könne, ginge der gutgläubige Rechtserwerb der Beklagten einem solchen vor (§ 135 Abs. 2 BGB).[287] Ob eine öffentlich-rechtliche Belastung einen Herausgabeanspruch nach dem öffentlichen Recht begründen könne, sei im Verfahren vor den Zivilgerichten nicht zu prüfen. Ferner spreche nichts für Grobfahrlässigkeit im Zeitpunkt des Versteigerungserwerbs.[288]

Der Bundesgerichtshof stellte schliesslich mit Urteil vom 5. Oktober 1989 fest, gemäss § 935 Abs. 2 BGB könnten gestohlene Sachen auch auf einer freiwilligen, für jedermann zugänglichen und öffentlich bekanntgemachten Versteigerung durch einen hierzu öffentlich bestellten Auktionator gutgläubig erworben werden.[289]

---

[286] BGH 5. 10. 1989, NJW 1990, 900.

[287] BGH 5. 10. 1989, NJW 1990, 900.

[288] BGH 5. 10. 1989, NJW 1990, 900.

[289] BGH 5. 10. 1989, NJW 1990, 899.

β) Verwaltungsgerichtliche Beurteilung

Im Anschluss an das Urteil des Bundesgerichtshofes schlug die Klägerin den Gang vor die Verwaltungsgerichte ein.[290] Das erstinstanzliche Kölner Verwaltungsgericht folgte dem Antrag der Klägerin und bejahte den Herausgabeanspruch und wandte im Wesentlichen ungeschriebenes Verwaltungsrecht an.[291] Das Gericht qualifizierte das Stadtsiegel als eine öffentliche Sache, die einem öffentlichen Zweck diene und diesem Widmungszweck durch privatrechtliches Rechtsgeschäft nicht entzogen werden dürfe. Die Ausserdienststellung des Siegelstempels im Jahre 1810 habe die Eigenschaft als öffentliche Sache nicht beseitigt. Vielmehr habe durch die Aufbewahrung in der Stadtkämmerei eine Umwidmung zu einem anderen öffentlichen Zweck (Überprüfung der Echtheit von Urkunden) stattgefunden; von einer Entwidmung könne also nicht die Rede sein.[292] Nach Auffassung des Verwaltungsgerichts sei auch eine Sache im Verwaltungsgebrauch eine öffentliche Sache mit besonderer öffentlich-rechtlicher Sachherrschaft. Die Verjährung könne gegenüber dem Herausgabeanspruch der Klägerin (Stadt Hamburg) nicht greifen. Das Gericht stützte sich dabei auf den Sinn und Zweck der rechtlichen Konstruktion des sog. modifizierten Privateigentums. Diese Rechtsfigur sei dadurch gekennzeichnet, dass das privatrechtliche Eigentum immer soweit verdrängt werde, als es in Konkurrenz zur öffentlich-rechtlichen Sachherrschaft trete, die vor allen privatrechtlichen Verhältnissen den absoluten Vorrang geniesse.[293] Die Beklagte habe zwar i. S. des § 935 Abs. 2 BGB gutgläubig Eigentum erwerben können. Da aber § 936 BGB keine entsprechende Anwendung finde, bleibe die öffentlich-rechtliche Dienstbarkeit – trotz der Ersteigerung durch die Antiquitätenhändlerin – hiervon unberührt.[294] Auch eine Ersitzung sei ausgeschlossen.[295] Den entsprechenden Rücknahmeanspruch könne die Stadt Hamburg zwar nicht durch Erlass eines Verwaltungsakts durchsetzen, da es insofern an einer gesetzlichen Grundlage gemangelt habe.[296] Materiell solle er sich jedoch

---

[290] Wäre die Klage nach dem 1.1.1991 vor dem Zivilgericht erhoben worden, hätte es sowohl die privatrechtlichen als auch die öffentlich-rechtlichen Anspruchsgrundlagen prüfen müssen; vgl. *Ehlers* Das öffentliche, 327; *Manssen,* 745, Fn. 5 m. w. H.

[291] VG Köln 20.3.1991 NJW 1991, 2584; vgl. dazu die Kritik von *Manssen,* 745–748 (748), wonach die Herausgabeklage hätte abgewiesen werden müssen, weil erstens keine förmliche Widmung vorgenommen worden sei, und es zudem an einer ausdrücklichen gesetzlichen Grundlage gefehlt habe; kritisch auch *Fechner* Der Hamburger, 704.

[292] Vgl. VG Köln 20.3.1991, NJW 1991, 2585; ausführlich dazu *Axer,* 12.

[293] Vgl. VG Köln 20.3.1991, NJW 1991, 2585; *Forsthoff,* § 20, 379.

[294] Vgl. VG Köln 20.3.1991, NJW 1991, 2585.

[295] Vgl. VG Köln 20.3.1991, NJW 1991, 2585.

[296] So auch das VG Hamburg im Verfahren des einstweiligen Rechtsschutzes gegen einen entsprechenden Verwaltungsakt der Stadt Hamburg; s. den Hinweis in BGH 5.10.1989, NJW 1990, 899.

unmittelbar aus der besonderen dinglichen Rechtsmacht des öffentlichen Sachherrn ergeben.[297]

Das zweitinstanzliche Oberverwaltungsgericht Münster hob diese Entscheidung mit der Begründung auf, eine Rechtsgrundlage für die Widmung des Stadtsiegels als öffentliche Sache fehle und könne wegen der Eigentumsgarantie (Art. 14 Abs. 1 GG) auch nicht kraft Analogie ersetzt werden.[298] Das Bundesverwaltungsgericht schützte diesen vorinstanzlichen Entscheid und wies eine Beschwerde ab.[299]

6. Ersitzung

Das Reichsgericht hatte im Jahre 1914 die Gelegenheit, sich über die Ersitzung von öffentlichem Archivgut zu beschäftigen:[300] Der Kläger, ein westfälischer Rittergutsbesitzer, machte an 170 Registerbänden Ersitzung geltend, welche Urkunden und Abschriften aus der Mark Kleve von 1365 bis 1803 enthielten und ursprünglich dem preussischen Staat zu Eigentum gehörten. Die Registerbände waren im Jahre 1809 in den Besitz des Urgrossvaters des Klägers gekommen, der sie während Jahrzehnten besessen hatte. Später hatte das westfälische Staatsarchiv den Besitz der Bände zurückverlangt. Das Staatsarchiv vertrat im Prozess die Ansicht, eine Ersitzung öffentlicher Sachen sei nicht möglich. Das Reichsgericht anerkannte zwar die Ersitzung durch den Rechtsvorgänger des Klägers, wies die Klage aber nur deshalb ab, weil der Staat trotz privaten Eigentums des Klägers ein Besitzrecht auf Grund öffentlicher Sachherrschaft habe. Der Rittergutsbesitzer oder seine Vorfahren konnten also rechtswirksam das Eigentum an den Registerbänden erwerben; das Staatsarchiv war aber kraft öffentlicher Sachherrschaft zur Zurückhaltung und zur widmungsgemässen Verwendung im Interesse der Archivforschung berechtigt. Die h. L. schliesst eine Ersitzung mit befreiender Wirkung aus.[301]

7. Fazit

Archivgegenstände und wohl auch andere Gegenstände von historischem und kulturhistorischem Interesse werden im Privatrecht nicht anders behandelt als jeder andere bewegliche Gegenstand. Diese mangelnde Differenzierung wird durch das öffentliche Recht nicht dadurch korrigiert, dass bestimmten Sachen

---

297 Vgl. VG Köln 20. 3. 1991, NJW 1991, 2586.

298 OVG Münster 25. 2. 1993, NJW 1993, 2635; vgl. hierzu *Ehlers* Das öffentliche, 327–333; bestätigt durch BVerwG 12.8.1993, NJW 1994, 144 = NJW 1993, 2635.

299 BVerwG 12. 8. 1993, NJW 1994, 144 = NJW 1993, 2635.

300 RGer 24. 4. 1914, Verw.Arch. 24 (1916) 167; vgl. dazu *Hardinghaus*, 101; *Peters*, 167–169.

301 Statt vieler *Forsthoff*, 380.

des allgemeinen Interesses automatisch eine öffentlich-rechtlich geprägte Eigenschaft zuerkannt wird, und dass diese Sachen nur belastet mit dieser Beschränkung am Privatrechtsverkehr teilnehmen können.[302] Kulturgüter im Eigentum der öffentlichen Hand sind keine *res extra commercium*, selbst wenn sie öffentliche Sachen sind. Sie können also gutgläubig zu Eigentum erworben werden. Allerdings bleibt die Belastung der öffentlichen Zweckwidmung bestehen. Die öffentliche Hand hat aber einen Anspruch auf widmungsgemässen Gebrauch und kann diesen Anspruch auch durchsetzen, wenn der Gebrauch der Sache durch den privaten Eigentümer dem Widmungszweck entgegensteht.

C. Private Kulturgüter

Die Eigentümer von wertvollem Kulturgut sind nicht zur Anzeige verpflichtet. Die Eigentümer werden erst durch Eintragung in ein Verzeichnis eines Bundeslands in ihrer Verfügungsfreiheit beschränkt.[303]

I. Verfügungsbeschränkungen

1. Anzeigepflichten

Wird ein eingetragenes, bewegliches Kulturdenkmal veräussert, so haben Veräusserer und Erwerber den Eigentumswechsel unverzüglich,[304] spätestens aber innerhalb eines Monats[305] der zuständigen Denkmalbehörde anzuzeigen.[306] Ob dies bei entgeltlichen oder auch unentgeltlichen Rechtsgeschäften gilt, sagen die Gesetze häufig nicht.[307] M. E. sind auch unentgeltliche Veräusserungen, also auch Schenkungen anzeigepflichtig, weil die Gesetzesbestimmungen häufig nur von „Veräusserungen" und „Eigentumswechsel" sprechen. Mit letzterem Begriff ist wohl das Verfügungsgeschäft, also die Übergabe der Sache, gemeint.[308] Der

---

302 *Siehr* Kulturgüter, 705.

303 Vgl. BVerwG 27. 5. 1993 (Silberzimmer), NJW 1993, 3282.

304 Vgl. Bay: Art. 10 Abs. 2 Satz 1 DSchG; Bbg: § 24 Abs. 2 DSchG; Nds: § 11 Abs. 1 DSchG; RP: § 12 Abs. 2 Satz 3 DSchG.

305 Vgl. BW: § 16 Abs. 2 DSchG; Brem: § 11 Abs. 2 DSchG; Hess: § 17 Abs. 2 DSchG; S: § 10 Abs. 2 Satz 1 DSchG; Ss: § 16 Abs. 2 DSchG; SHs: § 10 Satz 1 DSchG; Th: § 8 Abs. 2 Satz 1 DSchG. Folgende Gesetze enthalten die Formulierung „unverzüglich, spätestens jedoch innerhalb eines Monats": MW: § 8 DSchG; NWf: § 10 Abs. 1 Satz 1 DSchG; RP: § 12 Abs. 2 Satz 3 DSchG.

306 Gemäss § 17 Abs. 1 Satz 1 SADSchG hat der Eigentümer noch „vor der Veräusserung" Anzeige zu erstatten. Das Denkmalschutzgesetz von Berlin erwähnt die Anzeigepflicht bei Veräusserungen nicht.

307 Vgl. aber RP: § 12 Abs. 2 DSchG, wo von „Abschluss des Kaufvertrages" die Rede ist.

308 So *Berndt*, 99.

Veräusser hat zudem bei Rechtsgeschäften, die das Eigentum übertragen, die Pflicht, den Erwerber von der Unterschutzstellung des Kulturguts in Kenntnis zu setzen.[309]

2. Genehmigungspflichtige Standortverlegung

Das Verbringen eines eingetragenen Denkmals „an einen anderen Ort" bedarf nach allen Ländergesetzen – mit Ausnahme von Hamburg[310] und Nordrhein-Westfalen[311] – der Genehmigung.[312]

3. Vorkaufsrecht

Nur Bayern und das Saarland kennen ein staatliches Vorkaufsrecht bei beweglichen eingetragenen Denkmälern.[313] Nach dem saarländischen Denkmalschutzgesetz kann eine Gemeinde des Saarlandes das Vorkaufsrecht nur dann ausüben, wenn das Bodendenkmal beweglich ist und nach 1914 innerhalb der Grenzen des Saarlandes gefunden wurde (§ 24 Abs. 6). Neun Länder beschränken das staatliche Vorkaufsrecht auf Grundstücke, auf oder in denen sich Denkmäler befinden.[314] Die übrigen sieben Länderdenkmalschutzgesetze sehen kein Vorkaufsrecht vor.

---

[309] Vgl. z. B. Brem: § 11 Abs. 3 DSchG; SA: § 17 Abs. 1 Satz 2 DSchG.

[310] Nach § 10 Abs. 2 DSchG ist der Verfügungsberechtigte nur zur Anzeige jeglichen Verbringens des beweglichen Denkmals an einen anderen Ort verpflichtet. Die Genehmigungspflicht gilt nur, wenn das Denkmal an einen Ort „ausserhalb des Geltungsbereiches des Gesetzes" verbracht wird (§ 10 Abs. 1).

[311] Nach § 10 Abs. 2 DSchG ist der Eigentümer oder sonstige Nutzungsberechtigte nur zur Anzeige jeglichen Verbringens des beweglichen Denkmals an einen anderen Ort verpflichtet. Der Genehmigung bedarf es lediglich für das Verbringen von Baudenkmälern oder ortsfesten Bodendenkmälern an einen anderen Ort (§ 9 Abs. 1 lit. a).

[312] Vgl. BW: § 15 Abs. 1 Nr. 4 DSchG; Bay: Art. 10 Abs. 1 Satz 1 DSchG; Berl: § 11 Abs. 1 Nr. 3 DSchG; Bbg: § 15 Abs. 1, 4. Unterabsatz DSchG; Brem: § 10 Abs. 1 Nr. 2 DSchG; Hess: § 16 Abs. 1 Nr. 2 DSchG; MV: § 7 Abs. 1 lit. a DSchG; Nds: § 6 Abs. 2 i. V. m. § 5 DSchG; RP: § 13 Abs. 1 Nr. 4 DSchG; S: § 12 Abs. 1 Nr. 2 DSchG; Ss: § 12 Abs. 1 Nr. 4 DSchG; SA: § 14 Abs. 1 Nr. 4 DSchG; SHs: § 9 Abs. 1 Nr. 2 DSchG; Th: § 13 Abs. 1 Nr. 1 lit. a DSchG.

[313] Vgl. Bay: Art. 19 Abs. 1, 2. HS DSchG; S: § 24 Abs. 6 DSchG.

[314] Vgl. Bay: Art. 19 DSchG (historische Ausstattungsstücke als Bestandteile von eingetragenen Baudenkmälern); Berl: § 18 DSchG (Bau-, Garten oder Bodendenkmale); MV: § 22 DSchG (Denkmale); NWf: § 32 DSchG (Baudenkmäler oder ortsfeste Bodendenkmäler); RP: § 32 DSchG (unbewegliche geschützte Kulturdenkmäler); S: § 24 DSchG (eingetragene Bau- und Bodendenkmäler); Ss: § 17 DSchG (unbewegliche Kulturdenkmäler); SA: § 11 DSchG (unbewegliche geschützte Kulturdenkmäler); Th: § 30 DSchG (eingetragene Kulturdenkmäler); irrig daher *Eberl/Kleeberg*, 178 m. H. auf Bbg.

II. Entschädigung wegen Eintragung in die Denkmalliste der Länder

Nach der Rechtsprechung des Bundesverwaltungsgerichts stellt die Eintragung in die Denkmalliste der Länder regelmässig eine zulässige Eigentumsbindung bzw. Inhaltsbestimmung des Eigentums i. S. des Art. 14 Abs. 1 Satz 2 GG dar.[315]

III. Entschädigung wegen Eintragung in die „Liste national wertvollen Kulturgutes"

Der Eigentümer von Kulturgut, welches Gegenstand einer Eintragung in das „Verzeichnis national wertvollen Kulturgutes und national wertvoller Archive" ist, hat keinen Anspruch auf Entschädigung. Dies erfuhr auch Herzog von Braunschweig-Lüneburg Ende der 1980er Jahre. Er war Eigentümer von Silbermobiliar aus dem 18. Jh., das sich heute auf der Marienburg bei Nordstemmen (Kreis Hildesheim, Niedersachsen) befindet.[316] Dieses sog. „Silberzimmer der Welfen" wurde vom Bundesland Niedersachsen gemäss § 1 Abs. 1 AbwSchG in das „Verzeichnis national wertvollen Kulturgutes des Landes Niedersachsen" aufgenommen.[317] Die Ausfuhr des Silbermobiliars bedurfte fortan der Genehmigung (§ 1 Abs. 4).

Der Herzog focht die Eintragung an und machte die Unvereinbarkeit mit dem AbwSchG, dem Grundgesetz und der Warenverkehrsfreiheit i. S. des Art. 30 EG geltend. Das Bundesverwaltungsgericht lehnte letztinstanzlich mit Urteil vom 27. Mai 1993[318] die Klage im Wesentlichen mit der Begründung ab, die Eintragung sei nicht zu beanstanden, da es sich um ein einzigartiges Ensemble von Silbermobiliar handle. Die Eintragung entziehe auch nicht bestehende Rechte an den davon betroffenen Gegenständen, sondern unterstelle lediglich die Ausfuhr des eingetragenen Kulturguts der Genehmigung. Da die Eintragung keine Enteignung bewirke, falle die Prüfung von Art. 14 Abs. 3 GG ausser Betracht. Die Genehmigung nach § 1 Abs. 4 AbwSchG schliesse zudem die freie Verfügung über das betroffene Kulturgut nicht schlechthin aus. Vielmehr seien Verfügungen im Inland uneingeschränkt möglich, und sogar Veräusserungen ins Ausland blie-

---

315 Vgl. BVerwG 3.4.1984, NVwZ 1984, 723 = DVBl. 1984, 638: Eintragung eines Gebäudes in das Denkmalbuch von Schleswig-Holstein; BVerwG 10.7.1987, NJW 1988, 505: Eintragung einer Liegenschaft in die Denkmalliste von Nordrhein-Westfalen.

316 Das Silberzimmer wurde angeblich von Augsburger sowie Londoner Silberschmieden geschaffen. Später erwarb es der englische König Georg II. (1683–1760, König ab 1727), der zugleich Kurfürst von Hannover war. Die einzigartigen und berühmten Silberstücke standen im 18. und 19. Jh. während über 100 Jahren am englischen Hof und befinden sich nun seit über 150 Jahren in Deutschland; vgl. NVwZ-RR 1991, 645; NVwZ-RR 1993, 82.

317 Vgl. Gesamtverzeichnisse 1999, Teil A, Niedersachsen, Nr. 09907.

318 BVerwG 27.5.1993, BVerwGE 92, 288 = NJW 1993, 3280; DVBl. 1993, 1099. Das Urteil bestätigt die Entscheidungen der Vorinstanzen: VG Hannover 9.6.1989, NVwZ-RR 1991, 643; OVG Lüneburg 19.5.1992, NVwZ-RR 1993, 79.

ben rechtlich nicht ausgeschlossen.[319] Die Eintragung führe also nicht zu einer übermässigen Belastung des Eigentümers. Da das AbwSchG sich auf national wertvolles Kulturgut beschränke und einen üblichen Kunst- und Antiquitätenhandel weder verhindere noch erschwere, verstosse es auch nicht gegen die Warenverkehrfreiheit.

IV. Unveräusserlichkeit durch Rechtsgeschäft

Der Eigentümer kann sein Kulturgut auch nicht vertraglich oder kraft einseitiger Willenserklärung zur *res extra commercium* erklären, da solche rechtsgeschäftliche Veräusserungsverbote nach § 137 BGB unwirksam sind.

Die Errichtung von Fideikommissen ist also seit Inkrafttreten des BGB nicht mehr möglich. Die landesrechtlichen Vorschriften über Fideikommisse und ähnliche Institute blieben aber unberührt und liessen Neubegründungen sogar zu.[320] Bei der Ausflösung der Fideikommisse wurde ein besonderes Stiftungsrecht geschaffen mit dem Zweck, Kulturgut zu erhalten.[321]

D. De lege ferenda

Die geltende Rechtslage ist unbefriedigend. Erforderlich ist eine ausdrückliche gesetzliche Regelung, welche das Museums- und Archivgut *de lege ferenda* dem freien Handel entzieht.

---

319 BVerwG 27.5.1993, NJW 1993, 3281; ebenso die Vorinstanz OVG Lüneburg 19.5.1992, NVwZ-RR 1993, 81; vgl. auch das erstinstanzliche Urteil des VG Hannover 9.6.1989, NVwZ-RR 1991, 643. Danach besitzt die Aussicht, das eingetragene Kulturgut im Ausland zu einem höheren Preis als im Inland verkaufen zu können, rein spekulativen Charakter. Gerade der Fall, bei dem der Eigentümer keine konkreten Verkaufsabsichten hege, stelle nur eine unbestimmte Erwerbschance dar.

320 *Trott zu Solz*, 27.

321 Vgl. [Preussische] Zwangsauflösungsverordnung vom 19. November 1920. Der Vermögensübergang auf die dabei gegründete Stiftung erfolgte nicht durch ein privatrechtliches Stiftungsgeschäft, sondern durch einen öffentlich-rechtlichen Verfügungsakt der zuständigen Aufsichtsbehörde. Diese Umwandlung wahrte nicht nur die Vermögensbindung, sondern schonte auch weitgehend die Familieninteressen; vgl. BFH 10.12.1997, BFHE 1998, 62 = BStBl. 1998 II 116 m.w.H. Im konkreten Fall ging es um eine Familienstiftung mit Kunstbesitz. Unveräusserliche Kulturgüter sind nicht Bestandteil des steuerpflichtigen Vermögens, sondern unterliegen gemäss § 13 Abs. 1 Nr. 2 lit. b ErbStG der Steuerbefreiung.

I. Lehre

1. Öffentliche Kulturgüter

Um Kultur-, Museums- und Archivgut im Eigentum der öffentlichen Hand vor gutgläubigem Erwerb durch Dritte zu schützen, käme *de lege ferenda* eine ausdrückliche gesetzliche Regelung in Betracht, welche diese Güter kraft Widmung dem Rechtsverkehr entzieht.[322]

a) Öffentlich-rechtliche Lösung

Nach der öffentlich-rechtlichen Lösung wird das öffentliche Kulturgut durch Widmung zur *res extra commercium* erklärt.[323] Wie der Hamburger-Stadtsiegel-Fall[324] zeigt, genügt ein verwaltungsinterner, nicht förmlicher Akt für die Widmung von Kulturgut zur öffentlichen Sache nicht. Die Widmung ist eine Eigentumsbindung, wozu es nach dem Rechtsstaatsprinzip einer gesetzlichen Grundlage bedarf.[325] Zur Vermeidung von Rechtsunsicherheit und von Abgrenzungsproblemen müssten die betroffenen Objekte inventarisiert und durch besondere Kennzeichnung als nicht verkehrfähiges Verwaltungsvermögen individualisiert werden.[326] Die Widmung bedürfte zudem der Veröffentlichung.[327] Die Widmung von privaten Kunstwerken, die als Dauerleihgaben in öffentlichen Museen gezeigt werden, bedürfte der Zustimmung der Eigentümer.[328] Der Kreis der widmungsberechtigten und somit zur Herausgabeklage berechtigten Institutionen müsste genau festgelegt werden. Denkbar wäre, die Anspruchsberechtigung auf private Museen, Kirchen und andere Institutionen, die Kulturgüter verwalten, auszudehnen. Voraussetzung wäre aber die Zugänglichmachung ihrer Sammlungen für die Öffentlichkeit.[329] Der Herausgabeanspruch der gewidmeten Kulturgüter wären vor den Verwaltungsgerichten geltend zu machen. Da der Schutz der landeseigenen und kommunalen

---

[322] *Jaeger,* 111; a. A. *Frotscher,* 154–156, wonach bewegliche Sachen im Verwaltungsgebrauch *per se* durch ihre Zweckbestimmung dem Privatrechtsverkehr entzogen sind.

[323] Vgl. *Hipp,* 368–375.

[324] Vgl. dazu vorne B III 5.

[325] Vgl. *Kromer,* 140–142. *Mussgnug* Museums- und Archivgut, 201 f., nennt das Strassenrecht als Vorbild für die Widmung; so auch *Ders.* Das Kunstwerk, 22. Zur Form der Widmung vgl. *Hipp,* 371 f.

[326] So auch *Jaeger,* 111; *Kromer,* 70; *Mussgnug* Museums- und Archivgut, 206. Nach *Mussgnug* Das Kunstwerk, 23, Fn. 15, genügt ein Inventarstempel nicht, sondern es ist eine gesetzliche Formalisierung des Widmungsaktes nötig, die es erlaubt, das gewidmete vom nicht gewidmeten Verwaltungseigentum zu unterscheiden; vgl. auch *Ders.* Europäischer, 27.

[327] *Jaeger,* 112, schlägt die Veröffentlichung im Bundesanzeiger vor. Dies wäre aber erst möglich, nachdem das GG geändert, zweitens eine gesetzliche Grundlage geschaffen würde und schliesslich eine VO die Publikation im Bundesanzeiger vorsehen würde.

[328] Vgl. *Kromer,* 151.

[329] So auch *Mussgnug* Europäischer, 27.

Kulturguts Sache der Länder ist, müssten schliesslich die Denkmalschutzgesetze der Länder entsprechend angepasst werden.[330]

Die öffentlich-rechtliche Bindung des abhanden gekommenen Museumsguts dürfte aber m.E. nicht rückwirkend eingeführt werden;[331] denn für die Widmung braucht es eine gesetzliche Grundlage.

b) Privatrechtliche Lösung

Die privatrechtliche Lösung läge in einer Teilrevision des BGB.[332] Es müssten folgende Vorschriften des BGB geändert bzw. ergänzt werden:[333] Gemäss einer Ergänzung von § 195 würde der Herausgabeanspruch öffentlicher Museen, Sammlungen und Archive für besonders gekennzeichnetes Material nicht verjähren; der gutgläubige Eigentumserwerb vom Nichtberechtigten nach § 932 wäre auf gekennzeichnete Güter ausgeschlossen; ein neuer Abs. 3 von § 935 müsste den gutgläubigen Erwerb an abhanden gekommenen öffentlichem Museums- und Archivgut auf einer öffentlichen Versteigerung ausschliessen; die Ersitzung nach § 937, der Eigentumserwerb durch Verbindung, Vermischung oder Verarbeitung nach §§ 946–950 sowie der Eigentumserwerb des Finders nach § 97 dürfte auf Kulturgut keine Anwendung finden.

2. Private Kulturgüter

Hinsichtlich privaten Kulturgütern ist *de lege ferenda* das AbwSchG um eine Bestimmung zu ergänzen, die Kulturgüter, die in das Register eingetragen sind und illegal ausgeführt wurden, dem Staat als verfallen erklärt.[334] Der Staat hätte somit einen Eigentumstitel an dem illegal ausgeführten Kulturgut und könnte sein Eigentum im Ausland geltend machen. Diese Ergänzung des AbwSchG wäre mit Art. 14 GG vereinbar.[335]

II. Referentenentwurf KultgSRG vom 10.10.1997

Der Entwurf vom 10. Oktober 1997 eines Rahmengesetzes zum Schutz nationalen Kulturgutes[336] kam nicht über den Stand des Referentenstadiums hinaus,

---

330 Vgl. *Mussgnug* Museums- und Archivgut, 206f.

331 A.A. *Mussgnug* Das Kunstwerk, 23, Fn. 15, mit der Begründung, das öffentliche Interesse an der Erhaltung des Museumsguts für das Publikum wiege höher als das private Interesse am gutgläubigen Erwerb, wobei der gutgläubige Erwerber zu entschädigen ist.

332 Vgl. *Hipp,* 381–383.

333 Vgl. *Jaeger,* 112f.

334 So z. B. Art. 29 Abs. 1 der spanischen L. 13/1985.

335 Vgl. dazu *Jaeger,* 114.

336 Referentenentwurf vom 10.10.1997 eines Rahmengesetzes zum Schutz nationalen Kulturgutes (E KultgSRG), unveröffentlicht.

verdient aber trotzdem erwähnt zu werden. Das Kulturgutschutzrahmengesetz sollte u. a. einen einheitlichen Rahmen für die Landesgesetzgebung zum Schutz des öffentlichen und des kirchlichen Kulturgutbesitzes sowie zum Schutz des privaten Kulturguts gegen Abwanderung ins Ausland schaffen.

1. Öffentliches Kulturgut

Öffentliches Kulturgut i. S. des E KultgSRG ist Kulturgut, welches in das Bestandsverzeichnis einer öffentlichen Einrichtung[337] eingetragen ist, oder das im Bundesgebiet als archäologischer und paläontologischer Fund entdeckte deutsche Kulturgut (§ 3 Abs. 3). Die förmliche Zuordnung zu einer öffentlichen Einrichtung i. S. des § 3 Abs. 3 E KultgSRG erfolgt durch Widmung. Der Widmungszeck besteht in der Nutzung des Kulturguts im Rahmen der kulturellen oder wissenschaftlichen Aufgaben der öffentlichen Einrichtung.[338] Nach § 4 Abs. 1 Satz 4 gilt die Widmung als bekanntgegeben mit der Bekanntgabe, wo das Bestandsverzeichnis eingesehen werden kann und dass die Widmung durch Eintragung in das Bestandsverzeichnis erfolgt ist. Die Publizität der Widmung wird durch das einsehbare Bestandsverzeichnis der öffentlichen Einrichtung gewährleistet (vgl. § 5 Abs. 3).

Erfolgt die Widmung ohne vorherigen Erwerb des Eigentums und ohne Zustimmung des Eigentümers, ist sie rechtswidrig. Wird die Widmung nicht von Amts wegen zurückgenommen, so kann der Eigentümer ihre Aufhebung verwaltungsgerichtlich erzwingen.[339] Der Entwurf hält fest, dass bei einem Eigentumserwerb durch einen Dritten, die Widmung bestehen bleibt (§ 4 Abs. 3). Erwirbt also ein Dritter eine gewidmete Dauerleihgabe, geht zwar das Eigentum auf den Erwerber über, es bleibt aber weiterhin mit der Widmung belastet.[340]

Öffentliches Kulturgut kann weder gutgläubig erworben noch ersessen werden (§ 9 Abs. 1). Ferner unterliegt der Herausgabeanspruch öffentlichen Kulturguts

---

[337] Zu den öffentlichen Einrichtungen i. S. des § 3 Abs. 3 E KultgSRG gehören Museen, Archive, Bibliotheken und andere Sammlungen von Kulturgut des Bundes, der Länder, der Gemeinden, der Gemeindeverbände und anderer juristischer Personen des deutschen öffentlichen Rechts (§ 3 Abs. 5 E KultgSRG). Daneben können auch private Museen, Archive, Bibliotheken und andere Sammlungen unter „öffentliche Einrichtung" i. S. des § 3 Abs. 6 E KultgSRG fallen. Vorausgesetzt wird allerdings, dass die private Sammlung der Allgemeinheit wie eine staatliche oder kommunale Einrichtung zugänglich ist (§ 3 Abs. 6, 1. HS). Indessen bleibt unklar, ob z. B. ein privates Museum auch dann als öffentliche Einrichtung zu gelten hat, wenn es nur an einem Wochentag während weniger Stunden für die Öffentlichkeit zugänglich ist. Dies kann jedoch nicht allgemein beantwortet werden, sondern erfordert eine Einzelfallbetrachtung; vgl. Einzelbegr. zu § 3 Abs. 6, 25. – Ein ähnliches Problem stellt sich im englischen Recht beim Erwerb von Kulturgut durch Private, für das ein Exportgesuch gestellt wurde; vgl. dazu hinten § 32 B IV 4.

[338] Einzelbegr. zu § 4 Abs. 1 E KultgSRG, 29.

[339] Einzelbegr. zu § 4 Abs. 1 E KultgSRG, 31.

[340] Vgl. Einzelbegr. zu § 4 Abs. 2 E KultgSRG, 32.

keiner Verjährung (§ 9 Abs. 2). Sie sind somit als *res extra commercium* dem Privatrechtsverkehr entzogen.[341] Die §§ 932ff., 937ff. und 194ff. BGB müssten dahingehend modifiziert werden, dass sie auf Kulturgüter im Sinne des E KultgSRG keine Anwendung finden.[342]

2. Privates Kulturgut

Abgesehen vom Ausfuhrverbot privaten Kulturguts, welches in einem „Landesverzeichnis national wertvollen Kulturgutes" eingetragen ist, beschränkt der Entwurf den Handel mit privatem Kulturgut nicht. Da die RL 93/7 die Rückführung von privatem Kulturgut, das in einem Verzeichnis national wertvollen Kulturguts eingetragen ist und unrechtmässig in einen anderen EWG-Staat verbracht wurde, gewährleistet, sieht der Entwurf keine Beschränkung des gutgläubigen Erwerbs vor.[343]

Es besteht aber die Möglichkeit, den privaten Kunstbesitz in die sicherere Obhut einer öffentlichen Einrichtung zu geben und die Eintragung in das Bestandsverzeichnis dieser öffentlichen Einrichtung zu verlangen. Bei der Widmung von Leihgaben ist allerdings die schriftliche Zustimmung des Eigentümers oder Verfügungsberechtigten erforderlich (§ 4 Abs. 1 Satz 6 E KultgSRG).[344] Durch diese für den privaten Eigentümer unbedenkliche Überlassung seines Besitzes an eine öffentliche Institution, wird die Bereitschaft zu Leihgaben erhöht; denn durch die Widmung erhält auch das private Kulturgut den Schutz eines gewidmeten öffentlichen Kulturguts.

3. Herausgabepflicht

Die Widmung bewirkt, dass das öffentliche Kulturgut nur für den von ihr festgelegten Zweck verwendet werden darf (§ 4 Abs. 2). Daraus leitet sich der in § 6 des Gesetzesentwurfes geregelte öffentlich-rechtliche Herausgabeanspruch ab, der unverjährbar ist (§ 6 Abs. 1 Satz 3). Er überlagert eventuelle bürgerlich-rechtliche Eigentums- oder Besitzrechte und kann daher auch den Besitzern gegenüber durchgesetzt werden, die einen zivilrechtlichen Besitztitel erworben haben (§ 4 Abs. 3). Damit zieht § 6 E KultgSRG die Konsequenz aus dem Hamburger Stadtsiegel-Fall[345].

---

[341] Vgl. Einzelbegr. zu § 4 Abs. 1 E KultgSRG, 30.

[342] Zur Bundeskompetenz vgl. Allg. Begr. zum E KultgSRG, 5.

[343] Vgl. Allg. Begr. zu § 9 E KultgSRG, 36.

[344] Die Widmung mit Zustimmung des Eigentümers sollte erwogen werden, wenn bei Ankäufen die Übereignung bis zur Entrichtung des Kaufpreises oder aus anderen Gründen aufgeschoben wird, aus Sicherheitsgründen die Widmung aber sofort erfolgen muss; vgl. Einzelbegr. zu § 4 Abs. 1 E KultgSRG, 31.

[345] Vgl. vorne § 6 B III 5.

E. Zwischenergebnis

Nach deutschem Recht gibt es keine unveräusserlichen beweglichen Sachen. Auch öffentliche Sachen sind keine *res extra commercium*. Rechtsgeschäftliche Veräusserungsverbote sind unwirksam (§ 137 BGB). Wirkliche Parallelen zu den *res extra commercium* gibt es hingegen nur noch im öffentlichen Sachenrecht. Öffentliche Kulturgüter sind jedoch nicht gänzlich dem Privatrechtsverkehr entzogen. An ihnen kann zwar gutgläubig Eigentum erworben werden, das Eigentum ist aber mit der öffentlich-rechtlichen Zweckbindung belastet. Die Widmung geht durch eine Veräusserung nicht unter, sondern besteht bis zur Entwidmung weiter. Die öffentliche Hand behält ihre öffentliche Sachherrschaft über die öffentliche Sache und hat einen öffentlich-rechtlichen Herausgabeanspruch gegen jeden Besitzer.

Private Kulturgüter sind ebenfalls keine *res extra commercium*, auch wenn sie in das „Verzeichnis national wertvollen Kulturgutes" oder das „Verzeichnis wertvoller Archive" eingetragen sind. Die Genehmigung- und Anzeigepflichten machen die gestützt kraft landesrechtlicher Denkmalschutzgesetze eingetragenen privaten Kulturgüter nicht zur *res extra commercium*. Die eingetragenen Kulturgüter sind aber beschränkt verkehrsfähig, da beispielsweise deren Veräusserung einer Anzeige und deren Standortverlegung einer Genehmigung bedarf. Das Land hat zudem bei unbeweglichen Kulturgütern ein Vorkaufsrecht. Wird privates Kulturgut in das „Verzeichnis national wertvollen Kulturgutes und national wertvoller Archive" eingetragen, so bedarf die Ausfuhr aus Deutschland nach § 1 Abs. 4 Satz 1 AbwSchG der Genehmigung.

Für die Qualifizierung von öffentlichem Kulturgut als *res extra commercium* bedürfte es *de lege ferenda* einer gesetzlichen Grundlage (öffentlich-rechtliche Lösung) oder einer Änderung des BGB (privatrechtliche Lösung). Hinsichtlich privater Kulturgüter als Bestandteil des Verzeichnisses i. S. des AbwSchG müsste dieses Gesetz entsprechend geändert werden. Der Vorteil der privatrechtlichen Lösung besteht darin, dass sie nach dem Grundsatz der *lex rei sitae* vor ausländischen Foren i. d. R. zu einer erfolgreichen Durchsetzung des Herausgabeanspruchs führen wird. Wegen des in der Praxis angewandten Grundsatzes der Nichtanerkennung ausländischen öffentlichen Rechts wird dies bei der öffentlich-rechtlichen Lösung gerade nicht der Fall sein. Welche Lösung vorzuziehen ist, kann hier offen bleiben.[346]

---

[346] *Hipp*, 383, bevorzugt die öffentlich-rechtliche Lösung; anders *Jaeger*, 113, die der privatrechtlichen Lösung „aus grenzüberschreitender Sicht" den Vorzug gibt; *Mussgnug* Europäischer, 27, empfiehlt, beide Vorschläge zu realisieren.

§ 7 Frankreich

A. Übersicht

Die juristische Regelung der Kulturgüter unterscheidet sich im französischen Sachenrecht je nach deren Zugehörigkeit. So können Kulturgüter in eine Hauptkategorie der öffentlichen Kulturgüter und in eine der privaten Kulturgüter unterteilt werden. Die öffentlichen Kulturgüter werden sodann in zwei Unterkategorien unterteilt: *domaine public* und *domaine privé de l'État*. Die folgende grafische Darstellung soll die Abgrenzung der verschiedenen Begriffe sowie das Verständnis des folgenden Textes zu erleichtern.

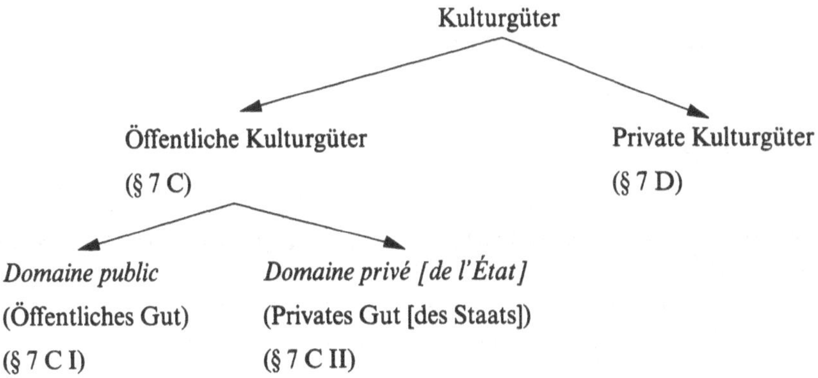

B. Begriff „Kulturgut"

Das Gesetz vom 30. März 1887[347] verwendete im Titel die Begriffe „monument" und „objet d'art" von historischem und künstlerischen Interesse. Die Bestimmungen selbst handeln von beweglichen und unbeweglichen Sachen, „dont la conservation peut avoir, au point de vue de l'histoire ou de l'art, un intérêt national" (Artt. 1, 8). Das Gesetz vom 31. Dezember 1913[348] verwendet in seinem Titel den Begriff „monument historique" und meint damit „bewegliche Sachen, dessen Bewahrung in historischer, künstlerischer, wissenschaftlichen oder technischer Hinsicht im öffentlichen Interesse ist" (Art. 14 Abs. 1).[349] Das Exportgesetz vom 1. Mai 1920[350] verwendete den Begriff „objets d'art". Nach dem Haus-

[347] *Loi du 30. 3. 1887 relative à la conservation des monuments et objets d'art ayant un intérêt historique et artistique.*

[348] *Loi du 31.12.1913 sur les monuments historiques.*

[349] Das Gesetz spricht nicht mehr von „intérêt national", sondern von „intérêt public".

[350] *Loi du 1. 5. 1920 prohibant l'exportation des objets d'art et ameublement anciens et soumettant à des droits de sortie ceux de ces objets dont l'exportation aura été autorisé.*

haltsgesetz vom 31. Dezember 1921[351] hat der Staat ein gesetzliches Vorkaufsrecht betreffend „œuvres d'art", die öffentlich verkauft werden (Art. 37). Das Exportgesetz vom 23. Juni 1941[352] verwendete den Begriff „œuvres d'art" und „objets présentant un intérêt national d'histoire ou d'art" (Art. 1 Abs. 1).

Der Begriff „Kulturgut" taucht in der französischen Gesetzgebung erstmals mit Inkrafttreten des Gesetzes Nr. 92–1477 vom 31. Dezember 1992[353] auf (Art. 5). Darunter sind Sachen von „historischem, künstlerischem oder archäologischem Interesse" zu verstehen. Ist dieses Interesse jedoch gehoben (majeur), so handelt es sich nach Art. 4 nicht um ein „bien culturel", sondern um einen „nationalen Schatz" *(trésor national)*.

C. Öffentliche Kulturgüter

I. Domaine public

1. Allgemeines

Die Domanialität[354] von Sachen ist nichts Spezifisches für Kulturgüter oder Kunstgegenstände, da sie auch alle anderen Sachen, die nicht von historischem, künstlerischem oder archäologischem Interesse sind, betrifft.[355] Ob Kulturgut in Staatseigentum zum privaten Staatsvermögen *(domaine privé de l'État)* oder zum öffentlichen Gut[356] *(domaine public)* gehört, hängt vom Eigentumssubjekt ab.

2. Begriff

Weder der *Code civil* noch Spezialgesetze definieren den Begriff *domaine public*.[357] Der *Code civil* kann zur Begriffsbestimmung deshalb nichts beitragen, weil die Kodifizierung des Zivilrechts (*Code Napoléon* von 1804) vor der Unter-

---

351 *Loi du 31. 12. 1921 portant fixation du budget général de l'exercice 1922.*

352 *Loi n° 41-2595 du 23. 6. 1941 relative à l'exportation des œuvres d'art.*

353 *Loi n° 92-1477 du 31. 12. 1992 relative aux produits soumis à certaines restrictions de circulation et à la complémentarité entre les services de police, de gendarmerie et de douane.*

354 Vgl. hierzu vorne § 2 C.

355 Vgl. *Chatelain/Pattyn/Chatelain*, 19.

356 *Mayer* Neues, 78, übersetzt *domaine public* mit „öffentliches Eigentum"; so auch *Ehlers* Das öffentliche, 329, Fn. 32; *Forsthoff*, 380; *Papier*, 6; *Siehr* Herausgabe, 5; *Stern* Zur Problematik, 158; *Weber* Die öffentliche, 165; *Wiedemann*, 17; eine andere Definition liefert *Hardinghaus*, 58, der *domaine public* mit „öffentliche Sachen" übersetzt; hingegen verwendet *Spinellis*, 234, den Begriff „öffentlicher Sektor".

357 Vgl. dazu den rechtshistorischen Überblick von *Leyte* Domaine, 59–73.

scheidung *domaine public* und *domaine privé* stattfand. Allerdings bestimmt der *C. dom. État* von 1962[358] in Art. L-2:

> „Ceux des biens visés à l'article précédent qui ne sont pas susceptibles d'une propriété privée en raison de leur nature ou de la destination qui leur est donnée sont considérés comme des dépendances du domaine public national.
>
> Les autres constituent le domaine privé."

Andere Gesetze wiederum ordnen gewisse Kategorien von Gütern dem *domaine public* zu, ohne den Begriff zu definieren.[359]

3. Eigentumssubjekt

a) Historisches

Im Ancien Régime (vor 1791) war der König Eigentümer der königlichen Güter *(domaines de la couronne*[360]*)*,[361] was allerdings in der Lehre umstritten war.[362] Eine Differenzierung des Eigentums nach verschiedenen Sachgruppen oder die Unterscheidung eigentumsfähiger und –unfähiger Sachen, wie das nachrevolutionäre Recht sie kannte, lag der Rechtspraxis des *Ancien Régime* fern.[363] Während der Französischen Revolution wurde das königliche Eigentum durch Erlass vom 22. November bis 1. Dezember 1790[364] auf das Volk übertragen *(domaine de la nation)*.[365]

b) Lehre

Nach der herrschenden Auffassung können nicht nur Gebietskörperschaften, also der Staat, ein Departement *(département)* oder eine Gemeinde, sondern auch öffentlich-rechtliche Anstalten *(établissements publiques)* Eigentümer von

---

358 *Code du domaine de l'État du 14. 3. 1962.*

359 Z. B. Art. 123-1 *Code de la voirie routière.*

360 *Leyte* Domaine, 205, weist den Begriff *domaine de la couronne de France* bis ins Jahr 1343 zurück.

361 Vgl. dazu *Lavialle* Droit, Nr. 10, 23f.; *Vegting*, 148, wonach *domaine de la couronne* mit *domaine public* gleichzusetzen ist.

362 Vgl. zum Ganzen die ausgezeichnete Darstellung der Rechtsentwicklung des öffentlichen Sachenrechts von der Zeit Justinians bis zu Beginn des 19. Jh. von *Vegting*, 67–111, 116–164, 183–213.

363 *Ipsen*, 9 m.w.H.

364 *Décret des 22 novembre–1 décembre 1790 relatif aux domaines nationaux, aux échanges et concessions et aux apanages*; vgl. dazu *Boulet-Sautel*, 99f.; *Vegting*, 139–151.

365 Vgl. Art. 2 D. 22.11.–1.12.1790: „Que le domaine public, dans son intégrité et avec ses divers accroissements, appartient à la nation". Zum *domaine de la nation* vgl. *Lavialle* Droit, Nr. 11, 24f.; *Ders.* Du domaine, 259f.

öffentlichem Gut sein.[366] Private sind als Eigentümer ausgeschlossen.[367] gilt für juristische Personen des Privatrechts mit ideellem Zweck, also private Körperschaften, die z. B. kulturelle Aufgaben erfüllen. Objekte aus privaten Museen sind somit grundsätzlich nie Teil des *domaine public*. Ausnahmen sind Kunstgegenstände, die aus öffentlichen Sammlungen stammen und in privaten Museen ausgestellt sind.[368]

c) Spezialgesetzgebung

Die Frage nach dem zulässigen Eigentumssubjekt von domanialen Objekten stellte sich im Hinblick auf die Bestimmungen des Gesetzes Nr. 75–1 vom 3. Januar 1975 über die Konstituierung des nationalen Kunst- und Kulturzentrums Georges Pompidou[369] als selbstständige öffentlich-rechtliche Anstalt. Dieses Kunst- und Kulturzentrum verwaltet Sammlungen, die ihm entweder vom Staat als Leihgaben anvertraut worden sind, oder die er auf eigene Rechnung erworben hat. Nach restriktiver Auslegung dieses Gesetzes sind nur diejenigen Kunstgegenstände Teil des *domaine public*, welche das Kunst- und Kulturzentrum vom Staat erhalten hat, nicht aber jene, welche die Institution auf eigene Rechnung erworben hat.[370] Art. 2 Gesetz Nr. 75–1 stellt fest, dass die genannte Institution „Sammlungen hält, die dem Staat gehören" und dass „Sammlungen und Kunstwerke, die der Staat erwirbt, in Staatseigentum sind und auch bleiben."[371] Nach Art. 19 Abs. 1 Verordnung Nr. 92–1351 vom 24. Dezember 1992 konserviert und erwirbt der Centre Georges Pompidou auf Rechnung des Staats

---

366 Vgl. statt vieler *Bastien*, 676; *Brard*, 31f.; für die Rechtsprechung vgl. Conseil d'État 21.3.1984 (Guy Mansuy), Rec.Cons.d'État 1984, 616, D. 1984, 510, note Moderne; JCP 1985, II, 20393, observations Hervouët; Rev.dr.publ. 1984, 1059, note Gaudemet; Conseil d'État 23.6.1986 (Thomas), AJDA 1986, II, 598, note Azibert/Boisdeffre; zum Ganzen vgl. *Godfrin*, 17–19.

367 Anders noch die ältere Lehre; vgl. z. B. *Jèze* Définition, 765. Zu erwähnen ist aber die – wohl einzigartig gebliebene – *Loi du 16.–25. 6. 1851 sur la constitution de la propriété en Algérie*. Danach konnten auch Sachen im Eigentum Privater Teil des *domaine public* sein. Vgl. *Jèze* Définition, 767. Nicht erwähnt bei *Jèze* ist die ältere *Ordonnance du roi sur le domaine en Algérie des 9–26 novembre 1845*. Vgl. aber *Ipsen*, 53, Fn. 4.

368 So *Frier* Droit, Nr. 289.

369 *Loi n° 75–1 du 3. 1. 1975 portant création du centre national d'art et de culture Georges Pompidou*; zuletzt geändert durch Art. 7 L. n° 2000–643.

370 *Chatelain/Pattyn/Chatelain*, 23 mit Verweis auf D. n° 76-83 du 27.1.1976. Diese Autoren übersehen aber, dass die Verordnung Nr. 76–83 kraft Art. 24 D. n° 92-1351 aufgehoben wurde. Art. 19 Abs. 1 D. n° 76-83 lautete: „Le Centre [...] acquiert et conserve pour le compte de l'État les œuvres achetées sur les crédits dont il dispose, ainsi que les dons et les legs qui pourraient lui être consentis. Ces collections et œuvres d'art sont inaliénables."

371 Art. 2 L. n° 75-1 lautet: „L'établissement public reçoit la garde de collections et œuvres d'art appartenant à l'État.
Les collections et œuvres d'art qu'il acquiert ou reçoit sont et demeurent propriété de l'État."

Kunstwerke mit dem ihm zugewiesenen Kredit ebenso die Schenkungen und Legate, die ihm zugedacht werden.

Eine analoge Bestimmung enthält die Verordnung vom 22. Dezember 1992 über die Konstituierung des im Jahre 1825[372] gegründeten *Musée du Louvre* als rechtlich selbstständige öffentlich-rechtliche Anstalt.[373]

Auch die Verordnung Nr. 463 vom 27. April 1995[374] über das Museum und die dazugehörende Domäne zu Versailles als rechtlich selbstständige öffentlich-rechtliche Anstalt übernimmt in Art. 2 Abs. 2 eine ähnliche Vorschrift. Ebenfalls für diese Lösung hat sich der Gesetzgeber bei der Konstituierung der *Cité de la musique* entschieden.[375]

d) Rechtsprechung: Affäre Montagne

Die *Cour de cassation* entschied mit Urteil vom 2. April 1963[376], dass auch öffentlich-rechtliche Anstalten Eigentümer von Gütern des *domaine public* sein können.[377] Frau Rivière war Eigentümerin einer Skizze von Georges Seurat (1859–1891) zum Gemälde *Un Dimanche à la Grande Jatte* und erklärte mündlich, sie wolle die Skizze dem Louvre vermachen. Nach dem Tod der Eigentümerin informierten die beiden gesetzlichen Erben die *Réunion des musées de*

---

[372] Vgl. *Décret des 15. 2.–20. 3. 1852 portant création d'un musée destiné à recevoir les objets ayant appartenu aux souverains qui ont régné sur la France.*

[373] Vgl. Art. 2 Abs. 1 *Décret n° 92-1338 du 22 décembre 1992 portant création de l'établissement public du musée du Louvre* lautet: „De consérver, protéger, restaurer pour le compte de l'État et de présenter au public les œuvres qui font partie des collections inscrites sur les inventaires du musée national du Louvre dont il a la garde."

[374] Art. 2 Abs. 2 *Décret n° 95-463 du 27 avril 1995 portant création de l'établissement public du musée et du domaine de Versailles* lautet: „De conserver, protéger, restaurer pour le compte de l'État et gérer, mettre en valeur et présenter au public les œuvres qui ont fait partie des collections inscrites sur les inventaires du musée national des châteaux de Versailles et de Trianon et de ses annexes dont il a la garde."

[375] Vgl. Art. 18 Abs. 1 D. n° 95-1300: „L'établissement public reçoit la garde de collections appartenant à l'État et au Conservatoire national supérieur de musique et de danse de Paris. À compter de la publication du présent décret, la propriété des collections du Conservatoire national supérieur de musique est transférée à l'État." Art. 18 Abs. 3 lautet: „L'établissement acquiert et conserve pour le compte de l'État les œuvres achetées sur les crédits dont il dispose ainsi que les dons et legs qui pourraient lui être consentis."

[376] Cour de cassation 2. 4. 1963 (Sieur Montagne c. Réunion des musées de France et autres), AJDA 1963, II, 486, observations Dufau.

[377] Diese Rechtsprechung wurde bestätigt durch Cons.d'État 21. 3. 1984 (Mansuy), D. 1984, 510, note Moderne; JCP 1985, II, 20393, observations Hervouët; Rev.dr.publ. 1984, 1059, note Gaudemet. Anders noch Cons.d'État 19. 3. 1965 (Société Lyonnaise des eaux et de l'éclairage), Rec.Cons.d'État 1965, 184; JCP 1966, II, 14583, note Dufau, wonach öffentlich-rechtliche Anstalten nicht Eigentümer von domanialen Objekten sein können.

France[378] über das Legat und über ihre Absicht, dieses auch zu erfüllen. Noch bevor die Vermächtnisnehmerin aber im Besitz der Skizze war, verkaufte der Beistand einer Erbin die Skizze an einen Trödler, der sie auf einem Flohmarkt an Herrn Montagne weiterverkaufte.

Das Gericht stellte fest, dass die *Réunion des musées de France* Eigentümerin der Skizze geworden sei,[379] das Kunstwerk somit zum *domaine public* gehöre und daher unveräusserlich und unersitzbar sei. Weder der Erst- noch der Zweiterwerber Montagne hätten folglich Eigentum erwerben können.[380] Die Zugehörigkeit von einzelnen Gegenständen zum *domaine public* wurde nicht mehr – wie etwa im Urteil vom 17. Juni 1896[381] – damit begründet, das Gebäude selbst, in welchem die einzelnen Objekte aufbewahrt sind, gehöre zum *domaine public*, sondern mit der knappen Erklärung, Konservierung und Ausstellung der Objekte seien „Gegenstand des öffentlichen Dienstes".[382] Die von der Rechtsprechung des *Conseil d'État*[383] für die Widmung zusätzlich verlangte Sondernutzung *(aménagement spécial)* wurde nicht erwähnt, war aber auch gar nicht nötig, da die Kunstgegenstände selbst Gegenstand der Widmung waren.[384]

Im Lichte von Art. 4 der gesetzesvertretenden Verordnung Nr. 45-1546 vom 13. Juli 1945[385] muss die kassationsgerichtliche Rechtsprechung kritisiert werden. Denn danach ist es nicht die *Réunion des musées nationaux*, welche die Aufbewahrung und Erhaltung nationaler Kunstsammlungen sicherstellt und der

---

378 In den Urteilserwägungen kommen die Namen *Réunion des musées nationaux* und *Réunion des musées de France* vor. Die Namen sind hier Synonyme.

379 Das Einzelvermächtnis *(legs particulier)* ist nach französischem Erbrecht als Vindikationslegat ausgestaltet. Vgl. Art. 1014 Abs. 1 Ccf: „Tout legs pur et simple donnera au légataire, du jour du décès du testateur, un droit à la chose léguée [...] à ses héritiers ou ayants cause." Die bedachte *Réunion des Musées de France* kann deshalb als nichtbesitzende Eigentümerin das Bild vom Zweiterwerber Montagne vindizieren. Nicht so im schweizerischen Erbrecht. Gemäss Art. 562 Abs. 1 ZGB hätte die Vermächtnisnehmerin lediglich einen obligatorischen Anspruch gegen die gesetzlichen Erben (sog. Damnationslegat).

380 Cour de cassation 2.4.1963, AJDA 1963, II, 487: „Attendu que la cour d'appel a décidé que le tableau acquis par la Réunion des Musées de France était tombé dans le domaine public et comme tel devenu inaliénable et imprescriptible, et que, par conséquent, Lamy ni Montagne n'avaient pu acquérir postérieurement la propriété".

381 Cour de cassation, req., 17.6.1896 (Jean Bonnin c. Villes de Mâcon et de Lyon), S. 1896, I, 408; D. 1897, I, 257, note Guénée.

382 Cour de cassation 2.4.1963, AJDA 1963, II, 487: „Attendu que les biens des établissements publics font partie du domaine public dès lors que, comme en l'espèce, leur conservation et présentation au public sont l'objet même du service public".

383 Cons.d'État 11.5.1959 (Dauphin), Rec.Cons.d'État 1959, 294; D. 1959, I, 314, conclusions Mayras; JCP 1959, II, 11269, note de Lanversin; AJDA 1959, II, 113, observations Combarnous/Galabert und 228, note Dufau.

384 *Dufau* Observations, 487.

385 *Ordonnance n° 45-1546.*

Öffentlichkeit zugänglich macht, sondern die *Direction des musées de France*. Erwerbungen von Kunstgegenständen der *Réunion des musées nationaux* erfolgen zudem im Namen und auf Rechnung des französischen Staats. Es ist deshalb irrig, wenn das Gericht ohne Begründung feststellt, dass die von der *Réunion des musées nationaux* erworbene Skizze in die „biens de l'établissement public" falle.[386] Vielmehr fällt das Kunstwerk in das staatliche öffentliche Gut, und zwar in den *domaine public national*.

Klarheit über das Eigentum schaffte erst das Gesetz Nr. 88–13 vom 5. Januar 1988[387]. Nach Art. 13 Abs. 1 sind domaniale Güter im Eigentum von Gebietskörperschaften und deren öffentlichen Anstalten unveräusserlich und können auch nicht ersessen werden. Diese Bestimmung anerkennt also das Eigentum von öffentlichen Anstalten an „eigenen" Sachen mit *domaine public*-Charakter.

II. Domaine public mobilier

In der ersten Hälfte des 19. Jh. äusserte sich die *Cour de cassation* erstmals hinsichtlich domanialer beweglicher Kunstgegenstände *(domaine public mobilier)*. Die *Cour de cassation* anerkannte in einem Urteil vom 10. August 1841[388] die mögliche Zuordnung beweglicher Sachen zum *domaine public*. Spätere Entscheidungen äusserten sich uneinheitlich über die massgeblichen Kriterien. Nachstehende Beispiele aus der Rechtsprechung zeigen, dass die Gerichte die Zuordnung beweglicher Sachen zum *domaine public* nicht generell bejahten, sondern lediglich prüften, ob die Voraussetzungen eines *domaine public mobilier* im konkreten Fall erfüllt waren.[389]

1. Affäre Cousin[390]

Bei diesem Fall ging es um die Herausgabeklage eines Bildes im Eigentum des Louvre, welches auf einer öffentlichen Auktion versteigert wurde. Das Bild war in einer Liste eingetragen und gemäss einem Senatsbeschluss vom 30. Januar 1810[391] sowie den Gesetzen vom 8. November 1814[392] (Art. 9) und 2.–7. März 1832[393] (Art. 8) als Teil der *dotation de la couronne* unveräusserlich und unersitzbar.

---

386 Cour de cassation 2.4.1963, AJDA 1963, II, 487; dies erkennt auch *Frier* Droit, Nr. 288.

387 *Loi n° 88-13 du 5.1.1988 d'amélioration de la décentralisation.*

388 Vgl. dazu sogleich hinten 1.

389 Richtig daher *Poli* La protection, 276.

390 Cour de cassation 10.8.1841 (Cousin c. la liste civile et les héritiers de Maillé), S. 1841, I, 742; Bull. civ. 1841, Nr. 104.

391 *Sénatus-Consulte du 30.1.1810 relatif à la dotation de la couronne.*

392 *Loi du 8.11.1814 relative à la liste civile et à la dotation de la couronne.*

393 *Loi des 2.–7.3.1832 sur la liste civile.* Veräusserungen von eingetragenen Objekten waren nach Art. 8, 2. HS L. 2.–7.3.1832 grundsätzlich unzulässig. Ausnahme der Unveräusserlich-

a) Sachverhalt

Im Jahre 1821 wurden dem Duc de Maillé drei Gemälde übergeben, die dem Louvre gehörten und zur Ausstattung der Gemeindekirche in Longchamp bestimmt waren. Der *ministre de la maison du roi* bewilligte die Verbringung der wertvollen Bilder an diesen Standort. Als im Jahre 1837 der Herzog starb, gelangten die Gemälde irrtümlicherweise in seinen Nachlass, der u. a. aus einer Gemäldesammlung bestand. Die Erben liessen eines dieser drei Gemälde [394] auf einer öffentlichen Auktion versteigern. Erwerber war der gutgläubige Kunsthändler Cousin, dem es für FF 59 zugeschlagen wurde.[395] Cousin liess das Bild später restaurieren. Der *intendant général de la liste civile* erhielt Kenntnis von der Versteigerung und klagte mit Erfolg beim *Tribunal de la Seine* gegen den gutgläubigen Erwerber auf Herausgabe des Bildes. Das Gericht liess die Klage zu und verurteilte Cousin am 25. März 1837 zur Herausgabe des Bildes sowie die Erben de Maillés zur Zahlung des Zuschlagspreises und der aufgewendeten Restaurationskosten.[396] Cousin legte Berufung ein und machte eine höhere Entschädigung geltend. Die *Cour royale de Paris* liess die Klage zu, ordnete eine Expertise zur Bestimmung der Entschädigung an und sprach Cousin mit Urteil vom 24. April 1838 eine Entschädigung in Höhe von FF 200 zu. Bestätigt wurde zudem die Rückgabepflicht des Bildes.[397] Als Cousin das Bild nicht herausgab, erging am 25. Juni 1838 ein zweites Urteil der *Cour royale de Paris*, die Cousin zur Herausgabe des Bildes verpflichtete.[398] Dieselbe Instanz befasste sich am darauffolgenden 20. August erneut mit diesem Rechtsstreit, äusserte sich aber dieses Mal auch in Bezug auf die Entschädigung und sprach Cousin FF 1 000 zu.[399] Dieser gelang schliesslich an die *Cour de cassation* und verlangte die Aufhebung der Urteile vom 24. April 1838 und vom 20. August 1838. Das Kassationsgericht wies die Nichtigkeitsklage mit Urteil vom 10. August 1841 ab.[400]

---

keit war die Veräusserung von eingetragenem Gut, welches ersetzt wurde: „Les biens meubles et immeubles de la couronne sont inaliénables et imprescriptibles; ils ne peuvent être par conséquent ni donnés, ni vendus, ni engagés, ni grevés d'hypothèques: néanmoins les objets inventoriés avec estimation, aux termes de l'art. 6, pourront être aliénés, moyennant remplacement."

[394] Es handelte sich um *Saint Jean dans le désert* nach Cornélis van Poelenburgh (um 1586–1667).

[395] Eine andere Fundstelle nennt einen Zuschlagspreis von FF 50; vgl. Bull. civ. 1841, Nr. 104, 304.

[396] Tribunal de la Seine 25. 3. 1837, unveröffentlicht; vgl. S. 1841, I, 743.

[397] Cour royale de Paris 24. 4. 1838, unveröffentlicht; vgl. S. 1841, I, 743.

[398] Cour royale de Paris 25. 6. 1838, unveröffentlicht; vgl. S. 1841, I, 743. Dieses Urteil ist nicht erwähnt in Bull. civ. 1841, Nr. 104.

[399] Cour royale de Paris 20. 8. 1838, unveröffentlicht; vgl. S. 1841, I, 744.

[400] Vgl. Fn. 390.

b) Rechtliche Erwägungen

Die *Cour royale de Paris* hielt mit Urteil vom 24. April 1838 im Wesentlichen fest, der Louvre sei Eigentümer des Gemäldes, welches auf der sog. *liste civile*[401] stand, und der Beklagte müsse es herausgeben.[402] Die *Cour de cassation* bestätigte dies am 10. August 1841 und stellte fest, der Beklagte Cousin könne sich nicht auf einen gutgläubigen Erwerb gemäss Art. 2279 Ccf berufen.[403] Ferner sei das Gemälde noch immer Bestandteil der *liste civile* und daher nach Art. 6 Gesetz vom 2.–7. März 1832 unveräusserlich.[404]

Weder die *Cour royale de Paris* noch die *Cour de cassation* erwähnten den Begriff *domaine public*. Dies bedeutet, dass nach Auffassung dieser Instanzen die Unveräusserlichkeit und Unersitzbarkeit nicht Folgen der Domanialität sind, sondern des herangezogenen Senatsbeschlusses und der Spezialgesetze[405] über die königlichen Güter *(dotation de la couronne)*.[406]

2. Andere Beispiele aus der Rechtsprechung

– Die *Cour royale de Paris* stellte mit Urteil vom 3. Januar 1846 fest, dass Manuskripte, Karten, Schriftstücke und andere kostbare Objekte, die in der Bibliothèque royale aufbewahrt waren, als Teil des öffentlichen Guts unveräus-

---

[401] Die Liste umfasste nach Art. 6 Satz 2 L. 2.–7. 3. 1832 neben Immobilien auch Mobilien, welche vor unsachgemässem Gebrauch geschützt werden sollten: „Ceux de ces meubles susceptibles de se déteriorer par l'usage seront estimés."

[402] Cour royale de Paris 24. 4. 1838, unveröffentlicht; vgl. S. 1841, I, 473: „Considérant [...] que le tableau dont il s'agit appartient au Musée; que la liste en avait seulement accordé la jouissance temporaire au duc de Maillé [...] la vente [...] n'a pu priver la liste civile de son droit; que Cousin doit être tenu de restituer ledit tableau".

[403] Cour de cassation 10. 8. 1841, S. 1841, I, 745f.: „Attendu que Cousin [...] ne peut s'autoriser de l'art. 2279 Cod. civ., et de l'exception qu'en fait de meubles la possession vaut titre; que cette exception, applicable seulement à la possession des meubles qui sont dans le commerce, ne saurait prévaloir contre les dispositions de lois qui sont spéciales aux biens affectés à la dotation de la couronne, puisque ces biens meubles ou immeubles sont formellement déclarés inaliénables, et ne peuvent passer légitimement dans la possession de personne autrement qu'au moyen d'un échange autorisé par une loi."

[404] Cour de cassation 10. 8. 1841, S. 1841, I, 745: „Attendu que c'est une maxime fondamentale de France, que les biens qui composent la dotation de la couronne sont inaliénables et imprescriptibles de leur nature; – Que cette maxime [...] a été consacrée de nouveau par [...] et celle du 2 mars 1832 [...] Attendu que ces lois ont déclaré que les diamans, perles, pierreries, statues, tableaux, pierres gravées et autres monuments des arts qui se trouvent dans les palais du roi, font partie de la dotation de la couronne [...] le tableau représentant saint Jean dans le désert, appartenait au musée [...] n'a pas cessé de faire partie de la dotation de la couronne, qui, conséquemment n'a jamais perdu le droit de le révendiquer en quelques mains qu'il pût se trouver."

[405] Vgl. Fn. 391, Fn. 392 u. Fn. 393.

[406] So auch *Reymond*, 53.

serlich und unersitzbar seien,[407] ohne aber den Begriff *domaine public mobilier* ausdrücklich zu verwenden.

– Die *Cour d'appel de Paris* anerkannte mit Urteil vom 18. August 1851 die mögliche Zugehörigkeit zum *domaine public* von Manuskripten aus öffentlichen Bibliotheken, liess aber im konkreten Fall den domanialen Charakter eines Briefes von Michel Eyquem de Montaigne (1538–1592) im Eigentum der Bibliothèque nationale offen.[408]

– Die *Cour d'appel de Lyon* bejahte mit Urteil vom 19. Dezember 1873 den domanialen Charakter des Gemäldes *Le martyre de saint Sébastien* von Eugène Delacroix (1798–1863), welches in der Gemeindekirche von Nantua hing und als Teil des *domaine public*[409] unveräusserlich sei.[410]

– Der *Tribunal civil de la Seine* hiess am 22. Juni 1877 die Klage des Pariser Präfekten auf Herausgabe von fünf Teppichen gut, welche der Stadt Paris gehörten

---

[407] Cour royale de Paris 3.1.1846 (Bibliothèque royale c. Charron), D.P. 1846, II, 212 (213); S. 1846, II, 77 (79): „Considérant en principe que les ouvrages, manuscrits, plans, autographes et autres objets précieux faisant partie de la Bibliothèque Royale sont inaliénables et imprescriptibles comme appartenant au domaine public.“. Es ging dabei um ein originales Schriftstück von Jean Baptiste de Molière (1622–1673) im Eigentum der Bibliothèque royale (heute *Bibliothèque nationale*).

[408] Cour d'appel de Paris 18.8.1851 (Bibliothèque nationale c. Feuillet de Conches), D.P. 1852, II, 96; S. 1851, II, 475. Die Nationalbibliothek klagte gegen Besitzer auf Herausgabe des Schriftstücks, das aus der Nationalbibliothek gestohlen worden war. Die Frage, ob am wertvollen Brief privatrechtliches Eigentum oder privatrechtliches Eigentum mit öffentlich-rechtlicher Bindung *(domaine public)* bestand, blieb unbeantwortet. Der Besitzer berief sich nicht auf die Ersitzung nach Art. 2279 Ccf, obwohl die Verjährung eingetreten war. Das Gericht vertrat die Auffassung, dass die Verjährungseinrede nicht von Amts wegen erhoben werden dürfe und deshalb der gutgläubige Besitzer das Schriftstück zurückzugeben habe. Das Ergebnis wäre i.c. dasselbe gewesen, wenn der Brief aus einer privaten Sammlung gestohlen worden wäre.

[409] Das Gericht verwendete allerdings nicht den Begriff *domaine public*, sondern sprach von *domaine de l'État*. Dies verwirrt, da nur Güter des *domaine public* unveräusserlich und unersitzbar sind; zur falschen Begriffsverwendung vgl. auch die Kritik von *Vegting*, 195, Fn. 483.

[410] Vgl. Cour d'appel de Lyon 19.12.1873 (Commune de Nantua c. Conseil de fabrique et Brame), D.P. 1876, II, 89 (90): „le tableau donné par l'État avait été acheté avec les fonds mis chaque année à la disposition du ministre pour l'acquisition d'objets d'art, qui constituent une véritable richesse nationale inaliénable et imprescriptible, comme tout ce qui fait partie du domaine de l'État.“ Erstaunlich war die Prüfung des gutgläubigen Erwerbs nach Art. 2279 Ccf, da es sich nach Auffassung des Gerichts beim Gemälde um einen unveräusserlichen Gegenstand handelte, dessen Verkauf nichtig war. Das Gericht verneinte allerdings den guten Glauben des Erwerbers, der als Kuriositätenhändler von der Herkunft des Bildes hätte wissen müssen: „ considérant que [...] il n'avait pas non plus cette bonne foi absolue, indispensable pour l'application de la règle posée par l'art. 2279; qu'il connaissait l'origine du tableau, et qu'il est impossible qu'un homme intelligent et au courant de toutes les questions qui concernent les beaux-arts n'ait pas eu des doutes sérieux sur les droits du vendeur à consentir une aliénation valable“; vgl. D.P. 1876, II, 91.

und in der Kirche Saint-Gervais hingen.[411] Die Tapisserien waren ohne Bewilligung an einen Privaten verkauft worden, welcher sie später an einen Dritten weiterverkaufte. Nach Auffassung des Gerichts seien die Teppiche als Teil des *domaine public municipal* unveräusserlich und unersitzbar.[412] Die Ersitzung nach Art. 2279 Ccf musste daher ebensowenig geprüft werden, wie die Frage, ob der bezahlte Kaufpreis zu erstatten sei.

– Im Urteil vom 3. März 1886[413] bejahte die *Cour d'appel de Dijon* ausdrücklich die mögliche Zugehörigkeit einer beweglichen Sache zum *domaine public*. Im konkreten Fall sprach es allerdings den domanialen Charakter des „Grabes" von Phillipe Pot (1428–1494)[414] ab, welches als bewegliche Sache qualifiziert wurde und als eines der herausragendsten Denkmäler des 15. Jh. gilt.[415]

– Am 16. Mai 1896 entschied die *Cour d'appel de Nancy*, Dokumente aus staatlichen Archiven seien Teil des *domaine public* und daher unveräusserlich und unersitzbar.[416]

– Die *Cour de cassation* entschied mit Urteil vom 17. Juni 1896, die Gemeinde Mâcon könne die aus ihrer Bibliothek stammenden Buchmalereien aus dem Manuskript *La Cité de Dieu* von Aurelius Augustin (354–430), einem Meisterwerk der Kalligrafie und der Malerei des 14. Jh., jederzeit, also auch nach Ablauf der dreijährigen Ersitzungsfrist, vom gutgläubigen Erwerber herausverlangen.[417] Des Weiteren fände Art. 2279 Ccf auf Bücher, Manuskripte und Miniaturen einer Bibliothek, die zum *domaine public communal* gehört, keine Anwendung.[418]

---

[411] Trib. civ. de la Seine 22.6.1877 (Préfet de la Seine ès noms c. Récappé et de Camondo), D. 1880, II, 97; bestätigt durch Cour d'appel de Paris 12.7.1879 (Préfet de la Seine ès noms c. Récappé et de Camondo), D. 1880, II, 101.

[412] Trib. civ. de la Seine 22.6.1877, D. 1880, II, 102: „Les objets d'art consacrés à l'exercice du culte ou se rattachant à des souvenirs religieux qui se trouvaient dans les églises avant la Révolution, font partie du domaine public municipal, et sont, à ce titre, inaliénables et imprescriptibles."

[413] Cour d'appel de Dijon 3.3.1886 (Richard de Vesvrotte c. l'État), D.P. 1887, II, 253; S. 1890, II, 74.

[414] Phillipe Pot war *grand sénechal de Bourgogne*, was damals in einigen Provinzen dem obersten Gerichtsvollzieher *(Baillé de la justice)* entsprach; vgl. *De Ridder*, 75.

[415] Cour d'appel de Dijon 3.3.1886, D.P. 1887, II, 253; S. 1890, II, 74: „Un meuble peut faire partie du domaine public de l'État et à ce titre devenir inaliénable et imprescriptible." Das Grabmal befindet sich im Louvre; vgl. *De Ridder*, 76.

[416] Cour d'appel de Nancy 16.5.1896 (Dufresne c. l'État), D.P. 1896, II, 411: „Les documents constitutifs des archives de l'État font partie du domaine public, et, par suite, sont inaliénables et imprescriptibles."

[417] Cour de cassation, req., 17.6.1896 (Jean Bonnin c. Villes de Mâcon et de Lyon), S. 1896, I, 408; D. 1897, I, 257, note Guénée.

[418] S. 1896, I, 408; D. 1897, I, 257: „les livres, manuscrits et miniatures d'une bibliothèque dépendant du domaine public communal, ne peuvent donner lieu à l'application de l'art. 2279

– Der *Tribunal civil de Lyon* hielt mit Urteil vom 20. Februar 1897 ausdrücklich fest, dass auch bewegliche Sachen wie Bücher, Manuskripte und Kunstwerke unter die nicht abschliessende Aufzählung von domanialen Gütern in Art. 538 Ccf fallen, wenn die Gegenstände sich in den öffentlichen Bibliotheken, Archiven und Museen befinden und dem unmittelbaren öffentlichen Gebrauch gewidmet sind."[419]

– Ebenso entschied am 25. Januar 1899 der *Tribunal civil de Lyon* hinsichtlich wertvoller Manuskripte und seltener Bücher aus einer Privatbibliothek. Diese Bestände gehörten aber u. a. der Stadt Lyon. Das Gericht kam zum Schluss, die Manuskripte und Bücher seien Teil des *domaine public* und daher unveräusserlich und unersitzbar.[420]

– Die *Cour d'appel de Nîmes* anerkannte mit Urteil vom 4. Dezember 1944 grundsätzlich den *domaine public mobilier*, lehnte aber den domanialen Charakter im konkreten Fall ab.[421]

– Erst über 100 Jahre später beschäftigte sich das Kassationsgericht mit der Domanialität von Kulturgütern. Im Urteil vom 16. Juni 1992[422] ging es um eine

---

C. civ., et peuvent être l'objet d'une revendication perpétuelle, même contre un possesseur de bonne foi." So schon die Vorinstanz Cour d'appel de Lyon 10. 7. 1894 (Ville de Mâcon c. Ville de Lyon et Bonnin), S. 1895, II, 185, note Saleilles; a. A. offensichtlich der erstinstanzliche Trib. civ. de Lyon 21. 1. 1893 (Jean Bonnin c. Villes de Mâcon et de Lyon), D.P. 1894, II, 163; S. 1895, I, 188 (189f.): „ il est vrai, une jurisprudence suivant laquelle les livres faisant partie des bibliothèques publiques, soit de l'État, soit des communes, font partie, par cela seul, du domaine public national ou municipal, et sont inaliénables et imprescriptibles [...] cette jurisprudence, qui a toujours été contestée, et qui est, en effet, contestable, ne s'appuyant sur aucun texte précis, est désormais incompatible, du moins en ce qui concerne les livres et autres objets mobiliers appartenant aux communes, avec la loi du 30 mars 1887".

419 Trib. civ. de Lyon 20. 2. 1897 (Département de la Loire c. consorts de Verna), Gaz. Pal. 1897, I, 615: „L'art. 538 C. civ. comprend dans l'étendue du domaine public, non seulement les immeubles qui y sont énumérés, mais encore les livres, manuscrits, objets d'art qui sont affectés, dans les bibliothèques publiques, archives publiques et les musées, à l'usage direct et immédiat du public."

420 Trib. civ. de Lyon 25. 1. 1899 (Départements du Rhône de la Loire, de l'Isère, la Ville de Lyon, la Ville et les Hospices de Crémieu c. les héritiers de Verna), D. 1899, II, 231.

421 Cour d'appel de Nîmes 4. 12. 1944 (État français c. Brun), D. 1946, II, 28, note Waline: „Des meubles peuvent être compris dans le domaine public qu'autant qu'ils sont la partie constitutive et essentielle d'un immeuble dépendant lui-même du domaine public, ou qu'ils ont été l'objet d'une affectation spéciale et certaine au domaine public, en vertu soit d'une décision formelle, soit d'un acte qui leur donne aux yeux de tous un caractère d'utilité générale, tel que le placement dans un dépôt public." Im konkreten Fall wurde der domaniale Charakter eines gestohlenen Pferdes, das der französischen Armee und somit dem französischen Staat gehörte, verneint. Das Eigentum am Pferd konnte somit nach Art. 2279 Ccf ersessen werden; die Herausgabeklage des Staats wurde abgelehnt.

422 Cour de cassation, crim., 16. 6. 1992 (Ville de Chartres et autres), R.D.S. 1993, somm. comm., 35.

aus einem Museum in der französischen Gemeinde Chartres gestohlene Schale aus Email und Gold, welche der Dieb auf einer öffentlichen Auktion versteigern liess. Die Gemeinde Chartres machte ihr Eigentum geltend und klagte gegen den Erwerber auf Herausgabe der Schale. Der Beklagte berief sich erfolglos auf den gutgläubigen Erwerb nach Art. 2279 Ccf. Das Gericht kam zum Schluss, das aus der Museumssammlung von Chartres gestohlene Kunstwerk gehöre zum *domaine public communale*, weil die Konservierung und öffentliche Präsentation von Museumsstücken Gegenstand der kommunalen Dienstleistung sei und daher weder veräusserlich sei, noch ersessen werden könne.[423]

3. Code civil und Spezialgesetzgebung

Der *Code civil* regelt die Zugehörigkeit von beweglichen Sachen zum *domaine public* nicht. Art. 538 Ccf zählt nur die domanialen unbeweglichen Sachen auf.[424] Das Gesetz vom 31. Dezember 1966 über die Städtegemeinschaften[425] erwähnt allerdings in Art. 21 auch bewegliche Sachen.[426] Hingegen hält der *Code des communes* in Art. L. 165-21 ausdrücklich fest, dass auch die beweglichen Sachen zum kommunalen *domaine public* gehören.[427]

Die genannten Bestimmungen erwähnen zwar den *domaine public mobilier*, geben jedoch keine Hinweise darauf, wie die domanialen beweglichen Sachen von den Mobilien des *domaine privé* abgegrenzt werden.

Rechtsfragen über die Zugehörigkeit einer Sache zum *domaine public* oder zum *domaine privé* prüft der Verwaltungsrichter.[428]

---

[423] Cour de cassation, crim., 16.6.1992, R.D.S. 1993, somm. comm., 35: „leur [der Museumsstücke] conservation et leur présentation au public sont l'objet même du service public communal, et dont [...] l'inalienabilité et l'imprescriptibilité font obstacle à l'application de l'art. 2279 c. civ." Zudem äusserte sich das Gericht ausdrücklich über die Unverjährbarkeit von Herausgabeklagen der öffentlichen Eigentümerin. Ein Lösungsrecht bzw. Rückerstattung des bezahlten Kaufpreises zu Gunsten des Ersteigerers nach Art. 2280 Ccf falle aus diesen Gründen ausser Betracht; zum Lösungsrecht nach Art. 2280 Abs. 1 Ccf. s. hinten VI. 6.

[424] Dazu gehören namentlich öffentliche Strassen, Flüsse und Häfen. Art. 538 Ccf wiederholt nur, was bereits Art. 2 D. 22.11.–1.12.1790 aufzählte.

[425] *L. n° 66-1069 du 31 décembre 1966.*

[426] Art. 21 lautet: „Les immeubles et meubles faisant partie du domaine public des communes appartenant à l'agglomération sont affectés de plein droit à la communauté dès sa constitution, dans la mesure où ces immeubles et meubles sont nécessaires à l'exercice de ses attributions."

[427] Art. L. 165-21 lautet: „Les immeubles et meubles faisant partie du domaine public des communes".

[428] Vgl. z. B. Cons.d'État 1.2.1935 (Ministre des travaux publics), Rec.Cons.d'État 1935, 274; Cour de cassation 31.10.1956 (E.D.F. c. Kohler et Criblez), JCP 1957, II, 9916; Cour de cassation 23.4.1958 (Trésorier payeur général c. Borne), AJDA 1958, II, 397.

4. Lehre

Die h. L. anerkennt die mögliche Zuordnung beweglicher Sachen zum *domaine public*.[429]

5. Fazit

In den vorne (2) erwähnten Entscheidungen hatte die Klage der öffentlichen Hand auf Herausgabe der Kulturgüter stets Erfolg, weil die Käufer an domanialen Objekten kein Eigentum erwerben konnten. Gleichwohl anerkannte die *Cour de cassation* im Urteil vom 19. Mai 1926 die Begründung beschränkter dinglicher Rechte an einem domanialen Gut, wenn die Ausübung dieser Rechte die widmungsgemässe Verwendung nicht gefährde.[430] Allerdings fand dieses kassationsgerichtliche Urteil keine Bestätigung.

Es mag zunächst auffallen, dass die dargestellten Fälle zumeist von ordentlichen Gerichten stammen. Bei näherer Betrachtung erstaunt dies aber kaum, da es dabei stets um die Anwendbarkeit von Art. 2279 Ccf auf domaniale Kulturgüter ging. Alle Gerichte verneinten grundsätzlich den gutgläubigen Erwerb und somit auch die Ersitzung nach Art. 2279 Ccf, andererseits bejahten sie die grundsätzliche Zulässigkeit eines sog. *domaine public mobilier*, wobei nicht alle Gerichte im konkreten Fall die Zugehörigkeit von Museumsstücken, Miniaturen oder Handschriften aus öffentlichen Bibliotheken zum öffentlichen Gut bejahten. Hingegen lehnte es der *Conseil d'État* in konstanter Rechtsprechung ab, die Zugehörigkeit beweglicher Sachen zum *domaine public* anzuerkennen.[431]

Der *domaine public mobilier* spielt heute beim Schutz von Kunstgegenständen eine untergeordnete Rolle. Trotz der spärlichen neueren Judikatur zum *domaine public mobilier*, wäre es falsch, den Schluss zu ziehen, die Richter hätten es damals nicht für nötig befunden, bedeutende Kulturgüter vor gutgläubigem Erwerb zu schützen. Der Grund liegt vielmehr im Inkrafttreten des Gesetzes vom 30. März 1887[432] sowie dem Gesetz vom 31. Dezember 1913[433]. Nach dem erstgenannten Gesetz konnten zwar unbewegliche Sachen von historisch-künstlerischem Interesse im Eigentum des Staats als *monument historique* klassifiziert

---

[429] Vgl. etwa *Debbasch/Bourdon/Pontier/Ricci,* 76; einschränkend *Chatelain/Pattyn/Chatelain,* 20–30 (20f.); anders noch die ältere Lehre, wonach bewegliche Sachen grundsätzlich nicht dem *domaine public* zugeordnet werden können; vgl. statt vieler *Jèze* Definition, 767.

[430] Cour de cassation 19. 5. 1926 (L'Etat c. Viala), D. 1926, I, 230; so auch Cour de Poitiers 21. 7. 1931 (Jaurand c. Chemins de fer de l'Etat) D. 1931, II, 229.

[431] Vgl. z. B. Cons.d'État 24.10.1986 (Société Jan Kooren, Oude Hoofdhoofdtlein), Rec.Cons. d'État 1986, 642, 525; JCP 1988, II, 21011, observations Hervouët.

[432] *Loi du 30. 3. 1887 relative à la conservation des monuments et objets d'art ayant un intérêt historique et artistique.*

[433] *Loi du 31. 12. 1913 sur les monuments historiques.*

werden, aber erst das Gesetz von 1913 schützte neu auch die beweglichen Kulturgüter, und zwar auch jene in Privateigentum, wobei nur diejenigen Denkmäler in Staatseigentum von Gesetzes wegen unveräusserlich sind.[434] Der moderne Kulturgüterschutz braucht demnach die Domanialität von Kulturgütern im Eigentum des Staats nicht. Beim Schutz von Kunstgegenständen im Eigentum öffentlicher Anstalten sind die einschlägigen Bestimmungen der Spezialgesetze heranzuziehen, die eindeutig das Eigentum dem Staat zuordnen. Der Begriff *domaine public* und insbesondere derjenige des *domaine public mobilier* spielt deshalb eine eher untergeordnete Rolle.[435]

III. Widmung

Für die Eingliederung[436] von Kulturgut in den *domaine public* bedarf es nicht nur des (privatrechtlichen) Eigentums einer Gebietskörperschaft (Staat, Departement, Gemeinde) oder einer öffentlichen Anstalt, sondern zusätzlich einer Widmung zu einem öffentlichen Zweck *(affectation)*.[437]

1. Formelle Widmung

Die formelle Widmung als einseitiger Verwaltungsakt[438] besteht in der Willensäusserung der widmenden Behörde, ein Gut im Privateigentum der öffentlichen Hand *(domaine privé)* mit einer öffentlich-rechtlichen Bindung zu belasten. Die formelle Widmung eines öffentlichen Kulturguts muss nicht ausdrücklich, sondern kann im Lichte der kassationsgerichtlichen Rechtsprechung auch stillschweigend erfolgen.[439]

Die Widmung formeller Natur allein erzeugt aber noch keine Wirkung, sondern bedarf zusätzlich einer materiellen Widmung.

---

434 Vgl. dazu hinten VI 4.

435 So auch *Reymond,* 60, der bereits im Jahre 1960 den *domaine public mobilier* als „notion n'ayant pas un éxistence réelle" bezeichnet.

436 Die Lehre verwendet den Begriff „incorporation"; vgl. *Debbasch/Bourdon/Pontier/Ricci,* 87; *Lavialle* Droit, Nr. 67.

437 Vgl. zum Ganzen *Debbasch/Bourdon/Pontier/Ricci,* 87–90; zum Begriff der Widmung vgl. *Siorat,* 866–870.

438 Rechtsgrundlage der Widmung kann auch ein Gesetz oder ein Vertrag sein; vgl. *Lavialle* Droit, Nr. 69, Fn. 1 m. w. H.

439 So geschehen bei einem Vindikationslegat zu Gunsten des Louvre; zum Fall Montagne s. vorne I 3 d.

2. Materielle Widmung

Die materielle Widmung besteht in der tatsächlichen Benutzung der Sache zum öffentlichen Gebrauch.[440] Durch die Eingliederung einzelner Gegenstände in Sammlungen öffentlicher Museen fällt die Einzelsache automatisch in den *domaine public*.[441] Ob auch Museumsobjekte, die nicht der Öffentlichkeit zugänglich sind, domanialen Charakter aufweisen, ist umstritten.[442]

3. Öffentlicher Gebrauch und öffentlicher Dienst

Bereits die *Cour d'appel de Dijon* anerkannte mit Urteil vom 3. März 1886[443] die mögliche Zugehörigkeit gewidmeter beweglicher Sachen zum *domaine public*. Die *Cour de cassation* präzisierte erstmals im Urteil vom 7. November 1952, dass nur diejenigen Güter Teil des *domaine public* sind, welche dem öffentlichen Gebrauch *(usage public)* oder einem öffentlichen Dienst *(service public)*[444] gewidmet sind. Die Lehre hat diese beiden Widmungsarten übernommen.[445]

Der *Conseil d'État* anerkannte erstmals im Fall Marécar[446] von 1952 die Widmung zum unmittelbaren öffentlichen Gebrauch. In der Affäre Dauphin[447] von 1959 bejahte der *Conseil d'État* die Indienststellung einer Baumallee zum öffentlichen Gebrauch „im Bereich der Kultur und des Tourismus". Im Fall Béton[448]

---

440 Vgl. *Lavialle* Droit, Nr. 70.

441 Vgl. dazu die Beispiele aus der Rechtsprechung vorne II 2.

442 Verneinend *Chatelain/Pattyn/Chatelain,* 21, wenn die Kunstgegenstände unabhängig vom Funktionieren des öffentlichen Dienstes aufbewahrt werden: „leur détention n'est pas indispensable à la bonne marche du service." Bejahend *Wolkowitsch,* Nr. 155.

443 Cour d'appel de Dijon 3. 3. 1886 (Richard de Vesvrotte c. l'État), D.P. 1887, II, 253: „d'être affecté spécialement à ce domaine soit par une décision formelle de l'autorité compétente, soit par un acte émané de la même autorité et qui lui imprime publiquement un caractère d'utilité générale, tel que son dépôt dans un musée public ou une collection nationale."

444 *Ipsen,* 1, Fn. 1, unterlässt eine Übers. mit dem Hinweis, die Übers. mit „öffentlicher Dienst" sei nicht aussagekräftig.

445 Vgl. etwa *Debbasch/Bourdon/Pontier/Ricci,* 87; nach *Godfrin,* 21, ist diese Unterscheidung ungenau und überflüssig.

446 Cons.d'État 28. 6. 1935 (Mougamadousadagnetoullah Marécar), D. 1936, III, 20: „Un cimetière communal, étant affecté à l'usage du public, doit être compris parmi les dépendances du domaine public de la commune."

447 Cons.d'État 11. 5. 1959 (Dauphin), D. 1959, I, 314 (318): „l'allée [...] qui appartient à la ville d'Arles, est affectée à un service public de caractère culturel et touristique". Der Gesetzgeber hat den von der Rechtsprechung kreierten Begriff „service public culturel" im Gesetz über die Konstituierung des Centre Georges Pompidou übernommen; vgl. *Loi n° 75-1 du 3. 1. 1975* und hierzu vorne I 3b.

448 Cons.d'État 19. 10. 1956 (Société Le Béton), Rec.Cons.d'État 1956, 375, conclusions Long; D. 1956, I, 681, conclusions Long.

von 1956 verlangte der *Conseil d'État* bei der Indienststellung zusätzlich eine Sondernutzung *(aménagement spécial)*.[449] Diese Einschränkung des Anwendungsbereichs öffentlicher Sachen stiess in der Lehre auf Kritik.[450]

4. Widmung von Kunstgegenständen

Das Kassationsgericht ist der Rechtsprechung der Staatsrates[451] nicht gefolgt. Im bereits erwähnten Urteil Montagne vom 2. April 1963[452] stellte die *Cour de cassation* fest, dass die Aufbewahrung und die öffentliche Zugänglichkeit eines dem Louvre vermachten Kunstwerks „l'objet même du service public" sei und kein Eigentum am unveräusserlichen Gegenstand erworben werden könne.

5. Widmung von Archivalien

Die Gerichtspraxis zur Frage des domanialen Charakters von staatlichen Archiven ist uneinheitlich. So betonen die Gerichte den domanialen Charakter von Archiven *par leur nature*, andere verlangen für die Inkorporierung der Archivalien in den *domaine public* ausdrücklich eine formelle Widmung.

Die *Cour d'appel de Lyon* stellte mit Urteil vom 10. Juli 1894 fest, dass für das Eigentum mit öffentlich-rechtlicher Bindung eine Widmung zum öffentlichen Gebrauch nötig sei.[453] Nach dem Urteil der *Cour d'appel de Nancy* vom 16. Mai 1896 ist die Aufbewahrung von staatlichen Archiven in einem öffentlich zugänglichen Depot nicht erforderlich.[454] Dies fand in einem Urteil vom 25. Januar

---

449 Zum Begriff der Sondernutzung vgl. *Sandevoir*, 84–90.

450 Vgl. etwa *Godfrin*, 21–23, wonach die Widmung zum öffentlichen Gebrauch genügt, weil diese Zweckbestimmung immer auch einen öffentlichen Dienst voraussetzt und die Sache einer Sondernutzung unterliege.

451 Vgl. Fn. 446, Fn. 447 und Fn. 448.

452 Cour de cassation 2. 4. 1963 (Sieur Montagne c. Réunion des musées de France et autres), AJDA 1963, II, 486, observations Dufau; vgl. hierzu vorne I 3 d.

453 Cour d'appel de Lyon 10. 7. 1894 (Ville de Mâcon c. Ville de Lyon et Bonnin, S. 1895, II, 185, note Saleilles: „considérant que ce caractère distinctif de la domanialité publique réside dans l'affectation d'une chose à l'usage direct et immédiat du public [...] qu'elle s'applique à la fois aux choses mobilières et aux choses immobilières se rattachant au domaine de l'État, des départements ou des communes qui présentent ce caractère d'être affectées à l'usage du public et par suite non susceptibles de propriété privée."

454 Cour d'appel de Nancy 16. 5. 1896 (Dufresne c. l'État), D.P. 1896, II, 411 (412): „c'est à bon droit que le Tribunal a décidé que les archives de l'État font partie du domaine public inaliénable et imprescriptible, qu'il n'est pas nécessaire pour que ce caractère leur soit imprimé que les documents considérés comme archives aient, à un moment donné été classés dans un dépot public de l'État, qu'il suffit que par leur nature ou par leur origine ces documents puissent être considérés comme faisant du domaine public."

1899[455] des *Tribunal civil de Lyon* Bestätigung. Nach den Erwägungen des Urteils des *Tribunal civil de Lyon* vom 20. Februar 1897 sind Bücher, Manuskripte und Kunstgegenstände aus öffentlichen Bibliotheken, Archiven und Museen direkt und unmittelbar dem öffentlichen Gebrauch gewidmet.[456]

6. Mobilier National

Als Nationalmobiliar *(mobilier national)* gelten Sachen, die zur Ausstattung und Dekoration präsidialer Residenzen, Regierungsgebäude *(hôtels ministériels)* und französischer Botschaften im Ausland dienen, sowie Kunstgegenstände wie Gemälde, Statuen, Tapisserien und Porzellan, welche für die Ausschmückung öffentlicher Gebäude bestimmt sind.[457]

Ob das Nationalmobiliar Teil des *domaine public* ist oder zum *domaine privé de l'État* gehört, wird in der Literatur verschiedentlich beantwortet. Nach einer Auffassung gehört das Nationalmobiliar ohne Einschränkung zum *domaine public* des Staats,[458] eine andere Lehrmeinung anerkennnt den domanialen Charakter nur, wenn die Gegenstände in staatlichen Sammlungen aufbewahrt sind.[459]

7. Privatsammlungen

Private können nicht Eigentümer domanialer Objekte sein.[460] Dies gilt auch für juristische Personen des Privatrechts, die einen allgemeinen Zweck *(d'intérêt général)* verfolgen.[461] Allerdings wäre es voreilig, Kunstgegenstände aus privaten

---

455 Trib. civ. de Lyon 25. 1. 1899 (Départements du Rhône de la Loire, de l'Isère, la Ville de Lyon, la Ville et les Hospices de Crémieu c. les héritiers de Verna), D. 1899, II, 230 (231): „Attendu qu'il existe à la fois une domanialité publique des meubles par nature et une domanialité publique des meubles par destination; que la première s'applique aux documents historiques, politiques ou administratifs qui font légalement partie des archives et ne peuvent en aucun cas être susceptibles d'appropriation privée, qu'ils soient ou ne soient pas entrés dans les collections publiques; que la seconde se réfère aux documents entrés dans les collections nationales soit par une incorporation réelle, soit par le fait d'une loi qui les a faites choses de l'État, et sans qu'il y ait besoin dans ce cas d'une incorporation effective."

456 Trib. civ. de Lyon 20. 2. 1897 (Départements de la Loire c. consorts de Verna), Gaz. Pal. 1897, I, 615: „attendu qu'il est reconnu par une jurisprudence constante que l'article 538 du Code civil sainement entendu comprend dans l'étendu du domaine public, non seulement les immeubles qui y sont énumérés, mais encore les livres, manuscrits, objets d'art qui dans les bibliothèques publiques, archives publiques, musées sont affectées à l'usage direct et immédiat du public."

457 *Poli* La protection, 277f., Fn. 1114 m.w.H.

458 *Chatelain/Pattyn/Chatelain,* 21: „le fonctionnement même du service ne pourrait pas être assuré s'il ne disposait pas du mobilier indispensable: [...] on pense donc que ce mobilier fait partie du domaine public."

459 *Wolkowitsch,* Nr. 155.

460 Vgl. dazu die konstante Rechtsprechung der ordentlichen Gerichte vorne II 2.

461 *Frier* Droit, Nr. 289.

Sammlungen[462], die der Öffentlichkeit zugänglich sind, vom *domaine public* generell auszuschliessen.[463] Vielmehr muss das Eigentum jedes einzelnen Gegenstands oder jeder Teilsammlung gesondert geprüft werden. Häufig befinden sich nämlich in den privaten Museen verschiedene Teilsammlungen, die nicht alle derselben Person gehören.

Träger und Eigentümer solcher Privatsammlungen sind in der Regel Stiftungen *(fondations)*,[464] so z. B. die im Jahre 1857 gegründete *Société Schongauer*. Die nach Martin Schongauer (1450–1488) benannte Gesellschaft ist eine juristische Person des Privatrechts und Trägerin des Museums Unterlinden in Kolmar. Nach der jüngsten Vereinbarung zwischen der Stadt und der Schongauer-Gesellschaft besteht das Museum Unterlinden aus drei Sammlungen:[465] Zum einen aus dem „Revolutionsdepot" *(dépôts révolutionnaires)*, bei dem noch heute unklar ist, ob die Republik Frankreich oder die Stadt Kolmar Eigentümerin ist, zum Zweiten alle Kunstwerke, die von der Schongauer-Gesellschaft in den Jahren 1857 bis 1889 erworben wurden und nach den damaligen Statutenbestimmungen der Stadt Kolmar gehörten, sowie zum Dritten jene Teilsammlung, die aus den nach dem Jahre 1890 getätigten Erwerbungen besteht und im Eigentum der Gesellschaft ist.

Der Öffentlichkeit zugängliche Kunstwerke aus Privatsammlungen sind also nicht von vornherein unfähig, Teil des *domaine public* zu sein. Vielmehr muss jedes Objekt gesondert geprüft werden. Ist das Eigentum eines Sammlungsobjekts nicht oder nicht mehr bestimmbar, so ist im Zweifel die Domanialität zu bejahen.

8. Fazit

Bewegliches Kulturgut ist Teil des *domaine public*, wenn entweder Spezialgesetze dies ausdrücklich vorsehen, oder wenn das Kulturgut dem öffentlichen Gebrauch gewidmet ist. Die Widmung *(affectation)* kann durch Eingliederung des Kulturguts in ein öffentliches Museum oder in eine staatliche Sammlung erfolgen. Dadurch wird der Gegenstand zur *res extra commercium*,[466] wobei die Über-

---

[462] *Chatelain/Pattyn/Chatelain*, 24, nennen sie „collections semi-publiques".

[463] Nach einem Entwurf zum Museumsgesetz vom 21. 1. 1993 sind Sammlungen, die sich in privaten Museen befinden und welche von der DMF anerkannt sind, unveräusserlich und unersitzbar; vgl. *Bastien*, 677, Fn. 12.

[464] Der Stiftungsbegriff nach Art. 18 Abs. 1 *Loi n° 87-571* lautet: „La fondation est l'acte par lequel une ou plusieurs personnes physiques ou morales décident l'affectation irrévocable de biens, droits ou ressources à la réalisation d'une œuvre d'intérêt général à but non lucratif."

[465] Vgl. *Chatelain/Pattyn/Chatelain*, 24f.

[466] Die konstante Rechtsprechung fand Bestätigung in Cour de cassation, crim., 16. 6. 1992 (Ville de Chartres et autres), R.D.S. 1993, somm. comm., 35.

tragung des Kulturguts in den *domaine public* nicht unmittelbarer Zweck der Widmung ist, sondern die Folge davon.[467] Die Widmung bezweckt die dauernde Erhaltung von Kulturgut für die Öffentlichkeit im Bereich der Wissenschaft, des Studiums der Kultur, der Geschichte und der Kunst. Ist der Louvre oder ein anderes öffenliches Museum Eigentümer von Kulturgütern, so ist die erste Voraussetzung für die Domanialität gegeben, nämlich Eigentum einer Gebietskörperschaft oder einer öffentlich-rechtlichen Anstalt. Sind die ausgestellten[468] Kunstgegenstände der Gemeinnützigkeit *(d'utilité public)* gewidmet, so erfüllen sie auch die zweite Voraussetzung. Ob der Museumsgegenstand ferner einem öffentlichen Dienst *(service public)* oder einem öffentlichen Gebrauch *(usage direct du public)* gewidmet ist, bedarf keiner weiteren Prüfung, da diese Unterscheidung m. E. keinerlei Relevanz für die Domanialität des Kunstwerks hat.[469]

IV. Folgen der Domanialität

1. Unveräusserlichkeit

a) Historisches

Die Unveräusserlichkeitsregel bezüglich domanialer Objekte wurde im Jahre 1566 im Edikt von Moulins[470] des Königs Karl IX.[471] (1550–1574) kodifiziert (Art. 1).[472] Allerdings ist es weder den Juristen im *Ancien Régime* noch der neue-

---

[467] *Waline* Note, 30: „Le passage dans la domanialité publique n'est pas l'objet direct de l'affectation, il en est la conséquence."

[468] Nach Auffassung von *Chatelain/Pattyn/Chatelain*, 21, sind auch archäologische Objekte, die vorerst in den Depots der Museen aufbewahrt sind und der Öffentlichkeit noch nicht zugänglich sind, Teil des *domaine public*; a. A. *Rigambert*, 164.

[469] So auch *Poli* La protection, 277.

[470] *Édit* [de Moulins] *du 15 février 1566 sur l'inaliénabilité du domaine de la couronne*; abgedr. bei *Néron*, Bd. 1, 442–444. Vgl. dazu *Rousselet*, 2–4.

[471] Karl IX., 1550–1574, König ab 1560. Falsch daher der Hinweis von *Ipsen*, 9, auf Karl II., 1630–1683, König ab 1660. Richtig *Debbasch/Bourdon/Ricci*, 110.

[472] Art. 1 lautete: „Le Domaine de nostre Couronne ne peut estre aliéné qu'en deux cas seulement, l'un pour appanage des puisnez mâles de la Maison de France; auquel cas y a retour à nostre Couronne par leur deceds sans mâles, en pareil estat & condition qu'estoit ledit Domaine lois de la concession de l'appanage: nonobstant toutes disposition, possession, acte exprès ou taisible fait ou intervenu pendant l'appanage l'autre pour l'aliénation à deniers comtans pour la necessité de la guerre, après Lettres patentes pour ce décernées & publiées en nos Parlements, auquel cas y a faculté de rachat perpetuel." Abgedr. bei *Néron*, Bd. 1, 443. Die Tatsache, dass es zwei verschiedene Erlasse vom Februar 1566 gibt, wird oft übersehen oder bleibt unerwähnt. Richtig deshalb *Descimon*, 84, der einen zweiten Erlass vom Februar 1566 über die Unveräusserlichkeit der „petites domaines" erwähnt. Noch genauer schliesslich *Esmein*, 373 mit Angabe des vollständigen Titels: *Ordonnance* [de Moulins] *sur la réforme de la justice*; abgedr. bei *Isambert*, Bd. 14 (1829), Nr. 110 (189–212, mit Kommentar). Verwirrend deshalb *Ipsen*, 9, Fn. 35, wonach die *Ordonnance* durch ein *Édit de Moulin de 1566*

ren Lehre gelungen, den Begriff *domaine de la couronne* zu definieren.[473] Strittig war zudem die Frage, ob der König Eigentümer oder nur Nutzungsberechtigter des Kronguts war.[474] Jedoch schon vor dem Jahre 1566 war die Unveräusserlichkeitsregel bekannt oder sogar schon positives Recht.[475]

Art. 1 des Edikts erwähnt zwei Fälle, welche die Unveräusserlichkeitsregel durchbrechen: Bei Unterhaltszahlungen an Kriegsverwundete sowie zur Deckung von Kriegskosten.[476] Von einer Widmung zu einem bestimmten Zweck, wie sie im geltenden Recht verstanden wird, war damals allerdings noch nicht die Rede. Die Unveräusserlichkeitsregel nach dem Edikt von Moulins war schliesslich nicht rückwirkend.[477]

Während der Französischen Revolution wurde die Unveräusserlichkeitsregel aufgehoben.[478] Ein bekannter französischer Jurist nahm die Unveräusserlichkeit domanialer Objekte allerdings im 19. Jh. wieder auf.[479]

---

ergänzt wurde, das die Unveräusserlichkeit auch für den „petit domaine" anordnete, d.h. für die Güter des Kronguts, die einen wirtschaftlichen Wert repräsentierten. Zur *Ordonnance* [de Moulins] *sur la réforme de la justice* vgl. Laurence Depambour-Tarride, Les petits domaines de la couronne. Contribution à l'étude historique de la souveraineté. 2 Bde. Diss. iur. Paris [II] 1975 (Maschinenschrift); zit. gemäss *Descimon*, 84, Fn. 2. Allgemein zum Unveräusserlichkeitsprinzip vgl. etwa *Esmein*, 361–381; *Krynen*, 153–160; *Riesenberg*, insb. 81–112.

473 Vgl. dazu *Rousselet*, 16–18. Das königliche Gut wird etwa umschrieben mit „tout ce qui appartient au roi à cause de sa couronne"; vgl. *Rousselet*, 17, Fn. 5 m. w. H.

474 Vgl. dazu *Rousselet*, 60–62.

475 Dies wird von der Doktrin häufig übersehen; vgl. z.B. *Godfrin*, 134: „Historiquement l'inaliénabilité trouve son origine dans l'édit de Moulins de 1566"; ebenso *Laubadère/Venezia/Gaudemet*, 244, die irrtümlicherweise von „Ordonnance" sprechen: „Sous l'Ancien Régime, le domaine de la couronne avait été soumis par l'ordonnance de Moulins de 1566 à la règle de l'inaliénabilité"; richtig endlich *Debbasch/Bourdon/Pontier/Ricci*, 110; *Dufau* Le domaine, Nr. 338; zu älteren Erlassen vgl. *Rousselet*, 45–56, die den Ursprung der Unveräusserlichkeit in der zweiten Hälfte des 13. Jh. ansetzt (45). Vgl. auch *Leyte* Domaine, 325.

476 „Le Domaine de nostre couronne ne peut être aliéné qu'en deux cas seulement: l'un pour appanage des puisnez mâles de la Maison de France [...] l'autre pour l'aliénation à deniers comtans pour la nécessité de la guerre." Der ganze Wortlaut ist abgedr. in Fn. 472.

477 Vgl. Art. 14 D. 22.11.–1.12.1790: „L'Assemblée nationale exempte de toute recherche et confirme en tant que de besoin [...] les ventes et aliénations pures et simples sans clause de rachat, même les inféodations, dons et concessions à titre gratuit sans clause de réversion, pourvu que la date de ces aliénations à titre onéreux ou gratuit soit antérieure à l'ordonnance de février 1566."

478 Vgl. Art. 8 D. 22.11.–1.12.1790: „Les domaines nationaux et les droits qui en dépendent sont et demeurent inaliénables sans le consentement et le concours de la nation; mais ils peuvent être vendus et aliénés à titre perpétuel et incommutable, en vertu d'un décret formel du corps législatif, sanctionné par le roi, en observant les formalités prescrites pour la validité de ces sortes d'aliénations."

479 Wegweisend war das dreibändige Werk von *Proudhon*. *Capitant*, 49, bezeichnet die Unveräusserlichkeit domanialer Objekte als einen starren und sogar falschen Begriff, wenn die Unveräusserlichkeitsregel in Zusammenhang mit dem Eigentum gebracht werde.

b) Gesetzgebung

Art. L. 52 *C. dom. État* regelt ausdrücklich die Unveräusserlichkeit domanialer Objekte.[480] Unveräusserlichkeit und Unersitzbarkeit gelten jedoch nur so lange, wie die Widmung zu einem öffentlichen Zweck besteht.[481] Wird die bewegliche Sache entwidmet, kann sie veräussert und ersessen werden.[482]

Auch andere Gesetze äussern sich über das Unveräusserlichkeitsprinzip, so z. B. das Gesetz Nr. 88-13 vom 5. Januar 1988[483] über die domanialen Güter der Gebietskörperschaften *(collectivités territoriales)*, ihrer Verbände *(groupements)* und ihrer öffentlichen Anstalten *(établissements publics)* (vgl. Art. 13).

Für den Kulturgüterschutz ist das Gesetz vom 31. Dezember 1913 über die historischen Denkmäler massgeblich. Danach sind unter Denkmalschutz gestellte Kulturgüter im Eigentum des Staats absolut[484] unveräusserlich (Art. 18 Abs. 2). Zudem ist die Unveräusserlichkeit von Gemälden im Eigentum staatlicher Sammlungen[485] und von Beständen der *Bibliothèque nationale*[486] ausdrücklich geregelt. Häufig bestimmen die Statuten privatrechtlicher Körperschaften als Träger von öffentlich zugänglichen Privatsammlungen ausdrücklich die Unveräusserlichkeit.[487]

c) Nichtigkeit bei Verstoss gegen Unveräusserlichkeit

Domaniale Objekte bedürfen für eine gültige Veräusserung ihrer Entwidmung *(déclassement)*. Veräusserungen, die ohne vorgängige Entwidmung vorgenommen werden, sind nichtig.[488] Das gilt nicht nur bei entgeltlichen, sondern auch bei unentgeltlichen Veräusserungen sowie bei Tauschgeschäften.[489] Die Nichtigkeit wird – abgesehen von den Nichtigkeitsklagen bezüglich Veräusserungen von unbeweglichen domanialen Objekten – von den Zivilgerichten ausgesprochen.[490]

---

[480] Art. L. 52 *C. dom. État* lautet: „Les biens du domaine public sont inaliénables et imprescriptibles." L. bedeutet hier nicht *loi*, sondern *partie législative*.

[481] Statt vieler *Frier* Droit, Nr. 309, 417.

[482] Statt vieler *Debbasch/Bourdon/Pontier/Ricci*, 101.

[483] *Loi n° 88-13 du 5. 1. 1988 d'amélioration de la décentralisation.*

[484] *Carducci* La restitution, 61 bei Nr. 21.

[485] Vgl. z. B. Art. 11 D. n° 92-1338 [*Musée du Louvre*].

[486] Vgl. Art. 21 D. n° 94-3 [*Bibliothèque nationale de France*].

[487] Vgl. z. B. Ziff. 1 der Statuten vom 25. 3. 1994 der *Société Schongauer*, Trägerin und Verwalterin des Musée d'Unterlinden, Colmar: „L'ensemble des biens inscrits sur l'inventaire du musée sont inaliénables."

[488] Conseil d'État 30. 10. 1936 (Cotteraux), D.H. 1937, 55.

[489] Vgl. Cons.d'État 25. 1. 1984 (Ville de Grasse c. Montlaur et autres), R.D.S. 1985, 466, note Gilli.

[490] *Debbasch/Bourdon/Pontier/Ricci*, 122.

So war der Verkauf einer dem Louvre vermachten Skizze von Georges Seurat (1859–1891) durch den Beistand einer Erbin nichtig, weil das Kunstwerk als Teil des *domaine public* unveräusserlich war.[491]

Nach der ständigen Rechtsprechung des Kassationsgerichts handelt es sich um eine „relative" Nichtigkeit.[492] Das bedeutet, dass nur die öffentliche Hand die Nichtigkeit geltend machen kann, nicht aber der Erwerber oder Drittpersonen.[493] Allerdings widersprach der *Conseil d'État* seiner Rechtsprechung am 13. Oktober 1967[494]. Das Kassationsgericht tat dasselbe und hielt mit Urteil vom 3. Mai 1988 fest, dass die Feststellung der Nichtigkeit auf Klage eines Dritten hin auf das Vertragsverhältnis zwischen den Vertragsparteien keine Wirkung habe.[495] Da die Nichtigkeit nicht *erga omnes* wirke, handle es sich nicht um eine „absolute" Nichtigkeit.[496] Zudem können Dritte die Nichtigkeit der Veräusserung nur dann geltend machen, wenn die Unveräusserlichkeitsregel „ihre Rechte schütze".[497]

---

[491] Vgl. Cour de cassation 2.4.1963 (Sieur Montagne c. Réunion des Musées de France et autres), AJDA 1963, II, 486, observations Dufau. In diesem Fall wurde die Nichtigkeit allerdings nicht ausdrücklich erwähnt. Zum Fall Montagne s. vorne C I 3d.

[492] Staat vieler Cour de cassation, req., 25.3.1942 (Société française des charbonnages du Tonkin c. Société des charbonnages d'Along et Dong Dong), S. 1942, I, 115; vgl. die Kritik von *Brard,* 57; *Debbasch/Bourdon/Pontier/Ricci,* 123; *Lavialle* Droit, Nr. 83.

[493] Vgl. Cour de cassation, req., 25.3.1942, S. 1942, I, 115: „Attendu que cette inaliénabilité ne peut être invoquée par les simples particuliers dans leurs contestations privées, portant sur la propriété des éléments de ce domaine; qu'ils ne sont pas admissibles, en effet, à se prévaloir d'une inaliénabilité qui n'existe qu'au profit de l'intérêt public."

[494] Cons.d'État 13.10.1967 (Cazeaux), Rec.Cons.d'État 1967, 368; Rev.dr.publ. 1968, 887, note Waline.

[495] Cour de cassation 3.5.1988 (Consorts Renault c. Électricité de France, Société Verte Campagne Sovercam et Société d'Aboville et Cie.), R.D.S. 1988, II, inf. rap., 139; AJDA 1988, 679, note Dufau; Cah.jur.élect.gaz 1989, 37, note Delvolvé; JCP 1989, II, 21203, observations Hervouët; zur Änderung der Rechtsprechung vgl. *Beauregard-Berthier,* 6; ähnlich schon Cour de cassation 12.2.1986 (Société Notre-Dame des Fleurs c. S.A.R.L. Montlaur-Grasse et autres), AJDA 1986, 391, observations Chatelain: Nichtigkeit eines Kaufvertrags betreffend einer domanialen unbeweglichen Sache: „que la règle de l'inaliénabilité du domaine public est une règle qui n'a pas pour but de protéger la seule administration, puisque celle-ci est seulement garante de l'affectation d'utilité publique, mais l'intérêt général; [qu'] à ce titre elle est invocable par tous" und AJDA 1986, 392: „Il est vrai qu'admettre la nullité absolue, au nom de l'intérêt général attaché à l'inaliénabilité, risquerait de provoquer un contentieux abondant en opposition avec l'attitude traditionnellement résérvée du juge judiciaire en la matière."

[496] Cour de cassation 3.5.1988, AJDA 1988, 679: „qu'une telle action, lorsqu'elle est engagée par un tiers, n'a pas pour effet d'entraîner la nullité de la cession entre les parties à l'acte, mais de la rendre inopposable au tiers intéressé, vis-à-vis duquel le titulaire du droit de propriété ne pourra exercer les prérogatives de son droit."

[497] Cour de cassation 3.5.1988, AJDA 1988, 679: „Attendu que toute personne est fondée à invoquer la règle de l'inaliénabilité du domaine public lorsque cette règle est nécessaire à la défense de ses droits."

2. Unersitzbarkeit

a) Historisches

In keinem der beiden Erlasse von Moulins aus dem Jahre 1566[498] wird die Unersitzbarkeit *(imprescriptibilité)* von Gütern des *domaine public* bzw. *domaine de la couronne* geregelt.[499] Die Unersitzbarkeit bzw. Unverjährbarkeit domanialer Objekte soll erstmals von König Franz I. (1494–1547)[500] in einem Edikt vom 30. Juni 1539[501] ausdrücklich festgehalten worden sein, wobei die Unersitzbarkeit als selbstständiges Institut der Domanialität betrachtet wurde und nicht als Folge der Unveräusserlichkeitsregel.[502] Die Unersitzbarkeit wurde später im bereits erwähnten Gesetz vom 22. November bis 1. Dezember 1790 übernommen.[503]

b) Geltendes Recht

α) Rechtsprechung

Die Unersitzbarkeit von Sachen, die mit einer öffentlich-rechtlichen Bindung belastet sind, wurde von den Verwaltungs-[504] sowie auch den Zivilgerichten[505] längst anerkannt.

β) Gesetzgebung

Art. L. 52 *C. dom. État*[506] bestimmt neben der Unveräusserlichkeit auch die Unersitzbarkeit des *domaine public*. Ferner können dem Handel entzogene Sachen nach Art. 2226 Ccf nicht ersessen werden.[507] Zudem sind Vindikations-

---

[498] Vgl. Fn. 470.

[499] Zur *imprescriptibilité* in rechtshistorischer Sicht vgl. *Leyte* Domaine, 312–320.

[500] François I, 1494–1547, König ab 1515.

[501] *Édit du 30 juin 1539 qui porte que le domaine de la couronne est inaliénable*, ...; abgedr. bei *Isambert*, Bd. 12 (1828), 567–570. Vgl. *Rousselet*, 72; *Leyte* Prescriptibilité, 9.

[502] Vgl. *Rousselet*, 80.

[503] Vgl. Art. 13 D. 22.11.–1.12.1790: „Aucun laps de temps [...] ne peuvent couvrir l'irrégularité connue et bien prouvée des aliénations faites sans le consentement."

[504] Cons.d'État 7.12.1854 (de Matha), Rec.Cons.d'État 1854, 951; Cons.d'État 18.7.1866 (Dora), Rec.Cons.d'État 1866, 854; Cons.d'État 27.5.1959 (Secrétaire d'État aux transports c. Baylaucq), Rec.Cons.d'État 323; Cons.d'État 13.10.1967 (Cazeux) Rev.dr.publ. 1968, 887, note Waline; Trib. conflits, req., 24.2.1992 (Couach), JCP 1993, II, 21984, 22, note Lavialle.

[505] Vgl. etwa Cour royale de Paris 3.1.1846 (Bibliothèque royale c. Charron), D. 1846, II, 212; S. 1846, II, 77; Cour d'appel d'Agen 23.1.1860 (Fabrique de Barbaste c. Crabit-Anzex), S. 1860, II, 317; Cour de cassation, req., 4.6.1866 (Flamenq c. Ville de Toulon), S. 1866, I, 446; Cour de cassation, req., 15.11.1869 (Viard c. Commune de Clinchamp) S. 1870, I, 20.

[506] Zum Wortlaut vgl. Fn. 480.

[507] Art. 2226 Ccf. lautet: „On ne peut prescrire le domaine des choses qui ne sont point dans le commerce."

klagen selbst gegen den gutgläubigen Erwerber sowie Schadenersatzklagen wegen Beschädigungen an domanialen Objekten unverjährbar.[508]

Das Gesetz vom 31. Dezember 1913 über die historischen Denkmäler bestimmt in Art. 18 Abs. 1, dass alle als historische Denkmäler klassifizierten Mobilien nicht ersessen werden können.[509]

Bezüglich domanialer Kulturgüter bedeutet dies folgendes: Die Republik Frankreich ist als Eigentümerin von gestohlenen Kunstgegenständen, die z. B. im Louvre ausgestellt waren, bei der Herausgabeklage gegen den Erwerber nicht an die Verjährungsfrist nach Art. 2279 Abs. 2 Ccf[510] (3 Jahre bei Gutgläubigkeit des Erwerbers) bzw. nach Art. 2262 Ccf[511] (30 Jahre bei Bösgläubigkeit des Erwerbers) gebunden, sondern kann ihr Eigentum immer mit Erfolg vor Gericht durchsetzen.[512]

γ) Lehre

Eine öffentliche Sache kann nach französischem Recht solange nicht ersessen werden, bis sie nicht entwidmet ist.[513] In der Lehre ist umstritten, ob die Unersitzbarkeit nur auf gewidmete Sachen in staatlichem Eigentum, oder ob auch auf Sachen im Eigentum von Departements, Gemeinden oder öffentlichen Anstalten anwendbar ist.[514] Kritisiert wird zudem die unverjährbare *rei vindicatio* von gutgläubig erworbenen domanialen Kunstwerken. Es wird eine Verjährbarkeit solcher Rückgabeklagen vorgeschlagen.[515]

---

[508] Vgl. dazu *Debbasch/Bourdon/Pontier/Ricci,* 121.

[509] Art. 18 Abs. 1 L. 31. 12. 1913 lautet „Tous les objets mobiliers classés sont imprescriptibles". Diese Vorschrift gilt nicht nur für die geschützten Denkmäler im Eigentum der öffentlichen Hand, sondern auch für diejenigen im Eigentum Privater.

[510] Art. 2279 Abs. 2 Ccf lautet: „Néanmoins celui qui a perdu ou auquel il a été volé une chose peut la revendiquer pendant trois ans, à comper du jour de la perte ou du vol, contre celui dans les mains duquel il la trouve".

[511] Art. 2262 Ccf lautet: „Toutes les actions, tant réelles que personnelles, sont prescrites par trente ans, sans que celui qui allègue cette prescription soit obligé d'en rapporter un titre, ou qu'on puisse lui opposer l'exception déduite de la mauvaise foi." Diese Verjährungsfrist gilt nur zwischen privaten Parteien, nicht aber zwischen Privaten und der öffentlichen Hand.

[512] So ausdrücklich Trib. civ. de Lyon 25. 1. 1899 (Départements du Rhône de la Loire, de l'Isère, la Ville de Lyon, la Ville et les Hospices de Crémieu c. les héritiers de Verna), D.P. 1899, II, 230, betreffend die Vindikation von nicht katalogisierten wertvollen Schriften im Eigentum öffentlicher Bibliotheken und Archive: „Le domaine public étant inaliénable et imprescriptible, les objets mobiliers qui en font partie ne donnent pas lieu à la prescription instantanée de l'art. 2279 c. civ. et peuvent être l'objet d'une revendication perpétuelle."

[513] Vgl. Cour de cassation, req., 24. 4. 1855 (Gorsse c. Commune de Cranaux), S. 1856, I, 443, wonach die Ersitzungsfrist frühestens mit der Entwidmung zu laufen beginnt.

[514] Kritisch zur Differenzierung z. B. *Lavialle* L'imprescriptibilité, 36.

[515] *Carducci* La restitution, 64 bei Nr. 24, schlägt 50 Jahre, höchstens aber 75 Jahre vor. Nach Auffassung von *Chatelain/Pattyn/Chatelain,* 34, wäre eine Verjährungsfrist von 30 Jahren angemessen.

3. Keine Enteignung

Die ältere Rechtsprechung[516] liess Enteignungen domanialer Güter zu, um das Eigentum von Gebietskörperschaften auf den Staat zu übertragen. Allerdings hob der Staatsrat diese Praxis im Jahre 1884 in Anlehnung an das Prinzip der Unveräusserlichkeit domanialer Objekte und an die Auslegung von Enteignungsvorschriften auf.[517] Die Unzulässigkeit von Enteignungen von domanialen Objekten sieht auch Art. 9 Abs. 4 der gesetzesvertretenden Verordnung Nr. 58–997 vom 23. Oktober 1958 *e contrario* vor.[518]

4. Beschlagnahmeverbot

Domaniale Objekte sind nicht beschlagnahmefähig. Güter im Eigentum Privater, die eine öffentliche Dienstleistung erbringen, fallen nicht unter diese Privilegierung.[519]

Das Beschlagnahmeverbot ist vor allem bei Leihgaben von Bedeutung. Wird z. B. ein Gemälde aus dem *Musée Matisse* (Nizza) in einer Ausstellung in Lyon gezeigt, und macht ein Privater Eigentumsansprüche geltend, so hat das Begehren auf Beschlagnahme des Gemäldes keinen Erfolg. Der angerufene Richter wird, gestützt auf ein Gesetz vom 8. August 1994[520], das Begehren abweisen, welches das Beschlagnahmeverbot von Leihgaben ausländischer Staaten oder öffentlicher kultureller Institutionen für die Dauer der Ausstellung in Frankreich anordnet (Art. 61).[521] Der *ministre de la culture et des affaires étrangères* legt im Einzelfall die Dauer der Beschlagnahmegarantie fest.[522]

---

516 Cour de cassation 8. 5. 1863 (Chemin de fer de Lyon c. Domaine de l'Etat), S. 1865, I, 273.

517 Vgl. Cons.d'État 2. 7. 1930 (Kersaho), Rec.Cons.d'État 1930, 680; vgl. auch Cons.d'État, Ass., 6. 7. 1973 (Michelin et Veyret), D. 1974, I, 370, note Homont; AJDA 1973, 587; Cons.d'État 22. 12. 1976 (Consorts Roux), Rec.Cons.d'État 1976, 916; Cons.d'État 13. 1. 1984 (Commune de Thiais), D. 1984, I, 607, note Bon.

518 Art. 9 Abs. 4 *Ordonnance n° 58-997 du 23. 10. 1958 portant réforme des règles relatives à l'expropriation du domaine public* lautet: „Les immeubles dépendant du domaine privé de l'État peuvent être cédés dans les conditions prévues à l'article L 85 [seit dem 18. 3. 1962: Art. L 53] du Code du domaine de l'État." Zit. nach *Debbasch/Bourdon/Pontier/Ricci,* 116.

519 Cour de cassation 15. 11. 1995 (Cusset c. Cravam), Dr.adm. 1996, n° 8/9, 1, note Moysan.

520 *Loi n° 94-679 du 8. 8. 1994 portant diverses dispositions d'ordre économique et financier.*

521 Ausschlaggebend für diese neue Regelung war das Beschlagnahmebegehren der Witwe eines ausländischen Künstlers, dessen Kunstwerke im Jahre 1994 in Frankreich als Leihgaben ausgestellt waren; vgl. *Frier* Droit, Nr. 310.

522 Vgl. z. B. *Arrêté du 28 janvier 1997 relatif à l'insaisissabilité des biens culturels prêtés par la Fédération de Russie pour l'exposition Pouchkine chez Balzac.*

5. Lösungsrecht beim gutgläubigen Erwerb domanialer Objekte

a) Rechtsprechung

α) Kaufpreis

Im Lichte der Rechtsprechung ist der *Code civil* auf domaniale Objekte nicht anwendbar. Folglich kann sich der gutgläubige Besitzer, der das gestohlene oder abhanden gekommene domaniale Kulturgut auf einem Jahr- oder Wochenmarkt, bei einem öffentlichen Verkauf oder von einem Kaufmann, der mit Waren derselben Art handelt, erworben hat, keinen Anspruch auf Erstattung des bezahlten Kaufpreises geltend machen. Art. 2280 Abs. 1 Ccf[523] fällt also ausser Betracht.

Die vorne (II 2) dargestellten Beispiele aus der Judikatur äussern sich zwar ausdrücklich über die Unveräusserlichkeit und die Unersitzbarkeit domanialer Kunstgegenstände, schweigen aber – mit einer Ausnahme[524] – bezüglich der Rückerstattung des Kaufpreises.

In einem jüngeren Entscheid vom 29. Juni 1965[525] nahm der *Tribunal correctionnel de Montluçon* ausdrücklich Stellung zum Lösungsrecht und versagte im konkreten Fall dessen Anwendung.[526]

---

[523] Art. 2280 Abs. 1 Ccf lautet: „Si le possesseur actuel de la chose volée ou perdue l'a achetée dans une foire ou dans un marché, ou dans une vente publique, ou d'un marchand vendant des choses pareilles, le propriétaire originaire ne peut se la faire rendre qu'en remboursant au possesseur le prix qu'elle lui a coûté."

[524] Vgl. Cour royale de Paris 24.4.1838, unveröffentlicht; vgl. S. 1841, I, 743. In diesem Fall verurteilte das zweitinstanzliche Gericht den gutgläubigen Besitzer Cousin zur Rückgabe eines dem Louvre gehörenden Gemäldes, welches ihm auf einer öffentlichen Auktion zugeschlagen wurde. Zum Fall Cousin s. vorne II 1.
Das Gericht verurteilte gleichzeitig die Einlieferer des Bildes zur Rückerstattung des Kaufpreises sowie der Restaurationskosten: „les héritiers de Maillé doivent indemniser Cousin qui l'a acheté de bonne foi, non seulement du prix et des frais de son acquisition, mais encore des soins qu'il a pris et des dépenses qu'il a faites pour la restauration dudit tableau". Vgl. S. 1841, I, 743. Die *Cour royale* verurteilte die Erben de Maillé am 25.6.1838 zur Zahlung von FF 200 als Entschädigung für Restaurationskosten; vgl. S. 1841, I, 743. Dasselbe Gericht setzte die Entschädigungssumme mit Urteil vom 20.8.1838 auf FF 1000 fest; vgl. Cour royale de Paris 20.8.1838, unveröffentlicht; vgl. S. 1841, I, 743. Das Kassationsgericht hob dieses Urteil am 10.8.1841 auf, da die Vorinstanz die Nichtberücksichtigung des geltend gemachten Mehrwerts des Bildes nicht begründete; vgl. Cour de cassation 10.8.1841 (Cousin c. la liste civile et les héritiers de Maillé), S. 1841, I, 742 (746). Die Zusprechung dieser Summe erstaunt, da der Kaufpreis nur gerade FF 59 betrug. Wie der Fall ausging, konnte nicht in Erfahrung gebracht werden.

[525] Trib. corr. de Montluçon 29.9.1965 (Min. publ. c. B. et W.), D. 1965, I, 774, note Delpech; so bereits Cour de cassation 23.10.1957 (Société anonyme des Plâtrières du Vaucluse c. Chirouze et Admin. De l'enregistrement du département de la Drôme), D. 1957, I, 745.

[526] Die Stadt Montluçon klagte auf Herausgabe von Waffen und Geschirr aus Porzellan und Fayence, die aus der städtischen Sammlung des Museums *Vieux Château* (Montluçon) von

β) Sonstige Aufwendungen

Der gutgläubige Besitzer kann die Erstattung der Kosten für sonstige Aufwendungen vom vindizierenden Eigentümer verlangen. Hat der Besitzer beispielsweise das gutgläubig erworbene Gemälde restauriert, so kann er diese Auslagen als Schaden geltend machen.[527] Zudem kann eine Entschädigung auch wegen der Aufbewahrung oder Erhaltung domanialer Kunstwerke geschuldet sein.[528] Ob der Besitzer auch einen Mehrwert verlangen kann, der seit dem Erwerb und der Eviktion des Objekts entstanden ist, erscheint hingegen zweifelhaft.[529]

b) Lehre

Die Lehre tendiert ebenfalls gegen die Honorierung der Anwendung von Art. 2280 Ccf.[530] Der gute Glaube bestehe in den meisten Fällen darin, sich nicht um die Herkunft der Objekte zu kümmern; schliesslich sei diese Unachtsamkeit beim Kunstkauf die beste Förderung von Kunstdiebstählen.[531] Nach

---

einschlägig vorbestraften Tätern gestohlen worden waren. Ein Teil der Beute stammte aus dem *Musée national de céramique de Sèvres* und lagerte im Museum in Montluçon. Die Diebe liessen die inventarisierten Kunstwerke auf einer Auktion versteigern. Die Herausgabeklage der Stadt gegen den gutgläubigen Besitzer hatte Erfolg, und das Gericht lehnte das geltend gemachte Lösungsrecht des Besitzers mit der Begründung ab, die Gegenstände seien Teil des *domaine public*. Der Ersteigerer musste die Sachen entschädigungslos zurückgeben: Trib. correctionnel de Montluçon 29.9.1965, D. 1965, I, 775: „attendu qu'il y a lieu de reconnaître aux objets faisant partie de collections propres à la ville de Montluçon le même caractère de domanialité publique qu'aux pièces appartenant au musée national de Sèvres; leur dépôt dans un musée public et l'inventaire qui en a été fait étant des preuves suffisantes; qu'en conséquence il n'y a lieu ni à application des Art. 2280 Code civil, ni à remboursement par la ville de Montluçon des possesseurs de bonne foi".

[527] Vgl. dazu die Hinweise in Fn. 524. Das dort zitierte kassationsgerichtliche Urteil vom 10.8.1841 ist deshalb interessant, weil trotz der Unveräusserlichkeit des Gemäldes eine Entschädigung zugesprochen wurde. Das Gericht hielt ausdrücklich fest, Art. 2279 Ccf gehe der Spezialgesetzgebung zur *dotation de la couronne* nicht vor. Ob die Sache wegen dem domanialen Charakter oder auf Grund der Spezialgesetzgebung unveräusserlich ist, spielt also im Lichte dieses Urteils keine Rolle.

[528] Vgl. Trib. civ. de Lyon 25.1.1899 (Départements du Rhône de la Loire, de l'Isère, la Ville de Lyon, la Ville et les Hospices de Crémieu c. les héritiers de Verna), D. 1899, II, 230 (231) unter der Voraussetzung einer „longue détention et la simple conservation des choses"; Trib. civ. de Lyon 21.1.1893 (Jean Bonnin c. Villes de Mâcon et de Lyon), D.P. 1894, II, 163. In allen Fällen wurde das Begehren jedoch abgelehnt, weil der geltend gemachte Schaden nicht bewiesen werden konnte.

[529] Die *Cour royale de Paris* lehnte die Berücksichtigung eines Mehrwerts nach Art. 1633 Ccf ohne Begründung mit Urteil vom 24.4.1838 ab; vgl. Cour royale de Paris 24.4.1838, unveröffentlicht; vgl. S. 1841, I, 746. Das Kassationsgericht hob diese Entscheidung allerdings auf und wies die Sache an die Vorinstanz zurück; vgl. Fn. 390.

[530] So etwa *Chatelain/Pattyn/Chatelain,* 35; *Lavialle* Droit, Rn. 83, 96; *Poli* La protection, 290, wonach das Lösungsrecht den illegalen Handel mit Kulturgut begünstigen würde.

[531] *Chatelain/Pattyn/Chatelain,* 36.

einer anderen Auffassung soll ein Lösungsrecht aus folgenden Gründen zugelassen werden:[532] zum einen sage kein Rechtssatz, dass der Staat seine zum *domaine public* gehörenden Objekte entschädigungslos zurückfordern dürfe. Zum anderen sei eine Entschädigung nur ein gerechter Ausgleich für den Verzicht eines Retentionsrechts. Überdies sei der Verlust oder der Diebstahl eines domanialen Kunstgegenstands der Verwaltung selbst anzulasten. Die finanziellen Konsequenzen solle daher der Staat selbst tragen. Dieser Auffassung ist zu entgegnen, dass allein aus der Tatsache, dass kein Rechtssatz eine Entschädigung ausschliesst, noch nicht der Schluss gezogen werden kann, eine Entschädigung sei durch Schweigen des Gesetzgebers vorgesehen. Zudem kann der Besitzer auf kein Retentionsrecht verzichten, das nie bestand. Schliesslich müsste in einem Gerichtsverfahren das Fehlverhalten der Verwaltung, namentlich die Einrichtung ungenügender Sicherheitstechnik in den staatlichen Museen, bewiesen werden.[533] Hingegen wird die Erstattung von Restaurationskosten bejaht.[534]

c) Spezialgesetzgebung

Anders ist die Rechtslage nach dem Gesetz vom 31. Dezember 1913 über die historischen Denkmäler. Unter Denkmalschutz gestellte Objekte im Eigentum des Staats sind nach Art. 18 Abs. 2 unveräusserlich. Klagt also der Staat gegen den gutgläubigen Besitzer auf Herausgabe des Kunstwerks, so muss er dem gutgläubigen Besitzer den bezahlten Kaufpreis zurückerstatten (Art. 20 Abs. 2). Es liegt zwar unveräusserliches Staatseigentum vor, es fehlt aber die öffentlichrechtliche Belastung der Widmung. Es handelt sich somit nicht um *domaine public*, sondern um *domaine privé de l'État*.[535] Die Klage auf Herausgabe von klassifizierten Kulturgütern im Eigentum des Staats verjährt in drei Jahren (vgl. Art. 2279 Abs. 2 Ccf). Dagegen ist die Klage auf Herausgabe von domanialen Kunstwerken unverjährbar.[536]

d) Fazit

Das Ergebnis ist für den gutgläubigen Besitzer offensichtlich unbefriedigend, da er das gutgläubig erworbene Kulturgut – abgesehen von den Restaurations- und

---

532 Vgl. *Wolkowitsch*, Nr. 252.

533 Ähnlich *Poli* Le classement, 289.

534 So *Chatelain/Pattyn/Chatelain*, 34.

535 Dies übersieht wohl *Grell*, 182, indem er mit Hinweis auf Art. 18 Abs.1 L. 31.12.1913 festhält, dass Kunstwerke, die dem Staat gehören oder einem öffentlichen Zweck dienen, zum *domaine public* gehören.

536 Vgl. dazu die Kritik von *Carducci* La restitution, 64 bei Nr. 24; *Chatelain/Pattyn/Chatelain*, 34f.

Aufbewahrungskosten – entschädigungslos zurückzugeben hat. Die entschädigungslose Rückgabepflicht des gutgläubigen Besitzers im Inland kommt m. E. einer entschädigungslosen Enteignung gleich.[537]

V. Entwidmung

Durch die Entwidmung *(désaffectation)* wird die bewegliche oder unbewegliche Sache von der öffentlich-rechtlichen Bindung befreit und in den *domaine privé de l'État* übertragen.[538] Der einseitige Verwaltungsakt der Entwidmung muss ausdrücklich erfolgen[539] und darf nicht gleichzeitig mit dem Verkauf einer domanialen Sache zusammenfallen.[540] Rechtsprechung und Lehre gehen vielmehr davon aus, dass eine materielle Entwidmung *(désaffectation de fait, désaffectation matérielle)*, also die tatsächliche Ausgliederung aus einer öffentlichen Sammlung, die Domanialität bzw. die öffentlich-rechtliche Bindung nicht beendet.[541] Der *Conseil d'État* hat in der Entscheidung Barran[542] das Weiterbestehen des domanialen Charakters mangels einer ausdrücklichen formellen Entwidmung bejaht. Es genügt also nicht, die Objekte der öffentlichen Sammlungen dem Publikum zu entziehen, indem sie z. B. in dem für die Öffentlichkeit nicht zugänglichen Depot des Museums aufbewahrt werden.

Die Entwidmung kann gestützt auf ein Gesetz, Verordnung oder auch eine Verfügung erfolgen. Die Form über die Entwidmung von kultischen Objekten richten sich nach den Vorschriften des Gesetzes vom 9. Dezember 1905[543]. Art. 13 Abs. 2 ermächtigt den *Conseil d'État* in fünf Fällen zur Entwidmung von kultischen Objekten.[544]

Die Entwidmung beweglicher Sachen, die Bestandteil öffentlicher Sammlungen sind, ist nicht gesetzlich geregelt. Solche Entwidmungen sind jedoch zuzulassen; denn der Staat soll sich von Kulturgütern trennen dürfen, die

---

537 So auch *Chatelain/Pattyn/Chatelain,* 35; *Frier* Droit, Nr. 307; a. A. *Poli* La protection, 290, wonach der Schutz von domanialem Kulturgut eine entschädigungslose Rückgabe rechtfertige: „La nécessaire protection des biens culturels meubles impose qu'on se détermine ainsi."

538 Vgl. *Wolkowitsch,* Nr. 140.

539 Cons.d'État 9. 5. 1958 (Delort), AJDA 1958, II, 331, conclusions Long.

540 Cons.d'État 17. 2. 1932 (Commune de Barran), D. 1933, III, 49, note Capitant.

541 Vgl. *Wolkowitsch,* Nr. 141.

542 Cons.d'État 17. 2. 1932 (Commune de Barran), D. 1933, III, 49, note Capitant. Die materielle Entwidmung bestand in der Demontage und Verpackung sowie Bereitstellung des Kirchenmobiliars. Zum Fall Barran s. hinten § 20 B.

543 *Loi des 9 novembre–11 décembre 1905 concernant la séparation des Églises et de l'État.*

544 Vgl. dazu *Wolkowitsch,* Nr. 142.

für die öffentlichen Sammlungen nicht mehr von Interesse sind.[545] Durch die Entwidmung wird die Sache erneut zur veräusserlichen und ersitzbaren Sache.

VI. Domaine privé [de l'État]

1. Begriff

Unter *domaine privé [de l'État]* ist das privatrechtliche Eigentum der öffentlichen Hand (Staat, Departements, Gemeinden und öffentlich-rechtliche Anstalten) ohne öffentlich-rechtliche Bindung zu verstehen.[546] Güter des *domaine privé* sind also keinem öffentlichen Zweck gewidmet.

2. Klassifizierung

Massgebend sind die Bestimmungen des Gesetzes vom 31. Dezember 1913 über die historischen Denkmäler[547]. Dieses Gesetz regelt die Unterschutzstellung bzw. Klassifizierung *(classement)*[548] von beweglichen und unbeweglichen Objekten in Privateigentum und im Eigentum der öffentlichen Hand. Der Kulturminister *(ministre chargé des affaires culturelles)* klassifiziert bewegliche und unbewegliche Sachen, deren Konservierung das öffentliche Interesse im Hinblick auf die Geschichte, Kunst, Wissenschaft oder Technik rechtfertigt (Art. 14 Abs. 1 i. V. m. Art. 1).[549] Gehört die Sache dem Staat, einem Departement, einer Gemeinde oder einer öffentlichen Anstalt, so erfolgt die Unterschutzstellung kraft Verfügung *(arrêté)*, und die Unterschutzstellung wird der betroffenen Gebietskörperschaft oder der öffentlichen Anstalt angezeigt (Art. 15 Abs. 1). Wendet die betroffene Eigentümerin innerhalb sechs Monaten seit der Notifikation nichts ein, so wird die provisorische Klassifizierung definitiv (Art. 15 Abs. 2 Satz 1). Ist die betroffene Eigentümerin mit der Unterschutzstellung nicht einverstanden, so

---

[545] Die französischen Stimmbürger haben in der Volksabstimmung vom 8.4.1962 die sog. „Accords d'Evian" angenommen, welche die Rückgabe von Kunstgegenständen an den neu gegründeten Staat Algerien vorsah; vgl. *Wolkowitsch,* Nr. 143, Fn. 356.

[546] Zur Abgrenzung vom *domaine public* vgl. *Boulet-Sautel,* 100–102.

[547] *Loi du 31.12.1913 sur les monuments historiques.* Aufgehoben wurde die *Loi du 30.3.1887 relative à la conservation des monuments et objets d'art ayant un intérêt historique et artistique.* Das Gesetz von 1887 regelte nur die Unterschutzstellung beweglicher und unbeweglicher Sachen von künstlerischem und historischem Interesse in Staatseigentum. Nicht geschützt waren also die privaten Kulturgüter. – Vorschriften der L. 31.12.1913 werden im Folgenden nur mit dem Artikel zitiert. Ist ein anderer Erlass gemeint, so wird dies angegeben.

[548] Klassifizierung *(classement)* ist nicht zu verwechseln mit Widmung *(affectation)*; a. A. *Lavialle* Droit, Nr. 81, wonach unter *classement* nur eine besondere Form der *affectation* zu verstehen ist. – „Klassifizieren" ist im Folgenden gleichzusetzen mit „unter Denkmalschutz stellen".

[549] Das öffentliche wissenschaftliche und technische Interesse wurde durch Art. 4 L. n° 70-1219 eingefügt.

erfolgt die Klassifizierung kraft Dekret *(décret)* des *Conseil d'État* (Art. 15 Abs. 2 Satz 2).

Die unter Denkmalschutz gestellten Kulturgüter werden in eine vom Kulturminister geführten Liste eingetragen, die jederzeit beim jeweiligen Vorsteher des Departement *(préfet du département)* eingesehen werden kann (vgl. Art. 17).

3. Zusatzinventar

Bewegliche Kulturgüter, die eine sofortige Klassifizierung nicht rechtfertigen, für deren Konservierung jedoch hinsichtlich der Geschichte, Kunst, Wissenschaft oder Technik ein genügendes Interesse vorliegt, können in ein Inventar eingetragen werden, welches die Liste der klassifizierten beweglichen Güter ergänzt *(inventaire supplémentaire)*. Diese Eintragung ist nur von Mobilien im Eigentum des Staats, von Departements, Gemeinden, öffentlichen Anstalten oder kultischen Verbänden *(associations cultuelles)* möglich (Art. 24 bis Abs. 1). Vorgenommen wird die Eintragung vom Vorsteher des Departement nach Anhörung *(avis)* einer Kommission des Departement *(commission départementale des objets mobiliers)* oder der *Commission supérieure des monuments historiques* (Art. 24 bis Abs. 2.). Die Eintragung wird dem Eigentümer und anderen Betroffenen notifiziert (Art. 24 bis Abs. 3).

4. Verfügungsbeschränkungen

Die Absicht, die eingetragene Sache an einen anderen Ort zu verbringen, muss mindestens einen Monat vor der Verbringung der zuständigen Behörde angezeigt werden. Im Weiteren ist die Absicht, das Eigentum am beweglichen Kulturgut entgeltlich oder unentgeltlich zu übertragen *(cession)* mindestens zwei Monate vor Abschluss des Rechtsgeschäfts ebenso jede Veränderung, Reparatur oder Restaurierung anzuzeigen (Art. 24 bis Abs. 3).

Das Eigentum an den unter Denkmalschutz gestellten beweglichen Sachen kann nach Art. 18 Abs. 1 nicht ersessen werden.[550] Unveräusserlich sind nach Abs. 2 derselben Vorschrift nur bewegliche Kulturgüter im Eigentum des Staats.[551] Veräusserungen von beweglichem Kulturgut im Eigentum eines Departement, einer Gemeinde oder einer öffentlichen oder gemeinnützigen Anstalt *(établissement publique ou d'utilité publique)* bedürfen einer Bewilligung des Kulturministers, wobei das Eigentum nur an den Staat, an eine juristische Person des öffentlichen Rechts *(personne publique)* oder an eine gemeinnützige Anstalt *(établissement d'utilité publique)* übertragen werden darf (Art. 18 Abs. 3). Die Ausfuhr von klassifizierten Gütern ist verboten (Art. 21).

---

[550] Art. 18 Abs. 1 L. 31.12.1913 lautet: „Tous les objets mobiliers classés sont imprescriptibles."

[551] Art. 18 Abs. 2 L. 31.12.1913 lautet: „Les objets classés appartenant à l'État sont inaliénables."

5. Entklassifizierung

Der Kulturminister kann die Unterschutzstellung von Amts wegen oder auf Begehren der Eigentümerin (Departement, Gemeinde, öffentlich-rechtliche Anstalt) aufheben (Art. 24).

6. Lösungsrecht beim gutgläubigen Erwerb

Vindiziert die Eigentümerin (Staat, Departement, Gemeinde oder öffentlich-rechtliche Anstalt) das unter Denkmalschutz gestellte Objekt vom gutgläubigen Erwerber, so kann dieser den bezahlten Kaufpreis ersetzt verlangen (Art. 20 Abs. 2). Ist das klassifizierte Kulturgut gleichzeitig Teil des *domaine public*, so hat der gutgläubige Besitzer keinen Anspruch auf Rückerstattung des Kaufpreises.[552] Dasselbe gilt bei nicht klassifizierten domanialen Objekten.[553]

D. Private Kulturgüter

I. Gesetz vom 31. 12. 1913

1. Klassifizierung als historisches Denkmal

Die Unterschutzstellung von unbeweglichen und beweglichen Kulturgütern ist erst seit Inkrafttreten des Gesetzes vom 31. Dezember 1913 über die historischen Denkmäler[554] möglich. Bewegliche und unbewegliche Güter, deren Konservierung aus Sicht der Geschichte, der Kunst, der Wissenschaft oder der Technik im öffentlichen Interesse sind, können durch Verfügung *(arrêté)* als historisches Denkmal *(monument historique)* klassifiziert werden (Art. 14 Abs. 1). Die unter Denkmalschutz gestellten privaten Kulturgüter werden in eine Liste eingetragen (Art. 17).

Stimmt der Eigentümer der Unterschutzstellung zu, so erfolgt die Klassifizierung durch Verfügung des Kulturministers (Art. 16 Abs. 1). Wird das Gut gegen den Willen des Eigentümers unter Denkmalschutz gestellt, so ordnet der Staatsrat die Klassifizierung nach Anhörung der *Commission supérieure des monuments historiques* kraft Dekret *(décret)* an (Art. 16 Abs. 2 Satz 1).[555] Der Eigentümer ist im Lichte der Rechtsprechung[556] zu entschädigen (Art. 16 Abs. 2 Satz 2).[557]

---

[552] So auch *Chatelain/Pattyn/Chatelain*, 66.

[553] Vgl. dazu vorne IV 5.

[554] Vgl. Fn. 547.

[555] Falsch daher der Hinweis von *Uhl*, 80, wonach Objekte in Privateigentum nicht ohne Zustimmung des Eigentümers klassifiziert werden können.

[556] Zu den Fällen Schlumpf und Walter s. hinten III 1 und 2.

[557] Art. 16 Abs. 2 Satz 2 L. 31. 12. 1913 lautet: „Le classement pourra donner lieu au paiement d'une indemnité représentative du préjudice pouvant résulter, pour le propriétaire, de la ser-

Die Motivation des Gesetzgebers, nur den Eigentümer zu entschädigen, der sich der Unterschutzstellung widersetzt, nicht aber denjenigen, der einer Klassifizierung zustimmt, leuchtet nicht ein;[558] denn die Wirkungen einer Klassifizierung sind in beiden Fällen dieselben. Im Übrigen kann diese Regelung den Eigentümer verleiten, sich einer Klassifizierung zu widersetzen, nur um in den Genuss einer Entschädigung zu gelangen. Eine Gleichbehandlung der Eigentümer *de le ferenda* erscheint aus diesen Gründen wünschenswert.[559] Der Eigentümer des unter Denkmalschutz gestellten Guts muss die Entschädigung innerhalb sechs Monaten seit der Mitteilung der Klassifizierung beantragen (Art. 16 Abs. 2 Satz 3). Können der Staat und der Eigentümer sich nicht über die Höhe der Entschädigung einigen, entscheidet der Richter (Art. 16 Abs. 2 Satz 4).

2. Wirkungen der Klassifizierung

a) Allgemeine Verfügungsbeschränkungen

Unter Denkmalschutz gestellte bewegliche Objekte in Privateigentum können nicht ersessen werden (Art. 18 Abs. 1). Zudem darf der Eigentümer am geschützten Kulturgut weder eine Veränderung vornehmen, noch reparieren oder restaurieren, ohne vorher einer Bewilligung des Kulturministers einzuholen (Art. 22). Verkauft der Eigentümer das klassifizierte Kulturgut, so hat er die gesetzliche Pflicht, die Klassifizierung dem Erwerber anzuzeigen (Art. 19 Abs. 2). Gleichzeitig muss der Verkäufer innerhalb einer Frist von fünfzehn Tagen den Kulturminister über die Eigentumsübertragung in Kenntnis setzen, welcher die Veräusserung bewilligen muss (Art. 19 Abs. 3). Diese Anzeige ist nicht als ein Gesuch um Bewilligung der Transaktion zu verstehen, sondern vielmehr als blosse Mitteilung.[560] Unterlässt der Eigentümer die Anzeige an den Erwerber sowie die Mitteilung der Veräusserung an den Kulturminister, ist die Veräusserung nichtig (Art. 20 Abs. 1 Satz 1). Der Kulturminister und der ursprüngliche Eigentümer können die Nichtigkeit immer geltend machen (Art. 20 Abs. 1 Satz 2). Jeder gutgläubige Erwerber hat ein Lösungsrecht und kann den bezahlten Kaufpreis zurückverlangen (Art. 20 Abs. 2, 1. HS). Die an keine Frist gebundene Nichtigkeitsklage sowie das Lösungsrecht bestehen auch bei Verlust oder Diebstahl (Art. 20 Abs. 3). Zuwiderhandlungen gegen die Anzeigepflicht von Veräusserungen werden zudem mit Busse bestraft (vgl. Artt. 29–35).

---

vitude de classement d'office." Gehört das Gut einem Departement, einer Gemeinde oder einer öffentlichen Anstalt, so wird nicht entschädigt; vgl. *Chatelain/Pattyn/Chatelain*, 59.

[558] So auch *Poli* La protection, 154.

[559] Gl.M. *Carducci* La restitution, 70 bei Nr. 31.

[560] *Polonsky/Canat*, 577.

b) Exportverbot

Die Ausfuhr von klassifizierten Objekten ist nach Art. 21 verboten.[561]

3. Entklassifizierung

Der Kulturminister kann die Unterschutzstellung des Objekts von Amts wegen oder auf Antrag des Eigentümers aufheben (Art. 24 Satz 1). Die Entklassifizierung muss zudem den Betroffenen *(intéressés)* notifiziert werden (Art. 24 Satz 2). Die Eigentumsbelastungen (Anzeigepflicht von Veräusserungen, Veränderungen, Restaurierungen und Exportverbot) fallen durch die Entklassifizierung weg. Aufhebungen von Unterschutzstellungen kommen allerdings sehr selten vor.[562]

II. Archivgesetz Nr. 79-18 vom 3. 1. 1979

Archive fallen seit Inkrafttreten des Archivgesetzes Nr. 79-18 vom 3. Januar 1979[563] nicht mehr unter das Gesetz vom 31. Dezember 1913. Das Archivgesetz unterscheidet zwischen Archiven in Privateigentum (Privatarchive) und Archiven im Eigentum der öffentlichen Hand (öffentliche Archive), wobei letztere zum *domaine public* der jeweiligen Eigentümerin (Staat, Departement, Gemeinde oder öffentlich-rechtliche Anstalt) gehören.

1. Klassifizierte Privatarchivalien

Privatarchivalien sind Dokumente jeglichen Datums, jeglicher Form und jeglichen Inhalts von juristischen Personen des Privatrechts und natürlichen Personen (vgl. Art. 9 i. V. m. Art. 1 Abs. 1 und Art. 3). Sind Privatarchivalien in historischer Hinsicht von öffentlichem Interesse, so kann der Kulturminister auf Vorschlag der Archivbehörde kraft Verfügung die Archivalien als *archive historique* klassifizieren (Art. 11 Abs. 1). Die Eröffnung des Klassifizierungsverfahrens ist dem betroffenen Eigentümer unverzüglich zu notifizieren (Art. 13 Abs. 1). Stimmt der Eigentümer der Unterschutzstellung nicht zu, so wird das Archiv durch Dekret nach Anhörung des *Conseil d'État* von Amts wegen klassifiziert (Art. 11 Abs. 2). Falls dem Eigentümer wegen der Unterschutzstellung ein Schaden entstanden ist, so ist dieser zu entschädigen (Art. 18 Satz 1).[564] Der Eigen-

---

[561] Art. 21 L. 31. 12. 1913 lautet: „L'exportation hors de France des objets classés est interdite."

[562] *Chatelain/Pattyn/Chatelain*, 63.

[563] *L. n° 79-13 du 3. 1. 1979 sur les archives*. Nachstehende Gesetzesartikel sind jeweils Vorschriften dieses Gesetzes.

[564] Art. 18 Satz 1 L. n° 79-18 lautet: „Le classement peut donner lieu au paiement d'une indemnité représentative du préjudice pouvant résulter, pour le propriétaire, de la servitude de classement d'office."

tümer muss den Entschädigungsantrag innerhalb sechs Monaten seit der Mitteilung der Klassifizierung stellen (Art. 18 Satz 2). Können der Staat und der Eigentümer sich nicht über die Höhe der Entschädigung einigen, so entscheidet der Zivilrichter (Art. 18 Satz 3). Wie bei den „gewöhnlichen" Kulturgütern bleibt der Private Eigentümer des unter Denkmalschutz gestellten Archivs (Art. 12).

a) Allgemeine Verfügungsbeschränkungen

Unter Denkmalschutz gestellte Archive können nicht ersessen werden (Art. 14 Abs. 1);[565] ihre Zerstörung ist verboten (Art. 15 Abs. 1), und jegliche Veränderung solchen Archivguts ist bewilligungspflichtig (Art. 16 Abs. 1). Verkauft der Eigentümer das klassifizierte Archivgut, so hat er die gesetzliche Pflicht, die Unterschutzstellung dem Erwerber offenzulegen (Art. 14 Abs. 3); zudem muss er die Veräusserungsabsicht der Archivbehörde anzeigen (Art. 17). Schliesslich ist die Ausfuhr von klassifizierten Archivalien verboten (Art. 21).[566] Zuwiderhandlungen gegen diese Verfügungsbeschränkungen werden zudem mit Busse bestraft (Artt. 30f.).

b) Vorkaufsrecht bei öffentlichen Verkäufen

Jeder mit öffentlichen Verkäufen von privatem Archivgut betraute Beamte oder jede Gesellschaft[567], die solche Verkäufe organisiert,[568] hat die Pflicht, die Versteigerung von klassifizierten und nicht klassifizierten Privatarchiven der Archivbehörde innerhalb 15 Tagen vor der Versteigerung zu melden (Art. 19 Abs. 1). Erfordert der Schutz des Versteigerungsobjekts den Kauf desselben, so *muss* der Staat sein Vorkaufsrecht ausüben, welches er auch zu Gunsten eines Departements, einer regionalen öffentlichen Anstalt *(établissements publics régionaux)*, einer Gemeinde oder einer Stiftung[569] ausüben kann (Art. 20 Abs. 2 Sätze 1 und 2).[570] Die *Bibliothèque nationale* hat ein selbstständiges Vorkaufsrecht (Art. 20 Abs. 2 Satz 3).

---

[565] Art. 14 Abs. 1 L. n° 79-18 lautet: „Les archives classées comme archives historiques sont imprescriptibles."

[566] Art. 21 L. n° 79-18 i. d. F. des Art. 11 L. n° 92-1477 lautet: „L'exportation des archives classées est interdite." Nach altem Recht war die Ausfuhr von klassifizierten Privatarchiven bewilligungspflichtig; vgl. Art. 21 Abs. 1 Satz 1 L. n° 79-18 in der ursprünglichen Fassung.

[567] Eingefügt durch Art. 60 L. n° 2000-642.

[568] Mit Inkrafttreten der L. n° 2000-642 können auch private Gesellschaften öffentliche Versteigerungen abhalten; eingefügt durch Art. 60 L. n° 2000-642. Erforderlich ist allerdings eine staatliche Konzession; vgl. Artt. 2, 5 L. n° 2000-642.

[569] Das Gesetz sagt nicht, ob nur öffentlich-rechtliche Stiftungen darunter fallen; dies ist aber nach teleologischer Auslegung des Gesetzes zu bejahen.

[570] Art. 20 Abs. 1 Satz 1 L. n° 79-18 lautet: „S'il estime nécessaire à la protection du patrimoine d'archives, l'État [...] doit exercer, sur tout document d'archives privées mis en vente publique, un droit de préemption".

Die Unterschutzstellung zeitigt bereits volle Wirkung ab dem Zeitpunkt der Notifizierung der Eröffnung des Klassifizierungsverfahrens (Art. 13 Abs. 2). Die Wirkungen erlöschen aber, wenn nicht innerhalb sechs Monaten seit dem Zugang dieser Notifizierung kein Entscheid über die Klassifizierung getroffen wurde (Art. 13 Abs. 3).

c) Entklassifizierung

Die Aufhebung der Unterschutzstellung kann entweder von Amts wegen auf Begehren der *Direction des archives de France* oder auf Antrag des Eigentümers erfolgen (vgl. Art. 11 Abs. 2 und 3, 1. HS).

2. Nicht klassifizierte Privatarchive

Der Rechtsverkehr von Archivgut in Privateigentum, welches nicht unter Denkmalschutz gestellt wurde, ist in zweierlei Hinsicht beschränkt: Der Staat kann von seinem Vorkaufsrecht auf öffentlichen Verkäufen Gebrauch machen (vgl. Art. 19 Abs. 1), und die Ausfuhr unterliegt der Bewilligung (Art. 24 Abs. 1).

III. Entschädigung wegen amtlicher Klassifizierung

Es gibt zwei bekannte französische Gerichtsentscheidungen, die sich mit der Entschädigung als Folge einer Klassifizierung von Kulturgut als *monument historique* i. S. des Gesetzes vom 31. Dezember 1913 befassten.

1. Fall Schlumpf[571]

a) Sachverhalt

Die Gebrüder Fritz und Hans Schlumpf besassen in Mulhouse eine weltweit einzigartige[572] Oldtimersammlung (500 Fahrzeuge, davon 125 der Marke Bugatti), die beinahe ihr ganzes Privatvermögen ausmachte. Die Familie Schlumpf geriet

---

[571] Trib.gr.inst. de Mulhouse 2. 3. 1977, unveröffentlicht; vgl. JCP 1992, II, 21864, 189; Cons.d'État 14. 4. 1978, unveröffentlicht; vgl. JCP 1992, II, 21864, 189; Cons.d'État 27. 3. 1981, Rec.Cons.d'État 1981, 168; *Chatelain/Pattyn/Chatelain,* 61; Cour d'appel de Colmar 23. 1. 1989, unveröffentlicht; vgl. JCP 1992, II, 21864, 190; Cour de cassation 28. 5. 1991 (Agent judiciaire du Trésor et Ministre de la culture c. MM. Dufay et Trensz, ès-qual. de syndics à la liquidation des biens de MM. Schlumpf), JCP 1992, II, 21864, note *Pollet*; Gaz. Pal. 1991, II, panor., 268; Gaz. Pal. 1991, V, 73; Cour d'appel de Metz 22. 5. 1995 (Mes Dufay et Trensz, ès-qual., liquidateurs à la liquidation de biens de MM. Fritz et Hans Schlumpf c. ministre de la culture et de la Communication, Trésor public État français et Mme Nass veuve Schlumpf), Gaz. Pal. 1997, II, somm., 149, note Vray; vgl. *Schmitt* Classement, 61; Cour de cassation 16.7.1998 (Agent judiciaire du Trésor c. Dufay et autres), unveröffentlicht; vgl. JCP 1998, IV, 3107; zum Ganzen vgl. *Carducci* La restitution, 172f.; *Chatelain/Pattyn/Chatelain,* 60f.; *Poli* La protection, 137 f.; *Polonsky/Canat,* 584.

[572] Vgl. *Chatelain/Pattyn/Chatelain,* 60: „unanimement considérée comme une des plus importantes au monde." Vgl. auch *Vray,* 149, wonach es sich um eine Sammlung „sans doute la plus prestigieuse au monde" handelt.

in finanzielle Schwierigkeiten, als die ihr gehörenden Textilgesellschaften kurz vor der Liquidation standen. Der *Tribunal de grande instance de Mulhouse* ordnete mit Beschluss vom 2. März 1977[573] die Erweiterung der Konkursmasse auf das Privatvermögen der Gebrüder Schlumpf an. Der Staatsrat klassifizierte die Oldtimersammlung von Amts wegen kraft Verfügung vom 14. April 1978[574] als *monument historique*. Die Unterschutzstellung wurde damit begründet, dass die Fahrzeuge „aussergewöhnliche Zeugen der Technik des 20. Jahrhunderts" seien, und dass nur noch wenige Modelle davon existierten.[575] Der *Conseil d'État* lehnte am 27. März 1981[576] den Rekurs der Liquidatoren mit der Begründung ab, die Erhaltung der Oldtimersammlung sei hinsichtlich der Geschichte und Technik im öffentlichen Interesse.[577] Um die Gläubigerforderungen zu decken, wollten die Konkursverwalter die wertvolle Oldtimersammlung im Ausland veräussern. Der Verkauf an einen ausländischen Interessenten machte jedoch wenig Sinn, weil die Ausfuhr der klassifizierten Sammlung nach Art. 21 des Gesetzes vom 31. Dezember 1913 verboten war. Der Verkauf der Fahrzeuge wurde schliesslich mit Beschluss des *Tribunal d'instance de Mulhouse* vom 8. April 1980 an den *Musée national de l'automobile de Mulhouse* für FF 44 000 000 bewilligt. In der Folge verlangten die Liquidatoren Schadenersatz in Höhe von FF 25 000 000 mit der Begründung, ausländische Interessenten hätten sich von einem Kauf distanziert, weil die klassifizierten Fahrzeuge mit einem Ausfuhrverbot belastet seien. Der *Tribunal de grande instance de Mulhouse* wies die Klage mit Urteil vom 7. Januar 1983[578] ab. Die *Cour d'appel de Colmar* hob das erstinstanzliche Urteil auf und sprach den Klägern am 23. Januar 1989[579] eine Entschädigung von FF 12 000 000 zu. Die *Cour de cassation* hiess die vom Staat erhobene Beschwerde am 28. Mai 1991[580] gut, hob das vorinstanzlichen Urteil auf und wies die Sache zur neuen Beurteilung an die *Cour d'appel de Metz*, welche den Liquidatoren mit

---

573 Trib.gr.inst. de Mulhouse 2. 3. 1977, unveröffentlicht; vgl. JCP 1992, II, 21864, 189.

574 Cons.d'État 14. 4. 1978, unveröffentlicht; vgl. JCP 1992, II, 21864, 189.

575 Cons.d'État 27. 3. 1981 (Schlumpf), Rec.Cons.d'État 1981, 169: „la collection de véhicules automobiles [...] est composée de modèles qui constituent des témoignages exceptionnels de la technologie du XXe siècle et qui n'existent plus qu'à de rares exemplaires".

576 Cons.d'État 27. 3. 1981 (Schlumpf), Rec.Cons.d'État 1981, 168. Die Unterschutzstellung von sechs Fahrzeugen wurde aufgehoben, weil sie nur vorübergehend in Frankreich geblieben waren und wieder hätten ausgeführt werden sollen; vgl. Rec.Cons.d'État 1981, 170.

577 Cons.d'État 27. 3. 1981 (Schlumpf), Rec.Cons.d'État 1981, 169: „la conservation de cette collection présente par suite un intérêt public au point de vue de l'histoire et de la technique".

578 Trib.gr.inst. Mulhouse 7. 1. 1983, unveröffentlicht; vgl. *Chatelain/Pattyn/Chatelain*, 61.

579 Cour d'appel de Colmar 23. 1. 1989, unveröffentlicht; vgl. JCP 1992, II, 21864, 190.

580 Cour de cassation 28. 5. 1991 (Agent judiciaire du Trésor et Ministre de la culture c. Dufay), JCP 1992, II, 21864, note Pollet; Gaz. Pal. 1991, II, panor., 268; Gaz. Pal. 1991, V, 73.

Urteil vom 22. Mai 1995[581] eine Entschädigung von FF 25 000 000 zusprach. Die *Cour de cassation* wies eine gegen diese Entscheidung erhobene Nichtigkeitsbeschwerde des Staats ab und bestätigte die Entscheidung mit Urteil vom 16. Juli 1998[582], womit die Verurteilung des Staats zur Zahlung einer Entschädigung in Höhe von FF 25 000 000 rechtskräftig wurde.

b) Rechtliche Erwägungen

Die *Cour d'appel de Colmar* sprach mit Urteil vom 23. Januar 1989 den Liquidatoren eine Entschädigung in Höhe von FF 12 000 000 zu, weil die Sammlung Schlumpf durch den Ausschluss vom ausländischen Markt einen wesentlichen Minderwert erfahren habe.[583]

Die *Cour de cassation* hob diese Entscheidung am 28. Mai 1991[584] mit der Begründung auf, die Ausfuhr hätte auch gestützt auf das Exportgesetz Nr. 41-2595 vom 23. Juni 1941[585] verweigert werden können.[586] Das Gericht hielt fest, der Schaden sei wegen der verweigerten Ausfuhr zwar identisch mit dem Schaden wegen der amtlichen Klassifizierung als historisches Denkmal nach Art. 16 Abs. 2 L. 31.12.1913, jedoch sei der Schaden in diesem Falle nur ein künftiger und nicht bezifferbar;[587] er müsse aber analog zu Art. 5 L. 31.12.1913

---

581 Cour d'appel de Metz 22.5.1995 (Mes Dufay et Trensz ès qualités, liquidateurs à la liquidation de biens de MM. Fritz et Hans Schlumpf c. ministre de la culture et de la Communication, Trésor public État français et Mme Nass veuve Schlumpf), Gaz. Pal. 1997, II, somm., 149, note Vray; vgl. *Schmitt* Classement, 61.

582 Cour de cassation 16.7.1998 (Agent judiciaire du Trésor c. Dufay et autres), unveröffentlicht; vgl. JCP 1998, IV, 3107.

583 Cour d'appel de Colmar 23.1.1989, unveröffentlicht; vgl. JCP 1992, II, 21864, 189: „la collection Schlumpf a subi une importante moins-value, en sorte qu'il est possible à la juridiction du second degré de dire ‚avec certitude' que, sans cette mesure de classement d'office, l'ensemble de la collection aurait pu être liquidé à un prix nettement supérieur et que le préjudice résultant de cette moins-value peut être évalué à 12 millions de francs." Die angeordneten Expertisen gingen im Übrigen von einem Gesamtwert von FF 1 000 000 bis FF 8 000 000 und FF 39 895 000 bis FF 307 615 000 aus. Das Gericht legte den internationalen Marktwert schliesslich auf FF 66 000 000 fest; vgl. *Chatelain/Pattyn/Chatelain,* 61.

584 Cour de cassation 28.5.1991 (Agent judiciaire du Trésor et Ministre de la culture c. MM. Dufay et Trensz, ès-qual. de syndics à la liquidation des biens de MM. Schlumpf), JCP 1992, II, 21864, note Pollet; Gaz. Pal. 1991, II, panor., 268; Gaz. Pal. 1991, V, 73.

585 *Loi n° 41-2595 du 23.6.1941 relative à l'exportation des œuvres d'art.*

586 Vgl. Art. 1 Abs. 1 L. 41-2595: „Les objets présentant un intérêt national d'histoire ou d'art ne pourront être exportés sans une autorisation".

587 Vgl. Cour de cassation 28.5.1991, JCP 1992, II, 21864, 189: „le ministre [...] aurait pu refuser d'autoriser l'exportation de la „collection Schlumpf", ce qui aurait engendré un préjudice identique, mais non indemnisable dans cette hypothèse, de telle sorte que le dommage invoqué, prétendument causé par ce classement d'office, était incertain".

„unmittelbar, materiell und bestimmbar" sein, was i.c. nicht zutreffe.[588] Somit konnte nach Auffassung des Kassationsgerichts die Differenz zwischen dem Preis der klassifizierten Fahrzeuge zu nationalen und zu internationalen Marktbedingungen nicht Grundlage für die Berechnung des Schadens sein.

Das kassationsgerichtliche Urteil vom 28. Mai 1991[589] ist m. E. nicht nur materiell falsch, sondern verstösst auch gegen die EMRK. Im Lichte der Rechtsprechung des Europäischen Gerichtshofs für Menschenrechte[590] verstösst die Anordnung einer entschädigungslosen behördlichen Beschränkung gegen Art. 1 Protokoll Nr. 1 EMRK. Das schwer verständliche Urteil stiess auch in der Literatur auf Kritik.[591] Es könne nicht darauf ankommen, ob die Ausfuhr gestützt auf das Gesetz Nr. 41-2595 oder das Gesetz vom 31. Dezember 1913 verweigert werde; denn obwohl die Klassifizierung nach der L. 31.12.1913 ein Exportverbot zur Folge habe (Art. 21), sei das Ergebnis das gleiche: die legale Ausfuhr aus Frankreich werde unmöglich.

Die *Cour d'appel de Metz* erhöhte schliesslich die Entschädigung und sprach den Liquidatoren mit Urteil vom 22. Mai 1995 FF 25 000 000 gestützt auf Art. 16 Abs. 2 L. 31.12.1913 zu.[592] Das Gericht anerkannte die Kausalität zwischen der

---

[588] Vgl. Art. 5 Abs. 2 Satz 2 L. 31.12.1913 (Kapitel I: Unbewegliche Sachen) lautet: „Le classement peut alors donner droit à indemnité [...] s'il résulte [...] un préjudice direct, matériel et certain." Diese Voraussetzungen werden in Art. 16 (Kapitel II: Bewegliche Sachen) nicht genannt, sind aber vom gemeinen Recht vorausgesetzt; vgl. dazu *Pollet*, 190. Nach Lehre und Rechtsprechung kann eine Entschädigung nur zugesprochen werden, wenn das Gesetz, welches eine öffentlich-rechtliche Belastung *(servitude administrative)* vorsieht, die Entschädigung nicht ausdrücklich ausschliesst. Ein Anspruch besteht aber nur, wenn der Gesetzgeber nicht beabsichtigte, jegliche Entschädigung auszuschliessen und der Schaden einen „direkten, sicheren, schwerwiegenden und speziellen Charakter" aufweist; vgl. *Pollet*, 191.

[589] Vgl. Fn. 584.

[590] Vgl. EuGMR 23.9.1982 (Sporrong und Lönnroth g. Schweden), EuGMRRspr. 1983, 523; Clunet 112 (1985) 205, note Tavernier; vgl. dazu *Gelinsky*, 60f. In diesem Fall ging es um das schwedische Städtebaugesetz, welches bei Eigentumsbeschränkungen jegliche Entschädigung ausschloss. Im Zuge von Stadterneuerungsplänen für Stockholm waren Genehmigungen zur Enteignung von Gundstücken erteilt worden, und die Grundstücke wurden mit langjährigen Bauverboten belegt. Letzlich benötigte man die Grundstücke der Beschwerdeführer nicht, so dass die Enteignungsgenehmigungen und Bauverbote schliesslich widerrufen wurden. Das Gericht kam zum Schluss, dass faktische Eigentumsentziehungen formellen Enteignungen i. S. des Art. 1 Abs. 1 Satz 2 Zusatzprotokoll Nr. 1 EMRK gleichzustellen seien, wobei dieselben strengen Voraussetzungen gegeben sein müssen. Zur faktischen Enteignung vgl. *Gelinsky*, 56–72. Der EuGMR fällte am 18.12.1984 einen weiteren Entscheid in der Sache Sporrong und Lönnroth; vgl. Clunet 113 (1986) 1076, note Tavernier.

[591] Vgl. *Edelman* Note, 260; *Poli* Note, 304.

[592] Vgl. Cour d'appel de Metz 22.5.1995, Gaz. Pal. 1997, II, somm., 149, note Vray.

Unterschutzstellung und dem geltend gemachten Schaden und bestätigte, dass ein Verkauf auf dem internationalen Markt durch die Unterschutzstellung unmöglich geworden sei.[593]

2. Fall Walter[594]

Bei diesem in der internationalen Presse[595] vielbeachteten Fall ging es um die von Amts wegen erfolgte Unterschutzstellung des im Juli 1890 in Auvers-sur-Oise entstandenen Gemäldes *Jardin à Auvers*[596] von Vincent Van Gogh (1853–1890) i. S. des Gesetzes vom 31. Dezember 1913 über die historischen Denkmäler[597] und das daraus folgende absolute Ausfuhrverbot.

Juliette Lacaze schenkte dem französischen Staat nach dem Tode ihres Ehemannes Jean Walter (1883–1957), bekannter Architekt, Industrieller, Mäzen und Kunstliebhaber, im Jahre 1957 die geerbte und 327 Gemälde umfassende Walter Guillaume-Sammlung[598] mit Kunst der klassischen Moderne. Die Sammlung ist heute in der Orangerie des Tuileries (Paris) untergebracht und wird mit ca. FF 40 Milliarden bewertet.[599]

a) Sachverhalt

Am 2. August 1955 erwarb der Auslandschweizer Jacques Walter, Sohn von Jean Walter, in der New Yorker Galerie Knoedler das Gemälde *Jardin à Auvers* von

---

593 Vgl. Cour d'appel de Metz 22. 5. 1995, Gaz. Pal. 1997, II, somm., 149: „de la possibilité de négocier son bien sur le marché international des œuvres d'art [...] nécessairement plus étroit a une incidence sur le nombre des acquéreurs potentiels de l'œuvre et, partant, sur la valeur de celle-ci."

594 Cons.d'État 31. 7. 1992 (Jacques Walter), Rec.Cons.d'État 1992, 313; JCP 1993, II, 22044, note Brichet; R.D.S. 1994, I, 17, note Thomas; Rev.fr.dr.adm. 1994, 266, note Poli; Gaz. Pal., tables 1992–1994, 2, 291; Gaz. Pal. 1993, I, panor. adm., 64; Cour d'appel de Paris 6. 7. 1994 (Agent judiciaire du Trésor c. Walter), R.D.S. 1995, I, 254, note Edelman; Gaz. Pal. 1994, II, somm., 440; hierzu *Delafaye,* 18–22; *Ezratty,* 17f.; Cour de cassation 20. 2. 1996 (Agent judiciaire du Trésor c. Walter), JCP 1996, II, 22672, note Poli; R.D.S. 1996, I, 511, note Edelman; R.D.S. 1996, inf. rap., 81; zum Fall Walter vgl. *Carducci* La restitution, 73 bei Nr. 35; *Klein* En relisant, 274; *Poli* Le classement, 259–266; *Polonsky/Canat,* 584 f.; *Ramier,* 337–342.

595 Vgl. etwa *Powell* The difference, 20; *Ders.* Van Gogh's, 1, 3; *Ders.* L'état, 1 f.; *Ders.* Chi rompe, 7; *Ders.* For sale, 5; *Fessy/Powell,* 31, 35.

596 Vgl. *Hulsker,* Nr. 2107.

597 *Loi du 31. 12. 1913 sur les monuments historiques.*

598 Die Sammlung wurde vom Kunsthändler Paul Guillaume (1891–1934) und seiner Frau, sowie später von deren zweiten Ehemann Jean Walter, den sie im Jahre 1941 heiratete, zusammengetragen; vgl. *Hoog,* 5 u. 10.

599 Darunter befinden sich u. a. 24 Gemälde von Pierre-Auguste Renoir (1841–1919), 16 von Paul Cézanne (1839–1906), zehn von Henri Matisse (1869–1954), zwölf von Pablo Picasso (1881–1973), fünf von Amedeo Modigliani (1884–1920), 22 von Chaim Soutine (1894–1943) und neun von Douanier Rousseau (1844–1910); vgl. *Powell* Van Gogh's, 1; *Ders.* L'état, 2.

Vincent Van Gogh für mehr als FF 15 000 000.[600] Das Bild wurde noch im selben Jahr nach Frankreich importiert. Am 23. Dezember 1981 stellte er ein Gesuch für die Ausfuhr in die Schweiz und bewertete das Gemälde mit FF 6 000 000. Der damalige französische Kulturminister Jack Lang wies das Gesuch am 4. Juni 1982 ab und stützte sich dabei auf das Gesetz vom 23. Juni 1941[601]. Am 20. Juni 1988 eröffneten die Behörden ein Klassifizierungsverfahren, um die Ausfuhr des kunsthistorisch[602] bedeutsamen Gemäldes zu verhindern. Walter wurde schriftlich informiert und zu einer Stellungnahme eingeladen. Die schriftliche Einladung konnte nicht zugestellt werden, weil Walter damals nicht in Paris, sondern in Genf wohnhaft war. Da Walter seinen bevollmächtigten Stellvertretern in Genf und Paris die Weisung erteilt hatte, keine Schriften der Verwaltung in seinem Namen in Empfang zu nehmen, schlug auch die Bekanntgabe der geplanten Unterschutzstellung auf dem diplomatischen Weg fehl. Die Verfügung galt daher am 18. Oktober 1988 als zugestellt.[603] Am 3. Mai 1989 wurden drei eingeschriebene Briefe nach Genf, Paris und Rio de Janeiro, wo sich Walter angeblich zu jenem Zeitpunkt aufgehalten hatte, versandt. In diesem Schreiben wurde mitgeteilt, dass, wenn Walter sich nicht innerhalb einer Frist von einem Monat melden würde, die Unterschutzstellung auch ohne seine Zustimmung vorgenommen werde. Die Frist verstrich ungenutzt. Die Briefe wurden unbeantwortet dem Kulturminister zurückgeschickt.

Der *Conseil d'État* klassifizierte schliesslich das Gemälde am 28. Juli 1989 als *monument historique*, gestützt auf Art. 16 Abs. 2 Satz 1 des Gesetzes von 1913.[604] Die Unterschutzstellung wurde am 4. August 1989 ordnungsgemäss im französischen Amtsblatt publiziert. Trotz der Klassifizierung stellte Walter am 25. September 1989 erneut ein Exportgesuch, um das Kunstwerk legal nach Genf, seinem Wohnsitz, zu verbringen. Walter bewertete das Gemälde nunmehr mit FF 200 000 000. Er stützte sich dabei auf ein Gutachten, worin *Jardin à Auvers* mit anderen Spitzenwerken Van Goghs verglichen wurde.[605] Die *Direction*

---

[600] Johanna Van Gogh-Bonger, Schwägerin von Vincent Van Gogh, verkaufte das Gemälde im Jahre 1908 an den dt. Kunsthändler Paul Cassirer (1871–1926), der es ein Jahr später an die Galerie Bernheim-Jeune weiter verkaufte. Im Mai 1910 kaufte es dort der Berliner Sammler Curt Claser, der es später an die Galerie Knoedler in New York verkaufte.

[601] *L. n° 41–2595 du 23. 6. 1941 relative à l'exportation des œuvres d'art.*

[602] Cons.d'État 31. 7. 1992 (Jacques Walter), JCP 1993, II, 22044, 174: „le Jardin à Auvers de Vincent Van Gogh est un témoignage important de l'art de la peinture à la fin du XIXe siècle".

[603] Vgl. Cons.d'État 31. 7. 1992 (Jacques Walter), JCP 1993, II, 22044, 173.

[604] Art. 16 Abs. 2 Satz 1 L. 31. 12. 1913 lautet: „A défaut de consentement du propriétaire, le classement est prononcé par un décret en Conseil d'État."

[605] Der Experte führte aus, dass andere Gemälde Van Goghs zu ähnlichen Preisen veräussert wurden, namentlich im Jahre 1987 *Le pont de Trinqueville* für FF 115 000 000 und *Les Iris* für FF 294 000 000 oder im Jahre 1989 *Le Vieil If* für FF 65 000 000; vgl. *Ezratty*, 18; *Delafaye*, 21.

générale des douanes et droits indirects teilte dem Anwalt von Walter schriftlich die Ablehnung des Exportgesuchs mit.[606] Walter rekurrierte erfolglos gegen alle drei Verfügungen.[607]

Am 3. Mai 1990 wandte sich Walter an den damaligen Kulturminister und verlangte erfolglos eine Entschädigung in Höhe von FF 250 000 000.[608] In der Folge reichte Walter das Gemälde zur Versteigerung ein, wo es am 6. Dezember 1992 vom staatlichen Auktionator Jean-Claude Binoche bei Drouot dem Pariser Bankier und Sammler Jean-Marc Vernes für FF 55 000 000 zugeschlagen wurde. Dieser äusserte sogleich die Absicht, es später dem *Musée d'Orsay* zukommen zu lassen.[609]

Walter gelangte an den *Tribunal de grande instance de Paris*, welcher ihm am 22. März 1993 eine Entschädigung in Höhe von FF 422 167 693 zusprach.[610] Der *Agent judiciaire du Trésor* als Vertreter der Regierung zog diese Entscheidung weiter an die *Cour d'appel de Paris*, welches am 6. Juli 1994 die Entschädigung auf FF 145 000 000 reduzierte.[611] Die *Cour de cassation* bestätigte das Urteil am 20. Februar 1996.[612] Noch vor diesem kassationsgerichtlichen Entscheid gelangte Jacques Walter an die Europäische Kommission für Menschenrechte in Strassburg und rügte einen Verstoss gegen die Europäische Menschenrechts-

---

606 Cour d'appel de Paris 6. 7. 1994 (Agent judiciaire du Trésor c. Walter), R.D.S. 1995, I, 255: „Ce tableau ayant classé parmi les monuments historiques par décret du 28 juillet 1989 la direction des musées a émis un avis défavorable à la délivrance de la licence".

607 Cons.d'État 31. 7. 1992 (Jacques Walter), Rec.Cons.d'État 1992, 313; JCP 1993, II, 22044, note Brichet; R.D.S. 1994, I, 17, note Thomas. Walter rekurrierte beim Pariser Verwaltungsgericht gegen die Verfügungen vom 20.6.1988 (Eröffnung des Klassifizierungsverfahrens) und vom 12. 10. 1989 (Verweigerung der Ausfuhrgenehmigung) sowie beim *Conseil d'État* gegen die Verfügung vom 28. 7. 1989 (Klassifizierung als *monument historique*). Wegen der Konnexität der Rekurse erklärte sich der *Conseil d'État* auch bezüglich der beim *Tribunal administratif de Paris* eingereichten Rekurse für zuständig. Der Staatsrat entschied erst- und letztinstanzlich; vgl. dazu *Brichet*, 175 bei III.; *Poli* Le classement, 260f.

608 Angesichts der Ersteigerung am 15. 5. 1990 des Van Gogh-Gemäldes *Portrait du Docteur Gachet* für US$ 82 500 000 bei Christie's in New York durch den japanischen Geschäftsmann Ryoei Saito ist die Forderung durchaus gerechtfertigt; vgl. *Decker* Dr. Gachet, 2. Das Porträt wurde am 1. 3. 1999 *de facto* unveräusserlich, als die Erben des bekannten niederländischen Kunstsammlers Frans Koenigs öffentlich Eigentumsansprüche erhoben; vgl. *Barker* Koenigs, 3. Das Bild soll angeblich verkauft worden sein und sich in der Schweiz befinden; vgl. *Adam*, 6. Das Porträt ist abgedr. bei *Hulsker*, Nr. 2007.

609 Vgl. *Attias* Landmark Ruling, 2; *Dies*. Landmark Van Gogh, 7; *Hewitt* No Buyer, 2.

610 Trib.gr.inst. de Paris 22. 3. 1994, unveröffentlicht; vgl. Gaz. Pal. 1995, I, 19.

611 Cour d'appel de Paris 6. 7. 1994 (Agent judiciaire du Trésor c. Walter), R.D.S. 1995, I, 254, note Edelman.

612 Cour de cassation 20. 2. 1996 (Agent judiciaire du Trésor c. Walter), JCP 1996, II, 22672, note Poli; R.D.S. 1996, I, 511, note Edelman.

konvention, weil er entschädigungslos enteignet worden sei. Die Kommission kam im Urteil vom 30. August 1994 zum Schluss, der Eigentümer habe einen „beträchtlichen Vermögensschaden" erlitten.[613]

b) Rechtliche Erwägungen

α) Unterschutzstellung des Gemäldes

Die Belegenheit des Gemäldes seit 65 Jahren im Ausland (1890–1955) sowie die ausländische Staatsangehörigkeit des Künstlers konnten den damaligen Kulturminister nicht davon abhalten, dem Gemälde ein öffentliches Interesse aus historischer und künstlerischer Sicht zu attestieren.[614] Angesichts der Tatsache, dass das Gemälde in Frankreich entstanden ist und von 1955 bis zum Zeitpunkt des zweiten Ausfuhrgesuchs im Jahre 1989, also während mehr als 34 Jahren, in Frankreich war, darf die Zugehörigkeit zum französischen Kulturerbe bejaht werden.[615] Der Staatsrat bestätigte im Fall Genty, dass in Anwendung des Exportgesetzes von 1941[616] die ausländische Herkunft des zum Kauf angebotenen Kunstgegenstands dem Kulturminister keineswegs verbietet „de le regarder comme présentant un intérêt national d'histoire ou d'art".[617]

Im Verfahren vor dem Staatsrat stellte sich zudem die Frage, ob das Kunstwerk im Zeitpunkt der Klassifizierung als *monument historique* i. S. des Gesetzes von 1913 sich in Frankreich befinden muss. Weder das Gesetz von 1913 noch die Ausführungsverordnung äussern sich zu dieser Frage. Walter behauptete im Prozess, dass sich das Bild in jenem Zeitpunkt in Monaco befunden hätte und daher die Anwendung des Gesetzes von 1913 unrechtmässig und die sich darauf stützende Verfügung ungültig sei.[618] Dieser Einwand wurde nicht gehört; denn die Belegenheit im Zeitpunkt der Klassifizierung (28. Juli 1989) sei für die Frage der

---

613 Vgl. *Powell* Chi rompe, 7, ohne nähere Angaben.

614 Vgl. Cons.d'État 31.7.1992 (Jacques Walter), Rec.Cons.d'État 1992, 316; JCP 1993, II, 22044, 173; R.D.S. 1994, I, 17, ohne näher darauf einzugehen: „la circonstance que, peint en France par un artiste étranger, il ait quitté la France après la mort du peintre pour n'y revenir qu'en 1955 n'interdisait nullement au ministre de la culture de le regarder comme présentant un intérêt public au point de vue de l'histoire et de l'art"; zustimmend *Poli* Le classement, 265.

615 Allgemein zu den verschiedenen Anknüpfungsmaximen vgl. *Jayme* Die Nationalität, 24–29.

616 Vgl. Fn. 601.

617 Cons.d'État 7.10.1987 (Ministre de la culture c. Consorts Genty), Rec.Cons.d'État 1987, 305; R.D.S. 1988, I, 269, note Laveissière; AJDA 1987, 768, Rev.fr.dr.adm. 1988, 858, conclusions Van Ruymbeke; JCP 1987, 403. Es ist darauf hinzuweisen, dass das Gesetz Nr. 41-2595 ein „intérêt national" verlangte, im Gegensatz zum Gesetz von 1913, das von einem „intérêt public" spricht. Die beiden Begriffe sind Synonyme; gl.M. wohl *Kahn,* 39; *Poli* Le classement, 265.

618 Vgl. *Brichet,* 175.

Rechtmässigkeit der Unterschutzstellung nicht von Bedeutung; vielmehr komme es auf den Zeitpunkt der Eröffnung des Klassifizierungsverfahrens an. In casu galt die Ankündigung der Klassifizierung am 18. Oktober 1988 als zugestellt.[619] Innerhalb der folgenden zwölf Monate könne das Kunstwerk unter Denkmalschutz gestellt werden. Auch wenn sich das Gemälde während dieser einjährigen Frist in Monaco befunden hätte – was die Prozessakten widerlegten – sei die Unterschutzstellung nicht ungültig; denn die Bekanntmachung der Klassifizierung zeitige dieselbe Wirkungen wie eine Unterschutzstellung.[620] Die Ausfuhr nach Monaco war also illegal.[621]

Anders wäre die Rechtslage, wenn das Bild vor der Unterschutzstellung am 20. Juni 1988 ins Ausland gebracht worden wäre.[622]

Im Prozess machte Walter weiter geltend, dass das Gemälde bei der Einfuhr im Jahre 1955 deklariert worden und das Gesetz Nr. 41-2695 gemäss Art. 7 gar nicht anwendbar sei;[623] das Klassifizierungsverfahren sei daher rechtswidrig.[624] Diese Behauptung wurde vom Staatsrat nicht gehört. Es könne keine Rede davon sein, dass das Gemälde nur vorübergehend im Jahre 1955 nach Frankreich eingeführt wurde, um kurz darauf wieder verkauft und ausgeführt zu werden,[625] sondern befände sich vielmehr ununterbrochen seit über 30 Jahren in Frankreich.[626]

---

619 Gemäss Art. 14 Abs. 3 i. V. m. Art. 1 Abs. 2 Ziff. 3 zweiter Abschnitt zeitigt die Ankündigung einer Unterschutzstellung die Wirkungen einer Klassifizierung, und zwar für die folgenden zwölf Monate: „A compter du jour où l'administration des affaires culturelles notifie au propriétaire sa proposition de classement, tous les effets du classement s'appliquent de plein droit à l'immeuble visé. Ils cessent de s'appliquer si la décision de classement n'intervient pas dans les douze mois de cette notification."

620 Cons.d'État 31. 7. 1992 (Jacques Walter), JCP 1993, II, 22044, 174: „que ce régime d'instance de classement emporte pour une durée de douze mois à compter de la notification les mêmes effets que le classement lui-même dont l'interdiction d'exportation hors de France; que par suite la circonstance que le tableau se soit trouvé au moment de la signature du décret de classement à Monaco où il avait été irrégulièrement expédiée [...] n'a pas eu pour effet, dans les circonstances de l'espèce, d'entacher d'illégalité ledit décret".

621 Die Ausfuhr von unter Schutz gestellten Denkmälern ist nach Art. 21 L. 31. 12. 1913 verboten.

622 Vgl. dazu *Poli* Le classement, 263f.

623 Nach Art. 7 L. n° 41-2595 finden die Bestimmungen dieses Gesetzes keine Anwendung auf „œuvres d'art importées qui auront été déclarées à l'entrée, toute justification devant être fournie par l'importateur."

624 Cons.d'État 31. 7. 1992 (Jacques Walter), JCP 1993, II, 22044, 174.

625 Vorige Fn., 173: „il ne saurait être regardé pour autant comme ayant séjourné sur le territoire français dans l'attente de sa réexportation".

626 Anders war die Rechtslage im Fall Schlumpf; s. vorne 1.

β) Entschädigung

Walter verkaufte das nicht exportfähige Gemälde am 6. Dezember 1992 in Paris auf einer öffentlichen Auktion.[627] Der Erlös betrug nur FF 55 000 000,[628] wobei der internationale Marktpreis auf FF 200 000 000 bis 300 000 000 geschätzt wurde.[629] Mangels Einigung zwischen Walter und dem Finanzministerium war der *Tribunal d'instance de Paris* nach Art. 16 Abs. 2 Satz 4 des Gesetzes von 1913 zuständig, die Entschädigung festzusetzen.[630] Am 28. Mai 1993 wurde der Entschädigungsanspruch bejaht und eine Expertise angeordnet. Die Entschädigung wurde mit Urteil vom 22. März 1994 auf FF 422 187 693 festgesetzt.[631] Der Finanzminister legte Berufung ein. Die *Cour d'appel de Paris* kassierte das vorinstanzliche Urteil und reduzierte die Entschädigung auf FF 145 000 000 (CHF 36 250 000).[632] Das Appellationsgericht wies jedoch das Argument des Finanzministers ab, wonach der Schaden nur wegen der Exportverweigerung auf Grund des Gesetzes von 1941 entstanden sei;[633] vielmehr sei der Schaden eine unmittelbare Folge der Klassifizierung des Kunstwerks gestützt auf das Gesetz von 1913, wonach nur bei einer von Amts wegen vorgenommenen Klassifizierung gegebenenfalls entschädigt werden müsse (Art. 16 Abs. 2 Satz 2 L. 31. 12. 1913).[634] Der Einwand des Finanzministers, die Klage von Walter sei nach Art. 16 Abs. 2 Satz 3 L. 31. 12. 1913[635] unbegründet, wurde ebenfalls verworfen.[636] Das Gericht kam vielmehr zum Schluss, dass der geltend gemachte Schaden „bezifferbar und unmittelbar" sei, weil die Ausfuhr des Kunstwerks verboten sei, und der Eigentümer es nicht auf dem internationalen Kunstmarkt anbieten könne. Die Beschränkung auf den nationalen Markt vermindere folglich den Wert des Kunstwerks.[637] Das Urteil der *Cour d'appel de Paris* wurde am 20. Februar 1996 von der *Cour de cassation* bestätigt.[638]

---

[627] Vgl. Cour d'appel de Paris 6.7.1994 (Agent judiciaire du Trésor c. Walter), R.D.S. 1995, I, 255.

[628] Vorige Fn.

[629] Vgl. *Attias* Landmark Van Gogh, 7; *Thomas,* 21.

[630] Art. 16 Abs. 2 Satz 4 L. 31. 12. 1913: „A défaut d'accord amiable, l'indemnité est fixé par le tribunal d'instance".

[631] Tribunal d'instance de Paris 28. 5. 1993, unveröffentlicht; vgl. R.D.S. 1995, I, 255.

[632] Cour d'appel de Paris 6. 7. 1994 (Agent judiciaire du Trésor c. Walter), R.D.S. 1995, I, 254, note Edelman.

[633] Cour d'appel de Paris 6. 7. 1994, R.D.S. 1995, I, 256.

[634] Die L. n° 41–2595 sieht im Gegensatz zur L. 31. 12. 1913 keine Entschädigung vor.

[635] Danach muss die Forderung auf Entschädigung innerhalb einer Frist von sechs Monaten nach der Notifizierung erfolgen. Diese Frist wurde i.c. nicht eingehalten.

[636] Cour d'appel de Paris 6. 7. 1994 (Agent judiciaire du Trésor c. Walter), R.D.S. 1995, I, 255f.

[637] R.D.S. 1995, I, 256.

[638] Cour de cassation 20. 2. 1996 (Agent judiciaire du Trésor c. Walter), JCP 1996, II, 22672, note Poli; R.D.S. 1996, I, 511, note Edelman.

c) Neueste Entwicklungen in der Affäre Walter

Das Gemälde *Jardin à Auvers* scheint die Gerichte erneut zu beschäftigen; denn schon seit Jahren zirkulieren Gerüchte, das Bild stamme nicht von Van Gogh, sondern von Claude-Émile Schuffenecker (1851–1934)[639].[640] Zudem erwähne ein Katalog aus dem Jahre 1970 Amédée Schuffenecker (1854–1936), Bruder von Émile Schuffenecker, als Eigentümer des Gemäldes.[641] Das Werk *Jardin à Auvers* fehle hingegen in dem von Theo Van Gogh kurz nach dem Tod seines Bruders Vincent erstellten Verzeichnis.[642] Die Brüder Schuffenecker sollen verschiedene Van Gogh-Gemälde nachgemacht und in Umlauf gebracht haben.[643]

Die Erben von Jean-Marc Vernes, der das Gemälde im Jahre 1992 für FF 55 000 000 ersteigert hatte, reichten Zivilklage gegen den Auktionator Jean-Claude Binoche ein. Die Erben verlangten die Ungültigerklärung des Kaufvertrags sowie die Rückerstattung des Kaufpreises von der Familie Walter und vom Auktionator Binoche.[644] Die Kläger warfen Binoche vor, er habe die Herkunft des Gemäldes in seinem Katalog von 1992 nicht wahrheitsgetreu angegeben, weil Binoche Johanna Van Gogh-Bonger, Schwägerin von Vincent Van Gogh, als ursprüngliche Eigentümerin nannte. Im Van Gogh-Bonger-Werkverzeichnis von 1890 sei aber *Jardin à Auvers* nicht erwähnt; vielmehr sei die Familie Schuffenecker als ursprüngliche Eigentümerin genannt. Der Auktionator Binoche wies die Behauptungen zurück und versuchte mit einem Dokument zu beweisen, dass Johanna Van Gogh-Bonger das Gemälde 1905 an einen Berliner Kunsthändler veräussert hatte.[645]

Anfang 1999 verklagte Binoche die französische Tageszeitung Le Figaro und verlangte Schadenersatz, weil die Zeitung Berichte veröffentlicht hatte, welche die Meinung untermauerten, *Jardin à Auvers* sei eine Fälschung.[646] Der *Tribunal de grande instance* in Paris erachtete den Verkauf vom 6. Dezember 1992 als

---

639 Zu Schuffenecker und seinen Werken vgl. eingehend *Grossvogel*, 6.

640 Nicht nur die Echtheit von *Jardin à Auvers* war in der Kunstwelt umstritten, sondern auch andere Spitzenwerke Van Goghs. So wurde z. B. an der Echtheit des im Jahre 1987 für US$ 40 000 000 an die Yasuda Art Foundation in Tokyo verkauften Gemäldes *Quatorze tournsols dans une vase* (1889) gezweifelt; vgl. *Bailey* Forty-five, 22; *Van Goghs ‚Sonnenblumen'*, 14; vgl. dazu *Landais*, 8. Die Echtheit wurde allerdings von Kunsthistorikern widerlegt; vgl. *Echt van Gogh*, 39. Umstritten ist auch die Echtheit des Gemäldes *Bildnis Doktor Gachet mit Fingerhutzweig* (1890); vgl. *Bailey* Medico, 18. Zum Ganzen vgl. *Ryback*, 184–196.

641 Vgl. *Attias* Landmark Van Gogh, 8; *Rodriguez*, 7.

642 Vgl. *Attias* Landmark Van Gogh, 8.

643 Vgl. *Attias* Van Gogh's, 7.

644 Vgl. *„Jardin à Auvers"*, 4.

645 Vgl. *Attias* Van Gogh's, 7.

646 Vgl. *Attias* Van Gogh's, 7.

gültig, und wies die Klage der Erben von Vernes mit Urteil vom 3. Mai 2000 ab.[647]

Die Gerüchte über eine mögliche Fälschung hält offensichtlich potentielle Käufer von einem Kauf ab. So fand das von den Erben Vernes zu einem Schätzpreis von FF 40 000 000 bis 50 000 000 angebotene Gemälde an einer öffentlichen Auktion bei Jacques Tajan in Paris am 10. Dezember 1996 keinen Käufer und ging bei FF 32 000 000 (CHF 8 000 000) unverkauft zurück.[648] Die Verurteilung zur Zahlung von FF 145 000 000 im Jahre 1992 hielt den französischen Staat möglicherweise von einem Kauf ab, denn er verzichtete auf Ausübung seines gesetzlichen Vorkaufsrechts auf Versteigerungen.[649] Zudem scheiterten Verhandlungen über eine Schenkung zur Zahlung von Erbschaftssteuern *(dation en paiement)*. *Jardin à Auvers* war somit *de facto* unverkäuflich geworden.

Eine vom Forschungslabor der *Réunion des Musées nationaux de France* geführte Untersuchung des Gemäldes stellte zahlreiche Gemeinsamkeiten mit anderen von Van Gogh im Juli 1890 in Auvers gemalten Bildern fest. Zusammen mit einer neuen kritischen Prüfung der Provenienz durch Anne Distel, Kuratorin des *Musée d'Orsay*, erlaube dieses Ergebnis „logischerweise alle Zweifel an der Echtheit des Werkes" zu widerlegen.[650] Die Veröffentlichung der Untersuchung, zu der die Familie Vernes ihr Einverständnis gegeben hatte, setzte der Polemik über die Echtheit von *Jardin à Auvers* einen Schlusspunkt.[651] Der Staat hat nun zwei Möglichkeiten, in den Besitz des Gemäldes zu kommen: Entweder er nimmt es als Schenkung entgegen oder er erwirbt es.

Jean-Jacques Walter, Enkel von Jean Walter verlangte mit Klageschrift vom 29. Dezember 1992 die Rückgängigmachung der in den Jahren 1958 und 1963 durch seine 1977 verstorbene Grossmutter Juliette Lacaze vollzogenen Schenkungen an den Louvre von Gemälden aus der Walter-Guillaume-Sammlung. Er behauptete, einige Bilder seien noch immer Teil des Nachlasses seines Grossvaters.[652]

Immerhin ist der Verbleib von *Jardin à Auvers* in Frankreich durch die Klassifizierung als *monument historique* gesichert. Als *trésor national* i. S. des Gesetzes Nr. 92-1477 vom 31. Dezember 1992 ist einzig eine vorübergehende Ausfuhr zu

---

647 Vgl. *Adam*, 73; *Attias* Sale of Jardin à Auvers, 8; *Heinick* Keine Annullierung, 53.

648 Vgl. *Hewitt* No Buyer, 2 f.

649 Rechtsgrundlage dafür ist Art. 37 L. 31. 12. 1921; vgl. dazu hinten § 30 A. III.

650 Zit. gemäss *Heinick* Zweifellos, 49.

651 Noch im Jahre 2001 sollen die letzten der acht Bände des neuen Werkkatalogs erscheinen; vgl. *Attias* French, 5.

652 Vgl. *Fessy/Powell*, 35.

Ausstellungszwecken möglich (vgl. Art. 10 i. V. m. Art. 4 Loi n° 92-1477). Gleichwohl bleibt der „Genuss“ an diesem impressionistischen Gemälde nur wenigen Personen vorbehalten, was paradox erscheint, wurde ihm doch ein öffentliches Interesse im Hinblick auf die bildnerische Kunst des 19. Jh. zugestanden.[653] Es bleibt zu hoffen, dass *Jardin à Auvers* als Leihgabe z. B. in die Sammlung des *Musée d'Orsay* integriert wird. Allerdings müssten sich die Erben für eine Schenkung zur Zahlung von Erbschaftsteuern entscheiden, da sich die Republik Frankreich offensichtlich davor scheut, noch mehr als FF 145 000 000 auszugeben, um (endlich) Eigentümerin zu werden.[654]

d) Kritik

Das Verhalten der französischen Regierung ist bedenklich. Denn einerseits bekam der Staat im Jahre 1957 von der Mutter des in dieser Affäre Beschwerten eine Kunstsammlung im Wert von etwa FF 40 Milliarden[655] geschenkt, und andererseits stellte er ein Van Gogh-Gemälde im Eigentum des Sohnes der Schenkerin mit dem alleinigen Zweck unter Denkmalschutz, die Abwanderung zu verhindern, obwohl bereits 25 Werke dieses Künstlers in den staatlichen Museen Frankreichs hängen.

Die zu Recht geäusserte Kritik[656] zum damals noch geltenden Ausfuhrverfahren fand nun Eingang im Gesetz Nr. 2000-643[657] zur Änderung des Gesetzes Nr. 92-1477.

e) Beurteilung nach geltendem Recht

Hätte Walter sein Gemälde nach dem 11. Juli 2000 in die Schweiz exportieren wollen, so wäre das Gesetz Nr. 92-1477 i. d. F. vom 10. Juli 2000[658] zur Anwendung gekommen.[659] Wäre nach diesem Datum ein erstes Gesuch abgelehnt worden, so hätte er nicht mehr drei Jahre, sondern nur noch zweieinhalb Jahre warten müssen, um die Ausfuhr ein zweites Mal zu beantragen. Innerhalb dieser

---

653 Vgl. dazu die Hinweise in Fn. 602.

654 FF 145 000 000 entsprechen beinahe dem Zweijahresbudget der *Réunion des Musées nationaux de France* (etwa 30 Institutionen); vgl. *Hewitt* Walter, 3.

655 *Powell* Van Gogh's, 3; von lediglich FF 7 Milliarden spricht *Heinick* Van-Gogh-Affäre, 33.

656 Vgl. dazu *Schmitt* Classement, 61; *Ders.* Exportation, 26.

657 *Loi n° 2000-643 du 10. 7. 2000 relative à la protection des trésors nationaux et modifiant la loi no 92-1477 du 31 décembre 1992 relative aux produits soumis à certaines restrictions de circulation et à la complémentarité entre les services de police, de gendarmerie et de douane.*

658 *Loi n° 92-1477 du 31. 12. 1992 relative aux produits soumis à certaines restrictions de circulation et à la complémentarité entre les services de police, de gendarmerie et de douane* i. d. F. der L. ° 2000-643.

659 Zum Gesetz Nr. 92-1477 s. hinten § 30 B.

Sperrfrist hat der Staat die Möglichkeit, dem Eigentümer ein Kaufangebot zu unterbreiten. Lehnt er dieses Angebot ab, so kann der Staat die Ausfuhr erneut entschädigungslos verweigern.[660]

3. Vergleich Fall Schlumpf mit Fall Walter

Im Fall Schlumpf wurde der Klage auf Zahlung einer Entschädigung nicht stattgegeben, weil es sich um einen künftigen Schaden handelte *(préjudice incertain)*, der nach Auffassung des *Conseil d'État* nicht zu entschädigen war. Im Fall Walter wurde dem Kläger eine Entschädigung gestützt auf Art. 16 Abs. 2 Satz 2 des Gesetzes von 1913 zugesprochen. Hätte der Eigentümer der Klassifizierung als *monument historique* zugestimmt, hätte sich die Frage der Entschädigung gar nicht gestellt, weil nur bei einer von Amts wegen vorgenommenen Unterschutzstellung gegebenenfalls zu entschädigen ist (Art. 16 Abs. 2 Satz 2 i. V. m. Satz 1 *e contrario*).

E. Erwerbstatbestände

Die von der öffentlichen Hand erworbenen Kulturgüter fallen nicht automatisch in den *domaine public*, sondern sind vorerst Teil des privatrechtlichen Staatsvermögens *(domaine privé de l'État)*.[661] Für die Eingliederung in den *domaine public* bedarf es zusätzlich einer Widmung.[662]

I. Enteignung

1. Unbewegliche Denkmäler

Der Anwendungsbereich der Enteignungen von Kulturgut ist beschränkt; denn nur unter Denkmalschutz gestellte unbewegliche Kulturgüter können enteignet werden.[663] Massgebliche Rechtsgrundlage ist das bereits mehrmals erwähnte Gesetz vom 31. Dezember 1913. Gemäss Art. 6 Abs. 1 Satz 1 dieses Gesetzes muss das Enteignungsobjekt bereits als *monument historique* klassifiziert, mindestens muss aber ein Unterschutzstellungsverfahren eröffnet worden sein. Die

---

[660] Vgl. Art. 9-1 Abs. 1 und Abs. 6 L. n° 92-1477. Nach der ursprünglichen Fassung von Art. 9 Abs. 2 L. n° 92-1477 musste der Staat den Exportgegenstand unter Schutz stellen, um die Abwanderung zu verhindern. Nach Art. 5 Abs. 1 i. V. m. Art. 4 L. n° 92-1477 sind klassifizierte Kulturgüter nicht exportierbar.

[661] Die folgende Aufzählung von möglichen Erwerbstatbeständen ist nur eine Auswahl und keineswegs vollständig. Eine umfassendere Darstellung findet sich bei *Wolkowitsch*, Nrn. 92–111.

[662] S. dazu vorne C III.

[663] Die Departements und die Gemeinden haben gemäss Art. 6 Abs. 1 Satz 2 ein eigenes Enteignungsrecht.

Enteignung erfordert zudem ein öffentliches Interesse im Hinblick auf die Geschichte oder Kunst (Art. 6 Abs. 1 Satz 1). Wird die Enteignungsabsicht dem Eigentümer notifiziert, so zeitigt diese Mitteilung dieselben Wirkungen wie eine Unterschutzstellung (Art. 7 Abs. 1 Satz 1).[664] Diese Wirkungen fallen dahin, falls die Erklärung der Gemeinnützigkeit *(utilité publique)* nicht innerhalb einer Frist von zwölf Monaten seit der Notifikation an den Eigentümer erfolgt (Art. 7 Abs. 1 Satz 2). Nach Abgabe der Erklärung der Gemeinnützigkeit stellt der Kulturminister die unbewegliche Sache kraft Verfügung unter Denkmalschutz (Art. 7 Abs. 2 Satz 1). Wird die Sache nicht innerhalb dreier Monate seit der Erklärung der Gemeinnützigkeit enteignet, so fallen die Wirkungen der Unterschutzstellung dahin (Art. 7 Abs. 2 Satz 2).

2. Archäologische Gegenstände

Das Gesetz vom 27. September 1941 über archäologische Ausgrabungen[665] regelt die Enteignung von unbeweglichen archäologischen Gütern. Gemäss Art. 12 können unbewegliche Objekte enteignet werden, „um Zugang zu den hauptsächlich zu enteignenden archäologischen Stätten zu verschaffen, oder um die im Verlaufe der Grabungen entdeckten Denkmäler oder Überreste zu sichern oder freizulegen.“[666] Solche Enteignungen kommen in der Praxis eher selten vor.[667]

Die enteigneten Kulturgüter werden vorerst Teil des *domaine privé de l'État*. Sollen sie in den *domaine public* integriert werden, so bedarf es einer öffentlichen Zweckwidmung.[668]

---

664 Zu den Wirkungen der Unterschutzstellung s. vorne D I 2.

665 *Loi du 27. 9. 1941 portant réglementation des fouilles archéologiques.*

666 Art. 12 L. 27.9.1941 lautet: „Sont compris parmi les immeubles pouvant être expropriés ceux dont l'acquisition est nécessaire soit pour accéder aux immeubles faisant l'objet de l'expropriation principale, soit pour isoler ou dégager les monuments ou vestiges découverts et aménager leurs abords.“

667 *Rigambert,* 84. Eine solche Enteigung erfolgte beispielsweise im Jahre 1995. Nach der Entdeckung der sog. Chauvet-Höhlen, in denen sich über 30 000 Jahre alte Malereien befinden, reklamierte der französische Staat das Eigentum. Der ursprüngliche Eigentümer soll die Höhle angeblich in Ausübung seiner beruflichen Tätigkeit als Beamter des regionalen Kulturministeriums entdeckt haben, was sich in einem Strafprozess aber als falsch erwiesen hatte. Der Entdecker wurde enteignet, und der Staat musste diesem kraft Urteil des Appellationsgerichts von Toulouse vom April 2001 eine Entschädigung von FF 87 500 000 bezahlen. Das Gericht erachtete die Höhe der Entschädigung im Lichte der kassationsgerichtlichen Rechtsprechung als angemessen und verwies auf den Fall Walter (s. vorne D III 2, insb. b β), in welchem der Staat zur Zahlung von FF 145 000 000 verurteilt wurde; vgl. *Lasnier,* 43.

668 Vgl. dazu *Rigambert,* 84f., 164.

3. Meereskulturgüter

Das Gesetz Nr. 89-874 vom 1. Dezember 1989 über die Meereskulturgüter[669] ist das erste französische Gesetz, das die Enteignung beweglicher Sachen aus gemeinnützigen Gründen regelt.[670] Vor Inkrafttreten dieses Gesetzes war der Zwangserwerb beweglicher Sachen nur auf dem Wege der Herausgabe *(revendication)* von archäologischen Zufallsfunden möglich.[671]

Meereskulturgüter i. S. des Gesetzes sind namentlich Wracks oder ganz allgemein Güter von prähistorischem, archäologischem oder historischem Interesse, die im öffentlichen Küstengebiet *(domaine public maritime)*[672] oder auf Meeresgrund der Anschlusszone *(zone contiguë)*[673] gefunden wurden (Art. 1).[674] Nach Art. 11 Abs. 1 kann der Kulturminister bewegliche und unbewegliche Meereskulturgüter, welche sich im öffentlichen Küstengebiet *(domaine public maritime)*[675] befinden, zu gemeinnützigen Sachen erklären. Stimmt der Eigentümer des MeeresKulturguts dieser Erklärung nicht zu, so erklärt der *Conseil d'État* die Gemeinnützigkeit per Dekret. Der „enteignete" Eigentümer hat einen Anspruch auf Entschädigung, wenn er einen „unmittelbaren, materiellen und bestimmbaren" Schaden nachweisen kann (Art. 11 Abs. 2 Satz 2).[676] Können sich der Staat und der Eigentümer über die Entschädigung nicht einigen, so bestimmt das Gericht die Höhe der Entschädigung (Art. 11 Abs. 2 Satz 3).

Die durch Enteignung erworbenen Meereskulturgüter sind vorerst Teil des *domaine privé de l'État*. Für die Eingliederung des Objekts in den *domaine public* bedarf es einer öffentlichen Zweckwidmung.[677] Das öffentliche Interesse liegt

---

669 *Loi n° 89-874 relative aux biens culturels maritimes et modifiant la loi du 27.9.1941 portant réglementation des fouilles archéologiques*; vgl. dazu *Lavialle* La loi, 63-70; *Poli* La protection, 188–206.

670 *Rigambert,* 165. Die Enteignungstatbestände des aufgehobenen Gesetzes vom 30. 3. 1887 sowie des heute noch gültigen Gesetzes vom 31. 12. 1913 betreffen nur unbewegliche Kulturgüter.

671 Vgl. dazu hinten VI.

672 Zum *domaine public maritime* gehört gemäss L. n° 63-1178 eine Uferzone von 12 Seemeilen; s. auch *Loi n° 71-1060 du 24. 12. 1971*; vgl. dazu *Lavialle* La loi, 65f.; *Le Gurun,* 50f.

673 Gemäss Art. 33 Abs. 2 SRÜ handelt es sich bei der Anschlusszone um die an das Küstenmeer angrenzende Zone, die sich nicht weiter als 24 Seemeilen über die Basislinien hinaus erstrecken darf, von denen aus die Breite des Küstenmeers gemessen wird; in dt. Übers. abgedr. bei *Beckert/Breuer,* 707. Diese Anschlusszone erstreckt sich gemäss Art. 12 L. n° 89-874 zwischen 12 u. 24 Seemeilen ab der Basislinie.

674 Zum Begriff des Meereskulturguts vgl. *Lavialle* La loi, 64f.

675 Vgl. L. n° 63-1178. Zum *domaine public maritime* vgl. *Lavialle* La loi, 65f.

676 Art. 11 Abs. 2 Satz 2 L. n° 89-874 lautet: „Cette indemnité doit couvrir l'intégralité du préjudice direct, matériel et certain."

677 *Lavialle* La loi, 69.

m. E. aber nur dann vor, wenn dieses durch ein wissenschaftliches Interesse und einen musealen Charakter des Objekts gedeckt ist.[678] Dasselbe gilt für herrenlose Meereskulturgüter, welche nach Art. 2 Abs. 1 Eigentum des Staats sind.[679] Diese Eigentumszuordnung geht allerdings bereits aus dem Art. 713 Ccf[680] hervor.

II. Schenkung

Eine weitere Möglichkeit für den Staat, Eigentümer von Kulturgut zu werden, ist die Schenkung. Der *ministre chargé de l'économie et des finances* muss zunächst der Schenkung zustimmen,[681] wobei die Schenkungsauflagen sehr unterschiedlich ausgestaltet sein können. So kann beispielsweise vereinbart werden, dass das betreffende Objekt in einem bestimmten Raum eines Museums ausgestellt werden muss.[682]

Das Gesetz vom 31. Dezember 1968 über die Bereicherung des nationalen künstlerischen Vermögens[683], unter welches keine unbewegliche Sachen fallen, regelt das Schenkungsverfahren von „Kunstwerken, Büchern, Sammlungsobjekten oder von Dokumenten von hohem künstlerischem oder historischem Wert" (Art. 11). Möglich bleiben aber Schenkungen von beweglichen Sachen, die zu Immobilien gehören *(mobiliers attachés à des immeubles)*. Letzteres ist für den Schenker deshalb interessant, weil durch die Übertragung des Eigentums an den Staat die Handänderungssteuer umgangen werden kann.[684] Schenkungen von Kulturgut an die staatlichen Museen Frankreichs sind aber in den letzten Jahren in Frankreich nur noch sehr selten vorgekommen.[685]

---

678 I. E. gleich *Rigambert*, 165, wonach die Erklärung der *utilité publique*, und damit der Eigentumsübergang an den Staat, gleichzeitig den formellen Widmungsakt darstellt.

679 Wird ein maritimes Kulturgut entdeckt, so wird der Staat erst nach Ablauf einer dreijährigen Frist Eigentümer, welche ab dem Zeitpunkt der Entdeckung zu laufen beginnt. Während dieser Frist wird versucht, den Eigentümer ausfindig zu machen; vgl. Art. 2 Abs. 2 L. n° 89-874.

680 Art. 713 Ccf lautet: „Les biens qui n'ont pas de maître appertiennent à l'État."

681 Vgl. Art. L. 11 *C. dom. État*. L. bedeutet in diesem speziellen Fall nicht *loi*, sondern *partie législative*.

682 *Rigambert*, 165.

683 *Loi n° 68-1251 du 31.12.1968 tendant à favoriser la conservation du patrimoine artistique national.*

684 Zum Ganzen vgl. *Rigambert*, 166.

685 Vgl. Rapport 1998, 61: Zwei Schenkungen im Jahre 1996, deren fünf im Jahre 1997 und deren drei im Jahre 1998. Zur Statistik betreffend Schenkungen/Legate s. hinten § 30 B X 3.

III. Überlassung an Erfüllungs Statt

Die Überlassung an Erfüllungs Statt von Kunstwerken bei Steuerschulden ist in Art. 2 des bereits erwähnten Gesetzes Nr. 68-1251 vom 31. Dezember 1968[686] geregelt. Danach kann ein Erbe, ein Schenkungsempfänger oder ein Vermächtnisnehmer die Erbschaftssteuer- oder Schenkungssteuerschuld durch Abtretung des Kunstgegenstands an den Staat tilgen.[687]

Die Überlassung an Erfüllungs Statt steht wie auch bei der Schenkung nur bei Objekten offen, deren historischer oder künstlerischer Wert anerkannt ist. Die Einigung über den Wert des Objekts wird zwingend vorausgesetzt, wobei nicht von „Preis" gesprochen werden kann, sondern eher von „schuldtilgendem Wert" *(valeur libératoire)*.[688]

IV. Vorkaufsrecht bei öffentlichen Verkäufen

Das staatliche Vorkaufsrecht *(droit de préemption)* ist eines der ersten gesetzlichen Massnahmen, Kunstgegenstände nicht auf „klassische" Weise in das unveräusserliche öffentliche Gut zu integrieren.[689] Nach Art. 37 Abs. 1 des Haushaltsgesetzes vom 31. Dezember 1921 hat der Staat „bei jedem öffentlichen oder freihändigen Verkauf von Kunstwerken ein Vorkaufsrecht mit der Wirkung, dass er an die Stelle des Ersteigerers oder Käufers tritt."[690] Unter „œuvres d'art" fallen Kuriositäten, Antiquitäten, antike Bücher, Sammlungsgegenstände, Gemälde, Aquarelle, Pastelle, Zeichnungen, originale Skulpturen und antike Tapisserien (Art. 36 Satz 1).[691] Der Versteigerer[692] muss den öffentlichen Verkauf

---

686 Vgl. Fn. 683.

687 Die Ablösung der Erbschaftssteuer durch Hingabe von Kunstwerken kam in den letzten Jahren nur vereinzelt vor: fünf Mal im Jahre 1996, zehn Mal im Jahre 1997 und neun Mal im Jahre 1998; vgl. Rapport 1998, 61. Zu den möglichen Gründen vgl. *Rigambert,* 169.

688 Vgl. dazu *Bismuth,* 518 m. w. H.

689 Zum staatlichen Vorkaufsrecht vgl. *Poli* La protection, 258–266; *Plutschow,* 57–61.

690 Der durch Art. 59 *Loi n° 2000-642 du 10 juillet 2000 portant réglementation des ventes volontaires de meubles aux enchères publiques* neu formulierte Art. 37 Abs. 1 lautet: „L'État peut exercer, sur toute vente publique d'œuvres d'art ou sur toute vente de gré d'œuvres d'art réalisée dans les conditions prévues par le dernier alinéa de l'article 9 de la loi no 2000–642 du 10 juillet 2000 [...] un droit de préemption par l'effet duquel il se trouve subrogé à l'adjudicataire ou l'acheteur." Der Staat kann sein Vorkaufsrecht nach Art. 37 Abs. 5 L. 31. 12. 1921, eingefügt durch Art. 59 Abs. 5 L. 10. 7. 2000, auch zu Gunsten von Gebietskörperschaften ausüben. Diese Möglichkeit bestand bereits mit Inkrafttreten des Gesetzes Nr. 87–571 vom 23. 7. 1987 (Art. 21).

691 Vgl. dazu *Eygout,* 489–493.

692 Das Gesetz Nr. 2000-642 hebt das Monopol der staatlichen Versteigerer *(commissaires-priseurs)* wie z. B. Tajan oder Drouot auf, welche nun entschädigt werden müssen (vgl. Artt. 38–45). Zugelassen werden neu Gesellschaften *(sociétés)*, die über eine vom *Conseil des ventes volontaires de meubles aux enchères publiques* ausgestellte Bewilligung zur Durch-

dem Kulturminister *(ministre chargé de la culture)* mindestens 15 Tage vor der Versteigerung anzeigen (Art. 37 Abs. 3, eingefügt durch Art. 59 L. n° 2000-642). Der Kulturminister hat innerhalb 15 Tagen nach der Versteigerung oder des freihändigen Verkaufs zu entscheiden, ob er das Vorkaufsrecht ausüben will (Art. 37 Abs. 4, eingefügt durch Art. 59 L. n° 2000-642).[693]

Das staatliche Vorkaufsrecht ist nicht auf Objekte von öffentlichem Interesse hinsichtlich der Geschichte oder Kunst beschränkt, obwohl der Staat nur bei einem für Frankreich „wichtigen" Kulturgut das Vorkausfrecht ausüben darf.[694]

Der französische Staat kann zudem das Vorkaufsrecht auch auf öffentlichen Verkäufen in Monaco ausüben.[695]

V. Erwerbsrecht bei der Ausfuhr

Bestimmungen zum Erwerbsrecht[696] von Kulturgut, deren Ausfuhr verweigert wurde, existieren erst seit Inkrafttreten des Gesetzes Nr. 2000-643[697] am 11. Juli 2000, welches das Gesetz Nr. 92-1477 revidiert und ergänzt.[698] Der

---

führung der Versteigerung oder des freihändigen Verkaufs verfügen; vgl. Art. 5 i. V. m. Art. 18 und Artt. 8f. Das Gesetz tritt erst mit den Ausführungsbestimmungen in Kraft; vgl. *Hewitt* Delays, 8. Die Auktionshäuser Christie's und Sotheby's werden sich dann um eine Bewilligung bemühen müssen; vgl. dazu *Ders.* Auctioneers, 1–3. Die Praxis der französischen Behörden in Bezug auf Versteigerungen durch ausländische Auktionshäuser ist streng; so verbot ein französisches Gericht am 22. 6. 2001 die Abhaltung zweier von Sotheby's geplanten Versteigerungen (Juni und Juli 2001) in deren eigenen Geschäftsräumen; die Auktionen mussten schliesslich im *Hôtel des Ventes du Palais* durchgeführt werden; vgl. *Ders.*, Sotheby's, 8.

693 Zur Frage, ob die Versteigerung zwingend öffentlich sein muss, vgl. die Urteile zu Art. 37 i. d. F. des Gesetzes vom 31. 12. 1921: Trib. civ. de la Seine 20. 1. 1949 (Thomas c. Ministre de l'éducation nationale), S. 1949, II, 84 (bejahend); Cour d'appel de Paris 3. 1. 1951 (Musées c. Thomas), S. 1951, II, 77 = Gaz. Pal. 1951, I, 370 (verneinend); Cour de cassation 25. 5. 1956 (Thomas c. Musées de France), Gaz. Pal. 1956, II, 67, note Thomas (verneinend). Nach Art. 3 Abs. 1 u. 3 L. n° 642-2000 fallen auch Versteigerungen mit Hilfe des Internet unter das Gesetz. Der Staat kann auch im Vorfeld der Versteigerung seine Absicht erklären, einen bestimmten Kunstgegenstand zu erwerben; vgl. Cons.d'État 7. 10. 1987 (Ministre de la culture c. Consorts Genty), Rec.Cons.d'État 1987, 305; R.D.S. 1988, I, 269, note Laveissière; Rev.fr.dr.adm. 1988, 858, conclusions Van Ruymbeke.

694 Nach Angabe der DMF hat der Staat im Jahre 1998 nur in 19 Fällen vom Vorkaufsrecht Gebrauch gemacht; vgl. Rapport 1998, 68. Zur Statistik s. hinten § 30 B X 2.

695 Vgl. *Accord entre le Gouvernement de la République Française et le Gouvernement de S. A. S. le Prince de Monaco concernant la protection des patrimoines historiques ou culturels des deux pays du 1. 8. 1977.*

696 Irreführend *Plutschow*, 61, der von „Vorkaufsrecht" spricht; richtig nun *Ders.*, 76.

697 *Loi n° 2000-643 du 10 juillet 2000 relative à la protection des trésors nationaux et modifiant la Loi no 92-1477 du 31 décembre 1992 relative aux produits soumis à certaines restrictions de circulation et à la complémentarité entre les services de police, de gendarmerie et de douane.*

698 Das Erwerbsrecht ist im neu eingefügten Art. 9-1 L. n° 92-1477 geregelt.

Staat[699] kann dem Eigentümer innerhalb 30 Monaten seit der ersten Ausfuhrverweigerung ein Kaufangebot für den Exportgegenstand zum internationalen Marktpreis unterbreiten (Art. 9-1 Abs. 1).

Stimmt der Eigentümer dem Angebot nicht innerhalb dreier Monate seit dem Angebot zu, so kann die zuständige Behörde[700] eine Expertise zur Bestimmung des Übernahmepreises anordnen (Art. 9-1 Abs. 2). Der Eigentümer und die zuständige Behörde ernennen auf eigene Kosten je einen Experten. Bei Mittellosigkeit des Eigentümers ernennt der Präsident des *Tribunal de grande instance* die beiden Experten im vereinfachten und beschleunigten Verfahren. Diese Experten haben innerhalb dreier Monate ab ihrer Ernennung Bericht zu erstatten (Art. 9-1 Abs. 3). Können sich die beiden Experten über den Preis nicht einigen, so ernennen die zuständige Behörde und der Eigentümer gemeinsam einen dritten Experten. Kommt keine Einigung zustande, so wird der Experte durch den Präsidenten des *Tribunal de grande instance* ernannt (Art. 9-1 Abs. 4 Satz 1). Die zuständige Behörde unterbreitet dem Eigentümer innerhalb zweier Monate seit Erstattung dieses Expertenberichts das zustande gekommene Kaufangebot (Art. 9-1 Abs. 5 Satz 1). Kommt innerhalb dieser Frist kein Kaufangebot zustande, so kann die Ausfuhr kein zweites Mal verweigert (Art. 9-1 Abs. 5 Satz 2),[701] sondern muss genehmigt werden.

Lehnt der Eigentümer aber das zustande gekommene Angebot innerhalb zweier Monate ab oder teilt er innerhalb dieser Frist nicht mit, ob er das Angebot annimmt, so wird die Ausstellung der Ausfuhrbescheinigung erneut verweigert (Art. 9-1 Abs. 6 Satz 1). Auch in diesem Fall ist der Eigentümer nicht zu entschädigen (Art. 9-1 Abs. 6 Satz 2).[702]

---

[699] Der Staat kann zu Gunsten von juristischen Personen des öffentlichen Rechts *(personnes publiques)* ein Kaufangebot unterbreiten (Art. 9-1 Abs. 9).
Der Staatsrat genehmigte kraft Dekret vom 18.4.1997 die Statuten der *Fondation du patrimoine*, welche seit der Veröffentlichung dieses Dekrets im Amtsblatt vom 20.4.1997 Rechtspersönlichkeit geniesst; vgl. *Loi n° 96-590 du 2. 7. 1996 relative à la „Fondation du patrimoine"* sowie *Décret du 18.4.1997*. Diese gemeinnützige privatrechtliche Stiftung hat den Zweck, einen finanziellen Beitrag zur Erhaltung von Denkmälern, Gebäuden, Sachgesamtheiten oder bewerkenswerten Landschaftsteilen zu leisten, welche vor dem Verfall, Verschwinden oder der Zerstückelung bedroht sind (Art. 2 Abs. 3 L. n° 96-590). Bei Bedarf kann die Stiftung diese Objekte auch erwerben (Art. 2 Abs. 5 L. n° 96-590). Stifter können natürliche und juristische Personen des Privatrechts sowie juristische des öffentlichen Rechts sein (Art. 2 Abs. 6 L. n° 96–590); zum Gesetz Nr. 96–590 vgl. *Drapier*, 212–218.

[700] Die zuständige Behörde ist noch nicht bestimmt, da die Ausführungsbestimmungen zum Gesetz Nr. 2000-643 noch nicht in Kraft getreten sind.

[701] Art. 9-1 Abs. 5 Satz 2 L. n° 92-1477 lautet: „A l'issue de ce délai, en l'absence d'offre d'achat présentée par l'État, le certificat ne peu plus être refusé."

[702] Keine Entschädigung ist zudem bei der Verweigerung der Ausfuhr von nationalen Kulturgütern geschuldet; vgl. Art. 7 Abs. 2 L. n° 92-1477.

Stimmt der Eigentümer dem Kaufangebot zu, so hat die Bezahlung innerhalb sechs Monaten ab der Zustimmung des Eigentümers zu erfolgen, da ansonsten der Kaufvertrag als aufgehoben gilt (Art. 9-1 Abs. 7). In diesem Fall darf wohl von einer Verweigerung der Ausfuhr ausgegangen werden.

Erst nach Einreichen des Exportgesuchs ist der Eigentümer in seiner Verfügungsfähigkeit beschränkt. So hat er beim Verkauf eines nationalen Schatzes *(trésor national)*[703], welches nicht zusätzlich auf Grund des Gesetzes vom 31. Dezember 1913 sowie des Gesetzes Nr. 79-18 vom 3. Januar 1979 unter Denkmalschutz gestellt wurde, den Käufer über die Verweigerung der Ausfuhr sowie über ein unterbreitetes Kaufangebot des Staats zu informieren (Art. 9-3). Kommt der Eigentümer dieser Offenbarungspflicht nicht nach, so ist die Veräusserung nichtig (vgl. Art. 9-3). Dieselbe Rechtsfolge besteht bei Veräusserungen, die nach der Annahme des zustande gekommenen Kaufangebots vorgenommen wurden (Art. 9-4 Abs. 1).

Die Frist zur Erhebung der Nichtigkeitsklage beginnt im Zeitpunkt ihrer Kenntnisnahme von der Veräusserung und verwirkt nach Ablauf von sechs Monaten (Art. 9-4 Abs. 2 Satz 1). Aktivlegitimiert ist nur der *ministre chargé de la culture* (Art. 9-4 Abs. 2 Satz 2).

Zudem ist der Erwerber, der Schenkungsempfänger, die in der Vermögensauseinandersetzung *(copartageant)* Beteiligten, der Erbe oder der Vermächtnisnehmer verpflichtet, den Staat darüber zu informieren, dass er Eigentümer eines nationalen Schatzes geworden ist. Der Eigentumsübergang ist innerhalb dreier Monate ab der Handlung, welche die Eigentumsübertragung *(mutation)*, die Erbteilung *(partage)* oder die Anzeige des Erbfalls *(déclaration de succession)* bestätigt, dem Staat mitzuteilen (Art. 9-2).[704]

VI. Herausgabe von archäologischen Funden

Der staatliche Herausgabeanspruch beweglicher archäologischer Sachen ist im Gesetz vom 27. September 1941 über archäologische Ausgrabungen[705] geregelt,[706] kommt aber in der Praxis sehr selten vor.[707]

---

[703] Zu den nationalen Schätzen *(trésors nationaux)* gehören gemäss Art. 4 L. n° 92-1477 namentlich Güter, deren gehobenes Interesse (*intérêt majeur*) der Geschichte, der Kunst oder der Archäologie anerkannt ist.

[704] Diese Vorschrift ist problematisch, da der Eigentümer in aller Regel nicht wissen wird, ob es sich beim nicht unter Denkmalschutz gestellten Erbstück um ein Objekt von gehobenem Interesse für die Geschichte, Kunst oder Archäologie handelt.

[705] *Loi du 27. 9. 1941 portant réglementation des fouilles archéologiques.*

[706] Vgl. dazu *Rigambert,* 172–176.

[707] *Rigambert,* 172.

Der Staat hat zum einen das Recht, die bei staatlich kontrollierten Grabungen gefundenen Gegenstände vom Finder zu vindizieren (Art. 4). Zum anderen besteht ein staatlicher Herausgabeanspruch gegen den Grundeigentümer bei Grabungen, die der Staat selbst durchgeführt hat (Art. 11). Überdies kann der Staat gegen den Entdecker von zufällig gefundenen archäologisch wertvollen Gegenständen mit der Bedingung der Entschädigung auf Herausgabe klagen (Art. 16).

Der Herausgabeanspruch im erstgenannten Fall (staatlich kontrollierte Grabungen) besteht indessen nur, wenn die Herausgabe durch ein Interesse der öffentlichen Sammlungen gedeckt ist.[708] Ob dieses Interesse auch für den zweiten Fall (Grabungen durch den Staat) erforderlich ist, wenn der Staat die Fundstücke vom Grundeigentümer herausverlangt, sagt hingegen das Gesetz nicht.[709]

Nach einer vereinzelt gebliebenen Auffassung ähnelt der Erwerbstatbestand der Herausgabe hinsichtlich des Motivs und des Verfahrens dem Erwerbstatbestand der Enteignung aus gemeinnützigen Gründen.[710] Dem ist entgegenzuhalten, dass bei der Enteignung aus gemeinnützigen Gründen die Möglichkeit der Rückübereignung *(rétrocession)* offensteht, wenn die Gegenstände nicht Teil einer staatlichen Sammlung werden. Hingegen erfolgt bei der Herausgabe archäologischer Fundgegenstände keine Rückübereignung an den Finder bzw. Grundeigentümer, wenn die Eingliederung in die staatliche Sammlung nicht in einer vernünftigen Frist erfolgt.[711]

Was zu geschehen hat, wenn die erworbenen Objekte in keine Sammlung kommen, sagt weder das Gesetz vom 27. September 1941 noch die Ausführungsverordnung.[712]

---

[708] Vgl. Art. 5 L. 27.9.1941: „Le secrétaire d'État peut, au nom de l'État et dans le seul intérêt des collections publiques, revendiquer les pièces provenant des fouilles".

[709] Nach *Rigambert,* 173, muss dies bejaht werden, da der *Décret du 19 avril 1947 portant règlement d'administration publique concernant les expertises des objets provenant de fouilles archéologiques* in Art. 4 und 5 die Herausgabe (*revendication*) von der Teilung *(partage)* unterscheidet. Im Falle der Herausgabe (Art. 4) wird der Staat Eigentümer der ausgewählten Gegenstände, bei der Teilung (Art. 5) entscheidet das Los.

[710] So *Wolkowitsch,* Nr. 99.

[711] *Rigambert,* 174.

[712] Vgl. *Wolkowitsch,* Nr. 119, Fn. 275, wonach der „enteignete" Eigentümer Schadenersatzansprüche geltend machen kann, wenn das archäologische Fundstück nicht in eine öffentliche Sammlung eingegliedert wird; vgl. auch *Rigambert,* 174, wonach der Richter in diesem Fall die Rückübereignung des Kulturguts an den Finder nicht anordnen kann.

F. Zwischenergebnis

Kulturgüter im Eigentum des Staats sind nur unveräusserlich, wenn sie als *monument historique* klassifiziert wurden oder zum *domaine public* gehören. Klassifizierte Objekte im Eigentum anderer Gemeinwesen (Departemente und Gemeinden) oder öffentlich-rechtlicher Anstalten sind nicht unveräusserlich, es sei denn, sie wären einem öffentlichen Zweck gewidmet und somit Teil des *domaine public*. Die Veräusserung bedarf zudem der staatlichen Bewilligung.

Eigentümerin von domanialen Kulturgütern kann nur die öffentliche Hand sein. Domaniale Kulturgüter sowie als historische Denkmäler klassifizierte Objekte im Eigentum des Staats sind *res extra commercium*. Da der *Code civil* auf domaniales Kulturgut keine Anwendung findet, muss selbst ein gutgläubiger Besitzer das domaniale Kulturgut entschädigungslos herausgeben. Handelt es sich hingegen „nur" um ein unter Denkmalschutz gestelltes Objekt im Eigentum der öffentlichen Hand, so hat der gutgläubige Besitzer ein Lösungsrecht.

Private Kulturgüter sind keine *res extra commercium*. Der Handel mit den unter Denkmalschutz gestellten Kulturgütern im Eigentum von Privaten ist aber beschränkt. So sind private Eigentümer verpflichtet, entgeltliche und unentgeltliche Rechtsgeschäfte dem Kulturminister anzuzeigen, welche von diesem nachträglich genehmigt werden müssen. Als *monument historique* klassifizierte private Kulturgüter können zudem nicht ersessen werden. Die öffentliche Hand hat bei allen öffentlichen Verkäufen (namentlich bei Auktionen) ein gesetzliches Vorkaufsrecht, das sie innerhalb 15 Tagen seit dem Verkauf ausüben kann. Die Ausfuhr von notifiziertem Kulturgut ist verboten.

§ 8 Italien

A. Übersicht

Das italienische Sachenrecht unterscheidet die Kulturgüter je nach deren Zugehörigkeit, und zwar nach einer Hauptkategorie der öffentlichen Kulturgüter und nach einer anderen der privaten Kulturgüter. Die öffentlichen Kulturgüter werden sodann in zwei Unterkategorien unterteilt: *demanio pubblico* und *patrimonio*. Letztere Unterkategorie wird in *patrimonio disponibile* und *patrimonio indisponibile* unterteilt. Die folgende grafische Darstellung soll die Abgrenzung der verschiedenen Begriffe sowie das Verständnis des nachfolgenden Textes erleichtern.

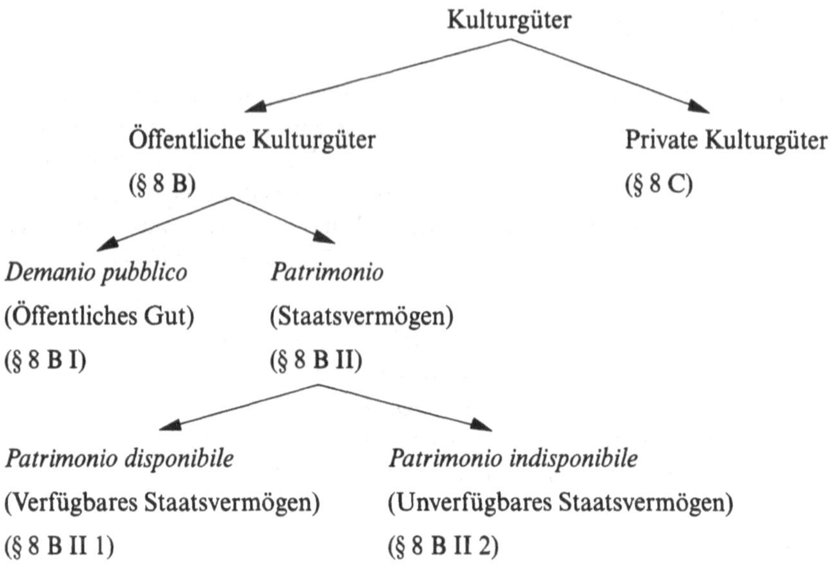

B. Begriff „Kulturgut"

Der Begriff des Kulturguts *(bene culturale)* stammt aus dem Bericht einer parlamentarischen Untersuchungskommission des Jahres 1966.[713] Im Bestreben, einen möglichst einheitlichen Begriff zu finden, und im Bewusstsein, dass ein – auch lediglich beispielhaft verstandenes – Enumerationsprinzip[714] mangels zuverlässiger Kriterien und infolge des zeitlichen Wandels des Verständnisses des Kulturgutbegriffes unvollständig bleiben würde,[715] definierte die Franceschini-Kommission Kulturgüter im Sinne einer abschliessenden Generalklausel als Güter, „welche materielles Zeugnis von zivilisatorischem Wert" darstellen.[716]

---

[713] Diese Untersuchungskommission wurde durch die L. 1964/310 konstituiert. Ihr Präsident war Francesco Franceschini. Die italienische Regierung beauftragte die Kommission, einen Bericht über den „Schutz und Erschliessung des historischen, archäologischen, künstlerischen und landschaftlichen Vermögens" zu verfassen, welcher zwei Jahre später in drei Bänden veröffentlicht wurde; vgl. *Commissione*. Der Bericht enthält 84 Erklärungen *(Dichiarazioni)* zum Schutz von Kulturgütern; vgl. *Relazione Franceschini*; teilweise abgedr. auch bei *Vaccaro Giancotti*, 365–375 (*Dichiarazioni* I–LVII).

[714] Vgl. z. B. die Definitionen in Art. 1 UNESCO-Konvention 1970; Anhang zur VO (EWG) Nr. 3911/92; Anhang zur RL 93/7; Anhang zur UNIDROIT-Konvention 1995; vgl. dazu *Boguslavskij* Der Begriff, 5–8.

[715] *Giannini*, 8 f.

[716] Vgl. Erklärung I: „Appartengono al patrimonio culturale della Nazione tutti i beni aventi riferimento alla storia della civiltà.

Die neuere Lehre[717] und die Rechtsprechung[718] haben diese Definition des Kulturguts weitgehend übernommen; teilweise mit der Einschränkung, dass es sich um einen auch in seiner zeitlichen Dimension offenen Begriff handelt, dessen Inhalt von der Rechtswissenschaft lediglich abstrakt definiert werden kann und von anderen Wissenschaften, wie beispielsweise der Geschichte oder Kunstgeschichte, präzisiert werden muss. Die Auslegung des Begriffs „Kulturgut" darf aber nicht zu einer uneingeschränkten und damit willkürlichen Ausweitung der Schutzobjekte führen.[719]

Der von der Franceschini-Kommission aufgegriffene Begriff *bene culturale* wird heute allgemein verwendet und hat die früher gebräuchlichen Begriffe *antichità e belle arti*, *cose d'arte*[720] und *cose di interesse artistico* (vgl. Art. 9 Cost.) weitgehend verdrängt.[721] Im aufgehobenen Kulturgüterschutzgesetz Nr. 1089 vom 1. Juni 1939[722] verwendete der italienische Gesetzgeber noch den Begriff *cose di interesse storico e artistico*.[723] Abgesehen vom Gesetz vom 17. Februar 1958[724], welches das Haager Abkommen vom 14. Mai 1954 in nationales Recht umsetzt, setzte sich der Kulturgutbegriff als Rechtsbegriff erst mit dem Gesetz vom 29. Januar 1975 durch.

Die Verwendung des Begriffs „Kulturgut", anstelle der Generalklausel „bewegliche und unbewegliche Sachen von künstlerischem, historischem, archäologi-

---

Sono assoggettati alla legge i beni di interesse archeologico, storico, artistico, ambientale e paesistico, archivistico e librario, ed ogni altro bene che costituisca testimonianza materiale avente valore di civiltà."

717 Statt vieler *Alibrandi/Ferri* I beni, 38.

718 Vgl. z. B. Corte cost. 9. 3. 1990, n. 118 (Perugia ed altri – Ministero per i beni culturali ed ambientali ed altro – Presidente del consiglio dei Ministri), Giur.cost. 1990, 660 (662).

719 Vgl. *Lemme* Tra arte, 13f.

720 Vgl. *Piva*, 93–121.

721 Eine ähnliche Definition enthält Art. 148 Abs. 1 lit. a D.L. 31. 3. 1998, n. 112: „Ai fini del presente decreto legislativo si intendono per: „bene culturale", quelli che compogono il patrimonio storico, artistico, monumentale, demoetnoantropologico, archeologico, archivistico e librario e gli altri che costituiscono testimonianza avente valore di civiltà così individuati in base alla legge"; abgedr. bei *Caputi Jambrenghi* La cultura, 570; *Cortese* I beni, 495; *Vaccaro Giancotti*, 518; kritisch zu dieser Definition *Mastrangelo*, 382.

722 L. 1. 6. 1939, n. 1089, *Tutela delle cose d'interesse artistico e storico*. Das unter der Diktatur Benito Mussolinis (1923–1945) erlassene Gesetz wird auch *Legge Bottai* genannt. Giuseppe Bottai, 1895–1959, Jurist und überzeugter Faschist, war von 1936 bis 1943 *Ministro dell'Educazione Nazionale* und gründete die Zeitschriften *Critica Fascista* (1923) und *Le Arti* (1939); zur Biografie vgl. *Masi*, 7–57.

723 Vgl. Art. 1 Abs. 1 L. 1939/1089: „le cose, immobili e mobili, che presentano interesse artistico, storico, archeologico o etnografico".

724 L. 7. 2. 1958, n. 279.

schem oder ethnografischem Interesse“ in Art. 1 L. 1939/1089, brachte in Italien einerseits eine begriffliche Vereinfachung und einheitlichere rechtliche Betrachtung, die z. B. auch die in einem anderen Erlass geregelten Sachen von archivarischem Interesse[725] einbezieht. Das italienische Recht versteht unter dem Kulturgut „Gebäude, Grundstücke, Landschaften, Gebrauchsgegenstände, Kunstwerke, Sammlungen und Stadtbilder, die für die Geschichte und die Kultur des italienischen Volkes oder einer seinen ethischen, regionalen, lokalen oder religiösen Gemeinschaften von Bedeutung sind“.[726]

Nach dem jüngsten Erlass zum Kulturgüterschutz, der Rechtsverordnung Nr. 490 vom 29. Oktober 1999[727], sind Kulturgüter i. S. dieses Erlasses namentlich „unbewegliche und bewegliche Sachen von künstlerischem, historischem, archäologischem oder demo-ethno-antropologischem Interesse“ (Art. 2 Abs. 1 lit. a).[728]

C. Öffentliche Kulturgüter

I. Demanio pubblico

1. Allgemeines

a) Codice civile von 1865

Der *Codice civile* von 1865[729] unterteilte die Güter im Eigentum der öffentlichem Hand in öffentliches Gut *(demanio pubblico)*[730] und Güter des Staatsvermögens *(patrimonio)*.[731] Während die öffentlichen Güter[732] in Art. 427 abschliessend[733] aufgezählt wurden, gehörten alle anderen Güter im Eigentum der öffentlichen

---

725 Vgl. D.P.R. 30. 9. 1963, n. 1409.

726 *Lombardi*, 191.

727 *Decreto legislativo del 29. 10. 1999, n. 490, Testo unico delle disposizioni legislative in materia di beni culturali e ambientali, a norma dell'articolo 1 della legge 8 ottobre 1997, n. 352 (Suppl. Ordinario n. 229)*. Nach Art. 2 Abs. 6 fallen Werke lebender Urheber oder Werke, die weniger als 50 Jahre alt sind, nicht unter das Gesetz.

728 Zum Kulturgut von demo-ethno-antropologischem Interesse vgl. *Clemente/Candeloro*, 191 f.

729 *Codice civile del Regno d'Italia*.

730 *Loosli*, 28, übersetzt *demanio pubblico* mit „öffentliches Staatsvermögen“. Dies ist verwirrend, da er auch bei *patrimonio* von „Staatsvermögen“ spricht (28, 29); *Spinellis*, 236, verwendet den Begriff „öffentlicher Sektor“.

731 Vgl. Art. 426 Cci 1865: „I beni dello Stato si distinguono in demanio pubblico e beni patrimoniali.“

732 Da nur die öffentliche Hand Eigentümerin sein kann, werden sie auch *beni riservati* genannt; vgl. statt vieler *Cortese* Lezioni, 44.

733 Statt vieler *Guicciardi* Il demanio, 20.

Hand zum Staatsvermögen.[734] Die restlichen Güter waren in Privateigentum.[735] Die öffentlichen Güter waren absolut unveräusserlich.[736] Der *Codice civile* von 1865 enthielt zudem keine Regelungen über Kulturgüter, sondern erst der *Codice civile* von 1942.[737]

b) Codice civile von 1942

Der *Codice civile* von 1942 wiederholt die Einteilung des *Codice civile* von 1865 von Gütern in öffentlichem Eigentum in öffentliches Gut *(demanio pubblico)*[738] und in Güter des Staatsvermögens *(patrimonio)*.[739] Diese Hauptunterteilung geht jedoch nicht aus dem Wortlaut, sondern aus der Systematik des *Codice civile* hervor.

Nach Art. 822 Abs. 2 gehören namentlich die unbeweglichen Sachen im Eigentum des Staats[740] von historischer, archäologischer und künstlerischer Bedeutung i. S. der Spezialgesetze[741] zum *demanio pubblico*.[742] Spezialgesetze können zudem noch andere Güter dem öffentlichen Gut zuordnen (Art. 822 Abs. 2 a. E.).[743]

---

[734] Vgl. Art. 428 Cci 1865: „Qualsiasi altra specie di beni appartenenti allo Stato forma parte del suo patrimonio."

[735] Vgl. Art. 435 Cci 1865: „I beni non indicati nei precedenti articoli appartengono ai privati."

[736] Vgl. Art. 430, 1. HS Cci 1865: „I beni del demanio pubblico sono per loro natura inalienabili".

[737] Nach der Rechtsprechung des Kassationsgerichts waren jedoch unbewegliche Sachen, deren historische, archäologische oder künstlerische Bedeutung notifiziert wurde, Teil des unveräusserlichen *demanio pubblico*, auch wenn der Staat schon vor Inkrafttreten des *Codice civile* im Jahre 1942 Eigentümer war; vgl. Corte di cassazione, sez. I, 4. 5. 1946 (Piervenanzi c. Finanze), Mass.Foro it. 1948, 133.

[738] Vgl. Artt. 822, 824, 825 Cci; die Aufzählung in Art. 822 Abs. 1 und 2, 1.–5. HS Cci ist abschliessend.

[739] Vgl. Artt. 826, 828 Cci.

[740] Die Provinzen und die Gemeinden haben nach Art. 824 Cci ihr eigenes öffentliches Gut.

[741] Seit dem 27. 12. 1999 gilt die Rechtsverordnung Nr. 1999/490, welche u. a. auch die L. 1939/1089 aufhob.

[742] *R.D. 23. 5. 1924, n. 827 sull'amministrazione del patrimonio e la contabilità generale dello Stato*; für den *demanio pubblico* und den *patrimonio* der Regionen s. Art. 11 L. 16. 5. 1970, n. 281.

[743] Art. 822 Abs. 2 a. E. lautet: „e infine gli altri beni che sono dalla legge assoggettati al regime proprio del demanio pubblico."

c) Verfassungsrecht

Nach Art. 9 Abs. 2 der Verfassung von 1947[744] schützt der Staat das historische und künstlerische Vermögen: „[Der Staat] tutela il paesaggio e il patrimonio storico e artistico della Nazione." Die Artikel 42 und 119 enthalten Bestimmungen über die öffentlichen Sachen *(beni pubblici)*. Art. 42 bestimmt, dass das Eigentum öffentlich oder privat ist, und die wirtschaftlichen Güter entweder dem Staat, anderen öffentlichen Anstalten oder natürlichen Personen gehören.[745] Art. 119 Abs. 4 bestätigt, dass die Regionen eigenes öffentliches Gut *(demanio)* und Vermögen *(patrimonio)* haben.[746]

d) Rechtsprechung und Lehre

Weder eine generell-abstrakte Norm noch die Rechtsprechung definieren den Begriff öffentliches Gut *(demanio)*. Daher arbeitete bislang einzig die Lehre Definitionen aus, ist sich aber über die Definition uneinig.[747] Die neuere Lehre unterscheidet zwischen *beni pubblici riservati* und *beni a destinazione pubblica*,[748] eine ältere zwischen *demanio necessario* und *demanio accidentale*.[749] Die Rechtsprechung liefert zwar keine eigene Definition, setzt aber die beiden Unterteilungen einander gleich.[750]

2. Domaniale Kulturgüter

a) Eigentumsobjekt

Eine Möglichkeit, Kulturgüter zu schützen, ist deren Inkorporierung in den *demanio pubblico*. Wie bereits gesehen, sind auf Grund Art. 822 Abs. 2 Cci jene unbeweglichen Kulturgüter im Eigentum des Staats, deren historische, archäologische und künstlerische Bedeutung i. S. der Spezialgesetze[751] anerkannt wurde.

---

744 Costituzione della Repubblica italiana, approvata dall'Assemblea Costituente il 22 dicembre 1947, promulgata dal Capo provvisorio dello Stato il 27 dicembre 1947 ed entrata in vigore il 1° gennaio 1948.

745 Art. 42 Abs. 1 Cost. lautet: „La proprietà è pubblica o privata. I beni economici appartengono allo Stato, ad enti o a privati."

746 Art. 119 Abs. 4 Cost. lautet: „La Regione ha un proprio demanio e patrimonio, secondo le modalità stabilite con legge della Repubblica."

747 Vgl. dazu *D'Amico,* 58–60.

748 *Cerulli Irelli* Beni pubblici, 280–282.

749 So *Sandulli* Manuale, 744.

750 Vgl. Corte di cassazione 2.8.1949, n. 2098 [ohne Nennung der Parteien], Rep.Giur.it. 1949, voce *Demanio*, n. 1–4, wonach bei den Gütern des *demanio accidentale* für die Erteilung des domanialen Charakters „una specifica manifestazione di volontà [oltre all'appartenenza ad un ente pubblico territoriale]" nötig sei.

751 Vgl. D.L. 1999/490.

Ferner sind Museumssammlungen, Gemäldegalerien, Archive[752] und Bibliotheken von Gesetzes wegen Teil des öffentlichen Guts *(demanio pubblico)*. Bewegliche Sachen fallen also nur als Sachgesamtheit unter den *demanio pubblico*, nicht aber als einzelne Sachen;[753] es sei denn, sie seien einem öffentlichen Zweck gewidmet.[754] Die Motivation des Gesetzgebers von 1942 hierzu ist unklar. Die Beschränkung des *demanio pubblico* auf die genannten Objekte wurde damit begründet, dass Spezialgesetze die einzelnen beweglichen Sachen genügend schützen würden.[755] Zudem seien Mobilien leichter verderblich *(deperibile)* als Immobilien.[756] Eine Mindermeinung[757] geht jedoch von der Zulässigkeit von domanialen beweglichen Einzelsachen *(demanio mobiliare)* aus, da die Beschränkung auf unbewegliche Sachen eine historische Remineszenz und implizit durch den *Codice civile* eliminiert worden sei.

b) Eigentumssubjekt

Ist der Staat oder auch eine Region, Provinz oder Gemeinde Eigentümer von unbeweglichen Kulturgütern oder Sachgesamtheiten von anerkannt künstlerisch-historischer Bedeutung, so sind sie *ex lege* Teil des *demanio pubblico*. Dabei ist nach der Rechtsprechung des Staatsrates kein besonderer behördlicher Anerkennungsakt notwendig.[758] Gemäss Art. 5 Abs. 1 L. 1999/490 haben die Behörden der Regionen, Provinzen, Gemeinden, öffentlich-rechtliche Anstalten[759] sowie juristische Personen des Privatrechts, die keinen wirtschaftlichen

---

[752] Vgl. D.P.R. 363/1409. Die Artt. 18, 21–25, 27f., 30, 32–43 und 45 wurden mit Inkrafttreten des D.L. 1999/490 aufgehoben (Art. 166 Abs. 1 D.L. 1999/490). Als Ausführungsverordnung gilt noch immer R.D. 1163/1911 (Art. 73 Abs. 2 D.P.R. 1409/1963; Art. 12 Abs. 2 D.L. 1999/490).

[753] Vgl. Corte di appello di Firenze 19.5.1950 (Ministero istruzione c. Cini, Osthein Sassonia Weimar e altri), Foro it. 1950, I, 353, nota Sandulli, wonach ein einzelnes Gemälde nie Teil des *demanio pubblico* sein kann; bestätigt durch Corte di cassazione 12.2.1953, sez. I, n. 359 (D'Osthein c. Min. istruzione; Min. istruzione c. Cini, D'Osthein, Belli, Mazzetti, Geri, Trabaldo), Foro it. 1954, I, 352, nota Gismondi; vgl. auch *Alibrandi/Ferri* Il diritto, 54.

[754] Corte di cassazione, sez. I, 28.8.1998, n. 8589 (Comune di Camerino – Ministero per i beni e culturali), Foro it. 1998, I, 3167; Nuova giur.civ. 1999, I, 389, nota Mansi: Einzelnes gewidmetes Buch aus einer Gemeindebibliothek. Vgl. hierzu die weiteren Hinweise in Fn. 773.

[755] Vgl. dazu *Falzone,* 252.

[756] *Cortese* Lezioni, 45; zu den verschiedenen Lehrmeinungen vgl. *Falzone,* 254f.

[757] So z. B. *Falzone,* 256.

[758] Vgl. Cons.Stato, sez. VI, 22.3.1993, n. 255 (Comune di Milano c. Ministero B.C.A., Soprintendenza Beni ambientali e architettonici), Giur.it. 1994, III, 1, 506; Cons.Stato, sez. VI, 30.11.1995, n. 1362 (Ministero B.C.A. c. Comune di Bari), Foro it. 1996, III, 399; Cons.Stato, sez. VI, 25.10.1996, n. 1400 (Renna c. Ministero B.C.A.), Foro it. 1997, III, 81.

[759] Darunter fallen auch kirchliche Institutionen; zum aufgehobenen Art. 4 L. 1939/1089 vgl. *Alibrandi/Ferri* I beni, 253f.; Corte di appello di Firenze 19.5.1950 (Ministero istruzione c. Cini, Osthein Sassonia Weimar e altri), Foro it. 1951, I, 353, nota Sandulli.

Zweck verfolgen, lediglich die Pflicht, ihre Güter mit künstlerischer, historischer, archäologischer oder demo-ethno-antropologischer Bedeutung in Verzeichnisse *(elenchi)* einzutragen und dem Minister anzuzeigen. Auch diejenigen Kulturgüter, die noch nicht eingetragen wurden, sind dem Minister zu melden (Art. 5 Abs. 2 D.L. 1999/490). Allerdings hat die Eintragung in diese Verzeichnisse lediglich deklaratorische Wirkung,[760] da nach Art. 5 Abs. 5 D.L. 1999/490 auch Kulturgüter, die nicht in den Verzeichnissen eingetragen sind, unter die Rechtsverordnung 1999/490 fallen.[761]

c) Absolute Unveräusserlichkeit

α) Historische Rechtsentwicklung

Die italienische Lehre folgte nicht der naturrechtlichen Auffassung, wonach dem König nur das Nutzungsrecht des *demanio pubblico* zustand.[762] Bejaht wurde vielmehr das Eigentumsrecht des Königs an den domanialen Objekten.

Die Zivilrechtskodifizierungen im frühen 19. Jh. erwähnten ausdrücklich die Unveräusserlichkeit des *demanio pubblico.*[763] So war öffentliches Gut nach Art. 425 *Codice Sardegna* von 1837 grundsätzlich unveräusserlich.[764] Veräusserungen waren nur bei besonderer Notwendigkeit zulässig, nämlich für die Verteidigung und Erhaltung des Staats sowie im Austausch anderer domanialer Objekte.[765] Eine andere Ausnahme bestand zu Gunsten der Apanage[766] (Art. 428

---

760 Vgl. auch Art. 5 Ab. 1 D.L. 1999/490: „Le regioni [...] presentano al Ministero l'elenco descrittivo"; zum alten Recht vgl. Cons.Stato, sez. VI, 27. 2. 1957, n. 96 (Gargini c. Ministero pubblica istruzione), Foro amm. 1957, I, 3, 241; Cons.Stato, 6. 2. 1957, sez. VI, n. 52 (Soc. Fr. lli Pisa e C. di Ferrara c. Ministero pubblica istruzione), Foro amm. 1957, I, 3, 208; Cons.Stato, sez. VI, 12. 11. 1958, n. 843 (Comune di Pesato c. Ministero pubblica istruzione), Foro amm. 1958, I, 3, 541; Corte di cassazione, sez. I, 26. 6. 1990, n. 6492 (Ministero Lavori Pubblici c. Medici), Giust.civ.Mass. 1990, 2867 = Riv.giur.edil. 1990, I, 864, nota Testori; Cons.Stato, sez. VI, 22. 3. 1993, n. 255 (Comune di Milano c. Ministero B.C.A. ed altro), Giur.it. 1994, III, 506 = Rass.Cons.Stato 1993, I, 414.

761 Vgl. den aufgehobenen Art. 4 Abs. 3 L. 1939/1089: „Le cose indicate nell'art. 1 restano sottoposte alle disposizioni della presente legge, anche se non risultino comprese negli elenchi e nelle dichiarazioni di cui al presente articolo."

762 *Cortese,* Nr. 12, Fn. 66 mit Hinweis auf *Grotius,* II, 6, § 11; vgl. *Grotius,* 195; zur historischen Rechtsentwicklung vgl. die knappe Darstellung bei *Cortese,* Nrn. 10–12.

763 Vgl. Artt. 2132f. *Codice del Regno delle due Sicilie*; *Leggi civili* vom 26. 3. 1819 (Ferdinand I.).

764 Art. 425 *Codice per gli Stati di S. M. Il re di Sardegna, promulgato da Carlo Alberto* (Codice Sardegna) vom 20. 6. 1837 lautete: „I diritti e beni regali e demaniali sono per legge fondamentale della Corona inalienabili per qualunque titolo sì gratuito che oneroso".

765 Art. 427 Abs. 1 Codice Sardegna lautete: „urgente necessità od una evidente utilità della Corona, come per la difesa e conservazione dello Stato, o l'aumento di esso o per la permuta o riscatto di altri beni demaniali, che ridondi a vantaggio del Regio Patrimonio".

766 Apanage = regelmässige [jährliche] Zahlungen an nichtregierende Mitglieder der Königsfamilie. Zur Apanage in rechtshistorischer Sicht vgl. *Leyte* Domaine, 396–404.

Abs. 1). Rechtsgeschäfte, die gegen die Unveräusserlichkeitsregel verstiessen, waren nichtig.[767]

Nach der Legge 1939/1089 konnte der *Ministro per l'educazione* nach Anhörung des *Consiglio nazionale dell'educazione, delle scienze e delle arti* die Veräusserung von Kunstgegenständen im Eigentum des Staats oder öffentlichen Anstalten *(enti o istituti pubblici)* bewilligen, wenn die Veräusserung der Konservierung des Guts nicht schadete und sie die öffentliche Nutzniessung nicht beeinträchtigte (Art. 24 Abs. 1). Die Rechtsprechung des *Consiglio di Stato* ist uneinheitlich. So anerkannte der Staatsrat mit Urteil vom 19. Januar 1985 die Veräusserlichkeit von domanialen Gütern.[768] Im Urteil vom 7. Mai 1988[769] war dieser aber der Auffassung, dass Art. 24 L. 1939/1089 auch auf Güter des *demanio pubblico* anwendbar sei und erklärte, dass die Unveräusserlichkeitsregel nach dem *Codice civile* (Art. 823 Abs. 1) trotz des Grundsatzes *lex specialis derogat legi generali* einer zulässigen Veräusserung nach der L. 1939/1089 vorgehe. Diese Rechtsunsicherheit konnte nur eine Gesetzesrevision beseitigen;[770] denn das Privatisierungsgesetz von 1992[771] sah lediglich die Veräusserung von unbeweglichen Sachen des verfügbaren Staatsvermögens *(patrimonio disponibile)* vor.

β) Geltendes Recht

Unbewegliche Sachen sowie Museumssammlungen, Gemäldegalerien, Archive und Bibliotheken als Sachgesamtheiten sowie nach einem kassationsgerichtlichen Urteil vom 28. August 1998 auch einzelne Bücher aus demanialen Bibliotheken,[772] welche im Eigentum des Staats stehen und von historischer, archäolo-

---

767 Art. 425 Codice Sardegna lautete: „sarà nulla di pien diritto".

768 Cons.Stato, sez. VI, 19.1.1985, n. 8 (Min. beni culturali e Comune di Roma c. Società centrale immobili-S.C.I.), Rass.Cons.Stato 1985, I, 60; Rep.Foro it. 1985, *Antichità e belle arti*, n. 58.

769 Cons.Stato, sez. VI, 7.5.1988, n. 568 (Ministero B.C.A. c. Regione Veneto), Foro amm. 1988, 3688, nota Quaglia = Foro it. 1990, III, 357: Verkauf der venezianischen Villa Pojana an einen Privaten.

770 So ausdrücklich Cons.Stato, ad.gen., 13.7.1989, n. 59/89 (Ministero B.C.A.), Foro it. 1990, III, 356.

771 L. 29.1.1992, n. 35.

772 Corte di cassazione, sez. I, 28.8.1998, n. 8589 (Comune di Camerino – Ministero per i beni e culturali), Foro it. 1998, I, 3167; Nuova giur.civ. 1999, I, 389, nota Mansi. Ein Angestellter der Gemeindebibliothek von Camerino verkaufte ein Buch ohne Bewilligung der Bibliotheksleitung an einen Antiquar. Dieser verkaufte es später an das Staatsarchiv in Macerata für LIT 1 770 000. Die Gemeinde klagte gegen den Besitzer auf Herausgabe. Das Gericht kam gestützt auf Artt. 1153 und 1145 Cci zum Schluss, das Buch habe domanialen Charakter. An ihm könne kein Privateigentum erworben werden, selbst wenn der Erwerber gutgläubig gewesen sei. Im Übrigen stellte es fest, dass nicht nur ganze Bibliotheksbestände zum *demanio pubblico* gehören, sondern auch ein einzelnes Buch, solange es Teil dieses Bestandes sei. Dasselbe gelte analog für einzelne Gemälde aus Gemäldegalerien. Die Ausgliederung

gischer und künstlerischer Bedeutung sind, gehören gemäss Art. 822 Abs. 2 Cci zum öffentlichen Gut *(demanio pubblico)* und sind nach Art. 823 Abs. 1, 1. HS Cci[773] unveräusserlich.[774] Zudem können nach Art. 823 Abs. 1, 2. HS Cci[775] Rechte an solchen Gütern nur begründet werden, wenn dies Spezialgesetze vorsehen. Nach Lehre[776] und neuerer Rechtsprechung[777] ist gemäss grammatikalischer Auslegung von Art. 823 Abs. 1 Cci das Veräusserungsverbot „absolut" zu verstehen, da sich die Formulierung *„se non nei modi"* auf *„non possono formare oggetto"* und nicht auf *„sono inalienabili"* bezieht.[778]

Art. 54 D.L. 1999/490 bekräftigt den Anwendungsbereich der domanialen Kulturgüter nach Art. 822 Abs. 2 Cci; sie sind nach Art. 98 D.L. 1999/490 der öffentliche Nutzung gewidmet. Hingegen erwähnt der D.L. 1999/490 die absolute Unveräusserlichkeit nur in Bezug auf Archive im Eigentum öffentlicher Anstalten *(enti pubblici)*, einzelne Dokumente im Eigentum des Staats und anderer Gebietskörperschaften *(enti territoriali)* sowie öffentlich-rechtlicher Anstalten (Art. 55 Abs. 4).

---

des Einzelstücks aus der Sachgesamtheit könne formell oder auch nur durch konkludentes Verhalten erfolgen: „i libri facenti parte di una biblioteca demaniale, finché non siano stati estromessi dalla biblioteca in conseguenza di un atto di sdemanializzazione formale o tacita, sono beni demaniali, assoggettati al relativo regime e quindi non è possibile l'acquisto della proprietà privata a qualsiasi titolo." Vgl. Nuova giur.civ. 1999, I, 390. Zum selben Ergebnis käme man in Anwendung von Art. 1162 Cci i. V. m. Art. 1156 Cci. Nach der erstgenannten Bestimmung ist namentlich der gutgläubige Erwerb vom Nichtberechtigten (Art. 1153 Cci) nicht anwendbar auf Güter, die in einem öffentlichen Register eingetragen sind. Das Buch wäre gemäss Art. 5 Abs. 1 D.L. 1999/490 in das deklaratorisch wirkende Register einzutragen gewesen. Möglich bleibt die Ersitzung nach drei Jahren gutgläubigen Besitzes (Art. 1162 Cci). Diese Ersitzungsfrist ist i.c. nicht abgelaufen. Die Urteilserwägungen erwähnen diese Vorschriften nicht. Vgl. auch *Mansi* Limiti, 392f.

773 Art. 823 Abs. 1, 1. HS Cci lautet: „I beni che fanno parte del demanio pubblico sono inalienabili".

774 Die absolute Unveräusserlichkeit von öffentlichem Gut wurde erst mit Inkrafttreten des *Codice civile* von 1942 im italienischen Recht verankert. Vor 1942 waren die staatlichen Kulturgüter Teil des Staatsvermögens *(patrimonio)*; vgl. Corte di cassazione, sez. un., 6. 4. 1966, n. 898 (Finanze c. Chiesa parrocchiale di S. Stefano in Venezia; Chiesa parrocchiale di S. Stefano in Venezia c. Finanze), Foro it. 1966, I, 2061, osservazioni Branca.

775 Vgl. Art. 823 Abs. 1, 2. HS Cci: „e non possono formare oggetto di diritti a favori di terzi, se non nei modi e nei limiti stabiliti dalle leggi che li riguardono."

776 Vgl. statt vieler *Alibrandi/Ferri* Il diritto, 157; *Cerulli Irelli* Proprietà pubblica, 87; *Ingrosso*, 429, Ziff. 6; kritisch *Benini* Sulla liceità, 633, Fn. 5.

777 Cons.Stato, sez. VI, 7.5.1988, n. 568 (Ministero B.C.A. c. Regione Veneto), Foro it. 1990, III, 357; Foro amm. 1988, 3688, nota Quaglia; Cons.Stato, ad.gen., 13. 7. 1989, n. 59/89 (Ministero B.C.A.), Foro it. 1990, III, 356.

778 So ausdrücklich Cons.Stato, ad.gen., 13. 7. 1989, n. 59/89 (Ministero B.C.A.), Foro it. 1990, III, 356 (363 u. 364).

d) Übertragung von domanialen Objekten und Entwidmung

Eine Eigentumsübertragung von domanialen Kulturgütern kann nur zwischen Gemeinwesen (Staat, Region, Provinz und Gemeinde) erfolgen, weil nur Gebietskörperschaften Eigentümer von domanialen Sachen sein können.[779] Will der Staat[780] einen Bestandteil aus seinem *demanio pubblico* einem anderen italienischen Gemeinwesen übertragen, so erfolgt die Ausgliederung direkt in den *demanio pubblico* dieses Gemeinwesens. Will der Staat hingegen Bestandteile seines eigenen *demanio pubblico* einem Privaten oder einer juristischen Person des privaten oder öffentlichen Rechts übertragen, so muss diese Sache zuerst aus dem *demanio pubblico* ins *patrimonio disponibile* (verfügbares Staatsvermögen) ausgegliedert werden.[781] Bei einer Ausgliederung eines Gemäldes aus einer Sammlung im Eigentum des Staats oder eines anderen Gemeinwesens genügt die blosse Entnahme nicht;[782] vielmehr bedarf es einer Entwidmung *(cessazione, sclassificazione)*, die das Fehlen einer künstlerisch-historischen Bedeutung des Gegenstands feststellt. Für diese Entwidmung gibt es keine gesetzliche Grundlage. Immerhin steht nach der Rechtsprechung des Kassationsgerichts fest, dass die Entwidmung nicht ausdrücklich erfolgen muss.[783] Die Löschung der Eintragung aus dem Verzeichnis hat grundsätzlich nur deklaratorische Wirkung.[784] Sie hat gemäss der Rechtsprechung des *Consiglio di Stato* nur dann konstitutiven Charakter, sofern die Behörde verfügt hat, das Gut nicht mehr öffentlich zu nutzen.[785] Die Ausgliederung des Gegenstands aus dem absolut unveräusserlichen *demanio pubblico* in den *patrimonio disponibile* muss zudem im Amtsblatt angezeigt werden (Art. 829 Abs. 1 Satz 2 Cci).

---

779 *Alibrandi/Ferri* Il diritto, 157.

780 Analog dazu eine Region, Provinz oder Gemeinde aus ihrem jeweiligen *demanio pubblico* in ihr jeweiliges Vermögen.

781 *Caputi Jambrenghi* Beni pubblici, 12, Ziff. 1.10.3.; Die Lehre nennt diese Eigentumsübertragung „patrimonializzazione"; vgl. z. B. *Lolli* I beni, 644.

782 *Lemme* Potete comprare, 26.

783 Vgl. Corte di cassazione, sez. I, 4.3.1993, n. 2635 (Reg. Friuli-Venezia Giulia c. Min. finanziara), Mass.Foro it. 1993, 269: „La sdemanializzazione di un bene può essere anche tacita, indipendentemente da un formale atto di sclassificazione, purché risulti da atti univoci e concludenti, incompatibili con la volontà dell'amministrazione di conservarne la destinazione all'uso pubblico, e da circostanze tali da rendere non configurabile un'ipotesi diversa dalla definitiva rinuncia al ripristino della funzione pubblica del bene"; analog Trib.amm.reg. Sicilia, sez. Palermo, 22.1.1988, n. 27 (Fatta c. Comune di Isnello), TAR 1988, I, 984.

784 Statt vieler *Cerulli Irelli* Beni pubblici, 284.

785 Vgl. Cons.Stato, sez. II, 9.5.1967, n. 428 (Quesito del Ministero della marina mercantile), Riv.giur.edil. 1968, I, 1514: „in quanto essa dimostra la volontà dell'amministrazione di non volere più utilizzare il bene per fini pubblici."

e) Rechtsfolge bei Verstoss gegen die Unveräusserlichkeitsregel

Veräusserungen von Gütern des *demanio pubblico* sind nichtig. Die Nichtigkeit folgt direkt aus Art. 1418 Cci wegen Verletzung zwingender Normen bzw. der objektiven Untauglichkeit dieser Güter, Gegenstand von Rechtsgeschäften zu sein.[786] Dabei handelt es sich um eine absolute Nichtigkeit.[787]

f) Unersitzbarkeit

Nach Art. 1145 Abs. 1 Cci hat der Besitz[788] an Sachen, an denen kein Eigentum begründet werden kann, keine Wirkung.[789] Die Sache verliert ihren domanialen Charakter nicht durch Zeitablauf, womit ein Kulturgut des *demanio pubblico* nicht ersessen werden kann.

g) Keine Enteignung

Güter des *demanio pubblico* können gemäss Lehre[790] und Rechtsprechung[791] nicht Gegenstand einer Enteignung sein, weil von Gesetzes wegen nur der Staat oder andere Gebietskörperschaften *(enti pubblici territoriali)* Eigentümer von *beni demaniali* sein können.

h) Nutzungsmöglichkeiten

Domaniale Kulturgüter können zwar nicht veräussert werden, doch bleibt eine bestimmungsgemässe, öffentlich-rechtliche Nutzung durch Private möglich. Es besteht aber kein Anspruch darauf.[792] Je nach Intensität kann Gemeingebrauch, gesteigerter Gemeingebrauch oder Sondernutzung mittels Gebührenpflicht, Bewilligung oder Konzession eingeräumt werden.[793] Die zuständige Behörde

---

[786] Vgl. Art. 1418 Cci i.V.m. Art. 1346 und Art. 823 Cci.

[787] Vgl. *Cendon,* 51; *Ingrosso,* 429; vgl. auch *Sandulli* Beni pubblici, 291, wo festgehalten wird, dass ein Verstoss gegen die Unveräusserlichkeit „radicalmente nullo" sei und dass die Übertragung der Sache „rimarebbe quindi assolutamente inoperante in ordine al trasferimento"; vgl. auch Corte di cassazione 9.12.1960, n. 3209 (Ministero della pubblica istruzione c. Società S.a.g.i.c., Comune di Villaricca), Foro it. 1961, I, 624.

[788] Vgl. aber Corte di cassazione 12.11.1979, sez. III, n. 5835 (Soc. Medusa c. Com. Como), Rep.Foro it. 1979, voce *Demanio,* n. 11 = Rep.Foro it. 1979, voce *Usucapione*, n. 6, wonach der Besitz für die Ersitzung gar nicht vorausgesetzt ist.

[789] Art. 1145 Abs. 1 Cci lautet: „Il possesso delle cose di cui non si può acquistare la proprietà è senza effetto."

[790] Statt vieler *Cerulli Irelli* Proprietà pubblica, 132.

[791] Statt vieler Cons.Stato, sez. IV, 15.12.1978, n. 1224 (Com. Como c. Min. ll. pp.), Rep.Foro it. 1979, voce *Espropriazione,* n. 52.

[792] Statt vieler *Ranelletti,* 360.

[793] Vgl. *Cendon,* 51f.

kann sowohl durch verwaltungs-, als auch privatrechtliche Mittel die betreffenden Güter schützen.[794]

II. Patrimonio

Zu einer zweiten Unterkategorie des öffentlichen Guts gehören jene Güter des *patrimonio* (Staatsvermögen). Dieser staatliche Eigentumstitel ist im Gegensatz zum *demanio pubblico* privatrechtrechtlicher Natur *(a titolo di proprietà privata)*.[795] Die beweglichen und unbeweglichen Güter des *patrimonio* werden in Inventare eingetragen, wobei die Eintragung auch hier nur deklaratorische Wirkung hat.[796]

Es wird zwischen *patrimonio indisponibile* (unverfügbares Staatsvermögen) und *patrimonio disponibile* (verfügbares Staatsvermögen) unterschieden.

1. Patrimonio disponibile

Die Güter des *patrimonio disponibile* können unbeschränkt am Handelsverkehr teilnehmen. Das bedeutet: sie können Gegenstand privatrechtlicher Rechtsgeschäfte sein, als auch verpfändet werden.[797]

2. Patrimonio indisponibile

a) Codice civile von 1865

Schon der *Codice civile* in der Fassung von 1865 kannte das unverfügbare[798] Staatsvermögen. Im Unterschied zum öffentlichen Gut *(demanio pubblico)*, können auch nicht-territoriale öffentliche Körperschaften und Anstalten *(enti pubblici)* Eigentümer von Gütern des *patrimonio indisponibile* sein. Gemäss Art. 690 *Codice civile* von 1865 konnten Private am *patrimonio indisponibile* kein Eigentum erwerben.[799] Diese Verkehrsunfähigkeit galt jedoch nur solange, als die Sache dem öffentlichen Zweck gewidmet war. Die Sache war also nur beschränkt verkehrsunfähig. Erlosch die Widmung zu einem bestimmten öffentlichen Zweck, so wurde die Sache eine *res in commercium*.[800]

---

794 Vgl. Art. 823 Abs. 2 Cci; D.L. 499/1999; vgl. hierzu *Resta/Jaricci,* 112f.

795 Vgl. statt vieler *Cortese* Lezioni, 44; *Ranelletti,* 345; *Sandulli* Beni pubblici, 280, Ziff. 4; so auch ausdrücklich Art. 428 Cci von 1865 (Fn. 730).

796 Vgl. *Sandulli* Beni pubblici, 298f.

797 Statt vieler *Cortese* Lezioni, 49.

798 Die Terminologie von *Loosli* ist uneinheitlich; so übersetzt er ein Mal *patrimonio indisponibile* mit „unveräusserliches Staatsvermögen", ein anderes Mal mit „unverfügbares Staatsvermögen"; vgl. *Loosli,* 28f.

799 Art. 690 Cci von 1865 (Fn. 730) lautete: „cose di cui non si può acquistare la proprietà."

800 Vgl. dazu *Ranelletti,* 337.

b) Codice civile von 1942

Die wohl herrschende Lehre zählt neben den *beni demaniali* auch die *beni patrimoniali indisponibili* zu den öffentlichen Sachen *(beni pubblici)*.[801] Bezüglich der Güter von historisch-künstlerischer Bedeutung liegt der Zweck im gemeinnützigen Gebrauch *(apertura all'uso collettivo)*.[802]

Nach abschliessender Regelung in Art. 826 Abs. 2 Cci sind namentlich die im „Untergrund" gefundenen Objekte von historischer, archäologischer, paläoethnologischer, paläontologischer und künstlerischer Bedeutung Teil des unverfügbaren Staatsvermögens.[803] Die systematische Auslegung von Art. 826 und Art. 822 ergibt, dass nur Mobilien unter diese Vorschrift fallen, da nach Art. 822 Abs. 2 Cci unbewegliche Sachen von historischer, archäologischer und künstlerischer Bedeutung sowie Sachgesamtheiten (Museumssammlungen, Gemäldegalerien, Archiv- und Bibliotheksbestände) zum öffentlichen Gut *(demanio pubblico)* gehören.[804] Zudem sind nach Art. 826 Abs. 3 Cci die einem öffentlichen Zweck *(pubblico servizio)* gewidmeten Güter Teil des *patrimonio indisponibile*.[805] Die Rechtsprechung verlangt für die Widmung zu einem öffentlichen Zweck den „effektiven und aktuellen Gebrauch" der Sache.[806]

Güter des unverfügbaren Staatsvermögens sind keine *res extra commercium*[807] und können ersessen werden.[808] Ferner kann Eigentum durch gutgläubigen Erwerb vom Nichtberechtigten nach Art. 1153 Cci erworben werden.[809] Die Her-

---

[801] Statt vieler *Cerulli Irelli*, Beni pubblici, 295; *Lolli* I beni, 629, Fn. 1 m. w. H.; irreführend *Reggio/D'Urso Pignataro*, 34, die neben den *beni demaniali* auch die *beni patrimoniali* zu den *beni pubblici* zählen; richtig endlich *Dies.*, 744.

[802] *Alibrandi/Ferri* Il diritto, 156, in Bezug auf *beni demaniali*.

[803] Art. 826 Abs. 2 Cci lautet: „Fanno parte del patrimonio indisponibile dello Stato le cose d'interesse storico, archeologico, paletnologico, paleontologico e artistico, da chiunque e in qualunque modo ritrovate nel sottosuolo".

[804] Zum gleichen Ergebnis kommt *Alibrandi/Ferri* I beni, 238, Fn. 7 mit Hinweis auf *Cantucci* La tutela, 169; *Falzone*, 61.

[805] Art. 826 Abs. 3 a. E. Cci lautet: „e gli altri beni destinati a un pubblico servizio."

[806] Vgl. Cons.Stato, sez. VI, 6. 2. 1981, n. 30 (Franz e Luis Widmann c. Provincia Autonoma di Bolzano, Centro Provinciale di Sperimentazione Agraria e Forestale), Giur.it. 1981, III, 1, 355; Cons.Stato, sez.un., 23. 6. 1993, n. 6950 (Tomaino c. Comune Genova), Mass.Giust.civ. 1993, 1069, wonach „un bene in tanto può considerarsi appartenente al patrimonio indisponibile per essere destinato a pubblici servizi a norma del comma 3° dell'art. 826 c.c., in quanto abbia una effettiva destinazione a quel servizio, non essendo sufficiente la determinazione dell'ente pubblico di imprimere al bene il carattere di patrimonio indisponibile."

[807] So auch *Falzone*, 167.

[808] *Falzone*, 171 f.; Corte di appello di Firenze 22. 11. 1967 (Soc. Sacleac e Soc. Mineraria c. Albani ed altri), Foro pad. 1969, I, 221; a. A. *Sandulli* Manuale, 796, wonach Art. 1145 Cci nicht nur für *beni demaniali* gilt, sondern auch für *beni indisponibili*.

[809] Statt vieler *Falzone*, 166 f.; *Sandulli* Beni pubblici, 293; *Reggio/D'Urso Pignataro*, 745; a. A. Corte di cassazione, sez. I, 24. 3. 1955, n. 869 (Campolmi c. Vannucci), Foro it. 1956, I, 154.

ausgabeklage der Verwaltung gegen den gutgläubigen Besitzer hat somit keine Aussicht auf Erfolg.[810] Ausgeschlossen bleibt allerdings die Zwangsvollstreckung.[811]

c) Genehmigungspflichtige Veräusserung

Nach Art. 828 Abs. 2 Cci kann die Zweckbestimmung der Güter des *patrimonio indisponibile* nur gestützt auf Sondervorschriften geändert werden.[812] Unter welchen Umständen eine Veräusserung möglich ist, regelt die Rechtsverordnung 1999/490.[813]

Nach Art. 55 Abs. 1 lit. a kann das Ministerium für Kulturgüter und kulturelle Angelegenheiten[814] Veräusserungen von Kulturgütern im Eigentum des Staats, von Regionen, Provinzen und Gemeinden bewilligen, welche nicht Teil des historischen und künstlerischen öffentlichen Guts sind. Nach lit. b derselben Gesetzesbestimmung gilt die Genehmigungspflicht für unbewegliche und bewegliche Sachen von künstlerischem, geschichtlichem, archäologischem oder demo-ethno-antropologischem Interesse (Art. 2 Abs. 1 lit. a) und für unbewegliche Sachen, die wegen ihrem Bezug zur politischen, militärischen, literarischen, künstlerischen Geschichte und allgemein zur Kulturgeschichte von besonders wichtigem Interesse *(interesse particolarmente importante)* (Art. 2 Abs. 1 lit. b) sind. Nach lit. c derselben Vorschrift kann auch die Veräusserung von Sammlungen und Seriengegenständen *(serie d'oggetti)* bewilligt werden, welche durch Tradition, Ruhm und ihrer besonders charakteristischen Umgebung als Gesamtheit von aussergewöhnlichem künstlerischen oder historischen Interesse *(eccezionale interesse)* sind. Nach Art. 55 Abs. 2 kann das Ministerium Veräusserungen von Kulturgütern im Eigentum des Staats, der Regionen, der Provinzen und der Gemeinden bewilligen, wenn „die Kulturgüter für die öffentlichen Sammlungen nicht von Interesse sind und die Veräusserung deren Konservierung nicht schädigt sowie deren öffentliche Nutzniessung nicht geschmälert wird".[815] Die

---

810 *Falzone,* 167, Fn. 27.

811 *Falzone,* 199.

812 Art. 828 Abs. 2 Cci: „I beni che fanno parte del patrimonio indisponibile non possono essere sottratti alla loro destinazione, se non nei modi stabiliti dalle leggi che li riguardono."

813 Nachfolgende Gesetzesbestimmungen sind immer diejenigen des D.L. 1999/490.

814 Art. 1 Abs 1 *D.L. 20.10.1998, n. 368, Istituzione del Ministero per i beni e le attività culturali, a norma dell'articolo 11 della legge 15 marzo 1997, n. 59*; abgedr. bei *Caputi Jambrenghi* La cultura, 584; *Cortese* I beni, 502; *Vaccaro Giancotti,* 523. Ist im Folgenden von Ministerium die Rede, dann ist jeweils das Ministerium für Kulturgüter und kulturelle Angelegenheiten gemeint.

815 Art. 55 Abs. 2 D.L. 1999/490 lautet: „Il Ministero può autorizzare l'alienazione dei beni culturali indicati nel comma 1 [Kulturgüter des demanio pubblico], qualora non abbiano interesse per le raccolte pubbliche e dall'alienazione stessa non derivi danno alla loro conserva-

Veräusserung von Archiven und einzelnen Dokumenten von beachtlicher historischer Bedeutung *(notevole interesse storico)* sowie von Kulturgütern i. S. v. Art. 2 Abs. 1 lit. a und b, welche sich im Eigentum von juristischen Personen des Privatrechts ohne wirtschaftlichen Zweck *(persone giuridiche private senza fine di lucro)* befinden, wird nach Art. 55 Abs. 3 bewilligt, wenn die Veräusserung für die Konservierung keinen grossen Schaden *(grave danno)* bedeutet und die öffentliche Nutzniessung nicht geschmälert wird.

Zu den genehmigungspflichtigen Rechtsgeschäften gehören nicht nur Kaufverträge, sondern auch Hypothekar- und Faustpfandbestellungen sowie ganz allgemein alle Rechtsgeschäfte, die sich wie eine Veräusserung auswirken (vgl. Art. 57 Abs. 1). Dasselbe gilt für den Tausch von Kulturgut aus öffentlichen Sammlungen mit – auch ausländischen – Körperschaften, Anstalten oder Privatpersonen. Der Minister bewilligt das Tauschgeschäft nur, wenn durch das Tauschgeschäft das nationale Kulturvermögen oder öffentliche Sammlungen bereichert werden können (Art. 56 Abs. 1). Dabei dürfte der Anwendungsbereich einer Genehmigungserteilung allerdings auf Fälle einer Übertragung auf private Museen und Sammlungen beschränkt sein, die der Öffentlichkeit zugänglich sind und statutarisch kulturelle Ziele verfolgen.[816]

Hingegen unterliegen Veräusserungen zu Gunsten des Staats, namentlich die Übereignung von Kulturgütern zur Tilgung von Steuerschulden, nicht der Genehmigungspflicht (Art. 57 Abs. 2).

d) Rechtsfolge bei Verstoss gegen die Genehmigungspflicht

Veräusserungen, die gegen die Bewilligungspflicht verstossen, sowie ganz allgemein Rechtsgeschäfte, die den Vorschriften der Rechtsverordnung 1999/490 entgegenstehen, sind nach Art. 135 Abs. 1 nichtig.[817]

---

zione e non ne sia menomato il pubblico godimento." Die Doktrin zum alten Recht spricht dabei von „indisponibilità"; vgl. *Cerulli Irelli* Proprietà pubblica, 85, Ziff. 2; *Falzone,* 168f.; *Sandulli* Beni pubblici, 292.

816 So *Alibrandi/Ferri* Il diritto, 157, zum aufgehobenen Gesetz 1939/1089.

817 So schon nach dem aufgehobenen Art. 61 Abs. 1 L. 1939/1089: „Le alienazioni [...] compiuti contro i divieti stabiliti dalla presente legge o senza l'osservanza delle condizioni e modalità da esse prescritte, sono nulli di pieno diritto." Nach der wohl h.L. sind solche Rechtsgeschäfte nichtig; vgl. *Alibrandi/Ferri* I beni, 488; *Amorth* L'acquisto, 482; *Cendon,* 83f.; *Grisolia,* 201; *Sandulli* Beni pubblici, 292; vgl. auch Corte di cassazione, sez. I, 24. 3. 1955, n. 869 (Campolmi c. Vannucci), Foro it. 1956, I, 154; a.A. *Falzone,* 212, wonach solche Rechtsgeschäfte lediglich anfechtbar sind; so auch Corte di cassazione, sez. un., 6. 4. 1966, n. 898 (Finanze c. Chiesa parrocchiale di S. Stefano in Venezia; Chiesa parrocchiale di S. Stefano c. Finanze), Foro it. 1966, I, 2061, osservazioni Branca; Corte di cassazione sez. III, 9. 12. 1960, n. 3209 (Ministero della pubblica istruzione c. Società S.a.g.i.c., Comune di Villaricca), Foro it. 1961, I, 624.

III. Güter im Eigentum öffentlicher Körperschaften und Anstalten

Im Anwendungsbereich der Rechtsverordnung 1999/490 gelten die gleichen Grundsätze wie für Kulturgüter im Eigentum nicht-territorialer öffentlicher Körperschaften und Anstalten *(enti pubblici)*. Gemäss Art. 830 Cci gelten für diese Güter die allgemeinen Bestimmungen des *Codice civile* unter dem Vorbehalt von Spezialgesetzen. Sofern diese Güter öffentlichen Zwecken gewidmet sind, ist Art. 828 Abs. 2 Cci anwendbar.[818]

IV. Abgrenzung demanio pubblico/patrimonio indisponibile

Die Schwierigkeit, Güter des *demanio pubblico* von Gütern des *patrimonio indisponibile* abzugrenzen und ein objektives Unterscheidungsmerkmal zu definieren, hindert einen Teil der Doktrin, das Bestehen eines solchen Unterschiedes überhaupt zu erkennen.[819] So wird die Meinung vertreten, Güter des *patrimonio indisponibile* seien zwischen den *beni demaniali* und den Gütern des *patrimonio* einzuordnen.[820] Nach einer anderen Auffassung soll auf die Unterscheidung verzichtet und nur eine Gruppe, nämlich die „Güter von öffentlichem Interesse" *(beni di interesse pubblico)* zugelassen werden.[821]

Die letztere Meinung scheint nach meinem Dafürhalten wenig sinnvoll; denn nur öffentliches Gut *(demanio pubblico)* ist absolut unveräusserlich, und Güter des unverfügbaren Staatsvermögens *(patrimonio indisponibile)* dürfen, ausser in der von den Spezialgesetzen vorgesehenen Art, nicht ihrer Bestimmung entzogen werden (Art. 828 Cci). Zudem wären alle Kulturgüter i. S. der Rechtsverordnung 1999/490, also auch diejenigen im Privateigentum, *beni di interesse pubblico*. Da eine solche Neugruppierung einer klaren Begriffsdefinition nicht gerade förderlich ist, sollte der Gebrauch des Begriffs *beni di interesse pubblico* vermieden werden.

D. Private Kulturgüter

I. Historisches am Beispiel des Fideikommisses

1. Römisches Recht

Durch das Familienfideikommiss *(majoratus, majorazgo)* wird Vermögen – meistens Häuser und Grundstücke – für unveräusserlich und für ungeteilt vererblich innerhalb einer bestimmten Familie erklärt. Es dient der Erhaltung der

---

818 Vgl. hierzu *Cendon*, 89 f.; *Resta/Jaricci*, 141.

819 Vgl. *Falzone*, 38 bei Ziff. 1.

820 So der Vorschlag von *Falzone*, 118, Fn. 84. Die Beschränkung auf eine Sachgruppe wurde bereits in den 1950er-Jahren vorgeschlagen; vgl. *Sandulli* Spunti, 163.

821 So der Vorschlag von *D'Amico*, 59.

ökonomischen Grundlage der sozialen Stellung einer bestimmten Familie: dem *splendor familiae*. Das Familienfideikommiss wird von den gemeinrechtlichen Juristen mit Hilfe des römischen *fideicommissum familiae relictum* eingeordnet und verglichen.[822] Das Fideikommiss wird durch letztwillige Verfügung bzw. Kodizill[823] oder durch Vertrag errichtet.[824] Dem Berechtigten stand volles Eigentum am vinkulierten Vermögen des Fideikommisses zu.[825] Nach einem Rechtssatz des Jahres 159 konnte das Verfügungsverbot nicht nur auf die nächste Generation überbunden werden, sondern auch auf sog. *personae incertae*, also auf nachfolgende Generationen, wobei die testamentarische Übertragung des gebundenen Vermögens nur bis zur vierten Generation zulässig war.[826] Für den mit der Fideikommiss Belasteten bestand ein Veräusserungsverbot.[827] Diese Vinkulierung wurde jedoch durch die *Lex Falcidia* und eines späteren Senatusconsult unter der Herrschaft Vespasians (9–79)[828] auf drei Viertel der Erbmasse beschränkt.[829]

Nach dem heutigen Stand der Wissenschaft entstand das Fideikommiss in seiner charakteristischen Form in Spanien und hat sich von dort über Italien nach Deutschland ausgebreitet.[830]

2. Motuproprio Papst Pius VII. von 1816

Das Fideikommiss galt unter der Herrschaft Napoleons von 1798 bis zum Inkrafttreten des Motuproprio Papst Pius VII. (1742–1823)[831] vom 6. Juli 1816[832] als aufgehoben. Das Motuproprio liess das Institut des Fideikommisses im Kir-

---

822 Vgl. C. 6, 38, 5, abgedr. in: Corpus iuris civilis. Volumen secundum, 271; D. 31, 32, 6; abgedr. in: Corpus iuris civilis. Volumen primum, 472; D. 31, 69, 3; abgedr. in: Corpus iuris civilis. Volumen primum, 476.

823 Das Kodizill bedurfte keiner Schriftlichkeit; vgl. *Voci*, 105, Fn. 8; *Trifone*, 189. Der *Codicie civile* von 1865 und von 1942 machen keinen Unterschied zwischen *codicillo* und *testamento;* vgl. *Vismara*, 295.

824 So *Coing*, 387, m. w. H.

825 *Coing*, 387, m. w. H.

826 *Voci*, 106. Das galt auch noch im 15. Jh.; vgl. *Trifone*, 199, 204.

827 Vgl. *Trifone*, 196–198.

828 T. Flavius Vespasianus, 9–79, Kaiser ab 69; vgl. *Schindler*, 86–101.

829 *Voci*, 107, m. w. H.; *Trifone*, 190.

830 *Coing*, 385 f. Das Familienfideikommiss soll sich seit 1400 in Kastilien entwickelt haben; vgl. *Coing*, 386, m. H. auf die Lit. in Fn. 3 f. – Fideikommisse mit Erstgeburtfolge bestehen in England und Spanien bereits seit der zweiten Hälfte des 13. Jh.; vgl. *Brentano*, 6–8. In Unteritalien verbreitete sich das Rechtsinstitut des Fideikommisses mit der spanischen Herrschaft im 17. Jh. aus; vgl. dazu *Noack*, 54–110.

831 Pius VII. Chiaramonti, 1742–1823, Pontifex ab 1800; vgl. *Gelmi*, 191.

832 *Motuproprio di Pio VII, sull'organizzazione dell'amministrazione pubblica*; auszugsweise (Artt. 135–137) abgedr. bei *Mariotti*, 3.

chenstaat wieder aufleben. Die vermögenden römischen Adelsgeschlechter waren durch den Motuproprio erheblich in ihrer Verfügungsbefugnis über ihre Bibliotheken und Kunstsammlungen beschränkt. So mussten Gemälde und Skulpturen sowie Bibliotheken unter staatlicher Kontrolle inventarisiert werden.[833] Die Veräusserung von inventarisierten Gegenständen war verboten (Art. 132 Motuproprio). Es ist wohl das Verdienst dieser päpstlichen Massnahme, dass die Veräusserung und folglich die Zersplitterung der bedeutenden Sammlungen verhindert und so in ihrem Bestand erhalten werden konnte.[834]

Erst im Jahre 1865 wurde in allen Provinzen Italiens – vorerst mit Ausnahme der Stadt Rom und des Kirchenstaats – mit Inkrafttreten des *Codice civile* das Fideikommiss abgeschafft.[835] Als mit der Eroberung Roms und des Restkirchenstaats am 20. September 1870 der *Codice civile* auch dort seine Gültigkeit erlangte, war die Situation in der Stadt schwierig, da sich dort die bedeutendsten Antikensammlungen und Gemäldegalerien des Königreichs Italien befanden. Das Dekret vom 27. November 1870[836] entschärfte diese für den Ensembleschutz von Sammlungen unbefriedigende Rechtslage, indem es die Anwendbarkeit der einschlägigen Bestimmungen des *Codice civile* über die Aufhebung der Fideikommisse vorübergehend aufschob und so die Fideikommisse in Rom rechtlich wieder aufleben liess (Art. 2 lit. b). Das Gesetz vom 28. Juni 1871[837] bestimmt sodann in Art. 4, dass die „Gemäldegalerien, Bibliotheken und andere Kunst- oder Antikensammlungen" für den durch das Fideikommiss Berechtigten und dessen Erben unteilbar und unveräusserlich bleiben. Dies galt bis zum Inkrafttreten eines Spezialgesetzes.[838] Das zwölf Jahre später erlassene Gesetz vom

---

833 Vgl. z. B. *Inventario dei beni fidecommissari della famiglia Barberini, fra i quali la Biblioteca e gli oggetti d'arte*, 25.9.1738; abgedr. bei *Mariotti*, 126–131.

834 Vgl. *Bedin*, 53.

835 Vgl. Artt. 24, 25 R.D. 30.11.1865, n. 2606. Die Übergangsbestimmung in Art. 24 Abs. 1 lautet: „I fedecommessi, i maggioraschi e altre sostituzioni fedecommessarie ordinati secondo le leggi anteriori, sono sciolti dal giorno dell'attuazione del nuovo codice." Abgedr. bei *Falcone*, 649.

836 R.D. 27.11.1870, n. 6030; vgl. *Alibrandi/Ferri* I beni, 6.

837 L. 28.6.1871, n. 286; abgedr. bei *Mariotti*, 188f.; *Kohler* Das Recht der Kunstwerke, 72.

838 Art. 4 L. 28.6.1871 lautet: „Nonostante l'abolizione delle sostituzioni, e finchè non sia per legge speciale altrimenti provveduto, le gallerie, biblioteche ed altre collezioni d'arte o di antichità rimarranno indivise ed inalienabili fra i chiamati alla risoluzione del fidecommisso, loro eredi od aventi causa.
La legge speciale, di cui sopra, sarà presentata alla sessione prossima."
Art. 5 L. 28.6.1871 lautet: „Finchè non sia provveduto con legge generale continueranno ad aver vigore le leggi ed i regolamenti speciali attinenti alla conservazione dei monumenti o degli oggetti d'arte.
Ordiniamo che la presente, munita del sigillo dello Stato, sia inserita nella raccolta ufficiale delle leggi e dei decreti del Regno d'Italia, mandando a chiunque spetti di osservarla e farla osservare come legge dello Stato."

8. Juli 1883 hielt an der Unteilbarkeit der vinkulierten Sammlungen fest, lockerte aber das absolute Veräusserungsverbot bezüglich Veräusserungen von Kunstgegenständen an den Staat, an die Provinzen und Gemeinden sowie an öffentliche Institutionen (Art. 1).[839] Das Gesetz vom 7. Februar 1892[840] stellte namentlich die Veräusserung von Gegenständen aus vinkulierten Sammlungen (Art. 1) sowie die Verweigerung der Inspektion der Sammlung (Art. 3) unter Strafe.[841] Nach Art. 14 D. L. 1999/490 bleiben die Gesetze von 1871, 1883 und 1892 in Kraft.[842]

3. Rechtslage vor der nationalen Einigung von 1870

a) Piemont und Toskana

Karl Emanuel IV. (1752–1819)[843] hob für das Piemont die Fideikommisse auf.[844] In der Toskana wurde unter Franz I. von Lorena[845] mit Gesetz vom 22. Juni 1747 die Vinkulierung von Vermögenswerten aus Fideikommissen gelockert, so dass u. a. Sammlungen von Kunstgegenständen nur bis zur vierten Generation testamentarisch vinkuliert werden konnten.

Victor Amadeus III. (1726–1796)[846], Grossherzog der Toskana, verschärfte die Massnahmen mit einem Gesetz von 1782 und erklärte alle Fideikommisse für ungültig, welche noch nach der vierten Generation bestanden und somit gegen das ältere Gesetz vom 22. Juni 1747 verstiessen. Wenige Jahre später hob er alle bestehenden Fideikommisse auf und verbot die Errichtung neuer Fideikommisse.[847]

b) Sizilien

Im Königreich beider Sizilien war die Errichtung von Fideikommissen nach den Zivilgesetzen von 1819 zwar erlaubt (Art. 942), aber nur bis zu ersten Erbengeneration (Art. 1003ff.) und bedurfte zudem der Genehmigung des Souveräns (Art. 946ff.).

---

839 L. 8. 7. 1883, n. 1461; abgedr. bei *Falcone,* 657f.

840 L. 7. 2. 1892, n. 31; abgedr. bei *Falcone,* 658f.; vgl. dazu *Condemi,* 29.

841 Artt. 1, 3 L. 7. 2. 1892, n. 31, verweisen auf Art. 203 bzw. Art. 434 *Codice penale* von 1889.

842 Vgl. Art. 14 D.L. 1999/490: „Restano salve le disposizioni relative alle raccolte artistiche ex-fidecommissarie, impartite con legge 28 giugno 1871, n. 286, legge 8 luglio 1883, n. 1461, regio decreto 23 novembre 1891, n. 653 e legge 7 febbraio 1892, n. 31."

843 Carlo Emanuele IV, 1752–1819, regierte 1796–1802; vgl. DBI, Bd. 20 (1977), 257.

844 Vgl. *Trifone,* 204f.

845 Francesco I di Lorena, geb. 1708; vgl. IBI, Bd. 3, 1108, ohne Angabe des Todesjahres.

846 Victor Amadeus III., 1726–1798, König von Sardinien ab 1773.

847 Dasselbe galt im Piemont mit Edikt vom 29. 7. 1798 des Königs Karl Emanuel IV.; vgl. *Trifone,* 205, Fn. 4.

c) Parma, Piacenza und Guastalla

In den Staaten Parma, Piacenza und Guastalla war die Errichtung von Fideikommissen nach dem *Codice civile* von 1820 mit Genehmigung des Souveräns erlaubt, wobei die Adligen von der Genehmigungspflicht befreit waren (Art. 689).[848]

4. Kunstsammlungen römischer Adelsfamilien

Während Jahrhunderten wurden Gemäldegalerien, Skulpturen und Statuen sowie Bibliotheken kraft Fideikommiss vor Veräusserungen und somit vor deren Zersplitterung geschützt. Päpste und Kardinäle sowie römische vermögende Adelsfamilien hatten zu diesem Zweck testamentarisch Fideikommisse – meistens zu Gunsten des Erstgeborenen – errichtet, um den Schutz, die Erhaltung und den Bestand der Sammlungsobjekte in ihrer Gesamtheit der Objekte zu sichern.[849] So wurden beispielsweise zum unteilbaren und unveräusserlichen Sondervermögen erklärt:[850] Die Bibliothek von Kardinal Francesco Barberini (1597–1679)[851] kraft Kodizill vom 6. April 1678[852] sowie die Sammlungen von Fürst Giovanni Battista Pamphilj Aldobrandini (1649–1709) kraft Testament vom 18. November 1709[853], von Herzogin Maria Camilla Pallavicini Rospigliosi

---

848 Zu den anderen Staaten Italiens vgl. *Trifone,* 205 bei Nr. 19.

849 Vgl. dazu *Bedin,* 52–58; *Mansi* La tutela, 18f.

850 Weitere Beispiele bei *Lemme* La situazione, 11.

851 Francesco Barberini, 1597–1679, Kardinal ab 1623, Bibliothekar des Vatikans 1627–1736; vgl. LUI 2 (1969) 647.

852 Kardinal Francesco Barberini (vorige Fn.) errichtete im Jahre 1678 ein Fideikommiss zum Zweck der Erhaltung seiner Kunstsammlung und seiner Bibliothek, die aus Schenkungen seines Bruders Maffeo (Urban VIII. Barberini, 1568–1644, Pontifex ab 1623; vgl. *Gelmi,* 156) stammten; vgl. *Codicillo fatto dal cardinale Francesco Barberini il 6 aprile 1678 ed aperto il 10 dicembre 1679 per gli atti di Paolo Fazi, notaro dell'A. C.*; abgedr. bei *Mariotti,* 126. Nach *Lemme* La situazione, 10, war Francesco Barberini der erste römische Mäzen, der das Institut des Fideikommisses benutzte, um die eigene Kunstsammlung zur unveräusserlichen und unteilbaren Sachgesamtheit zu erklären.

853 Der männliche Stamm der Aldobrandini starb mit Ippolito Aldobrandinis (vgl. hinten § 25, Fn. 25) im Jahre 1638 aus. Dessen Erbin Olimpia Aldobrandini heiratete in erster Ehe im Jahre 1631 Paolo Borghese, nach dessen Tod in zweiter Ehe 1647 Camillo Pamphilj, einen ihretwegen resignierten Kardinal. Deren gemeinsamer Sohn Giovanni Battista wurde Stammhalter der Pamphilj Erbe der Aldobrandini. Nachdem der männliche Stamm der Pamphilj im Jahre 1760 ausstarb, fielen die restlichen Besitztümer der Aldobrandini nebst Wappen, Namen und Titel, nach kurzfristiger Verwaltung durch die apostolische Kammer im Jahre 1767 als unveräusserliche Sekundogenitur an die Familie Borghese, d. h. die Nachkommen von Olimpia Aldobrandini. Vgl. *Moroni,* Bd. 1 (1840), 216; *Reinhardt,* 23. Im Jahre 1839 erbte Camillo Borghese Aldobrandini, der Zweitgeborene Sohn des Francesco Borghese Aldobrandini, von seinem Vater die Sekundogenitur und führte fortan den Namen, den Titel und das Wappen der Aldobrandini; vgl. DBI 2 (1960) 102; DBI 112 (1970) 619. Zum Inventar der Sammlung Pamphilj Aldobrandini vgl. *Mariotti,* 111–125. Zum Stammbaum der Borghese vgl. *Herrmann Fiore,* 6.

(1645–1710) kraft Testament vom 7. September 1710[854], sowie von Kardinal Alessandro Albani (1692–1779)[855] kraft Testament vom 19. März 1778[856].

Ein heute noch interessanter Fall, bei dem es um die Anwendbarkeit des Motuproprio vom 6. Juli 1816, die Edikte Doria-Pamphilj vom 1. Oktober 1802 und Pacca vom 7. April 1820 sowie um die Gesetze vom 28. Juni 1871 und vom 8. Juli 1833 ging, war Ende des 19. Jh. von italienischen und französischen Gerichten zu beurteilen: die berühmte Affäre Sciarra[857].

II. Erklärung und Notifikation des besonders wichtigen Interesses

1. Einzelsachen

Das Ministerium kann das besonders wichtige *(interesse particolarmente importante)* künstlerische, historische, archäologische oder demo-ethno-antropologische Interesse von beweglichen oder unbeweglichen Sachen in Privateigentum erklären (Art. 6 Abs. 1). Diese Erklärung muss sodann dem Eigentümer, Besitzer oder Gewahrsamsinhaber der Sache notifiziert werden (Art. 8 Abs. 1). Handelt es sich dabei um Manuskripte, Inkunabeln, Stiche und andere wertvolle und rare Drucke, so ist die örtlich zuständige Region gehalten, das besonders wichtige Interesse dieser Gegenstände zu erklären (Art. 6 Abs. 4). Kulturgüter im Eigentum von natürlichen Personen gelten nur dann als geschützte Kulturgüter, wenn sie im Verzeichnis *(elenco)* von besonders wichtigem Kulturgut eingetragen sind.[858] Die Eintragung in das Verzeichnis gilt in diesem Fall konstitutiv.[859]

---

[854] Vgl. *Testamento di donna Maria Camilla Pallavicini Rospiglioso del 7 settembre 1710, per gli atti di Paolo Fazi notaio dell'A. C.*; abgedr. bei *Mariotti,* 164. Das Inventar der 457 Gemälde und Skulpturen umfassenden Sammlung Rospigliosi ist abgedr. bei *Mariotti,* 164–182.

[855] Alessandro Albani, 1692–1779, Kardinal ab 1721, Bruder von Annibale Albani (Fn. 43) und Erbauer der Villa Albani; vgl. DHGE, Bd. 1 (1912), 1369; *Röttgen* Alessandro, 123–152. Die Villa wurde Mitte des 19. Jh. an die Familie Torlonia verkauft; vgl. LUI 1 (1968) 316. Zur Villa vgl. *Röttgen* Die Villa, 59–122. Zum Inventar der Sammlung Albani vgl. *Cassanelli,* 23–127.

[856] Teilweise abgedr. bei *Röttgen* Alessandro, 135, Fn. 55 mit Angabe der Fundstelle.

[857] S. hierzu hinten § 31 A I 2 a.

[858] Dies im Unterschied zu Kulturgut im Eigentum von juristischen Personen des Privatrechts ohne wirtschaftlichen Zweck (*persone giuridiche private senza fine di lucro*), Regionen, Provinzen, Gemeinden sowie öffentlichen Körperschaften und Anstalten (*enti pubblici*); vgl. Art. 5 Abs. 5 *e contrario* D.L. 1999/490.

[859] Zum alten Recht vgl. Art. 4 Abs. 3 L. 1939/1089: „Le cose indicate nell'art. 1 restano sottoposte alle disposizioni della presente legge, anche se non risultino comprese negli elenchi e nelle dichiarazioni di cui al presente articolo." Von einer deklaratorischen Wirkung der Verzeichnisse gingen auch die Artt. 13, 20 Abs. 2, 39 u. 44 L. 1939/1089 sowie die Artt. 8 u. 10 der ebenfalls aufgehobenen Archivverordnung 1963/1409 aus; hingegen schienen die aufgehobenen Artt. 1, 2 u. 5 L. 1939/1089 eher von einer konstitutiven Wirkung auszugehen; vgl. dazu *Lombardi,* 194; vgl. statt vieler Cons.Stato, sez. VI, 30.11.1995, n. 1362 (Ministero

2. Sachgesamtheiten

Betrifft die Notifikaton eine Sachgesamtheit (z. B. archäologische Sammlung, Bibliothek, Archivbestände oder Gemäldegalerie), so muss diese von „aussergewöhnlicher künstlerischer oder historischer Bedeutung“ sein (Art. 2 Abs. 1 lit. c).[860] Die Notifikation muss zudem die Beweggründe für den erforderlichen Schutz der Sache vor deren Zerstückelung *(smembramento)* enthalten.[861]

Nach der Rechtsprechung des Kassationsgerichts braucht das Kulturgut im Zeitpunkt der Erklärung *(dichiarazione)* der besonderen Bedeutung des Kulturguts sich nicht in Italien zu befinden.[862] Die Unterschutzstellung ist unzulässig, wenn sich die Sache nur vorübergehend in Italien befindet.[863] Die gestützt auf das aufgehobene Gesetz 1939/1089 erfolgten Erklärungen und Notifikationen bleiben wirksam (Art. 13 Abs. 3).

B.C.A. c. Comune di Bari), Foro it. 1996, III, 399; Cons.Stato, sez. VI, 22.3.1993, n. 255 (Comune di Milano c. Ministero B.C.A., Soprintendenza Beni ambientali e architettonici), Giur.it. 1994, III, 1, 508f.; Corte di cassazione, sez. I, 26.6.1990, n. 6492 (Ministero Lavori Pubblici c. Medici), Riv.giur.edil. 1990, I, 864, nota Testori; zum Ganzen vgl. *Alibrandi/Ferri* Il diritto, 57; *Mansi* La tutela, 144; *Palma,* 350.

860 Es fällt auf, dass die Rechtsverordnung 1999/490 bei Sachgesamtheiten nur das künstlerische oder historische Interesse erwähnt, nicht aber das archäologische oder demo-ethno-antropologische Interesse wie bei den beweglichen und unbeweglichen Sachen gemäss Art. 2 Abs. 1 lit. a.

861 Zum alten Recht vgl. Cons.Stato, sez. VI, 10.6.1987, n. 373 (Pecchioli c. Ministero B.C.A.), Rep.Foro it. 1987, voce *Antichità e belle arti*, n. 17.

862 So geschehen bei einer ersten Version der Michelangelo-Skulptur *Pietà Rondanini*; vgl. Corte di cassazione, sez. III, 8.1.1980 (Schiavo), Giur.it. 1981, II, 12, nota Testori; s. hierzu die H. in Fn. 81.

863 Das im Jahre 1744 entstandene Gemälde *Il palazzo dei Giurisconsulti ed il Broletto Nuovo a Milano* von Bernardo Bellotto (1721–1770) wurde im Jahre 1994 anlässlich der Ausstellung *Luca Carlevarijs e la veduta veneziana del Settecento* in Padua aus dem Vereinigten Königreich nach Italien importiert. Das Gemälde befand sich seit dem Jahre 1750 in englischem Privatbesitz und wurde vom Londoner Kunsthändler Patrick Matthiesen als Vertreter des englischen Eigentümers als Leihgabe übergeben. Das Bild blieb nach der Beendigung der Ausstellung in Italien und befand sich in der Mailänder Galerie Salomon zum Verkauf. Als das auf mehr als US$ 2 000 000 geschätzte Bild am 22.11.1995 unter Denkmalschutz gestellt wurde, war das Bild aber bereits wieder in England. Matthiesen gelangte an die Europäische Kommission, welche schliesslich das italienische Ministerium verpflichtete, die Notifizierung als italienisches Kulturgut aufzuheben. Dieses einzigartig gebliebene Beispiel einer „Entnotifizierung“ *(snotificazione)* zeigt klar die Grenzen der Unterschutzstellung von italienischem Kulturgut; vgl. dazu Il Giornale dell'Arte, Dezember 1995, 1; Il Giornale dell'Arte, Januar 1996, 61; Il Giornale dell'Arte, Januar 1997, 1; *Lemme* Il Bellotto, 1; *Ders.* Temporanea, 61; *Masoero,* 6; zur Biografie Bellottos vgl. DBI, Bd. 7 (1965), 797–802.

3. Archive

Archivalien fallen gemäss Art. 2 Abs. 1 lit. d D.L. 1999/490 unter den Anwendungsbereich der Rechtsverordnung 1999/490. Zum geschützten Archivgut gehören Archive und einzelne Dokumente im Eigentum des Staats, der öffentlich-rechtlichen Anstalten sowie im Eigentum Privater; letztere nur, falls sie von beachtlichem historischen Interesse *(notevole interesse storico)* sind (Art. 2 Abs. 4). Die Notifikation des bedeutenden historischen Interesses an Archiven erfolgt im Wesentlichen nach den gleichen Grundsätzen wie für die übrigen Kulturgüter (vgl. Art. 6).[864] Private Eigentümer, Besitzer und Gewahrsamsinhaber sind verpflichtet, den Erwerb von mehr als 70 Jahre alten Archivalien anzuzeigen (Art. 9 Abs. 1). Die Übergabe an andere Personen bedarf der Bewilligung durch den örtlich zuständigen Denkmalpfleger (Art. 21 Abs. 4). Veräusserungen sind dem Ministerium anzuzeigen (vgl. Art. 55), der bei entgeltlichen Veräusserungen das Vorkaufsrecht ausüben kann (vgl. Art. 59). Händler müssen zudem Archivalien, die sie zum Kauf anbieten, dem zuständigen Denkmalpfleger anzeigen (vgl. Art. 64). Die Ausfuhr von Archivalien ist verboten, falls die Abwanderung dem historischen und kulturellen nationalen Vermögen schaden würde (Art. 65 Abs. 1). Archivalien können aus gemeinnützigen Gründen enteignet werden (vgl. Art. 91), wobei sich die Höhe der Entschädigung nach dem Preis eines freiwilligen Verkaufs in Italien bemisst (Art. 95).

III. Wirkungen der Notifikation

1. Allgemeine Verfügungsbeschränkungen

Die Veränderung oder Zerstörung von Kulturgut (Art. 21 Abs. 1), das Verbringen des Kulturguts an einen anderen inländischen Ort (Art. 22 Abs. 1 und 3) sowie die Ausgliederung eines Kunstgegenstands aus einer Sammlung bedarf der Bewilligung des Ministeriums (Art. 21 Abs. 3). Die auf Initiative des Eigentümers, des Besitzers und des Gewahrsamsinhabers *(detentore)* vorzunehmenden Restaurierungsarbeiten bedürfen ebenfalls der Bewilligung des Ministeriums (Art. 35 Abs. 1). Dieses kann auch von Amts wegen die Restaurierung des Kulturguts vorschlagen (Art. 37) und bei Nichtvornahme der Restaurierung dieselbe selbst vornehmen lassen (vgl. Art. 38 Abs. 5). Die erwähnten Bestimmungen gelten nur für privates Kulturgut und wenn die Erklärung des besonders wichtigen Interesses auch notifiziert wurde (Art. 10 Abs. 2).

---

[864] Vgl. dazu *Alibrandi/Ferri* I beni, 205–207.

2. Anzeigepflicht bei Veräusserungen

Der Eigentümer oder der Besitzer[865] des Kulturguts muss dem Ministerium alle entgeltlichen und unentgeltlichen Rechtsgeschäfte innerhalb dreissig Tagen seit der Veräusserung anzeigen, die das Eigentum oder den Besitz ganz oder teilweise übertragen (Art. 58 Abs. 1, Art. 58 Abs. 2 lit. a).[866] Im Konkurs, anlässlich einer Zwangsversteigerung oder wenn ein Urteil Veräusserungsverträge als nicht geschlossen erklärt, ist der Erwerber verpflichtet, die Veräusserung anzuzeigen (Art. 58 Abs. 2 lit. b). Im Falle der Übertragung von Todes wegen trifft die Anzeigepflicht den Erben oder den Vermächtnisnehmer (Art. 58 Abs. 2 lit. c). Die Anzeige erfolgt an das örtlich zuständige Denkmalamt (Art. 58 Abs. 3) und muss den Veräusserer und den Erwerber mit deren Namen und Adressen identifizieren, die Umschreibung des Veräusserungsobjekts, den Belegenheitsort der Sache sowie die Natur und die Bedingungen des Rechtsgeschäfts nennen (Art. 58 Abs. 4).[867] Kulturgut, dessen Veräusserung nicht angezeigt wurde, kann nicht ersessen werden.[868] Zudem kann der Staat sein Vorkaufsrecht ausüben, auch wenn die Anzeige der Veräusserung unterlassen und das Objekt bereits verkauft wurde (Art. 135 Abs. 2). Die erwähnten Bestimmungen gelten nur, wenn die Erklärung des besonders wichtigen Interesses auch notifiziert wurde (Art. 10 Abs. 2).

---

[865] Art. 58 Abs. 1 und Abs. 2 lit. a D.L. 1999/490 sprechen nur von „detentore", nicht aber auch von „possessore". M. E. ist „Detentore" hier mit „Besitzer" zu übersetzen. Gleiches gilt für „detenzione" (Besitz).

[866] Auch der Beauftragte, der ein Kulturgut als Stellvertreter im Auftrag eines Dritten kauft, muss die Veräusserung anzeigen, da er Eigentümer des Kaufgegenstands wird; vgl. Corte di cassazione, sez. un., 26. 1. 1994, n. 728 (Lapiccirella, Ministero B.C.A. e Salina), Foro it. 1994, I, 1, 1053 = Giur.it. 1994, I, 1, 1469. Dabei ging es um den Verkauf eines notifizierten Gemäldes von Giuseppe Maria Crespi (1665–1747). Leonardo Lapiccirella kaufte das Gemälde von Marchese Gian Augusto Salina Bolognini Amorini in eigenem Namen und auf Rechnung seines Mandanten Vitale Blok, der seinerseits das Bild für einen seiner Klienten erwarb. Der *Tribunale di Bologna* stellte mit Urteil vom 24. 1. 1984 die Nichtigkeit des Kaufvertrag zwischen Salina und Lapiccirella fest und verurteilte Lapiccirella zur Rückgabe des Bildes an die Erben des Verkäufers Salina. Die *Corte di appello di Bologna* wies die Berufung mit Urteil vom 9. 2. 1991 ab. Das Kassationsgericht hob das zweitinstanzliche Urteil auf und wies die Sache an eine andere Kammer zurück. Wie schliesslich entschieden wurde, konnte nicht in Erfahrung gebracht werden.

[867] Das aufgehobene Gesetz 1939/1089 nannte diese Erfordernisse nicht, sondern sie ergaben sich aus Art. 57 R.D. 1913/363.

[868] Cons.Stato, sez. VI, 23. 3. 1982, n. 129 (Soc. Tradizione Romana e Sforza Ruspoli c. Min. pubblica istruzione, Min. beni culturali), Foro it. 1982, II, 285.

3. Genehmigungspflichtige Veräusserungen

Die Veräusserung von Kulturgut im Eigentum von natürlichen Personen bedarf zwar keiner Bewilligung, muss aber trotzdem angezeigt werden (Art. 55 Abs. 1 lit. a *e contrario*), weil der Staat ein Vorkaufsrecht hat.[869]

4. Nichtigkeit nicht angezeigter Veräusserungsgeschäfte

Kommen die zur Anzeige verpflichteten Veräusserer ihrer Anzeigepflicht nicht ordnungsgemäss nach, so ist das Rechtsgeschäft nach Art. 135 Abs. 1 nichtig.[870] Vorbehalten bleibt das staatliche Vorkaufsrecht (Art. 135 Abs. 2).[871] Auch eine Aufhebung des Vertrags durch Dissens oder einseitigen Rücktritt hätte auf das Vorkaufsrecht keinen Einfluss.[872] Ob nur das erste Rechtsgeschäft nichtig ist oder auch ein späteres, wurde von den Gerichten verschiedentlich beantwortet.

a) Ältere Rechtsprechung

Nach älterer Rechtsprechung handelte es sich bei der Nichtigkeit gemäss Art. 61 Abs. 1 des aufgehobenen Gesetzes 1939/1089[873] um eine „relative" Nichtigkeit. Die Nichtigkeit der nicht genehmigten Veräusserung wirke nur *inter partes* und könne gutgläubigen Dritterwerbern nicht entgegengehalten werden, da die erwähnte Bestimmung im alleinigen Interesse des Staats aufgestellt worden sei. Zudem könne die Nichtigkeit des Veräusserungsgeschäfts nur der Staat geltend machen.[874] Der Richter konnte folglich die Nichtigkeit nicht *ex officio*, sondern

---

[869] Dies ergibt sich aus Art. 55 Abs. 1 lit. a D.L. 1999/490 (Staat, Regionen, Provinzen, Gemeinden), Art. 55 Abs. 1 lit. b D.L. 1999/490 (öffentliche Körperschaften oder Anstalten) sowie Art. 55 Abs. 3 D.L. 1999/490 (juristische Personen des Privatrechts).

[870] Art. 135 Abs. 1 D.L. 1999/490 lautet: „Le alienazioni [...] compiuti contro i divieti stabiliti dalla disposizioni di questo Titolo, o senza l'osservanza delle condizioni e modalità da esso prescritte, sono nulli."

[871] Zum alten Recht vgl. Corte cost. 20.6.1995, n. 269 (Verusio, Pierangeli e Beyeler c. Pres. cons. ministri), Foro it. 1996, I, 1, 809: „la prelazione ex art. 61 non solo non è sottoposta a decadenza, ma non soggiace nemmeno al limite della prescrizione." Anders noch Trib.amm.reg. Lazio, sez. II, 28.10.1981, n. 1021 (Spinosa c. Min. beni culturali), Rep.Foro it. 1982, voce *Antichità e belle arti*, n. 36; zum Fall Beyeler s. hinten E I 8.

[872] *Alibrandi/Ferri* I beni, 519; *Grisolia,* 400.

[873] Art. 61 Abs. 1 L. 1939/1089 lautete: „Le alienazioni [...] compiuti contro i divieti stabiliti dalla presente legge o senza l'osservanza delle condizioni e modalità da esse prescritte, sono nulli di pieno diritto." Neu geregelt in Art. 135 Abs. 1 D.L. 1999/490.

[874] Corte di cassazione, sez. I, 14.4.1947, n. 554 (Coppola c. Confederazione commerciante), Foro it. 1948, I, 33; Corte di cassazione, sez. III, 14.2.1975, n. 590 (Danieli c. Nani Mocenigo), Foro it. 1975, I, 1107; Corte di cassazione, sez. un., 15.5.1971, n. 1440 (De Angeli c. Ministero per la pubblica istruzione; Ministero per la pubblica istruzione c. De Angeli), Foro it. 1971, I, 2829; Corte di cassazione, sez. I, 3.4.1971, n. 965 (Sorice c. Iannicelli), Rep.Foro it. 1971, voce *Usucapione*, n. 17; Rep.Giur.it. 1971, voce *Usucapione*, n. 8; Corte di cassa-

nur auf Klage des Staats hin feststellen.[875] Das Kassationsgericht änderte jedoch mit Urteil vom 7. April 1992 seine Rechtsprechung und betrachtete die Nichtigkeit i.S des aufgehobenen Art. 61 Abs. 1 L. 1939/1089 als eine „absolute" Nichtigkeit.

b) Praxisänderung: Ministero B.C.A. c. Cucci[876]

α) Sachverhalt

Don Giacomo Babini, Prior der Kirche Santa Maria delle Grazie in San Sepolcro, einem Vorort von Florenz, verkaufte zwei bemalte kleine Türen[877] eines Tabernakels aus der Kirche an den Antiquitätenhändler Angelo Tarducci. Das Tabernakel war Eigentum der Kirche *(ente ecclesiastico)* und wegen seiner historisch-künstlerischen Bedeutung in ein Verzeichnis wertvollen Kulturguts eingetragen (vgl. Art. 4 L. 1939/1089).[878] Der Verkäufer holte für den Verkauf keine Bewilligung des zuständigen Ministers ein, wozu er nach Art. 26 Abs. 1 L. 1939/1089 verpflichtet gewesen wäre. Der Antiquitätenhändler Tarducci verkaufte das Tabernakel später an Rechtsanwalt Cleto Cucci. Die Diözese von San Sepolcro erhob Strafanzeige sowohl gegen den Kirchenvorsteher Don Babini als auch den Ersterwerber Tarducci. Don Babini wurde wegen Veruntreuung *(appropriazione indebita)*, Tarducci wegen Hehlerei *(ricettazione)* sowie beide wegen Nichtanzeige des Verkaufs an die zuständige Behörde verurteilt. Die zwangen den Zweiterwerber Cucci, die Tabernakelgemälde der Kirche zurückzugeben.

Cucci klagte auf Rückgabe der im Strafprozess beschlagnahmten Kunstwerke. Der *Tribunale di Arezzo* verneinte den originären Eigentumserwerb Cuccis und

---

zione, sez. I, 17.6.1967, n. 1429 (De Leoni c. De Leoni), Foro it. 1967, I, 2381; Rep.Giur.it. 1967, voce *Antichità e belle arti*, n. 32; kritisch *Pescatore*, 33–35.

[875] Vgl. Corte di cassazione, sez. III, 14.2.1975, n. 590 (Danieli c. Nani Mocenigo), Foro it. 1975, I, 1108, 1110; Corte di cassazione, sez. un., 15.5.1971, n. 1440 (De Angeli c. Ministero per la pubblica istruzione; Ministero per la pubblica istruzione c. De Angeli), Foro it. 1971, I, 2829; Corte di cassazione, sez. I, 3.4.1971, n. 965 (Sorice c. Iannicelli), Rep.Foro it. 1971, voce *Usucapione*, n. 17; Rep.Giur.it. 1971, voce *Usucapione*, n. 8; Corte di cassazione, sez. I, 17.6.1967, n. 1429 (De Leoni c. De Leoni), Rep.Giur.it. 1967, voce *Antichità e belle arti*, n. 32; Corte di cassazione, sez. II, 24.11.1989, n. 5070 (Com. Roma c. Soc. Cig.; Min. pubblica istruzione c. De Angeli), Rep.Giur.it. 1989, voce *Antichità e belle arti*, n. 42; Corte di cassazione, sez. II, 26.4.1991, n. 4559 (Sorcinelli c. Com. Trescore Balneario), Rep.Foro it. 1991, voce *Antichità e belle arti*, n. 73.

[876] Corte di cassazione, sez. I, 7.4.1992, n. 4260 (Ministero B.C.A. c. Cucci), Foro it. 1992, I, 2402 = Giur.it. 1994, I, 2, 1242, nota Deangeli = Giust.civ. 1992, I, 2, 2386.

[877] Diese Malereien stammen namentlich vom toskanischen Künstler Cherubino Zaccaria Matteo Alberti, genannt Borgheggiano (1553–1615).

[878] Die Diözese von San Sepolcro ist als rechtlich anerkannte Anstalt i.S.v. Art. 4 Abs. 1 L. 1939/1089 Eigentümerin des Kirchenguts.

wies die Klage ab.[879] Die *Corte di appello di Firenze* hiess die Berufung von Cucci gut und betrachtete ihn als rechtmässigen Eigentümer der Kunstwerke.[880] Die *Corte di cassazione* schliesslich hiess die Nichtigkeitsbeschwerde des Ministeriums B.C.A. gut und hob die vorinstanzliche Entscheidung mit Urteil vom 7. April 1992 auf.[881]

β) Rechtliche Erwägungen

Nach Auffassung des erstinstanzlichen *Tribunale di Arezzo* war der Kaufvertrag zwischen dem Prior Don Babini und dem Antiquitätenhändler Tarducci nach Art. 61 Abs. 1 L. 1939/1089 nichtig, weil keine Bewilligung des zuständigen Ministers nach Art. 26 Abs. 1 L. 1939/1089 eingeholt wurde. Der Verkäufer (Don Babini) sei nicht Eigentümer und habe keinen rechtsgültigen Eigentumstitel, den er übertragen könne.[882] Die entscheidende Frage war also, ob der Zweiterwerber Cucci durch Übergabe der Kaufsache gutgläubig vom Nichtberechtigten Tarducci Eigentum nach Art. 1153 Cci[883] habe erwerben können. Das erstinstanzliche Gericht verneinte diese Frage, weil der erste Kaufvertrag absolut nichtig nach Art. 61 Abs. 1 L. 1939/1089 sei und somit auch der Zweiterwerber Cucci somit keinen rechtsgültigen Titel habe erwerben können.[884]

Das Appellationsgericht hingegen hob das erstinstanzliche Urteil auf und bejahte den originären Eigentumserwerb nach Art. 1153 Cci vom Zweiterwerber Cucci.[885] Der erste Kaufvertrag (Babini-Tarducci) sei zwar auf Grund der fehlenden behördlichen Genehmigung des Verkaufs nach Art. 26 Abs. 1 L. 1939/1089 nichtig, die Nichtigkeit wirke aber nur zwischen den ursprünglichen Vertragsparteien und habe somit nicht dem Zweiterwerber Cucci entgegengehalten werden können. Die zweite Instanz ging offensichtlich von einer relativen Nichtigkeit des ersten Kaufvertrags aus. Da der Zweiterwerber Cucci gutgläubig gewesen sei, also nicht habe wissen können und müssen, dass es sich beim Kaufgegenstand um ein vinkuliertes Kulturgut im Eigentum einer Kirche handelte, sei die *traditio ex iusta causa* gegeben; Cucci habe deshalb nach Art. 1153 Cci gutgläubig Eigentum an den Kunstwerken erwerben können. Das Appellationsgericht kam ferner zum Schluss, dass die Kaufsache durch den nichtigen ersten

---

[879] Trib. di Arezzo 21.10.1981, unveröffentlicht; vgl. Foro it. 1992, I, 2403; *Deangeli*, 1244.

[880] Corte di appello Firenze 11.3.1987, unveröffentlicht; vgl. Foro it. 1992, I, 2403; *Deangeli*, 1244f.

[881] Vgl. Fn. 877.

[882] Diese Auffassung vertraten auch die höheren Instanzen.

[883] Art. 1153 Abs. 1 Cci lautet: „Colui al quale sono alienati beni mobili da parte di chi non ne è proprietario, ne acquista la proprietà mediante il possesso, purché sia in buona fede al momento della consegna e sussista un titolo idoneo al trasferimento della proprietà."

[884] Vgl. Fn. 880; Giur.it. 1994, I, 2, 1244.

[885] Vgl. Fn. 881; Foro it. 1992, I, 2403 = Giur.it. 1994, I, 2, 1245f. = Giust.civ. 1992, I, 2, 2386.

Kaufvertrag keineswegs zur verkehrsunfähigen Sache, also einer *res extra commercium*, geworden sei; auch sei keine Bewilligung des zweiten Veräusserungsgeschäfts (Tarducci-Cucci) erforderlich, weil es sich bei den Vertragsparteien um Private handelte.[886] Cucci habe kraft Übergabe der Kaufsache den Besitz erlangt und sei *ex iusta causa* nach Art. 1153 Cci Eigentümer geworden.[887]

Das Kassationsgericht schliesslich hiess die Nichtigkeitsbeschwerde des Kulturministers gut und hob das Urteil des Appellationsgerichts auf, indem es die absolute Nichtigkeit des ersten Verkaufs (Don Babini-Tarducci) bejahte. Es hob den originären Eigentumserwerb nach Art. 1153 Cci vom Zweiterwerber Cucci mit der Begründung auf, der erste Verkauf verstosse gegen die zwingende Norm von Art. 61 Abs. 1 L. 1939/1089, welche eine Verminderung des nationalen Kulturvermögens sowie Veräusserungsgeschäfte mit gutgläubigen Dritten verhindern solle und somit die Anwendung von Art. 1153 Cci unmöglich mache.[888] Ferner müsse festgehalten werden, dass die Sachübergabe, auf die sich Art. 1153 Cci beziehe, aus überwiegenden Interessen durch das Gesetz (Art. 28 i. V. m. Art. 32 L. 1939/1089) verboten werden dürfe und somit den Handel mit Mobilien beschränken könne, weil gerade Art. 1153 Cci den Rechtsverkehr beweglicher Sachen zu schützen habe.[889] Das Kassationsgericht stellte zudem fest, dass das öffentliche Interesse an der unentgeltlichen Zugänglichkeit kirchlicher Kulturgüter höher wiege als die Rechtssicherheit.[890] Nach teleologischer Auslegung des Gesetzes

---

[886] Dies wäre nicht der Fall bei der Veräusserung eines notifizierten Kulturguts im Eigentum eines Privaten; denn die Veräusserung eines Kulturguts von „interesse particolarmente importante“ müsste nach Art. 30 Abs. 1 i. V. m. Art. 3 Abs. 1 L. 1939/1089 dem zuständigen Minister angezeigt werden.

[887] Vgl. Fn. 881; Foro it. 1992, I, 2403 = Giur.it. 1992, I, 2, 1246 = Giust.civ. 1992, I, 2, 2387.

[888] Corte di cassazione 7.4.1992, Foro it. 1992, I, 2404 = Giur.it. 1994, I, 2, 1247 = Giust.civ. 1992, I, 2, 2387: „La nullità della prima vendita [...] avrebbe dovuto essere considerata assoluta perché in contrasto con norme imperative dirette ad impedire un facile depauperamento del patrimonio artistico nazionale, così da travolgere anche eventuali successive vendite a terzi presunti acquirenti in buona fede, e da rendere, quindi, inapplicabile la norma dell'art. 1153 c.c.“ Anders noch Corte di cassazione, sez. I, 27. 4. 1964, n. 1011 (Longo e altro c. Cacciatore e altri), Giust. civ. 1964, I, 1064, wonach Art. 1153 Cci auch beim gutgläubigen Erwerb von Sachen von künstlerisch-historischer Bedeutung, die Gegenstand von nicht bewilligten Veräusserungsgeschäften sind, zum Tragen käme.

[889] Foro it. 1992, I, 2405 = Giur.it. 1994, I, 2, 1248 = Giust.civ. 1992, I, 2. 2388: „Deve, infatti, ritenersi che la consegna della cosa [...] cui l'art. 1153 si riferisce per produrre gli effetti ivi stabiliti, debba essere non vietata dalla legge per motivi d'ordine superiore all'interesse privato alla certezza del commercio mobiliare che la predetta norma vuole assicurare.“

[890] Foro it. 1992, I, 2405 = Giur.it 1994, I, 1, 1248 = Giust.civ. 1992, I, 2, 2388: „È noto, infatti, che in Italia gran parte del patrimonio artistico si trova nelle chiese aperte gratuitamente al pubblico [...] e che condizione essenziale perché detto patrimonio possa continuare ad essere ammirato dal pubblico nell'esercizio di una libertà costituzionalmente protetta [...] è che esso vi resti, quale che sia il soggetto che ne sia o ne divenga proprietario (e, quindi, sotto questo aspetto, indipendentemente dalla sua commerciabilità).“

Nr. 1939/1089 „habe der Gesetzgeber mit Sicherheit nicht die Absicht gehabt, die Umgehung aller Bestimmungen – und insbesondere Art. 61 – des Gesetzes Nr. 1939/1089 zu ermöglichen, indem die Sache von historisch-künstlerischer Bedeutung an einen Dritten weiterveräussert werde, ohne die Herkunft des Objekts dem Erwerber zu offenbaren, und zwar mit dem Effekt, dem Dritten die Berufung auf Art. 1153 Cci zu ermöglichen."[891] Richtig sei vielmehr der Standpunkt der Klägerin (Ministero B. C. A.), wonach Güter im Eigentum einer kirchlichen Anstalt *(ente ecclesiastico)* nur unter der Voraussetzung der Bewilligung des Veräusserungsgeschäfts durch den zuständigen Minister frei veräusserlich seien.[892] Da es sich bei den Vertragsparteien des zweiten Kaufvertrags um Private handelte, und es somit keiner Genehmigung bedurfte, könne der Mangel des ersten Kaufvertrags, nämlich die Nichteinholung einer Genehmigung des Veräusserungsgeschäfts, nicht mit einem zweiten Verkauf desselben Gegenstands geheilt werden. Der gutgläubige Erst- und jeder spätere Erwerber von Kulturgütern i. S. des Gesetzes 1939/1089 könne sich somit beim Verstoss gegen die absolut zwingende Norm von Art. 26 L. 1939/1089 nicht auf Art. 1153 Cci berufen.

γ) Fazit

Die Lösung des Kassationsgerichts macht Sinn; denn es wäre zweckwidrig, den Mangel der Nichtgenehmigung eines ersten Veräusserungsgeschäfts durch eine zweite nicht genehmigungsbedürftige Veräusserung desselben Gegenstands reinzuwaschen. Das Interesse an der Bewahrung des nationalen Kulturvermögens geht also dem Interesse des Privatrechtsverkehrs von beweglichen Sachen vor.[893] Der im Urteil Cucci aufgestellte Grundsatz der Unanwendbarkeit von Art. 1153 Cci auf nicht genehmigte Veräusserungen dürfte allgemeine Geltung beanspruchen.[894]

---

[891] Foro it. 1992, I, 2405 = Giur.it. 1994, I, 2, 1248 = Giust.civ. 1992, I, 2 , 2389: „Il coordinamento, così chiarito, tra l'art. 1153 c.c., da un lato, e il divieto di tradizione di cui agli artt. 28 e 32 della legge n. 1089 del 1939 dall'altro, appare tanto più logico e cogente rispetto a tutto il sistema normativo quanto più si consideri che il legislatore [...] certamente non avrebbe voluto – se lo avesse previsto – che tutte le disposizioni emanate a tutela delle cose d'interesse artistico o storico e in particolare l'art. 61 della citata legge [...] potessero venir aggirate con straordinaria facilità da chiunque, pur avendo agito –peraltro a scopo di lucro – in flagrante e consapevole violazione di tale legge [...] abbia poi la semplice accortezza di rivendere e di consegnare a terzi, l'oggetto di interesse artistico e storico senza palesargliene la provenienza (o comunque, senza che rimangono prove di un siffatto palesamento) con l'effetto di consentire al terzo d'invocare l'art. 1153 c.c."

[892] Dies im Gegensatz zu Gütern von historisch-künstlerischer Bedeutung im Eigentum von Gebietskörperschaften (Art. 824 Abs. 1 Cci i. V. m. Art. 823 Abs. 1 Cci; Art. 23 L. 1939/1089), die zum absolut unveräusserlichen *demanio pubblico* gehören. Die Rechtsprechung hat den domanialen Charakter von Gütern, die kirchlichen Institutionen gehören, ausdrücklich verneint; vgl. dazu die Hinweise bei *Deangeli,* 1243.

[893] Vgl. dazu *Deangeli,* 1246.

[894] Gl.M. wohl *Fiale,* 448, Fn. 76; a. A. *Loosli,* 90, wonach das Kassationsgericht die Grenzen der zulässigen Gesetzesauslegung überschritten habe; ähnlich *Deangeli,* 1246, wo-

5. Sanktionen

Wer die Anzeige von Veräusserungen unterlässt, die Sache also trotz des Übergabeverbots während der Frist, in welcher der Staat von seinem Vorkaufsrecht Gebrauch machen kann, dem Erwerber übergibt, wird mit Gefängnis und Busse bestraft (vgl. Art. 122). Kann das Kulturgut bei missachteter Anzeigepflicht von Veräusserungen nicht wiedererlangt werden *(rintracciabile)*, schuldet der Zuwiderhandelnde dem Staat die Summe in der Höhe des Werts der Sache (Art. 134 Abs. 1). Unter dem Vorbehalt strengerer Strafbestimmungen ist sodann Art. 650 Cpi (Nichtbeachtung amtlicher Verfügungen) anwendbar (Art. 129).

E. Erwerbstatbestände

I. Vorkaufsrecht

1. Zweck

Die im Zusammenhang mit dem rechtsgeschäftlichen Verkehr von Kulturgütern bestehenden Regelungen verfolgen nach kassationsgerichtlicher Rechtsprechung allgemein den Zweck, einen billigen Ausgleich zwischen den Rechten der Privaten und den öffentlichen Interessen zu finden und somit zu verhindern, dass die Veräusserung von Kulturgütern deren Konservierung oder öffentliche Nutzniessung beeinträchtigen könnte.[895] Es soll zudem „eine degradierende oder unadäquate Nutzung von Kulturgütern" verhindert werden.[896] Diese Auslegung wird jedoch für den Bereich des Vorkaufsrechts *(diritto di prelazione)* als zu einschränkend betrachtet, so dass der Staat sein Vorkaufsrecht nicht nur zum Zwecke des Schutzes, sondern auch zur Werterhöhung von Kulturgütern und zur Vergrösserung seines Kulturerbes ausüben kann.[897] Angesichts der enteignungsähnlichen[898] Natur des Vorkaufsrechts müsste m. E. die Rechte des Eigentümers auf eine angemessene Entschädigung gewahrt werden. Ob das in der Praxis immer der Fall sein dürfte, sei dahingestellt.

---

nach es nicht erlaubt sei „forzare l'interpretazione della legge al fine di tutelare la ‚ragion di Stato'."

895 Corte di cassazione, sez. III, 21. 8. 1962, n. 2613 (Ministero pubblica istruzione c. Cattania ed altri), Giust.civ. 1963, I, 324 (326); Corte di cassazione, sez. I, 17. 1. 1985, n. 117 (Min. beni culturali e ambientali c. Cranito di Belmonte), Foro it. 1985, I, 1070 (1072).

896 *Mansi* La tutela, 344.

897 In diesem Sinn Trib.amm.reg. Lazio, sez. II, 17. 10. 1983, n. 900 (Soc. Confcooper 2 ed altri c. Ministero beni culturali e ambientali), TAR 1983, I, 3112 (3116); *Cortese* Lezioni, 146.

898 Corte cost. 20. 6. 1995, n. 269 (Verusio, Pierangeli e Beyeler c. Pres. Cons. ministri), Foro it. 1996, I, 1, 809; kritisch *Mansi* La tutela, 338 u. 345.

2. Rechtsnatur

Die Rechtsnatur des staatlichen Vorkaufsrechts ist für die gerichtliche Zuständigkeit von Bedeutung.[899] Die privatrechtliche Natur des Vorkaufsrechts wird damit begründet, es weise Merkmale des gemeinrechtlichen Vorkaufsrechts auf.[900] Eine andere Auffassung verficht das Vorliegen einer besonderen Form des Zwangserwerbs *(acquisto coattivo)*,[901] für den das öffentliche Recht anwendbar sei. Denn der Staat sei nicht gleichwertige Vertragspartei, sondern handle mit staatlicher Hoheitsbefugnis und daher im öffentlichen Interesse;[902] die Ausübung des gesetzlichen Vorkaufsrechts sei daher vielmehr ein Verwaltungsakt.[903] Hingegen bezeichnet die ständige Rechtsprechung das staatliche Vorkaufsrecht als eine „Enteignung im weiteren Sinn“[904].

3. Anwendungsbereich

entgeltlichen Rechtsgeschäften kann das Ministerium das Kulturgut nach Art. 59 Abs. 1 zu dem Preis erwerben, den die Parteien vereinbart haben. Obwohl diese Vorschrift von „Preis“ spricht, bezieht sich das Vorkaufsrecht nicht nur auf Kaufverträge, sondern es fallen auch andere entgeltliche Rechtsgeschäfte darunter.[905] Der Begriff „Preis“ ist demnach als „Wert“ zu ver-

---

899 Vgl. dazu *Cortese* Lezioni, 146, Fn. 7; zur Rechtsnatur des staatlichen Vorkaufsrechts vgl. eingehend *Caracciolo la Grotteria,* 49–75.

900 So z. B. *Cantucci* La tutela, 216–220.

901 Vgl. z. B. Cons.Stato, sez. VI, 30. 1. 1991, n. 58 (Verusio, Pierangeli, Beyeler c. Ministero B.C.A.), Foro it. 1991, III, 351: „la prelazione [...] costituisce espressione di un potere di acquisizione coattiva“; a. A. *Caracciolo la Grotteria,* 72–75, wonach es sich um ein „trasferimento potestativo a carattere derivativo-traslativo“ handelt.

902 *Cantucci* La prelazione, 581; so auch Corte di cassazione, sez. un., 1. 7. 1992, n. 8079 (Di Salvo e Sciacca c. Assessore ai B.C.A. e della pubblica istruzione della Regione siciliana), Giur.it. 1993, I, 1, 812 (814 f.), nota De Mare: „lo Stato agisce mediante l'esplicazione di un potere di supremazia per il conseguimento di un interesse pubblico, quale la conservazione e il pubblico godimento di determinati beni, il cui trasferimento viene, pertanto, imposto al privato, onde si tratta di una forma di acquisto, che si attua non già attraverso un rapporto negoziale, ma per effetto di una manifestazione della potestà d'imperio dello Stato.“

903 *Alibrandi/Ferri* I beni, 504, 508 u. 514.

904 Cons.Stato, sez. VI, 30. 1. 1991, n. 58 (Verusio, Pierangeli, Beyeler c. Ministero B.C.A.), Foro it. 1991, III, 345; Corte di cassazione, sez. un., 19. 3. 1994, ord. n. 228 (Verusio c. Min. B.C.A., Beyeler, Pierangeli), Giust.civ. 1994, I, 1, 609: „negozio di diritto pubblico rientrante nella categoria degli atti espropriativi in senso lato“; zuletzt Corte cost. 20. 6. 1995, n. 269 (Verusio, Pierangeli e Beyeler c. Pres. cons. ministri), Foro it. 1996, I, 1, 809, wonach es sich um eine „Enteignungsmassnahme“ („provvedimento espropriativo“) handle; a. A. *Mansi* La tutela, 345, wonach das Vorkaufsrecht keinen enteignungrechtlichen Charakter aufweise, weil der Verkäufer ausdrücklich auf sein Eigentum verzichtet, während der Erwerber noch kein Eigentum erworben habe.

905 Vgl. Art. 59 Abs. 5 D.L. 1999/490, wonach das staatliche Vorkaufsrecht auch bei Übergabe der Sache an Zahlungs Statt besteht; so auch schon das alte Recht in Art. 28 Abs. 2 Satz 2 u. Art. 33 L. 1939/1089.

stehen.[906] Deshalb wird der Staat wohl auch bei gemischten Schenkungen von seinem Vorkaufsrecht Gebrauch machen dürfen.[907] Kein Vorkaufsfall begründen demgegenüber beschränkte dingliche Rechte wie Nutzniessung, Dienstbarkeiten, Faust- oder Grundpfand; ebensowenig Rechtsgeschäfte, durch die lediglich der Gewahrsam übertragen wird.[908] Zulässig ist die Ausübung des Vorkaufsrechts also bei Rechtsgeschäften, welche das Eigentum an einem Kulturgut gegen Entgelt übertragen.

Wird eine Sachgesamtheit (Bibliothek, Gemäldegalerie oder archäologische Sammlung) veräussert, so kann der Staat sein Vorkaufsrecht auch an einzelnen Objekten ausüben.[909] In diesem Fall kann der Käufer aber vom Vertrag zurücktreten (Art. 60 Abs. 5). Ferner besteht das staatliche Vorkaufsrecht auch bei nichtigen Veräusserungsgeschäften (Art. 135 Abs. 2) und kann auch nach Ablauf der zweimonatigen Frist ausgeübt werden.[910] Ebenfalls kann der Staat das Vorkaufsrecht bei gerichtlichen Zwangsverkäufen wie z. B. im Rahmen von Zwangsvollstreckungsverfahren geltend machen.[911] Nicht gesetzlich geregelt ist die Frage, ob die Ausübung des Vorkaufsrechts in anderen Fällen als der Übertragung eines Eigentumsanteils,[912] also im Falle einer Sacheinlage in eine Gesellschaft mit Rechtspersönlichkeit,[913] Eigentumsübertragung mit gleichzeitiger Begründung einer Nutzniessung zu Gunsten des Veräusserers[914] und bei Tauschverträgen sowie atypischen Verträgen mit einer Verpflichtung zu einem Tun oder Unter-

---

906 *Cantucci* La prelazione, 593.

907 *Alibrandi/Ferri* I beni, 521; a. A. *Cantucci* La prelazione, 598–600.

908 *Alibrandi/Ferri* I beni, 510.

909 Trib.amm.reg. Lazio, sez. II, 17.10.1983, n. 900 (Confcooper 2 ed altri c. Ministero beni culturali e ambientali), TAR 1983, I, 3112 = Foro amm. 1984, I, 159; Rep.Foro it. 1984, voce *Antichità e belle arti*, n. 52, welcher die Zulässigkeit des staalichen Vorkaufsrechts über einzelne Objekte u.a. mit der ausdrücklichen Regelung in Art. 31 Abs. 4 L. 1939/1089 begründete; ebenso *Mansi* La tutela, 350; a. A. Corte di cassazione, sez. III, 21.8.1962, n. 2613 (Ministero pubblica istruzione c. Cattania ed altri), Foro it. 1963, I, 303 = Giust.civ. 1963, I, 324.

910 Zum alten Recht vgl. Corte cost. 20.6.1995, n. 269 (Verusio, Pierangeli e Beyeler c. Pres. cons. ministri), Foro it. 1996, I, 1, 807: „essendo nullo il negozio traslativo, il diritto di prelazione può essere fatto valere in ogni tempo.“

911 Vgl. die Anzeigepflicht des Veräusserers bei Zwangsverkäufen und Zwangsvollstreckungen in Art. 58 Abs. 2 lit. b D.L. 1999/490.

912 Verneinend Corte di cassazione, sez. I, 20.11.1996, n. 10160 (Comune di Dovadola c. Cabiati), Foro it 1997, I, 504; Corte di cassazione, sez. I, 17.1.1985, n. 117 (Min. beni culturali e ambientali c. Granito di Belmonte), Foro it. 1985, I, 1070 (1072); Corte di cassazione, sez. III, 21.8.1962, n. 2613 (Ministero pubblica istruzione c. Cattania ed altri), Foro it. 1963, I, 303 = Giust.civ. 1963, I, 327. Bejahend: Trib.amm.reg. Lazio, sez. II, 17.10.1983, n. 900 (Soc. Confcooper 2 ed altri c. Ministero beni culturali e ambientali), TAR 1983, I, 3112 = Foro amm. 1984, I, 159; Rep.Foro it. 1984, voce *Antichità e belle arti*, n. 52; zur Doktrin vgl. *Alibrandi/Ferri* I beni, 510f.; *Mansi* La tutela, 350.

913 Verneinend *Alibrandi/Ferri* I beni, 524; bejahend *Cantucci* La prelazione, 595.

914 Verneinend *Alibrandi/Ferri* I beni, 510.

lassen,[915] zulässig ist. Ausgeschlossen bleibt ein staatliches Vorkaufsrecht in den Fällen, in denen kein rechtlich relevanter Veräusserungswille des Eigentümers vorliegt, so bei arglistiger Täuschung, Drohung oder Handlungsunfähigkeit des Veräusserers.[916] Hingegen bleibt das staatliche Vorkaufsrecht beim simulierten Verpflichtungsgeschäft wohl nur dann bestehen, wenn tatsächlich ein entgeltliches Veräusserungsgeschäft von den Parteien beabsichtigt war.[917] Die Erfüllung des Vertrags durch die Vertragsparteien bzw. die Rechtswirkungen des Vertrags ist also abhängig vom Nichtvorliegen eines überwiegenden öffentlichen Interesses am Erwerb des Kulturguts.[918] Die Vertragsfreiheit des privaten Verkäufers, den Vertragspartner frei zu wählen, ist also dahingehend eingeschränkt, dass der Verkäufer eventualiter den Vertrag nicht mit der von ihm gewählten oder gefundenen Partei abschliessen kann, sondern mit dem Staat abschliessen *muss*.[919]

4. Preisbestimmung

Bei entgeltlichen Rechtsgeschäften kann das Ministerium das Kulturgut zu dem Preis erwerben, den die Parteien vereinbart haben (Art. 59 Abs. 1). Der Preis ist in den Fällen für den Staat unverbindlich, in denen ein erhöhter Kaufpreis simuliert[920] wurde oder in jenen, in denen die Anwendung der gesetzlichen Grundregel zu stossenden Ergebnissen führen würde. Zu diesen Ausnahmetatbeständen gehören sowohl die Übervorteilung des Veräusserers und gemischte Schenkungen als auch Verträge, bei denen die Gegenleistung nicht materiell in Geld geschuldet ist wie bei Tauschgeschäften und atypischen zweiseitigen Verträgen, bei denen etwa ein Tun oder Unterlassen geschuldet ist.[921] In

---

915 Verneinend: *Cantucci* La prelazione, 593, in Bezug auf Tauschverträge; bejahend *Alibrandi/Ferri* I beni, 451; in diesem Sinn auch Cons.Stato, sez. VI, 10.6.1987, n. 400 (Calabresi e altro c. Ministero beni culturali e ambientali), Foro amm. 1987, I, 1455: „non appare, pertanto, limitata a quei negozi la cui funzione economica-sociale sia costituita dallo scambio di cosa contro prezzo [...] ma si estende a tutte le regolamentazioni convenzionali che vedano comunque, oltre la realizzazione di un effetto traslativo, l'assunzione di obbligazioni a carico di entrambe le parti del negozio."

916 *Alibrandi/Ferri* I beni, 511f.

917 *Alibrandi/Ferri* I beni, 513.

918 Vgl. *Alibrandi/Ferri* I beni, 503.

919 Vgl. Cons.Stato, sez. VI, 30.1.1991, n. 58 (Verusio, Pierangeli, Beyeler c. Ministero B.C.A.), Foro it. 1991, III, 345; Cons.Stato, sez. VI, 3.4.1992, n. 226 (Paglialunga c. Ministero beni culturali ed altri), Rass.Cons.Stato 1992, I, 585.

920 Trib.amm.reg. Lazio, sez. II, 17.10.1983, n. 900 (Soc. Confcooper 2 ed altri c. Ministero beni culturali e ambientali), TAR 1983, I, 3112 = Foro amm. 1984, I, 159; Rep.Foro it. 1984, voce *Antichità e belle arti*, n. 52; *Grisolia*, 401, wonach sich der Staat bei simuliertem Kaufpreis auf den realen Preis berufen kann.

921 Cons.Stato, sez. VI, 15.7.1977, n. 747 (Rubin de Cervin Albrizzi c. Provincia autonoma di Trento e Soc. Casa vinicola Castel Monreale di Karl Schmid), Rass.Cons.Stato 1977, I, 1246; *Alibrandi/Ferri* I beni, 522.

diesen Ausnahmefällen wird die analoge Anwendung von Art. 59 Abs. 2 vorgeschlagen.[922]

Haben die Parteien keinen Wert in Geld vereinbart, so bestimmt das Ministerium von Amts wegen den wirtschaftlichen Wert des Guts (Art. 59 Abs. 2). Lehnt der Veräusserer den vorgeschlagenen Preis ab, so bestimmt eine Kommission, die aus Mitgliedern des Ministeriums, des Veräusserers und eines Gerichtspräsidenten konstituiert wird, den Preis (Art. 59 Abs. 3). Die Preisbestimmung kann bei Irrtum oder offensichtlicher Ungerechtigkeit angefochten werden (Art. 59 Abs. 4).[923]

5. Verfahren

Der Staat hat sein Vorkaufsrecht innerhalb einer Frist von zwei Monaten ab dem Zeitpunkt des Zugangs der Anzeige der Veräusserung auszuüben (Art. 60 Abs. 1)[924] und muss den möglichen Kauf dem Veräusserer und dem ursprünglichen Erwerber notifizieren (Art. 60 Abs. 2 Satz 1). Innerhalb der zweimonatigen Ausübungsfrist darf der Veräusserer das Kulturgut nicht dem ursprünglichen Erwerber übergeben, und eine Veräusserung wäre unwirksam (Art. 60 Abs. 3). Das Eigentum geht im Zeitpunkt der zuletzt zugegangenen staatlichen Anzeige an den Veräusserer oder Erwerber auf den Staat über (Art. 60 Abs. 2 Satz 2).[925] Der örtlich zuständige staatliche Denkmalpfleger *(soprintendente)* informiert unverzüglich die Region, die Provinz und die Gemeinde, in welcher sich das zu veräussernde Kulturgut befindet (Art. 61 Abs. 1). Diese Gebietskörperschaften haben sodann die Möglichkeit, innerhalb einer Frist von 40 Tagen ab dem Zeitpunkt der zugegangenen Anzeige dem Ministerium ein Kaufangebot zu unterbreiten (Art. 61 Abs. 2). Verzichtet das Ministerium auf Ausübung des Vorkaufsrechts, so wird das Kulturgut zu Gunsten der ersuchenden Gebietskörperschaft erworben (Art. 61 Abs. 3). Unbewegliche Sachen von historisch-künstlerischer Bedeutung sowie Sachgesamtheiten wie z. B. Bibliotheken oder Gemäldegalerien gelangen *ipso iure* in das unveräusserliche öffentliche Gut *(demanio pubblico)*,[926] bewegliche Kulturgüter werden mit der Eigentumsübertragung Teil des verfügbaren Staatsvermögens *(patrimonio disponibile)*.

---

922 So namentlich von *Alibrandi/Ferri* I beni, 522f.

923 Zum alten Recht vgl. Art. 31 Abs. 3 L. 1939/1089, wonach die Preisbestimmung durch die Kommission unanfechtbar (*insindacabile*) und unwiderruflich (*irrevocabile*) war. Nach der Rechtsprechung des Kassationsgerichts konnte die irrtümliche oder unbillige Preisbestimmung vor ordentlichen Gerichten angefochten werden; vgl. Corte di cassazione, sez. I, 17.2.1976, n. 514 (Carofalo c. Ministero della P.I.), Rass.Avv.Stato 1976, I, 241; zur Anfechtbarkeit vgl. auch *Alibrandi/Ferri* I beni, 526 f.

924 Art. 60 Abs. 1 D.L. 1999/490 lautet: „Il diritto di prelazione è esercitato nel termine di due mesi dalla data di ricezione della denuncia prevista dell'articolo 58."

925 Art. 60 Abs. 2 Satz 2 D.L. 1999/490 lautet: „La proprietà passa allo Stato dalla data dell'ultima notificazione."

926 Vgl. Art. 822 Abs. 2 i. V. m. Art. 823 Abs. 1 Cci; vgl. dazu Corte di cassazione 21.8.1962, n. 2613 (Ministero pubblica istruzione c. Cattania ed altri), Foro it. 1963, I, 303 = Giust.civ.

6. Rechtsmittel

Abgesehen von der Anfechtung der Preisbestimmung beim Vorkaufsrecht (vgl. Art. 59 Abs. 2) sowie bei der Festsetzung der Vergütung bei archäologischen Funden (vgl. Art. 90 Abs. 2) sagt die Rechtsverordnung 1999/490 nichts zu den Rechtsmitteln gegen die anderen Verfügungen des Ministeriums. Nach Art. 113 Abs. 1 der italienischen Verfassung können Verfügungen allerdings vor ordentlichen oder Verwaltungsgerichten angefochten werden.[927] Die Zuständigkeit richtet sich dabei nach dem verletzten Rechtsgut.[928] Die ordentlichen Gerichte sind zuständig bei der Verletzung von subjektiven Rechten[929], namentlich bei Streitigkeiten über die Entgeltlichkeit von Veräusserungsgeschäften oder darüber, ob bei privaten Kulturgütern die Notifikation bereits erfolgt ist oder ob das Vorkaufsrecht fristgemäss[930] ausgeübt wurde. Die Verwaltungsgerichte sind zuständig bei der Geltendmachung der Verletzung berechtigter Interessen,[931]

1963, I, 324. Mögliche Nutzungsrechte Dritter auf Grund früherer Verträge gehen bei dieser Inkorporierung in den *demanio pubblico* unter; vgl. Corte di cassazione, sez. un., 25.10.1957, n. 4118 (Monaco c. Ministero P.I.), Giust.civ. 1958, I, 1108; Corte di cassazione, sez. un., 16.1.1991, n. 377 (Soc. Fiera dell'Automezzo d'Occasione c. Ministero Finanze), Riv.giur.edil. 1991, I, 1020; Cons.Stato, sez. IV, 19.12.1988, n. 1073 (Pelzer c. Min. finanze, Min. beni culturali e ambientali), Foro it. 1990, III, 357; Trib.amm.reg. Lazio, sez. II, 6.4.1988, n. 546 (Soc. Mobili imbottili c. Min. finanze), Foro it. 1990, III, 374.

927 Art. 113 Abs. 1 Cost. lautet: „Contro gli atti della pubblica amministrazione è sempre ammessa la tutela giurisdizionale dei diritti e degli interessi leggitimi dinanzi agli organi di giurisdizione ordinaria o amministrativa."

928 Vgl. dazu *Alibrandi/Ferri* I beni, 532–536.

929 Vgl. z.B. Corte di cassazione, sez. un., 19.3.1994, ord. n. 228 (Verusio c. Ministero B.C.A., Beyeler, Pierangeli), Giust.civ. 1994, I, 1, 609 (610): „giurisdizione del giudice ordinario ove si converta dell'appartenenza all'amministrazione del potere (discrezionale) [...] il cui esercizio comprime il diritto soggettivo (di proprietà o altro diritto sulla o relativo alla cosa protetta) del privato, e sussista invece quella del giudice amministrativo quando si contesti il legittimo esercizio di detto potere, effetivamente appartenente alla P.A."; Cons.Stato, sez. VI, 30.1.1991, n. 58 (Verusio, Pierangeli, Beyeler c. Ministero B.C.A.), Foro it. 1991, III, 346: „va considerato che costituisce [...] il principio secondo cui nelle controversie contro la pubblica amministrazione sussiste la giurisdizione del giudice ordinario allorquando si controverta dell'appartenenza all'amministrazione del potere esercitato nei confronti di posizioni di diritto soggettivo degli amministrati". Zur ordentlichen Gerichtsbarkeit vgl. *Virga,* II, 237–247.

930 Vgl. Corte di cassazione, sez. un., 1.7.1992, n. 8079 (Di Salvo E Sciacca c. Assessore ai B.C.A. e della pubblica istruzione della Regione siciliana), Giur.it. 1993, I, 1, 812, nota De Mare; a.A. Cons.Stato, sez. VI, 30.1.1991, n. 58 (Verusio, Pierangeli, Beyeler c. Ministero B.C.A.), Foro it. 1991, III, 345; Cons.Stato, sez. VI, 13.10.1993, n. 706 (Ministero beni culturali e Comune di Corbetta c. Giannelli ed altri), Rass.Cons.Stato 1993, I, 1285.

931 Zur Abgrenzung des berechtigten Interesses von den subjektiven Rechten vgl. *Virga,* II, 179–196; Corte di cassazione, sez. un., 19.3.1994, ord. n. 228 (Verusio c. Ministero B.C.A., Beyeler, Pierangeli), Giust.civ. 1994, I, 1, 610; Cons.Stato, sez. VI, 30.1.1991, n. 58 (Verusio, Pierangeli, Beyeler c. Ministero B.C.A.), Foro it. 1991, III, 346; vgl. auch *Fantini,* 314.

namentlich bei Fragen über die Zulässigkeit der Ausübung des Vorkaufsrechts zu anderen als kulturellen Zwecken.[932]

7. Verfassungsrechtliche Aspekte

In dem nach altem Recht beurteilten Fall Beyeler[933] wurde das staatliche Vorkaufsrecht über ein Gemälde Van Goghs geschützt, welches der Staat elf Jahre nach dem Verkauf zwischen Privaten ausübte, obwohl das Werk inzwischen fast doppelt so viel wert war. Erst der Europäische Gerichtshof für Menschenrechte deklarierte dieses Verhalten als Verstoss gegen Art. 1 des ersten Zusatzprotokolls zur EMRK.

8. Fall Beyeler[934]

a) Sachverhalt

Bei diesem Fall geht es um die Ausübung des staatlichen Vorkaufsrechts im Jahre 1988 betreffend das im Jahre 1889 in Saint-Rémy de Provence entstandene Gemälde *Le jardinier*[935] von Vincent Van Gogh (1853–1890), welches elf Jahre früher vom Eigentümer an den Schweizer Kunsthändler und Galeristen Ernst Beyeler verkauft wurde.

Giovanni Verusio, Eigentümer des Bildes, verkaufte das Kunstwerk am 28. Juli 1977 an Silvestro Pierangeli zum Preis von LIT 600 000 000[936] und zeigte die Veräusserung am 3. August 1977 dem zuständigen Minister an.[937] In dieser Anzeige war nicht Beyeler als Käufer genannt, sondern Pierangeli; die Anzeige entsprach also nicht den Anforderungen gemäss Art. 57 R. D. 1913/363. Am 21. November 1977 ersuchte Pierangeli das Exportbüro in Palermo, die Ausfuhr des Gemäldes

---

932 So das Beispiel bei *Loosli,* 106.

933 Dazu sogleich hinten 8.

934 Trib.amm.reg. Lazio, sez. II, 26.1.1990, n. 224 (Beyeler c. Ministero B.C.A., Pierangeli), Foro it. 1991, III, 37; Cons.Stato, sez. VI, 30.1.1991, n. 58 (Verusio, Pierangeli, Beyeler c. Ministero B.C.A.), Foro it. 1991, III, 345; Foro amm. 1992, I, 86, nota Anselmo (2344); Corte di cassazione, sez. un., 19.3.1994, n. 228 (Verusio c. Ministero B.C.A., Beyeler, Pierangeli), Giust.civ. 1994, I, 1, 609; Corte cost. 20.6.1995, n. 269 (Verusio, Pierangeli e Beyeler c. Pres. cons. ministri), Foro it. 1996, I, 1, 807; vgl. hierzu *Mansi* La tutela, 334f.; Corte di cassazione, sez. un., 11.3.1996, n. 1950 (Verusio, Pierangeli, Beyeler c. Ministero B.C.A. e altri), Foro it. 1996, I, 2, 2444; EuGMR 5.1.2000 (Beyeler g. Italien), Human Rights L.J. 21 (2000) 61–73. Zum Ganzen vgl. *Renold* A Landmark, 73–76; *Schöbi,* 78–83.

935 Vgl. *Hulsker,* Nr. 1779.

936 Damals CHF 1 632 000 oder US$ 680 000. Dies entspricht heute etwa CHF 2 950 000 oder US$ 1 958 400.

937 Die künstlerisch-historische Bedeutung des Gemäldes war bereits im Jahre 1954 notifiziert worden. Das Kunstwerk gelangte im Jahre 1910 in eine Privatsammlung und befindet sich seitdem in Italien; vgl. *Somers Cocks* European, 43.

nach London zu gestatten. In der Zwischenzeit wurde das Bild in der *Galleria d'arte regionale di Sicilia* aufbewahrt. Am 3. Dezember 1977 teilte der *Ministero per la pubblica istruzione* Pierangeli mit, dass der Staat auf seine Ausübung des Erwerbsrechts mangels Interesses verzichte. Knapp einen Monat später verweigerte das Exportbüro die Ausfuhr mit der Begründung, die dauernde Ausfuhr des Bildes bedeutete einen grossen Schaden für das nazionale Kulturvermögen (vgl. Art. 35 Abs. 1 L. 1939/1089). Am 1. Dezember 1983 teilte der vermeindliche Käufer Pierangeli mit, dass er damals das Gemälde in fremdem Namen und auf fremde Rechnung für den Basler Galeristen und Sammler Ernst Beyeler erworben habe. Tags darauf erklärte Pierangeli, dass er das Bild der amerikanischen Peggy-Guggenheim-Stiftung zuhanden des Peggy-Guggenheim-Museums in Venedig für US$ 2 100 000 verkaufen wolle und er den zuständigen Minister einlade, sich zur eventuellen Ausübung des Vorkaufsrechts zu äussern. Wiederum machte er darauf aufmerksam, dass nicht er, sondern Beyeler das Bild am 28. Juli 1977 erworben habe und somit auch Eigentümer sei. Ohne darauf einzugehen, ordnete das zuständige Ministerium am 23. April 1986 die vorübergehende Aufbewahrung des Gemäldes in der *Galleria nazionale d'arte moderna e contemporanea* in Rom an.[938] Diese Sicherungsmassnahme wurde damit begründet, die Konservierung und die Sicherheit des Gemäldes seien durch die Ungewissheit über die Eigentümerschaft gefährdet.[939]

Pierangeli rekurrierte gegen diese vorsorgliche Massnahme beim *Tribunale amministrativo regionale* in Rom, Beyeler verzichtete auf einen Rekurs. Am 26. Februar 1988 bot Beyeler das Bild für US$ 11 000 000 dem italienischen Staat zum Kauf an. Da das zuständige Ministerium auf dieses Angebot nicht fristgemäss reagierte, verkaufte er es am 2. Mai 1988 an die Peggy-Guggenheim-Stiftung für US$ 8 500 000. Der Kauf wurde am Tag danach ordnungsgemäss angezeigt.[940] Die zuständige Behörde teilte am 1. Juli 1988 Beyeler und der Stiftung mit, der Staat könne das Eigentum der Stiftung nicht anerkennen, weil Beyeler keinen rechtsgültigen Eigentumstitel am Bild habe. Vier Tage später verlangte Beyeler die Rückgabe des Gemäldes, welches sich noch immer in Rom befand. Die zuständige Behörde reagierte nicht. Am 24. November 1988, also mehr als elf Jahre später, übte die italienische Regierung ihr Vorkaufsrecht zu dem in der Anzeige vom 3. August 1977 angegebenen Preis aus.[941] Das öffentliche Interesse

---

938 Das Gemälde wurde noch am 20. 5. 1998 in der Nationalgalerie in Rom aufbewahrt, bis es mit zwei anderen Gemälden in der Nacht vom 19./20. 5. 1998 gestohlen wurde. Die italienischen Carabinieri haben *Le jardinier* am 6. 7. 1998 wieder aufgefunden; vgl. *Kunstraub von Rom aufgeklärt,* 18.

939 Vgl. Foro it. 1991, III, 40: „ai fini della sua conservazione e della sicurezza di un bene di ingentissimo valore messo in pericolo da una perdurante condizione di incertezza circa la proprietà".

940 Vgl. Art. 30 L. 1939/1089; Art. 57 R.D. 1913/363.

941 Vgl. Art. 61 i. V.m. Artt. 31 f. L. 1939/1089.

an einem Erwerb wurde dabei mit der Untervertretung von Gemälden Van Goghs in den staatlichen Sammlungen begründet.[942]

Die vom ursprünglichen Eigentümer Verusio sowie vom vermeindlichen Käufer Pierangeli und vom tatsächlichen Käufer Beyeler gegen die Ausübung des Vorkaufsrecht erhobenen Rechtsmittel wurden von allen angerufenen italienischen Instanzen abgewiesen. Beyeler gelangte schliesslich an den Europäischen Gerichtshof für Menschenrechte in Strassburg und rügte die Verletzung der Eigentumsgarantie. Der EuGMR hiess die Klage schliesslich gut und verurteilte am 5. Januar 2000 Italien, Beyeler zu entschädigen.[943] Es liegt nun an den Parteien, die Höhe der Entschädigung festzulegen. Gelingt dies nicht, so bestimmt der Gerichtshof selbst die Entschädigungssumme.[944]

b) Rechtliche Erwägungen

Abgesehen von der Frage der gerichtlichen Zuständigkeit bei Streitigkeiten über die Rechtzeitigkeit der Ausübung des Vorkaufsrechts interessieren hier vor allem die Wirkung einer unvollständigen Anzeige einer Veräusserung eines notifizierten Kulturguts auf die Ausübung des staatlichen Vorkaufsrechts und den Eigentumsübergang sowie die Verfassungsmässigkeit des behördlichen Vorgehens.

α) Unvollständige Anzeige

Die am 3. August 1977 gemachte Anzeige des ursprünglichen Eigentümers und Verkäufers (Verusio) genügte nicht den gesetzlichen Anforderungen, weil einerseits die Angabe des Orts der Übergabe und die Unterschrift des Käufers (Pierangeli), andererseits auch der tatsächliche Käufer (Beyeler) nicht individualisiert worden war, was aber Art. 57 Abs. 1 lit. c und d R. D. 1913/363 ausdrücklich verlangte.[945] Die Anzeige war somit unvollständig und galt gemäss Abs. 2 dieser

---

[942] Trib.amm.reg. Lazio, sez. II, 26.1.1990, n. 224 (Beyeler c. Ministero B.C.A., Pierangeli), Foro it. 1991, III, 46f.: „l'acquisizione alle raccolte statali dell'opera d'arte in questione, come si legge nel provvedimento impugnato, riveste interesse pubblico di particolare rilevanza, assicurando il dipinto ‚Il Giardiniere' un ‚elemento di integrazione di rilevantissimo significato – anche per l'epoca in cui l'opera stessa fu creata – per la compagine delle raccolte statali di opere d'arte contemporanea europea, data la penuria in esse di dipinti di Vincent Van Gogh'". Nach Auffassung von *Schöbi,* 82, diente das Vorkaufsrecht nicht dazu, die Ausfuhr des Bildes zu verhindern, sondern dem italienischen Staat Eigentum zu verschaffen. Zu weit geht m. E. die Meinung, der italienische Staat habe zu verhindern versucht, dass „ein Ausländer ein Geschäft machen konnte." So aber *Ders.,* 82.

[943] EuGMR 5.1.2000 (Beyeler g. Italien), Human Rights L.J. 21 (2000) 61–73.

[944] *Israely,* 7; *Basler Kunsthändler,* 52.

[945] Vgl. Trib.amm.reg. Lazio, sez. II, 26.1.1990, n. 224 (Beyeler c. Ministero B.C.A., Pierangeli), Foro it. 1991, III, 41: „la piena e incontrovertibile conoscenza della persona del compratore (che la denuncia deve annoverare con la sottoscrizione congiunta dell'alienante e dell'acquirente) è tecnicamente indispensabile non solo per osservare le modalità di attuazione della

Vorschrift als nicht erfolgt.[946] Der erstinstanzliche *Tribunale amministrativo regionale di Lazio* kam deshalb zum Schluss, die Frist von 60 Tagen für die Ausübung des Vorkaufsrechts i.S. des Art. 32 Abs. 1 L. 1939/1089 habe nicht zu laufen begonnen und das Vorkaufsrecht nach Art. 61 Abs. 2 L. 1939/1089 habe zeitlich unbeschränkt ausgeübt werden können.[947] Die Mängel in der Anzeige vom 3. August 1977 hätten durch die ihrerseits unvollständige Mitteilung vom 2. Dezember 1983 nicht geheilt werden können.[948] Es sei deshalb eine neue, ordnungsgemässe Anzeige erforderlich gewesen.[949]

β) Ausübungspreis

Fraglich scheint die Zulässigkeit der Ausübung des Vorkaufsrechts im Jahre 1988 zum 1977 festgelegten Preis von LIT 600 000 000. Das erstinstanzliche Gericht hielt fest, der ursprünglich vereinbarte Preis sei für die Verwaltung verbindlich und könne keine Werterhöhung mit Berücksichtigung von gesetzlichen Zinsen

---

prelazione a pena di inefficacia della stessa (notificazione del decreto al venditore e al compratore, ai sensi dell'art. 65, 2° comma, del regolamento), ma anche perchè il giudizio sulla opportunità della prelazione può essere legittimamente influenzato da elementi inerenti alle qualità personali dell'acquirente."

946 Art. 57 Abs. 2 R.D. 1913/363 lautet: „La denuncia che non contenga tutte le indicazioni di cui sopra [Abs. 1] o le contenga incomplete o imprecise, sarà considerata come non avvenuta."

947 Trib.amm.reg. Lazio, sez. II, 26. 1. 1990, n. 224 (Beyeler c. Ministero B.C.A., Pierangeli), Foro it. 1991, III, 40: „La denuncia in questione è, pertanto, chiaramente incompleta perché non contenente tutte le indicazioni di cui alla citata norma regolamentare e, quindi, da considerarsi come non avvenuta [...]. Da ciò consegue l'inidoneità dell'atto a far decorrere il termine bimestrale ai fini dell'esercizio della prelazione"; bestätigt durch Cons.Stato, sez. VI, 30. 1. 1991, n. 58 (Verusio, Pierangeli, Beyeler c. Ministero B.C.A), Foro it. 1991, III, 352: „in caso di mancata denuncia del negozio traslativo della proprietà di un bene sottoposto a vincolo storico-artistico [...] l'amministrazione ha la possibilità di esercitare in ogni tempo il diritto di prelazione per il permanere dell'obiettiva condizione di assoluta inefficacia del negozio, conseguente alla sua mancata notifica nei modi e termini di cui agli art. 30 e 31 l. 1 giugno 1939 n. 1089 e 56 e 57 r.d. 30 gennaio 1913 n. 363".

948 Trib.amm.reg. Lazio, sez. II, 26. 1. 1990, n. 224 (Beyeler c. Ministero B.C.A., Pierangeli), Foro it. 1991, III, 42: „non basta la mera conoscenza del negozio, comunque attinta, essendo necessaria invece la formale denuncia di alienzione con l'osservanza di tutti i requisiti di cui all'art. 57 r.d. n, 363 del 1913"; im selben Sinn Cons.Stato, sez. VI, 30. 1. 1991, n. 58 (Verusio, Pierangeli, Beyeler c. Ministero B.C.A), Foro it. 1991, III, 352: „non potendosi [...] considerare la denuncia una fattispecie a formazione progressiva, per cui non potevano ritenersi idonei ad integrarla [...] i successivi atti trasmessi all'amministrazione".

949 Cons.Stato, sez. VI, 30. 1. 1991, n. 58 (Verusio, Pierangeli, Beyeler c. Ministero B.C.A), Foro it. 1991, III, 352: „in quanto non è la conoscenza del negozio comunque attinta ma la conoscenza acquisita attraverso la formale (e valida) dichiarazione del proprietario l'elemento che, consentendo all'amministrazione di avere chiari tutti gli aspetti e le indicazioni del concluso negozio, la costituisce anche in mora al fine del tempestivo esercizio del diritto di prelazione [...] il termine di decadenza per l'amministrazione, in caso di denunzia nulla, decorre dalla data di eventuale rinnovazione della denunzia stessa validamente compiuta dall'interessato."

und Geldentwertung erfolgen, da keine Möglichkeit bestehe, den deklarierten Wert auf Initiative der Verwaltung an den behaupteten Verkehrswert anzupassen.[950]

γ) Ersitzung

Darüber hinaus verneinte das erstinstanzliche Gericht auch die zehnjährige Ersitzung nach Art. 1161 Cci.[951] Gleichwohl scheint fraglich, ob der vom *Tribunale amministrativo regionale* angerufene Präzedenzfall[952] in dem Sinne ausgelegt werden kann, wonach eine zehnjährige Ersitzung in allen Fällen *per se* ausgeschlossen wäre. Denn der angeführte Entscheid betraf die für unbewegliche Sachen geltende zehnjährige Ersitzungsfrist i. S. des Art. 1159 Cci, die im Gegensatz zu dem auf bewegliche Sachen anwendbaren Art. 1161 Abs. 1 Cci neben der Gutgläubigkeit des Besitzers auch einen gültigen Rechtstitel voraussetzt. Im erwähnten Präzendenzfall wurde der Eintritt der zehnjährigen Ersitzung ausdrücklich wegen Fehlens eines geeigneten Titels verneint.[953] Die erste Instanz übernahm jene Argumentation unbesehen und wandte sie auf die Ersitzung beweglicher Sachen an, jedoch ohne das Kriterium des guten Glaubens zu prüfen.

δ) Verfassungsrechtliche Aspekte und EMRK

Das italienische Verfassungsgericht bejahte schliesslich die Rechtmässigkeit der Ausübung des staatlichen Vorkaufsrechts (elf Jahre nach dem ursprünglichen

---

[950] Trib.amm.reg. Lazio, sez. II, 26.1.1990, n. 224 (Beyeler c. Ministero B.C.A., Pierangeli), Foro it. 1991, III, 47: „È legittima la prelazione da parte dell'amministrazione, nei confronti di un bene assoggettato a vincolo artistico, molti anni dopo una alienazione che le era stata denunciata in modo incompleto, per il prezzo allora dichiarato, senza adeguamento al valore reale del bene, e senza tener conto della svalutazione monetaria intervenuta nel frattempo e degli interessi legali." So auch schon Cons.Stato, sez. VI, 7.10.1987, n. 802 (Bartolini e altri c. Min. p.i.), Riv.giur.edil. 1987, I, 1043 (1045); Cons.Stato, sez. VI, 23.3.1982, n. 129 (Soc. Tradizione Romana e Sforza Ruspoli c. Min. pubblica istruzione, Min. beni culturali), Foro it. 1982, III, 285: „anche a distanza di molti anni e in condizioni monetarie e di mercato assai mutate."

[951] Trib.amm.reg. Lazio, sez. II, 26.2.1990, n. 224 (Beyeler c. Ministero B.C.A., Pierangeli), Foro it. 1991, III, 42: „l'istituto dell'usucapione decennale non è idoneo ad evitare l'esercizio da parte dello Stato del diritto di prelazione di un bene vincolato ai sensi della l. n. 1089 del 1939 nei confronti dell'acquirente del bene in un momento di gran lunga posteriore alla vendita non regolarmente denunciata".

[952] Cons.Stato, sez. VI, 23.3.1982, n. 129 (Soc. Tradizione Romana ed altri c. Min. P.I. e Min. B.C.A.), Foro it. 1982, III, 285; Rass.Cons.Stato 1982, I, 356.

[953] Vorige Fn., Rass.Cons.Stato 1982, I, 359: „da escludere la configurabilità di un ‚titolo idoneo', che produca gli effetti di cui all'art. 1159 Cod. civ. Questa norma, infatti, si riferisce esclusivamente all'ipotesi in cui il titolo, per ogni altro aspetto idoneo non produca effetti per il fatto che l'alienante ha disposto di un immobile altrui, mentre tutte le altre ipotesi di invalidità o inefficacia del titolo l'usucapione si compie soltanto con il decorso del termine ordinario".

Veräusserungsgeschäft und zum damaligen Kaufpreis).[954] Die Argumentationsweise ist zwar formaljuristisch vertretbar, vermag aber kaum zu befriedigen, während den kassationsgerichtlichen Erwägungen, welche zu Recht an der Verfassungsmässigkeit im Hinblick auf das Gleichheitsgebot und die Eigentumsgarantie zweifelten, beizupflichten ist.[955] Der Europäische Gerichtshof für Menschenrechte in Strassburg erklärte schliesslich auf Grund der Klage von Beyeler die Ausübung des Vorkaufsrechts als rechtswidrig, weil sie gegen die Eigentumsgarantie i. S. v. Art. 1 des ersten Zusatzprotokolls zur EMRK[956] verstiess.

II. Erwerbsrecht beim Export

Ein weitere Möglichkeit für den Staat, Eigentümer von Kulturgütern zu werden, ist der Erwerb jener Kulturgüter, für welche die Ausstellung der „Bescheinigung des freien Verkehrs" *(attestato di libera circolazione)* beantragt wurde. Das Exportbüro kann beim Ministerium oder der Region, in dessen Gebiet sich das örtlich zuständige Exportbüro befindet,[957] den Kauf des Kulturguts beantragen (Art. 68 Abs. 1). Der Entscheid über die Ausstellung dieser Bescheinigung wird sodann für 60 Tage aufgeschoben (Art. 68 Abs. 1 Satz 2). Innerhalb einer Frist von 90 Tagen ab dem Zeitpunkt der Anzeige der Ausfuhr beim zuständigen Exportbüro kann das Ministerium oder der betroffenen Region, den Exportgegenstand zu dem in der Anzeige angegebenen Preis erwerben (Art. 68 Abs. 2).[958] Das Erwerbsrecht kann sowohl in Fällen der dauernden als auch der

---

954 Corte cost. 20.6.1995, n. 269 (Verusio, Perangeli e Beyeler c. Pres. cons. Ministri), Foro it. 1996, I, 1, 807.

955 Corte di cassazione, sez. un., 19.3.1994, n. 228 (Verusio c. Ministero B.C.A., Beyeler, Pierangeli), Giust.civ. 1994, I, 1, 611 f.: „La questione di legittimità costituzionale risulta pertanto non manifestamente infondata in relazione agli artt. 3 e 42 Cost., sotto un duplice profilo: illimitata compressione del diritto reale dell'alienante, ingiustificatamente sottoposto ad un trattamento diverso da quello riservato ad ogni altro espropriato, essendo data facoltà all'Amministrazione di porre in essere l'atto ablativo in ogni momento, con correlativa incertezza, del pari illimitata nel tempo, circa l'effettivo assetto dei rapporti giuridici concernenti il bene; mancata garanzia per l'espropriato di adeguato indennizzo, in quanto la corresponsione di somma pari al prezzo contrattuale ben si attaglia alla sola ipotesi di ‚prelazione' esercitata nel breve lasso di due mesi, ma non anche a quella esercitabile in ogni tempo."

956 Art. 1 Zusatzprotokoll Nr. 1 EMRK lautet: „Jede natürliche oder juristische Person hat ein Recht auf Achtung ihres Eigentums. Niemandem darf sein Eigentum entzogen werden, es sei denn, dass das öffentliche Interesse es verlangt, und nur unter den durch Gesetz und durch die allgemeinen Grundsätze des Völkerrechts vorgesehenen Bedingungen.
Die vorstehenden Bestimmungen beeinträchtigen jedoch in keiner Weise das Recht des Staates, diejenigen Gesetze anzuwenden, die er für die Regelung der Benutzung des Eigentums in Übereinstimmung mit dem Allgemeininteresse oder zur Sicherung der Zahlung der Steuern, sonstiger Abgaben oder von Geldstrafen für erforderlich hält."

957 Es fällt auf, dass nur Abs. 2 die Region mit „Region, in dessen Gebiet sich das Exportbüro befindet" präzisiert, nicht aber Abs. 1, wo nur von „al Ministero o alla Regione" die Rede ist.

958 Nach der ursprünglichen Fassung von Art. 39 Abs. 1 L. 1939/1089 konnte der Staat den Exportgegenstand nur dann erwerben, wenn ein bedeutendes Interesse *(importante interesse)*

vorübergehenden Ausfuhr ausgeübt werden[959] sowie bei Erteilung und bei Verweigerung der Bescheinigung.[960]

Der Staat oder die betroffene Region haben lediglich die *Möglichkeit*, das Kulturgut, für welches die Ausstellung der Bescheinigung des freien Verkehrs beantragt wurde, zu kaufen. Das heisst aber nicht, dass der Exporteur es ihnen auch verkaufen *muss*.

1. Rückzug des Ausfuhrbegehrens

Ob und bis wann das Ausfuhrbegehren zurückgezogen werden kann, ist unklar. Verzichtet der Interessierte innerhalb der vorgenannten Frist auf die Ausfuhr und zieht er sein Ausfuhrbegehren innerhalb dieser Frist zurück, so ist nach der Rechtsprechung die Verfügung des Minsiteriums betreffend die Ausübung des Erwerbsrechts rechtswidrig.[961] Nach der älteren Rechtsprechung konnte die für die Ausfuhr bestimmte Sache nicht zurückgenommen werden, nur um das staatliche Erwerbsrecht zu umgehen.[962] Im Fall Pagenstecher[963] kam der *Consiglio di Stato* mit Urteil vom 23. September 1991 zum Schluss, dass die Ausübung des Erwerbsrechts rechtwidrig ist, wenn der Exporteur auf die Ausfuhr verzichtet, bevor der Staat die Ausübung des Erwerbsrechts dem Exporteur anzeigt.[964] Das Kassationsgericht hielt mit Urteil vom 24. März 1982 betreffend die Ausfuhr eines angeblich von Pablo Picasso (1881–1973) stammenden Gemäldes, dessen

---

vorlag: „Entro il termine di mesi due dalla denuncia, il Ministro ha facoltà di acquistare, per il valore dichiarato nella denuncia stessa, le cose che presentino importante interesse per il patrimonio nazionale tutelato dalla presente legge.“ Abgedr. bei *Italia*, 143. Art. 39 Abs. 1 L. 1939/1089 i. d. F. des Art. 4 D.L. 288/1972 lautete: „Entro il termine di novanta giorni dalla denuncia, il Ministro per la pubblica istruzione ha facoltà di acquistare per il valore dichiarato nella denuncia stessa, le cose che presentino interesse per il patrimonio tutelato dalla presente legge.“ Art. 39 Abs. 1 L. 1939/1089 i. d. F. des Art. 20 L. 88/1998 lautete: „ Entro il termine di novanta giorni dalla denuncia, il Ministro per i beni culturali e ambientali o la regione nel cui territorio si trova l'ufficio di esportazione competente hanno la facoltà di acquistare il bene per il valore indicato nella denuncia.“

959 Vgl. Art. 164 Abs. 2 Satz 2 R.D. 1913/363. Zum Ausfuhrverfahren s. hinten § 31.

960 Cons.giust.amm., sez. Sicilia, 25. 3. 1987 (Lanucara c. Assessorato regionale Beni culturali e ambientali e Pubblica istruzione, Soprintendente ai beni artistici e storici di Palermo), Foro amm. 1987, I, 554.

961 So Trib.amm.reg. Lazio, sez. I, 21. 2. 1992, n. 449 (Pasetti ed altro c. Ministero beni culturali), TAR 1992, I, 286.

962 Cons.Stato, sez. VI, 9.11.1955, n. 762 (Pallavicini c. Min. pubblica istruzione), Rass.Cons.Stato 1955, 1258; Trib.amm.reg. Lazio, sez. II, 18.4.1979, n. 246 (Occhiuzzi c. Comune di Roma), TAR 1979, I, 1500.

963 Cons.Stato, ad.plen., 23. 9. 1991, n. 7 (Pagenstecher c. Provincia autonoma di Bolzano, Ministero B.C.A. e altro); s. dazu vorne § 31 B II.

964 Der Exporteurin wurde in diesem bekannten Fall der Rückzug des Ausfuhrbegehrens für einige ihrer Gemälde erst auf Klage hin gestattet.

Wert für LIT 10 000 000 deklariert und vom Staat für LIT 15 000 000 erworben wurde, differenzierend fest, dass der Eigentümer nur dann zu einem Rückzug berechtigt gewesen wäre, wenn der Staat einen niedrigeren Preis vorgeschlagen hätte. Hingegen bleibe der Exporteur jedoch an seine Deklaration gebunden und könne sein Ausfuhrbegehren nicht zurückziehen, wenn der Staat den deklarierten Wert akzeptiert habe oder das Erwerbsrecht zu einem höheren Preis ausüben will.[965]

2. Preis

Der Kaufpreis des Ausfuhrobjekts bestimmt sich nach dem Preis, der in der Ausfuhranzeige angegeben wurde (Art. 68 Abs. 2).

3. Erwerbsrecht als enteignungsähnlicher Eingriff

Das staatliche Erwerbsrecht beim Export ist als „Enteignung im weiteren Sinn"[966] zu betrachten. Im Vergleich zum Vorkaufsrecht bei innerstaatlichen, entgeltlichen Veräusserungen ist das Erwerbsrecht beim Export in verstärktem Masse enteignungsähnlicher Natur, weil kein Veräusserungswille des Exporteurs vorausgesetzt wird.[967]

4. Eigentumsübergang

Massgeblicher Zeitpunkt für den Eigentumsübergang ist die Mitteilung der Ausübung des Erwerbsrechts.[968] Auf Grund der Möglichkeit des Rückzugs des Ausfuhrbegehrens ist derjenige Zeitpunkt massgebend, in dem das Ausfuhrbegehren nicht mehr zurückgezogen werden kann, also der Zeitpunkt, in dem entweder der Entscheid über die Ausübung des Erwerbsrechtes unanfechtbar wird, oder der vom Eigentümer angebotene Preis akzeptiert wurde.[969] Unmassgeblich für den Eigentumsübergang ist hingegen die Zahlung des Kaufpreises.

---

[965] Corte di cassazione, sez. I, 24. 3. 1982, n. 2042 (Ministero B.C.A. c. Sacerdoti), Foro it. 1983, I, 1, 88; Foro amm. 1983, I, 1, 611 (612), nota Bonamore; Giust.civ. 1982, I, 2, 2999 (3001).

[966] *Loosli,* 130.

[967] Vgl. Fn. 966; *Alibrandi/Ferri* I beni, 536; *Mansi* La tutela, 400.

[968] *Mansi* La tutela, 402.

[969] Vorige Fn.

5. Sanktionen

Es kann hierbei auf das bisher Gesagte verwiesen werden (D III 5).

III. Hingabe an Zahlungs Statt für Steuerschulden

Eine weitere Form des staatlichen Erwerbs von Kulturgütern ist deren Hingabe an Zahlungs Statt für Steuerschulden (Erbschaftssteuer, direkte Steuer).[970] Die Rechtsverordnung 1999/490 enthält zu diesem Erwerbstatbestand keine Bestimmungen. Die Hingabe für die Tilgung von Steuerschulden wurde durch die L. 512/1982[971] eingeführt.[972] Gegenstand der Hingabe an Zahlungs Statt können folgende Objekte sein:[973]

1) Kulturgüter i.S. des Art. 2 D.L. 1999/490, auch wenn deren historisch-künstlerische Bedeutung nicht notifiziert wurde;
2) Archive und einzelne Dokumente, die bereits notifiziert wurden;
3) Kunstwerke von lebenden Künstlern oder jenen, die vor weniger als 50 Jahren verstorben sind.

Voraussetzung für die Gültigkeit der Hingabe an Zahlungs Statt ist das Fehlen jeglicher Art von Eigentumsbelastungen.[974] Der Eigentümer muss dem Staat die Übertragung des Objekts zur Tilgung der Steuerschulden beantragen. Kraft Verfügung wird der gefasste Ermächtigungsbeschluss dem Eigentümer mitgeteilt,[975] dem der Eigentümer zustimmen muss. Der „Preis" des Kunstobjekts darf den Marktwert nicht übersteigen; allenfalls muss der Wert von einer Kommission geschätzt werden.[976]

Nach altem Recht bestand zudem ein staatliches Erwerbsrecht, wenn der unterhaltspflichtige Eigentümer die Kosten, für die der Staat aufkommen musste, dem Staat nicht zurückerstattete.[977] Dieser Erwerbstatbestand des sog. *acquisto satisfattivo* (Zwangserwerb) besteht nach der am 27. Dezember 1999 in Kraft getretenen Rechtsverordnung 1999/490 nicht mehr.

---

970 Vgl. dazu *Alibrandi/Ferri* I beni, 540–556.

971 L. 2.8.1982, n. 512, *Regime fiscale dei beni d'interesse culturale.*

972 Eine Gesetzesnorm früheren Datums sah bereits eine Tilgung von Steuerschulden vor, die nicht in einer Geldzahlung bestand; vgl. *Alibrandi/Ferri* I beni, 543.

973 Vgl. Artt. 6f. L. 512/1982; *Alibrandi/Ferri* I beni, 545.

974 *Cortese* Lezioni, 155.

975 Zu den erforderlichen Angaben der Verfügung vgl. *Cortese* Lezioni, 155.

976 Zur Zusammensetzung dieser Kommission vgl. *Cortese* Lezioni, 155.

977 Vgl. Art. 17 Abs. 2 i.V.m. Artt. 14, 15 L. 1939/1089 für bewegliches notifiziertes Kulturgut in Privateigentum.

IV. Enteignung

1. Enteignungsobjekte

Entgegen enteignungsrechtlicher Grundsätze[978] können nach der Rechtsverordnung 1999/490 auch bewegliche Sachen enteignet werden.[979] Gemäss Art. 91 Abs. 1 kann das Ministerium bewegliche und unbewegliche Kulturgüter aus gemeinnützigen Gründen *(pubblica utilità)* enteignen, wenn ein öffentliches Interesse an verbesserten Schutzbedingungen bezüglich dieser Kulturgüter zum Zweck der öffentlichen Nutzung besteht.[980] Dabei spielt es keine Rolle, ob das historisch-künstlerische Interesse notifiziert worden ist.[981] Immobilien können zudem im Interesse der Archäologie oder zu Ausgrabungszwecken von Kulturgütern enteignet werden (Art. 93). Der Staat kann nach Art. 91 Abs. 2 Enteignungen zu Gunsten der Regionen, Provinzen, Gemeinden, öffentlichen Anstalten *(ente pubblico)* oder juristischen Personen des Privatrechts ohne wirtschaftlichen Zweck *(persone giuridiche private senza fine di lucro)* vornehmen.

2. Verfahren

Da noch keine Ausführungsbestimmungen zur Rechtsverordnung 1999/490 erlassen worden sind, gilt für die Enteignung von beweglichen Sachen nach wie vor das Dekret 1913/363[982] sowie für die unbeweglichen Sachen das Enteignungsgesetz Nr. 2359/1865[983]. Das Ministerium erklärt das öffentliche Interesse bzw. die Gemeinnützigkeit *(dichiarazione di pubblica utilità)*, die eine Enteignung rechtfertigen soll (Art. 94 Abs. 1).[984] Die Rechtsprechung sieht vom

---

[978] Vgl. Art. 83 L. 25. 6. 1865, n. 2359, *Disciplina delle espropriazioni forzate per causa di utilità pubblica*: „Ogni monumento storico o di antichità nazionale, che abbia la natura d'immobile, e la cui conservazione pericolasse".

[979] Zur Enteignung allgemein vgl. *Alibrandi/Ferri* I beni, 597–617; *Cantucci* La tutela, 295–310; *Cozzuto Quadri* Considerazioni, 225–234; *Mansi* La tutela, 361–368.

[980] Nach altem Recht konnten Kulturgüter auch zum Zweck der Vergrösserung des nationalen Kulturvermögens enteignet werden. Art. 54 Abs. 1 L. 1939/1089 lautete: „quando l'espropriazione stessa risponda ad un importante interesse in relazione alla conservazione o incremento del patrimonio nazionale tutelato dalla presente legge." Zur Vergrösserung des nationalen Kulturvermögens vgl. *Cortese* Lezioni, 150f., Fn. 9. Nach Auffassung von *Palma*, 358, stehen bei der Bestimmung des *patrimonio nazionale* nicht die Güter im Vordergrund, sondern vielmehr „i valori e gli interessi culturali nazionali, in guisa che ad esso risultino ricollegabili tutte le cose d'arte, indipendentemente dalla loro attuale appartenenza (pubblica o privata)"; zur unglücklichen Formulierung des aufgehobenen Art. 54 Abs. 1 L. 1939/1089 vgl. *Cozzuto Quadri* Considerazioni, 227, insb. Fn. 6.

[981] *Mansi* La tutela, 362 bei Ziff. 1.

[982] R.D. 30. 1. 1913, n. 363, *Regolamento di esecuzione delle Leggi 20 giugno 1909, n. 364, e 23 giugno 1912, n. 688, per le antichità e le belle arti.*

[983] L. 25. 6. 1865, n. 2359, *Disciplina delle espropriazioni forzate per causa di utilità pubblica.*

[984] Vgl. Art. 42 Cost.

Erfordernis der amtlichen Veröffentlichung dieser Erklärung ab.[985] Die Enteignungsverfügung muss begründet sein, d. h. das kulturelle Interesse, welches die Enteignung rechtfertigt, muss konkret bezeichnet werden.[986] Dabei müssen die von privater Seite eingebrachten Einwendungen Berücksichtigung finden.[987]

Im Unterschied zu den allgemeinen Regeln über die Enteignung werden Enteignungen zum Zwecke des Kulturgüterschutzes nicht zur Errichtung gemeinnütziger Werke verfügt, sondern liegen vielmehr im staatlichen Erwerb selbst. Folglich muss die Enteignung nicht zwingend mit der Aufnahme entsprechender Arbeiten verbunden sein.[988] Sind jedoch solche im konkreten Einzelfall erforderlich, wie beispielsweise wenn die Enteignung die Durchführung konservierender Massnahmen bezweckt, so muss die Verfügung, mit welcher das erforderliche öffentliche Interesse erklärt wird, nicht nur die Termine für den Beginn und die Beendigung des Enteignungsverfahrens, sondern auch diejenigen für die Durchführung der entsprechenden Arbeiten enthalten.[989] Werden die notwendigen Arbeiten nicht ausgeführt, so hat der Eigentümer ein Rückforderungsrecht.[990]

---

985 In diesem Sinn Cons.Stato, sez. IV, 29.7.1976, n. 663 (Rossi e altra c. Prefetto di Viterbo), Rass.Avv.Stato 1977, I, 145, nota Tamiozzo.

986 Cons.Stato, sez. VI, 9.3.1955, n. 123 (Congr. S. Filippo Neri di Padova c. Min. pubblica istruzione), Rass.Cons.Stato 1955, I, 341.

987 Vgl. L. 7.8.1990, n. 241, *Nuove norme in materia di procedimento amministrativo e di diritto di accesso ai documenti amministrativi*; vgl. dazu *Virga*, I, 473; differenzierend *Mansi* La tutela, 362f., wonach i. d. R. keine Abwägung zwischen öffentlichen und privaten Interessen stattfindet.

988 Vgl. Trib. di Napoli, 24.7.1989 (Nuti Palmieri Sobilia ved. Carafa di Roccella c. Ministero per i beni culturali e ambientali e Comune di Napoli), Giur.it. 1991, I, 2, 226, considerazioni Cozzuto Quadri; *Mansi* La tutela, 365, Fn. 8.

989 Vgl. Art. 13 L. 2359/1865; Cons.Stato, sez. VI, 2.3.1987, n. 91 (Ministero B.C.A. ed altri c. Russo ed altri), Rass.Cons.Stato 1987, I, 372 (374f.); Trib. di Napoli, 24.7.1989 (Nuti Palmieri Sobilia ved. Carafa di Roccella c. Ministero per i beni culturali e ambientali e Comune di Napoli), Giur.it. 1991, I, 2, 226, considerazioni Cozzuto Quadri; a. A. *Cozzuto Quadri* Considerazioni, 229; *Mansi* La tutela, 364.

990 Vgl. Cons.Stato, sez. VI, 2.3.1987, n. 91 (Ministero beni culturali ed ambientali ed altri c. Russo ed altri), Rass.Cons.Stato 1987, I, 372 (374); Trib. di Napoli, 24.7.1989 (Nuti Palmieri Sobilia ved. Carafa di Roccella c. Ministero per i beni culturali e ambientali e Comune di Napoli), Giur.it. 1991, I, 2, 226, considerazioni Cozzuto Quadri; *Cozzuto Quadri* Considerazioni, 230f.; a. A. *Mansi* La tutela, 309, wonach ein Rückforderungsrecht ausgeschlossen ist. Zum Rückforderungsrecht allgemein vgl. Artt. 60–63 L. 2359/1865.

3. Entschädigung

Der enteignete Privateigentümer von beweglichen Kulturgütern hat Anspruch auf eine angemessene Entschädigung, die dem internen Handelswert entspricht (Art. 95 Abs. 1).[991] Bei Enteignungen nach den Artt. 92 und 93 richtet sich die Festsetzung der Entschädigung nach den allgemeinen für Enteignungen geltenden Regeln (Art. 96). Wird die Offerte des Staats vom Eigentümer des Kulturguts abgelehnt, so setzt der Gerichtspräsident die Entschädigung fest (Art. 95 Abs. 2).[992] In der Praxis kommen Enteignungen von Kulturgütern allerdings selten vor.[993]

F. Zwischenergebnis

Bewegliches Kulturgut fällt als Sachgesamtheit nur dann unter den Schutz des öffentlichen Guts *(demanio pubblico)*, wenn der Staat oder ein anderes Gemeinwesen Eigentümer ist. Hingegen ist ein einzelnes bewegliches Kulturgut nie eine *res extra commercium*, selbst wenn sie dem Staat oder einer anderen Gebietskörperschaft gehört. Dies gilt nach neuerer kassationsgerichtlicher Rechtsprechung aber nicht für einzelne Bücher aus einer öffentlichen Bibliothek.[994] Für die domanialen Kulturgüter genügt es, dass sie von künstlerisch-historischer Bedeutung sind. Diese Kulturgüter müssen also nicht in spezielle Verzeichnisse eingetragen worden sein. Auch ist eine formelle Anerkennung des kulturellen Interesses durch die Verwaltung nach herrschender Lehre und Rechtsprechung nicht erforderlich.

Kulturgüter in Privateigentum können nicht Teil des öffentlichen Guts sein und sind daher auch keine *res extra commercium*. Der Rechtsverkehr von privatem Kulturgut ist aber insofern beschränkt, als dass entgeltliche und unentgeltliche Rechtsgeschäfte angezeigt werden müssen. Die vorgesehene Veräusserung bedarf jedoch keiner formellen Bewilligung des Ministeriums. Dagegen kann der

---

991 Art. 95 Abs. 1 D.L. 1999/490 lautet: „Nel caso dell'articolo 91 l'indennità consiste nel giusto prezzo che il bene avrebbe in una libera contrattazione di compravendità all'interno dello Stato." Vgl. auch Art. 70 Abs. 3 R.D. 1913/363: „L'indennità consisterà nel giusto prezzo che [...] avrebbe la cosa in una libera contrattazione all'interno del Regno, e tenendo conto dei vincoli di pubblica servitù che eventualmente sulla cosa gravassero." Dieser Wortlaut entspricht demjenigen von Art. 39 L. 1865/2395.

992 Zu den Rechtsmitteln gegen die Festsetzung der Entschädigung vgl. Art. 51 L. 1865/2395.

993 *Cozzuto Quadri* Considerazioni, 226.

994 Vgl. Corte di cassazione, sez. I, 28.8.1998, n. 8589 (Comune di Camerino – Ministero per i beni e culturali), Foro it. 1998, I, 3167; Nuova giur.civ. 1999, I, 389, nota Mansi. Im konkreten Fall ging es um ein Buch aus einer Gemeindebibliothek, das ohne Bewilligung verkauft wurde. S. hierzu die näheren Hinweise in Fn. 772.

Staat bei entgeltlichen Rechtsgeschäften, welche die Übertragung des Eigentums oder des Gewahrsams zum Ziel haben, von seinem gesetzlichen Vorkaufsrecht Gebrauch machen.

§ 9 Vereinigtes Königreich

A. Begriff „Kulturgut"

Vereinigten Königreich werden die Begriffe *works of art*, *cultural object* oder *cultural good* für den Begriff „Kulturgut" verwendet. Unter den Oberbegriff *cultural object* fallen neben archäologischen Fundgegenständen *(archaeological objects)*, Antiken *(antiques)* oder Gegenstände, die für die Geschichte, Literatur oder Wissenschaft von Bedeutung sind, also auch Manuskripte *(manuscripts)* und Archive *(archives)*. Im Exportverfahren ist die Rede von „Kunstwerken" *(works of art)*. Darunter fallen z. B. Gemälde, Möbel, Antiken, Schmuck, Silbergeschirr, aber auch Automobile.[995]

B. Öffentliche Kulturgüter

I. Königliche Sammlungen

königlichen Gemäldegalerien und andere Kunstsammlungen *(Royal Collections)* sind Eigentum der Monarchin und unveräusserlich.[996] Zu den unveräusserlichen königlichen Sammlungen gehören auch die königliche Bibliothek und die Fotosammlung. Die Königin ist nicht verfügungsberechtigt über diese königlichen Sammlungen, sondern sie werden vom *Royal Collection Trust* verwaltet.[997] Von Königin Elisabeth II. erworbene Kunstwerke sind nicht Teil der *Royal Collections*, sondern Teil ihres frei verfügbaren Privatvermögens. Sie kann die Objekte der *Royal Collection* übereignen, an Familienmitglieder verschenken oder auch verkaufen.[998]

---

995 Vgl. dazu hinten § 32 B II.

996 *Lord Mackay of Clashfern*, para. 375.

997 *Lord Mackay of Clashfern*, para. 375.

998 Eine weit grössere Privatsammlung ist jene von Queen Elisabeth The Queen Mother (Elisabeth Angela Marguerite Bowes-Lyon, geb. 4. 8. 1900), Mutter von Königin Elisabeth II. (geb. 21. 4. 1926, Königin seit 1952), deren Antiquitäten wie Möbel, Keramik, Silbergeschirr, Altertümer sowie ihre bedeutende Gemäldesammlung sich in ihrer Residenz *Clarence House* befinden. Zu dieser Privatsammlung vgl. *Cornforth*; vgl. dazu die Buchbesprechung von *Bailey* A top collector, 4; vgl. auch *Fuller*, 3–10.

II. Kulturgüter im Eigentum der öffentlichen Hand

Die öffentliche Hand kann Eigentümerin werden durch Kauf von Kulturgut, welches aus dem Vereinigten Königreich exportiert werden soll.[999] Daneben bestehen die üblichen Erwerbstatbestände wie namentlich Schenkung und Übergabe an Zahlungs Staat für Steuerschulden[1000]. Die englische Krone kann zudem beim Schatzfund *(treasure)* Eigentümerin werden.[1001]

An gestohlenen Objekten ist kein Eigentumserwerb möglich. Hingegen war nach der seit dem 3. Januar 1995 aufgehobenen Regel des offenen Markts *(market overt)*-Regel[1002] ein Eigentumserwerb tagsüber und auf dem Markt möglich. Güter im Eigentum der Krone fielen nach der Lehre allerdings nicht darunter.[1003]

C. Private Kulturgüter

I. Grundsatz: Freier Handel mit Kunstwerken

Im Vereinigten Königreich bestehen keine Regelungen des *common law* über Verfügungsbeschränkungen im Handel mit Antiken oder anderen Kunstgegenständen. Der Handel mit Kulturgütern ist frei von staatlichen Einschränkungen. Erst bei der Ausfuhr interveniert die englische Krone. Der *Secretary of State for Trade and Industry* kann die Ausfuhr von Kulturgut verweigern, wenn der Exportgegenstand gewisse Kriterien[1004] erfüllt. Die öffentliche Hand sowie unter gewissen Voraussetzungen auch Private haben die Möglichkeit, innerhalb einer im Einzelfall angesetzten Frist, den Exportgegenstand zu erwerben.[1005]

II. Ausnahme: Trust

1. Allgemeines

Auch im Vereinigten Königreich werden private Kunstsammlungen vor Zersplitterung geschützt, und zwar durch die Errichtung eines Trusts.[1006] Da es keine

---

999 Vgl. dazu hinten § 32 B IV.

1000 Vgl. dazu *Lewis*, 589–598.

1001 Vgl. dazu hinten § 15 B IV.

1002 Diese Regel wurde durch sect. 22(1) *Sale of Goods Act (Amendment) Act 1994 (c. 32)* abgeschafft; vgl. dazu *Davenport/Ross*, 24f.; *Rutherford/Bone*, 1149; The Art Newspaper, Oktober 1994, 3.

1003 *Palmer* Treasure, 308, Fn. 24 m. w. H.

1004 Zu den sog. Waverley-Kriterien vgl. hinten § 32 B I.

1005 Vgl. Fn. 1002.

1006 Zum angelsächsischen Trust allgemein vgl. *Pettit* Trusts, paras. 501–986; *Solarsky*, 2–20.

Regelungen über die Vinkulierung von Kunstgegenständen als Treugut gibt, kommt das allgemeine Trustrecht zur Anwendung.[1007]

Der Begründer des Trusts *(settlor)* kann einseitig[1008] in einer Trusturkunde sein Vermögen einem oder mehreren Treuhändern *(trustees)* zu Eigentum übertragen. Diese haben *legal ownership*. Der Auffassung, wonach der Begünstigte *(beneficiary)* Eigentümer des Treuguts ist, kann m.E. nicht gefolgt werden.[1009] Eigentümer ist vielmehr der *trustee* allein,[1010] welcher die Einhaltung der Verfügungsbeschränkungen überwacht. Der Begünstigte *(beneficiary)* ist zwar Nutzniesser, darf aber nicht über das Vermögen verfügen,[1011] da er nicht Eigentümer ist. Er hat lediglich *equitable ownership*.[1012]

2. Kunstsammlungen

Durch die Errichtung eines Trusts kann der Verfügungsberechtigte seine Kunstsammlung dem Handel entziehen.[1013] Häufig werden solche Sammlungen an bestehende Museen vermacht, oder es wird ein neues errichtet. In der Regel dürfen die Museen auf Grund der Trusturkunde die Bilder weder verkaufen[1014]

1007 Vgl. *Hayton*, 121.

1008 Die Errichtung eines *trust* ist ein vollkommen einseitiges Rechtsgeschäft; vgl. *Solarsky*, 10. Der *trust* ist also nicht als eine Art Treuhandverhältnis zu verstehen. Ein Vertragsverhältnis zwischen dem Errichter *(settlor)* und dem Treuhänder *(trustee)* besteht nicht, obwohl der *trust* im Recht der kontinentaleuropäischen Staaten oft unter die Treuhand subsumiert wird; vgl. *Solarsky*, 8 m. w. H. Der *trust* ist auch keine juristische Person; vgl. *Solarsky*, 119.

1009 So aber z. B. *Cotterrell*, 86: „It is the beneficiaries [...] unrecognised directly as legal owners who actually have access to the property-power embodied in the trust."

1010 Vgl. *Pettit* Trusts, para. 501, wonach die *trustees* treuhänderisch gebundenes Eigentum haben und die Rechte des Trusts nach aussen wahrnehmen; richtig daher *Solarsky*, 6, 9, 17, 20, 119; *Lupoi*, 77 f.; vgl. auch MCC Proceeds Inc.v. Lehman Bros International (Europe), [1998] 4 All E.R. 675, 687, 691 (CA). Dies verkannte wohl der Trib. civ. de la Seine 28.6.1901 (Van der Heydt et Burth c. Kleinberger), Clunet 28 (1901) 812 (813), wonach die *trustees* mangels Eigentum am Treugut nicht zur Klage auf Herausgabe von Gemälden, die aus einem Trust stammten, legitimiert seien; vgl. hierzu hinten § 34 C.

1011 Vgl. *Solarsky*, 119.

1012 *Solarsky*, 19, wonach es sich um ein Forderungsrecht mit einer dinglichen Komponente handelt.

1013 Vgl. dazu *Hayton*, 121–125.

1014 Umstritten war z. B. Anfang der 1990-er Jahre der Verkauf dreier Gemälde englischer Künstler aus der 77 Gemälde umfassenden *Holloway's Picture Collection*. Diese Gemäldegalerie wurde im Jahre 1883 neben einem grossen Anwesen mit einem Gebäude und einer Stiftung dem drei Jahre später eröffneten *Royal Holloway College*, London, vermacht. Da die Sammlung nie vergrössert worden war, galt sie besonders als schützenswert (vgl. *Chong*, 170–172). Der Verkauf diente der Renovation des Gründer-Gebäudes. Die Aufsichtsbehörde *(Charity Commissioners)* stimmte dem Verkauf schliesslich zu; nähere H. hierzu in Fn. 591. – Ähnliches geschah im Jahre 2000 in den USA. Kraft letztwilliger Verfügung aus dem Jahre 1907 vermachte ein Amerikaner 17 Gemälde dem *White Fund Trust*. Nach dem

noch als Leihgaben an andere Museen geben oder nicht einmal im Museum umhängen. Dies führt dann zu Problemen, wenn der Wille des Treugebers *(settlor)* mit dem der Museumsleitung kollidiert. Schon im Jahre 1915 wurden diese erheblichen Beschränkungen der Verfügungsfreiheit des beschenkten Museums kritisiert und vorgeschlagen, dass nach Ablauf einer „vernünftigen" Frist, diese Beschränkungen mit Vorbehalt eines Veräusserungsverbots der geschenkten Sammlung dahinfallen sollen, so dass Leihgaben an andere öffentliche Institutionen möglich werden.[1015] In jedem Fall muss aber m.E. dem Willen des Schenkers der Vorzug gegeben werden. Diesem Gedanken wurde offensichtlich im *Museums and Galleries Act 1992*[1016] Rechnung getragen. Danach darf ein Objekt erst nach 50 Jahren ab dem Zeitpunkt der Schenkung ausgeliehen werden [vgl. sect. 5(3) (a)].

D. Zwischenergebnis

Im Vereinigten Königreich untersteht der Rechtsverkehr von privatem Kulturgut keinen staatlichen Beschränkungen. Erst wenn ein Kulturgut ins Ausland abzuwandern droht, schreitet der Staat ein und kann sein zeitlich beschränktes Kaufrecht ausüben. Eigentümer von Kunstsammlungen können *inter vivos* oder kraft letztwilliger Verfügung einen Trust errichten, und so ihre Sammlung in dieses Sondervermögen einbinden. Die begünstigten Privatpersonen oder Institutionen sind so an die in der Trusturkunde verbindlich festgehaltenen Auflagen gebunden.

§ 10 Ergebnis

Die untersuchten Rechtsordnungen beschränken den Handel mit bestimmten Kulturgütern in unterschiedlicher Weise. In Frankreich und Italien sind domaniale Kulturgüter gänzlich dem Rechtsverkehr entzogen. Sie sind unveräusserlich, unersitzbar und unverjährbar, so dass Private nie Eigentümer von doma-

Willen des Erblassers sollten die Bilder im *Museum of Fine Arts* in Boston ausgestellt werden. Es waren aber lediglich deren vier der Öffentlichkeit zugänglich, die anderen gelangten ins Museumsdepot. Die *trustees* entschieden deshalb, alle Bilder zu verkaufen. Der *High Court* von Massachusetts schützte das richterliche Veräusserungsverbot, da nach dem Willen des Verstorbenen das Eigentum den *trustees* dauernd und unveräusserlich („permanently and inalienably") übertragen worden sei; vgl. *Trustees must observe benefactor's wishes,* 12.

[1015] Vgl. Robert C. Witt, „The Trustees" Report on the National Gallery (Cd 7878-9), The Quarterly Review, CCXXIV, 445, 1915, 344ff.; zit. gemäss *Whittingham,* 307, En. 148.

[1016] *Museums and Galleries Act 1992* (c. 44). Dieser Erlass betrifft nur die *National Gallery*, die *Tate Gallery* und die *National Portrait Gallery*; vgl. dazu *Whittingham,* 256.

nialen Kulturgütern werden können. Das italienische Recht schliesst bewegliche Sachen als Teil des *demanio pubblico* aus, es sei denn, sie seien noch immer gewidmet, was nach einem kassationsgerichtlichen Urteil aus dem Jahre 1998 bei einem illegal verkauften Buch aus einer öffentlichen Bibliothek zutrifft. Die französische Lehre sowie die konstante französische Rechtsprechung anerkennt domaniale bewegliche Sachen *(domaine public mobilier)*.

In der Schweiz und in Deutschland sind Kulturgüter im Eigentum der öffentlichen Hand keine *res extra commercium*, selbst wenn sie öffentliche Sachen sind. Sie können zwar gutgläubig zu Eigentum erworben werden, die Belastung der öffentlichen Zweckwidmung bleibt aber bestehen. Steht der Gebrauch der Sache durch den privaten Eigentümer dem Widmungszweck entgegen, so hat die öffentliche Hand einen Anspruch auf widmungsgemässen Gebrauch.

In allen untersuchten Rechtsordnungen sind Kulturgüter im Eigentum Privater keine *res extra commercium*. Sie sind beschränkt verkehrsfähig, da namentlich die Veräusserung der Genehmigung oder zumindest der Anzeige an den Staat bedarf, der in der Regel bei entgeltlichen Rechtsgeschäften ein Vorkaufsrecht hat. Die Ausfuhr bedarf zudem der Bewilligung. Der Schutz privater Kulturgüter geht somit weniger weit als derjenige von öffentlichen Kulturgütern. Die Extrakommerzialität soll aber auch für besonders wertvolle private Kulturgüter gelten. Einen ersten Schritt in die richtige Richtung geht das Berner Denkmalpflegegesetz vom 8. September 1999, welches am 1. Januar 2001 in Kraft getreten ist. Nach diesem Gesetz können auch private Kulturgüter in das „Verzeichnis der beweglichen Denkmäler" – das grundsätzlich den Sachen im Eigentum der öffentlichen Hand vorbehalten ist (Art. 11 Abs. 1 i. V. m. Art. 6 Abs. 1 Denkmalpflegeverordnung) – eingetragen werden, wenn sie von der öffentlichen Hand „mitgetragen oder massgeblich mitfinanziert werden" (Art. 6 Abs. 2 Denkmalpflegeverordnung). Allerdings ist die Extrakommerzialität auf das Hoheitsgebiet des Kantons Bern beschränkt. Diese unbefriedigende Lösung ist nur durch Änderung von Bundesrecht zu überwinden.

Im Vereinigten Königreich bestehen keinerlei Verkehrsbeschränkungen über Kulturgut, es sei denn die Ausfuhr werde vorübergehend verboten, um die nötigen Mittel zu finden, den Exportgegenstand anzukaufen.

2. Kapitel: Archäologische Fundgegenstände als res extra commercium

Schon Eike von Repgow überliefert in seinem Sachsenspiegel aus dem Jahre 1251 den Rechtssatz: „Al scat, un der erde begraven deper en pluch geit, horet to der koningleker gewalt.“[1] Damit verstand man damals den Schatzfund eindeutig als königliches Regal.[2]

§ 11 Schweiz

In der Schweiz gilt für Bodenfunde ausschliesslich Bundesrecht, nämlich die Artt. 723 und 724 ZGB. Handelt es sich um archäologische Fundgegenstände von erheblichem wissenschaftlichem Wert, so kommt allein Art. 724 zur Anwendung. Darüber hinaus gibt es kantonale Bestimmungen, nach denen archäologischen Objekte, die zur Erhaltung am Ausgrabungsort belassen werden, nicht ins Eigentum des Kantons „fallen“.[3]

A. Art. 724 ZGB

Die Schweiz kennt keine Handelsbeschränkungen für national bedeutendes Kulturgut. Hingegen sieht Art. 724 ZGB vor, dass bestimmte Kulturgüter Eigentum der öffentlichen Hand sind.[4]

---

1 Eike von Repgow, Der Sachsenspiegel, Landrecht, 1, 35, 1: „Jeder Schatz, der tiefer in der Erde vergraben ist, als ein Pflug geht, gehört in die Verfügungsgewalt des Königs.“ So übersetzt von *Schott*, 65; eine andere Formulierung verwendet *Zeumer*, 420: „Al schat under der erde begraven deper, den ein pluch gat, die hort to der koningliken gewalt.“

2 *Schroeder*, 677, Fn. 11 m. H. auf *Zeumer*, 420f., der nachgewiesen hat, dass „schat“ bzw. „scat“ i. S. v. Art. 35 § 1 des Sachsenspiegels sich auf den vergrabenen Schatz („thesaurus“) bezieht und nicht ein Bergregal zum Gegenstand hat. Zur Entstehungsgeschichte des Schatzregals vgl. auch *Hönes* Das Schatzregal, 427f. m. w. H. Zum Regalienbegriff im Mittelalter vgl. *Thieme*, 57–88.

3 Vgl. etwa FR: Art. 39 Gesetz über den Schutz der Kulturgüter vom 7. 11. 1991: „Die bei Ausgrabungen des Staates oder Dritter zutage gebrachten archäologischen Objekte fallen in das Eigentum des Staates, mit Ausnahme derjenigen, die zur Erhaltung am Ausgrabungsort gelassen werden.“

4 Art. 724 ZGB lautet: „Werden herrenlose Naturkörper oder Altertümer von erheblichem wissenschaftlichem Wert aufgefunden, so gelangen sie in das Eigentum des Kantons, in dessen Gebiet sie gefunden worden sind.
Der Eigentümer, in dessen Grundstück solche Gegenstände aufgefunden wurden, ist verpflichtet, ihre Ausgrabung zu gestatten gegen Ersatz des dadurch verursachten Schadens.

I. Gegenstände von erheblichem wissenschaftlichem Wert

Wie beim Schatzfund (Art. 723 ZGB)[5] muss es sich bei den wissenschaftlichen Gegenständen i. S. v. Art. 724 ZGB um bewegliche und herrenlose Sachen handeln.[6] Als Gegenstände von wissenschaftlichem Wert *(un intérêt scientifique, di pregio scientifico)* werden solche Objekte qualifiziert, die von wissenschaftlich oder künstlerisch geschulten Fachleuten zu Forschungs- und Lehrzwecken sowie für Publikationen gebraucht werden können.[7] Darunter fallen Gegenstände, die aus wissenschaftlicher, archäologischer, historischer, kunsthistorischer oder rein künstlerischer Sicht von Bedeutung sind.[8] Ein besonderer Seltenheitswert wird nicht verlangt,[9] auch ist ein effektives Interesse der Allgemeinheit nicht notwendig.[10]

Herrenlose Altertümer i. S. v. Art. 724 Abs. 1 ZGB sind alle aus einer dahingegangenen Kulturperiode stammenden Erzeugnisse menschlicher Tätigkeit, gleichgültig aus welchem Stoff sie hergestellt sind;[11] allerdings fallen nur Mobilien darunter.[12]

Die kantonalen Gesetze konkretisieren den Begriff des herrenlosen „Naturkörpers" und „Altertümer".[13]

Der Finder und im Falle des Schatzes auch der Eigentümer haben Anspruch auf eine angemessene Vergütung, die jedoch den Wert der Gegenstände nicht übersteigen soll."

5 Vgl. dazu *Rey,* Rn. 1866–1876.

6 Nicht so beim „gewöhnlichen" Fund nach Artt. 720–722 ZGB; vgl. dazu *Rey,* Rn. 1805–1853. Gemäss *Rey,* Rn. 1877, und *Liver,* 366, spielt es keine Rolle, ob die Fundobjekte früher einen Eigentümer hatten, oder ob sie nie in jemandes Eigentum gestanden haben. Dies ist verwirrend; denn falls die Vorschrift des Sachsenspiegels (vgl. Fn. 1) auch im Mittelalter im Gebiete der heutigen Schweiz galt, so gehörten sie damals alle dem König.

7 *Scherrer,* Rn. 9.

8 *Leemann,* Rn. 9; so schon *Beck,* 38.

9 *Scherrer,* Rn. 9.

10 *Rey,* Rn. 1879.

11 *Leemann,* Rn. 6.

12 *Scherrer,* Rn. 3, 928.

13 So gelten z. B. im Kanton St. Gallen als herrenlose Naturkörper hauptsächlich „Mineralien, Meteore, erratische Blöcke, Versteinerungen und Überreste von Menschen, Tieren und Pflanzen aus alter Zeit (Skelette usw.); vgl. Art. 2 Abs. 1 VO betreffend den Schutz von Naturkörpern und Altertümern vom 21. 3. 1933, und als herrenlose Altertümer gemäss Art. 2 Abs. 2 „Erzeugnisse menschlicher Tätigkeit aus früheren Zeiten, wie Gebäudeteile, Arbeitsstätten, Gräber, Inschriften [...] Münzen, Handschriften, Urkunden, Siegel, Wappen usw."

II. Eigentumserwerb

Nach Art. 724 Abs. 1 ZGB gelangen archäologische Funde von erheblichem wissenschaftlichem Wert „in das Eigentum des Kantons, in dessen Gebiet sie aufgefunden worden sind." Diese Formulierung ist unpräzis und bedarf der Auslegung; denn die Bestimmung sagt nichts darüber, in welchem Zeitpunkt der Kanton Eigentümer wird. Die zentrale Frage ist also, ob der Kanton *ipso iure* mit der Entdeckung der verborgenen Gegenstände Eigentümer wird[14] oder erst kraft Aneignung[15] bzw. Beschlagnahme oder ob es zuvor eines verwaltungsrechtlichen Widmungsaktes bedarf[16] oder er es immer schon ist, auch wenn Gegenstände noch nicht gefunden wurden. Den kantonalen Denkmalschutzgesetzen ist nichts zu entnehmen; vielmehr wiederholen sie den Inhalt von Art. 724 Abs. 1 ZGB[17] oder verweisen ausdrücklich auf diese bundesrechtliche Norm.[18]

Auch in der schweizerischen Doktrin gehen die Meinungen über den Eigentumserwerb durch den Kanton auseinander. Nach einer vereinzelt gebliebenen Meinung werden archäologische Fundgegenstände, obwohl es sich in Art. 724 ZGB um eine öffentlich-rechtliche Eigentumsbeschränkung handelt, nicht *ipso iure* zu öffentlichen Sachen,[19] vielmehr hat der Kanton ein ausschliessliches Aneignungsrecht, das er auch unausgeübt lassen kann.[20] Nach der h. L. aber fallen die Gegenstände bereits mit ihrer Auffindung, d. h. mit der Besitzergreifung durch den Entdecker, *ipso iure* an den Kanton.[21]

---

[14] *Leemann,* Rn. 14.

[15] *Liver,* 367, Fn. 4 m. w. H.

[16] Vgl. *Scherrer,* Rn. 31, 947.

[17] Vgl. z. B. FR: Art. 39 Gesetz über den Schutz der Kulturgüter vom 7. November 1991: „fallen in das Eigentum des Staates" sowie Art. 42 Ausführungsreglement zum Gesetz über den Schutz der Kulturgüter vom 17. 8. 1993: „sind Eigentum des Staates und geschützt." OW: Art. 13 Abs. 3 Verordnung über den Schutz von Bau- und Kulturdenkmälern vom 30. 3. 1990: „Historische Fundgegenstände fallen ins Eigentum des Kantons." SH: § 4 Abs. 1 Satz 1 Verordnung betreffend den Schutz der Kulturdenkmäler vom 20. 9. 1939: „fallen ohne weiteres in das Eigentum des Kantons"; SO: § 22 Abs. 1 Verordnung über den Schutz der historischen Kulturdenkmäler (Kulturdenkmäler-VO) vom 19. 12. 1995: „Archäologische Funde von erheblichem wissenschaftlichen Wert gehören dem Kanton." SG: Art. 1: „so fallen sie gemäss Art. 724 ZGB in dessen Eigentum." TI: Art. 38 Abs. 1 *Legge sulla protezione dei beni culturali del 13 maggio 1997*: „sono di proprietà del Cantone." VD: Art. 23 Abs. 1 *Loi sur les activités culturelles du 19. 12. 1978*: „deviennent la propriété de l'État"; ZG: § 7: Gesetz über Denkmalpflege, Archäologie und Kulturgüterschutz vom 26. 4. 1990: „gelangen sie in das Eigentum des Kantons".

[18] So z. B. GE: Art. 33 Abs. 1 *Loi sur la protection des monuments, de la nature et des sites du 4 juin 1976*.

[19] *Scherrer,* Rn. 31, 947.

[20] Vgl. *Liver,* 367, Fn. 4. Ob diese Theorie sehr praktisch ist, sei dahingestellt. Wird aber das Fundobjekt aus einer Raubgrabung ins Ausland verbracht, kann der Herkunftskanton sein Aneignungsrecht nicht mehr ausüben; vgl. *Siehr/Üstün,* 490, Fn. 9.

[21] Vgl. *Ammann,* 92; *Beck,* 121; *Haab,* Rn. 31; *Leemann,* Rn. 13; *Rey,* Rn. 1881 a; *Rossel/Mentha,* Nr. 1352, 418; *Scherrer,* Rn. 31, 947; *Schwander* ZGB 724, Rn. 3; *Steinauer,*

III. Archäologische Fundgegenstände als öffentliche Sachen

Archäologische Fundgegenstände sind wenn möglich der Öffentlichkeit zugänglich zu machen. Bedeutende Objekte werden m. E. mit der Aufnahme von bedeutenden Objekte in das Inventar von öffentlichen Sammlungen oder Museen zu öffentlichen Sachen. Selbst die Aufbewahrung in Museumsdepots muss wohl genügen, da Museen häufig nicht alle Objekte gleichzeitig der Öffentlichkeit präsentieren können. Will sich ein öffentliches Museum von einem Kulturgut trennen, das eine öffentliche Sache ist, so muss dieser Sache ihre öffentliche Zweckbestimmung entzogen werden, was durch Streichung im Inventar vollzogen wird.[22]

IV. Prämie

Wer einen Gegenstand von erheblichem wissenschaftlichem oder künstlerischem Wert findet, ist nach kantonalem Recht verpflichtet, diesen den zuständigen kantonalen Organen unverzüglich anzuzeigen.[23] Gegenüber dem Kanton hat der Entdecker gemäss Art. 724 Abs. 3 ZGB einen schuldrechtlichen Anspruch auf eine angemessene Vergütung. Deren Höhe soll den Wert des Fundes nicht übersteigen und den Staat nicht schlechter stellen, wie wenn dieser die betreffenden Objekte durch Kauf erworben hätte. Der Gesetzeswortlaut rechtfertigt in Ausnahmefällen – unter Würdigung sämtlicher Interessen – eine noch höhere Bemessung der Vergütung.[24] Stellt der aufgefundene wissenschaftliche Gegen-

---

Rn. 2115d, 265, unter Hinweis auf den klaren Wortlaut des Art. 724 Abs. 1 ZGB mit ausdrücklicher Ablehnung der Meinung von *Liver* (Fn. 20); *Wieland,* Rn. 3; so wohl auch *Amberg,* 431, wonach „das Privatrecht selbst [...] der privaten Aneignung eine Grenze setzt und in Berücksichtigung des öffentlichen Interesses die Sachen direkt dem Staate zuweist".

22 Zudem muss der Verkauf von Museumsobjekten bewilligt werden; vgl. z. B. § 9 Abs. 1 Ziff. 5 Verordnung über das Nidwaldner Museum vom 2. 12. 1983, wonach die Museumskommission über den Antrag des Konservators über den Verkauf von Museumsobjekten zu entscheiden hat. Gemäss § 28 Abs. 1, 1. HS der genannten VO ist der Verkauf von Museumsobjekten im Eigentum des Kantons Nidwalden zulässig, wenn diese mehrfach vorhanden oder sonst für das Museum entbehrlich geworden sind; vgl. auch § 31 Abs. 1 derselben VO, wonach solche Objekte „ausgeschieden werden [dürfen], wenn sie für das Museum von keinerlei Bedeutung sind."

23 Vgl. etwa AG: § 2 Abs. 1 Dekret über den Schutz von Kulturdenkmälern vom 14. 10. 1975; BL: § 8 Regierungsratsbeschluss des Kantons Basel-Landschaft betreffend die Anlegung und Inventarisierung von lokalen Sammlungen von Altertümern durch Gemeinden, öffentlichrechtliche Korporationen, wissenschaftliche Vereinigungen und private Personen vom 2. 10. 1937; BS: § 9 Gesetz über den Denkmalschutz vom 20. 3. 1980; FR: Art. 34 Abs. 2 Ausführungsreglement vom 17. 8. 1993 zum Gesetz über den Schutz der Kulturgüter; NE: Art. 33 *Loi sur la protection des biens culturels du 27. 3. 1995.*

24 *Scherrer,* Rn. 38.

stand gleichzeitig einen Schatz dar, hat auch der Eigentümer der bergenden Sache Anspruch auf Vergütung, welche dann im gleichen Verhältnis wie beim Schatzfund geteilt wird.[25]

V. Fazit

Unabhängig davon, welcher Lehre der Vorzug gegeben wird, stehen die archäologischen Kulturgüter in der Schweiz, falls sie einen erheblichen wissenschaftlichen Wert aufweisen, im Eigentum desjenigen Kantons, in dessen Hoheitsgebiet sie aufgefunden wurden. Sie sind als Teil des kantonalen Verwaltungsvermögens dem Privatrechtsverkehr entzogen.[26]

B. De lege ferenda

I. Neuformulierung und Ergänzung des Art. 724 ZGB

Bei der geplanten schweizerischen Umsetzung[27] der UNESCO-Konvention 1970 sollte Rechtsklarheit geschaffen und ergänzt werden:

> Abs. 1: „Werden herrenlose Naturkörper oder Altertümer von erheblichem wissenschaftlichem Wert aufgefunden, so gelangen sie im Zeitpunkt deren Auffindung in das Eigentum des Kantons, in dessen Gebiet sie gefunden wurden."
> Abs. 1 bis: „Durch Widmungsakt der zuständigen kantonalen Behörde werden die Fundgegenstände im Sinne des vorhergehenden Absatzes zu unveräusserlichen öffentlichen Sachen. Sie können weder gutgläubig erworben noch ersessen werden. Entgegenstehende Verfügungen sind nichtig."

II. Erläuterung

Der neuformulierte Abs. 1 soll Rechtssicherheit und Rechtsklarheit schaffen und klar festhalten, im welchem Zeitpunkt archäologische Fundgegenstände in das Eigentum des Kantons fallen, in dessen Gebiet die Grabung durchgeführt oder der Fund gemacht wurde.[28]

Archäologische Fundgegenstände von erheblicher Bedeutung für die Wissenschaft werden sodann gemäss Abs. 1bis unveräusserliche Sachen, die dem Privatrechtsverkehr gänzlich entzogen sind. Rechtsgeschäfte über Kulturgüter, die durch Widmungsakt den Status einer *res extra commercium* haben, sind nichtig.[29]

---

[25] *Liver,* 367.

[26] Vgl. *Leemann,* Rn. 14.

[27] Vgl. VE KGTG vom Oktober 2000. Die Vernehmlassungsfrist lief am 31.1.2001 ab; vgl. BBl. 2000 VI 5351.

[28] Vgl. dazu den Wortlaut von Art. 33 VE KGTG bezüglich der Neuformulierung von Art. 724 Abs. 1 ZGB: „Herrenlose Naturkörper oder Altertümer von erheblichem wissenschaftlichem Wert sind Eigentum des Kantons, in dessen Gebiet sie aufgefunden wurden."

[29] Vgl. dazu den Wortlaut von Art. 33 VE KGTG bezüglich eines neuen Art. 724 Abs. 1bis ZGB: „Ohne Genehmigung der zuständigen kantonalen Behörden können solche Sachen

§ 12 Deutschland

A. Bund

Das BGB regelt den Fund wissenschaftlich bedeutender Objekte nicht explizit, sondern stellt in § 984 BGB nur Regelungen über den Schatzfund auf: „Wird eine Sache, die so lange verborgen gelegen hat, dass der Eigentümer nicht mehr zu ermitteln ist (Schatz), entdeckt und infolge der Entdeckung in Besitz genommen, so wird das Eigentum zur Hälfte von dem Entdecker, zur Hälfte von dem Eigentümer der Sache erworben, in welcher der Schatz verborgen war.“ [30] Nach h. L. ist diese Vorschrift auf Altertumsfunde (z. B. Fossilien und Gräberfunde[31]) analog anwendbar.[32]

Der Entdecker[33] wird erst mit der Besitznahme der verborgenen Sache Eigentümer, wobei Miteigentum zwischen dem Entdecker und dem Eigentümer der Sache besteht, in welcher der Schatz verborgen war.[34] Das BGB sieht also keinen unmittelbaren Eigentumserwerb des Bundeslands vor, auf dessen Territorium der Schatz aufgefunden wurde. Zudem schreibt es im Gegensatz zu den Ländern keine Anzeigepflicht vor, sanktioniert aber deren Nichtvornahme.[35]

---

nicht veräussert werden. Sie können weder ersessen noch gutgläubig erworben werden. Der Herausgabeanspruch verjährt nicht.“

30 Vgl. dazu grundlegend *Pappenheim,* 141–160. Nach Auffassung von *Hönes* Das Schatzregal, 431, ist diese Regelung nicht mehr zeitgemäss und begünstigt Raubgräberei.

31 Nach *Pappenheim,* 145, sind herrenlos gewordene Altertumsfunde wie besonders Grabbeigaben als Schätze anzusehen.

32 *Quack,* Rn. 1, Fn. 2 m. w. H.; *Gursky,* Rn. 3 m. w. H.

33 Entdecker ist auch derjenige, der die Ausgrabung des Schatzes geleitet hat, mag er auch den Schatz nicht selbst aufgefunden haben; vgl. BGH 20. 1. 1988 (Lübecker Münzfund), NJW 1988, 2593 = JZ 1988, 915 = JZ 1988, 665, Anmerkung Gursky. In diesem Fall wurde aber der Baggerführer als Entdecker betrachtet, und nicht der mit dem Abriss eines Hauses betraute Unternehmer; kritisch *Quack,* Rn. 3.

34 *Gursky,* Rn. 12, 694. Das deutsche Recht übernahm mit dieser Vorschrift die „Hadrianische Teilung“; vgl. dazu *Mayer-Maly,* Sp. 1361–1364.

35 Der verheimlichende Finder begeht gemäss § 246 StGB eine Fundunterschlagung. Dies musste in den 1980er-Jahren ein Hobbyarchäologe erfahren. Der Beschwerdeführer entdeckte auf einem Grundstück der Stadt Urach, Baden-Württemberg, mit Hilfe eines Metalldetektors einen alemannischen Hortfund. Obwohl ihm die Bestimmungen des baden-württembergischen Denkmalschutzgesetzes bekannt war, nahm er die Stücke von hervorragender wissenschaftlicher Bedeutung mit, um sie zu behalten oder zu verkaufen; vgl. BVerfG 18. 5. 1988, NJW 1988, 2593. Diebstahl gemäss § 242 StGB kann auch an unausgegrabenen archäologischen Objekten vorliegen, wenn sich der Gewahrsamswille des Berechtigten auf derartige Gegenstände erstreckt. Dies trifft zu, wenn der Berechtigte aus bestimmten Gründen mit Funden zu rechnen hat wie z. B. bei bekannten, aber unausgegrabenen Bodendenkmälern; vgl. *Fechner* Rechtliche Aspekte, 326.

Handelt es sich bei der aufgefundenen Sache um keinen Schatz i. S. des § 984 BGB, sondern um ein bewegliches Kulturdenkmal von hervorragendem wissenschaftlichem Wert, so wird das Land, auf dessen Gebiet die Sache gefunden wurde, mit der Entdeckung Eigentümer.[36]

B. Länder

I. Schatzregal

Die Länder sind gestützt auf Art. 73 EGBGB kompetent, Schatzregalien zu begründen. Sie können daher Regelungen aufstellen, wonach kulturhistorisch oder wissenschaftlich bedeutsame Funde, die herrenlos sind oder deren Eigentümer nicht ermittelt werden können, mit ihrer Entdeckung – also *eo ipso* – in das Eigentum des Landes fallen (Schatz- oder Altertumsregal).[37] Davon haben 13 Länder Gebrauch gemacht und lassen unter nicht ganz einheitlichen Voraussetzungen (staatliche Grabungen; Funde in Grabungsschutzgebieten, besonders bedeutsame Funde) das Eigentum an den eigentlich unter § 984 BGB fallenden Altertumsfunden bzw. Kulturdenkmälern auf das Land übergehen.[38]

Die Länder Bayern, Hessen und Nordrhein-Westfalen hingegen kennen kein Schatzregal. Diese drei Länder sehen aus diesem Grund neben der Pflicht zur Fundanzeige eine Ablieferungspflicht für Funde gegen Entschädigung vor (Enteignung).[39] Erwirbt das Land kein Eigentum an den Funden, so greift § 984 BGB.

---

[36] Vgl. hierzu die Angaben in Fn. 38.

[37] BVerfG 18.5.1988, BVerfGE 78, 205 = NJW 1988, 2593 = JZ 1988, 915; a. A. *Schroeder*, 679, wonach die Normierung eines Altertumsregals gegen das Grundgesetz verstosse.

[38] Vgl. den ganzen Wortlaut von BW: § 23 DSchG: „Bewegliche Kulturdenkmale, die herrenlos sind oder die solange verborgen gewesen sind, dass ihr Eigentümer nicht mehr zu ermitteln ist, werden mit der Entdeckung Eigentum des Landes, wenn sie bei staatlichen Nachforschungen oder in Grabungsschutzgebieten entdeckt werden oder wenn sie einen hervorragenden wissenschaftlichen Wert haben." Praktisch gleichlautende Bestimmungen haben folgende Länder erlassen: Berl: § 3 Abs. 2 DSchG; Bbg: § 20 DSchG; Brem: § 19 Abs. 1 DSchG; Hbg: § 18 Abs. 3 DSchG (Eigentum der Freien und Hansestadt Hamburg); MV: § 13 DSchG; Nds: § 18 DSchG; RP: § 19a DSchG; S: § 23 Abs. 1 DSchG; Ss: § 25 Abs. 1 DSchG; SA: § 12 Abs. 1 DSchG; SHs: § 21 Abs. 1 DSchG und Thür: § 17 DSchG.

[39] Bayern: Nach dem BayDSchG ist der Finder von Bodendenkmälern lediglich verpflichtet, den Fund der Unteren Denkmalschutzbehörde oder dem Landesamt für Denkmalpflege anzuzeigen (Art. 8 Abs. 1) sowie die Fundgegenstände unverzüglich zur Aufbewahrung den genannten Stellen zu übergeben, wenn die Gefahr ihres Abhandenkommens besteht (Art. 8 Abs. 5).
Hessen: Gemäss § 20 Abs. 1 DSchG hat der Entdecker den Fund der Denkmalfachbehörde anzuzeigen. Diese kann den Fund bergen, auswerten und zur wissenschaftlichen Bearbeitung vorübergehend in Besitz nehmen (§ 20 Abs. 4). Nach § 24 Abs. 1 haben das Land, der Landkreis, die kreisfreie Stadt und die Gemeinde, in deren Gebiet Funde gemacht worden sind, das Recht, die Ablieferung gegen eine „angemessene Entschädigung" zu verlangen.

Objekte, die in oder unter Wasser aufgefunden wurden, fallen durchaus unter den Denkmalbegriff der Landesdenkmalschutzgesetze.[40] Ob Fossilien unter das Schatzregal fallen, ist vom Bundesverwaltungsgericht verschiedentlich beantwortet worden.[41] Durch Einführung eines Schatzregals von der Mehrheit der Bundesländer ist die praktische Bedeutung des § 984 BGB eher gering.[42]

II. Enteignung

Als *ultima ratio* kommt die Enteignung zum Zuge, wenn nicht auf andere Weise sicherzustellen ist, dass ein Kulturdenkmal wissenschaftlich ausgewertet werden kann oder allgemein zugänglich ist.[43]

Dieses Recht besteht aber nur, wenn Tatsachen vorliegen, nach denen zu befürchten ist, dass der Erhaltungszustand des Fundes verschlechtert wird oder dieser der Öffentlichkeit oder wissenschaftlichen Forschungen verloren geht (§ 24 Abs. 2). Zu § 20 HessDSchG vgl. *Dörffeldt/Viebrock,* 183, Rn. 9.

Nordrhein-Westfalen: Nach § 15 Abs. 1 hat der Entdecker den Fund der Gemeinde oder dem Landschaftsverband anzuzeigen. Das Land und der Landschaftsverband oder die Stadt Köln können nach § 16 Abs. 4 den Fund bergen, auswerten und für wissenschaftliche Erforschung bis zu sechs Monaten in Besitz nehmen. Gemäss § 17 Abs. 1 DSchG sind bei Grabungen aufgefundene oder zufällig entdeckte Bodendenkmale auf Verlangen gegen Entschädigung abzuliefern. Die Ablieferung kann nach § 17 Abs. 3 aber nur verlangt werden, wenn dies zur dauernden Erhaltung des Bodendenkmals erforderlich ist oder dieses so bedeutend ist, dass seine Unterbringung an einer öffentlichen Stelle im öffentlichen Interesse liegt. Die Ablieferung können das Land, der Landschaftsverband, der Kreis und die Gemeinde, in deren Gebiet das Bodendenkmal gefunden worden ist, verlangen (§ 17 Abs. 2). Über den Antrag entscheidet der Regierungspräsident (§ 17 Abs. 5). Mit der Unanfechtbarkeit der Entscheidung erlangt der Erwerbsberechtigte das Eigentum an dem Bodendenkmal (§ 18 Abs. 3). Die Entschädigung bestimmt sich nach dem Verkehrswert des Objekts (§ 34 Abs. 2 Satz 1), wobei eine Sachverständigenkommission diesen Verkehrswert bestimmt (§ 34 Abs. 2 Satz 2). Der Regierungspräsident setzt schliesslich auf Grundlage des Gutachtens dieser Kommission die Entschädigung fest (vgl. § 34 Abs. 3 Satz 1).

40 *Fechner* Rechtliche Aspekte, 322. Die Denkmalschutzgesetze der Länder subsumieren diese Gegenstände unter den Begriff „Bodendenkmal" oder „Kulturdenkmal"; vgl. Berl: § 2 Abs. 5 DSchG („Bodendenkmal"); Bbg: § 2 Abs. 5 DSchG („Bodendenkmal"); Brem: § 2 Abs. 1 Nr. 4 DSchG („Kulturdenkmal"); MV: § 2 Abs. 5 DSchG („Bodendenkmal"); Nds: § 14 Abs. 1 DSchG („Kulturdenkmale"); NWf: § 13 Abs. 1 DSchG („Bodendenkmäler"); S: § 2 Abs. 3 DSchG („Bodendenkmäler"); SA: § 2 Abs. 2 Nr. 3 DSchG („archäologische Kulturdenkmale"); SHs: § 15 Abs. 1 DSchG („Kulturdenkmale").

41 Vgl. BVerwG 21.11.1996, NJW 1997, 1171 (1172), verneinend (bezüglich § 19a Satz 1 RPDSchG); offengelassen in BVerfG 18.5.1988, BVerfGE 78, 205 (210) = NJW 1988, 2593. Nach Auffassung des BVerwG sind Fossilien „pflanzliche oder tierische Überreste, deren wissenschaftlicher Erkenntniswert sich gerade daraus ergibt, dass identifizierbare Einzelteile überdauert haben, die noch nicht durch die Einflüsse der Zeit und des umgebenden Bodens zu (nur noch) mineralischen Stoffen geworden sind"; vgl. BVerwG 21.11.1996, NJW 1997, 1171 (1173).

42 *Quack,* Rn. 1, 969.

43 Vgl. BW: § 25 Abs. 2 DSchG; Bay: Art. 18 Abs. 2 DSchG; Berl: § 17 Abs. 1 DSchG; Bbg: § 29 DSchG, Brem: § 20 Abs. 2 DSchG; Hbg: § 20 Nr. 1 DSchG (zur Erhaltung eines gefährdeten

§ 13 Frankreich

A. Schatzbegriff

I. Code civil

Der Begriff des Schatzes *(trésor)* ist in Art. 716 Abs. 2 Ccf geregelt. Danach ist ein Schatz „jede versteckte oder vergrabene herrenlose Sache, die zufällig entdeckt wird.“[44] Im Gegensatz zum schweizerischen[45] und deutschen Recht[46] verlangt das französische, dass der Fund zufällig gemacht wurde.[47] Unumstritten ist jedoch, dass ein Schatz i. S. des *Code civil* nur bewegliche Sachen sein können.[48]

II. Spezialgesetze

Der Schatzbegriff des Gesetzes vom 27. September 1941 über archäologische Grabungsfunde[49] ist weiter gefasst als derjenige des *Code civil*; denn auch unbewegliche Sachen fallen unter den Begriff *fouille archéologique*.[50] Das erwähnte

---

Denkmals); Hess: § 25 Abs. 1 Nr. 2; MV: § 21 Abs. 1 lit. b DSchG; Nds: § 30 Abs. 2 DSchG; NWf: § 30 Abs. 1 lit. b DSchG; RP: § 30 Abs. 1 Nr. 1 DSchG; S: § 25 Abs. 1 Nr. 2 DSchG; Ss: § 27 Abs. 2 lit. a DSchG; SA: § 19 Abs. 1 Nr. 2 DSchG; SHs: § 26 Abs. 1 DSchG; Thür: § 27 Abs. 1 Nr. 2 DSchG; zur Zulässigkeit der erzwungenen Ablieferung vgl. BVerwG 28. 5. 1965, BVerwGE 21, 191 = NJW 1965, 1932.

[44] Art. 716 Abs. 2 Ccf lautet: „Le trésor est toute chose cachée ou enfouie sur laquelle personne ne peut justifier sa propriété, et qui est découverte par le pur effet du hasard.“

[45] Vgl. Fn. 4.

[46] Vgl. Fn. 30.

[47] Allerdings verneint eine Mindermeinung in der französischen Lehre das Erfordernis der Zufälligkeit; vgl. *Rigambert,* 149, Fn. 236; vgl. auch Cour d'Orléans 25. 8. 1853 (Min pub. c. Fouchart), D.P. 1855, II, 103: „Considérant que de la forme des couverts présentés comme volés [...] que ces couverts ne sont pas abandonnés ou perdus par leur propriétaire depuis un temps suffisant pour qu'ils puissent être considérés comme trésor [...] qu' il ne peut s'agir [...] que des cas prévus par l'article 717“. Bestätigt durch Cour d'appel d'Orléans 6. 9. 1853 (Min pub. c. Fouchart), D.P. 1855, II, 103. Kritisch *Rigambert,* 150, wonach geprüft werden sollte, ob die Sache anfänglich versteckt oder verloren worden war.

[48] Cour de cassation, req., 13. 12. 1881 (Moley c. Pigné), S. 1882, 255 (Fund eines Mosaiks): „Attendu que [...] l'expression ‚trésor‘ employée par le législateur ne peut s'appliquer [...] qu'aux meubles, et qu'un immeuble n'est pas un trésor au sens de l'article 716 du code civil.“

[49] *Loi du 27 septembre 1941 portant réglementation des fouilles archéologiques.*

[50] Vgl. Art. 14 Abs. 1 L. 27. 9. 1941 (Des découvertes fortuites): „des monuments, des ruines, substructions, mosaïques, éléments de canalisation antique, vestiges d'habitation ou de sépulture anciennes, des inscriptions ou généralement des objets pouvant intéresser la préhistoire, l'histoire, l'art, l'archéologie ou la numismatique“; vgl. auch Art. 3 Abs. 3 L. 27. 9. 1941 (De la surveillance des fouilles par l'État): „Toute découverte de caractère immobilier ou mobilier doit être conservée“.

Gesetz von 1941 verlangt zudem nicht ausdrücklich die Herrenlosigkeit der zufällig entdeckten Sache *(absence de propriétaire)* sowie absichtliches Vergraben *(enfouissement volontaire)*. Handelt es sich bei der entdeckten Sache also um eine verlorene *(perdu)* oder derelinquierte *(abandonné)* Sache, so kommt nicht Art. 716 Ccf, sondern Art. 717 Ccf[51] zur Anwendung.

Im Gegensatz zu Art. 716 Ccf verlangt das Gesetz von 1941 auch nicht, dass der ursprüngliche Eigentümer unbekannt ist. Ist also der Eigentümer der aufgefunden archäologischen Sache bekannt, so handelt es sich nicht um einen Schatz i. S. des *Code civil*,[52] aber um einen i. S. des Gesetzes von 1941.

B. Eigentumserwerb

I. Bodenfunde

Das Gesetz von 1941 äussert sich nicht klar über das Eigentum an Bodenfunden *(fouilles terrestres)*, sondern unterscheidet sie in drei Arten.

1. Zufallsfunde

Gemäss Art. 16 Abs. 2, 1. HS L. 27.9.1941 regelt Art. 716 Ccf das Eigentum an beweglichen Zufallsfunden. Findet der Grundeigentümer auf seinem Grundstück zufällig einen Schatz, so wird er alleiniger Eigentümer der gefundenen Sache (Art. 716 Abs. 1, 1. HS Ccf). Wird ein Schatz auf einem fremden Grundstück entdeckt, so gehört die Sache je zur Hälfte dem Grundeigentümer und dem Entdecker (Art. 716 Abs. 1, 2. HS Ccf).[53]

Verlangt der Staat die Herausgabe der Fundgegenstände (vgl. Art. 5, 16 L. 27.9.1941), so ist der Entdecker zu entschädigen (Art. 16 Abs. 2, 2. HS L. 27.9.1941). Die Prämie ist zwischen dem Entdecker und dem Grundeigentümer zu teilen (Art. 16 Abs. 2 Satz 2 L. 27.9.1941).

2. Konzessionierte Ausgrabungen

Vorab ist festzustellen, dass jedermann, der auf dem eigenen oder einem fremden Grundstück nach archäologischen Fundobjekten gräbt, einer staatlichen Bewil-

---

[51] Art. 717 Abs. 1 Ccf verweist auf die Spezialgesetzgebung.

[52] Vgl. Trib. civ. de la Seine 1.6.1949 (Paludet et autres c. Cts. Nivelle et Préfet de la Seine), JCP 1949, 5211; D. 1949, I, 350.

[53] Als Entdecker gilt im Lichte der Rechtsprechung nicht derjenige, der den Schatz als erster sieht oder ergreift, sondern derjenige, der den Schatz als erster ausgräbt; vgl. Trib. civ. de Villefranche-sur-Saône 11.2.1954 (Moulin c. Ville de Villefranche-sur-Saône), Gaz. Pal. 1954, I, 1, 401.

ligung bedarf.[54] Der Grundeigentümer wird Eigentümer der auf seinem Grundstück entdeckten archäologischen Objekte. Wer archäologische Fundgegenstände dem Grundeigentümer entzieht, z. B. bei Aneignung der gefundenen Objekte mit Hilfe von Metalldetektoren, macht sich des Diebstahls strafbar und hat keinen Anspruch auf Prämie gegen den Grundeigentümer.[55]

3. Staatliche Grabungen

Der Staat bedarf grundsätzlich keiner Bewilligung des Grundeigentümers, sondern kann Grabungen auf fremden Grundstücken von Amts wegen vornehmen.[56] Das Eigentum an den Fundobjekten wird zwischen dem Staat und dem Grundeigentümer nach dem gemeinen Recht aufgeteilt (vgl. Art. 11 L. 27.9.1941).[57] Da der *Code civil* nichts zur Aufteilung festhält, greift als Spezialnorm Art. 5 Verordnung vom 19. April 1947, wonach das Eigentum hälftig geteilt wird.

II. Unterwasser-Kulturgüter

1. Domaine public maritime

Das Gesetz vom 1. Dezember 1989 über die Meereskulturgüter[58] und dessen ausführende Verordnung vom 5. Dezember 1991[59] regeln den Fund archäologischer maritimer Gegenstände.[60] Zu den Meereskulturgütern *(biens culturels*

---

[54] Art. 1 Abs. 1 L. 27.9.1941 lautet: „Nul ne peut effectuer sur un terrain lui appartenant ou appartenant à autrui des fouilles ou des sondages à l'effet de recherches de monuments ou d'objets pouvant intéresser la préhistoire, l'histoire, l'art ou l'archéologie, sans en avoir au préalable obtenu l'autorisation." Für Grabungen auf fremden Grundstücken bedarf es zudem der Bewilligung des Grundeigentümers.

[55] Zu beachten bleibt die Pflicht des Grabenden, vom Grundstückeigentümer eine Bewilligung einzuholen (Art. 2 Abs. 2 L. 27.9.1941).

[56] Vgl. Art. 9 Abs. L. 27.9.1941: „L'État est autorisé à procéder à l'office à l'exécution de fouilles ou de sondages pouvant intéresser la préhistoire, l'histoire, l'art ou l'archéologie sur les terrains ne lui appartenant pas, é l'exception toutefois des terrains attenant à des immeubles bâtis et clos de murs ou de clôtures équivalentes."

[57] Vgl. Art. 11 Satz 1 L. 27.9.1941: „La propriété des découvertes de caractère mobilier effectuées au cours des fouilles est partagé entre l'État et le propriétaire du terrain suivant les règles du droit commun." Der Staat kann gemäss Art. 11 Satz 2 die Herausgabe archäologischer Fundobjekte verlangen (vgl. Artt. 5, 16). In diesem Fall ist der Grundeigentümer gemäss Art. 4 D. 19.4.1947 in Höhe der Hälfte des Werts der Fundstücke zu entschädigen.

[58] *Loi n° 89-874 du 1 décembre 1989 relative aux biens culturels maritimes et modifiant la loi du 27.9.1941 portant réglementation des fouilles archéologiques.*

[59] *Décret n° 91-1226 du 5 décembre 1991 pris pour l'application de la loi n° 89-874 du 1 décembre 1989 relative aux biens culturels maritimes et modifiant la loi du 27 septembre 1941 portant réglementation des fouilles archéologiques.*

[60] Vgl. dazu *Lavialle* La loi, 63–70; *Poli* La protection, 188–206. Das Gesetz findet zudem Anwendung auf Fundgegenstände, die im Meeresboden oder im Boden von Binnengewäs-

maritimes) gehören neben den Ablagerungen, Wracks[61] und Überresten ganz allgemein alle Objekte von prähistorischer, archäologischer oder historischer Bedeutung, die zum *domaine public maritime*[62] gehören oder auf dem Meeresgrund der Anschlusszone *(zone contiguë)* liegen (Art. 1 L. n° 89-874).[63] Das Eigentum an solchen „vestiges archéologiques sous-marins" ist sehr differenziert. Auch hier sind Fallgruppen zu bilden.

2. Anschlusszone

Nach Art. 12 L. n° 89-874 ist das Gesetz nur teilweise[64] auf Meereskulturgüter der Anschlusszone[65] *(zone contiguë)*, also innerhalb eines angrenzenden Gebiets zwischen zwölf und 24 Seemeilen, anwendbar.

3. Eigentumserwerb

a) Grundsatz: Staatseigentum

Nach Art. 2 Abs. 1 L. n° 89-874 wird der Staat Eigentümer von Meereskulturgütern, deren Eigentümer unbekannt sind.[66] Wird ein Meereskulturgut aufgefunden, so muss der Fund der zuständigen Behörde innerhalb 48 Stunden angezeigt, und das Fundobjekt zurückgelassen werden (Art. 3 L. n° 89-874;

---

sern gefunden worden sind, nicht aber auf solche, die in Binnengewässern getrieben sind; vgl. *Le Gurun*, 51, Fn. 51.

[61] Militärische Wracks sind immer Meereskulturgüter i. S. der L. n° 89-874, nicht aber zivile Wracks, die das historische Interesse erfüllen müssen; vgl. Trib. correctionnel de Brest 25.10.1994 (Ministère public c. C. S., M. P., T. W., K. C., C. G., M. C., R. D., M. G. et C. H.), unveröffentlicht; zit. gemäss *Le Gurun*, 47, Fn. 29. Antike Amphoren sind immer von archäologischer Bedeutung; vgl. Trib. correctionnel de Draguignan 15. 5. 1997 (Ministère public c. M. M., J.-P. J. et A. J.), unveröffentlicht; zit. gemäss *Le Gurun*, 48, Fn. 34; so schon Trib. correctionnel de Bar-le-Duc 20. 5. 1981 (Ministère public c. Isnard et Decheppe), unveröffentlicht; zit. gemäss *Le Gurun*, 48, Fn. 33.

[62] Vgl. vorne § 7, Fn. 672.

[63] Art. 1 L. n° 89-874 lautet: „Constituent des biens culturels maritimes les gisements, épaves, vestiges ou généralement tout bien qui, présentant un intérêt préhistorique, archéologique ou historique, sont situés dans le domaine public maritime ou au fond de la mer dans la zone contiguë."

[64] Anwendbar sind gemäss Art. 12 die Artt. 3f., 5, 7–9.

[65] Vgl. hierzu die Hinweise in Fn. 673.

[66] Art. 2 Abs. 1 n° L. 89-874 lautet: „Les biens culturels maritimes situés dans le domaine public maritime dont le propriétaire n'est pas susceptible d'être retrouvé appartiennent à l'État." Dies soll gemäss *Le Gurun*, 53f., auf 80% der Fälle zutreffen. Diese Eigentumszuordnung hat nichts mit dem Umstand zu tun, dass die Fundstücke zum *domaine public maritime* gehören, sondern geht bereits aus Art. 713 Ccf hervor: „Les biens qui n'ont pas de maître appartiennent à l'État." Vgl. auch Art. 539 Ccf: „Tous les biens vacants et sans maître [...] appartiennent au domaine public." Sowie Art. L. 25 *C. dom. État*, der ausdrücklich auf Art. 713 Ccf verweist.

Artt. 1–3 D. n° 91-1226).[67] Der Fund wird im Amtsblatt sowie in einer Tageszeitung bekannt gemacht (Art. 5 D. n° 91-1226). Kann der Eigentümer nicht ausfindig gemacht werden, so verfällt dem Staat das Eigentum nach Ablauf einer Frist von drei Jahren seit der öffentlichen Bekanntgabe des Fundes (Art. 2 Abs. 2 Satz 1 L. n° 89-874).[68]

Gemäss Art. 27 bis *C. dom. État* sind herrenlose Güter nicht Teil des öffentlichen Guts *(domaine public)*, sondern gehören zum privatrechtlichen Staatseigentum.[69] Damit erfolgt keine direkte Übertragung von Privateigentum in unveräusserliches und unersitzbares Staatseigentum.

b) Ausnahme: Privateigentum

Ist der Eigentümer einer im Meer verborgenen Sache bekannt oder kann der Eigentümer innerhalb der dreijährigen Frist ausfindig gemacht werden, so ist sein Eigentum zu respektieren (Art. 2 Abs. 2 *e contrario* L. n° 89-874).[70] Der Entdecker hat in diesem Fall keinen Vergütungsanspruch.[71]

Will der Staat privates Fundmaterial enteignen, so hat er seine Absicht dem Eigentümer mitzuteilen, das öffentliche Interesse an der Enteignung zu erklären und ihm eine Entschädigung zu unterbreiten (vgl. Art. 11 L. n° 89-874, Art. 16 D. n° 91-1226).[72] Die Enteignung ist aber nur möglich, wenn es sich beim Enteignungobjekt um einen Fund handelt, der im *domaine public maritime* gemacht wurde (vgl. den Wortlaut von Art. 11 Abs. 1).[73]

III. Prämie

Der Entdecker von Meereskulturgütern des *domaine public maritime* kann nach Art. 6 L. n° 89-874 in den Genuss einer von der zuständigen Behörde festgesetzten Vergütung *(récompense)* kommen.[74] Diese besteht entweder in Geld oder in

---

[67] Art. 3 L. n° 89-874 lautet: „Toute personne qui découvre un bien culturel maritime est tenue de laisser en place et de ne pas y porter atteinte.
Elle doit, dans les quarante-huit heures de la découverte ou de l'arrivée au premier port, en faire la déclaration à l'autorité administrative."

[68] Art. 2 Abs. 2 Satz 1 L. n° 89-874 lautet: „Ceux dont le propriétaire n'a pas pu être retrouvé, à l'expiration d'un délai de trois ans suivant la date à la quelle leur découverte a été rendue publique, appartiennent à l'État."

[69] Art. 27 bis *C. dom. État* lautet: „Le bien vacant fait partie du domaine de l'État."

[70] Vgl. Fn. 68.

[71] Dies gilt auch beim Auffinden von Fundstücken im *domaine public maritime*.

[72] Vgl. dazu vorne § 7 E I 2.

[73] Eine Enteignung von beweglichem Meereskulturgut aus der angrenzenden Zone *(zone contiguë)* verstiesse im Übrigen gegen Internationales Seerecht; vgl. *Le Gurun*, 56.

[74] Art. 6 L. n° 89-874 lautet: „Tout personne qui a découvert et déclaré un bien culturel maritime [...] peut bénéficier d'une récompense dont la nature ou le montant est fixé par l'auto-

Naturalien. Handelt es sich um Meereskulturgüter der *zone contiguë*, besteht die Prämie nur in Geld.[75] Hat der Staat das Meereskulturgut enteignet, so erhält der Entdecker weder eine Prämie[76] noch besteht ein Anspruch auf Vergütung.[77]

§ 14 Italien

A. Schatzbegriff

Verborgene oder vergrabene wertvolle Fundgegenstände fallen grundsätzlich unter die Bestimmung des Schatzfundes nach Art. 932 Cci. Nach Abs. 1 ist ein Schatz „jede herrenlose wertvolle bewegliche Sache, die verborgen oder vergraben ist."[78] Handelt es sich dabei um Gegenstände von historischem, archäologischem, paläethnologischem, paläontologischem oder künstlerischem Interesse, so sind nach Art. 932 Abs. 3 Cci Spezialgesetze anwendbar, also die Rechtsverordnung Nr. 490 vom 29. Oktober 1999 (D.L. 1999/490), insbesondere deren Artt. 85–90. Da noch keine Ausführungsverordnung zur Rechtsverordnung 1999/490 erlassen wurde, ist noch immer das Dekret Nr. 363 vom 30. Januar 1913, insbesondere die Artt. 83–127 anwendbar.

B. Eigentumserwerb

Entgegen den allgemeinen Grundsätzen des Schatzfundes[79] ist der Staat nach Art. 88 Satz 1 D.L. 1999/490 Eigentümer von Gütern i. S. v. Art. 2 D.L. 1999/ 490[80], die von irgend jemandem und wie auch immer[81] aufgefunden werden.[82] Art. 88 Satz 2

---

rité administrative." Es ist hervorzuheben, dass nicht von einer *indemnité* (Entschädigung) die Rede ist, sondern von einer *récompense* (Vergütung oder Prämie); vgl. dazu den Hinweis auf den Zusammenhang mit dem alten Recht bei *Le Gurun*, 59, Fn. 108.

75 Um Raubgrabungen zu vermeiden, sollte der Marktwert des archäologischen Fundstückes ausbezahlt werden.

76 *Le Gurun*, 59, Fn. 108.

77 *Poli* La protection, 196.

78 Art. 932 Abs. 1 Cci lautet: „Tesoro è qualunque cosa mobile di pregio, nascosta o sotterrata, di cui nessuno può provare d'essere proprietario."

79 Vgl. Art. 932 Abs. 2 Satz 1 Cci, wonach der Schatz dem Eigentümer des Grundstückes gehört, auf dem die Sache gefunden wurde.

80 Gemäss Art. 2 Abs. 1 lit. a D.L. 1999/490 gehören dazu namentlich unbewegliche und bewegliche Güter von künstlerischem, historischem, archäologischem oder demo-ethnoantropologischem Interesse.

81 Dies war unklar nach der aufgehobenen L. 1939/1089. Nach der Rechtsprechung des Kassationsgerichts spielte es jedoch keine Rolle, ob die Sache im „Untergrund" oder anderswo gefunden wurde; vgl. Corte di cassazione, sez. III, 8.1.1980 (Schiavo), Giur.it. 1981, II, 12 (14, 21), nota Testori, betreffend eine Skulptur von Michelangelo Buonarroti (1475–1564), welche wahrscheinlich Teil einer ersten Version der *Pietà Rondanini* war und beim Abreissen

D.L. 1999/490 bestimmt, dass aufgefundene bewegliche Sachen in das unverfügbare Staatsvermögen *(patrimonio indisponibile)*[83] und unbewegliche Sachen in das absolut unveräusserliche öffentliche Gut *(demanio pubblico)*[84] fallen.

Ob der Staat bereits mit der Auffindung des Guts Eigentümer wird oder ob sich das Gut zuerst aneignen muss, sagen weder der *Codice civile* noch die Rechtsverordnung 1999/490. Lehre[85] und Rechtsprechung[86] gehen allerdings von einem *Ipso-iure*-Eigentumserwerb von archäologischem Gegenständen im Zeitpunkt ihrer Entdeckung oder Ausgrabung aus.[87] Der Besitz von archäologischem Gut ist stets unrechtmässig, wenn der Besitzer den rechtmässigen Erwerb des Guts nicht beweisen kann.[88]

---

einer Kirchenmauer auf vatikanischem Territorium in Rom entdeckt wurde. Die Skulptur war Staatseigentum und Teil des unverfügbaren Staatsvermögens *(patrimonio indisponibile)*. Der Sohn des Entdeckers exportierte die später auf über LIT 1 000 000 000 geschätzte Skulptur illegal aus Italien in die Schweiz. Während der Belegenheit in der Schweiz notifizierte der italienische Staat das besonders wichtige historisch-archäologische Interesse am Kunstwerk nach Art. 3 L. 1939/1089. Die Republik Italien reichte vor dem schweizerischen Bundesgericht Klage ein und verlangte gestützt auf Art. 5 Ziff. 1 Europäisches Abkommen über Rechtshilfe in Strafsachen vom 20.4.1959 die Beschlagnahme der Skulptur. Die Klage wurde aus formellen Gründen abgewiesen und gestützt auf Art. 96 Abs. 1 OG an den Bundesrat weitergewiesen; vgl. BGer 26.8.1975 (Stato della Repubblica Italiana c. Camera dei ricorsi penali del Tribunale di Appello del Cantone Ticino), BGE 101 Ia 163. Der Bundesrat hiess die Aufsichtsbeschwerde gut, und die Skulptur wurde zurückgegeben; vgl. Beschluss des Bundesrates vom 2.6.1976, VPB 40 (1976) Nr. 88.

82 Art. 88 Satz 1 D.L. 499/1999 lautet: „I beni indicati nell'articolo 2, da chiunque e in qualunque modo ritrovati, appartengono allo Stato." So auch schon die aufgehobenen Artt. 44 Abs. 1, 46 Abs. 1, 47 Abs. 3 und 49 Abs. 1 L. 1939/1089: „Le cose ritrovate appartengono allo Stato" bzw. „Le cose scoperte fortuitamente appartengono allo Stato".

83 Vgl. auch Art. 826 Abs. 2 Cci: „Fanno parte del patrimonio indisponibile dello Stato [...] le cose d'interesse storico, archeologico, paletnologico, paleontologico e artistico, da chiunque e in qualunque modo ritrovate nel sottosuolo".

84 Vgl. auch Art. 822 Abs. 2 Cci: „Fanno parimenti parte del demanio pubblico, se appartengono allo Stato [...] gli immobili riconosciuti d'interesse storico, archeologico e artistico a norma delle leggi in materia".

85 Vgl. *Alibrandi/Ferri* I beni, 620: „Questa riserva di appropriazione opera tuttavia nel momento in cui si verifica il ritrovamento"; *Mansi* La tutela, 167: „la norma [...] ai fini della proprietà delle cose di interesse archeologico, ribadisce il principio che le stesse sono di proprietà dello Stato sin dall'origine e che il ritrovamento non modifica tale regime"; *Tamiozzo,* 98: „Le cose di interesse archeologico, rinvenute nel sottosuolo [...] appartengono quindo ipso iure allo Stato e al momento della scoperta [...] entrano far parte del demanio pubblico se immobili [...] e del patrimonio indisponibile dello Stato se mobili."

86 Vgl. Corte di cassazione, sez. III, 8.1.1980 (Schiavo), Giur.it. 1981, II, 12 (20), nota Testori: „detti oggetti sono di proprietà dello Stato sin dalla loro scoperta".

87 Noch weiter geht *Grisolia,* 485, der den Begriff *dominio eminente* verwendet; vgl. auch Corte di cassazione, sez. III, 4.2.1993 (Gentili), Foro it. 1993, II, 631 (634, 640), nota Benini. Kritisch zum *dominio eminente Alibrandi/Ferri* I beni, 623f.

88 Corte di cassazione, sez. III, 8.1.1980 (Schiavo), Giur.it. 1981, II, 12 (14, 20), nota Testori; kritisch Corte di cassazione, sez. III, 4.2.1993 (Gentili), Foro it. 1993, II, 631 (641), nota

I. Bodenfunde

1. Zufallsfund

Der Entdecker von archäologischen Gegenständen i. S. des Art. 2 D.L. 1999/490 muss den Fund innerhalb 24 Stunden dem zuständigen Denkmalpfleger, dem Bürgermeister oder der Behörde der öffentlichen Sicherheit *(autorità di pubblica sicurezza)* anzeigen und die vorübergehende Konservierung der entdeckten Güter sicherstellen (Art. 87 Abs. 1 D.L. 1999/490). Diese Pflichten gelten nicht nur für den Entdecker, sondern auch für jeden Gewahrsamsinhaber *(detentore)* (Art. 87 Abs. 3 D.L. 1999/490). Die unrechtmässige Aneignung von archäologisch wertvollem Material wird zudem mit Gefängnis und Busse bestraft (vgl. Art. 125 D.L. 1999/490).

2. Konzessionierte und staatliche Ausgrabungen

Grundsätzlich darf nur der Staat archäologische Grabungen vornehmen lassen (Art. 85 Abs. 1 D.L. 1999/490). Privatpersonen sowie juristische und private Anstalten *(enti)* müssen eine Konzession einholen (vgl. Art. 86 D.L. 1999/490).

3. Prämie

Der Eigentümer des Grundstücks, auf dem der Fund gemacht wurde, der Konzessionär sowie der Entdecker, welcher den Verpflichtungen nach Art. 87 D.L. 1999/490 nachgekommen ist, haben einen Vergütungsanspruch in Höhe von höchstens einem Viertel des Werts der aufgefundenen Sachen (Art. 89 Abs. 1 D.L. 1999/490). Der Grundeigentümer, der nach Erhaltung der Konzession auf seinem eigenen Grundstück nach archäologischem Material gegraben hat, sowie der Grundeigentümer, der den Fund auf seinem Grundstück entdeckt hat, haben Anspruch auf eine Vergütung, welche die Hälfte des Werts der geborgenen Sache nicht übersteigen darf (Art. 89 Abs. 2 D.L. 1999/490). Hat der Entdecker ohne Erlaubnis des Eigentümers oder Besitzers des Grundstücks, auf dem er den Fund gemacht hat, gegraben, so erhält er keine Entschädigung (Art. 89 Abs. 3 D.L. 1999/490).

Die Vergütung kann in Geld oder *in natura* bestehen. Im letzteren Fall überlässt der Staat einen Teil der aufgefundenen archäologischen Gegenstände in Höhe der Vergütung (Art. 89 Abs. 4 D.L. 1999/490). Das Ministerium für Kulturgüter und kulturelle Angelegenheiten schätzt den Wert der aufgefundenen Sachen (Art. 90 Abs. 1 Satz 1 D.L. 1999/490). Lehnt der Anspruchsberechtigte diesen Schätzwert ab, wird der Wert von einer dreiköpfigen Kommission bestimmt, in die je ein Mitglied vom Ministerium, vom Anspruchsberechtigten sowie vom

---

Benini, wonach der Beweis der Herkunft von archäologischen Gegenständen schwierig sei, die vor langer Zeit erworben wurden und die von mehreren Personen besessen werden.

Gerichtspräsidenten ernannt wird (Art. 90 Abs. 1 Satz 2 D.L. 1999/490). Die Bestimmung des Werts durch die Kommission kann bei Irrtum oder offensichtlicher Ungerechtigkeit angefochten werden (Art. 90 Abs. 2 D.L. 1999/490). Sachlich zuständig für solche Klagen sind nach geänderter Rechtsprechung des Kassationsgerichts die Verwaltungsgerichte.[89]

II. Unterwasser-Kulturgüter

Die vorne unter I (Bodenfunde) dargestellte Rechtslage ist mangels Spezialvorschriften auch auf Kulturgüter anwendbar, die im Bereich der Küstengewässer[90] aus Unterwassergrabungen stammen.[91] Vorbehalten bleiben die Bestimmungen des *Codice civile* und des *Codice della navigazione* betreffend des Fundes von Wracks.[92]

---

[89] Vgl. Corte di cassazione, sez. un., 17.3.1989 (Ministero Beni culturali c. Sciarra e altro), Foro amm. 1991, 311, nota Fantini; anders noch Corte di cassazione, sez. un., 27.1.1977, n. 401 (Min. p. i. c. Soldini), Giust.civ. 1977, I, 1600; Giur.it. 1977, I, 550; Rass.Avv.Stato 1977, I, 408, nota Vitaliani; vgl. dazu die Kritik von *Fantini,* 318.

[90] Das italienische Küstengewässer erstreckt sich bis 12 Seemeilen seewärts; vgl. Art. 33 L. 25.9.1940, n. 1424. Diese Strecke ist im Vergleich zum internationalen Standard gering; vgl. Art. 33 Abs. 2 SRÜ, der die angrenzende Küstenzone bei 24 Seemeilen festlegt.

[91] Vgl. *Alibrandi/Ferri* I beni, 620f., Fn. 5; *Mansi* La tutela, 427; *Alagna,* 448–453; *Ciciriello,* 102. Erstaunlich ist, dass die Franceschini-Kommission die Unterwasserarchäologie in ihrem Bericht von 1966 nicht erwähnte (vgl. *Dichiarazione* XXII; abgedr. in: *Commissione,* Bd. 1, 52), obwohl in Italien bereits in den frühen 1950er-Jahren Unterwasserforschung betrieben worden war; vgl. dazu die Hinweise bei *Ciciriello,* 103, Fn. 9.

[92] Vgl. Art. 933 Abs. 1 Cci; Art. 510f. C.nav. Wird der Eigentümer innerhalb einer bestimmten Frist nicht ausfindig gemacht, fällt das Eigentum der aufgefundenen Sache dem Staat zu: „Tuttavia gli oggetti di interesse artistico, storico, archeologico, etnografico […] quando il proprietario non curi di ritirarli, ovvero non si presenti nei termini indicati […] sono devoluti allo Stato, salvo in ogni caso il diritto del ritrovatore all'indennità ed al compenso stabiliti nell'articolo precedente." Vgl. Art. 511 Abs. 2 C.nav. Dies gilt aber nur, wenn es sich um *res vacuae possessionis* und nicht um *res vacuae dominii* handelt, was bei archäologischen Funden selten der Fall sein wird; vgl. auch Trib. di Sciacca 9.1.1963 (Scaglione c. Comune di Sciacca), Foro it 1963, I, 1317: Eine Bronzestatue phönizischer Herkunft wurde ausserhalb des Küstengewässers durch ein Schleppnetz geborgen. Dieses Netz war Zugehör des Schiffes, welches sich innerhalb der Zwölf-Seemeilen-Grenze befand. Der italienische Staat wurde deshalb Eigentümer der Statue (Art. 49 Abs. 1 L. 1939/1089, Art. 826 Abs. 2 Cci); vgl. hierzu *Scovazzi,* 915–917.

§ 15 Vereinigtes Königreich (ohne Schottland)

A. Altes Recht

I. Schatzbegriff

Nach dem alten Recht zum Schatzfund *(law of the treasure trove)* war ein aufgefundener Gegenstand ein Schatz, wenn, gestützt auf die Prüfung eines *coroner*[93], drei Voraussetzungen erfüllt waren:[94] Der Gegenstand musste einen wesentlichen *(substantial)* Gold- oder Silberbestand aufweisen,[95] er musste zufällig entdeckt worden sein und schliesslich musste die Sache herrenlos sein.[96] Objekte aus Keramik, Glas, Elfenbein, Metallgegenstände in Bronze, menschliche Überreste oder Fossilien fielen nie unter den Schatzbegriff.[97]

II. Eigentumserwerb

1. Grundsatz: Eigentum der Krone

Die Krone wurde Eigentümerin des Schatzfundes.[98] Die Klage des Grundeigentümers gegen den Finder war in aller Regel aussichtslos.[99] Der Finder war verpflichtet, den Fundgegenstand nach dessen Entdeckung „so bald als mög-

---

93 Der *coroner* ist ein Untersuchungsbeamter und entspricht im schweizerischen Recht am ehesten dem Bezirksanwalt bzw. Untersuchungsrichter.

94 Vgl. *Carleton,* 343.

95 Vgl. Lord Denning im Urteil Attorney General of the Duchy of Lancaster v. G. E. Overton (Farms) Ltd., [1982] 1 All E. R. 524, 530 (CA): „It has to be a very considerable amount. It should, I think, be 50% or more gold or silver before it could be described as a gold or silver object." In diesem Fall wurden 7 811 Münzen aus dem 3. Jh. gefunden. Prozessentscheidend war, ob die Münzen *treasure trove* waren oder nicht. Im ersteren Fall war die Krone Eigentümerin, im letzteren waren die Finder Eigentümer. Die Münzen enthielten einen Silbergehalt zwischen 1,4% und 18% und wurden nicht als *treasure trove* qualifiziert.

96 Vgl. dazu die Kritik von Lord Denning im Urteil Attorney General of the Duchy of Lancaster v. G. E. Overton (Farms) Ltd., [1982] 1 All E.R. 524, 529, wonach der Schatzbegriff nach diesen Voraussetzungen zu eng sei.

97 *Palmer* Treasure, 278. Dies war jedoch umstritten betreffend Bronzeartefakten, menschlichen Überresten und Fossilien; vgl. dazu die Hinweise bei *Palmer* Treasure, 308, En. 32, 33 u. 34. Fundgegenstände in Bronze können seit Inkrafttreten des *Treasure Act 1996* als Schatz qualifiziert werden; vgl. dazu *Bailey* Reform, 16, der von einem der grössten Funde römischer Münzen aus dem frühen 4. Jh. berichtet. Da die Münzen aus Bronze waren, konnten sie nach altem Recht kein Schatz sein.

98 R. v. Hancock, [1990] 2 Q. B. 242, 244; [1990] 3 All E. R. 183, 184 (CA), wobei für Richter Auld die Krone bereits vor der Entdeckung und vor der Ausgrabung Eigentümerin ist; vgl. dazu *Ward* Treasure Trove and the Law, 195–198; *Bland* Treasure, 18 f.

99 Vgl. z. B. Elwes v. Brigg Gas Company, (1886) 33 Ch. D. 562; zit. gemäss *Carleton,* 352, Fn. 4; *Palmer* Title, 158, Fn. 5; vgl. aber Waverley Borough Council v. Fletcher, [1995] 4 All E. R. 756 (CA): Goldene Brosche mit einem Wert von £ 35 000; vgl. hierzu *Palmer* Title, 157–161.

lich" dem örtlich zuständigen *coroner* abzuliefern.[100] Die Geschworenen beurteilten, ob der Gegenstand als Schatz zu qualifizieren war oder nicht. Eine Beschwerde an den *High Court* war nur beschränkt zulässig.[101] Waren nach Auffassung der Geschworenen die Merkmale des *treasure trove* gegeben, so wurde das Fundobjekt einem öffentlichen Museum angeboten. Bei Annahme wurde der Finder in Höhe des vollen Marktpreises entschädigt.[102] Nur der Finder, nicht aber der Grundeigentümer, kam in den Genuss einer Prämie.[103]

2. Ausnahme: Privateigentum

Handelte es sich nicht um einen Schatz nach den *common law*-Regeln, und hatte der Grundeigentümer keinen Erfolg, sich den Besitz mit einer Klage vom Finder zu verschaffen, oder lehnte das Museum das Angebot ab, den Fundgegenstand in die Sammlung aufzunehmen, so wurde der Fund dem Finder zu Eigentum übergeben. Dieser konnte die Sache an den Meistbietenden verkaufen. Die Krone ging in diesem Fall leer aus. War der Gegenstand aber von herausragender historischer, kultureller oder ästhetischer Bedeutung, ohne die Merkmale eines Schatzes zu erfüllen,[104] und beantragte später der Eigentümer die Ausfuhr, so konnte die Krone den Fundgegenstand durch Kauf erwerben, falls der Eigentümer das Kaufangebot akzeptierte.[105]

---

[100] *Palmer* Treasure, 281: „as soon as possible after its discovery". Das Fundstück konnte entweder dem *coroner* direkt, der Polizei oder dem *British Museum* übergeben werden. Diese leiteten das Fundstück an das *Treasure Trove Reviewing Committee* weiter; vgl. *Palmer* Treasure, 281f. Dieses im Jahre 1977 konstituierte Komitee heisst neu *Treasure Valuation Committee* [vgl. *Treasure Act 1996: Code of Practice,* para. 61] und publiziert alljährlich ihren Rechenschaftsbericht (vgl. sect. 12 *Treasure Act 1996*). Die unterlassene Anzeige war aber nicht zwingend als Diebstahl zu qualifizieren; vgl. R. v. Hancock, [1990] 2 Q. B. 242; [1990] 3 All E.R. 183 (CA).

[101] Es genügte nicht, lediglich anderer Meinung zu sein als die Geschworenen, sondern es mussten vielmehr Verfahrensfehler geltend gemacht werden; vgl. R. v. Her Majesty's Coroner for the County of Wiltshire, ex parte Chaddock; zit. gemäss *Ward* Treasure Trove: Challenging, 121.

[102] Vgl. Lord Denning im Urteil Attorney General of the Duchy of Lancaster v. G. E. Overton (Farms) Ltd., [1982] 1 All E. R. 524, 529.

[103] Vgl. *Palmer* Statutory 17, Fn. 160; *Ders.* Treasure, 282, m. w. H. in En. 61.

[104] Z. B. wenn der Eigentümer die Sache verloren hat; vgl. Moffat v. Kazana, [1969] 2 W. L. R. 71. Eigentumsansprüche des Eigentümers gegen den Finder können aber verjähren; vgl. Bumper Development Corporation Ltd.v. Commissioner of Police for the Metropolis, [1991] 4 All E.R. 638; vgl. dazu *Ghandhi/James,* 369–381. Zum Ganzen vgl. *Palmer* Treasure, 297–300.

[105] Zum zeitlich beschränkten Erwerbsrecht im Vereinigten Königreich s. hinten § 32 B IV. Dies geschah beim sog. „Edelstein von Middleham" *(Middleham Jewel)*. Da die Herrenlosigkeit des Objekts nicht nachgewiesen werden konnte, war es kein *treasure trove* und verblieb daher im Eigentum des Entdeckers; vgl. *Palmer* Treasure, 316f., En. 281. Der Edelstein wurde im Jahre 1985 mit Hilfe eines Metalldetektors in der Nähe von *Middleham Castle*, Yorkshire,

B. Treasure Act 1996

I. Allgemeines

Der am 24. September 1997[106] in Kraft getretene Treasure Act vom 4. Juli 1996 löste das während über 700 Jahren angewandte *common law* ab.[107] Der *Treasure Act 1996* findet nach sect. 15(3) keine Anwendung in Schottland,[108] hingegen in Nordirland (vgl. sects. 13 f.).

II. Schatzbegriff

Wann ein Schatz *(treasure)* i. S. des *Treasure 1996* vorliegt, regelt sect. 1. Unter den Schatzbegriff fallen namentlich Gegenstände, die beim Auffinden mindestens 300 Jahre alt, aber keine Münzen *(coins)*[109] sind, und deren Metallreinheitsgehalt mindestens 10% ihres Gewichts aufweisen [sect. 1(a)(i)]. Bei Hortfunden von mindestens zwei, aber weniger als zehn Münzen, genügt es, wenn mindestens eine Münze die erwähnten Voraussetzungen erfüllt [sect. 1(a)(ii)].[110] Bei Hortfunden von mindestens zehn Münzen, bedarf nur eine Münze des Mindestalters von 300 Jahren [sect. 1(a)(iii)]. Nach sect. 1(1)(b) gelten zudem alle diejenigen Gegenstände als Schatz, welche mindestens 200 Jahre alt sind und einer Klasse von Gegenständen i. S. v. sect. 2(1) angehören [sect. 1(c)].[111] Der *Treasure Act 1996* ist zudem anwendbar auf Funde, die vor dem 24. September 1997 gemacht wurden und nach altem Recht bereits als *treasure trove* hätten qualifiziert werden müssen [vgl. sect. 1(c) und (d)]. Klarheit schafft der *Treasure Act 1996* in Bezug auf Fossilien oder natürlichen Materialien[112]; denn sect. 2(a) und (b) bestimmt,

---

gefunden und galt als wichtigster archäologischer Fund seit dem Zweiten Weltkrieg. Das Ortsmuseum in Yorkshire erwarb schliesslich den Edelstein mit Unterstützung des HMF und NACF und von privaten Spenden zu £ 2 500 000; vgl. Report 1990–91, Fall 8, 14f., Abb. auf Tafel I. Gleiches geschah mit einem Goldring, der im selben Gebiet gefunden wurde; vgl. *Palmer* Treasure, 307, En. 7. Die Ausfuhr wurde ebenfalls verweigert. Ein Kauf kam schliesslich mit den genannten Institutionen zustande; vgl. Report 1991–92, Fall 9, 14f., Abb. auf Tafel II.

106 Vgl. sect. 2 *Treasure Act 1996 (Commencement No. 2) Order 1997.*

107 Zur Reform vgl. den Überblick bei *Bland* Treasure, 20–27; *Palmer* Treasure, 290–294.

108 Schottland hat sein eigenes Fundrecht; vgl. dazu *Miller/Sheridan,* 393–404.

109 Was ein *coin* ist, sagt sect. 3(2) *Treasure Act 1996*. Es handelt sich dabei um ein Prägungsstück aus Metall *(metal token)*, „das als Geldwert verwendet wurde."

110 Objekte wie Tonvasen oder in Marmor gehauene Skulpturen fallen nicht unter den Schatzbegriff; vgl. dazu die Kritik von *MacMillan,* 1348.

111 Beispiele wären Fragmente aus einem Originalmanuskript William Shakespeares (1564–1616))oder das Logbuch James Cooks (1728–1779). Im Zweifelsfall fällt der Gegenstand unter den Schatzbegriff; vgl. die Erweiterungen in sect. 3 *Treasure Act 1996*.

112 Zu denken ist dabei beispielsweise an einen vor langer Zeit gefundenen Goldklumpen, welcher gereinigt wurde. Ein solches Objekt wird m.E. als „unbearbeitet" gelten müssen.

dass „unworked natural objects, or minerals as extracted from a natural deposit" kein treasure *trove* sind.[113]

Der *Secretary of State* kann auf Antrag jeden Gegenstand mit einem Mindestalter von 200 Jahren *„von ausserordentlicher historischer, archäologischer oder kultureller Bedeutung"* als Schatz qualifizieren [sect. 2(1)].[114] Er kann zudem auch Gegenstände i. S. v. sect. 1(2) (unbearbeitete natürliche Sachen), die *ex lege* keine Schätze sind, als Schatz qualifizieren [vgl. sect. 2(2)]. Die Erweiterung des Schatzbegriffs kann nur in Form einer Rechtsverordnung *(statutory instrument)* erfolgen und bedarf der Zustimmung des Parlaments [sect. 2(3) und (4)].

Der Schatz muss nicht im Boden entdeckt oder ausgegraben worden sein, sondern kann auch in einem Gebäude, in Flüssen, Seen und am Küstenvorland *(foreshore)*[115], nicht in Wracks[116], aber auf offener Strasse gefunden werden.[117] Zudem spielen die Umstände der Besitzesaufgabe keine Rolle mehr [vgl. sect. 4(4)],[118] so dass auch die vom Dieb auf der Flucht weggeworfene Beute ein Schatz sein kann.[119]

III. Anzeigepflicht

Gemäss sect. 8 hat der Finder innerhalb 14 Tagen seit der Entdeckung des Gegenstands oder innerhalb 14 Tagen ab dem Zeitpunkt, in dem er weiss, dass es sich um einen Schatz handelt, den Fund dem örtlich zuständigen *coroner* anzuzeigen. Der Verstoss gegen diese Meldepflicht wird mit Gefängnis bis zu drei Monaten und/oder Busse bis zu £ 5 000 geahndet [sect. 8(3)].[120]

Die Qualifizierung des Fundgegenstands als Schatz liegt in der Kompetenz der *coroners* (sect. 7). Örtlich zuständig ist der *coroner* des Bezirks, wo die Sache

---

113 Der Schatzbegriff nach sect. 1(1) ist kompliziert und bedarf der richterlichen Auslegung. Unklar bleibt beispielsweise, ob das ganze Objekt oder nur ein Teil davon ein *treasure* sein muss; zu denken ist etwa an Edelsteine eines Schmuckstücks, die teilweise später ersetzt wurden.

114 Gemäss sect. 1(1)(b) *Treasure Act 1996* gelten Objekte mit einem Mindestalter von 200 Jahren als Schätze, welche in eine vom *Secretary of State* nach sect. 2(1) bestimmte Klasse von Objekten gehören.

115 Dieses Gebiet erstreckt sich „between mean high water and mean low water"; vgl. *Treasure Act 1996: Code of Practice,* para. 10.

116 Wracks fallen unter den *Merchant Shipping Act 1995*; vgl. *Treasure Act 1996: Code of Practice,* para. 15; vgl. dazu hinten C.

117 Vgl. *General note* zu sect. 4(4) *Treasure Act 1996.*

118 Der *Treasure Act 1996* stellt an das Kriterium „gefunden" weniger hohe Anforderungen als das vorher geltende *case law.* So wird nicht mehr verlangt, dass die Sache versteckt worden war oder dass der Eigentümer unbekannt sein muss.

119 Vgl. Fn. 117.

120 Zum Ganzen vgl. *Treasure Act 1996: Code of Practice,* paras. 21–24.

gefunden wurde [vgl. sect. 8(1)].[121] Die Untersuchung wird ohne Geschworene durchgeführt, ausser der *coroner* ordnet deren Einsetzung an [sect. 7(4)].[122]

IV. Eigentumserwerb

Gemäss sect. 4(1)(b) ist die Krone Eigentümerin des Schatzfundes, wenn nicht ein anderer Berechtigter[123] das Eigentum reklamiert.[124]

V. Prämie

Beansprucht die Krone den aufgefundenen Schatz für sich, muss der Finder entschädigt werden.[125] Wird das Eigentum am Schatz einem Museum[126] übertragen, entscheidet der *Secretary of State*, ob das Museum dem Finder oder einer Drittperson[127] eine Prämie schuldet, wer eine solche Abfindung erhalten soll und wie hoch die zu zahlende Summe sein muss (vgl. sect. 10). Nach sect. 10(4) darf die Prämie den Marktwert nicht übersteigen. Zudem besteht kein Anspruch auf eine Finderprämie [sect. 10(6)].[128]

---

[121] Aufgehoben wurde die Gerichtsbarkeit des *coroner* für den Bezirk, wo der Schatz gefunden wurde; vgl. sect. 7(2) *Treasure Act 1996*; *Treasure Act 1996: Code of Practice*, para. 55.

[122] Zum Verfahren dieser gerichtlichen Untersuchung vgl. sect. 9 *Treasure Act 1996*. Der *coroner* muss namentlich gewisse Personen und Institutionen benachrichtigen. So müssen die *coroners* in England das *British Museum* über den Fund informieren; vgl. *MacMillan*, 1347; zum Ganzen vgl. *Treasure Act 1996: Code of Practice*, paras. 50–59.

[123] Zu den Berechtigten (*franchisees*) gehören nach sect. 5(2) *Treasure Act 1996* der Duke of Cornwall (Prince of Wales) und der Duke of Lancaster. Dies erstaunt, entschied doch die Chancery Division in Attorney General v. British Museum, [1903] 2 Ch. 598, dass das königliche Lehensrecht *(grant of land by the Crown)* kein Regalrecht in Bezug auf den Schatzfund beinhalte, ausser es sei ausdrücklich vorgesehen. Neben den beiden Herzögen haben verschiedene Diözesen sowie die Städte London und Bristol Schatzregalien (solche Personen oder Körperschaften heissen „franchisees"); vgl. *Treasure Act 1996: Code of Practice*, para. 18. *Franchisees* gemäss sect. 5(1) sind alle Personen, die bereits vor dem Inkrafttreten von sect. 4 zum Schatzfund berechtigt waren, sowie jeder Rechtsnachfolger eines Berechtigten; zum Ganzen vgl. *General note* zu sect. 4 *Treasure Act 1996*. Wird z. B. ein Schatz auf dem Territorium der Stadt London gefunden, so ist das *Museum of London* vorkaufsberechtigt; vgl. *Treasure Act 1996: Code of Practice*, para. 20.

[124] Sect. 4(1)(b) *Treasure Act 1996* lautet: „When treasure is found, it vests, subject to prior interests and rights [...] in the Crown."

[125] Die Kodifizierung der sog. Finderprämie *(reward)* war notwendig, um mögliche Klagen von entschädigungslos enteigneten Findern vor dem EuGMR zu vermeiden.

[126] Der Schatz kann öffentlichen und privaten Museen zu Eigentum übertragen werden; vgl. den Wortlaut von sect. 10(1)(b) *Treasure Act 1996*: „This section applies if treasure is to be transferred to a museum." Gemäss *General note* zu sect. 10 und subsect. (2) ist mit „transferred" die Übertragung des Eigentums von der Krone an das Museum gemeint.

[127] Dies ist neu, da nach altem Recht nur der Finder in den Genuss einer Prämie kam; vgl. Fn. 103.

[128] Weshalb die Krone den wertvollen Gegenstand nicht solange zurückbehalten kann, bis das Museum die Zahlung einer angemessenen Prämie an den Finder oder eine andere berech-

C. Unterwasser-Kulturgüter

Nicht der *Treasure Act 1996*, sondern der *Merchant Shipping Act 1995*[129] regelt das Eigentum an Wracks. Danach ist die Krone Eigentümerin von Wracks von historischer Bedeutung, die im Vereinigten Königreich sowie in königlichen Gewässern gefunden wurden, und an denen niemand Eigentumsansprüche geltend machte (sect. 241).[130]

§ 16 Ergebnis

In der Schweiz regelt das Bundesrecht das Eigentum an archäologischen Kulturgütern (Art. 724 ZGB). Nach der wohl überwiegenden Lehrmeinung fallen archäologische Gegenstände bereits mit deren Auffindung ins Eigentum des Kantons, in dessen Hoheitsgebiet der Fund gemacht wurde.

Das deutsche Recht kennt keine Norm auf Bundesebene, die den Eigentumserwerb von wissenschaftlich bedeutsamen archäologischen Fundgegenständen regelt. Nach der h. L. findet aber die Vorschrift über den Schatzfund (§ 984 BGB) auf diese Objekte analog Anwendung. Handelt es sich beim Bodenfund nicht um einen Schatz i. S. des § 984 BGB, sondern um ein Objekt von hervorragendem wissenschaftlichem Wert, so wird das Bundesland, auf dessen Gebiet die Sache gefunden wurde, mit der Entdeckung Eigentümer.

In Frankreich bestimmt nicht der *Code civil* über das Schicksal von archäologischen Bodenfunden, sondern ein Spezialgesetz vom 27. September 1941. Das Gesetz Nr. 89-874 vom 31. Dezember 1989 regelt den Fund von Meereskulturgütern. Ist der Eigentümer unbekannt, so wird der Staat Eigentümer; meldet sich der Eigentümer nach Ablauf von drei Jahren seit der Publikation des gemachten Fundes nicht, so verfällt das Eigentum an den Staat. Diese Objekte sind vorerst Teil des privatrechtlichen Staatseigentums *(domaine privé de l'État)*. Gelangen sie in eine öffentliche Sammlung und sind sie auch öffentlich zugänglich, so sind sie – unabhängig einer Unterschutzstellung – Teil des *domaine public*.

---

tigte Person geleistet hat, ist nicht einzusehen. Vor allem private Museen könnten von dieser Regelung profitieren. Die Frage, ob der fehlende Entschädigungsanspruch gegen die von der EMRK (vgl. *Human Rights Act 1998*) geschützte Eigentumsgarantie verstösst, kann hier offen bleiben, muss aber zu Recht gestellt werden.

[129] Vgl. hierzu *Dromgoole* United, 183–188; *Dies*. Legal, 137–142.

[130] Die Krone hat kein Eigentum an Wracks, die ausserhalb der territorialen Gewässer aufgefunden wurden; vgl. Pierce v. Bemis, [1986] Q. B. 384, [1986] 1 All E.R. 1001; a. A. wohl *Dromgoole* United, 198, wonach das königliche Recht auf solche Güter ausgeweitet werden sollte; allerdings wären diese historischen Artefakte dem Finder zurückzugeben, falls niemand Eigentumsrechte geltend macht.

Nach italienischem Recht erwirbt der Staat Eigentum an entdeckten oder ausgegrabenen archäologischen Kulturgütern (Art. 88 Satz 1 D.L. 1999/490). Lehre und Rechtsprechung gehen von einem *Ipso-iure*-Eigentumserwerb des Staats aus. Das Objekt wird als bewegliche Sache Teil des *patrimonio indisponibile*, als unbewegliche Sache fällt es in den absolut unveräusserlichen *demanio pubblico*.

In England und Wales sowie in Nordirland gilt seit dem 24. September 1997 der *Treasure Act 1996*. Er löste das während mehr als 700 Jahren angewandte *common law* ab. Ein Schatz liegt namentlich vor, wenn das aufgefundene Objekt einen reinen Metallgehalt von mindestens 10% seines Gewichts aufweist. Die Krone wird Eigentümerin, falls niemand Eigentumsansprüche geltend macht.

3. Kapitel: Kirchliche Kulturgüter als res extra commercium

§ 17 Kanonisches Recht

Das kanonische Recht versteht unter einer *res sacra* gemäss can. 1171[1] CIC 1983 das durch Weihung oder Segnung für den Gottesdienst bestimmte bewegliche und unbewegliche Kirchengut, also namentlich die Kirchengebäude, Messgeräte, Altarbilder, Statuen und Reliquien. Solche Güter bleiben so lange geweiht, solange sie nicht in der dafür vorgeschriebenen Form zur Veräusserung freigegeben werden.[2] Privateigentum an heiligen Sachen, somit auch an sakralen Kulturgütern, ist möglich,[3] jedoch darf die Sache nicht zu profanem oder ihnen fremdem Gebrauch verwendet werden (vgl. cann. 1171, 1269 CIC 1983).

Veräusserungsgeschäfte von kirchlichem Vermögen bedürfen der Erlaubnis der zuständigen Autorität (cann. 1292f.). Handelt es sich beim Objekt um eine künstlerisch oder historisch wertvolle Sache, so bedarf es – unabhängig ihres materiellen Werts – zusätzlich der Erlaubnis des Heiligen Stuhls (can. 1292 § 2). Ist die Zustimmung der zuständigen Autorität nicht eingeholt worden, so ist die Veräusserung nichtig.[4]

Heilige Sachen im Eigentum einer Privatperson können von einer anderen Privatperson ersessen werden (can. 1269, 1. HS). Heilige Sachen im kirchlichen Eigentum können nicht ersessen werden von Privatpersonen und nicht-kirchlichen juristischen Personen.[5] Die Verjährungsfrist gegenüber dem Heiligen Stuhl beträgt 100 Jahre, wenn es sich um Liegenschaften und wertvolle bewegliche Sachen, formelle und materielle Rechte handelt; sie beträgt 30 Jahre zum Schutz der übrigen kirchlichen juristischen Personen (can. 1270). Verlangt die Kirche die Herausgabe vor einem staatlichen Gericht, so ist allein das staatliche Recht auf die Klage anwendbar. Kommt der Rechtsstreit vor ein kirchliches Gericht, so mag kanonisches Recht zur Anwendung gebracht werden.[6] Ob sich der Besitzer

---

1 Missverständlich der Hinweis von *Mussgnug* Museums- und Archivgut, 209, der auf cann. 1495ff. hinweist und nicht sagt, dass er CIC 1917 meint. Die cann. 1495–1551 (Sechster Hauptteil: Das Kirchenvermögen) sind abgedr. bei *Jone,* Bd. 2 (1940), 585–619.

2 *Mussgnug* Museums- und Archivgut, 201.

3 RGer 5. 5. 1882 (i. S. N. w. v. N.), RG 7, 136 (137): „Nach heutigem Rechte sind die dem Gottesdienste geweihten Sachen dem Verkehre nicht entzogen. Sowohl die Kirchengebäude selbst als die einzelnen für den Gottesdienst bestimmten Gegenstände können im Privateigentume stehen."

4 *Isele,* 64; *Vasella* Die Rechtsverhältnisse, 145.

5 *Isele,* 63.

6 *Isele,* 64f.

einer *res sacra* dem Herausgabeanspruch der zuständigen Autorität (vgl. can. 1296) nach kanonischem Recht beugen muss, soll letztlich eine Glaubensfrage sein.[7]

§ 18 Schweiz

Nach der schweizerischen Rechtsauffassung können zu kirchlichen Zwecken geweihte Sachen auch im Privateigentum stehen. Sie unterliegen lediglich den kirchlichen Bestimmungen der *res sacrae*.[8] Die Eigentumsrechte eines nichtkirchlichen Rechtssubjekts ist bis zur Entweihung erheblich eingeschränkt.[9] Diese Eigentumsbeschränkungen wirken vorerst nur obligatorisch, können aber bei Grundstücken nach Art. 781 ZGB durch die Eintragung ins Grundbuch dingliche Wirkung haben.[10] Auch die schweizerische Lehre lehnt die Theorie des „öffentlichen Eigentums" ab. Die Kirchengüter stehen also im Eigentum nach dem ZGB (Artt. 641–654a).[11]

Nicht bewilligte Veräusserungsgeschäfte sind nach kanonischem Recht nichtig (vgl. can. 1292 § 2 per Auslegung). Die kirchlichen Verfügungsbeschränkungen haben zivilrechtliche Geltung, wo und soweit in den einzelnen Kantonen die Kirche öffentlich-rechtliche Anerkennung geniesst. Die Nichtigkeit solcher Rechtsgeschäfte wird nach Art. 20 OR zu beurteilen sein.[12]

§ 19 Deutschland

A. Kirchliche Kulturgüter als öffentliche Sachen

Da die Kirchen Körperschaften des öffentlichen Rechts sind (vgl. Art. 140 GG i.V.m. Art. 137 Abs. 5 WRV), zählen grundsätzlich[13] auch die dem kirchlichen Gebrauch dienenden körperlichen Gegenstände zu den öffentlichen Sachen.[14]

---

[7] So *Mussgnug* Museums- und Archivgut, 201.

[8] Vgl. statt vieler *Vasella* Die Grundbucheintragung, 5.

[9] Vgl. hierzu vorne § 18.

[10] *Vasella* Die Grundbucheintragung, 5.

[11] Vgl. statt vieler *Vasella* Die Grundbucheintragung, 23.

[12] *Vasella* Die Grundbucheintragung, 99.

[13] Einschränkend *Wolff/Bachof/Stober*, § 75 II 3, Rn. 27 m.H. auf die Lit., wonach die dem kirchlichen Gebrauch dienenden Gegenstände insofern keine eigenständige Kategorie des öffentlichen Sachenrechts bilden, als sie je nach ihrem Widmungszweck den Sachen im Gemein-, Anstalts- und Verwaltungsgebrauch zuzurechnen sind.

[14] *Ehlers* Die Auswirkungen, 166; *Müller-Volbehr* Körperschaftsstatus, 174; *Renck* Grundfragen, 335f.; *Ders.* Res sacra, 38, 40; *Wolff/Bachof/Stober*, § 75 II 3, Rn. 27; a.A. *Kromer*,

Dazu gehören insbesondere auch die zum kirchlichen Kultgebrauch bestimmten Gegenstände, nicht aber Gegenstände des kirchlichen Vermögens, die in den Formen des Privatrechts genutzt werden, wie z. B. Bibliotheken.[15]

Den Status einer öffentlichen Sache erhalten die kirchlichen Kulturgüter durch kirchlichen Widmungsakt. Der Staat ist aber insofern an der Widmung beteiligt, als dies kraft staatlichen Rechts erfolgt.[16] Die kirchlichen öffentlichen Sachen stehen im Anstalts- oder kirchlichen Verwaltungsgebrauch wie z. B. Altäre, Gefässe und Geräte des Gottesdienstes.[17] Da die Kirchen keine Träger mittelbarer Staatsverwaltung sind, können sie sich – abgesehen von der Beleihung – nicht der Herrschaftsrechte des Staats bedienen. Dementsprechend stellt sich die Widmung einer *res sacra* zu einer öffentlichen Sache nicht als Verwaltungsakt, sondern als öffentlich-rechtliche Willenserklärung dar.[18]

Wie vorne (§ 6 B III 3) gesehen, können Private Eigentümer von öffentlichen Sachen sein. Der Eigentümer ist aber verpflichtet, die Benutzung der Sache im Rahmen ihrer spezifischen kirchlichen Zweckbestimmung zu dulden.[19] Hingegen hat der Eigentümer einen Anspruch auf Entwidmung, wenn die Kirche eine ihr nicht gehörende Sache ohne Zustimmung des Eigentümers zur öffentlichen *res sacra* gewidmet hat. Der Eigentümer muss diesen Anspruch wohl vor dem Verwaltungsgericht geltend machen; die Klage auf Herausgabe des entwidmeten kirchlichen Kulturguts jedoch vor dem Zivilgericht.[20]

Kirchengüter sind also vor gutgläubigem Erwerb durch öffentliche Versteigerung oder Ersitzung und vor der Verjährung des Herausgabeanspruchs seines kirchlichen Trägers nicht geschützt.

72–82, wonach res sacrae keine öffentlichen Sachen sind; vgl. auch die Einschränkung von *Müller-Volbehr* Res sacra, 144 m. w. H., wonach nur die unmittelbar dem gottesdienstlichen Gebrauch gewidmeten Sachen öffentliche Sachen sind; zur Kritik am öffentlich-rechtlichen Status der *res sacra* vgl. *Schlink,* 634f. Noch weiter geht *Goerlich,* 224f., der das öffentliche Sachenrecht analog auf privatrechtlich verfasste Religionsgemeinschaften anwenden möchte; a. A. *Müller-Volbehr* Körperschaftsstatus, 174. Zum Ganzen vgl. *Campenhausen,* 298–305.

[15] *Schlink,* 638.

[16] *Müller-Volbehr* Körperschaftsstatus, 174.

[17] Vgl. dazu *Müller-Volbehr* Körperschaftsstatus, 179–181 (179); *Papier,* 36f.

[18] *Ehlers* Die Auswirkungen, 167.

[19] *Campenhausen,* 301.

[20] *Ehlers* Die Auswirkungen, 168, Fn. 58; *Schlink,* 639.

B. Abwanderungsschutz von kirchlichen Kulturgütern

Nach § 19 Abs. 1 AbwSchG findet das Abwanderungsschutzgesetz vom 6. August 1955 keine Anwendung auf Kultur- und Archivgut im Eigentum der Kirchen[21] oder einer anderen als Körperschaft des öffentlichen Rechts anerkannten Religionsgemeinschaft.[22] Seit Inkrafttreten des Kulturgutsicherungsgesetzes vom 15. Oktober 1998[23] können die Kirchen sowie die als Körperschaften des öffentlichen Rechts anerkannten Religionsgemeinschaften die in ihrem Eigentum stehenden Kunstwerke und anderes Kulturgut zur Aufnahme in das aus den Verzeichnissen der Länder gebildete „Verzeichnis national wertvollen Kulturgutes" anmelden (§ 19 Abs. 2 Satz 1 AbwSchG[24]). Über die Anmeldung, also die endgültige Eintragung, entscheidet sodann die oberste Landesbehörde (§ 19 Abs. 2 Satz 2 AbwSchG). Die genannten kirchlichen Träger von Kirchengut haben nun die Möglichkeit, Kulturgüter von nationalem Rang durch die Eintragung in das „Verzeichnis national wertvollen Kulturgutes" zum Gegenstand eines staatlichen Rückforderungsanspruchs nach § 2 KultGüRückG zu machen.[25] Den Kirchen ist aber trotzdem zu empfehlen, ihr schützenswertes Kulturgut zu inventarisieren, da sie sonst Gefahr laufen, die Rückgabe solcher Objekte, welche die Wert- und Altersgrenzen des Anhangs zur RL 93/7 nicht erfüllen, nicht geltend machen zu können.[26]

---

[21] Zum kirchlichen Eigentum gehören nach *Heckel* Staat, 184f., das dem christlichen Gottesdienst gewidmete Kirchengut, insb. die *res sacrae*, sowie die Sachen des öffentlichen kirchlichen Verwaltungsdienstes („kirchliches Verwaltungsvermögen") und das kirchliche „Wirtschaftsvermögen".

[22] § 19 Abs. 1 AbwSchG lautet: „Dieses Gesetz findet keine Anwendung auf Kultur- und Archivgut, das im Eigentum der Kirchen oder einer anderen als Körperschaft des öffentlichen Rechts anerkannten Religionsgesellschaft sowie deren kirchlich beaufsichtigten Einrichtungen und Organisationen steht, soweit durch eigene öffentlich-rechtliche Vorschriften die Veräußerung wertvollen Kultur- und Archivgutes von der Genehmigung einer aufsichtsführenden kirchlichen Stelle oder auf Grund gesetzlicher Vorschriften von der Genehmigung einer staatlichen Stelle abhängig gemacht worden ist. Jedoch muß vor der Entscheidung über die Veräußerungsgenehmigung eine sachverständige Stelle unter den Gesichtspunkten dieses Gesetzes gehört werden."

[23] Gesetz zur Umsetzung von Richtlinien der Europäischen Gemeinschaften über die Rückgabe von unrechtmässig aus dem Hoheitsgebiet eines Mitgliedstaats verbrachten Kulturgütern und zur Änderung des Gesetzes zum Schutz deutschen Kulturgutes gegen Abwanderung vom 15. 10. 1998.

[24] Eingefügt durch Art. 2 Abs. 2 KultgSchGÄndG.

[25] BT-Drs. 13/10789, 10.

[26] *Hipp*, 333f.

C. Eintragung in Denkmallisten der Länder

Nur Brandenburg, Bremen und Hessen führen in ihren Denkmalschutzgesetzen die kirchlichen Kulturgüter nicht besonders auf. Alle anderen Länder-Denkmalschutzgesetze erwähnen die Pflicht der Denkmalschutzbehörden, bei Massnahmen zum Schutz der Kulturgüter die kirchlichen Belange zu berücksichtigen.[27] Insofern erfasst der staatliche Denkmalschutz auch die *res sacrae*.[28]

D. Kirchliche Kulturgüter als unveräusserliche Sachen

Wie die „weltlichen" Kulturgüter als öffentliche Sachen kann an kirchlichen Kulturgütern, die einem religiösen Zweck gewidmet sind, Eigentum erworben werden. Das Eigentum ist allerdings mit der öffentlich-rechtlichen Zweckbindung belastet. Ein lastenfreier Eigentumserwerb nach § 936 BGB ist auch an kirchlichen Kulturgütern nicht möglich.

Zu religiösen Zwecken gewidmete Sachen sind zwar nicht dem Handel entzogen, gelten aber unter gewissen Umständen als faktisch unveräusserlich, wie die Bonner Jesuiten im Jahre 1998 erfuhren. Im Mai desselben Jahres sorgte die angekündigte Versteigerung des Kalvarienberg-Triptychons[29] aus der bekannten Privatsammlung Lyversberg[30] in Köln für grosse Aufregung. Das Altar-Trip-

---

[27] Vgl. BW: § 11 Abs. 1 DSchG; Bay: Art. 26 Abs. 2 DSchG; Berl: § 21 Abs. 1 DSchG; Hbg: § 8 Abs. 3 DSchG; MV: § 10 Abs. 5 DSchG; Nds: §§ 20, 36 DSchG; NWf: DSchG§ 38; S: § 14 Abs. 1 DSchG; Ss: § 18 Abs. 1 DSchG; SA: 8 Abs. 5 DSchG; SHs: § 38 DSchG; Thür: § 32 DSchG; vgl. auch RP: § 23 Abs. 1 DSchG. Interessant ist § 23 Abs. 4 Satz 1 des zuletzt genannten Gesetzes, wonach das Schatzregal gemäss § 19a keine Anwendung findet auf „Kulturdenkmäler von gottesdienstlicher oder sonstiger kultischer Bestimmung [, die] in Sachen entdeckt werden, die im Eigentum der Kirchen oder Religionsgemeinschaften stehen und ihren unmittelbaren Zwecken gewidmet sind." Nach Satz 2 des § 23 Abs. 4 werden die entdeckten Kulturdenkmäler den Kirchen oder Religionsgemeinschaften auf Antrag als Dauerleihgabe überlassen, soweit das Schatzregal nach § 19a gegenüber den Kirchen oder Religionsgemeinschaften Anwendung findet.

[28] Vgl. dazu *Campenhausen,* 212–220.

[29] Das dreiflügelige Altarbild wurde um 1465 in Auftrag gegeben. Der Künstler ist anonym, ging aber als Meister der Georgslegende in die Kunstgeschichte ein; zum Klavarienberg-Triptychon vgl. *Geis* Kapelle, Nr. 9, 43.

[30] Das Altarbild war während Jahrhunderten Eigentum der Kölner Stiftskirche und wurde durch die Säkularisation von 1803 an den Kölner Wein- und Tabakgrosshändler sowie Kunstsammler Johannes Lyversberg verkauft. Über dessen Sohn Heinrich Wilhelm kam die Lyverberg'sche Gemäldegalerie an den Kaufmann Jakob Johann Nepomuk Lyversberg. Die Sammlung wurde später bei der Familie einer der Töchter, der Familie Haan, vereinigt. Sie kam schliesslich in den Alleinbesitz der Tochter Dr. Maria Rafaele Virnich (zur Biografie vgl. *Schorn,* 132, Fn. 6). Die „Sammlung Jakob Johann Lyversberg" wurde von den Bonner Jesuiten am 26. 5. 1971, acht Monate nach dem Tode dieser letzten Familienangehörigen, im

tychon war dem Jesuitenorden im Jahre 1952 geschenkt[31] worden, war seit 1954 in liturgischem Gebrauch und befand sich seit Februar 1998 als Altarbild in der Kapelle des Paulushauses, der Bonner Jesuitenniederlassung.[32] Die Jesuiten entschlossen sich nach der Auflösung des Paulushauses und dessen Verkauf an die Diözese Aachen, das kirchliche Kulturgut beim Kunsthaus Lempertz in Köln zu versteigern.[33] Das Kunstwerk wurde auf DM 1000000 bis 1200000 geschätzt.[34] Auf Druck der Öffentlichkeit[35] hin erwarb schliesslich das Erzbistum Köln noch vor der Versteigerung das Kunstwerk zu nicht näher genannten Bedingungen. Dieses blieb somit dem Rheinland und dem sakralen Raum erhalten.[36]

§ 20 Frankreich

A. Trennung von Kirche und Staat

Auf den 1. Januar 1906 wurde in Frankreich die Trennung von Staat und Kirche kraft Gesetzes[37] vollzogen.[38] Ziel des Trennungsgesetzes war die Gewährleistung

---

Kölner Kunsthaus Math. Lempertz zur Versteigerung gegeben. Der Erlös kam bestimmungsgemäss kirchlichen und gemeinnützigen Zwecken zugute; vgl. *Schorn,* 18, 20.

[31] Als die Jesuiten nach dem Krieg ihre Bonner Niederlassung wiedereröffneten, überliess Frau Virnich als Erblasserin das Bild als Leihgabe für die Ausstattung der Paulus-Kapelle; vgl. *Werner,* 144; *Zimmermann,* 95.

[32] *Schorn,* 20.

[33] Vgl. *Rossmann* Kalvarienberg, 46. Nach Auffassung von Franz Hubert Schorn, Bonner Landgerichtsdirektor a. D., ist wegen der besonderen kirchlichen Verantwortung gegenüber sakraler Kunst eine Veräusserung ohne Zustimmung des Papstes aber nicht zulässig; vgl. *Zimmermann,* 95. Dies ist richtig; denn nach can. 1292 § 2 CIC 1983 bedarf die Veräusserung von künstlerisch oder historisch wertvollen Sachen der Erlaubnis des Heiligen Stuhls.

[34] Nach dem Tode von Jakob Johann Nepomuk Lyversberg im Jahre 1834 kam das Altargemälde erstmals im Jahre 1837 im Kunsthaus Lempertz (damals noch Kunsthaus Heberle/Lempertz) zur Versteigerung, wurde aber kurzfristig zurückgezogen, da sich die Erben weigerten, einem Verkauf zuzustimmen, so dass eine Aufteilung der Sammlung auf die Familien der vier Töchter erfolgte; vgl. *Rossmann* Kardinalfrage, 43; *Schorn,* 20.

[35] Vgl. *Rossmann* Empörung, 33: „Die Frage bewegt die Kölner Öffentlichkeit, Zeitungen veröffentlichen reihenweise."

[36] Das Altargemälde soll künftig wieder in der romanischen Kirche St. Kunibert in Köln aufgestellt werden, wo es vermutlich vor mehr als 500 Jahren platziert war; vgl. *Der Diözese vermittelt,* 57.

[37] *Loi des 9.–11. 12. 1905 concernant la séparation des Églises et de l'État.* Folgende Gesetzesbestimmungen ohne zusätzliche Angabe sind diejenigen dieses Gesetzes.

[38] Vgl. Art. 2 Abs. 1 L. 9.–11. 12. 1905: „La République ne reconnaît, ne salarie ni ne subventionne aucun culte. En conséquence, à partir du 1er janvier qui suivra la promulgation de la présente loi, seront supprimés des budgets de l'État, des départements et des communes, toutes dépenses relatives à l'exercice des cultes." Auf Grund seiner damaligen Zugehörigkeit zum Deutschen Reich (1871) galt das Trennungsgesetz nicht für Elsass-Lothringen. Bei der

der Kultusfreiheit (Art. 1) und schützte zudem kultische Gegenstände[39] von historischer und künstlerischer Bedeutung *(biens culturels cultuels)* (Art. 16 f.).[40]

Die katholische Kirche verlor den Charakter einer Korporation des öffentlichen Rechts *(établissements du culte)* und wurde privaten Kultusvereinen *(associations cultuelles)* gleichgestellt,[41] welche für die Verwaltung des verbliebenen Kirchenvermögens bestimmt waren. Ohne diese privaten Kultusvereine sollten weder eine Nutzniessung der Kultusgebäude oder Sicherung des öffentlichen Gottesdienstes noch der Übergang der Vermögen der ehemaligen *établissements du culte* möglich sein.[42]

Das Trennungsgesetz wurde von Pius X. (1835–1914)[43] in der Enzyklika *Vehementer nos* vom 11. Februar 1906[44] scharf kritisiert;[45] in der Enzyklika *Gravissimi offici munere* vom 10. August 1906[46] verbot der Papst die Bildung solcher privater Kultusvereine.[47]

Was aus dem Vermögen der *établissements du culte* aus der Zeit vor dem Trennungsgesetz werden sollte, beantwortet Art. 8: Das Kirchenvermögen wird beschlagnahmt.[48] Nach Art. 9 Abs. 1 gehen die Vermögen der *établissements ecclésiastiques*, wenn sie nicht innerhalb eines Jahres ab der Verabschiedung des Trennungsgesetzes von den *associations cultuelles* reklamiert worden sind (vgl. Art. 4), auf die kommunalen Wohlfahrts- und Fürsorgeanstalten über, die in den territorialen Grenzen der in Frage kommenden kirchlichen Bezirke liegen.[49] Bis zur endgültigen Überweisung per Dekret wurden die Vermögen unter gericht-

---

Rückkehr zu Frankreich im Jahre 1918 behielt Elsass-Lothringen die Bestimmungen des Konkordats von 1801. Zu den Umständen, die zur Säkularisierung geführt haben; vgl. *Naurois,* 65–68. Zur Geltung des Napoleonischen Konkordats von 1801 vgl. *Metz,* 108, Fn. 28 mit Hinweisen auf die Lit.

39 Darunter fallen neben den Gegenständen des protestantischen Kults diejenigen des israelitischen, muselmanischen und katholischen Kultes; vgl. *Frier* Droit, Nr. 289.

40 Vgl. dazu *Poli* La protection, 279–282; *Chatelain/Pattyn/Chatelain,* 25–30.

41 *Penzel,* 11.

42 Vgl. *Penzel,* 12.

43 Papst X. Sarto, 1835–1914, Pontifex ab 1903; vgl. *Gelmi,* 212.

44 Enzyklika *Vehementer nos* vom 11. 2. 1906; abgedr. in: ASS 39 (1906) 3; vgl. *Penzel,* 12, Fn. 1.

45 Vgl. *Naurois,* 76.

46 Enzyklika *Gravissimi offici munere* vom 10. 8. 1906; abgedr. in: Archiv für katholisches Kirchenrecht 87 (1907) 108–111; vgl. dazu *Penzel,* 12, Fn. 2.

47 Die staatlich vorgeschriebene Anmeldung gottesdienlicher Versammlungen verbot Pius X. erst mit der Enzyklika *Une foie encore* vom 6. 1. 1907; abgedr. in: ASS 40 (1907) 3; vgl. *Penzel,* 14, Fn. 1. Missverständlich *Gelmi,* 214, der behauptet, der Papst habe diese Anmeldepflicht bereits in der Enzyklika *Gravissimi offici munere* (vgl. vorige Fn.) verworfen.

48 Vgl. dazu *Penzel,* 21.

49 Vgl. dazu *Penzel,* 32.

liche Verwaltung gestellt (vgl. Art. 8 Abs. 2). Die Präfekturbehörde *(autorité préfectorale)* hatte sodann ein Inventar dieser Vermögen aufzustellen (Art. 8 Abs. 3). Dokumente, Bücher, Manuskripte und Kunstwerke – mit Ausnahme derjenigen, die zu den Kultusgebäuden gehörten und den Gemeinden überwiesen waren – konnten vom Staat abgefordert und per Dekret öffentlichen Archiven, Bibliotheken oder Museen zugesprochen werden.

Da innerhalb der gesetzlichen Frist eines Jahres keine Kultusvereine gebildet worden waren, wurde das beschlagnahmte Kirchenvermögen – das gemäss dem Trennungsgesetz an die privaten Kultusvereine gehen sollte – dem Staat oder kommunalen Unterstützungs- und Wohltätigkeitsanstalten übertragen.[50] Da durch die Übernahme des Vermögenskomplexes der ursprüngliche Wille eines Schenkers oder Stifters oft unberücksichtigt blieb, gestand das Trennungsgesetz diesem und seinem Erben in direkter Linie ein Rücknahmerecht *(droit de reprise)* zu. Es war sodann Klage auf Rücknahme *(action de reprise)* oder Klage auf Rückforderung *(action en revendication)* zu erheben (Art. 9 Abs. 3).

Nach der Säkularisierung blieben die Kultusgebäude (Kathedralen, Kirchen, Kapellen) und die sich darin befindlichen beweglichen kultischen Gegenstände (Art. 12 Abs. 1) grundsätzlich im Eigentum der öffentlichen Hand (Staat, Departements, Gemeinden).[51] Kirchenmobiliar wurde sodann den kultischen Anstalten *(association cultuelle)* unentgeltlich überlassen (Art. 13 Abs. 1).[52] Fehlte eine solche Anstalt, so standen die Kirchen und die dazugehörigen beweglichen Gegenstände gemäss Art. 5 Gesetz vom 2. Januar 1907 den Gläubigen zur Verfügung.[53] Bewegliche Sachen von künstlerischem und historischem Interesse wurden sodann von Gesetzes wegen provisorisch in die Liste der geschützten

---

50 Gemäss *Penzel,* 11 u. 13, verlor die katholische Kirche damals durch diesen Übergang ein Vermögen in Höhe von über FF 400000000.

51 Art. 12 Abs. 1 L. 9.–11. 12. 1905 lautet: „Les édifices qui ont été mis à la disposition de la nation et qui, en vertu de la loi du 18 germ. an X, servent à l'exercice public des cultes ou au logement de leurs ministres [...] ainsi que leurs dépendances immobilières et les objets mobiliers qui les garnissent au moment où lesdits édifices ont été remis aux cultes, sont et demeurent propriétés de l'État, des départements et des communes." In Wirklichkeit sind aber nur Staat und Gemeinden Eigentümer der Kirchen geblieben; vgl. *Penzel,* 21, Fn. 1. Der 18. Germinal des Jahres 10 des frz. Revolutionskalenders entspricht dem 8. 4. 1802; vgl. *Cappelli,* 164; ungenau *Metz,* 112, Fn. 44.

52 Art. 13 Abs. 1 L. 9.–11. 12. 1905 lautet: „Les édifices servant à l'exercice publique du culte, ainsi que les objets mobiliers les garnissant, seront laissés gratuitement à la disposition des établissements publics du culte".

53 Vgl. Art. 5 *Loi du 2. 1. 1907 concernant l'exercice public des cultes*: „À défaut d'associations cultuelles, les édifices affectés à l'exercice du culte, ainsi que les meubles les garnissant, continueront, sauf désaffectation dans les cas prévus par la loi du 9 décembre 1905, à être laissés à la disposition des fidèles et des ministres du culte [...] au moyen d'un acte administratif"; vgl. dazu *Chatelain/Pattyn/Chatelain,* 27; *Penzel,* 13f.

Denkmäler eingetragen.[54] Kirchliche Archiv- und Bibliotheksbestände, die bereits vor Inkrafttreten des Trennungsgesetzes dem Staat gehörten, waren diesem zurückzugeben (Art. 16 Abs. 5).[55] Andere konnten unter dem Vorbehalt des Vorkaufsrechts der öffentlichen Hand frei verkauft werden (vgl. Art. 17 Abs. 2).[56] Die in der Liste eingetragenen Objekte unterlagen zudem einem Ausfuhrverbot (Art. 17 Abs. 3).

Ob die Kirchengüter zum *domaine public* gehören, sagt das Gesetz nicht. Vor der Säkularisierung[57] gehörten die Kirchen unter dem Konkordat zum *domaine public national* oder *domaine public communal* und waren folglich unveräusserlich, unersitzbar, unverjährbar und gänzlich dem Handel entzogen.[58] Das Eigentumssubjekt kirchlicher Gebäude war zwar vor Inkrafttreten des Trennungsgesetzes und ist seit diesem Zeitpunkt dasselbe, nämlich die öffentliche Hand (Staat und Gemeinden). Die religiöse Zweckbestimmung ist aber seit dem 1. Januar 1906 nicht mehr eine öffentliche, sondern eine private.[59] Die Kultusgebäude und die sich darin befindlichen beweglichen Kulturgüter gehören daher nicht zum *domaine public*, sondern sind Teil des *domaine privé national* oder *domaine privé communal*.[60]

---

[54] Art. 16 Abs. 2 Satz 1 L. 9.–11. 12. 1905 lautet: „Les objets mobiliers ou les immeubles par destination mentionnés à l'art. 13, qui n'auraient pas encore été inscrits sur la liste de classement dressée en vertu de la loi du 30 mars 1887, sont, par l'effet de la présente loi, ajoutés à ladite liste."

[55] Art. 16 Abs. 5 L. 9.–11. 12. 1905 lautet: „Les archives ecclésiastiques et bibliothèques existant dans les archevêchés, évêchés, grands séminaires, paroisses, succursales et leurs dépendances, seront inventoriées et celles qui seront reconnues propriété de l'État lui seront restituées."

[56] Vorkaufsberechtigt waren gemäss Art. 17 Abs. 2 L. 9.–11. 12. 1905 kultische Anstalten, Gemeinden, Departements, Museen, Gesellschaften mit künstlerischem und archäologischem Zweck sowie der Staat.

[57] Zu den verschiedenen Arten der Säkularisierung vgl. *Buholzer,* 32–34.

[58] Vgl. *Penzel,* 21 f.

[59] Vgl. Conseil d'État 10. 6. 1921 (Commune de Monségur c. Lalanne e sieur Brousse), R. P. 1922, III, 28: „depuis la loi du 9 déc. 1905 sur la séparation des Églises et de l'État, le service du culte ne constitue plus un service public"; zustimmend *Jèze* La notion, 366; a. A. *Corneille,* 27: „nous aurions nettement penché pour le maintien des églises dans le domaine public. En effet, si elles étaient du domaine public avant les lois de séparation, il faudrait nous démontrer que les lois de séparation les ont fait passer dans le domaine privé des communes." Bei diesem vom Staatsrat entschiedenen Fall ging es um die Haftbarkeit einer Gemeinde als Eigentümerin einer Kirche für den Körperschaden eines Minderjährigen, den dieser durch einen herabstürzenden Weihwasserkessel erlitten hatte. Frage war, ob die „travaux d'église" öffentlich seien.

[60] Dies wurde weder bestätigt noch verneint in Cons.d'État 17. 2. 1932 (Commune de Barran), D. 1933, III, 49, note Capitant. Missverständlich daher *Chatelain/Pattyn/Chatelain,* 29: „Le mobilier public garnissant les églises au moment de la séparation est affecté, jusqu'à désaffectation formelle, à l'exercice du culte. Il est à ce titre inaliénable et imprescriptible; c'est une dépendance du domaine public." Ebenso *Frier* Droit, Nr. 290 mit Verweis auf Cons.d'État 17. 2. 1932: „En effet, et sauf dans les départements redevenus français en 1918

B. Affäre Barran[61]

In dem im Jahre 1932 entschiedenen Fall erlosch die Widmung der Objekte zum kultischen Gebrauch erst durch deren Entwidmung. Kultische Gegenstände können also domanialen Charakter haben, und zwar unabhängig von ihrem historischen oder künstlerischen Wert.[62] Hingegen liess der *Conseil d'État* die Frage offen, ob ein Privater Eigentum an einem kultischen Zwecken gewidmeten Chorgestühl erwerben könne.[63] Auch äusserte er sich nicht zur Domanialität von Kirchengütern.

I. Sachverhalt[64]

Die französische Gemeinde Barran verkaufte zehn aus dem 15. Jh. stammende Chorstühle und einen Beichtstuhl aus dem 17. Jh. für insgesamt FF 70000 an einen Pariser Antiquitätenhändler. Die Objekte wurden bezahlt und zum Abtransport bereitgestellt. Der *ministre de l'instruction publique et des beaux-arts* erhielt Kenntnis davon und liess die Übergabe des Chorgestühls und des Beichstuhls an den Antiquitätenhändler verbieten und klassifizierte die verkauften Objekte als historische Denkmäler mit Verfügung vom 29. Dezember 1927 (vgl. Art. 14 Abs. 1 L. 31. 12. 1913). Die Gemeinde focht das Übergabeverbot sowie die Unterschutzstellung erfolglos beim *Conseil d'État* an.[65]

[...] le service public des cultes est supprimé. Ces objets sont [...] affectés à l'usage direct du public. Ils sont laissés gratuitement à la disposition des associations cultuelles [...] L'ensemble de ces biens cultuels [...] qu'ils aient ou non un valeur artistique ou historique particulière, qu'ils soient ou non protégés au titre des monuments historiques peuvent donc être domaniaux, indépendamment de leur éventuel intérêt culturel." Und Nr. 298: „Ces objets laissés gratuitement à la disposition des associations cultuelles et des fidèles [...] L'appartenance au domaine public n'a donc que des conséquences réduites à cet égard." Anders aber Cons.d'État 18. 3. 1988 (Maron), JCP 1988, II, 21152, observations Davignon, wonach die kultischen Gebäude zum *domaine public* gehören.

61 Cons.d'État 17. 2. 1932 (Commune de Barran), D. 1933, III, 49, note Capitant; vgl. dazu *Waline* Note, 102f.

62 Vgl. *Frier* Droit, Nr. 290, 397; *Poli* La protection, 281; differenzierend *Chatelain/Pattyn/Chatelain*, 28, die bewegliche Sachen nur zum *domaine public* zählen, wenn sie unentbehrlich für die Kultusausübung sind.

63 Diese Kirchengüter waren kultischen Zwecken gewidmet; vgl. Art. 5 L. 2. 1. 1907.

64 Vgl. *Capitant*, 49.

65 Obwohl die Unterschutzstellung gegen den Willen des Erwerbers und angeblich neuen Eigentümers erfolgte, klassifizierte der genannte Minister die Chorstühle nicht kraft Dekret *(décret)*, sondern kraft Verfügung *(arrêté)*. Mangels Klagelegitimation der Gemeinde wurde auf den Rekurs gegen die Unterschutzstellung nicht eingetreten. Wäre der Antiquitätenhändler Eigentümer der Chorstühle geworden, wie es die Klägerin behauptete, so wäre nur dieser klagelegitimiert gewesen. Der Rekurs gegen das Übergabeverbot wurde abgewiesen; vgl. D. 1933, III, 49, 51.

II. Rechtliche Erwägungen

Der Staatsrat äusserte sich weder über die Domanialität noch über die Unveräusserlichkeit der Kirchengüter und vermied die Prüfung der Frage, ob das Eigentum an den Kirchengütern an den privaten Erwerber übergegangen sei.[66] Vielmehr stellte er die Widmung in den Mittelpunkt seiner knappen Erwägungen und stellte fest, dass die Widmung auch nach dem bewilligten Verkauf weiterbestünde, da die Kirchengüter nicht nach Art. 5 des Gesetzes vom 2. Januar 1907 über die öffentliche Kultusausübung[67] entwidmet worden seien, und deshalb noch immer dem ursprünglichen Zweck gewidmet waren.[68] Die wohl interessanteste Frage aber, nämlich ob der Antiquitätenhändler Eigentum erworben hatte, liess der Staatsrat offen,[69] weil sie ihm erstens nicht gestellt wurde und weil er zweitens für Eigentumsfragen sachlich nicht zuständig war.[70]

III. Stellungnahme

Nach Auffassung des Kommentators zu dieser Entscheidung besteht die Widmung der Objekte weiter, selbst wenn der Antiquitätenhändler Eigentümer der Kirchengüter geworden wäre.[71] Die Widmung verdränge lediglich das Unveräusser-

---

[66] Die Gemeinde Barran machte die Ungültigkeit des Kaufvertrags nicht geltend. M. E. wäre der Staatsrat für die Prüfung dieser Rechtsfrage gar nicht zuständig gewesen, sondern der Zivilrichter; gl.M. *Waline* Note, 103.

[67] Art. 5 L. 2. 1. 1907 *concernant l'exercice public des cultes* lautet: „À défaut d'associations cultuelles, les édifices affectés à l'exercice du culte, ainsi que les meubles les garnissant, continueront, sauf désaffectation dans les cas prévus par la loi du 9 décembre 1905 [D. P. 1906, IV, 1], à être laissés à la disposition des fidèles et des ministres du culte pour la pratique de leur religion."

[68] Cons.d'État 17. 2. 1932 (Commune de Barran), D. 1933, III, 49 (51): „qu'en l'absence d'un décret mettant fin à cette affectation, celle-ci n'a pas cessé, nonobstant la vente consentie par la commune"; zustimmend *Capitant*, 49: „Elle [die Widmung] nous semble, en effet susceptible d'être appliquée dans tous les cas où la doctrine classique parlerait d'inaliénabilité, et c'est pourquoi nous pouvons dire qu'elle constitue la forme moderne et positive de l'inaliénabilité domaniale."

[69] Der Staatsrat streifte diese Frage lediglich bei der Begründung der Klassifizierung der Chorstühle als historische Denkmäler, indem er festhielt: „qu'en admettant même que le sieur Touzain [Erwerber] soit en effet propriétaire desdites stalles, il aurait seul qualité pour poursuivre par voie de recours principal l'annulation de l'acte en prononçant le classement".

[70] So *Waline* Note, 103 m. w. H.

[71] *Capitant*, 50: „Des biens privés, appartenant à des particuliers, peuvent également être affectés à une destination publique. Telles sont les propriétés grevées d'une servitude d'utilité publique. Tel est, dans l'espèce même, le cas des stalles de Barran, si, comme le Conseil d'État en admet la possibilité, la vente en a été valable et la propriété transférée à l'acquéreur." A. A. wohl *Waline* Note, 103: „Pour nous [...] l'antiquaire n'a pu acheter des stalles inaliénables à défaut de déclassement, il n'en est pas propriétaire".

lichkeitsprinzip;[72] zudem könne man sogar geneigt sein, auf den Begriff *domaine public* gänzlich zu verzichten.[73]

Dieser Meinung ist zuzustimmen. Die Begründung von Privateigentum soll auch an gewidmeten Gütern in Anlehnung an das schweizerische und deutsche Recht möglich sein.[74] Die Widmung soll unabhängig des Eigentumssubjekts bestehen.[75] Das Kriterium der Unveräusserlichkeit öffentlicher Sachen wird so von der Widmung verdrängt.[76] Nur das Gesetz soll gewisse Güter als unveräusserlich erklären, nicht aber ein starrer Rechtsgrundsatz, der heute als überholt erscheint.

Die für die Verkäufer (Gemeinde) und den Käufer unbefriedigende Rechtslage ist nicht zu übersehen: Der Käufer ist zwar Eigentümer geworden, muss aber den Besitz aufgeben, damit die Chorstühle wieder ihren ursprünglichen Zweck erfüllen können. Er bleibt auf also auf seinem „nackten" Eigentum sitzen.[77] Die Verkäuferin befindet sich in einer ähnlich unglücklichen Situation. Der Eigentümer kann für die Besichtigung des Chorgestühls Eintritt verlangen, da dies gegen den gewidmeten Zweck verstösst. Ausserdem wird ihm die Gemeinde die Unversehrtheit des fremden Eigentums garantieren müssen.

Der Staatsrat wäre besser daran gewesen, den Kauf ausdrücklich als nichtig zu erklären. Dann hätte der Antiquitätenhändler mangels Entwidmung kein Eigentum erwerben können.[78] Der Kaufvertrag hätte rückabgewickelt werden müssen,

---

[72] *Capitant,* 50: „Ne faut-il pas aller plus loin et dire [...] que l'inaliénabilité du domaine ne signifie rien autre que son affectation? Les biens affectés à un service public ne sont pas inaliénables, ils sont seulement grevés d'affectation."

[73] *Capitant,* 50: „Et si l'on admet avec nous que l'idée essentielle est celle d'affectation, que c'est l'affectation qui crée le régime spécial, dans sa mesure et à son image, on ne sera pas loin de nier l'utilité de la notion de domaine public." A. A. *Waline* Note, 103: „Le présent arrêt met en lumière une autre raison pour laquelle il est bon, nécessaire même, de maintenir la théorie de la domanialité publique."

[74] Der Antiquitätenhändler wäre nach schweizerischem Recht Eigentümer geworden. Die öffentlich-rechtliche Belastung der Widmung besteht auch nach dem Eigentumsübergang und erlischt erst mit der Entwidmung. Der Eigentümer muss also die weitere Benutzung der Stühle durch die Kirchgemeinde dulden. Nach französischem wie nach schweizerischem Recht ist also das Ergebnis dasselbe: Die Stühle bleiben in der Kirche; so auch *Hardinghaus,* 103, für das deutsche Recht.

[75] So auch *Capitant,* 50: „La question de l'affectation d'un bien est indépendante de la question de sa propriété."

[76] So auch *Capitant,* 50: „il ne peut y avoir d'inaliénabilités naturelles, mais seulement des inaliénabilités légales et que le critère de la domanialité doit être cherché non dans la nature des choses, mais dans un acte de la volonté étatique, qui est précisément l'acte d'affectation."

[77] Vgl. *Waline* Note, 103: „si l'on ne veut plus entendre parler d'inaliénabilité domaniale, on en arrive à dire que l'acheteur est bien propriétaire, alors que son droit de propriété est complètement vidé de tout contenu par les effets de l'affectation."

[78] *Waline* Note, 103: „Pour nous [...] l'antiquaire n'a pu acheter des stalles inaliénables à défaut de déclassement, il n'en est pas propriétaire"; ebenso allgemein *Godfrin,* 135; *Chatelain/Pattyn/Chatelain,* 29.

und der Erwerber hätte bei Gutgläubigkeit die Erstattung des bezahlten Kaufpreises nach Bereicherungsrecht verlangen können.[79]

§ 21 Italien

Im Anwendungsbereich der Rechtsverordnung 1999/490 werden Kulturgüter im Eigentum kirchlicher Einrichtungen[80] im Wesentlichen gleich behandelt wie diejenigen ideeller Vereine oder Stiftungen.[81] Abweichungen ergeben sich aus dem nicht spezifisch Kulturgüter betreffenden Art. 831 Cci, wonach die Anwendung der sachenrechtlichen Grundordnung des *Codice civile* unter dem Vorbehalt besonderer Normen steht (Abs. 1). Gebäude, die „öffentlichen katholischen Kultuszwecken“[82] gewidmet sind, auch jene im Eigentum Privater, dürfen grundsätzlich nicht ihrer Zweckbestimmung entzogen werden (Abs. 2).[83]

Die einzige Bestimmung der Rechtsverordnung 1999/490 über Kulturgüter von religiösem Interesse *(beni culturali di interesse religioso)*[84] ist Art. 19.[85] Danach unterstehen Kulturgüter im Eigentum katholischer kirchlicher Einrichtungen[86]

---

[79] Zu diesem Schluss kommt auch *Godfrin,* 135; ähnlich *Waline* Note, 102: „Cet antiquaire qui a payé des stalles et ne peut s'en servir, puisqu'il doit les laisser jusqu'à désaffectation […] dans l'église de Barran […] Cet antiquaire a intérêt à savoir s'il est propriétaire ou non; parce que, si la vente était nulle, il a droit à la répétition du prix qu'il a payé.“

[80] Dazu gehören Pfarreien, Kirchen oder religiöse Verbände, wobei es sich bei der Pfarrkirche *(parrocchia)* weder um eine privatrechtliche noch um eine öffentlich-rechtliche Anstalt handelt; vgl. *Mansi* La tutela, 203, m. w. H. in Fn. 28, u. 136 m. w. H. in Fn. 3.

[81] *Loosli,* 31.

[82] Auffallend an Art. 831 Abs. 2 Cci ist, dass nur katholischen Kultuszwecken gewidmete Gebäude genannt sind, nicht aber solche anderer religiöser Kulte, so z. B. jene der Juden oder Waldenser.

[83] Vgl. Corte di cassazione, sez. I, 13. 2. 1942, n. 436 (Panzarasa c. Battaglia), Foro it. 1942, I, 394: „Le cose sacre non sono fuori commercio e quindi possono essere acquistate per usucapione col solo limite del rispetto della loro destinazione.“ Dies gelte nicht nur nach dem *Codice civile* [von 1865], sondern auch nach kanonischem Recht [CIC 1917]; vgl. Foro it. 1942, I, 395 m. H. auf die Rechtsprechung.

[84] Gemäss *Mansi* La tutela, 198, ist dieser Begriff weiter als die Begriffe *cose sacre* und *beni e di enti ecclesiastici.* Ein kirchliches oder religiöses Kulturgut sei ein „oggetto di culto o serve all'esercizio del culto e arrreda o completa un monumento del culto“. Zum Begriff vgl. auch *Lacroce,* 496–501. Allgemein zum Schutz kirchlicher Kulturgüter vgl. grundlegend *Petroncelli Hübler* I beni; vgl. auch *Alibrandi/Ferri* I beni, 382–385; *Mansi* La tutela, 184–204.

[85] Vgl. auch Art. 28 Abs. 1 R. D. 1913/363, der zwar von religiösen Kulturgütern handelt, aber den Begriff beni culturali di interesse religioso nicht verwendet: „Nelle chiese, loro dipendenze ed altri edifizi sacri le cose d'arte e d'antichità dovranno essere liberamente visibili a tutti in ore a ciò determinate.“ Zu Art. 19 D. L. 1999/490 vgl. *Giovetti,* 1007–1010; *Mansi* Il nuovo, 43f.

[86] Nach *Mansi* La tutela, 200, gehört eine Diözesanbibliothek nicht dazu, weil sie nicht primär religiösen Ursprungs ist. Dies gilt sogar dann, wenn sie öffentlich zugänglich ist.

oder anderer religiöser Konfessionen primär dem Ministerium für Kulturgüter und kulturelle Angelegenheiten und sekundär den Regionen (vgl. Art. 19 Abs. 1). Zu beachten sind nach Art. 19 Abs. 2 u. a. die nach Art. 12 der Vereinbarung vom 18. Februar 1984 zwischen dem Heiligen Stuhl und der Italienischen Republik[87] bestehenden Vorschriften, welche Änderungen zu den Lateranverträgen vom 11. Februar 1929[88] enthalten.[89]

Kulturgüter im Eigentum kirchlicher Einrichtungen unterstehen dem Privatrecht, auch wenn sie einen öffentlichen Zweck erfüllen. Sie sind daher nicht Teil des *demanio pubblico* und somit nicht gänzlich dem Rechtsverkehr entzogen.[90] Die Veräusserung von religiösen Kulturgütern bedarf neben der Bewilligung der nach Massgabe des Rechts zuständigen Autorität[91] sowie u. U. zusätzlich der

---

[87] *Accordo tra la Santa Sede e la Repubblica Italiana che apporta modificazioni al concordato lateranense del 18 febbraio 1984*; vgl. dazu *Puza,* 61 f. Die Lateranverträge wurden durch L. 1985/121 ratifiziert. Art. 12 lautet:
„La Santa Sede e la Repubblica Italiana, nel rispettivo ordine, collaborano per la tutela del patrimonio storico e artistico.
Al fine di armonizzare l'applicazione della legge italiana con le esigenze di carattere religioso, gli organi competenti delle due Parti concorderanno opportune disposizioni per la salvaguardia, la valorizzazione e il godimento dei beni culturali d'interesse storico appartenenti ad enti e istituzioni ecclesiastiche.
La conservazione e la consultazione degli archivi d'interesse storico e delle biblioteche dei medesimi enti e istituzioni saranno favorite e agevolate sulla base di intese tra i competenti organi delle due Parti."
Zur Auslegung von Art. 12 vgl. *Finocchiaro* I beni, 432–434; *Lacroce,* 510–513; zuletzt *Bordonali,* 10–12.

[88] Die Lateranverträge umfassen neben dem *Accordo 1984* (vorige Fn.) den *Trattato* 1929 und die *Convenzione finanziaria* 1929.

[89] Wie die Zusammenarbeit zwischen der katholischen Kirche und dem italienischem Staat im Einzelnen geregelt werden soll, wird Gegenstand der zu treffenden Vereinbarungen sein, welche die religiöse und kulturelle Nutzung von Kulturgütern im Eigentum von kirchlichen Einrichtungen garantieren sollen; vgl. *Loosli,* 31 f. Allerdings fehlen bis zum jetzigen Zeitpunkt solche Vereinbarungen. Hingegen bestehen Vereinbarungen zwischen dem Staat und nicht-katholischen Kirchen, so z. B. seit dem Jahre 1984 mit der *Tavola Valdese*; vgl. dazu *Mansi* La tutela, 204; *Petroncelli Hübler* In tema, 479 f. Zum Ganzen vgl. *Scalera,* 249–259.

[90] Vgl. Corte di appello di Firenze 19. 5. 1950 (Ministero istruzione c. Cini, Osthein Sassonia Weimar e altri), Foro it. 1951, I, 353, nota Sandulli; bestätigt durch Corte di cassazione 12. 2. 1953, sez. I, n. 359 (D'Osthein c. Min. istruzione; Min. istruzione c. Cini, D'Osthein, Belli, Mazzetti, Geri, Trabaldo), Foro it. 1954, I, 352, nota Gismondi. Dabei ging es um den Verkauf eines Triptychons aus einer katholischen Kirche. So schon Corte di cassazione, sez. un., 5. 8. 1935 (Atticciati c. Ministero istruzione e Comune di Chiusino), Foro it. 1935, I, 1449.

[91] Vgl. can. 1291 CIC 1983: „Ad valide alienanda bona, quae personae iuridicae publicae ex legitima assignatione patrimonium stabile constituunt et quorum valor summam iure definitam excedit, requiritur licentia auctoritatis ad normam iuris competentis." Abgedr. in: Codex des kanonischen Rechtes, 562. Die zuständige Autorität bestimmt sich nach den eigenen Statuten. Der Diözesanbischof ist zuständig, wenn der Wert des Veräusserungsobjekts den von der

Bewilligung des Heiligen Stuhls[92] auch der Bewilligung des Ministeriums für Kulturgüter und kulturelle Angelegenheiten (vgl. Art. 55 Abs. 3 D.L. 1999/490).[93]

Etwas anderes gilt für Kulturgüter im Eigentum des Heiligen Stuhls. Der italienische Staat anerkannte in den Artt. 13–16 *Trattato 1929* das alleinige Eigentum des Heiligen Stuhls an gewissen Gebäuden (z. B. Palazzo di Castel Gandolfo),[94] obwohl sie nach Art. 15 Abs. 1 *Trattato 1929* zum Hoheitsgebeit der italienischen Republik gehören. Diese unbeweglichen Sachen fallen nicht unter das Spezialgesetz und sind auch nicht unveräusserlich, da der Heilige Stuhl keine öffentlich-rechtliche Anstalt *(ente pubblico)* i. S. v. Art. 55 Abs. 1 lit. b D.L. 1999/490 ist.[95] Dasselbe gilt analog für bewegliche Kulturgüter.[96] Kulturgüter im Eigentum anderer kirchlicher Einrichtungen fallen hingegen unter den D.L. 1999/490.[97]

§ 22 England

Obschon neben der *Church of England*[98] weitere anerkannte Kirchen bestehen, wird hier nur diese untersucht. Zum kirchlichen Eigentum zählen die Güter jener Personen, welche die *Church of England* repräsentieren.[99] Träger des eigentlichen

---

Bischofskonferenz festgelegten Grenzwert übersteigt; vgl. can. 1292 § 1 CIC 1983. Zum Fall eines nicht bewilligten Verkaufs eines Triptychons im Eigentum einer katholischen Pfarrei vgl. vorne § 8 D III 4b.

92 So bei Veräusserungen von „künstlerisch oder historisch wertvollen Sachen"; vgl. can. 1292 § 2 CIC 1983: „Si tamen agatur de rebus quarum valor summam maximam excedit, vel de rebus ex voto Ecclesiae donatis, vel de rebus pretiosis artis vel historiae causa, ad validitatem alienationis requiritur insuper licentia Sanctae Sedis." Abgedr. in: Codex des kanonischen Rechtes, 564. Nach Art. 36 *Accordo 1984* bedarf es zudem der Stellungnahme der Bischofskonferenz, wenn der Wert des Veräusserungsobjekts den von der Bischofskonferenz festgesetzten Wert dreimal übersteigt.

93 Zur staatlichen Bewilligung betreffend die Veräusserung von Immobilien vgl. *Cassese* L'autorizzazione, 139-146. Zur Frage, ob der italienische Staat wegen Art. 30 *Concordato 1929* keine Einflussmöglichkeit hat vgl. *Finocchiaro* Il regime, 647–649. Art. 30 *Concordato 1929* lautet: „La gestione ordinaria e straordinaria dei beni appartenenti a qualsiasi istituto ecclesiastico od associazione religiosa ha luogo sotto la vigilanza ed il controllo delle competenti autorità della Chiesa, escluso ogni intervento da parte dello Stato italiano, e senza obbligo di assoggettare a conversione i beni immobili."

94 Der italienische Staat anerkannte die Rechtspersönlichkeit des Heiligen Stuhls schon vor 1929; vgl. Art. 29 Abs. 2 lit. a *Concordato 1929*.

95 So *Finocchiaro* Il regime, 642, betreffend die aufgehobene L. 1939/1089.

96 *Finocchiaro* Il regime, 645.

97 Keine Rolle spielt, ob diese *enti ecclesiastici* eigene Rechtspersönlichkeit haben; vgl. *Finocchiaro* Il regime, 644f.

98 Vgl. dazu *Phillips/Aussant/Bursell/Wakefield*, para. 345.

99 *Phillips/Aussant/Bursell/Wakefield*, para. 1224.

Kirchenguts sind die sog. *Charity Trusts*[100]; deren *trustees* sind die sog. *Charity Commissioners*[101], zu denen nur Pfarrer, Kirchenvorsteher *(churchwardens)* oder kirchliche Körperschaften *(ecclesiastical corporations)* gehören können.[102]

Bewegliche *(personal property)* und unbewegliche *(real property)* Güter erhalten kraft besonderer Weihe *(act of consecration)* ihre kirchliche Zweckbestimmung, welche auch durch Eigentumsübertragung bestehen bleibt.[103] Die Weihe einer Kirche muss sich nicht zwingend auf das ganze Gebäude erstrecken, sondern kann Ausschmückungen *(decorations)* wie Ornamente *(ornaments)*[104] sowie Zugehör *(fitting)* davon ausnehmen.[105]

Der Inhaber einer Pfarrstelle *(incumbent)* ist verfügungsberechtigt über die beweglichen Objekte im Kirchengebäude,[106] Eigentümer ist aber der *churchwarden* als *trustee.*[107] Die Veräusserung von geweihten Grundstücken oder Gebäuden bedarf eines formellen Gesetzes *(Act of Parliament)* oder der Zustimmung der Kirchenversammlung oder Kirchensynode.[108] Nicht nur Veräusserungen, sondern sogar schon Standortverschiebungen beweglicher Sachen, die sich in den Kirchengebäuden befinden, bedürfen der Bewilligung des *Consistory Court.*[109]

Als Beispiel genügt ein Fall, welcher vom *Consistory Court* am 3. August 1985 beurteilt wurde. Ein *churchwarden* der Pfarrkirche St. Mary's in Barton-on-Humber verkaufte im Jahre 1977 eine Truhe aus dem 14. Jh. zu £ 185 sowie drei Jahre später ein Wappen aus der Zeit Georg II. (1683–1760)[110] zu £ 50.[111] Vier Jahre später bemerkte man seitens der Kirche den Verkauf, worauf die Kirchgemeinde *(parish)* die Rückgabe der Objekte verlangte. Die Truhe konnte zwar

---

[100] Zu den *ecclesiastical charities* vgl. *Pettit* Charities, paras. 186f.

[101] *Charity Commissioners* ist mit „Stiftungsaufsichtsbehörde" zu übersetzen.

[102] Vgl. *Phillips/Aussant/Bursell/Wakefield,* para. 1230. Der *Charity Act 1993* findet gemäss sect. 96(2) keine Anwendung auf Trustvermögen, welches religiösen Zwecken bestimmt ist. Zu den *religious purposes* vgl. *Pettit* Charities, para. 31.

[103] Zum Ganzen vgl. *Phillips/Aussant/Bursell/Wakefield,* para. 1069.

[104] Zum Begriff „ornaments" vgl. *Phillips/Aussant/Bursell/Wakefield,* para. 961, 506: Z. B. Gebetsbücher und Kichenglocken.

[105] Vgl. *Phillips/Aussant/Bursell/Wakefield,* para. 1077.

[106] Vgl. *Phillips/Aussant/Bursell/Wakefield,* para. 1079, 576.

[107] Vgl. *Phillips/Aussant/Bursell/Wakefield,* para. 553 u. para. 582, 298.

[108] Vgl. *Phillips/Aussant/Bursell/Wakefield,* para. 1074.

[109] *Farrer,* 2. Der *consistory court* (Diözesangericht) gilt seit der *Ecclesiastical Jurisdiction Measure 1963* als Genehmigungsbehörde; vgl. *Farrer,* 3; zur Jurisdiktion solcher *consistory courts* vgl. *Phillips/Aussant/Bursell/Wakefield,* paras. 1274–1284. Die Veräusserung von Gütern, die keinen „substantial sale price" haben, bedürfen keiner Bewilligung (es gilt die sog. *rule of de Minimis*); vgl. *Farrer,* 4.

[110] Georg II., 1683–1760, König ab 1727; vgl. DNB 21 (1890) 158, 161.

[111] Vgl. In re St. Mary's, [1987] Family Reports 41.

nicht mehr aufgefunden werden, aber das Wappen wurde im Jahre 1984 restauriert bei der Kunsthandelsfirma Asprey & Co. für £ 9000 zum Kauf angeboten.[112] Der *churchwarden*, der seinerzeit die Objekte verkaufte, ersuchte den *consistory court* nachträglich um die Genehmigung des Verkaufs, was dieser aber ablehnte.[113] Der Fall kam vor den *Consistory Court*. Dessen Vorsitzender, der *Chancellor*, kam zum Schluss, dass die Truhe und das Wappen Eigentum der Pfarrkirche seien.[114] Die *churchwardens* seien nur *trustees* der Pfarrkirche. Zudem habe die letzte Käuferin (Asprey & Co.) beim Erwerb des Wappens nicht gutgläubig gewesen sein können,[115] weshalb das Wappen in kirchenrechtlicher Sicht im Eigentum des *churchwardens* blieb.[116] Die Kunsthandelsfirma, die den Kunstgegenstand weiterverkaufen wollte, beugte sich schliesslich dem Urteil des Kirchengerichts.

Keiner Bewilligung bedarf die Veräusserung von Kirchengut, welches nicht mehr im kirchlichen Gebrauch steht.[117] Ebenso keine Bewilligung benötigen die in Kirchen aufgestellten Denkmäler, welche Eigentum von Privatpersonen sind.[118]

§ 23 Ergebnis

Kirchliche Kulturgüter sind keine *res extra commercium* nach römisch-rechtlicher Terminologie. Da solche Objekte in Privateigentum stehen können, sind sie nicht gänzlich dem Privatrechtsverkehr entzogen. Durch die Weihe erhalten

---

[112] Das antike Wappen wurde in der Zeitschrift Antique Collector mit der Bezeichnung „A good George II painted Coat of Arms from the Church of St. Mary, Barton-upon-Humber. English circa 1730" feilgeboten; vgl. In re St. Mary's, [1987] Family Reports 53.

[113] *Farrer*, 5.

[114] „The chest and coat of arms were and still are the property of the parish and have been for centuries and are only held by the present churchwardens as trustees for the parish." Vgl. In re St. Mary's, [1987] Family Reports 54.

[115] „However, those who acquire goods which clearly come from a Church and in particular dealers in the antique trade, who must be taken to know of the existence of the faculty jurisdiction, should take steps to satisfy themselves that those responsible for selling the goods in the first place had authority to do so. [...] the present purchasers, Asprey's, failed to act prudently when they made no enquiries to ascertain if a faculty had been granted." Vgl. In re St. Mary's, [1987] Family Reports 56.

[116] „In the case of the coat of arms it is clear that Aspreys do not own it and the title remains in the churchwardens of the parish of Burton-upon-Humber." Vgl. In re St. Mary's, [1987] Family Reports 45. Das kirchliche Kulturgut soll angeblich zurückgegeben worden sein; vgl. *Farrer*, 5.

[117] Vgl. *Pastoral Measure 1968*, sect. 64(4); vgl. auch *Phillips/Aussant/Bursell/Wakefield*, para. 1127.

[118] Vgl. *Phillips/Aussant/Bursell/Wakefield*, para. 1085.

sie eine kirchliche Zweckbestimmung, die durch einen gutgläubigen Erwerb nicht zu überwinden ist. Das schweizerische und deutsche Sachenrecht behandelt Kirchengüter als öffentliche Sachen. Veräusserungen bedürfen nicht nur der Bewilligung der zuständigen kirchlichen Autorität, sondern in Italien auch der Bewilligung des Ministeriums für Kulturgüter und kulturelle Angelegenheiten. In Frankreich gehören die Kirchengüter nicht zum *domaine public*, da die Zweckbestimmung seit Inkrafttreten des Trennungsgesetzes von 1905 kein öffentlich-rechtlicher ist, sondern ein privatrechtlicher. Dies bestätigte implizit auch der französische Staatsrat im wichtigen Entscheid Barran (vorne § 20 B), in welchem er feststellte, dass die Widmung des Kirchenguts nach einem Erwerb weiterbestehe. Im italienischen Recht sind Kirchengüter ebenfalls keine domanialen Güter. Der behandelte englische Fall über den Verkauf eines antiken Wappens zeigt, dass kirchliche Kulturgüter vor einem gutgläubigen Erwerb nicht geschützt sind.

2. Teil: Ausfuhr

1. Kapitel: Grundlagen

§ 24 Römisches Recht

Innerhalb des römischen Reichs wurde bereits im fünften Jahre der Herrschaft Kaiser Hadrians (76–138)[1] die Vernachlässigung der Erhaltung von Gebäuden sowie kraft Senatusconsult des Jahres 122 unter den Konsuln Aurelius Aviola[2] und Cornelius Pansa[3] die Veräusserung von Marmorgegenständen und Statuen verboten.[4] Das Verbot erstreckte sich auf die Wegnahme von Marmorgegenständen und Säulen aus öffentlichen und privaten Gebäuden sowie die Veräusserung von Gemälden und Bibliotheken.[5] Die Verbringung von Statuen und Säulen aus der Provinz war nur zulässig, um den Gegenstand dem öffentlichen Gebrauch zu überlassen[6] oder die Sache dem Herkunftsort zurückzubringen.[7] Diese Vorschrift soll das erste Ausfuhrverbot von Antiken sein.[8]

§ 25 Historisches am Beispiel des Kirchenstaats

Die kurze Darstellung des päpstlichen Denkmalschutzrechts im Kirchenstaat steht hier am Anfang, weil ein Blick auf die päpstlichen Erlasse zum Kulturgüterschutz und insbesondere auf die Verbringung von Kulturgut aus dem Kirchenstaat dem besseren Verständnis der modernen Gesetzgebung der in dieser Arbeit behandelten Staaten dienen soll. Der Kirchenstaat stellt hierbei aber nur eines der möglichen Beispiele dar.

---

1 P. Aelius Hadrianus, 76–138, Kaiser ab 117; vgl. *Schindler,* 115, 130.

2 Manius Acilius Aviola, Consul ordinarius des Jahres 122; vgl. *Wissowa,* Bd. 1 (1893), Sp. 254.

3 Corellius Pansa, Consul ordinarius des Jahres 122; vgl. *Wissowa,* Bd. 4 (1901), Sp. 1225.

4 „Negotianda causa aedificia demoliri et marmora detrahere, edicto divi Vespasiani et senatus consulto vetitum est“. Vgl. C. 8, 10, 2; abgedr. in: Corpus iuris civilis. Volumen secundum, 334; missverständlich die Angabe von *Bedin,* 8, Fn. 22: L. 2, Cod., *de aedificiis privatis.*

5 Vgl. *Kohler* Das Recht der Kunstwerke, 58.

6 Vgl. D. 30, 41, 3 & 5 & 8 & 9; abgedr. in: Corpus iuris civilis. Volumen primum, 459; missverständlich die Angabe von *Bedin,* 9, Fn. 23: L. 41, §§ 3, 5, 8, 9, *Dig., de legatis.*

7 „Nemini columnas vel statuas cuiuscumque materiae ex alia eademque provincia vel auferre liceat vel movere.“ Vgl. C. 8, 10, 7; abgedr. in: Corpus iuris civilis. Volumen secundum, 334; missverständlich die Angabe von *Bedin,* 9, Fn. 24: L. 7, *Cod. Just., de aedificiis privatis.*

8 So ausdrücklich *Bedin,* 9.

A. 15. Jahrhundert

Papst Martin V. (1368–1431)[9] erliess mit der Bulle *Et si in cunctarum* vom 30. März 1425[10] Vorschriften zur Erhaltung von Bauten und verlangte eine Genehmigung für jegliche Art von Bauarbeiten, die von den *magistri viarum* erteilt wurde. Am 28. April 1462[11] erliess Papst Pius II. (1405–1464)[12] mit der Bulle *Cum Almam Nostram Urbem* das generelle Verbot, öffentliche, amtliche Bauwerke oder Reste solcher Gebäude direkt oder indirekt, öffentlich oder heimlich abzureissen, zu zerstören, abzutragen oder Marmor zu Kalk zu brennen. Die Bulle über den Schutz antiker Monumente sollte eine Erneuerung und Bestätigung einer alten statutarischen Bestimmung[13] darstellen, welche die Zerstörung antiker Bauwerke unter Androhung der Exkommunikation ergänzt. Der Bulle stand eher der Gedanke der Eindämmung unbeschränkter Grabungen nach Antiken im Vordergrund als der Schutz des nationalen Kulturerbes.[14]

Die von Papst Sixtus IV. (1414–1484)[15] erlassene Bulle *Cum Provida* vom 7. April 1474[16] verbot die Zerstörung und Verwüstung kirchlicher Gebäude, Ornamente usw. sowie die Entfernung von Kirchengütern. Der Verstoss gegen diese Bestimmungen wurde mit der Exkommunikation bedroht.

---

[9] Martin V. Oddo Colonna, 1368–1431, Pontifex ab 1417; vgl. *Gelmi,* 120.

[10] *Et si in cunctarum* 30. 3. 1425; abgedr. bei *Theiner,* Nr. 231, 290f.; *Müntz,* 335–337.

[11] *Cum Almam Nostram Urbem* vom 28. 4. 1462; abgedr. bei *Theiner,* Nr. 369, 422f.; *Müntz,* 352f. Als erste formelle Gesetzgebungsakte genannt von *Frigo* La protezione, 5f., Fn. 5; *Grisolia,* 24f.; ungenau daher *Greenfield,* 199, mit Angabe eines Erlasses von 1464. Zum Erlass vom 28. 4. 1462 vgl. *Bedin,* 33; *Caron,* 298; *Engstler,* 28; *Leisching,* 429.

[12] Pius II. Piccolomini, 1405–1464, Pontifex ab 1458; vgl. *Gelmi,* 126.

[13] Vgl. die unter Papst Eugen IV. Condulmer (1383–1447, Pontifex ab 1431; vgl. *Gelmi,* 121); erlassene Bulle *Quamquam in omnibus orbis* vom 30. 3. 1436, welche unter Androhung der Exkommunikation die Entfernung von Marmor aus Kirchen verbot. Der Text ist abgedr. bei *Theiner,* Nr. 281, 338.

[14] Vgl. *Siehr* International Art, 162.

[15] Sixtus IV. Rovere, 1414–1484, Pontifex ab 1471; vgl. *Gelmi,* 128.

[16] *Cum Provida* vom 7. 4. 1474: „È giunto infatti al Nostro orecchio da persone degne di fede, non senza nostro stupore che alcuni figli dell'iniquità che veramente si professano cristiani, ed hanno perduto di vista il timore di Dio ed il rispetto della religione cristiana, hanno temerariamente sottratto per il passato e continuano a sottrarre dalle chiese patriarcali e da altre sacratissime chiese e basiliche di detta Città pietre di porfido, di marmo, e di altri diversi generi e colori [...] e che essi personalmente, o per mezzo di altri, li fanno trasportare in diverse località [...] con pregiudizio del decoro delle chiese stesse [...] Noi quindi desideriamo reprimere questi atti empi e temerari [...] quantunque in occasione delle cose predette siano state emanate varie sanzioni e proibizioni di alcuni nostri Predecessori, che noi vogliamo rimangano in pieno vigore [...] Coloro che commettono questi vergognosissimi eccessi [...] e che a queste cose abbiano sacrilegamente cooperato sono colpiti dalla sentenza di scomunica." Abgedr. bei *Bedin,* 34.

B. 16. Jahrhundert

Papst Leo X. (1475–1521)[17], der Raffael, einer der drei Architekten des St. Peter, mit Breve vom 27. August 1515 zum „Präfekten über allen Marmor und alles Mauerwerk" ernannt hatte,[18] bestimmte in dem als *Cum ad Principis Apostolorum* bekannten Erlass, dass diesem die in Rom und im Umkreis von einem Kilometer *(millie)* ausgegrabenen Steine angezeigt werden müssen. Dieser Erlass regelte kein Ausfuhrverbot, sondern vielmehr eine Anzeigepflicht von archäologischen Funden.[19] Sollten bei Grabungen Gold, Silber, Steinfiguren oder Marmor zu Tage treten, so gehört die Hälfte der Objekte, falls sie auf öffentlichem Grund gefunden würden, der Apostolischen Kammer[20]. Auf privatem Grund geförderte Objekte sollen zwischen der Camera apostolica, Grundeigentümer und Finder zu einem Drittel aufgeteilt werden.[21]

C. 17. Jahrhundert

Die päpstliche Denkmalschutzgesetzgebung des 17. und 18. Jh. ist vorwiegend bemüht, in einem Zeitalter betonten Interesses für die Antike das eigene Patrimonium zu wahren.[22] Dies kommt einerseits durch eingehende Prohibitivmassnahmen hinsichtlich der Ausfuhr von Kunstwerken, andererseits durch eine gesteigerte Kontrolle der Ausgrabungstätigkeit zum Ausdruck.[23]

I. Edikt Aldobrandini von 1624

Seit Urban VIII. (1568–1644)[24] wurde die Ausfuhr von Kunstwerken besonderen gesetzlichen Beschränkungen unterworfen. In Form einer Bestätigung älterer Reglungen wiederholte er mit dem nach Ippolito Aldobrandini (1592–1638)[25]

---

17 Leo X. Medici, 1475–1521, Pontifex ab 1513; vgl. *Gelmi,* 134.

18 Vgl. *Breve di Leone X nel quale Raffaello viene autorizzato a comprare, per i lavori del San Pietro, tutti i marmi e le pietre che si cavavano dalle ruine dell'antica Roma, e ad impedire che i capimaestri della città distruggessero le vecchie iscrizioni*; abgedr. bei *Mariotti,* 205f.

19 *Breve Cum ad Principis Apostolorum* vom 27. 8. 1515; *Speroni,* 14; *Bedin,* 60, 121f.

20 Zur Apostolischen Kammer vgl. *Weber* Kulturgüterschutz, 283f.

21 Vgl. *Leisching,* 432.

22 Vgl. *Leisching,* 433.

23 Der Kardinalkämmerer war gemäss der Gesetze zum Schutz der Kulturgüter seit 1480 deren oberste Instanz und sein Amt, das Kamerlengat, deren zuständige Behörde. Er amtete als Vorsitzender der Apostolischen Kammer, die Regierungsbehörde und Gericht des Kirchenstaats war. Die eigentliche Denkmalbehörde leitete der *Commissario delle Antichità della Camera Apostolica*; vgl. *Leisching,* 433f.

24 Vgl. vorne § 8, Fn. 853.

25 Ippolito Aldobrandini, 1592–1638, Kardinal ab 1623; vgl. Enc. It. 2 (1929) 284; *Gauchat,* 16.

benannten Edikt vom 5. Oktober 1624[26] die Verfügung seiner Vorgänger, wonach Figuren, Antiken, Marmor und Metallteile ohne Lizenz nicht aus der Stadt Rom und aus dem Kirchenstaat ausgeführt werden dürften. Verstösse gegen diese Vorschriften wurden ausser mit Geld- und Körperstrafen mit Verfall der illegal ausgeführten Sache bestraft.

II. Edikt Sforza von 1646

Ausführlicher ist die Regelung Innozenz X. (1574–1655)[27] vom 29. Januar 1646 über den Kunstexport[28]. Der als Edikt Sforza[29] bekannte Erlass verlangte eine Lizenz für den Kauf und den Verkauf von Metall- und Marmorfiguren sowie von Antiken zum Zwecke der Ausfuhr.[30] Fehlte eine Lizenz, so wurde der Verfall der Gegenstände und darüber hinaus die Verhängung einer Geldstrafe vorgesehen. Auch für die Durchführung von Ausgrabungen mussten Lizenzen vorliegen.

III. Weitere Edikte

Alexander VII. (1599–1667)[31] bestätigte und wiederholte diese Verbote mit einem Erlass vom 30. August 1655[32]. Mit Erlassen vom 9. Mai 1685[33] und vom 5. Februar 1686[34] erliess Innozenz XI. (1611–1689)[35] Regelungen zur Konser-

---

[26] *Prohibitione sopra l'estrattione di statue di marmo o di metallo, figure, antichità e simili* vom 5. 10. 1624; abgedr. bei *Emiliani,* 55f.; *Mariotti,* 208.

[27] Innozenz X. Pamphilj, 1574–1655, Pontifex ab 1644; vgl. *Gelmi,* 158.

[28] *Editto sopra l'estrattioni, e cave di statue, figure, intagli, medaglie, inscrittioni di marmo, di mischio, metallo, oro, argento, gioie, e cose simili antiche e moderne* vom 29. 1. 1646; abgedr. bei *Emiliani,* 56–61; *Mariotti,* 208–211.

[29] Federico Sforza, 1603–1676, Kardinal ab 1645; vgl. LUI 20 (1978) 670.

[30] „non si possa […] vendere, nè estrahere, o fare estrahere fuora di Roma, nè dello Stato Ecclesiastico […] alcuna sorte di statute, figure, bassi rilievi, colonne, vasi, alabastri, agate, diaspri, amatisti, o altri marmi, gioie, e pietre lavorate, e non lavorate, torsi, teste, fragmenti, pili, piedestalli, inscrittioni, o altri ornamenti, fregi, medaglie, camei, o intagli di qualsivoglia pietra, overo metallo, oro, argento di qualsivoglia materia antica o moderna, nè meno figure, o pitture antiche, o altre opere in qualsivoglia cosa sculpite, depinte, intagliate, commesse, lavorate, o in altro modo fatte, o che siano state novamente ritrovate in cave, o siano esistenti in Roma, e fuori di Roma"; abgedr. bei *Emiliani,* 57; *Mariotti,* 209.

[31] Alexander VII. Chigi, 1599–1667, Pontifex ab 1655; vgl. *Gelmi,* 162.

[32] *„Superni dispositione consili"* vom 30. 8. 1655; vgl. *Bedin,* 140; Das Edikt ist benannt nach Antonio Barberini [il Giovane], 1607–1671, Kardinal ab 1627, Neffe Urbans VIII. Barberini (Fn. 24); vgl. LUI 2 (1969) 646.

[33] *Editto contro quelli che caveranno, o guasteranno edifizi antichi, e loro platee, e pozzolana con burbore* vom 9. 5. 1685; vgl. *Bedin,* 72, Fn. 37, u. 143; *Speroni,* 14. Das Edikt ist benannt nach Paluzzo Altieri, 1623–1698, Kardinal ab 1666; vgl. LUI 1 (1968) 473.

[34] *Proibitione sopra l'estrattione di statue di marmo, o metallo, figure, antichità e simili* vom 5. 2. 1686; abgedr. bei *Emiliani,* 61–66; *Mariotti,* 211–214.

[35] Innozenz XI. Odescalchi, 1611–1689, Pontifex ab 1676; vgl. *Gelmi,* 166.

vierung und Sicherung von Antiken und Kunstwerken. Im Edikt vom 5. Februar 1686 erneuerte er das Ausfuhrverbot für „statue di marmo, o metallo, figure e simili". Auch die Vorschrift, wonach Grabungen nach „marmi" und deren Verkauf einer Lizenz bedurften, wurde erneuert. Ohne behördliche Genehmigung und Aufsicht eines Kommissars durfte kein Gebäude zerstört und keine Statue zerbrochen werden. Der Verkauf von „cose antiche", die ausserhalb Roms gebracht werden sollten, bedurfte einer Genehmigung. Selbst der Transport von Marmor oder Travertin war bewilligungspflichtig. Grabungsfunde mussten gemeldet werden. Der Kauf und Verkauf von Antiken mussten dem Notar des Kardinalkämmerers[36] angezeigt werden.

D. 18. Jahrhundert

Clemens XI. (1649–1721)[37] erneuerte die bisher ergangenen Bestimmungen zum Schutz der Antiken und Kunstwerke mit dem Edikt Spinola vom 18. Juli 1701[38]. Mit einem zweiten Edikt Spinola vom 30. September 1704[39] erliess derselbe Papst eine Meldepflicht für Grabungen. Die Einholung der Grabungserlaubnis traf nicht nur die Ausgräber, sondern namentlich auch die Grundstücksbesitzer. Clemens X. (1590–1676)[40] dehnte die Schutzmassnahmen auf antike Inschriften, Mosaiken, Handschriften, Manuskripte sowie Dokumente aus. Mit dem dritten Edikt Spinola vom 3. April 1717[41] wurde die Ausfuhrverbotsregelung wiederholt und auch auf Ausländer erstreckt. Benedikt XIII. (1649–1730)[42] wiederholte die Regelung des Ausgrabungswesens und die Kontrollfunktion des Kommissars mit Edikt und Prohibition vom 21. Oktober 1726[43], wobei gleichzeitig die Be-

---

36 Zum Amt des Kardinalkämmerers vgl. *Weber* Kulturgüterschutz, 284–286.

37 Clemens XI. Albani, 1649–1721, Pontifex ab 1700; vgl. *Gelmi,* 171.

38 *Proibitione sopra l'estrattione di statue di marmo, o metallo, figure, antichità e simili* vom 18. 7. 1701; abgedr. bei *Emiliani,* 66; *Mariotti,* 215. Das Edikt ist benannt nach Giovanni Battista Spinola [Il giuniore], 1646–1719; Kardinal ab 1695; vgl. *Moroni,* Bd. 68 (1854), 296f.

39 *Editto sopra le pitture, stucchi, mosaici, et altre antichità, che si trovano nelle cave, inscrizioni antiche, scritture, e libri manoscritti* vom 30. 9. 1704; *Bedin,* 74f.; *Speroni,* 14, Fn. 3; abgedr. bei *Emiliani,* 66–69; *Mariotti,* 215f.

40 Clemens X. Altieri, 1590–1676, Pontifex ab 1670; vgl. *Gelmi,* 165.

41 *Proibizione sopra l'estrazione di statue di marmo, o metallo, figure, antichità e simili* vom 3. 4. 1717; vgl. die falschen Daten bei *Speroni,* 15 (8. 4. 1717) u. *Leisching,* 435 (2. 4. 1717); abgedr. bei *Emiliani,* 69f.; *Mariotti,* 216f. Das Edikt ist benannt nach Giovanni Battista Spinola (Fn. 38).

42 Benedikt XIII. Orsini, 1649–1730, Pontifex ab 1724; vgl. *Gelmi,* 173.

43 *Editto sopra li scarpellini, segatori di marmi, cavatori, ed altri* und *Proibizione sopra l'estrazione delle statue di marmo o metallo, pitture, antichità e simili* vom 21. 10. 1726; *Bedin,* 75; *Speroni,* 15; ersteres ist abgedr. bei *Emiliani,* 70f.; *Mariotti,* 217f.; letzteres ist abgedr. bei *Speroni,* 191–194. Der Hinweis von *Bedin,* 75, Fn. 46, auf *Speroni,* der angeblich nur die

arbeitung antiker Bauteile wie Säulen, Kapitelle, Reliefs usw. durch Steinmetze ohne vorherige Besichtigung durch den Kommissar einer Strafbestimmung unterworfen wurde. Das unter dem Pontifikat Clemens XII. (1652–1740)[44] am 10. September 1733 erlassene Edikt Albani[45] verlangte auch für die Ausfuhr aus Rom und aus dem Kirchenstaat von allen bedeutenden – auch zeitgenössischen – Kunstobjekten eine Bewilligung.[46] Mit dieser strengen Ausfuhrbeschränkung war praktisch ein Kaufzwang seitens des Staats gegeben, der wohl auf die Dauer gesehen, die Gründung öffentlicher Museen zwangsläufig nach sich zog.[47] Das am 8. Februar 1749 unter Benedikt XIV. (1675–1758)[48] erlassene Edikt Doria[49] wiederholte im Wesentlichen die Prohibition von 1733. Benedikt XIV. bildete

---

Proibizione sopra l'estrazione delle statue di marmo o metallo, pitture, antichità e simili erwähnt, ist falsch; vgl. *Speroni,* 15f.: „Si tratta dell'editto sopra li scarpellini, segatori di marmi, cavatori ed altri del 21 ottobre 1726 (9) e degli editti sull'estrazione delle statue di marmo o metallo, pitture, antichità e simili del 21 ottobre 1726 e del 10 settembre 1733." Das Edikt ist benannt nach Annibale Albani, 1682–1751, Kardinal ab 1712; vgl. DHGE, Bd. 1 (1912), 1370; LUI 1 (1968) 316; *Ritzler/Sefrin,* Bd. 5, 27. Das Edikt Albani war wohl wegweisend für die spätere Gesetzgebung zum Abwanderungsschutz von Kulturgut; vgl. *Rossi Pinelli,* 30.

44 Clemens XII. Corsini, 1652–1740, Pontifex ab 1730; vgl. *Gelmi,* 175.

45 *Proibizione dell'estrazione delle statue di marmo, o metallo, pitture, antichità, e simili* vom 10.9.1733; *Speroni,* 16, Fn. 10; abgedr. bei *Emiliani,* 72–75; *Mariotti,* 218–220: „proibiamo [...] estrarre, o fare estrarre da Roma, e da qualsivoglia luogo dello Stato Ecclesiastico Statue di Marmo, o Metallo, Pitture, Antichità, e simili senza nostra precedente licenza". Das Edikt ist benannt nach Annibale Albani (Fn. 43).

46 Charakteristisch für den fehlenden Willen zur Durchsetzung der damaligen Gesetze mag als Beispiel der Verkauf der Sammlung Agostino Chigis und von 32 Statuen aus der Sammlung Alessandro Albanis an Prinz Friedrich August von Sachsen, Dresden, im Jahre 1728 genügen. Annibale Albani (Fn. 43) war diplomatischer Vertreter der sächsischen Kurfürsten in Rom. Als Kardinalkämmerer lag die Erteilung der Ausfuhrgenehmigung in seiner Kompetenz. Die übrigen 328 Statuen aus der Sammlung Alessandro Albanis kamen erst mit Erlass vom 5.12.1733 in päpstlichen Besitz, nachdem Clemens XII. den Ankauf am 14.9. desselben Jahres abgewiesen hatte; vgl. dazu *Röttgen* Alessandro, 131, Fn. 33 sowie 132f. Die zeitliche Abfolge des Edikts vom 10.9.1733 und des Ankaufs der Sammlung Albani scheint nicht zufällig zu sein; vgl. *Röttgen* Alessandro, 133 m. w. H. – Zu diesen Verkäufen ins Ausland äusserte sich Montesquieu wie folgt: „In Rom müsste man ein Gesetz erlassen, welches die Belassung von Statuen in den wichtigsten Sammlungen anordnet, und welche nur mit dem Gebäude selbst veräussert werden dürften, in welchen sie sich befinden, unter der Androhung der Konfiskation des Gebäudes." Aus dem Italienischen übersetzt vom Verfasser nach Vorlage von *Speroni,* 37, Fn. 99 m.w.H.
Ein Teil der in der Villa Albani aufbewahrten Gemäldegalerie wurde im Jahre 1798 von französischen Truppen beschlagnahmt; vgl. *Reinhardt,* 12. Das am 12.12.1866 erstellte Inventar der Sammlung aus dem Palazzo Albani ist abgedr. bei *Mariotti,* 152–155.

47 So *Röttgen* Alessandro, 133.

48 Benedikt XIV. Lambertini, 1675–1758, Pontifex ab 1740; vgl. *Gelmi,* 176.

49 *Editto sopra l'estrazione, vendita, distrazione e rimozione delle pitture, disegni, intagli ...* vom 8.2.1749; vgl. *Bedin, 149; Speroni,* 23, Fn. 41. Das Edikt ist benannt nach Giorgio Doria, 1708–1759, Kardinal ab 1743; vgl. *Moroni,* Bd. 20 (1843), 218f.

den Kunstexport mit Gesetz vom 5. Januar 1750[50] weiter aus. Zunächst bestätigt er das Verbot seiner Vorgänger, „cose antiche“ ohne Genehmigung auszuführen, die Erteilung dieser Erlaubnis reservierte sich der Papst bei alten, seltenen und wertvollen Objekten. Die Ausfuhr von „cose moderne“ konnten der Kardinalkämmerer oder Kammer-Auditor bewilligen. Auch Werke zeitgenössischer Künstler waren dem Ausfuhrverbot unterworfen, allerdings war für Gegenstände im Wert von 100 Scudi ein einfacheres Verfahren vorgesehen. Verstösse gegen diese Bestimmungen wurden mit Verfall der Gegenstände, Geldstrafe und körperlicher Züchtigung geahndet. Die Zerstörung und Veräusserung von Kunstwerken war an die Genehmigung des Camerlengo gebunden. Zudem war das unbefugte Bearbeiten oder Zerstören von antiken Marmorstatuen geregelt. Grabungen waren abhängig von einer Genehmigung. Pius VII. (1742–1823) erliess am 21. August 1801 das Edikt Braschi[51].

E. 19. Jahrhundert

I. Edikt Doria-Pamphilj von 1802[52]

Der Bildhauer Antonio Canova (1757–1822) wurde am 10. August 1802 zum *Ispettore generale delle Belle Arti, e Antichità di Roma, e in tutto lo Stato Pontificio* ernannt und war für sämtliche Kunstbelange des Kirchenstaats zustän-

---

50 *Proibizione della estrazione delle statue di marmo, o metallo, pitture, antichità e simili* vom 5. 1. 1750; *Bedin,* 75; abgedr. bei *Emiliani,* 76–84; *Speroni,* 195–203; *Mariotti,* 220–225. Das Edikt ist benannt nach Silvius de Valentibus [Valenti] Gonzaga, gestorben 1756, Kardinal ab 1747; vgl. *Ritzler/Sefrin,* Bd. 6, 9. Dieser Erlass vom 5. 1. 1750 verweist namentlich auf die Edikte vom 5. 10. 1624 (Fn. 26), 29. 1. 1646 (Fn. 28), 30. 8. 1655 (Fn. 32), 5. 2. 1686 (Fn. 34), 18. 7. 1701 (Fn. 38) und 3. 4. 1717 (Fn. 41) und verbietet die Ausfuhr ohne Genehmigung aus Rom oder aus dem Kirchenstaat von „sorta alcuna di Statue, Figure, Bassirilievi, Colonne, Vasi, Alabastri, Agate, Diaspri, Amatiste, ed altri marmi preziosi, Gioje, e Pietre lavorate, Dorsi, Teste, Frammenti, Pili, Piedestalli, Iscrizioni, o altri Ornamenti, Fregi, Medaglie, Camei, Corniole, Monete, o Intagli di qualsivoglia Pietra, ovvero Metallo, Oro, Argento di qualsivoglia materia antica, o moderna, nè meno Figure, Quadri, Pitture antiche, o altre Opere in qualsivoglia cose scolpite, e dipinte, intagliate, comesse, lavorate, o in altro modo fatte, o che sieno state nuovamente ritrovate in Cave, o sieno esistenti in Roma, o fuori di Roma“; vgl. *Emiliani,* 76f.; *Mariotti,* 220f. Unter die Genehmigungspflicht fiel auch zeitgenössische Kunst: „tutti i Quadri, e Pitture antiche, e di ogni Autore ultimamente defonto con qualche riputazione, debbano esser soggetto alle medesime Leggi“. Vgl. *Emiliani,* 78; *Mariotti,* 221. Die Ausfuhr von zeitgenössischen Gemälden, die einen Wert von weniger als 100 Scudi hatten, bedurfte einer Bestätigung des Assessors und der Genehmigung der Kommission.

51 *L'abuso da qualche tempo* vom 21. 8. 1801; *Bedin,* 75; abgedr. bei *Emiliani,* 84f.; *Mariotti,* 225f. Das Edikt ist benannt nach Romualdo Braschi Onesti 1753–1817, Kardinal ab 1786, Erbauer des Palazzo Braschi; vgl. LUI 3 (1969) 479; *Ritzler/Sefrin,* Bd. 6, 35.

52 *Editto Doria Pamphilj del 1 ottobre 1802*; abgedr. bei *Emiliani,* 86–95; auszugsweise abgedr. bei *Lepelletier,* 967–969 (frz. Übers.). Das Edikt ist benannt nach Giuseppe Doria Pamphili Landi 1751–1816, Kardinal ab 1785; vgl. DBI, 41 (1992), 477f., 480.

dig.[53] Da er sich mit der Situation der römischen Kunstschätze bestens auskannte, oblagen ihm u. a. die Kontrolle der Exportlizenzen, die Ankäufe für die päpstlichen Sammlungen (Vatikanisches und Kapitolinisches Museum), die Betreuung der *Accademia di San Luca* usw.[54] Darüber hinaus beauftragte ihn Pius VII. (1742–1823) mit der Rückführung der römischen Kunstschätze aus Paris, wozu er seiner profunden Kunstkenntnisse wegen besser geeignet war als jeder Diplomat.[55]

Eine weitere Persönlichkeit war der Jurist Carlo Fea (1753–1836)[56], vom Jahre 1801 bis zu seinem Tode Antikenkommissar, welcher Pius VII. bewegte, Regelungen über den Export von Kunstwerken und den Schutz von Antiken zu erlassen.[57] Daraus entstand das Edikt Doria-Pamphilj vom 2. Oktober 1802, welches die Ausfuhr von Antiken aus Rom verbot und sich im Wesentlichen auf die päpstlichen Dekrete von 1462[58] und 1474[59] stützte. Es war während hundert Jahren in Kraft und wurde erst durch das Gesetz von 1902 über den Schutz und die Erhaltung von Denkmälern, Kunstgegenständen oder Antiken[60] aufgehoben. Kernbereich des Dekrets war ein absolutes Ausfuhrverbot von Kunstgegenständen und Antiken aus der Stadt Rom oder aus dem Kirchenstaat (Art. 4 i.V.m. Art. 3). Dieses Verbot galt für Gemälde auf Holz oder Leinwand, die von den klassischen Künstlern geschaffen wurden, „che hanno fiorito dopo il risorgimento delle Arti, o interessino le Arti stesse, le Scuole, la erudizione, o in fine per altre ragioni siansi rese celebri" (Art. 2). Innerhalb der Stadtmauern war der Handel mit Antiquitäten und Kunstgegenständen frei (Art. 5). Die Verbringung von Antiken und Kunstgegenständen an einen anderen Ort innerhalb des Staats musste vom Inspektor der Schönen Künste und vom Antikenkommissar genehmigt werden (Art. 5). Die Übertretung des Ausfuhrverbots wurde mit einer Geldbusse bis 500 Golddukaten, Körperstrafen sowie mit bis fünf Jahren Galeere bestraft (Art. 4). Der Ausfuhrgegenstand wurde

---

53 Vgl. *Schmidlin,* 176f. Der Wortlaut der Ernennungsurkunde ist abgedr. bei *Fea,* 115–117.

54 *Leisching,* 437 m.H. auf die Lit.

55 *Weber* Die Verbringung, 299.

56 Carlo Fea, 1753–1836, verfasste weit über 100 juristische, literarische, archäologische, historische und kunsthistorische Schriften; vgl. *Rossi Pinelli,* 40, Fn. 11; die 120 Titel umfassende Bibliografie ist abgedr. bei *Bello,* 261–270.

57 Vgl. *Rossi Pinelli,* 29f.; *Jayme* Antonio, 899. Auch *Quatremere de Quincy* (1755–1849) setzte sich in Briefen an General Miranda für den Abwanderungsschutz von Kulturgut ein; vgl. *Quatremere de Quincy*, 189–247. In dt. Sprache erschienen die Briefe u.a. noch im selben Jahr in: Minerva 4 (1796) 87–120, 271–309; vgl. auch *Pinelli,* 43–62. Zu General Miranda vgl. *De Cazotte*. Zum Amt des Antikenkommissars vgl. *Weber* Kulturgüterschutz, 287–289.

58 Vgl. Fn. 11.

59 Vgl. Fn. 16.

60 L. 12. 6. 1902, n. 185, *portante disposizioni circa la tutela e la conservazione dei monumenti ed oggetti aventi preggio d'arte o d'antichità*; abgedr. bei *Falcone,* 321–336; *Chrétien,* 744–752 (frz. Übers.).

konfisziert (Art. 4). Selbst die Handwerker, welche die Kisten für den Transport anfertigten sowie die Transporteure machten sich strafbar (Art. 4).

Der Handel mit zeitgenössischer Kunst sowie die Ausfuhr aus dem Kirchenstaat war frei (Art. 6).[61] Der Handel mit Werken verstorbener Künstler war nur dann nicht beschränkt, wenn das Objekt nicht wertvoll oder dessen Urheber nicht von hohem Rang war.[62]

Die privaten Eigentümer von Gemäldegalerien oder sonstigen Sammlungen oder auch einzelnen Gegenständen von künstlerischem Wert mussten den genauen Bestand ihrer Sammlungen oder die einzelnen Objekte dem Inspektor der Schönen Künste oder dem Antikenkommissar anlässlich der jährlichen Inspektion anzeigen (Art. 11). Der Verstoss gegen die Anzeigepflicht wurde mit dem Verfall der Gegenstände *(perdita degli oggetti)* geahndet. Stammten die Objekte oder Sammlungen aus einem Fideikommiss, so mussten die Eigentümer den Wert der nicht angezeigten Objekte oder Sammlungen bezahlen (Art. 11).

Die Zerstörung von privaten und öffentlichen Bauwerken war nach Art. 12 verboten. Es durften keine Ornamente, Mosaiken oder Denkmäler aus öffentlichen Gebäuden und Kirchen entfernt werden (Art. 9).[63] Die Genehmigung für die Verbringung aus der Kirche war der zuständigen Behörde vorbehalten (Art. 9).[64] Dasselbe Verbringungsverbot galt für die Bilder in den Kirchen (Art. 10).[65]

---

61 Art. 6 Edikt Doria Pamphilj (Fn. 52) lautete: „vogliamo, che tutte le Produzioni di Autori viventi, sia in Scultura, sia in Pittura, o in altri oggetti di Belle Arti, possino vendersi, od estrarsi anche fuori di Stato, e che ugualmente estrarre si possano le pitture di Autori morti, purchè non siano del pregio, e della Classe descritta si sopra, premessa però sempre la licenza da darsi in iscritto da Voi e dai Vostri successori, alla quale dovrà immancabilmente precedere la visita, e la relazione dell'Ispettore, e del Commissario sudetto, e di uno dei suoi Assessori".

62 Es bestand eine Liste von Künstlern, deren Werke nicht aus Rom und aus dem Staat ausgeführt werden durften: „La stessa generale proibizione [...] che si estenda anche alle Pitture in Tavola, o in Tela, le quali sieno opere di Autori Classici, che hanno fiorito dopo il risorgimento delle Arti [...] o infine per altre ragioni siansi rese celebri"; abgedr. bei *Emiliani,* 88; *Mariotti,* 228. Diese Begrenzung auf berühmte Künstler war nicht neu: Nach einer *Deliberazione* vom 24. 10. 1602 galt im Grossherzogtum Toscana ein Ausfuhrverbot aus der Stadt Florenz von Werken von 18 bedeutenden Künstlern; vgl. hierzu hinten § 31 A I 1.

63 Art. 9 Edikt Doria-Pamphilj (Fn. 52) lautete: „proibiamo di togliere dalle Chiese publiche, e Fabriche annesse, compresi anche i semplici Oratori, Marmi antichi scolpiti, o lisci di qualunque sorte, Iscrizioni, Mosaici, Urne, Terre cotte, ed altri ornamenti, o Monumenti di qualunque specie, esposti alla publica vista, o ascosi, e sepolti"; abgedr. bei *Mariotti,* 229. Diese Bestimmung blieb einzigartig; vgl. *Bedin,* 77.

64 Art. 9 Edikt Doria-Pamphilj (Fn. 52) lautete: „togliamo ai Rettori, o Amministratori di dette Chiese, [...] la facoltà di accordare sotto qualunque pretesto alcua licenza di levare dal loro luogo, e molto più di distrarre i detti ornamenti delle chiese, e Fabriche annesse, la quale facoltà riserviamo a Voi solo"; abgedr. bei *Mariotti,* 229f.

65 Art. 10 Edikt Doria-Pamphilj (Fn. 52) lautete: „La stessa proibizione vogliamo, che abbia luogo per i Quadri delle Chiese, i quali non solo non potranno togliersi dal luogo in cui

Das Edikt Doria-Pamphilj enthielt auch Bestimmungen über das Fundrecht. So bestand eine Meldepflicht des Finders von antiken Gegenständen *(cose antiche asportabili)* (Art. 13). Der Verstoss gegen die Meldepflicht wurde mit Verfall der unterschlagenen Sache bestraft (Art. 13). Innerhalb eines Monats konnten der Kardinalkämmerer, der Inspektor der Schönen Künste oder der Antikenkommissar von ihrem Erwerbsrecht Gebrauch machen und die gemeldeten Antiken für die öffentlichen Museen zu einem vernünftigen Preis *(a prezzi ragionevoli)* erwerben (Art. 13). So wurden erstmals Geldmittel des Kirchenstaats für den Ankauf von Kulturgut zur Verfügung gestellt.[66] Archäologische Grabungen auf dem eigenen Grundstück waren bewilligungspflichtig; Grabungen ohne Bewilligung wurden mit dem Verlust der gefundenen Objekte und mit einer Geldbusse bestraft (Art. 14).

II. Edikt Pacca von 1820

Das nach Bartolomäus Pacca (1756–1844)[67] benannte Edikt wurde am 7. April 1820[68] „in Erfüllung des Willens seiner Heiligkeit" erlassen.[69] Es ergänzte das Edikt Doria-Pamphilj von 1802 (s. vorne I) und stellte eine umfassende Regelung zum Schutz „altertümlicher Monumente" und von Werken der „schönen Künste" dar. Der Erlass ist eine Kodifikation des durch die päpstliche Gesetzgebung und Verwaltungspraxis entwickelten Denkmalschutzes und war bis zum Ende des Kirchenstaats im Jahre 1929 in Kraft. Das wohl als „Urform" aller Denkmalschutzgesetze geltende Edikt Pacca vermochte die Staaten Europas in der Gesetzgebung zu diesem Regelungsbereich beeinflussen.[70]

1. Sachlicher Anwendungsbereich

Durch das Edikt Pacca waren alle öffentlichen Institutionen, weltliche und kirchliche einschliesslich der Klöster, verpflichtet, Inventarlisten über vorhandene Statuen, Gemälde, Antiquitäten und andere „wertvolle Gegenstände der Schönen

---

sonno collocati, o alienarsi; ma ne anche farsi restaurare o sul luogo, o fuori, e neppure levarsi per copiarli senza la intelligenza, e consenso dell'ispettore delle Belle Arti, e del Commissario delle Antichità, che ne dovranno a Voi fare la relazione." Abgedr. bei *Mariotti,* 230.

[66] So ausdrücklich *Rossi Pinelli,* 32 mit dem Hinweis, dass zum ersten Mal „fondi per incrementare gli acquisti dei musei pubblici" bereitgestellt worden seien.

[67] Bartolomäus Pacca, 1756–1844, Kardinal ab 1814; vgl. *Ritzler/Sefrin,* Bd. 7, 7.

[68] Ein erstes Edikt Pacca wurde am 8. 3. 1819 erlassen: *Editto sopra le scritture, e libri manoscritti*; abgedr. bei *Emiliani,* 97–100; *Mariotti,* 233–235.

[69] *Editto Bartolomeo per la Misericordia di Dio Vescovo di Frascati Card. Pacca delle S. R. C. Camerlengo* vom 7. 4. 1820; abgedr. bei *Emiliani,* 110f.; *Wussow,* 277–291 (dt. Übers.); zum Edikt vgl. *Bedin,* 77f.; *Leisching,* 438–443. Vgl. auch die Ausführungsverordnung vom 6. 8. 1821: *Regolamento per le Commissioni ausiliarie di Belle Arti istituite nelle Legazioni, e Delegazioni dello Stato pontificio;* abgedr. bei *Emiliani,* 111–115; *Mariotti,* 241–244.

[70] Vgl. dazu *Leisching,* 442f.

Künste" („oggetti preziosi di Belle Arti") vorzulegen (§ 7). Die öffentlichen Institutionen waren zudem verpflichtet, Veräusserungen von inventarisierten Kunstgegenständen der Hauptkommission (Kommission der Schönen Künste = *Commissione di Belle Arti*)[71] oder der zuständigen Hilfs- oder Provinzialkommission[72] anzuzeigen (§ 8 Abs. 1). Bei Verstoss gegen diese Anzeigepflicht drohte die Strafzahlung des halben Werts des Objekts (§ 8 Abs. 2).[73] Die Kommissionen waren beauftragt, auch „Antiken von ganz besonderem künstlerischem oder wissenschaftlichem Wert" („Oggetti di Antichità di singolare e famoso pregio per l'Arte o per l'Erudizione") im Privateigentum ständig zu überprüfen und eine Beschreibung dem Kardinalkämmerer zu senden, damit die Eigentümer und die Besitzer nicht mehr über diese Objekte frei verfügen konnten. Um allenfalls einen Ankauf durch den Staat zu ermöglichen, mussten der Verkäufer und der Käufer einen beabsichtigten Verkauf anzeigen. Der Unterlassung drohte der Verfall des Objekts (§ 9). Gegenstände, die nicht auf der erwähnten Liste erschienen, durften in Rom frei gehandelt werden (§ 11).

Kunstgegenstände, die aus Rom in die päpstlichen Provinzen oder ins Ausland verkauft oder aus den Provinzen exportiert werden sollten, mussten eingehend geprüft werden. Über die Erteilung der Ausfuhrgenehmigung entschied der Kardinalkämmerer persönlich (§ 12).[74] Zur Überprüfung der Ausfuhrgegenstände wurden die vorgenannten Kommissionen in ihren örtlichen Zuständigkeitsbereichen berufen (§ 13). Die Ausfuhr war zudem mit einer Steuer von 20% des Werts des Objekts belastet (§ 14).[75] Zu diesem Zweck mussten die Assessoren der Bildhauerei und der Malerei zur Ausfuhr angemeldete Kunstwerke schätzen (§ 15). In der Lex Pacca waren die bedeutenden Werke nicht mehr lebender

---

[71] Die Kommission in Rom war nach § 2 Edikt Pacca (Fn. 69) wie folgt zusammengesetzt: als Präsident der *Uditore del Camerlengo pro tempore,* dem Generalinspektor der schönen Künste, dem *Ispettore delle Pitture Pubbliche in Roma*, dem *Commissario delle Antichità,* dem Direktor des Vatikanischen Museums, dem ersten Professor für Bildhauerei der Akademie S. Luca in Rom und einem der Professoren für Architektur dieser Akademie, dem Sekretär der Kommission und dem *Segretario Generale dei Musei.* Nach § 5 Edikt Pacca (Fn. 69) war die Kommission für den Vollzug des Gesetzes zuständig.

[72] In den päpstlichen Provinzen wurden unter der Oberleitung des Kardinalkämmerer je eine „Commissione ausiliare", bestehend aus Fachleuten und Vertretern der Provinzialregierung, gebildet, die zur Kommission in Rom analoge Zuständigkeiten hatten; vgl. § 5 Edikt Pacca (Fn. 69).

[73] Gemäss § 3 Edikt Pacca (Fn. 69) war die Jurisdiktion Sache des Kardinalkämmerers, der nicht nur Aufsicht und Leitung über die sakralen und profanen Antiken innehatte, sondern generell über die schönen Künste, die Kunstwerke in Rom und im Kirchenstaat sowie über Kunstakademien und andere Kunstgesellschaften.

[74] Vgl. dazu *Barellini,* 33–37 mit vier Beispielen aus der Praxis.

[75] § 14 Edikt Pacca (Fn. 69) lautete: „Se si medesimi non si riconosceranno necessarj o di sommo riguardo per il Governo, ne sarà permessa l'esportazione all'Estero, mediante pagamento di Dazio del 20 per cento."

Künstler den Antiken gleichgestellt (§ 17). Unter die Vorschriften der Lex Pacca fielen zudem auch wertvolle Marmorblöcke von besonderer Grösse und auch solche, die eine antike Arbeit darstellen (§ 18). Für solche Objekte galten dieselben Ausfuhrbestimmungen wie für den Export von Antiken (§ 19). Sie fanden auch Anwendung auf alte Gemälde, Mosaiken und Bilder der klassischen Schule – Tafelbilder wie Leinwandbilder –, die den „decadimento", den „risorgimento" und die Kunstgeschichte illustrieren (§ 20).[76] Zur Förderung der modernen Kunst konnte jeder Künstler seine eigenen Werke taxfrei und unbehindert ins Ausland exportieren. Um zu verhindern, dass moderne Kunstwerke mit alten, gesperrten Gegenständen vermengt würden, war eine Überprüfung der Ausfuhr durch den *Commissario delle Antichità* und die betreffenden Assessoren für Bildhauerei und für Malerei angeordnet (§ 21). Keiner besonderen Einschränkung unterlag die Einfuhr von wertvollen Antiken, Kunstwerken und Gegenständen von wissenschaftlichem Wert aus dem Ausland (§ 22). Versteigerungen oder der gerichtliche Zwangsverkauf mussten dem Kardinalkämmerer oder der zuständigen Kommission angezeigt werden (§ 24).

Interessant sind auch die Bestimmungen über Grabungen nach Antiken. Ausgrabungen und die Schatzsuche – auch auf dem eigenen Grundstück – waren bewilligungspflichtig (§ 25). Die Ausgräber mussten dem *Camerlengo* den Fund von Gegeständen melden und regelmässig Bericht über die Grabungen erstatten, wobei die Unterlassung mit Verfall der Gegenstände und mit einer Geldstrafe geahndet wurden (§ 33). Bevor die Objekte in den Handel gebracht werden durften, mussten sie auf ihren künstlerischen und wissenschaftlichen Wert geprüft werden (§ 34). Wollten die Grundeigentümer vom Staat ausgewählte Gegenstände in ihrem Eigentum behalten, konnte ihnen dies unter der Bedingung bewilligt werden, dass sie eine mögliche Veräusserungsabsicht dem Kardinalkämmerer mitteilten (§ 37). Aufgefundene Inschriften durften nicht von ihrem Fundort entfernt werden (§ 41). Dasselbe galt für Zufallsfunde von Kunstgegenständen und Antiken (§ 47). Kunstgegenstände in weissem oder farbigem Marmor, die beim Ausgraben entdeckt wurden, gehörten dem Gräber, wenn er zugleich der Grundeigentümer war. Beim Fund auf einem fremden Grundstück galt – mit Ausnahme des Schatzfundes – die Vereinbarung, die der Gräber mit dem Grundeigentümer getroffen hatte (§ 49). Der Zufallsfund gehörte dem Entdecker und dem Grundeigentümer je zur Hälfte (§ 50).

---

[76] § 20 Edikt Pacca (Fn. 69) lautete: „Non dovendosi poi trascurare le Pitture e i Musaici antichi, ordiniamo che i Quadri di Scuole Classiche, le Tavole, le Tele ed i Musaici, che possono illustrare il decadimento, il risorgimento, e la Storia delle Arti, siano sottoposti alle medesime discipline ed allo stesso Dazio che le Scultore antiche."

2. Territorialer Anwendungsbereich

Die materiellen Vorschriften des Edikts Pacca waren auch nach dem Aufgehen des Kirchenstaats im Königreich Italien (1871) gültig[77] und wurden erst mit Inkrafttreten des Gesetzes vom 12. Juni 1902 abgelöst.[78]

[77] Vgl. *Chrétien,* 737, Fn. 1 mit Hinweis auf Art. 5 L. 1871/286: „L'applicabilité de l'édit Pacca, même après l'annexion de Rome à l'Italie, était incontestable."

[78] Das Edikt Pacca wurde von Praktikern scharf kritisiert; vgl. *Azzurri* L'editto Pacca in, 7, 9, 11, Fn. 1; *Ders.* L'editto Pacca e, 24; *Ders.* L'abolizione, 45, der das Edikt als „Schatten" und als „toter Buchstabe" bezeichnet: „è notissimo che cotesti editti [Edikte Doria und Aldobrandini] non furono mai applicati, come è lamentato nel proemio dell'editto Pacca, il quale [...] rimase anch'esso un pro forma e un'ombra in Roma, e non altro che lettera morta nelle varie province dello Stato pontificio."

2. Kapitel: Nationales Recht

§ 26 Schweiz

A. De lege lata

I. Bund

In der Schweiz ist die Regelung der Ausfuhr von Kulturgut grundsätzlich Sache der Kantone.[1] Dem Bundesrecht sind lediglich Massnahmen vorbehalten, welche die Ausfuhr von Kulturgütern in seinem Eigentum sowie Kulturgüter von gesamtschweizerischer Bedeutung betreffen.[2] Der Bund kann allenfalls ergänzende Regelungen zur Durchsetzung dieser kantonalen Ausfuhrregelungen erlassen.[3]

II. Kantone

Die Kantone sind nach Art. 6 Abs. 2 ZGB kompetent, den Verkehr „mit gewissen Sachen" zu beschränken oder zu untersagen.[4] Unter die Verkehrsbeschränkungen fallen nicht nur die Unveräusserlichkeit und Unersitzbarkeit von Kulturgütern im Eigentum des Kantons, sondern auch die Bewilligungspflicht der Ausfuhr von Kulturgut in Privateigentum.

1. Ausfuhrverbot mit Erlaubnisvorbehalt

Nur gerade acht Kantone, nämlich Bern, Basel-Landschaft, Freiburg, Graubünden, Jura, Schwyz, St. Gallen und Tessin machen die dauernde Ausfuhr von Kulturgütern, welche im jeweiligen Denkmalverzeichnis eingetragen sind, aus dem kantonalen Hoheitsgebiet von einer Bewilligung abhängig.[5] Die Ausfuhr-

---

[1] *Aubert*, 28; *Raschèr*, 112. Für eine Bundeskompetenz zur Regelung der Ausfuhr von Kulturgütern wäre eine Verfassungsänderung notwendig; vgl. dazu *BAK* Handel, 13–15; zur Rechtslage *de lege ferenda* s. hinten B.

[2] Vgl. BBl. 1997 I 286.

[3] Vgl. *Aubert*, 17f.

[4] Vgl. dazu vorne § 5 C II.

[5] BE: Art. 11 Abs. 2 Gesetz über die Denkmalpflege vom 8.9.1999. Gemäss Art. 10 Abs. 1 i.V.m. 37 Abs. 1 Denkmalpflegeverordnung vom 25.10.2000: Erziehungsdirektion (Amt für Kultur) bzw. betreffend Archivgut die Staatskanzlei.
BL: § 4 Abs. 1 und 3 Verordnung betreffend die Erhaltung von Altertümern vom 10.10.1921: Regierungsrat.
FR: Art. 24 Abs. 2 Gesetz über den Schutz der Kulturgüter vom 7.11.1991: Das Departement für kulturelle Angelegenheiten kann die Veräusserung von Kulturgut verweigern, wenn der Verbleib des Kulturguts im Kanton nicht gesichert ist.

beschränkungen gelten nicht nur bei entgeltlichen Veräusserungen ausserhalb des Kantonsgebiets, sondern auch bei Schenkungen.[6] Kein Kanton sieht ein absolutes Ausfuhrverbot von klassifiziertem Kulturgut vor.[7] Der Kanton Schwyz kennt ein Ausfuhrverbot nur für Kunstdenkmäler und Altertümer im Eigentum von öffentlich-rechtlichen Anstalten oder Körperschaften.[8] Die Mehrheit der kantonalen Gesetze enthalten aber keine Bestimmungen über die Ausfuhr von Kulturgut aus dem jeweiligen Kantonsgebiet.[9]

GR: Art. 1 Ziff. 4 per Auslegung Verordnung über den Natur- und Heimatschutz vom 27.11.1946: „Der Kanton und die Gemeinden wahren die Interessen des Natur- und Heimatschutzes, insbesondere durch Bewahrung von wertvollen Altertümern vor der Zerstörung, dem Verschwinden oder der Ausfuhr aus dem Kanton." Nach Art. 10 lit. c kann das Erwerbsrecht auch bei Kulturgut ausgeübt werden, das abzuwandern droht.
JU: Art. 5 Abs. 1 *Loi sur la conservation des objets d'art et monuments historiques du 9.11.1978*: Regierungsrat.
SZ § 7 Verordnung betreffend den Natur- und Heimatschutz und die Erhaltung von Altertümern und Kunstdenkmälern vom 29.11.1927, wonach alle in öffentlichen Gebäuden, Kirchen und Kapellen befindlichen Altertümer und Kunstgegenstände nicht ohne Einwilligung des Regierungsrats bzw. ohne Zustimmung der kirchlichen Oberbehörde ausgeführt werden dürfen.
SG: Art. 5 Satz 2 Verordnung betreffend den Schutz von Naturkörpern und Altertümern vom 21.3.1933: Aufgefundene herrenlose Naturkörper oder Altertümer von erheblichem wissenschaftlichem Wert. Zuständig für die Bewilligung ist das Amt für Kultur.
TI: Art. 29 Abs. 1 *Legge per la protezione dei beni culturali del 13. 5. 1997*: Consiglio di Stato. – Die vorübergehende Ausfuhr aus dem Kantonsgebiet kann verweigert werden, wenn die unversehrte Rückkehr des Objekts nicht genügend garantiert wird (Art. 29 Abs. 2).
Unvollständig *Hänni/Lischer*, 362, Fn. 70; missverständlich *BAK* Hearings (ohne Seitenzahlen), Fn. 10, wonach der Kanton Waadt Ausfuhrregelungen kenne.

6 A. A. *Knapp* La protection, 242. Seine Auffassung, wonach der Kanton sein Erwerbsrecht bei der Ausfuhr ausüben muss, um die Abwanderung des Kulturguts aus dem Kantonsgebiet zu verhindern, ist unzutreffend. So bestimmt der Kanton Nidwalden in Art. 53 Abs. 2 i. V. m. Art. 52 Abs. 1 Satz 2 *e contrario* Gesetz über den Natur- und Heimatschutz vom 24.4.1988 gerade das Gegenteil: Zulässiges Erwerbsrecht bei entgeltlichen und unentgeltlichen Veräusserungen von eingetragenen Kulturgütern auch an Ehegatten, an einen Verwandten oder Verschwägerten des Veräusserers, sofern sie nicht im Kantonsgebiet Wohnsitz haben. Dasselbe gilt wohl auch in den Kantonen LU (§ 11 Abs. 1 Satz 2 Gesetz über den Schutz der Kulturdenkmäler vom 8.3.1960) und VD (Art. 65 *Loi du 10. 12. 1969 sur la protection de la nature, des monuments et des sites*).

7 So aber noch die Rechtslage gemäss Art. 15 der aufgehobenen *Legge per la protezione dei monumenti storici ed artistici del 15. 4. 1946*: „È vietato il trasferimento definitivo di un monumento mobile fuori del territorio." Das absolute Ausfuhrverbot war allerdings im Vergleich zur Gesetzgebung anderer Kantone einzigartig; vgl. BGer 23.12.1987 (Balli c. Stato del Cantone Ticino), BGE 113 Ia 368 (381). Zu weit geht m. E. die Auffassung von *Wiederkehr Schuler*, 50, wonach die Unterschutzstellung eines beweglichen Objekts in der Praxis ein Exportverbot bedeute.

8 Vgl. § 7 Verordnung betreffend den Natur- und Heimatschutz und die Erhaltung von Altertümern und Kunstdenkmälern vom 29.11.1927; der Kanton behält sich jedoch die Enteignung vor (§ 12).

9 So AG, AI, AR, BS, GE, GL, NE, OW, SH, SO, TG, UR, VD, ZG und ZH. – Interessant diesbezüglich ist § 16 lit. k Verordnung über die Besorgung und die Benützung des Staatsarchivs vom 21.2.1961 des Kantons Basel-Landschaft, welcher den Staatsarchivar beauf-

2. Anzeigepflicht der Ausfuhr

In den Kantonen Luzern und Nidwalden muss die Ausfuhr lediglich angezeigt werden.[10]

3. Geltungsbereich der Ausfuhrvorschriften

Die Ausfuhrregelungen der acht Kantone[11] gelten nicht nur für den interkantonalen Rechtsverkehr, sondern auch für den Handel mit dem Ausland. Da aber der Zoll Sache des Bundes ist, kann ein Kanton nicht verhindern, dass geschütztes Kulturgut über die Landesgrenze verbracht wird.[12] Das Verbot der Ausfuhr in einen anderen Kanton ist gültig und verstösst nicht gegen die Wirtschaftsfreiheit (Artt. 27, 94 BV; Art. 31 aBV).[13]

Ob die Kantone die Ausfuhr in einen anderen Kanton auch physisch verhindern können, ist eine andere Frage. Zwischen den Kantonsgrenzen gibt es keine Zölle, und die Kontrolle des interkantonalen Handels mit geschützten Kulturgütern scheint auch nicht möglich zu sein. Die Verweigerung der Ausfuhrbewilligung ist also zulässig, kann jedoch in der Praxis nicht durchgesetzt werden. Wird schliesslich ein geschütztes Kulturgut ohne Bewiligung in einen anderen Kanton verbracht, der keine Ausfuhrvorschriften kennt, und gelangt das Objekt von dort ins Ausland, so ist die Ausfuhr illegal.[14]

---

tragt, „Nachlässe bedeutender Persönlichkeiten und andere für die Geschichte des Kantons wichtige Aufzeichnungen vor der Veräusserung ausserhalb des Kantons, vor deren Zerstreuung oder Vernichtung zu sichern."

10 LU: § 12 Gesetz über den Schutz der Kulturdenkmäler vom 8. 3. 1960: Anzeige an das Erziehungsdepartement; NW: Art. 53 Abs. 1 Gesetz über den Natur- und Heimatschutz vom 24. 4. 1988: Anzeige an die zuständige Direktion.

11 Vgl. Fn. 5. Es fällt auf, dass keines der kantonalen Gesetze Art. 6 Abs. 2 ZGB erwähnt, so dass die Kantone ihre Ausfuhrvorschriften wohl eher gestützt auf ihre Kulturhoheit erlassen haben; vgl. *Schnyder,* 27.

12 *Raschèr,* 23, 112.

13 So auch *Aubert,* 28–30 (30); *Hänni* Die Auswirkungen, 31; a. A. *Knapp* La Protection, 242, wonach die kantonalen Ausfuhrvorschriften nur die Ausfuhr ins Ausland beschränken können, nicht aber in einen anderen Kanton, da die Eidgenossenschaft einen gemeinsamen Markt darstelle und jede Beschränkung der Einfuhr eine ausdrückliche gesetzliche Grundlage verlange; einschränkend *Siehr* Handel (1994), 361, wonach der innerschweizerische Warenverkehr nach Art. 31 aBV nicht behindert werden dürfe; ähnlich *Rhinow,* Rn. 57. Dem ist entgegenzuhalten, dass die Ausfuhrbeschränkungen auch bei unentgeltlichen Veräusserungen ausserhalb des Kantonsgebiets gültig sind, so dass die Wirtschaftsfreiheit nach Artt. 27, 94 BV gar nicht tangiert ist.

14 *Aubert,* 30.

4. Rückgabe von illegal ausgeführtem Kulturgut

a) Öffentliches Kulturgut

α) Ausfuhr in einen anderen Kanton

Wurde ein Kulturgut im Eigentum des Kantons oder einer Gemeinde illegal in einen anderen Kanton verbracht, so wird wohl das Gemeinwesen nur mit Hilfe der staatsrechtlichen Klage nach Art. 113 OG das Kulturgut herausverlangen können.

β) Ausfuhr ins Ausland

Befindet sich das illegal ausgeführte Kulturgut im Ausland, so wird eine Klage des Kantons nur Erfolg haben, wenn entweder die dortigen Gesetze dies vorsehen[15] oder die Schweiz und der ausländische Staat eine dementsprechende staatsvertragliche Vereinbarung getroffen haben.[16]

b) Privates Kulturgut

α) Ausfuhr in einen anderen Kanton

Gelangt ein geschütztes Kulturgut illegal von einem Kanton in einen anderen Kanton und wird es dort gutgläubig erworben, so kann der Herkunftskanton das Kulturgut nicht kraft seiner hoheitlichen Gewalt zurückverlangen;[17] denn die Wirkungen einer öffentlich-rechtlichen Eigentumsbeschränkung, welche die Verkehrsfähigkeit einer Sache aufhebt oder einschränkt, bleiben begrenzt auf das Gebiet des Gemeinwesens, das sie erlassen hat. Ebensowenig kann der

---

15 So die Rechtslage in Portugal: nach Art. 31 Abs. 2 *Lei no. 13/85 de 6. 7. 1985, Património cultural português*, sind Rechtsgeschäfte über Kulturgüter, die aus ausländischen Staaten stammen und auf portugiesischem Territorium abgeschlossen wurden, nichtig, wenn diese unter Verletzung der Bestimmungen der jeweiligen internen Gesetzgebung über deren Veräusserung oder Ausfuhr erfolgt sind. Dies gilt aber nach Art. 31 Abs. 3 nur bei der Gewährung von Gegenrecht.

16 Vgl. *Raschèr*, 110, 120–122. Da die Schweiz die UNIDROIT-Konvention 1995 nicht ratifiziert hat, fällt eine Klage gestützt auf diesen Staatsvertrag ausser Betracht. Voraussetzung für eine erfolgreiche Rückführung wäre aber nicht nur die Ratifikation der Konvention durch die Schweiz sowie des ersuchten Staats (Art. 3 Abs. 2), sondern der Beweis des ersuchenden Kantons, dass das Objekt für ihn von wesentlicher kultureller Bedeutung ist (Art. 5 Abs. 3). Die UNIDROIT-Konvention 1995 wäre auch dann anwendbar, wenn ein Kulturgut zuerst in einen Kanton verbracht würde, welcher keine Ausfuhrbestimmungen kennt, bevor das Objekt rechtswidrig ins Ausland exportiert würde. Wäre die UNIDROIT-Konvention 1995 in der Schweiz anwendbar, so bestünde jedoch keine Pflicht der Kantone, Vorschriften über die Ausfuhr von Kulturgut zu erlassen. Allerdings könnten die Kantone dann auch nicht von den Bestimmungen des Kapitels III UNIDROIT-Konvention 1995 (Rückführung rechtswidrig ausgeführter Kulturgüter) profitieren.

17 *Bernet*, 77.

Kanton den Veräusserer dazu anhalten, den veräusserten Gegenstand unter Berufung auf einen i. S. v. Art. 20 OR widerrechtlichen Inhalt des Veräusserungsvertrags vom Erwerber zurückzuverlangen.[18] Dem gutgläubigen Erwerber aber steht es frei, das Denkmal auch ins Ausland auszuführen, falls der Kanton, in dessen Hoheitsgebiet sich das Kulturgut befindet, für die rechtmässige Ausfuhr aus dem Geltungsbereich seines Denkmalschutz- oder Kulturgutschutzgesetzes keine Bewilligung verlangt.

β) Ausfuhr ins Ausland

Gelangt ein Kulturgut illegal aus einem Kanton ins Ausland, so führt die Vindikation des Eigentümers unter zwei Voraussetzungen zum Erfolg: das Kulturgut muss das Hoheitsgebiet des Herkunftskantons illegal verlassen haben, und der Besitzer im Ausland muss bösgläubig sein.

In den Kantonen Basel-Landschaft und Jura verwirkt der ursprüngliche Eigentümer das Rückforderungsrecht, wenn dieser sich weigert, das ohne Bewilligung des Regierungsrats veräusserte Kulturgut vom neuen Eigentümer zurückzuverlangen. An seine Stelle tritt der Kanton und kann auf Rückgabe klagen.[19] Unklar ist, ob das Rückforderungsrecht des Kantons nur bei Veräusserungen innerhalb der Kantonsgebiets gilt, oder auch bei Kulturgütern, die illegal aus dem Hoheitsgebiet des betroffenen Kantons ausgeführt wurden und sich nun ausserhalb der Schweiz befinden. Nach teleologischer Auslegung der einschlägigen Bestimmungen muss der Kanton jedoch das Kulturgut auch dann anstelle des ursprünglichen Eigentümers zurückverlangen können, wenn es sich nicht mehr in der Schweiz befindet. Eine andere Auslegung wäre sinn- und zweckwidrig. Dies gilt umso mehr, weil die Kantone Basel-Landschaft und Jura für die Ausfuhr aus ihrem Hoheitsgebiet ausdrücklich eine Bewilligung verlangen.[20]

Im Übrigen ist unklar, ob die Sachen in dieser Situation dem Kanton verfallen, ob also eine Enteignung vorliegt oder ob nach diesem Übergang eines Klagerechts lediglich die Durchsetzung eines Herausgabeanspruchs erleichtert werden soll.[21] Da sich beim Export ein gutgläubiger Erwerb im Ausland meistens nach ausländischem Recht richten dürfte *(lex rei sitae)*, also im Ausland nur auf Rückgabe wegen unerlaubten Exports geklagt werden kann, dürfte es sich bei

[18] I. E. gleich *Friedrich*, 114.

[19] So die Rechtslage betreffend eingetragene Altertümer in den Kantonen BL (§ 8 Verordnung betreffend die Erhaltung von Altertümern vom 10. 10. 1921) und JU (Art. 8 Abs. 1 *Loi sur la conservation des objets d'art et monuments historiques du 9. 11. 1978*).

[20] Vgl. Fn. 5. Zudem würde eine systematische Auslegung der in der vorigen Fn. erwähnten Verordnung des Kantons BL wohl zum selben Ergebnis führen, kann doch der Fehlbare, der einen ins Inventar aufgenommenen Gegenstand ohne Genehmigung des Regierungsrats veräussert oder aus dem Kantonsgebiet ausführt, mit Busse bestraft werden (§ 7).

[21] *Siehr* Handel (1994), 363.

den kantonalen Vorschriften um einen Anspruch des Kantons auf Rückführung eines illegal exportierten Gegenstands handeln.[22] Alles andere wäre eine Enteignung oder Bestrafung durch Verfallserklärung.[23]

5. Entschädigung wegen Ausfuhrverweigerung

a) Allgemeines

Wird die Ausfuhr eines eingetragenen Kulturguts aus dem Kantonsgebiet verweigert, so werden Interessenten aus anderen Kantonen aus dem Kreis potentieller Käufer ausgeschlossen. Nach bundesgerichtlicher Rechtsprechung verringert dieser Ausschluss von Käufern die Möglichkeit, das Objekt gewinnbringend zu veräussern.[24]

b) Affäre Balli[25]

α) Sachverhalt

Die Geschwister Balli sind Eigentümer einer etwa 590 archäologische Fundgegenstände umfassenden Sammlung.[26] Am 1. Februar 1979 nahm das Tessiner Umweltdepartement in Anwendung des damals noch geltenden Gesetzes vom 15. April 1946[27] den Eintrag dieser Sammlungen vor. Das Tessiner Verwaltungsgericht wies eine gegen diesen Entscheid erhobene Beschwerde mit Urteil vom 29. September 1979 ab.[28] Gegen dieses Urteil wurden keine Rechtsmittel ergriffen, weshalb diese Entscheidung in Rechtskraft erwuchs. Am 23. September 1980 verlangten die Eigentümer mit einer schriftlichen Eingabe an das Enteignungsgericht des Sopraceneri vom Kanton Tessin u. a. eine Entschädigung in Höhe von CHF 700000 wegen materieller Enteignung sowie die jährliche Zahlung von CHF 50000 für Ausstellungsverpflichtungen und CHF 25000 für andere Fix-

---

22 *Siehr* Handel (1994), 363, m. H. auf *Knapp* La protection, 242.

23 So *Siehr* Handel (1994), 363.

24 Vgl. BGE 113 Ia 379 E. 4d: „il fatto di escludere interessati di altri Cantoni riduce in modo drastico la possibilità di realizzare l'oggetto". Es bleibt anzumerken, dass in diesem Fall die Ausfuhr nicht verweigert wurde; vielmehr war nach damaligem Recht im Kanton Tessin die Ausfuhr von Kulturgut verboten, welches im kantonalen Denkmalverzeichnis eingetragen war.

25 BGer 23. 12. 1987 (Balli c. Stato del Cantone Ticino), BGE 113 Ia 368 = Pra 78 (1989) Nr. 159 = SJ 110 (1988) Nr. 271 = J.Trib. 137 (1989) I 411; vgl. dazu *Tissot,* 110–114; *Hänni* Die Auswirkungen, 43 f.

26 Gian Michele, Gloria, Alessandra Balli sowie Consuelo Botteri-Balli erbten die Sammlung von Emilio Balli (1855–1934). Sie sind zudem Eigentümer zu einem Drittel an einer anderen etwa 490 Fundstücke umfassenden archäologischen Sammlung und zu einem Zwanzigstel an einer dritten etwa 90 Fundstücke umfassenden archäologischen Sammlung.

27 *Legge per la protezione dei monumenti storici ed artistici del 15. 4. 1946.*

28 Trib. cantonale amministrativo 29. 9. 1979, unveröffentlicht; vgl. BGE 113 Ia 370.

kosten. Das Gericht verneinte eine materielle Enteignung und wies das Begehren am 4. Januar 1982 ab.[29] Die Eigentümer gelangten am 18. Februar 1982 erneut ans Verwaltungsgericht und verlangten eine Entschädigung in Höhe von CHF 700000. Die Klage wurde am 30. Juni 1982 abgewiesen.[30] Das Bundesgericht hiess die staatsrechtliche Beschwerde der Eigentümer wegen Verletzung der Eigentumsgarantie mit Urteil vom 23. Dezember 1987[31] gut, hob das Urteil des Verwaltungsgerichts auf und wies die Sache zur neuen Beurteilung an die untere Instanz zurück. Das Verwaltungsgericht in Lugano hob am 7. November 1990[32] das Urteil des Enteignungsgerichts vom 4. Januar 1982 auf und wies dieses an, im Sinne des bundesgerichtlichen Urteils die Entschädigung festzusetzen. Noch bevor das Enteignungsgericht die Höhe der Entschädigung festlegte, gelangten die Kläger am 1. Dezember 1990 erneut ans Bundesgericht und verlangten die Festsetzung der Entschädigung durch das kantonale Verwaltungsgericht. Die I. Öffentlichrechtliche Abteilung des Bundesgerichts trat auf das Begehren mit Beschluss vom 15. Juli 1991 nicht ein.[33] Das Enteignungsgericht in Bellinzona sprach den Klägern mit Urteil vom 23. August 2000 (also fast zehn Jahre später) eine Entschädigung in Höhe von CHF 58411 zu.[34]

β) Rechtliche Erwägungen und Würdigung

Das Bundesgericht bestätigte zunächst unter Hinweis auf die Lehre und die ältere Praxis, dass auch bewegliche Sachen Gegenstand einer materiellen Enteignung sein können.[35] Sodann prüfte das Gericht die verschiedenen, im konkreten Fall von den Eigentümern zu duldenden Eigentumsbeschränkungen unter dem Aspekt der materiellen Enteignung.

Nach dem damals geltenden Tessiner Denkmalschutzgesetz[36] konnten Mobilien in Privateigentum nur unter Schutz gestellt werden, wenn deren Verlust oder

---

[29] Trib. di espropriazione della giurisdizione sopraceneri 4. 1. 1982, unveröffentlicht; vgl. BGE 113 Ia 370.

[30] Trib. amministrativo cantonale 30. 6. 1982, unveröffentlicht; vgl. BGE 113 Ia 370.

[31] Vgl. Fn. 25.

[32] Trib. amministrativo cantonale 7. 11. 1990, unveröffentlicht.

[33] BGer 15. 7. 1991, 1P.786/1990, unveröffentlicht.

[34] Trib. delle espropriazioni della giurisdizione sopracenerina 23. 8. 2000, Nr. 143/51 (Comunione ereditaria fu Valentino Balli c. Stato del Cantone Ticino), unveröffentlicht. Die Kläger haben gegen dieses Urteil rekurriert, so dass sich der *Tribunale amministrativo cantonale* erneut mit der Festsetzung der Höhe der Entschädigung auseinandersetzen muss. Laut mündlicher Auskunft vom 5. 9. 2001 von Herrn Grivelli, Gerichtsschreiber am *Tribunale amministrativo cantonale*, wurde bisher weder ein Entscheid gefällt noch haben die Parteien einen Vergleich geschlossen.

[35] Vgl. BGE 113 Ia E. 4b.

[36] Vgl. Fn. 27.

Ausfuhr dem künstlerischen Erbe oder der Geschichte des Kantons Tessin einen schweren Schaden zugefügt hätte.[37] Dies traf im vorliegenden Fall ohne Zweifel zu; denn die Sammlungen sind „integrierender Bestandteil der archäologischen Dokumentation des Kantons Tessin" sowie „für die weitere Forschung auf diesem Gebiet unerlässliches Material".[38] Das Verwaltungsgericht stellte mit Urteil vom 30. Juni 1982[39] fest, dass die durch den Eintrag hervorgerufenen denkmalpflegerischen Auflagen nicht besonders schwer wiegen, und keine materielle Enteignung vorliege.[40]

Die Gesetzesmaterialien zum Gesetz vom 15. April 1946 zeigen klar, dass der Gesetzgeber im Unterschied zur alten Regelung des Gesetzes vom 14. Januar 1909[41], jegliche Form von Schadenersatz wegen des Ausfuhrverbots von geschützten Kulturgütern aus dem Kantonsgebiet aufzuheben gedachte.[42] Das Bundesgericht kam durch einen Rechtsvergleich mit anderen kantonalen Kulturgüterschutz- oder Denkmalschutzgesetzen sowie kraft historischer Auslegung der einschlägigen kantonalen Gesetzesvorschriften zum Schluss, dass die Bestimmungen des Tessiner Gesetzes vom 15. April 1946 „ziemlich einschneidend" seien.[43] Die Verpflichtung zur Aufbewahrung der beweglichen Sache an dem im Verzeichnis angegebenen Ort sowie zur Einholung einer Bewilligung für deren Verbringen an einen anderen Ort innerhalb des Kantonsgebiets stellen nach Auffassung des Bundesgerichts lediglich „einfache verfahrensmässige Auflagen" dar; eine erhebliche Eigentumsbeschränkung liege nicht vor.[44]

Auch das Veränderungsverbot, sei es auch nur zu Unterhalts- oder Restaurierungszwecken, sowie die Verpflichtung, für Änderungsarbeiten eine behördliche

---

[37] Vgl. Art. 2 Abs. 2 *Legge per la protezione dei monumenti storici ed artistici del 15. 4. 1946*: „potranno essere dichiarate monumenti solo in quanto la loro perdita od esportazione arrechino, per il loro grande pregio, un danno grave al patrimonio artistico od alla storia del Cantone."

[38] Verfügung des Tessiner Umweltdepartements vom 1. 2. 1979; vgl. BGE 113 Ia 369.

[39] Vgl. Fn. 30.

[40] Der Eigentümer eines eingetragenen Kulturguts war nach dem aufgehobenen Gesetz vom 15. 4. 1946 u. a. verpflichtet, jeden Standortwechsel des Kulturguts innerhalb des Kantonsgebiets anzuzeigen (Art. 14 Abs. 2). Eigentumsübertragungen waren bewilligungspflichtig (Art. 14 Abs. 3). Die dauernde Ausfuhr aus dem Kantonsgebiet war verboten (Art. 15 Abs. 1).

[41] *Legge sulla conservazione dei monumenti storici ed artistici del 14. 1. 1909*.

[42] BGE 113 Ia 373 E. 3 b. Anders noch das Gesetz von 1909 (vorige Fn.), wonach die Ausfuhr erteilt werden musste, wenn nach Ablauf der individuell angesetzten Frist der Exportgegenstand nicht erworben werden konnte. Nur in Ausnahmefällen durfte die Ausfuhr verweigert werden (bei Objekten von grundlegender Bedeutung für die Kunst und die Geschichte des Kantons Tessin). Wurde die Ausfuhr verweigert, so erhielt der Eigentümer eine angemessene Entschädigung; zum Ganzen vgl. BGE 113 Ia 373 E. 3 b.

[43] Vgl. BGE 113 Ia 374 E. 3 d.

[44] Vgl. BGE 113 Ia 377 E. 5 a.

Bewilligung einzuholen, seien ebenfalls verfahrensmässiger Natur. Das Verbot, das Objekt über den korrekten Unterhalt oder eine korrekte Restaurierung hinaus zu verändern, beschränke zwar die Verfügungsfähigkeit des Eigentümers, füge aber diesem keinesfalls wirtschaftlichen Schaden zu. Vielmehr wolle das Verbot den missbräuchlichen, unsachgemässen, schädigenden oder zerstörenden Gebrauch des Objekts verhindern. Ein solches Verbot stelle jedoch keine erhebliche Eigentumsbeschränkung dar.[45]

Die Verpflichtung zur Erhaltung des beweglichen Gegenstands wurde grundsätzlich dem Eigentümer zur Gänze überbunden. Das aufgehobene Gesetz vom 15. April 1946 sah jedoch die Möglichkeit der Ersatzvornahme des Kantons vor. Die Kosten von möglichen Aufwendungen konnte der Kanton sich vom renitenten Eigentümer nach den Bestimmungen der Geschäftsführung ohne Auftrag i. S. des Art. 422 OR zurückerstatten lassen (Art. 8 Abs. 2). Die Erhaltungspflicht von beweglichen Gegenständen führte in aller Regel bei einzelnen, empfindlichen Objekten zu beträchtlichen Fixkosten. So mussten namentlich antike Gemälde unter gleichbleibenden Raumtemperaturen aufbewahrt werden, um Schädigungen zu vermeiden. Nach Auffassung des Bundesgerichts gelte dies im Falle der Aufbewahrung von archäologischen Sammlungen umso mehr, bedürfe es doch geeigneter Räumlichkeiten, der Überwachung, periodischer Kontrollen, und des ständigen Unterhalts, also Belastungen, die sich nicht zuletzt auf Grund des Bedarfs an qualifizierten Arbeitskräften als kostspielig erweisen können. Wo es die wirtschaftlichen Verhältnisse erlauben, werden die meist von ideellen Interessen getriebenen Sammler diese Kosten freiwillig übernehmen. Dennoch sei es schwer vorstellbar, wie das Gemeinwesen den Eigentümer zu dieser Freiwilligkeit verpflichten sollte, wenn sie ihn nicht gebührend unterstützt oder an seiner Stelle und zu seiner Entlastung wirkt. Die Schwere der Verbindlichkeit könne daher nicht von vornherein ausgeschlossen werden.[46] Man könne zwar versucht sein, die Schwere der Verbindlichkeit in Bezug zu den finanziellen Mitteln des Eigentümers zu setzen. Diese Überlegung würde jedoch zu einer nach der Beitragsfähigkeit bemessenden Abgabe führen, was eine Rechtsungleichheit zur Folge hätte. Die finanziellen Mittel des unterhaltspflichtigen Eigentümers können daher nicht als geeignetes Unterscheidungsmerkmal herangezogen werden.[47] Folglich dürfe auch die Schwere der Verbindlichkeit bezüglich der Erhaltungspflicht nicht von vornherein ausgeschlossen werden; im zu beurteilenden Fall läge sie aber vor.[48]

Das Verbot der dauernden Ausfuhr i. S. des Art. 15 Abs. 1 könne sich jedoch noch gravierender erweisen als die Erhaltungspflicht; denn es beeinflusse natur-

---

[45] Vgl. BGE 113 Ia 377 E. 5b.

[46] Vgl. BGE 113 Ia 379 E. 5c.

[47] Vgl. BGE 113 Ia 379 E. 5c.

[48] Vgl. BGE 113 Ia 381 E. 5d.

gemäss die Freiheit, den geschützten Gegenstand an Käufer ausserhalb des Kantons zu veräussern, die sich i. d. R. nur zu einem Kauf entschliessen, wenn sie den Gegenstand auch ausführen können. Der Ansicht des Verwaltungsgerichts könne daher nicht gefolgt werden, wonach die Freiheit, den Gegenstand unentgeltlich oder gegen Bezahlung zu veräussern, an sich erhalten bliebe, unter der Bedingung, dass der Gegenstand nicht aus dem Kanton ausgeführt werde.[49] Es sei zwar richtig, dass bei Objekten von rein lokaler Bedeutung der Kreis der Interessierten auf die Einheimischen begrenzt sei, und dass es das Ausfuhrverbot dem Eigentümer nicht verunmöglicht, das Objekt gewinnbringend zu veräussern, da kein potentieller Kunde ausgeschlossen werde. Die Sachlage sei jedoch eine andere, wenn ein Gegenstand auf Grund seines besonderen künstlerischen, antiquarischen oder wissenschaftlichen Werts das Interesse von Personen erweckt, die ausserhalb der Kantonsgrenzen wohnen. Das Bundesgericht hielt dabei fest, dass allein die Tatsache, dass Interessenten aus anderen Kantonen ausgeschlossen werden, die Möglichkeit drastisch verringert, das Objekt gewinnbringend zu veräussern. Es liege deshalb eine besonders schwere Eigentumsbeschränkung vor. Eine kategorische Ablehnung der Möglichkeit einer materiellen Enteignung sei also nicht haltbar.[50]

Die Frage, ob im vorliegenden Fall der Tatbestand des Sonderopfers vorliege, was eine angemessene Entschädigung hervorrufen würde, hat das Tessiner Verwaltungsgericht gar nicht geprüft. Es klärte nicht einmal ab, wie viele private Eigentümer von beweglichen Objekten i. S. des Art. 5 Abs. 3 aufgeführt sind, was jedoch für das Urteil von erheblicher Bedeutung sein könne.[51] Gemäss dem im Jahre 1969 vom Departement für öffentliche Bauten publizierten Verzeichnis der Kunstdenkmäler des Kantons Tessin sowie den verschiedenen Ergänzungen sei jedoch die Zahl der im Verzeichnis eingetragenen Eigentümer äusserst gering. Jener Umstand könne aber nach Ansicht des Bundesgerichts nicht einfach ausser Acht gelassen werden.

Das Bundesgericht hiess die staatsrechtliche Beschwerde wegen Verletzung des Rechtsgleichheitsgebots nach Art. 4 aBV (Art. 8 BV) und der Eigentumsgarantie nach Art. 22ter aBV (Art. 26 BV) gut und wies die Sache an das Enteignungsgericht des Sopraceneri zur erneuten Beurteilung zurück.

---

49 Vgl. BGE 113 Ia 379 E. 5d.

50 Vgl. BGE 113 Ia 381 E. 5d. Das damalige Ausfuhrverbot von unter Schutz gestellten Kulturgütern war im Vergleich mit den anderen kantonalen Bestimmungen einzigartig und wurde mit Gesetz vom 13. 5. 1997 (Fn. 5) aufgehoben. Die dauernde Ausfuhr ist nach geltendem Recht bewilligungspflichtig (Art. 29 Abs. 1 L. 13. 5. 1997). Zu den kantonalen Exportvorschriften s. hinten § 26 A II.

51 Vgl. BGE 113 Ia 383 E. 6b.

γ) Neueste Entwicklungen in der Affäre Balli

Die Erwägung eines möglichen Ankaufs durch den Kanton Tessin wird davon abhängen, wie hoch die Entschädigung ausfallen wird. Durch den Ankauf der unter Denkmalschutz gestellten Sammlungen könnten die Ziele des Tessiner Denkmalschutzgesetzes vom 13. Mai 1997 auf angemessenste Weise verwirklicht und eine geeignete Erhaltung sowie der Zugang der Öffentlichkeit und der Forschung gewährleistet werden. Der Kanton Tessin würde zudem der Aufforderung des Europäischen Kulturabkommens von 1954[52] sowie des Europäischen Übereinkommens zum Schutz des archäologischen Erbes vom 16. Januar 1992[53] entgegenkommen.

δ) Bedeutung des Entscheides

Das Bundesgericht unterwirft Eigentumsbeschränkungen an beweglichen Sachen, insbesondere an Kulturgütern, grundsätzlich den Regeln über die materielle Enteignung. Der Entscheid zeigt, dass ausschliesslich zu Lasten des Eigentümers verfügte Erhaltungsverpflichtungen den Tatbestand der materiellen Enteignung erfüllen können. Das gleiche gilt *ad minore maius* für Ausfuhrverbote. Ein Sonderopfer darf nicht nur deshalb ausgeschlossen werden, weil nur ganz wenige Eigentümer von den Eigentumsbeschränkungen betroffen werden, was bei Kulturgütern in aller Regel gerade zutreffen dürfte.[54]

Für alle zukünftigen Fälle gilt also: Der Kanton muss den Eigentümer entschädigen oder ihm das zu exportierende Kulturgut abkaufen.

B. De lege ferenda

I. Ratifikation der UNESCO-Konvention 1970

Im Jahre 1975 wurden in der Schweiz erneut auf die massive Abwanderung schweizerischen Kulturguts ins Ausland aufmerksam gemacht und gesetzgeberische Massnahmen des Bundes im Bereich der Ausfuhr von nationalen Kulturgütern gefordert.[55] Politisch thematisiert wurde aber die Exportbeschränkung bereits Ende der 1920er-Jahre;[56] aber erst in den 1990er-Jahren ist die Schweiz auf

---

[52] Europäisches Kulturabkommen vom 19. 12. 1954; für die Schweiz in Kraft seit dem 13. 7. 1962.

[53] Europäisches Übereinkommen zum Schutz des archäologischen Erbes vom 16. 1. 1992; für die Schweiz in Kraft seit dem 28. 9. 1996.

[54] *Hänni* Die Auswirkungen,, 45.

[55] Vgl. *Clottu Kommission,* 210.

[56] Motion Dietschi 1930, StenBull. StR, 6. bis 10. Tagung, 28. Legislaturperiode, 1930, 458. Die Motion wurde vom Ständerat in ein Postulat umgewandelt; vgl. dazu *Jung,* 48–51.

Grund parlamentarischer Vorstösse aktiv geworden.[57] Der Bundesrat hat die UNIDROIT-Konvention 1995 am 26. Juni 1996 unterzeichnet; eine Ratifikation ist aber vorläufig nicht vorgesehen.[58] Hingegen bereitet die Regierung gegenwärtig die Ratifikation und Umsetzung der UNESCO-Konvention 1970 in nationales Recht vor.[59]

II. Vernehmlassungsentwurf vom Oktober 2000 eines Bundesgesetzes über den internationalen Kulturgütertransfer

Nach Art. 3 Abs. 1 VE KGTG führt die Zentralstelle im Namen des Bundes ein Verzeichnis der Kulturgüter in seinem Eigentum[60], deren dauernde Ausfuhr aus der Schweiz einen „erheblichen Verlust für das kulturelle Erbe" bedeuten würde und die deshalb verboten ist.[61] Das Eintragungsprinzip sollte m. E. auf Kulturgüter beschränkt sein, die für die schweizerische Nationalgeschichte von gehobenem Interesse sind. Nicht jedes Gemälde von Albert Anker (1831–1910) oder Ferdinand Hodler (1853–1918) gehört zum schweizerischen Kulturerbe; und es wären somit nicht alle Kunstwerke dieser Künstler ins Verzeichnis einzutragen.[62] Es ist denkbar, dass in dieses Verzeichnis auch diejenigen Kulturgüter aufzunehmen sind, die der Bund einer öffentlichen Sammlung widmet und zur *res extra commercium* erklärt hat.[63] Zudem soll es ebenfalls möglich sein, Kultur-

---

57 Vgl. dazu *BAK* Handel, 5f.

58 Der Bundesrat erachtete im August 1998 einen Entscheid zur Ratifikation der UNIDROIT-Konvention 1995 als verfrüht. Das EDI wurde indes beauftragt, die internationale Entwicklung zu beobachten und ihm zu gegebener Zeit entsprechende Vorschläge zu unterbreiten. Abzuwarten bleibt, ob die Gemäldesammlung der Rudolf-Staechelin-Familienstiftung (Basel) den Weg vom *Kimbell Art Museum*, Fort Worth (Texas) zurück nach Basel und Genf finden wird. Die Sammlung kam anlässlich der diskutierten Ratifizierung der UNIDROIT-Konvention 1995 aus Protest (vgl. *Staechelin*, 47) im Sommer 1997 als Leihgabe in die USA; vgl. *Faber Castell*, 4; *Meyer* Drastisch, 43; *Staechelinsche Gemäldesammlung verlässt die Schweiz*, 14.

59 Vgl. Vernehmlassungsentwurf zu einem Bundesgesetz über den internationalen Kulturgütertransfer (Oktober 2000). Verfassungsgrundlage sind die Artt. 69 Abs. 2 und 95 Abs. 1 BV. Die Vernehmlassung zur Ratifikation der UNESCO-Konvention 1970 ist überwiegend positiv ausgefallen; vgl. *BAK* Ergebnisse, 12f.; vgl. auch *BAK* Hearings. Allgemein zur Umsetzung der UNESCO-Konvention 1970 vgl. *Geisinger-Mariéthoz*, 273–311.

60 Die Eidgenossenschaft ist Eigentümerin einer beachtlichen Sammlung bildender Kunst. Allein die Sammlung der im Jahre 1890 errichteten Gottfried-Keller-Stiftung umfasst über 4000 Kunstgegenstände und Immobilien mit einem Wert von rund CHF 500000000; vgl. *BAK* Kulturgüter, 4. Diese Stiftung soll Kunstwerke von nationalem Rang und Altertümer erwerben und damit vor der Abwanderung ins Ausland schützen oder aber sie in die Schweiz zurückbringen; vgl. BBl. 1980 II 134.

61 Da sich der grösste Teil der Kulturgüter von gesamtschweizerischer Bedeutung im Eigentum der öffentlichen Hand befindet, ist eine widerrechtliche Ausfuhr nur im Falle eines Diebstahls möglich.

62 Ähnlich *Aubert*, 19.

63 *Raschèr*, 114.

güter, die gleichzeitig von kantonaler Bedeutung sind, einzutragen.[64] Die vorübergehende Ausfuhr von Kulturgut, das im Bundesverzeichnis eingetragen ist, namentlich zum Zwecke der Forschung, Konservierung oder Ausstellung, bedarf der Bewilligung der Zentralbehörde (vgl. Art. 4). Das Verzeichnis ist in Form einer elektronischen Datenbank zu veröffentlichen (Art. 3 Abs. 2).[65]

Auch nach erfolgter Ratifizierung der UNESCO-Konvention 1970 sind die Kantone frei zu bestimmen, ob sie die Ausfuhr aus ihrem Kantonsgebiet überhaupt regeln wollen.[66] Die Kantone können sodann eigene Verzeichnisse von Kulturgütern auf ihrem Gebiet führen und bestimmen, ob die dauernde Ausfuhr von verzeichneten Kulturgütern verboten ist oder einer kantonalen Bewilligung bedarf (vgl. Art. 3 Abs. 3). Die Kantone, welche die Ausfuhr für Kulturgüter regeln, genügen der UNESCO-Konvention 1970 bereits heute. Nach einer Ratifikation der Konvention bleibt es den anderen Kantonen überlassen, ob sie in diesem Bereich auch legiferieren wollen. Eine entsprechende Pflicht dazu ergibt sich nicht aus der Konvention.[67] Um die Kontrolle an der Grenze zu vereinfachen, ermöglicht der Bund den Kantonen, ihre Verzeichnisse mit der Datenbank des Bundes zu verbinden (Art. 3 Abs. 4).[68] Damit wäre die Verpflichtung von Art. 5 lit. b UNESCO-Konvention von 1970[69] erfüllt.

---

[64] *BAK* Bericht, 54. So die deutsche Lösung. Die Bundesländer bestimmen autonom über die Aufnahme national wertvoller Kulturgüter in die „Gesamtverzeichnisse national wertvollen Kulturgutes und national wertvoller Archive". Hingegen werden grundsätzlich nur Kulturgüter und Archive in Privateigentum eingetragen. Die Ausfuhr ist nicht verboten, sondern bedarf der Bewilligung; vgl. hierzu hinten § 29 C IV 2.

[65] Diese Datenbank sollte im Internet frei zugänglich sein. So könnte jedermann nicht nur das Bundesverzeichnis herunterladen, sondern zusätzlich durch Verweisungen Einsicht in die kantonalen Verzeichnisse nehmen; vgl. *Raschèr,* 114.

[66] Bislang machen nur gerade acht Kantone (Bern, Basel-Landschaft, Freiburg, Graubünden, Jura, Schwyz, St. Gallen und Tessin) die dauernde Ausfuhr aus dem Kantonsgebiet von einer Ausfuhrbewilligung abhängig; zwei Kantone (Luzern und Nidwalden) verlangen lediglich eine Anzeige der Ausfuhr; vgl. hierzu die Angaben in Fn. 5 und 10.

[67] *BAK* Bericht, 54.

[68] Zur rechtlichen Wirkung eines solchen Inventars vgl. Verordnung über das Bundesinventar der schützenswerten Ortsbilder von nationaler Bedeutung vom 9.9.1981; vgl. auch VPB 55 (1991) Nr. 4.

[69] Art. 5 lit. b UNESCO-Konvention 1970 verpflichtet die Vertragsstaaten zur „Aufstellung und Führung eines Verzeichnisses des bedeutenden öffentlichen und privaten Kulturgutes auf der Grundlage eines statlichen Inventars des zu schützenden Gutes, dessen Ausfuhr für den Staat einen merklichen Verlust an seinem kulturellen Erbe darstellen würde."

C. Zwischenergebnis

Der Bund besitzt *de lege lata* keine rechtlichen Grundlagen für den Abwanderungsschutz von eigenen Kulturgütern. Nach dem Vernehmlassungsentwurf vom Oktober 2000 eines Bundesgesetzes über den internationalen Kulturgütertransfer ist die Ausfuhr von Kulturgütern im Eigentum des Bundes verboten, wenn die dauernde Ausfuhr einen „erheblichen Verlust für das kulturelle Erbe" bedeuten würde (Art. 3 Abs. 1). Die Regelung der Ausfuhr von Kulturgut ist grundsätzlich Sache der Kantone. Nur gerade zehn Kantone haben zur Ausfuhr von Kulturgut legiferiert, wobei nur deren acht ausdrücklich eine Bewilligung für die dauernde Ausfuhr verlangen. Die Kantone Luzern und Nidwalden verlangen lediglich die Anzeige der Ausfuhr. Die kantonalen Ausfuhrbestimmungen sind leicht zu umgehen, indem das betroffene Kulturgut in einen anderen Kanton verbracht wird, der keine Ausfuhrbewilligung verlangt. Mangels entsprechender Bundesvorschriften kann anschliessend eine Ausfuhr an der Landesgrenze nicht verhindert werden, da der Zoll gemäss Art. 133 BV in die Bundeskompetenzen fällt. Ein kantonales absolutes Ausfuhrverbot für Kulturgüter in Privateigentum kann nach der Rechtsprechung des Bundesgerichts einer materiellen Enteignung gleichkommen.[70]

§ 27 Ausfuhr aus der EU in Drittstaaten[71]

A. Allgemeines

Am 1. Januar 1993 sind auf Grund des Maastrichter Vertrags[72] die Binnenmarktgrenzen zwischen den EU-Mitgliedstaaten gefallen, so dass seither innerhalb der EU der Grundsatz des freien Personen-, Waren-, Kapital- und Dienstleistungsverkehrs gilt. Nach dem Grundsatz des freien Warenverkehrs (Art. 23 bis 31 EG)[73] müsste auch der Handel mit Kulturgütern innerhalb der EU frei sein,[74] und Frau Pagenstecher dürfte ihre geerbte Gemäldesammlung ungehindert von Italien nach England verbringen.[75]

---

[70] Zum Balli-Entscheid s. vorne A II 5b.

[71] Mit „Drittstaat" ist im Folgenden ein Staat gemeint, welcher nicht der EU angehört.

[72] Vertrag über die Europäische Union vom 7. 2. 1992 [Vertrag von Maastricht].

[73] Ex-Artt. 9–37 EUV.

[74] Kulturgüter gelten als Waren i. S. v. Art. 23 EG (ex-Art. 9 EUV); vgl. EuGH 10. 12. 1968, Rs. 7/68, (Kommission der Europäischen Gemeinschaften g. Italienische Republik), EuGHRspr. 1968, 633, Leitsatz Nr. 2, 642, wonach als Waren alle Erzeugnisse gelten, „die einen Geldwert haben und deshalb Gegenstand von Handelsgeschäften sein können."

[75] Zum Fall Pagenstecher s. hinten § 31 B II.

Dass dem nicht so ist, beruht auf dem weiterhin gültigen und eng auszulegenden[76] Art. 30 EG (ex-Art. 36 EUV)[77], wonach eine Ausnahme vom freien Warenverkehr für „nationale Schätze" (*national treasures, trésors nationaux, tesori nazionali*, usw.) „von künstlerischem, geschichtlichem oder archäologischem Wert" nach Art. 29 EG (ex-Art. 34 EUV) besteht. Was nationale Schätze i. S. dieser Bestimmung ist, legen die einzelnen Mitgliedstaaten fest.[78]

B. Verordnung (EWG) Nr. 3911/92

I. Anwendungsbereich

Da die Kontrollen an den Binnenmarktgrenzen abgeschafft wurden, besteht die Gefahr, dass Kulturgüter aus dem kulturellen Erbe eines Mitgliedstaats über einen anderen Mitgliedstaat in ein Drittland verbracht werden. Die Verordnung (EWG) Nr. 3911/92 des Rates vom 9. Dezember 1992 über die Ausfuhr von Kulturgütern[79] sichert einheitliche Kontrollen an den Aussengrenzen der EU und macht die Ausfuhr von Kulturgütern aus dem Gebiet der EU von einer Ausfuhrgenehmigung des Herkunftsstaats abhängig. Die Ausfuhr von Kulturgütern ohne Genehmigung begründet Rechtswidrigkeit i. S. der Art. 2f. RL 93/7[80]. Die Genehmigung muss von der zuständigen Behörde des Mitgliedstaats stammen, in dessen Hoheitsgebiet sich das Kulturgut am 1. Januar 1993 befand, und muss bei der zuständigen Zollbehörde im Rahmen der Zollformalitäten vorgelegt werden. Die Verordnung wird ergänzt durch eine von der Kommission erlassene Durchführungsverordnung vom 30. März 1993. Dabei handelt es sich um Detailvorschriften über die Gestaltung der Ausfuhrgenehmigung.[81] Sie ist für alle Mitgliedstaaten der EU verbindlich und gilt dort unmittelbar.[82]

---

[76] *Berndt*, 142. Nach ständiger Rechtsprechung des EuGH gilt ausserdem für alle Einschränkungen des freien Warenverkehrs nach Art. 30 EG, dass sie auf überwiegend nichtwirtschaftlichen Gründen beruhen und auf dem Grundsatz der Verhältnismässigkeit (Eignung, Erforderlichkeit, Übermassverbot) genügen müssen und dass sie weder ein Mittel zur willkürlichen Diskriminierung noch eine verschleierte Beschränkung des Handels zwischen den Mitgliedstaaten darstellen dürfen.

[77] Der Wortlaut von Art. 30 EG ist wiedergegeben in Fn. 27.

[78] Vgl. auch Artt. XX f. GATT, die ebenfalls Ausnahmen enthalten zu Gunsten der „Massnahmen zum Schutz nationalen Kulturguts von künstlerischem, geschichtlichem und archäologischem Wert".

[79] Verordnung (EWG) Nr. 3911/92 des Rates vom 9. 12. 1992 über die Ausfuhr von Kulturgütern.

[80] Richtlinie 93/7 des Rates vom 15. 3. 1993 über über die Rückgabe von unrechtmässig aus dem Hoheitsgebiet eines Mitgliedstaates verbrachten Kulturguts.

[81] Verordnung (EWG) Nr. 752/93 der Kommission vom 30. 3. 1993 zur Durchführung der Verordnung (EWG) Nr. 3911/92 des Rates über die Ausfuhr von Kulturgütern.

[82] Obwohl direkt anwendbar, hat Frankreich auch die EG-VO 3911/92 umgesetzt; vgl. *Loi n° 92-1477 du 31. 12. 1992* und *Décret n° 93–124 du 29. 1. 1993*. Diese VO wurde ergänzt durch

Die Verordnung findet nur Anwendung, wenn es sich beim auszuführenden Objekt um ein Kulturgut i. S. der Verordnung handelt (Art. 2 Abs. 4 *e contrario*). Als Kulturgut dieser Verordnung gelten nach Art. 1 die im Anhang zur Verordnung aufgeführten Güter. Dieser Anhang entspricht dem Anhang zur RL 93/7. Fällt ein Kulturgut unter die Verordnung und soll es aus dem Zollgebiet der Europäischen Gemeinschaften ausgeführt werden, ist gemäss Art. 2 eine Ausfuhrgenehmigung der zuständigen Behörden des Herkunftsstaats notwendig. Dies gilt unabhängig davon, in welchem Mitgliedstaat das Gesuch für die Ausfuhr gestellt wird und aus welchem Mitgliedstaat es stammt.

Güter, die einen künstlerischen, historischen oder archäologischen Wert haben, dürfen nur in Übereinstimmung mit den nationalen Ausfuhrbestimmungen der jeweiligen Mitgliedstaaten ausgeführt werden (Art. 2 Abs. 2 Unterabschnitt 3).

Keine Ausfuhrgenehmigung ist notwendig, wenn die Kulturgüter von archäologisch oder wissenschaftlich beschränktem Wert sind, vorausgesetzt, dass sie nicht unmittelbar aus Grabungen, archäologischen Funden und archäologischen Stätten in einem Mitgliedstaat stammen und dass der Handel mit ihnen rechtmässig ist (Art. 2 Abs. 2 Unterabschnitt 2: Bagatell-Klausel).

II. Kulturgut

Der Anhang zur EG-VO 3911/92 ist in zwei Abschnitte gegliedert. In Abschnitt A werden vierzehn verschiedene Kategorien von Kulturgütern beschrieben.[83] In

---

den *Décret n° 95-24 du 9. 1. 1995*. Das Gesetz wurde ergänzt durch die *Loi n° 94-679 du 8. 8. 1994*.

[83] Vgl. VO (EG) Nr. 2469/96 des Rates vom 16. 12. 1996 zur Änderung des Anhangs der Verordnung (EWG) Nr. 3911/92 über die Ausfuhr von Kulturgütern sowie RL 96/100. Abschnitt A zur revidierten VO (EWG) 3911/92 umfasst folgende vereinfachte Kategorien von Kulturgütern:
Kat. 1: Mehr als 100 Jahre alte archäologische Gegenstände;
Kat. 2: Bestandteile von Kunst- und Baudenkmälern oder religiösen Denkmälern, die älter als 100 Jahre sind;
Kat. 3: Bilder und Gemälde, die nicht unter die Kat. 3a oder 4 fallen;
Kat. 3a: Aquarelle, Gouachen und Pastelle;
Kat. 4: Mosaike und Zeichnungen;
Kat. 5: Original-Radierungen, -Stiche, -Seriegrafien, und -Lithografien und lithografische Matrizen sowie Original-Plakate;
Kat. 6: Nicht unter Kat. 1 fallende Originalerzeugnisse der Bildhauerkunst und Kopien;
Kat. 7: Fotografien, Filme und dazugehörende Negative;
Kat. 8: Wiegendrucke und Handschriften als Einzelstücke oder Sammlung;
Kat. 9: Bücher, die älter als 100 Jahre alt sind, als Einzelstücke oder Sammlung;
Kat. 10: Gedruckte Landkarten, die älter als 200 Jahre sind;
Kat. 11: Archive mit Archivalien, die älter als 50 Jahre sind;
Kat. 12a: Sammlungen und Einzelexemplare aus zoologischen, botanischen, mineralogischen oder anatomischen Sammlungen;
Kat. 12b: Sammlungen von historischem, paläontologischem, ethnografischem oder numismatischem Wert;

Anhang B werden die Wertgrenzen in ECU angegeben, die für die in Abschnitt A genannten Kategorien gelten.[84] Beide Aufzählungen sind abschliessend. Fällt das Kulturgut nicht unter eine der Kategorien des Anhangs zur EG-VO 3911/92, so unterliegt die direkte Ausfuhr von nationalem Kulturgut von künstlerischem, historischen oder archäologischem Wert den innerstaatlichen Rechtsvorschriften des Ausfuhrmitgliedstaats (Art. 2 Abs. 4).

III. Fallbeispiel

Soll beispielsweise ein Gemälde des französischen Impressionisten Paul Cézanne (1839–1906) dauernd aus Frankreich in die Schweiz ausgeführt werden, so stellen sich zunächst folgende Fragen:

– Handelt es sich beim Gemälde um ein Kulturgut i. S. der EG-VO 3911/92?

Wenn das Gemälde den Wert von ECU 150000 überschreitet, so ist die Frage zu bejahen. Im entgegengesetzten Fall unterliegt die Ausfuhr dem internen französischen Recht, also dem Gesetz Nr. 92-1477 vom 31. Dezember 1992. Fällt das Gemälde unter die VO, dann fragt sich, ob es sich

– beim Gemälde um einen nationalen Schatz *(trésor national)* i. S. des französischen Kulturgüterrechts handelt.[85]

Trifft dies nicht zu, dann unterliegt die Ausfuhr dem nationalen Recht Frankreichs.[86] Ist das Gemälde nach französischem Recht ein nationaler Schatz *(trésor national)*, so muss die zuständige französische Behörde die dauernde Ausfuhr des Cézanne-Gemäldes verweigern.[87] Handelt es sich nach Auffassung der zuständigen französischen Behörde beim Cézanne-Gemälde hingegen um keinen nationalen Schatz, dann kann das Kunstwerk das Zollgebiet der EU verlassen unter dem Vorbehalt der Erteilung der Ausfuhrgenehmigung (vgl. Art. 2 Abs. 1).

Kat. 13: Verkehrsmittel, die älter sind als 75 Jahre;
Kat. 14: Sonstige Antiquitäten, die nicht unter die Kat. 1–13 fallen: a) zwischen 50 und 100 Jahre alte Antiquitäten wie Spielzeuge, Spiele, Möbel und Einrichtungsgegenstände, Tapisserie, Waffen, Keramik […]; b) über 100 Jahre alte Antiquitäten.

[84] Abschnitt B zur revidierten VO (EWG) Nr. 3911/92 umfasst folgende Wertgruppen:
Wertgruppe ECU 0: Archäologische Gegenstände, Aufteilung von Denkmälern, Wiegendrucke und Handschriften, Archive;
Wertgruppe ECU 15000: Mosaike und Zeichnungen, Radierungen, Fotografien, gedruckte Landkarten;
Wertgruppe ECU 30000: Aquarelle, Gouachen, Pastelle;
Wertgruppe ECU 50000: Bildhauerkunst, Bücher, Sammlungen, Verkehrsmittel, sonstige Gegenstände;
Wertgruppe ECU 150000: Bilder.

[85] Vgl. Art. 4 L. n° 92-1477; zu den drei Arten von *trésors nationaux* vgl. hinten § 30 B II 1.

[86] Vgl. Art. 2 Abs. 2 Unterabsatz 3 VO (EWG) 3911/92.

[87] Vgl. Art. 7 Abs. 1 i. V. m. Art. 4 L. n° 92-1477; nach Art. 10 L. n° 92-1477 i. V. m. Art. 12 D. n° 93-124 ist eine vorübergehende Ausfuhr von nationalen Kulturgütern in vier Fällen zulässig.

Diese Ausfuhrgenehmigung wird von der zuständigen Behörde des Mitgliedstaats, in dessen Hoheitsgebiet sich das betreffende Kulturgut ab dem 1. Januar 1993 rechtmässig und endgültig befunden hat,[88] erteilt, oder, nach dem 1. Januar 1993, von einer zuständigen Behörde des Mitgliedstaats, in dessen Hoheitsgebiet es sich nach rechtmässiger und endgültiger Verbringung aus einem anderen Mitgliedstaat oder nach der Einfuhr aus einem Drittland oder der Wiedereinfuhr aus einem Drittland nach rechtmässiger Verbringung aus einem Mitgliedstaat in dieses Land befindet.[89]

Die erteilte Ausfuhrgenehmigung ist in der gesamten EU (Art. 2 Abs. 3) und für längstens zwölf Monate ab dem Ausstellungsdatum gültig [Art. 9 Abs. 1 VO (EWG) 752/93]. Dies ist dann von Bedeutung, wenn es von nationalem Interesse für das EU-Transitland wäre. Somit kann ein EU-Transitland seinerseits die Ausfuhr aus seinem Staatsgebiet nicht verweigern.

Soll das Kulturgut nur vorübergehend das Zollgebiet der EU verlassen, so kann die zuständige Behörde die Wiedereinfuhr für das Kulturgut in den Mitgliedstaat der Ausfuhr befristen [Art. 9 Abs. 2 VO (EWG) 752/93].

Die Ausfuhr kann verweigert werden, wenn die betreffenden Kulturgüter unter eine Rechtsvorschrift zum Schutz nationalen Kulturguts von künstlerischem, historischem oder archäologischem Wert in dem betreffenden Mitgliedstaat fallen.[90]

C. Zwischenergebnis

Die von der EU seit dem Jahre 1992 erlassenen Vorschriften zum Kulturgüterschutz stellen keine abschliessende Gemeinschaftsregelung dar. Die VO (EWG) Nr. 3911/92 betrifft lediglich den Warenverkehr mit Nicht-Mitgliedstaaten, um den Schutz von Kulturgut zu gewährleisten. Die nationalen Kulturgüterschutzgesetze sind dadurch weitgehend unberührt.[91] Die VO 3911/92 stellt also nicht sicher, dass vereinheitlichte Exportverbote in Drittstaaten honoriert werden. Das ist nur dann der Fall, wenn im Ausland Importverbote für nicht oder falsch deklarierte oder gestohlene Kulturgüter bestehen. Die Verordnung zieht also nur eine notwendige Konsequenz aus der europäischen nationalen Kulturpolitik. Sie will verhindern, dass nationale Exportverbote durch Verschieben der Kunst-

---

[88] Art. 2 Abs. 2 Unterabsatz 1, 1. Gedankenstrich VO (EWG) 3911/92.

[89] Art. 2 Abs. 2 Unterabsatz 1, 2. Gedankenstrich VO (EWG) 3911/92.

[90] Art. 2 Abs. 2 Unterabsatz 3 VO (EWG) 3911/92.

[91] Vgl. *Schwarze,* 113.

werke in liberale EU-Mitgliedstaaten wirkungslos bleiben. Im Ergebnis werden also durch die Verordnung auch die Zuständigkeiten für eine Genehmigung zum Export in Drittländer „europäisiert“[92].

§ 28 Auswirkungen von EG-Kulturgüterrecht auf die Schweiz

Da die Schweiz weder Mitglied der EU ist noch zum EWR gehört, kann ein Mitgliedstaat der EU sein illegal exportiertes Kulturgut, welches sich in der Schweiz befindet, nicht gestützt auf die RL 93/7 zurückverlangen. Die Schweiz hat auch die UNIDROIT-Konvention 1995 nicht ratifiziert, so dass eine Klage gestützt auf diesen Staatsvertrag erfolglos ist. Das bedeutet aber nicht, dass diese europäischen und ausländischen Normen im Inland nicht zu beachten wären. Sie entfalten vielmehr dann ihre Wirkungen in der Schweiz, wenn das schweizerische IPRG auf sie verweist oder wenn das anwendbare schweizerische materielle Recht gewisse sachenrechtliche Wirkungen mit Sanktionen versieht.[93]

A. Herausgabeansprüche

I. Staat als Kläger

Der ausländische Staat, aus dem ein Kulturgut stammt (Herkunftsstaat), kann versuchen, in der Schweiz sein Exportverbot oder sein Eigentum durchzusetzen.

1. Durchsetzung von Exportverboten

Exportverbote gehören zum öffentlichen Recht und geben dem Herkunftsstaat keinen privatrechtlichen Rückgabeanspruch, der nach dem IPRG anzuknüpfen wäre. Auch Art. 19 IPRG über die Berücksichtigung des Rechts von Drittstaaten hilft nicht weiter, weil diese Bestimmung nur neben einem privatrechtlichen Anspruch zur Anwendung kommt. Diese Vorschrift mag also Schmuggelverträge wegen Verstosses gegen ausländische Exportverbote für ungültig erklären,[94] bietet aber keine Gewähr für öffentlich-rechtliche Rückgabeansprüche. Einige Staaten haben bereits verschiedentlich versucht, Verstösse gegen ihre Exportkontrollgesetze im Ausland durchzusetzen, jedoch ohne Erfolg.[95]

---

[92] *Siehr* Die Richtlinie, 227.

[93] *Siehr* Europäisches Recht, 965.

[94] So z. B. bezüglich der Versicherung geschmuggelter nigerianischer Kunstwerke: BGH 22. 6. 1972 (Nigeria), BGHZ 59, 82.

[95] So konnte beispielsweise George Ortiz die von anderen Personen aus Neuseeland geschmuggelten Maori-Schnitzereien, die der Generalstaatsanwalt von Neuseeland in London

2. Klage auf Herausgabe des Eigentums

Klagt der Herkunftsstaat im Ausland auf Herausgabe seines Eigentums, so hat dieser den Erwerb seines Eigentums zu beweisen.[96] Der Staat kann auf drei Arten das herauszuklagende Kulturgut erworben haben: originär bei archäologischen Funden, durch Verfall wegen Verstosses gegen öffentlich-rechtliche Verbote oder derivativ von einem Rechtsvorgänger.

Im Folgenden wird nur die Herausgabe geschmuggelten und nicht gestohlenen Kulturguts behandelt, denn nur insoweit könnte das EG-Kulturgüterrecht auf die Schweiz ausstrahlen.

a) Herkunftsstaat ist Eigentümer

Ist der Staat Eigentümer des geschmuggelten Kulturguts, so kann er die Sache herausverlangen,[97] solange er das Eigentum nicht durch Verkauf im Importstaat verloren hat.[98] Ein Eigentumsverlust durch gutgläubigen Erwerb im Ausland kann selbst bei Kulturgütern geschehen, die im Herkunftsstaat als Teil des *domaine public* oder *demanio pubblico* unveräusserlich sind. Sogar diejenigen Staaten, denen die Rechtsfigur einer *res extra commercium* bekannt ist, erkennen ausländische Normen desselben Inhalts nicht an und wenden mechanisch die *lex rei sitae* auf eine inländische Veräusserung ausländischer Kulturgüter an: Da die inländische *lex rei sitae* ausländische Kulturgüter nicht für unveräusserlich erklärt, sind sie im Inland Handelsgut und können veräussert sowie gutgläubig erworben werden.[99]

---

als Schmuggelgut herausverlangte, in London zur Versteigerung bringen; vgl. Attorney General of New Zealand v. Ortiz and others, 2 W.L.R. (Q.B.) 10; [1984] 1 A.C. 1 (C.A., H.L.). – Dem Königreich Spanien gelang es nicht, ein aus Spanien geschmuggeltes Gemälde von Francisco de Goya (1746–1828) in England herauszuklagen; vgl. Kingdom of Spain v. Christie, Manson & Woods Ltd., [1986] 1 W.L.R. 1120 (Ch.D.) und hierzu hinten § 34 D. Vgl. auch Trib. civ. de la Seine 17.4.1885 (Duc de Frias c. Baron Pichon), Clunet 13 (1886) 593 und hierzu hinten § 34 A.

[96] Der Eigentumsbeweis ist oft nur schwer zu erbringen; vgl. dazu die Fallbeispiele aus der US-amerikanischen Rechtsprechung bei *Weber* Archäologische Objekte, 248–262.

[97] OLG Schleswig-Holstein 10.2.1989 (antike griechische Münzen), NJW 1989, 3105 = IPRspr. 1989 Nr. 75.

[98] Dies war der Fall im Rechtsstreit Contessini; vgl. Corte di cassazione, sez. I, 24.11.1995, n. 12166 (Stato francese – Ministero dei beni culturali c. De Contessini e altri), Foro it. 1996, I, 1, 907 = Riv.dir.int. 80 (1997) 515 = Riv.dir.int.priv.proc. 33 (1997) 427; vgl. dazu hinten § 33 E.

[99] So geschehen bereits im 19. Jh. zwischen Spanien und Frankreich; vgl. Trib. civ. de la Seine 17.4.1885 (Duc de Frias c. Baron Pichon), Clunet 13 (1886) 593 u. hierzu hinten § 34 A. Frankreich musste sich im Fall Contessini dasselbe entgegenhalten lassen, da Italien den gutgläubigen Erwerb in Italien von den nach französischem Recht unveräusserlichen Tapisserien als Teil des *domaine public* honorierte.

b) Exportverbot

Häufig verbietet der Staat den Export von gewissen Kulturgütern. Die illegale Ausfuhr ist meistens eine strafbare Handlung und kann zum Verfall *(forfeiture, confiscation, confisca)* der geschmuggelten Kulturgüter an den Staat führen. Durch Verfall erwirbt der Staat Eigentum und kann, falls er es geltend macht solange das Kulturgut im Herkunftsstaat belegen ist,[100] vindizieren.

II. Private als Kläger

Private haben bisher noch nicht versucht, auf Herausgabe geschmuggelter Kulturgüter im Ausland zu klagen. In Frankreich z. B. sind nicht angezeigte Veräusserungen geschützter Kulturgüter *(monuments historiques)* nichtig.[101] Da Frankreich – wie fast alle anderen Länder auch – dem Grundsatz der kausalen Eigentumsübertragung folgt, hat der Eigentümer sein Eigentum nicht verloren und könnte sein Kulturgut im Ausland herausverlangen.

B. Haftungsansprüche

I. Rechtsbeziehungen eines Kunsthändlers

Ein Kunsthändler, der eingelieferte Objekte verkauft, wird bei der Veräusserung dieser Objekte entweder in eigenem Namen tätig oder im Namen des Einlieferers. Ob er in eigenem Namen als indirekter Stellvertreter handelt oder als unmittelbarer Stellvertreter des Einlieferers, richtet sich allein nach seinem tatsächlichen Auftreten gegenüber den Käufern. Wer die Einlieferer der verkauften Objekte nicht nennt, aber – wie so häufig – im Katalog vermerkt, er handle in fremdem Namen, ist trotzdem selbst Verkäufer und handelt in eigenem Namen.[102] Etwas anderes gälte nur dann, wenn es den Parteien nicht darauf ankäme, wer ihre Vertragspartei ist.[103] Eine solche Gleichgültigkeit, wie sie bei Bargeschäften des täglichen Lebens vorkommt (Art. 31 Abs. 2 OR), ist aber gerade im Kunsthandel zumindest auf Seiten der Käufer nicht anzunehmen. Die besagten Katalogangaben über die angeblich direkte Stellvertretung sind wegen der fehlenden Offenkundigkeit rechtlich falsch und widersprechen teilweise dem Selbstverständnis der

---

[100] Im Fall Attorney General of New Zealand v. Ortiz and others (Fn. 95) wurde das neuseeländische Verfallsrecht zu spät geltend gemacht.

[101] Vgl. Art. 20 Abs. 1 L. 31. 12. 1913. Missverständlich *Siehr* Europäisches Recht, 966, mit dem Hinweis auf die Nichtigkeit von Verkäufen geschützter Kulturgüter ins Ausland ohne staatliche Export- oder Verbringungsverbote. Die genannte Vorschrift regelt aber nur die Rechtsfolge nicht angezeigter Veräusserungen (Art. 19) und nicht die Rechtsfolge einer nicht genehmigten Ausfuhr.

[102] *Siehr* Europäisches Recht, 966.

[103] Missverständlich daher *Gauch/Schluep/Schmid/Rey,* Rn. 1332.

Galerien, die gerade damit werben, dass sie besonders gut seien, es also weder einem Einlieferer noch einem Käufer gleichgültig sein sollte, mit wem sie kontrahieren.[104] Im Folgenden ist deshalb von dem häufigeren Fall auszugehen, dass der Kunsthändler für den Einlieferer als Kommissionär handelt (Art. 425ff. OR) und im Verhältnis zum Käufer als Verkäufer im eigenen Namen, aber für fremde Rechnung.

II. Haftung des Verkäufers gegenüber dem Käufer

Es ist von folgender Situation auszugehen: Ein Kunsthändler in der Schweiz verkauft an einen Käufer mit Wohnsitz in der EU ein Kunstwerk, das aus einem EU-Mitgliedstaat nach dem 1. Januar 1993 unrechtmässig verbracht worden ist. In seinem Wohnsitzstaat wird der Käufer vom betroffenen EU-Mitgliedstaat auf Rückgabe des gekauften Kunstwerks verklagt; denn die Richtlinie 93/7 setzt nicht voraus, dass es der Beklagte sein muss, der das Kunstwerk unrechtmässig verbracht hat. Es genügt die blosse Tatsache, dass das Kunstwerk ohne Verbringungsgenehmigung einen Herkunftsstaat der EU verlassen hat und sich nun in einem anderen EU-Mitgliedstaat befindet.

Gemäss Art. 192 OR garantiert der Verkäufer dem Käufer den unbestrittenen Besitz an der Sache. Diese Pflicht wird verletzt, wenn der Käufer – auch ohne das Eigentum aufgeben zu müssen – das Kunstwerk in den Herkunftsstaat zurückführen muss, sich also des Besitzes in seinem Wohnsitzstaat nicht erfreuen darf. Eine solche Situation lag dem Fall *Jeanneret v. Vichey*[105] zugrunde. Die Käuferin wollte den Kauf eines aus Italien geschmuggelten Gemäldes rückgängig machen, weil ihr die italienischen Behörden der unerlaubte Besitz italienischen Kulturguts vorwarfen.[106]

Zum selben Ergebnis kommt man nach schweizerischem Recht (Art. 192 Abs. 1 OR). Es stellt sich also die Frage, ob ein Verkäufer seine Garantie für ruhigen Besitz *(quiet possession)* ausschliessen darf. Dies ist wohl zu verneinen. Denn im Ergebnis bedeutet ein Haftungsausschluss, dass man einem Käufer das Wesentliche eines Kaufvertrags nicht verschafft, nämlich den Besitz. Gemäss Art. 192 Abs. 3 OR *e contrario* ist allerdings ein solcher individuell vereinbarter Haftungsausschluss gültig, wenn der Verkäufer das Recht des Dritten nicht absichtlich verschwiegen hat. Dies kann wohl auch in allgemeinen Geschäfts- oder Ver-

---

[104] *Siehr* Europäisches Recht, 966.

[105] Jeanneret v. Vichey, 541 F. Supp. 80 (S.D.N.Y. 1982), *reversed and remanded* 693 F.2d 259 (2d Cir. 1982; s. hierzu hinten § 31 B I.

[106] Da das Bundesberufungsgericht zum Schluss kam, nur ein rechtlich bestehender und nicht ein lediglich behaupteter Anspruch Italiens begründe eine Verkäuferhaftung, wurde die Sache an die untere Instanz zurückgewiesen, um abzuklären, ob das Matisse-Gemälde wirklich unter die italienischen Exportbestimmungen der damals noch geltenden L. 1939/1089 falle.

steigerungsbedingungen geschehen. Ein solcher Haftungsausschluss sollte jedoch begleitet sein von einer Versicherung gegen Besitzentzug, entweder genommen vom Verkäufer als Haftpflichtversicherung oder vom Käufer als Schadensversicherung.[107]

III. Verhältnis zwischen Galerie und Einlieferer

1. Haftung des Einlieferers

Wenn eine Galerie als Verkäuferin dem Käufer für den Verlust des Besitzes an der verkauften Sache haftet, wird die Galerie gegen den Einlieferer Rückgriff nehmen. Die Galerie ist nämlich selbst als Verkäuferin in Kommission des Einlieferers tätig und muss deshalb entscheiden, wann ein Haftungsfall vorliegt. Gibt sie das Kaufgeld zurück oder zahlt Schadenersatz, hat die Galerie Rückgriffsansprüche nach Art. 425 Abs. 2 und Art. 402 OR, und zwar auch dann, wenn der Einlieferer nichts von der dubiosen Herkunft der geschmuggelten Sache wusste; denn Verwendungen müssen ersetzt werden, wenn sie bei Ausführung der Kommission oder deren Rückabwicklung anfallen. Die Risiken, die mit der Beschaffenheit der eingelieferten Sache zusammenhängen, trägt also der Einlieferer.[108]

2. Haftung der Galerie

Verlangt die Galerie Ersatz ihrer Aufwendungen vom Einlieferer, wird dieser versuchen, Gegenansprüche anzumelden. Der Einlieferer wird geltend machen, die Galerie habe mit der Rückabwicklung des Verkaufs wegen staatlicher Rückführungsansprüche diese anerkannt und damit den Wert des Objekts vermindert. Zudem wird der Galerie vorgeworfen werden, sie habe das staatliche Rückführungsrecht bestreiten müssen und nicht vorschnell den Kaufpreis zurückzahlen dürfen. Allerdings hat die Galerie nach der Auslieferung des verkauften Objekts an den Käufer keinen Einfluss darauf, dass die Sache beim Käufer beschlagnahmt und zur Rückführung sichergestellt wird. Im Übrigen ist es eine Frage des Kommissionsvertrags, ob die Galerie dadurch Pflichten als Kommissionär verletzte, dass sie dem enttäuschten Käufer den Kaufpreis zurückzahlte. Anwendbares Recht auf den Kommissionsvertrag ist nach Art. 117 Abs. 2 IPRG das Recht am Sitz der Galerie, da bei gewerblichen Einlieferern die Galerie die charakteristische Leistung erbringt.[109]

Die Galerie muss sich also vor Gewährleistungsansprüchen schützen, aber auch vor Klage des Einlieferers. Deshalb sollte die Galerie den Einlieferer von einem

---

[107] *Siehr* Europäisches Recht, 967 m. w. H.

[108] *Siehr* Europäisches Recht, 968.

[109] Vgl. dazu *Siehr* Europäisches Recht, 969.

bekannt gewordenen Rückführungsanspruch unterrichten und vom Einlieferer Weisungen einholen. Ohne Offenlegung dieser Gefahr gegenüber Erwerbern sollte die Galerie nicht verkaufen. Der Einlieferer muss also entscheiden, ob er unter diesen Umständen die Kommission aufrecht erhalten will oder lieber das Objekt zurückziehen möchte. Ist der Einlieferer ein Privatsammler, so kann er seine Ansprüche in seinem Wohnsitzstaat gegen die Galerie mit Sitz oder Niederlassung in einem Vertragsstaat von GVÜ oder LugÜ geltend machen (Art. 14 Abs. 1, Art. 13 Abs. 1 Nr. 3 GVÜ/LugÜ).

IV. Haftung des Entleihers

Nicht überall gibt es Gesetze, die ausländischen Leihgaben die Immunität gegen Rückführungsansprüche gewähren.[110] Ein Entleiher muss deshalb damit rechnen, dass ein EU-Mitgliedstaat von ihm die entliehenen Kunstwerke zurückfordert. Diesem Anspruch lässt sich nicht entgegenhalten, man sei nur Entleiher, unselbstständiger Besitzer und sei vertraglich gebunden, die Sache dem Verleiher zurückzugeben. Der Entleiher macht sich trotzdem nicht schadenersatzpflichtig; denn dass die Sache in einen EU-Mitgliedstaat rückgeführt werden muss, ist nicht seine Schuld, sondern beruht auf der Tatsache, dass die Sache des Verleihers diesen Mangel hat und mit diesem ins Ausland verliehen wurde. Es handelt sich um eine vom Entleiher nicht zu vertretende Unmöglichkeit der Rückgabe (Art. 119 Abs. 1 OR).

C. Zwischenergebnis

Es ist heute fast unmöglich, ohne entsprechende Gesetze oder Konventionen geschmuggelte (nicht gestohlene) Kulturgüter im Ausland zurückzubekommen. Bezüglich der Schweiz als Nicht-Mitgliedstaat der EU kann folgender Schluss gezogen werden: Der Erwerber einer illegal verbrachten Sache wird sich an den Veräusserer wenden und ihn dafür haftbar machen, dass er die Sache in den Herkunftsstaat zurückführen muss oder bei einem Verkauf an diesen Staat nur eine angemessene Entschädigung erhält. In diesen Fällen liegt ein Rechtsmangel vor, für den der Verkäufer haftet, wenn er sich nicht rechtswirksam von dieser Haftung freizeichnet.

---

[110] Vgl. *Siehr* Europäisches Recht, 969, Fn. 52 mit Angaben zum US-amerikanischen Recht.

§ 29 Deutschland

A. Historisches

I. Ländergesetze[111]

1. Hessen-Darmstadt

Am 16. Juli 1902 wurde im Grossherzogtum Hessen-Darmstadt das erste[112] deutsche Denkmalschutzgesetz erlassen.[113] Die Veräusserung von beweglichen Gegenständen und Urkunden, „deren Erhaltung wegen ihrer Bedeutung für die Geschichte, insbesondere für die Kunstgeschichte im öffentlichen Interesse liegt (bewegliche Denkmäler), soweit diese Gegenstände sich im Besitze von Gemeinden, Kirchen, Religionsgemeinden oder öffentlichen Stiftungen befinden" bedurfte der Genehmigung (Art. 3 Abs. 1 i. V. m. Art. 1). Im Unterschied zu den für die öffentlichen und privaten Baudenkmäler und ihre Umgebung geltenden Regelungen wagte der Gesetzgeber eine Ausdehnung des gesetzlichen Schutzes auf die sich in Privateigentum befindlichen beweglichen Denkmäler noch nicht. Aus diesem Grund fehlten offensichtlich Exportvorschriften.

2. Oldenburg

Neun Jahre später wurde das Denkmalschutzgesetz für das Grossherzogtum Oldenburg vom 18. Mai 1911[114] erlassen. Dieses Gesetz lehnte sich inhaltlich eng an das hessische Denkmalschutzgesetz vom 16. Juli 1902 an. Die beweglichen Denkmäler und Urkunden waren – in Abweichung zum hessischen Denkmalschutzgesetz – auch dann geschützt, wenn ein Privater Eigentümer war (§ 1 Nr. 5 i. V. m. § 13). Diese Güter wurden geschützt, wenn deren Erhaltung wegen ihrer Bedeutung für die Geschichte, insbesondere die Kunst-, Kultur- und Naturgeschichte des Grossherzogtums Oldenburg im öffentlichen Interesse lag. Das Gesetz fand aber keine Anwendung auf Denkmäler in öffentlichem Eigentum (§ 28).

Voraussetzung für den Schutz war die Eintragung der Gegenstände in eine von den Denkmalschutzbehörden geführte Denkmalliste (§ 1 Abs. 2). Die Ausfuhr von eingetragenen Denkmälern aus dem Grossherzogtum bedurfte einer Genehmigung (§ 13 Abs. 1). Diese durfte nicht versagt werden, wenn das Denkmal

---

[111] Die nachfolgenden Denkmalschutzgesetze sollen nur als Beispiele gelten. Die Aufzählung ist keineswegs abschliessend.

[112] *Schmidt*, 115; *Hammer* Die geschichtliche, 151.

[113] Gesetz, den Denkmalschutz betreffend, vom 16. 7. 1902; vgl. hierzu *Hammer* Die geschichtliche, 151–153; *Siebertz*, 63f.

[114] Denkmalschutzgesetz für das Grossherzogtum Oldenburg vom 18. 5. 1911; vgl. hierzu *Hammer* Die geschichtliche, 153f.

durch Erbgang an einen ausserhalb des Grossherzogtums wohnenden Erben gefallen war oder wenn es sich um ein Denkmal handelte, das schon seit längerer Zeit im Besitz des Verfügungsberechtigten oder dessen Familie befand, und der Verfügungsberechtigte seinen Wohnsitz im Grossherzogtum aufgab (§ 13 Abs. 2).

II. Weimarer Republik

1. Art. 150 WRV

Nach Art. 150 Abs. 2 der Verfassung des Deutschen Reichs vom 11. August 1919 war es erstmals Sache des Reichs, „die Abwanderung deutschen Kunstbesitzes in das Ausland zu verhüten."[115] Die ausschliessliche Gesetzgebungskompetenz nach Art. 150 Abs. 2 WRV macht deutlich, dass der damalige Verfassungsgeber den Bereich der Abwanderung von Kulturgut ins Ausland nicht bereits mit der ausschliesslichen Reichsgesetzgebung nach Art. 6 Nr. 6 WRV (Zollwesen, Einheit des Handelsgebiets, Freizügigkeit des Warenverkehrs) abgedeckt sah.[116]

Im Vergleich zur konkurrierenden Gesetzgebungskompetenz des Reichs nach Art. 150 Abs. 1 WRV,[117] wonach die Gesetzgebung zum Denkmalschutz den Ländern zusteht, bedeutete die Sonderregelung des Art. 150 Abs. 2 WRV eine doppelte Einschränkung; denn einerseits war das Schutzobjekt nur der bewegliche Kunstbesitz und andererseits beschränkte sich der Schutzzweck auf den Schutz vor Abwanderung ins Ausland. Der Handelsverkehr innerhalb der Reichsgrenzen, die nach Art. 82 Abs. 1 WRV zugleich Zollgrenzen waren, fiel nicht unter den Schutzzweck.

2. Abwanderungsschutz

a) Verordnung über die Ausfuhr von Kunstwerken vom 11.12.1919

Erst im dritten Anlauf gelang es, die auf das Gesetz über eine vereinfachte Form der Gesetzgebung für die Zwecke der Übergangswirtschaft vom 17. April 1919[118] gestützte Verordnung der Reichsregierung über die Ausfuhr von Kunstwerken vom 11. Dezember 1919[119] zu verabschieden. Die Verordnung ermöglichte erstmals

---

[115] Vgl. dazu *Hensel,* 360, Fn. 51 m.w.H.

[116] *Hönes* Kommentar, 6.

[117] Zur Streitfrage vgl. *Hammer* Die geschichtliche, 201, Fn. 84 m.w.H.

[118] Gesetz über eine vereinfachte Form der Gesetzgebung für die Zwecke der Übergangswirtschaft vom 17.4.1919.

[119] Verordnung über die Ausfuhr von Kunstwerken vom 11.12.1919; Ausführungsbestimmungen zur Verordnung über die Ausfuhr von Kunstwerken vom 11.12.1919; Ergänzung der Ausführungsbestimmungen zur Verordnung über die Ausfuhr von Kunstwerken vom 27.1.1920 (Verbot der Verbringung von Kunstwerken in den von fremden Mächten besetzten Teilen Deutschlands). Diese gesetzliche Grundlage war notwendig, weil Art. 150 Abs. 2 WRV eine gesetzliche Ermächtigung zur Regelung auf dem Verordnungsweg nicht enthielt.

einen reichseinheitlichen Abwanderungsschutz von Kunstwerken. Der sachliche Anwendungsbereich der Verordnung beschränkte sich auf eingetragene Gegenstände von besonderer Bedeutung. So war die Ausfuhr von Kunstwerken nach § 1 bewilligungspflichtig, „sobald es in das Verzeichnis der Werke eingetragen ist, deren Verbringung in das Ausland einen wesentlichen Verlust für den nationalen Kunstbesitz bedeuten würde." Die Verordnung richtete sich ausschliesslich an Private. Das private Interesse des Eigentümers hatte sich dem Interesse der Allgemeinheit an der Erhaltung des Kunstwerks unterzuordnen. Eine Abwägung zwischen öffentlichem und privatem Interesse erfolgte nicht,[120] und der Eigentümer eines eingetragenen Kunstwerks war nicht zu entschädigen. Die Eigentumsbeschränkung war Teil der aus Art. 153 Abs. 3 WRV[121] folgenden Sozialbindung des Eigentums und hielt somit der Verfassung stand.[122]

Das Verzeichnis wurde vom Reichsminister des Innern geführt. Die Eintragung erfolgte auf Verlangen der Landeszentralbehörden (§ 2), wirkte konstitutiv, war den Beteiligten unverzüglich mitzuteilen (§ 1 Abs. 1 der Ausführungsbestimmungen) und war endgültig (§ 1 Abs. 2 der Ausführungsbestimmungen).

Über die Erteilung der Ausfuhrgenehmigung entschied der Reichskommissar für Aus- und Einfuhrbewilligungen (§ 3 Abs. 1). Erst im Jahre 1925 trat an seine Stelle der Reichsminister des Innern. Hier wird deutlich, dass die Abwanderung von Kulturgütern zunächst eher als wirtschaftspolitisches und weniger als kulturpolitisches Problem gesehen wurde.[123] Eine Ausfuhrgenehmigung durfte nur erteilt werden, wenn ein vom Reichsminister des Innern zu berufender Ausschuss ihr zustimmte (§ 3 Abs. 1). Dieser Ausschuss bestand aus drei Mitgliedern, von denen jeweils ein Mitglied auf Vorschlag des Reichsbaudirektoriums und der zuständigen Landeszentralbehörde ernannt wurde. Ein weiteres Mitglied war aus dem Kreis der Kunstsachverständigen zu ernennen (§ 3 Abs. 2). Der Ausschuss durfte seine Zustimmung nur erteilen, wenn der „materielle Gewinn" des Reichs den Verlust des Kunstwerks rechtfertigte (§ 3 Abs. 3). Nach § 4 wurde auf Antrag der Reichsbank die Ausfuhrgenehmigung an die Bedingung geknüpft, dass der „Kaufpreis in ausländischer Valuta berichtigt und der Reichsbank das durch den Verkauf entstandene ausländische Guthaben zwecks Verwertung zur Verfügung gestellt wird." Die unrechtmässige Ausfuhr eines Kunstwerks wurde mit Gefängnis oder mit Geldstrafe „bis zur dreifachen Höhe des Wertes des Kunstwerkes" bestraft (§ 6 Abs. 1 Satz 1). Das Kunstwerk konnte zudem eingezogen werden (§ 6 Abs. 1 Satz 2).

---

120 *Schmidt*, 122.

121 Art. 153 Abs. 3 WRV lautet: „Eigentum verpflichtet. Sein Gebrauch soll zugleich Dienst sein für das Gemeine Beste."

122 Vgl. *Schmidt*, 122, wonach auch die „Not der Zeit und die ungünstige finanzielle Lage des Staates" Grund für die entschädigungslose Eintragung waren.

123 *Berndt*, 75.

Die Länderregierungen betrauten Sachverständige mit der Ermittlung und der Prüfung der in Betracht kommenden Kunstwerke. Die Besitzer der Kunstwerke waren verpflichtet, sie den Sachverständigen auf Verlangen zu zeigen, die Prüfung zu gestatten und die erforderlichen Auskünfte zu erteilen (§ 3 der Ausführungsbestimmungen). Die Veräusserung und die Verbringung des eingetragenen Kunstwerks an einen anderen Ort musste dem Reichsministerium des Innern angezeigt werden (§ 4 Abs. 1 der Ausführungsbestimmungen).

Da die Ausfuhr in den besetzten Gebieten nur schwer überwacht werden konnte, wurden die Ausführungsbestimmungen zur Verordnung von 1919 bereits im Jahre 1920 ergänzt.[124] So war es verboten, Kunstwerke, die in das Verzeichnis national wertvoller Kunstwerke eingetragen waren, in die besetzten Gebietsteile Deutschlands zu verbringen.

Der Begriff des national wertvollen Kunstwerks i. S. des § 1 der Verordnung von 1919 bereitete Schwierigkeiten. Die deutsche Lehre war sich darüber einig, dass der Begriff nicht nur im Sinne einer „hauptstädtischen Schätzung und einer hauptstädtischen Museumspolitik" auszulegen sei. National wertvoll sei auch ein Kunstwerk aus der „Provinz" oder an der „Peripherie", das gerade kein Museumsobjekt ersten Ranges darstelle.[125] Ausgeschlossen seien lediglich Kunstwerke von lebenden oder kurz zuvor verstorbenen Künstlern.[126]

Die Verordnung blieb bis zum Inkrafttreten des AbwSchG[127] gültig.

b) Verordnung über den Schutz von Denkmalen und Kunstwerken vom 8. 5. 1920

Die am 8. Mai 1920 erlassene und nur bis zum 31. Dezember 1925 gültige Verordnung zum Schutz von Denkmalen und Kunstwerken[128] verlangte für die Ausfuhr, Veräusserung, Verpfändung und wesentliche Veränderung von beweglichen Gegenständen, die „einen geschichtlichen, wissenschaftlichen oder künstlerischen Wert haben", eine Genehmigung (§ 1 Abs. 1 Satz 1).[129] Anders als die Ver-

---

[124] Vgl. Ergänzung der Ausführungsbestimmungen zur Verordnung über die Ausfuhr von Kunstwerken vom 27. 1. 1920.

[125] *Schmidt,* 121 f.

[126] *Schmidt,* 122, unter Hinweis auf die Begründung des Regierungsentwurfs zur Ausführungsverordnung vom 11. 12. 1919, wonach auf die finanziellen Interessen der Künstler und ihrer Erben Rücksicht genommen worden sei.

[127] Gesetz zum Schutz deutschen Kulturgutes gegen Abwanderung vom 6.8.1955; s. hierzu C.

[128] Verordnung über den Schutz von Denkmalen und Kunstwerken vom 8. 5. 1920, ergangen mit Zustimmung des Reichsrats und des zuständigen Ausschusses der Verfassungsgebenden Deutschen Nationalversammlung auf Grund des Gesetzes über eine vereinfachte Form der Gesetzgebung für die Zwecke der Übergangswirtschaft vom 17. 4. 1919.

[129] Vgl. hierzu § 1 Abs. 1 Verordnung vom 11. 12. 1919 (Fn. 119), wonach die Ausfuhr genehmigungspflichtig war, wenn die Verbringung ins Ausland „einen wesentlichen Verlust für den

ordnung vom 11. Dezember 1919 richtete sich die Verordnung zunächst nicht an Privatpersonen, sondern an „Körperschaften, Anstalten und Stiftungen des öffentlichen Rechts, Familienstiftungen sowie Besitzer und Verwalter von Familienfideikommissen, Lehen, Stammgütern und Hausvermögen“. Die Landeszentralbehörde konnte aber „Vereine und Vereinigungen des Privatrechts und Sammlungen und Büchereien im Eigentume von Privatpersonen, die schon seit längerer Zeit im Gemeingebrauche gewesen sind“, bestimmen und so den Anwendungsbereich der Verordnung auf diese Personen ausdehnen (§ 1 Abs. 3). Die Verordnung erfasste also nicht einzelne Gegenstände, sondern nur öffentliche und quasi-öffentliche[130] Sachgesamtheiten. Da die Schutzgegenstände nicht erst in ein Verzeichnis eingetragen werden mussten, bot die Verordnung einen umfassenderen Abwanderungsschutz als die Ausfuhrverordnung vom 11. Dezember 1919. Der Verstoss gegen die Verordnung wurde mit Gefängnis oder mit einer Geldstrafe bis zu RM 100000 bestraft (§ 4). Der Erlass von Ausführungsbestimmungen war Sache der Länder (vgl. § 2 Abs. 2), die hiervon – wenngleich zögernd – Gebrauch machten.

3. Ländergesetze

Während der Weimarer Republik (1919–1933) hatten die Länder Lippe-Detmold[131], Württemberg[132], Hamburg[133], Mecklenburg-Schwerin[134] und Sachsen[135] Denkmalschutzgesetze erlassen. Das für das Land Braunschweig erlassene Heimatschutzgesetz vom 17. September 1934[136] war nur ein für die nationalsozialistische Ära typisches Ermächtigungsgesetz des Staatsministeriums für die Anordnung von Schutzmassnahmen. Jenes Heimatschutzgesetz blieb mangels einer Entschädigungsregelung rechtlich umstritten.[137]

---

nationalen Kunstbesitz bedeuten würde.“ Vgl. zudem § 1 Abs. 1 der Ausführungsverordnung vom 11. 12. 1919 (Fn. 119), wonach „national wertvolle Kunstwerke“ in das Verzeichnis eingetragen werden.

[130] So die Terminologie von *Berndt*, 77.

[131] Lippisches Heimatschutzgesetz vom 17. 1. 1920; zur Entstehungsgeschichte vgl. *Schmidt*, 118.

[132] Gesetz betreffend den vorläufigen Schutz von Denkmalen und heimatlichem Kunstbesitz vom 14. 5. 1920.

[133] Hamburgisches Denkmal- und Naturschutzgesetz vom 6. 12. 1920.

[134] Denkmalschutzgesetz von Mecklenburg-Schwerin vom 5. 12. 1929.

[135] Sächsisches Gesetz zum Schutze von Kunst-, Kultur- und Naturdenkmalen vom 13. 1. 1934; Ausführungsverordnung zum Gesetz zum Schutze von Kunst-, Kultur- und Naturdenkmalen vom 17. 1. 1934.

[136] Heimatschutzgesetz von Braunschweig vom 17. 9. 1934.

[137] Vgl. dazu *Gassner*, Nr. 090, 17.

III. Kompetenzerweiterung nach dem alten Art. 74 Abs. 1 Nr. 5 GG

Während die Weimarer Reichsverfassung lediglich die Verhütung der Abwanderung deutschen „Kunstbesitzes" in das Ausland als Reichsaufgabe bezeichnete (vgl. Art. 150 Abs. 2), erstreckte der damalige Art. 74 Abs. 1 Nr. 5 GG[138] die Gesetzgebungskompetenz des Bundes auf das Kulturgut schlechthin. Mit der Regelung verfolgte man einen doppelten Zweck:[139] Zunächst sollte die Fortgeltung der reichsrechtlichen Bestimmungen als Bundesrecht gemäss Art. 125 GG ermöglicht und aber auch die Grundlage für eine wirkungsvollere bundeseinheitliche Neuregelung geschaffen werden.

Die in Art. 150 Abs. 2 WRV getroffene Regelung wurde wegen ihrer gegenständlichen Beschränkung auf den Kunstbesitz als zu eng empfunden, um als Kompetenzgrundlage für die geplante Novellierung zu dienen. Mit ihr sollte der Kulturgutschutz nämlich „einerseits auf die bedeutendsten Kulturgüter beschränkt, andererseits über die eigentlichen Kunstwerke hinaus auf anderes besonders wichtiges deutsches Kulturgut (z. B. handgeschriebene Bücher, besonders wertvolle Inkunabeln und Erstausgaben, bedeutsame Sammlungen, geschlossene Bibliotheken und wertvolles Archivgut) ausgedehnt werden."[140]

IV. Denkmalschutzgesetze der Länder nach dem Zweiten Weltkrieg bis 1955

Auch nach dem Zweiten Weltkrieg wurde der Schutz von Kulturgut gegen Abwanderung als regelungsbedürftig angesehen. Dies belegt nicht nur die im Grundgesetz verankerte konkurrierende Gesetzgebungszuständigkeit des Bundes nach Art. 75 Abs. 1 Nr. 6 GG für den Schutz deutschen Kulturguts gegen Abwanderung ins Ausland, von welcher der Bund allerdings erst im Jahre 1955 Gebrauch machte.

Das Badische Denkmalschutzgesetz vom 12. Juli 1949[141] statuierte in § 23 Abs. 1 ein Ausfuhrverbot. Danach durfte nur mit Zustimmung der Oberen Denkmalschutzbehörde ein geschütztes Kulturdenkmal[142] aus dem Lande Baden ausgeführt werden.

Die Befugnisse nach der Verordnung der Reichsregierung über die Ausfuhr von Kunstwerken vom 11. Dezember 1919 wurden in Hessen in einer Verordnung

---

[138] Seit Inkrafttreten des Änderungsgesetzes vom 27. 1. 1994 ist die Bundeskompetenz für den Schutz deutschen Kulturguts gegen Abwanderung ins Ausland neu in Art. 75 Abs. 1 Nr. 6 geregelt.

[139] Vgl. *Doemming/Füsslein/Matz,* 506.

[140] Vgl. *Doemming/Füsslein/Matz,* 506.

[141] Badisches Denkmalschutzgesetz vom 12. 7. 1949.

[142] Zum Begriff vgl. etwa *Hönes* Zum Denkmalschutzrecht, 213; *Moench* Die Entwicklung, 304–307; *Hammer* Die geschützten, 359–364.

vom 22. September 1948[143] neu geregelt. Bayern hat dem Vorbild des Art. 150 Abs. 2 WRV entsprechend in Art. 141 Abs. 2 seiner Verfassung geregelt, dass der Staat, die Gemeinden und die Körperschaften des öffentlichen Rechts die Aufgabe haben, *„die Abwanderung des deutschen Kunstbesitzes ins Ausland zu verhüten."*[144] Folglich wurde in Bayern am 30. Mai 1949 das Gesetz über die Ausfuhr von Kunstwerken[145] erlassen, das unmittelbar auf den bisherigen reichsrechtlichen Vorschriften aufbaut, jedoch von einem Länderverzeichnis ausgeht, das entsprechend durch die Länderverzeichnisse der anderen Länder ergänzt werden soll.

Die Bemühungen von Hessen und Bayern zeigen, dass man zumindest der ursprünglich reichsrechtlichen Regelung wieder Geltung verschaffen und den Abwanderungsschutz möglichst wirksam machen wollte. Schliesslich sollten die trotz der Folgen der Kriegsereignisse noch verbliebenen Kunstwerke weiterhin für die Allgemeinheit und die künftigen Generationen erhalten bleiben.[146]

B. Länder

Die Mehrheit der Länderdenkmalschutzgesetze verlangen für das Verbringen von eingetragenem beweglichem Kulturgut „an einen anderen Ort" oder „aus einer Umgebung" der Genehmigung.[147]

Die Ländergesetzgeber wollten aus denkmalpflegerischen Gründen verhindern, dass ein eingetragenes Denkmal in ein anderes Bundesland gelangt.[148] Diese Genehmigungs- bzw. Erlaubnispflichten der Länderdenkmalschutzgesetze kommen also auch im Falle der Ausfuhr aus dem Bundesgebiet zur Anwendung;[149] denn der Bund ist nicht kompetent, die Abwanderung eines geschützten Kulturguts aus einem Bundesland in ein anderes Bundesland innerhalb des Geltungsbereichs des Grundgesetzes zu verbieten.[150] Die Ländergesetze stellen daher im Vergleich zum Abwanderungsschutzgesetz des Bundes von 1955 das umfassendere und damit effektivere Sicherungsinstrument dar.[151]

---

[143] Verordnung über die Befugnisse nach der Verordnung der Reichsregierung über die Ausfuhr von Kunstwerken vom 11. 12. 1919, vom 22. 9. 1948.

[144] Verfassung des Freistaates Bayern vom 2. 12. 1946, zuletzt geändert durch Gesetz vom 27. 10. 1995; auszugsweise abgedr. bei *Stich/Burhenne,* Nr. 220, 5f.

[145] Bayerisches Gesetz über die Ausfuhr von Kunstwerken vom 30. 5. 1949.

[146] *Hönes* Kommentar, 11.

[147] Vgl. dazu vorne § 6 C I.

[148] *Berndt,* 99.

[149] *Pieroth/Kampmann,* 1386 bei Ziff. 2.

[150] *Hönes* Kommentar, 9; *Ders.* Das Gesetz, 42.

[151] *Hönes* Das Gesetz, 42; *Berndt,* 100.

C. Bund: Abwanderungsschutzgesetz vom 6.8.1955

Das Kulturgutsicherungsgesetz (KultgutSiG) vom 15. Oktober 1998[152] revidierte zum einen das Abwanderungsschutzgesetz (AbwSchG) vom 6. August 1955[153], und zum anderen setzte es die RL 93/7 in nationales Recht um.[154] Im ersten Fall spricht man von KultgSchGÄndG, im zweiten von KultGüRückG. Das AbwSchG ist also nach wie vor gültig.

I. Anwendungsbereich

Das AbwSchG in seiner seit dem 22. Oktober 1998 geltenden und am 8. Juli 1999 bekannt gemachten Neufassung[155] versucht, die Ausfuhr von Kunstwerken und anderem Kulturgut sowie Archivalien zu verhindern, soweit das Kultur- oder Archivgut „einen wesentlichen Verlust für den deutschen Kulturbesitz bedeuten würde" (§ 1 Abs. 1 i.V.m. § 10 Abs. 1).[156] Angeknüpft wird an die Eintragung bzw. die Einleitung des Eintragungsverfahrens in die „Verzeichnisse national wertvollen Kulturgutes und national wertvoller Archive" (vgl. § 4 Abs. 1).[157] Die Ausfuhr eingetragener Objekte bedarf der Genehmigung (§ 1 Abs. 4 Satz 1, § 10 Abs. 1 Satz 2). Die Eintragung bedeutet nicht, dass die Ausfuhr von vornherein unzulässig ist, es gilt somit das Prinzip des Ausfuhrverbots mit Erlaubnisvorbehalt.[158]

Ein denkmalrechtlicher Substanzschutz sowie ein Schutz zum Verbleib am originalen oder sonst als legitim angesehenen Ort in der Bundesrepublik kann das Gesetz jedoch nicht regeln. Hier sind die Länder nach Art. 70 Abs. 1 GG zuständig.

---

152 Gesetz zur Umsetzung von Richtlinien der Europäischen Gemeinschaften über die Rückgabe von unrechtmässig aus dem Hoheitsgebiet eines Mitgliedstaates verbrachten Kulturgütern und zur Änderung des Gesetzes zum Schutz deutschen Kulturgutes gegen Abwanderung vom 15. 10. 1998.

153 Gesetz zum Schutz deutschen Kulturgutes gegen Abwanderung vom 6. 8. 1955.

154 Das AbwSchG wurde um § 4 Abs. 2, § 19 Abs. 2 u. § 20 ergänzt; gestrichen wurden § 22 Abs. 1 u. 2 sowie §§ 23 f.

155 Bekanntmachung der Neufassung des Gesetzes zum Schutz deutschen Kulturgutes gegen Abwanderung vom 8. 7. 1999.

156 M.E. wäre es sinnvoll, die Unterscheidung von Kulturgut und Archivgut in § 1 und § 10 AbwSchG aufzugeben und das Archivgut unter Kulturgüter nach § 1 AbwSchG zu subsumieren. Eine Zusammenfassung dieser beiden Begriffe würde zur Vereinheitlichung und damit zur Vereinfachung der Terminologie führen; gl. M. *Bila*, 219.

157 Zur Eintragung vgl. hinten III.

158 So *Uhl*, 64 m. H. auf die Lit. in Fn. 203; ebenso *Berndt*, 91; a. A. *Mussgnug* Europäischer, 23, wonach das AbwSchG auf dem Prinzip der „Erlaubnis mit Verbotsvorbehalt" beruhe.

1. Privateigentum

Das AbwSchG regelt nur die Ausfuhr von national wertvollem Kultur- und Archivgut, welches sich in Privateigentum befindet.[159]

2. Öffentliches Eigentum

Nach § 18 findet das AbwSchG auf national wertvollen Kultur- und Archivguts in öffentlichem Eigentum keine Anwendung, soweit zu dessen Veräusserung nur oberste Bundes- oder Landesbehörden befugt sind oder nach besonderen gesetzlichen Vorschriften die Genehmigung einer aufsichtsführenden Stelle der öffentlichen Verwaltung erforderlich ist. Handelt es sich hingegen um Kulturgut im Eigentum eines nichtstaatlichen Verwaltungsträgers oder liegt bei den staatlichen Verwaltungsträgern die Veräusserungsbefugnis unter der Ministerialebene, kann die veräusserungsbefugte Behörde wie eine Privatperson handeln, d. h. es kann ein Eintragungsverfahren durchgeführt werden.[160] Andererseits ist das Gesetz nicht anwendbar auf alle Kulturgüter, für deren Veräusserung nach besonderen gesetzlichen Vorschriften die Genehmigung einer aufsichtsführenden Stelle der öffentlichen Verwaltung erforderlich ist. Mit diesem Ausnahmetatbestand wird auf die kommunalrechtlichen Genehmigungsvorbehalte für die Veräusserung von Vermögen Bezug genommen, die in fast allen Bundesländern auch solche Gegenstände erfassen, die einen besonderen wissenschaftlichen, historischen oder künstlerischen Wert haben.[161] Dieser Ausschluss von öffentlichem Kulturgut hat Konsequenzen bei einer Klage Deutschlands in einem anderen EU-Mitgliedstaat auf Rückgabe öffentlichen Kulturguts; denn § 1 KultGüRückG i. V. m. § 18 AbwSchG schliesst das öffentliche Kulturgut vom Rückgabeanspruch der RL 93/7 aus.[162] Es ist zweifelhaft, ob die Gerichte der anderen EU-Mitgliedstaaten im Falle einer Klage der Bundesrepublik Deutschlands auf Herausgabe eines öffentlichen Kulturguts eine Ausfuhr ohne staatliche Genehmigung als unrechtmässige Verbringung i. S. der RL 93/7 ansehen werden, wenn kein Ausfuhrverbot nach dem KultGüRückG und dem AbwSchG besteht. Denn eine solche „staatliche Veräusserungsgenehmigung" ergeht nicht auf Grund spezieller Rechtsvorschriften zum Kulturgutschutz, wie dies Art. 1 Nr. 2, 1. GS RL 93/7 voraussetzt.[163]

Nach § 19 Abs. 1 AbwSchG findet das Gesetz darüber hinaus keine Anwendung auf Kultur- und Archivgut, das im Eigentum der Kirchen oder einer anderen

---

[159] Die Bundeskompetenz nach Art. 75 Abs. 1 Nr. 6 GG wurde folglich nicht ausgeschöpft; vgl. dazu *Maunz*, Rn. 100, Fn. 216 m. w. H., u. 101, 54.

[160] *Pieroth/Kampmann*, 1387 bei Ziff. 2.

[161] Vgl. dazu *Hönes* Das Gesetz, 40 m. w. H.

[162] *Mussgnug* Überlegungen, 1236f.

[163] *Hipp*, 354f.

Religionsgemeinschaft steht, soweit diese den Kulturgutschutz durch eigene öffentlich-rechtliche Vorschriften sicherstellen. Allerdings muss vor der Entscheidung über die Veräusserungsgenehmigung eine sachverständige Stelle unter den Gesichtspunkten des AbwSchG gehört werden.[164]

Der durch Art. 2 Abs. 2 KultgutSiG vom 15. Oktober 1998 angefügte Abs. 2 von § 19 bestimmt in Satz 1, dass die Kirchen und die als Körperschaften des öffentlichen Rechts anerkannten Religionsgemeinschaften die in ihrem Eigentum stehenden Kunstwerke und anderes Kulturgut zur Aufnahme in das „Verzeichnis national wertvollen Kulturgutes" anmelden können.[165]

II. Schutzobjekt

1. Kriterienkatalog

In den ersten Jahren nach dem Inkrafttreten des AbwSchG i. d. F. vom 6. August 1955 wurde entsprechend der Zielsetzung dieser Neuregelung eine Vielzahl von Gegenständen neu unter Schutz gestellt. Da die Ausführung des Gesetzes weitgehend den Ländern überlassen ist, war die Handhabung keineswegs einheitlich. Vor allem die Anzahl der durchgeführten Eintragungsverfahren unterschieden sich von Land zu Land zum Teil erheblich.[166] Mit dem Ziel, einen einheitlichen Gesetzesvollzug zu erreichen, hat die Kultusministerkonferenz am 3. Dezember 1976 eine Empfehlung über die Ausdehnung des Gesamtverzeichnisses nach dem AbwSchG beschlossen.[167] Ergänzend hierzu hat die Kultusministerkonferenz durch Empfehlung vom 20. Mai 1983 einen Kriterienkatalog aufgestellt, der insbesondere die einzutragenden Objekte näher umschreibt.[168] Die Empfehlung und der Kriterienkatalog stellen keine allgemeinverbindlichen Rechtsvorschriften dar, sondern sind lediglich Verwaltungsvorschriften[169] oder empfehlende Richtlinien[170]. Dennoch legen sowohl die Gerichte[171] als auch die Sachverständigen, die über die Qualifikation eines Werks zu entscheiden haben, den Kriterienkatalog

---

164 *Hönes* Das Gesetz, 41.

165 Zum Abwanderungsschutz kirchlicher Kulturdenkmäler vgl. *Heckel* Staat, 158–160; *Ders.* Gesammelte, 1077–1083.

166 *Pieroth/Kampmann,* 1386.

167 Empfehlung der Kultusministerkonferenz vom 3. 12. 1976 über die Ausdehnung des Gesamtverzeichnisses im Gesetz zum Schutz deutschen Kulturgutes gegen Abwanderung vom 6. 8. 1955.

168 Kriterienkatalog vom 20. 5. 1983 zum Vollzug des Gesetzes zum Schutz deutschen Kulturgutes gegen Abwanderung vom 6. 8. 1955.

169 Vgl. VG Hannover 9. 6. 1989 (Silberzimmer), NVwZ-RR 1991, 645; VGH München 4. 12. 1991 (Käfersammlung), NJW 1992, 2586.

170 So der Begriff von *Uhl,* 52.

171 Vgl. z. B. VGH Mannheim 14. 3. 1986 (Glasmalereien, Elfenbeinskulptur), NJW 1987, 1441.

ihrer Entscheidung zugrunde.[172] Dabei gilt bei der Eintragung Folgendes zu beachten:[173]

> „1. Das Gesetz erfasst neben anderem[174] Kulturgut alte und neue Kunst bis in die unmittelbare Gegenwart.
> 2. Das Gesetz erfasst auch Kulturgut, das nicht aus Deutschland stammt. Auch Kunstwerke, die erst kürzlich aus dem Ausland eingeführt wurden, sind nicht anders zu beurteilen als solche, die sich schon längere Zeit im Geltungsbereich des Gesetzes befinden.
> 3. Das Gesetz umfasst neben Objekten, die in Museen öffentlich zugänglich sind, auch Objekte, die sich im Privatbesitz befinden.
> 4. Das Gesetz schützt auch Sammlungen; soweit dies möglich ist, sollten die Bestandteile der Sammlung tunlichst auch als Einzelstück eingetragen werden.
> 5. Das Gesetz nimmt die im Gesetz selbst genannten öffentlichen Eigentümer aus.
> 6. In das Verzeichnis national wertvollen Kulturgutes sind in der Regel einzutragen:
> a) wichtige Objekte von Künstlern, die internationalen Rang haben;
> b) wichtige Objekte von Künstlern, die für die deutsche Kunst und Kunstentwicklung von besonderer Bedeutung sind;
> c) alle Objekte von Künstlern, die für die deutsche Kunst, Kunst- und Kulturgeschichte von herausragender Bedeutung sind;
> d) alle Objekte, die für bestimmte Bereiche oder Zeitabschnitte der Landesgeschichte von herausragender Bedeutung sind;
> e) die wichtigsten Objekte, die für die regionale oder lokale Geschichte von besonderer Bedeutung sind.“[175]

2. Sammlungen

Nach Ziff. 4 des Kriterienkatalogs sind neben Einzelstücken auch Sammlungen eintragungsfähig. Damit sind nicht nur die ohnehin schon als „Kunstwerke“ erfassten Kunstsammlungen angesprochen, sondern z. B. auch naturwissen-

---

[172] Vgl. VG Gelsenkirchen 5.6.1985 – 4 K 1357/84, unveröffentlicht, amtl. Abdr., 12: „Die Kriterien, von denen sich der Sachverständigenausschuss bei der Beurteilung der vom Kläger vorgeschlagenen Objekte leiten lies, ergeben sich aus dem auf dem Beschluss der KMK beruhenden Kriterienkatalog [...] Dieser Katalog dürfte die Grundlage der Entscheidungen des SV-Ausschusses gebildet haben, auch wenn aus Kreisen der Kunsthändler Kritik an diesem Katalog geäussert wurde.“

[173] Vgl. Fn. 168.

[174] Vgl. z. B. den Eintrag einer Käfersammlung: VG 30.11.1988 – M 6 K 88.1457, unveröffentlicht; bestätigt durch VGH München 4.12.1991, NJW 1992, 2584; bestätigt durch BVerwG 30.3.1992, NJW 1992, 2584; vgl. hierzu *Stich/Burhenne,* Nr. 722, 61–65. Zum Eintrag von Fossilien vgl. OVG Rheinland-Pfalz 13.11.1987, DÖV 1988, 433.

[175] Vgl. VGH Mannheim 14.3.1986, NJW 1987, 1441: „Die beiden in das Verzeichnis aufgenommenen Glasmalerei Zyklen [...] mögen zwar keine besondere Bedeutung für die deutsche Kunst und Kunstentwicklung i. S. eines die gesamte Glasmalerei in Deutschland prägenden Einflusses gehabt haben, sondern in der Tat eine mehr regionale Bedeutung für den Strassburger bzw. Speyerer Raum. Nach dem oben Gesagten schliesst eine solche regionale Bedeutung die Zugehörigkeit zu dem schützwürdigen und schutzbedürftigen deutschen Kulturbesitz nicht aus.“ Vgl. das Gesamtverzeichnis national wertvollen Kulturgutes, 8, Nr. 01205 (Reste der Chorverglasung der Pfarrkirche zu Dühren), Nr. 01207 (Reste der Chorverglasung der Pfarrkirche zu Ottersweier).

schaftliche Sammlungen.[176] Unbeachtlich ist, ob die jeweiligen in der Sammlung enthaltenen Objekte die Voraussetzungen der Kulturguteigenschaft für sich erfüllen. Es genügt, dass die Sammlung insgesamt diesen entspricht.[177] Die Kultusministerkonferenz wollte mit der Eintragung von Teilen einer schützenswerten Sammlung als Einzelstücke Streitigkeiten über den Umfang eingetragener Sammlungen vermeiden.[178]

3. Alter des Schutzobjekts

Das AbwSchG macht die erfolgreiche Eintragung eines Kulturguts nicht von einem bestimmten Alter des Kulturguts abhängig. Nach dem Kriterienvorschlag 1983 fällt auch die zeitgenössische Kunst unter das AbwSchG.[179] Entsprechend dem Denkmalbegriff der deutschen Denkmalschutzgesetze ist eine historische Komponente nur dann notwendig, wenn die Bedeutung des Gegenstands darin besteht, Zeugnis für eine kulturelle Entwicklung zu sein.[180] Bleibt der kulturelle Wert des Gegenstands hiervon unberührt, so spielt das Alter keine Rolle.[181]

4. Wert des Schutzobjekts

Auch der materielle Wert des Kulturguts ist für die Schutzfähigkeit bzw. die Eintragung in das „Verzeichnis national wertvollen Kulturgutes“ nicht von Bedeutung.[182] Der hohe Handelswert eines Kulturguts mag zwar für die hohe Bedeutung des Kulturguts sprechen,[183] ist m. E. aber keine notwendige Voraussetzung für die Eintragungsfähigkeit; denn die wissenschaftliche Bedeutung ist vom materiellen Wert des Kulturguts unabhängig.[184]

---

[176] Vgl. VGH München 4. 12. 1991, NJW 1992, 2584: Eintragung einer Käfersammlung als national wertvolles Kulturgut i. S. des § 1 Abs. 1 AbwSchG; bestätigt durch BVerwG 30. 3. 1992, NJW 1992, 2584.

[177] *Hönes* Zur Kennzeichnung, 543 mit Hinweis auf die Denkmalschutzgesetze der Länder.

[178] So *Bernsdorff/Kleine-Tebbe*, Rn. 43 zu § 1 AbwSchG.

[179] Vgl. Ziff. 1 Kriterienkatalog vom 20. 5. 1983.

[180] Vgl. amtl. Begr. RegE, 7.

[181] Damit reicht der Schutz des AbwSchG weiter als derjenige für Denkmäler etwa in Bayern, Rheinland-Pfalz und Schleswig-Holstein, deren Denkmalschutzgesetze ausdrücklich verlangen, dass das Denkmal „aus vergangener Zeit“ stammt. Zur Frage der Altersgrenze vgl. *Schorlemer*, 73–76.

[182] So *Bernsdorff/Kleine-Tebbe*, Rn. 45 zu § 1 AbwSchG; ähnlich *Fechner* Rechtlicher Schutz, 24, wonach der wirtschaftliche Wert des Objekts für die Einordnung als Kulturgut nicht ausschlaggebend sei.

[183] So auch *Schorlemer*, 80.

[184] A. A. *Fraoua* Le trafic, 5, wonach der finanzielle Aspekt längerfristig sogar entscheidend für die kulturelle Bedeutung sein soll: „cette évolution finira par faire du facteur financier un critère essentiel pour l'attribution d'une valeur culturelle à un bien donné.“

5. National wertvolle Kulturgüter

Das Schutzobjekt muss nach § 1 Abs. 1 aus dem deutschen Kulturbesitz stammen. Es ist anerkannt, dass die zu schützenden Kulturgüter auch ausländischer Herkunft sein können.[185] Nach einem Urteil des Verwaltungsgerichtshofs Mannheim vom 14. März 1986 dürfe die Benennung der Eintragungsliste mit „Verzeichnis national wertvollem Kulturgutes" nicht darüber hinweg täuschen, dass das AbwSchG mit dem Begriff „deutscher Kulturbesitz" nicht an die nationale Herkunft der Objekte und auch nicht notwendig an deren Rang und Stellung gerade innerhalb der nationalen Kulturgeschichte anknüpfe. Das Wort „deutsch" sei hier nur eine Ortsbestimmung. Es sei nur der Kulturbesitz geschützt, der sich im Geltungsbereich des Gesetzes befinde.[186] Massgeblich sei vielmehr die Belegenheit des Kulturbesitzes in der Bundesrepublik Deutschland, gleichgültig ob er deutscher oder ausländischer Herkunft ist und ob er sich schon lange oder erst kurze Zeit im Geltungsbereich des Gesetzes befindet.[187] Diese Auslegung erhellt auch durch Heranziehung von § 10 Abs. 1 AbwSchG, wonach das Archivgut wesentliche Bedeutung für die „deutsche" politische, Kultur- und Wirtschaftsgeschichte haben muss. Hätte der Gesetzgeber dieses auch für das Kulturgut nach § 1 verlangt, hätte er das entsprechend zum Ausdruck gebracht.[188] Hat ein Kulturgut nur – aber immerhin – eine regionale Bedeutung, ist nicht auszuschliessen, dass das Objekt Teil des schutzwürdigen und schutzbedürftigen deutschen Kulturbesitzes sein kann.[189] Ob das Schutzobjekt der Öffentlichkeit zugänglich sein muss, ist unerheblich.[190]

6. Zugehörigkeit zur deutschen Kultur

Eine weitere Voraussetzung für die Eintragung in das von den Ländern geführte „Verzeichnis national wertvollen Kulturgutes und national wertvoller Archive" ist die notwendige Zugehörigkeit des KulturGuts zur deutschen Kultur. Das

---

[185] Vgl. z. B. VGH Mannheim 14. 3. 1986 (Glasmalereien, Elfenbeinskulptur), NJW 1987, 1441; VGH München 4. 12. 1991 (Käfersammlung), NJW 1992, 2586; VG Hannover 9. 6. 1989 (Silberzimmer), NVwZ-RR 1991, 644; so auch amtl. Begr. RegE, 7; *Medicus,* 8; *Pieroth/Kampmann,* 1387; Ziff. 2 Kriterienkatalog vom 20. 5. 1983.

[186] VGH Mannheim 14. 3. 1986 (Glasmalereien, Elfenbeinskulptur), NJW 1987, 1441.

[187] Vgl. VGH Mannheim 14. 3. 1986 (Glasmalereien, Elfenbeinskulptur), NJW 1987, 1441; VG Hannover 9. 6. 1989 (Silberzimmer), NVwZ-RR 1991, 643; *Maunz,* Rn. 100, 53, Fn. 215 m. w. H.; vgl. auch Ziff. 2 Kriterienkatalog vom 20. 5. 1983.

[188] Vgl. VG München 30. 11. 1988 – M 6 K 88.1457 (Käfersammlung), unveröffentlicht, amtl. Abdr., 17.

[189] Vgl. VGH Mannheim 14. 3. 1986, NJW 1987, 1440 (1441). Dabei ging es u. a. um zwei in das Verzeichnis aufgenommene Glasmalerei Zyklen von regionaler Bedeutung (s. hierzu die Hinweise in Fn. 175); vgl. auch Ziff. 6e Kriterienkatalog vom 20. 5. 1983.

[190] Vgl. OVG Lüneburg 19. 5. 1992, NVwZ-RR 1993, 79 (82).

Gesetz soll die Gegenstände schützen, die „nach ihrer künstlerischen Eigenart, nach ihrem kulturellen Wert oder durch ihre Bedeutung für die kulturelle Entwicklung in Deutschland" zum deutschen Kulturbesitz zählen.[191] Nach Ziff. 2 des Kriterienkatalogs erfasst das Abwanderungsschutzgesetz auch Kulturgut, das nicht aus Deutschland stammt.[192] Zudem sind nach diesem Kriterium Kunstwerke, die erst kürzlich aus dem Ausland eingeführt wurden, nicht anders zu beurteilen als solche, die sich schon längere Zeit im Geltungsbereich des Gesetzes befinden. Gemäss Ziff. 6b des Kriterienkatalogs sind i. d. R. wichtige Objekte von Künstlern einzutragen, die für die deutsche Kunst und Kunstentwicklung von besonderer Bedeutung sind.

Die erwähnten Kriterien versuchen die Eintragungsfähigkeit von der Eintragungsunfähigkeit abzugrenzen. Die Empfehlung der Kultusministerkonferenz vom 3. Dezember 1976 verlangt für die Eintragung des Kulturguts eine starke Verbundenheit mit Deutschland.[193] Es wird zudem die Auffassung vertreten, das geschützte Gut müsse einen „irgendwie gearteten Bezug zur deutschen Kultur"[194] besitzen, oder es müsse ein „deutscher Charakter des Kulturguts" gegeben sein.[195] Unumstritten ist lediglich, dass nicht jeder wertvolle Kulturbesitz, der sich dauernd in der Bundesrepublik befindet, geschützt werden soll.[196]

Es fällt auf, dass nach dem Kriterienkatalog wichtige Objekte von Künstlern von internationalem Rang keine besondere Beziehung zur deutschen Kultur aufweisen müssen. Dies widerspricht jedoch dem Gesetzeszweck und ist abzulehnen; denn wichtige Werke von nicht international bekannten Künstlern müssen ent-

---

191 BT-Drs. 76/6, 7.

192 Vgl. aber VG Gelsenkirchen 5. 6. 1985 – 4 K 1357/84, unveröffentlicht. Der Eigentümer einer Sammlung von völkerkundlichen Gegenständen beantragte erfolglos die Eintragung von Figuren und Masken aus dem Kongo und aus Neu-Guinea in das Verzeichnis national wertvollen Kulturgutes. Das Gericht hielt zunächst fest, dass die Eintragungswürdigkeit dieser Objekte nur eingeschränkt überprüft werden könne. Der Entscheid über die Frage, ob durch die Abwanderung dieser Objekte ein wesentlicher Verlust für den deutschen Kulturbesitz bedeuten würde, stelle zudem nicht eine blosse Subsumtion von Tatsachen dar, sondern enthalte vielmehr ein vorausschauendes und zugleich richtungsweisendes Urteil mit erheblichem Einschlag wertender Elemente. Die vom Eigentümer vorgeschlagenen Objekte hätten weder Bezug zur deutschen Kultur noch seien sie von internationalem Rang geschaffen worden; vgl. amtl. Abdr., 9, 13f.

193 Nr. 1 Empfehlung vom 3. 12. 1976.

194 *Pieroth/Kampmann,* 1387 bei Ziff. 2; ähnlich VG Gelsenkirchen 5. 6. 1985 – 4 K 1357/84, unveröffentlicht, amtl. Abdr., 13; a. A. VGH München 4. 12. 1991 (Käfersammlung), NJW 1992, 2586.

195 OVG Lüneburg 19. 5. 1992 (Silberzimmer), NVwZ-RR 1993, 82.

196 *Bernsdorff/Kleine-Tebbe,* Rn. 54, 36 zu § 1 AbwSchG; a. A. VGH München 4. 12. 1991 (Silberzimmer), NJW 1992, 2585, wonach das Gericht auf den Gesetzeszweck verweist, einen möglichst umfassenden Abwanderungsschutz zu gewähren.

weder eine besondere[197] Bedeutung für die deutsche Kunst und Kunstentwicklung oder eine herausragende[198] Bedeutung für bestimmte Bereiche der Landesgeschichte aufweisen. Die Bedeutung des Werks eines international bekannten Künstlers schafft den erforderlichen Bezug zur deutschen Kultur jedoch nicht zwingend.

Das Kulturgut muss national wertvoll sein und einen Bezug zur deutschen Nation aufweisen.[199] Dies kann insbesondere begründet werden durch Fund auf nationalem Territorium, durch rechtmässigen Erwerb im Ausland, durch frei vereinbarten kulturellen Austausch sowie durch Schenkung oder Erwerb im Inland.[200] Die Beziehung zur deutschen Nation ist jedenfalls dann gegeben, wenn das Kulturgut von Deutschen (auch im Ausland), von Ausländern mit Wohnsitz in Deutschland oder für einen Ort in Deutschland geschaffen wurde.[201] Für dieses Kulturgut bedarf es keiner zeitlich gewachsenen Beziehung zum deutschen Kulturbesitz.[202]

7. Belegenheit auf deutschem Territorium

Das bereits in das Ausland (endgültig) abgewanderte ehemals deutsche Kulturgut zählt nicht mehr zum deutschen Kulturbesitz.[203] Hingegen kann wohl ein Gemälde, welches als Leihgabe für eine Ausstellung ins Ausland verbracht worden ist, noch Bestandteil des deutschen Kulturguts sein.[204] Die Zugehörigkeit zum deutschen Kulturbesitz ist nach einem unveröffentlichten Urteil des Verwaltungsgerichts Sigmaringen vom 25. November 1985 auch in dem Fall zu bejahen, wo der Eigentümer das Kulturgut zu Sicherungszwecken in einem Banksafe im Ausland (vorübergehend) aufbewahrt.[205] Nach dieser Entscheidung ist für die

---

197 Vgl. Ziff. 6b Kriterienkatalog vom 20. 5. 1983; vgl. auch Ziff. 6e, wonach die wichtigsten Objekte von Künstlern für die regionale oder lokale Geschichte von besonderer Bedeutung sein müssen.

198 Vgl. Ziff. 6c Kriterienkatalog vom 20. 5. 1983; vgl. auch Ziff. 6d, wonach alle Objekte für bestimmte Bereiche oder Zeitabschnitte der Landesgeschichte von herausragender Bedeutung sein müssen.

199 *Bernsdorff/Kleine-Tebbe*, Rn. 55, 36, zu § 1.

200 Vgl. Artt. 4b bis e UNESCO-Konvention von 1970.

201 Zum Konflikt zwischen der Nationalität des Künstlers und der territorialen Bindung des Kunstwerks vgl. *Jayme* Die Nationalität, 27f.

202 *Bernsdorff/Kleine-Tebbe*, Rn. 55, 36 zu § 1 AbwSchG; Ziff. 2 Kriterienkatalog vom 20. 5. 1983.

203 Vgl. dazu *Bernsdorff/Kleine-Tebbe*, Rn. 52, 34 zu § 1 AbwSchG.

204 Anders wäre die Situation, wenn es sich um eine unwiderrufliche Dauerleihgabe handelte. Solche Dauerleihgaben sind z. B. bei Verfügungen von Todes wegen mit Auflage denkbar.

205 VG Sigmaringen 25. 11. 1985 – 1 K 313/84, unveröffentlicht, amtl. Abdr., 6.

erfolgte Abwanderung der endgültige Verlust für den deutschen Kulturbesitz erforderlich.[206]

Umgekehrt wird Kulturgut, das sich nur vorübergehend in der Bundesrepublik Deutschland befindet, nicht Bestandteil des deutschen Kulturbesitzes.[207] Zu diesen Fällen gehören namentlich Exponate einer befristeten Ausstellung in Deutschland sowie Objekte, die in Deutschland versteigert oder zu Restaurationszwecken aus dem Ausland nach Deutschland eingeführt werden. Erforderlich ist vielmehr eine „Verfestigung der Beziehung zur deutschen Kultur"[208], um zum deutschen Kulturbesitz zu gehören. Ein Kulturgut, das sich nur vorübergehend im Ausland befindet, kann ebenfalls eingetragen werden. Voraussetzung ist lediglich, dass sich das bestimmte Objekt bei Eintragung noch oder wieder im Geltungsbereich des Gesetzes befindet.[209]

8. Dauer der Belegenheit

Die Frage wie lange sich ein Kulturgut in der Bundesrepublik befunden haben muss, um Bestandteil des deutschen Kulturbesitzes zu sein, beantwortet der Gesetzgeber von 1955 nicht. Die zuständige Behörde entscheidet vielmehr im Einzelfall unter Berücksichtigung aller vorne (II 1) erwähnten Kriterien. Die genügend enge Beziehung zum deutschen Kulturbesitz wird im Einzelfall dann zu bejahen sein, je länger sich das Kulturgut im Bundesgebiet befindet und je intensiver die Beziehungen zum deutschen Kulturbesitz sind. Dabei wird für ein Kulturgut, welches nach langjähriger Belegenheit im Ausland in die Bundesrepublik zurückgebracht wird, die erforderliche Zeitspanne kürzer zu bemessen sein, falls das Kulturgut bereits vor dem Verbringen ins Ausland einen Bezug zur deutschen Nation hatte. Dagegen sind wohl Leihgaben aus dem Ausland, welche sich nur vorübergehend im Geltungsbereich des Grundgesetzes befinden, nicht zum deutschen Kulturgut zu zählen.[210]

9. Wesentlicher Verlust für den deutschen Kulturbesitz

Nach § 1 Abs. 1 Satz 1 AbwSchG wird nur solches Kulturgut geschützt, dessen Abwanderung in das Ausland einen „wesentlichen Verlust für den deutschen Kulturbesitz" bedeuten würde.[211] Wann ein wesentlicher Verlust entstehen könnte,

---

206 VG Sigmaringen 25. 11. 1985 (vorige Fn.) 7; kritisch *Bernsdorff/Kleine-Tebbe,* Rn. 52, 35, zu § 1 AbwSchG, wonach für die Abwanderung die Lockerung der Beziehung zum deutschen Kulturbesitz ausreicht.

207 So amtl. Begr. RegE zu § 11 AbwSchG. In: BT-Drs. 2/76, 10; vgl. auch *Hönes* Kommentar, 9.

208 *Bernsdorff/Kleine-Tebbe,* Rn. 56, 37 zu § 1 AbwSchG, ohne näher darauf einzugehen.

209 Unklar *Bernsdorff/Kleine-Tebbe,* Rn. 52, 35, zu § 1 AbwSchG.

210 *Hönes* Kommentar, 9.

211 Siehe als Vergleich die Kompetenznorm Art. 75 Abs. 1 Satz 1 Nr. 6 GG, wonach die Abwanderung keinen wesentlichen Verlust zur Folge haben muss.

sagt das Gesetz nicht. Es kann jedoch davon ausgegangen werden, dass es sich um Werke handeln muss, die nach ihrem kulturellen Wert, nach ihrer künstlerischen Eigenart oder durch ihre Bedeutung für die kulturelle Entwicklung in Deutschland als „dauernd besonders wertvoller Bestandteil des deutschen Kulturbesitzes"[212] anzusehen sind.

Ob der Verlust wesentlich ist, kann mit Hilfe von Ziff. 6 des Kriterienkatalogs geprüft werden. Zunächst muss das Kulturgut an sich eine Bedeutung besitzen. Ist die Bedeutung von ausserordentlichem Gewicht, ist das Kulturgut für den deutschen Kulturbesitz unentbehrlich. Ist die Bedeutung weniger stark, tritt ein Verlust bei Abwanderung nur dann ein, wenn das Kulturgut wegen seiner Beispielhaftigkeit einzigartig und deshalb unentbehrlich ist.[213]

III. Eintragung

1. Legitimation

Die Eintragung des Kulturguts in das „Verzeichnis national wertvollen Kulturgutes und national wertvoller Archive" kann von Amts wegen oder auf Antrag hin erfolgen (vgl. § 3 Abs. 1 Satz 1 AbwSchG). Antragsberechtigt „zur Wahrung eines gemeindeutschen Interesses" ist der Bundesminister des Innern (§§ 3 Abs. 2 und 11 Abs. 2). Die Länder können das formelle Antragsrecht durch Rechtsverordnung regeln (§ 3 Abs. 1 Satz 2) und somit bestimmen, ob nur der Eigentümer oder auch der Besitzer[214] antragsberechtigt ist.[215]

2. Zuständigkeit

Über die Eintragung in das Verzeichnis entscheidet die oberste Landesbehörde des Bundeslands, in dem sich das Kulturgut befindet (§§ 2 Abs. 1, 11 Abs. 1). Wird ein eingetragenes Kulturgut dauernd in ein anderes Bundesland verbracht, so geht es nach § 9 Abs. 3 AbwSchG in das Verzeichnis dieses Bundeslands über. Vor der Entscheidung hat die oberste Landesbehörde einen von ihr eingesetzten Sachverständigenausschuss anzuhören (§ 2 Abs. 2 Satz 1),[216] wo-

---

[212] BT-Drs. 76/6, 7; diese Formulierung ist wörtlich in § 1 Abs. 2 des Entwurfs einer Gesetzesnovelle von 1988 übernommen und zusätzlich noch um den Passus „wie Kunstwerke, naturwissenschaftliche und technische Gegenstände, Bibliotheksgut, archäologische Funde, Münzen und Medaillen" erweitert worden; zum Entwurf von 1988 vgl. *Uhl*, 71–73.

[213] Vgl. VGH Mannheim 14. 3. 1986 (Glasmalereien, Elfenbeinskulptur) NJW 1987, 1441; VG Hannover 9. 6. 1989 (Silberzimmer), NVwZ-RR 1991, 645; zum Ganzen vgl. *Bernsdorff/Kleine-Tebbe*, Rn. 61–64 zu § 1 AbwSchG.

[214] So nach den Verordnungen von Hamburg, Saarland und Schleswig-Holstein.

[215] In Baden-Württemberg, Bayern, Bremen und Hessen fehlen entsprechende Regelungen.

[216] Die Entscheidung dieses fünfköpfigen Gremiums mag aber die oberste Landesbehörde nicht zu binden; vgl. VG Hannover 9. 6. 1989 (Silberzimmer), NVwZ-RR 1991, 644. Zur Zusammensetzung dieses Gremiums s. § 3 Abs. 2 Satz 4 AbwSchG.

bei die oberste Landesbehörde nicht an den Entscheid des Ausschusses gebunden ist.[217] Die Entscheidung über die Eintragung ist gerichtlich voll überprüfbar.[218]

3. Verfahren

Umstritten ist, ob der von der Eintragung Betroffene vor der amtlichen Eintragung des Kulturguts anzuhören ist. Das AbwSchG sieht keine Beteiligung des Eigentümers an der Unterschutzstellung vor.[219] Die Lehre[220] und der Bundesverwaltungsgerichtshof[221] bejahen ein Anhörungsrecht des Eigentümers mit der Begründung, das AbwSchG sehe in § 4 Abs. 1 ausdrücklich ein vorläufiges Ausfuhrverbot vor. Danach ist nach der Eintragung eines Kulturguts die Ausfuhr untersagt, bis die Entscheidung über die Eintragung unanfechtbar geworden ist.

Liegen die materiellen Voraussetzungen der Eintragung vor, dann muss die Behörde das Kulturgut in die Landesliste eintragen. Dabei hat sie keinen Ermessensspielraum.[222] Die Eintragung ist ein dinglicher Verwaltungsakt und wirkt konstitutiv.[223]

Die Einleitung der Eintragung eines Gegenstands ist öffentlich bekanntzumachen.[224] Eingeleitet i. S. dieser Vorschriften ist die Eintragung entgegen der

---

[217] *Pieroth/Kampmann,* 1388 bei Ziff. 3; VGH Mannheim 14. 3. 1986 (Glasmalereien, Elfenbeinskulptur), NJW 1987, 1440; a. A. VG Sigmaringen 21. 4. 1983 – 4 K 1746/81, unveröffentlicht, amtl. Abdr., 7; VG Sigmaringen 31. 1. 1985 – 2 K 874/83, unveröffentlicht, amtl. Abdr., 6f.; VG Sigmaringen 25. 11. 1985 – 1 K 313/84, unveröffentlicht, amtl. Abdr., 4f.; VG Gelsenkirchen 5. 6. 1985 – 4 K 1357/84, unveröffentlicht, amtl. Abdr., 9.

[218] VGH Mannheim 14. 3. 1986 (Glasmalereien, Elfenbeinskulptur), NJW 1987, 1440.

[219] Vgl. VG Sigmaringen 25. 11. 1985 – 1 K 313/84, unveröffentlicht, amtl. Abdr., 3f.

[220] Vgl. z. B. *Bila,* 65; *Berndt,* 83; *Kleeberg/Eberl,* Rn. 254, 181, Fn. 23; *Niebaum/Eschenbach,* 21; *Pieroth/Kampmann,* 1388; im E. wohl gleich *Uhl,* 62; a. A. *Hönes* Das Gesetz, 40, in Anlehnung an VG Sigmaringen 25. 11. 1985 – 1 K 313/84, unveröffentlicht.

[221] BVerwG 27. 5. 1993 (Silberzimmer), NJW 1993, 3280, wonach die Eintragung in das „Verzeichnis national wertvollen Kulturgutes" den Betroffenen in seiner Verfügungsmacht über den betreffenden Gegenstand beschränkt und ihm die Ausfuhr entweder erschwert oder gänzlich unmöglich macht; a. A. VG Sigmaringen 25. 11. 1985 – 1 K 313/84, unveröffentlicht, amtl. Abdr., 3 f., wonach eine Anhörung wegen des Sicherungszwecks des AbwSchG nicht geboten sei, weil sonst die Gefahr bestünde, dass der durch die Anhörung in Kenntnis gesetzte Eigentümer das Kulturgut vor dem Zugang der Eintragungsverfügung ohne das nach § 1 Abs. 4 AbwSchG notwendige Verfahren ausführen könnte.

[222] *Berndt,* 85, Fn. 508 m. w. H.

[223] Vgl. VG Hannover 9. 6. 1989 (Silberzimmer), NVwZ-RR 1991, 643: „Die Entscheidung des Beklagten über die Eintragung des Silberzimmers ist nämlich sozusagen ein Verwaltungsakt mit dinglicher Kraft, der wegen seiner konstitutiven Wirkung für und gegen jeden potentiellen Ausfuhrberechtigten wirkt."

[224] Vgl. § 4 Abs. 2 AbwSchG, angefügt durch Art. 2 Nr. 1 lit. b des Gesetzes vom 15. 10. 1998.

Auffassung des Verwaltungsgerichts Sigmaringen[225] nicht erst ab Zugang der Eintragungsverfügung, sondern unter Anwendung allgemeiner verwaltungsverfahrensrechtlicher Regeln bereits mit der Vornahme der ersten Amtshandlung, die auf die Eintragung eines bestimmten Kulturguts gerichtet ist, und endet mit dem Zugang der Eintragungsverfügung.[226] Wird der Betroffene angehört, so ist die Eintragung also stets eingeleitet i. S. des § 4 AbwSchG.[227]

4. Verfügungsbeschränkungen

Der Besitzer hat die Verbringung des eingetragenen Kulturguts an einen anderen Ort oder im Falle von Verlust oder Beschädigung, anzuzeigen (§ 9 Abs. 1). Fallen Eigentum und Besitz auseinander, ist der Eigentümer dazu verpflichtet (§ 9 Abs. 2). Diese Mitteilungspflicht an die oberste Landesbehörde soll gewährleisten, dass stets ein genauer Überblick über Verbleib und Zustand des eingetragenen Kulturguts besteht und möglichst jede Verschiebung und Verschleierung sowie jede Veränderung verhindert wird.[228]

Nach § 14 Abs. 1 Satz 1 AbwSchG hat derjenige, der Verhandlungen über die Ausfuhr von geschütztem Archivgut (§ 10 AbwSchG) aus dem Geltungsbereich des Gesetzes führt oder vermittelt, dem Bundesminister des Innern davon unverzüglich Mitteilung zu machen.[229] Beim Verbringen des eingetragenen Kulturguts an einen anderen Ort spielt es keine Rolle, ob das Kulturgut in dem Bundesland verbleibt, in dessen Verzeichnis eingetragen ist, oder die Grenzen dieses Bundeslands verlässt. Die Denkmalschutzgesetze der Länder können eine Genehmigung für die Verbringung in ein anderes Bundesland vorsehen. Der Grund der Verbringung sowie der Umstand, dass eine solche durch andere oder gegen den Willen des Besitzers erfolgt ist, ist irrelevant. Dabei löst bereits jede vorübergehende Verlagerung von Kulturgut an einen anderen Ort – etwa zu Restaurations- oder Ausstellungszwecken – die Mitteilungspflicht aus.[230]

Wird das eingetragene Kulturgut im Inland veräussert, ohne dabei an einen anderen Ort gebracht zu werden, so besteht keine Mitteilungspflicht des Veräusserungsgeschäfts.[231] Weiss der Besitzer nicht, wo sich das Kulturgut befindet, so

---

[225] VG Sigmaringen 25. 11. 1985 – 1 K 313/84, unveröffentlicht, amtl. Abdr., 4.

[226] Vgl. z. B. § 22 i. V. m. § 9 LVwVfG. Dies übersieht *Uhl,* 62, Fn. 197.

[227] Vgl. dazu *Pieroth/Kampmann,* 1388 f.

[228] BT-Drs. 76/6, 10.

[229] Diese Anzeigepflicht soll der illegalen Ausfuhr entgegenwirken und dem Staat ermöglichen, wertvolles Archivgut durch rechtzeitigen Ankauf für den deutschen Kulturbesitz zu erhalten; vgl. *Medicus,* 10.

[230] *Bernsdorff/Kleine-Tebbe,* Rn. 3, 104, zu § 9 AbwSchG.

[231] Vgl. aber amtl. Begr. RegE zu § 10 AbwSchG. In: BT-Drs. 2/76, 3. Anders ist die Rechtslage in Italien, wo jede entgeltliche Veräusserung von notifiziertem Kulturgut dem Staat angezeigt werden muss; s. hierzu vorne § 8 D III 2.

ist es in „Verlust geraten" (§ 9 Abs. 1 Satz 1 Variante 2 AbwSchG). Andere Tatbestände i. S. der zweiten Variante von § 9 Abs. 1 Satz 1 AbwSchG sind namentlich Diebstahl oder die Besitzesaufgabe infolge Täuschung oder Drohung. Um dem Schutzgedanken in § 9 AbwSchG gerecht zu werden, sollte die Mitteilungspflicht entsprechend ausgedehnt und der Begriff des Verlustes von Kulturgut extensiv interpretiert werden.[232] Nach der dritten Variante von § 9 Abs. 1 Satz 1 AbwSchG ist die Beschädigung von eingetragenem Kulturgut anzuzeigen. Die Mitteilungspflicht besteht *a minore ad maius* auch bei Zerstörung des eingetragenen Kulturguts. Die Mitteilung ist an die oberste Landesbehörde zu richten, in dem sich das Kulturgut dauernd befand, bevor es an einen anderen Ort verbracht oder beschädigt wurde oder in Verlust geriet (§ 9 Abs. 1 Satz 1).

Die eingetragenen Kulturgüter werden nach besonderer gesetzlicher Regelung steuerlich begünstigt (§ 1 Abs. 3 AbwSchG) und sind von der Vermögenssteuer befreit.[233] Diese steuerliche Privilegierung soll nicht nur dem Eigentümer einen Anreiz geben, diese national wertvollen Kulturgüter im deutschen Besitz zu erhalten, sondern bildet entsprechend dem Grundgedanken von Art. 14 GG einen Ausgleich für die erschwerte wirtschaftliche Verwertungsmöglichkeit des geschützten Kulturguts.[234]

Es fällt auf, dass in den „Gesamtverzeichnissen national wertvollen Kulturgutes und national wertvoller Archive" bisher überwiegend besonders teure Kunstgegenstände eingetragen sind. Ob die steuerliche Privilegierung dabei eine Rolle spielt, ist zweifelhaft; denn der Wert des einzutragenden Objekts ist für die von der obersten Landesbehörde vorgenommenen Beurteilung der Eintragungsfähigkeit unwesentlich.[235]

5. Materielle Enteignung

Im Lichte der Rechtsprechung der Verwaltungsgerichte bewirkt die auf die §§ 1 bis 3 AbwSchG gestützte Eintragung eines Kulturguts in das „Verzeichnis national wertvollen Kulturgutes" keine materielle Enteignung.[236] Die Eintragung wird dabei als eine verfassungsrechtlich zulässige Inhalts- und Schrankenbestimmung des Eigentums i. S. des Art. 14 Abs. 1 Satz 2 GG angesehen.[237]

---

[232] *Bernsdorff/Kleine-Tebbe,* Rn. 4 zu § 9 AbwSchG.

[233] Vgl. dazu *Berndt,* 101–115.

[234] *Medicus,* 8.

[235] A. A. *Berndt,* 91, 115, wonach der Wert des Objekts bei der Eintragung eine Rolle spielen dürfte.

[236] Vgl. z. B. OVG Lüneburg 19. 5. 1992 (Silberzimmer), NJW 1993, 3280; VGH Mannheim 14. 3. 1986 (Glasmalereien, Elfenbeinskulptur), NJW 1987, 1440.

[237] So ausdrücklich VGH München 22. 3. 1963, BayVBl 1963, 254, 255: „Das Schutzgesetz ordnet nach allem keine Enteignung an, sondern bestimmt für seinen Geltungsbereich Inhalt und

Die mittelbaren Auswirkungen, die sich durch die Unterschutzstellung eines Kulturguts im Hinblick auf die Veräusserungsmöglichkeiten ergeben, sind ebenfalls nicht als unzumutbare Belastung oder als Sonderopfer anzusehen. Dem Eigentümer bleibt auch nach der Eintragung nicht lediglich die Position eines Besitzers im Rechtssinne.[238] Der Eigentümer kann vielmehr das eingetragene Kulturgut innerhalb der Bundesrepublik Deutschland frei veräussern. Vorbehalten bleiben die Bestimmungen der Denkmalschutzgesetze einzelner Länder, welche eine Genehmigung von Veräusserungsgeschäften verlangen, bei denen das eingetragene Kulturgut in ein anderes Bundesland gelangt.

6. Anfechtung der Eintragung

Das Gesetz gewährt kein Rechtsmittel gegen eine Eintragung in ein „Verzeichnis national wertvollen Kulturgutes oder national wertvoller Archive". Die Eintragung kann jedoch nach allgemeinen Verwaltungsgrundsätzen vor dem Verwaltungsgericht erster Instanz angefochten werden.[239] Als Ausfuhrberechtigter ist der Eigentümer unmittelbar betroffen und somit klagelegitimiert.[240]

Schranken des Eigentums in allgemein verbindlicher Weise." Vgl. auch BVerwG 27.5.1993 (Silberzimmer), NJW 1993, 3280 = DVBl. 1993, 1099.

[238] Vgl. VG Sigmaringen 31.1.1985 – 2 K 874/83, unveröffentlicht.

[239] Vgl. z.B. VG Berlin 9.2.1994 – VG 1 A 29.92, unveröffentlicht. Die Erben von Nina Auproux, Tocher von Carl Einstein (1885–1940) und Eigentümerin des gleichnamigen Archivs, fochten die Verfügung vom 20.12.1991 betreffend die Eintragung des Carl-Einstein-Archivs in das „Verzeichnis national wertvoller Archive" erfolglos an. Die Kläger (französische Staatsangehörige) machten geltend, dass das Archiv „ebenso zum französischen Kulturgut bzw. zum Kulturgut Europas und der ganzen Welt" gehöre. Das Gericht stellte demgegenüber fest, dass der Entscheid der Senatsverwaltung für kulturelle Angelegenheiten nicht zu beanstanden sei und die Eintragung zudem auch für die Zukunft gewährleiste, „dass der Nachlass in seiner Gesamtheit erhalten bleibt und der Carl-Einstein-Forschung in einem öffentlichen Archiv zur Verfügung steht." Vgl. amtl. Abdr., 6.

[240] Vgl. VGH München 4.12.1991, NJW 1992, 2584 (2585). Im Jahre 1986 bot die Erbin eines im Jahre 1976 verstorbenen deutschen Industriellen und Sammlers eine weltweit einzigartige Käfersammlung mit Bibliothek dem Naturhistorischen Museum in Basel für DM 2300000 zum Kauf an. Da die Mittel nicht beschafft werden konnten, bat der „Verein Käfer für Basel" die Öffentlichkeit um Spenden. Die Witwe schloss zudem mit dem Basler Verein einen auf 30 Jahre befristeten Leihvertrag ab. Dies veranlasste die Zoologische Staatssammlung in München, die Eintragung der Kollektion in das „Verzeichnis national bedeutender Kulturgüter" zu verlangen, was am 10.2.1988 auch geschah (vgl. Gesamtverzeichnisse 1995, Teil A, Bayern, Nr. 02801). Der Verein focht die Eintragung erfolglos an; vgl. VG München 30.11.1988 – M 6 K 88.1457, unveröffentlicht; bestätigt durch VGH München 4.12.1991, NJW 1992, 2584; bestätigt durch BVerwG 30.3.1992, NJW 1992, 2584. Der „Verein Käfer für Basel" erbte die Sammlung im Jahre 1992, durfte sie aber nicht dauernd in die Schweiz ausführen. Der Verein beantragte die Ausfuhr und gründete die „Stiftung Sammlung Dr. Georg Frey – Käfer für Basel". Die Ausfuhrbewilligung wurde schliesslich am 1.10.1997 erteilt; vgl. *Käfersammlung endgültig nach Basel,* 21; *Käfersammlung endlich in die Schweiz,* 20.

IV. Ausfuhr

1. Ausfuhrtatbestände

Ausfuhr i. S. des Gesetzes ist jede körperliche Verbringung eines eingetragenen Gegenstands aus dem Geltungsbereich des Gesetzes ins Ausland, auch wenn sie nur leihweise[241] und nur vorübergehend – etwa zu Restaurierungs- oder Ausstellungszwecken – erfolgt.[242] Das AbwSchG unterscheidet nicht zwischen der dauernden und nur vorübergehenden Ausfuhr.

2. Ausfuhrverbot mit Erlaubnisvorbehalt

Nach § 1 Abs. 4 Satz 1 AbwSchG bedarf die Ausfuhr eingetragenen Kulturguts der Genehmigung. Die Genehmigung wird versagt, wenn „bei Abwägung der Umstände des Einzelfalles wesentliche Belange des deutschen Kulturbesitzes überwiegen" (§ 1 Abs. 4 Satz 3). Die Ausfuhr von eingetragenem Kulturgut wird in aller Regel verweigert.[243] Die Ausfuhr kann zudem an Bedingungen geknüpft werden (§ 1 Abs. 4 Satz 2). Dies ist dann erforderlich, um die gesetzlichen Voraussetzungen für die Erteilung der Ausfuhrgenehmigung zu erfüllen.[244] Bei der Entscheidung über die Ausfuhrgenehmigung geht es daher regelmässig nicht um die Alternativentscheidung über die Erteilung oder Versagung, sondern auch um die Frage, ob gleichwohl und gegebenenfalls unter welchen Bedingungen wesentliche Belange des deutschen Kulturbesitzes geschützt werden können, wenn das Kulturgut ausgeführt wird. Es sind folgende Ausfuhrgenehmigungen mit Auflage denkbar:[245]

> – die (befristete) Genehmigung, Kulturgut als Leihgabe oder zu einer Ausstellung in das Ausland zu verbringen;
> – die Genehmigung, das Kulturgut im Ausland wissenschaftlich erforschen zu lassen;
> – die Genehmigung zur Ausfuhr, wenn der Substanzschutz des Kulturguts im Inland weder durch den Verfügungsberechtigten noch durch Massnahmen nach § 8 AbwSchG in ausreichender Weise bewirkt werden kann, der Erwerber diesen aber im Ausland sicherstellen will und kann;

---

[241] BT-Drs. 76/6, 10f.

[242] *Pieroth/Kampmann,* 1389 bei Ziff. 4; a. A. VG Sigmaringen 25. 11. 1985 – 1 K 313/84, unveröffentlicht, amtl. Abdr., 7, wonach die Verbringung von Kulturgut ins Ausland zu Sicherungszwecken keine Ausfuhr darstelle, weil der Territorialbezug des Kulturguts nur gelockert und nicht endgültig unterbrochen sei.

[243] So die Aussage von Staatssekretär Eckart Werthebach; zit. in: *Käfersammlung endlich in Basel,* 20.

[244] Die in Fn. 240 erwähnte dauernde Ausfuhr einer Käfersammlung wurde genehmigt, da u. a. zugesichert wurde, dass die Sammlung auch künftig bestimmungsgemäss verwendet werde, und dass sie dauerhaft im deutschen Kulturkreis verbleibe; vgl. *Käfersammlung endlich in Basel,* 20.

[245] Vgl. *Bernsdorff/Kleine-Tebbe,* Rn. 91 zu § 1 AbwSchG.

– die Genehmigung zur Ausfuhr, wenn der ausländische Erwerber sich – im Gegensatz zu dem bisher Verfügungsberechtigten – bereit erklärt, das Kulturgut dem wissenschaftlichen Verkehr oder der Öffentlichkeit zugänglich zu machen.

Nichteingetragenes Kultur- und Archivgut unterliegt keinen Ausfuhrbeschränkungen. Es gilt somit das Prinzip des Ausfuhrverbots mit Erlaubnisvorbehalt.[246] Da lediglich die Ausfuhr ins Ausland unter das AbwSchG fällt, erstreckt sich der Genehmigungsvorbehalt i. S. des § 1 Abs. 4 Satz 1 AbwSchG nicht auf die Verbringung innerhalb eines Bundeslands und nicht auf die Verbringung aus einem Bundesland in ein anderes Bundesland.[247] Eine andere Auslegung verstiesse gegen Art. 75 Abs. 1 Nr. 6 GG.[248] Das landesübergreifende Verbringen innerhalb den Bundesgrenzen kann aber nach den landesrechtlichen Denkmalschutzgesetzen genehmigungspflichtig sein. Von Bundesrechts wegen muss das Verbringen nur an die oberste Landesbehörde mitgeteilt werden (§ 9 Abs. 1).

Keiner Genehmigung bedürfen Rechtsgeschäfte mit Auslandsberührung, bei denen das Kulturgut im Inland verbleibt.[249] Eine Ausfuhrgenehmigung ist auch dann einzuholen, wenn das Kulturgut ins Ausland verbracht wird und lediglich der Eigentümer im Geltungsbereich des Gesetzes wohnen bleibt.[250] In diesen Fällen muss die Ausfuhr mit der Auflage der gelegentlichen Rückfuhr des Kulturguts in den Geltungsbereich des Gesetzes erteilt werden. Als Sicherheit wird regelmässig eine Kaution hinterlegt werden müssen.[251]

3. Zuständigkeit

Über die Ausfuhr von eingetragenem Kultur- und Archivgut entscheidet der Bundesminister des Innern, der vor der Entscheidung über die Genehmigung oder Verweigerung der Ausfuhr einen Sachverständigenausschuss anzuhören hat (§§ 5, 12 AbwSchG).[252]

---

[246] Vgl. Fn. 158.

[247] *Maunz,* Rn. 102.

[248] Die Überschrift zu Art. 75 Abs. 1 Nr. 6 GG lautet: „Schutz deutschen Kulturgutes gegen Abwanderung aus dem Ausland."

[249] So etwa beim Verkauf eines Kulturguts an einen im Inland ansässigen Ausländer.

[250] A. A. VG Sigmaringen 25. 11. 1985 – 1 K 313/84, unveröffentlicht, amtl. Abdr., 6f.

[251] Die belgischen Behörden erteilten die Bewilligung für die vorübergehende Ausfuhr des Gemäldes *Einzug Christi in Brüssel* von James Ensor (1860–1949). Der Eigentümer gab vor, das Bild im Kunsthaus Zürich restaurieren zu lassen. Dort hing es dann auch, wurde aber später an das *J. Paul Getty Museum* (Kalifornien, USA) verkauft; vgl. *Beaucamp* Der Verlorene, 27; *Knott,* 134.

[252] Dieser Sachverständigenausschuss ist nicht identisch mit dem Sachverständigenausschuss nach § 2 Abs. 2 (Eintragungsverfahren).

4. Anfechtung der Ausfuhrentscheidung

Der Entscheid des Bundesministers des Innern ist anfechtbar und ebenfalls wie die Entscheidung über die Eintragung des Kulturguts in das Verzeichnis national wertvollen Kulturguts der obersten Landesbehörde gerichtlich voll überprüfbar. Das AbwSchG sieht kein Rechtsmittel vor. Der beschwerte Exporteur kann aber die sog. Verpflichtungsklage vor dem Verwaltungsgericht erheben (vgl. § 52 Nr. 2 VwGO).

5. Entschädigung bei verweigerter Ausfuhr

Die deutschen Gerichte hatten bisher keine Gelegenheit, sich mit dem Anspruch eines Eigentümers auseinanderzusetzen, der wegen der verweigerten Ausfuhr seines eingetragenen Kulturguts einen Anspruch auf Schadenersatz geltend machte. Das Bundesverwaltungsgericht äusserte sich nur über die Frage, ob die Eintragung in das „Verzeichnis national wertvollen Kulturgutes" sich wie eine materielle Enteignung auswirken könne. So auch im Falle des Silberzimmers,[253] wo der Eigentümer keine Ausfuhrbewilligung beantragt hatte, die hätte verweigert werden können, sondern lediglich die Eintragung anfocht und eine Entschädigung verlangte.[254] Das Gericht wies die Klage mit der Begründung ab, der Genehmigungsvorbehalt für die Ausfuhr führe nicht zu einer übermässigen Belastung der Eigentümer von Kultur- bzw. Archivgut, da sie weiterhin grundsätzlich die Möglichkeit haben, die Gegenstände wirtschaftlich zu nutzen.[255] Die erste Instanz in diesem Rechtsstreit ging in ihrem Urteil vom 9. Juni 1989 ferner davon aus, dass die Ausdehnung des Kreises potentieller Käufer im Ausland, die den Gegenstand nicht im Bundesgebiet belassen wollen, zu einem erheblich höheren Marktwert führe, rein spekulativer Natur sei und somit lediglich eine weitgehend unbestimmte Erwerbschance darstelle. Damit falle dieser rein theoretische Nachteil nicht in den Schutzbereich der Eigentumsgarantie.[256]

Immerhin kann nach deutschem Recht ein „billiger Ausgleich" gemäss § 8 AbwSchG geschuldet sein, wenn die Ausfuhr verweigert wird. Der Eigentümer muss infolge wirtschaftlicher Notlage zu einem Verkauf gezwungen sein. Bei der Zusprechung eines solchen Ausgleichs sind Steuervorteile nach § 1 Abs. 3 AbwSchG zu berücksichtigen.[257]

---

[253] S. vorne § 6 C I 5.

[254] So schon BVerwG 10. 7. 1987, NJW 1988, 505: Eintragung einer Liegenschaft in die Landes-Denkmalliste gestützt auf das DSchG von Nordrhein-Westfalen.

[255] BVerwG 27. 5. 1993, NJW 1993, 3280 (3282) = DVBl. 1993, 1099 (1100).

[256] Vgl. VG Hannover 9. 6. 1989, NVwZ-RR 1991, 643.

[257] Der Gesetzgeber hat bewusst darauf verzichtet, dem Eigentümer eine Entschädigung nach den Grundsätzen des Enteignungsrechts zuzubilligen. Auf ein gesetzliches Vorkaufsrecht des Staats wurde aus Kostengründen verzichtet. Die Kulturverwaltung soll vielmehr angehalten

D. Vergleich: Länderdenkmalschutzgesetze / Abwanderungsschutzgesetz

Nicht nur das AbwSchG von 1955, sondern auch die Denkmalschutzgesetze der Länder sind für den Abwanderungsschutz von Kulturgütern von Bedeutung. Die primäre Aufgabe der Denkmalschutzgesetze der Länder ist nicht die Verhinderung der Ausfuhr aus der Bundesrepublik Deutschland, sondern der Schutz und die Erhaltung von beweglichem und unbeweglichem Kulturgut. Die Verbringung von eingetragenen Kulturgütern an einen anderen Ort ist mit Ausnahme der Regelung in Nordrhein-Westfalen[258] genehmigungs- und nicht nur anzeigepflichtig. Bei der Ausfuhr aus der Bundesrepublik Deutschland ist daher neben der Genehmigung nach dem Gesetz von 1955 unter Umständen zusätzlich eine Genehmigung nach dem einschlägigen Denkmalschutzgesetz erforderlich.

Das Gesetz von 1955 verlangt die Genehmigung von eingetragenen Kunstwerken und anderen Kulturgütern – einschliesslich Bibliotheksgut – sowie Archive, deren „Abwanderung einen wesentlichen Verlust für den deutschen Kulturbesitz" bedeuten würde (§ 1 Abs. 1 i. V. m. § 1 Abs. 4). Die Denkmalschutzgesetze der Länder schützen Denkmäler, wenn an der Erhaltung aus „wissenschaftlichen, künstlerischen oder historischen Gründen" ein öffentliches Interesse besteht.[259] Der Abwanderungsschutz durch die Länderdenkmalschutzgesetze ist daher in aller Regel effektiver als derjenige des AbwSchG.

E. Zwischenergebnis

Das AbwSchG vom 6. August 1955 gilt im Vergleich mit den Vorschriften anderer Staaten als eines der liberalsten und deshalb für die mit dem Gesetzesvollzug Betrauten „ineffektivsten Schutzgesetze"[260]. Das Gesetz zeichnet sich u. a. wegen der hierarchischen Zweiteilung in das Eintragungsverfahren auf Landesebene und das Ausfuhrverfahren auf Bundesebene aus. Im Rahmen des AbwSchG bestimmt jedes Bundesland autonom über die Aufnahme national wertvoller Kulturgüter in die „Verzeichnisse national wertvollen Kulturgutes und wertvoller Archive". Die Ausfuhr von Kulturgütern, die in einem der Länder-

---

werden, im Verhandlungswege mit allen interessierten Grupppen eine befriedigende Lösung für den betroffenen Eigentümer zu finden, ohne hierbei jedoch zwingend zu Ausgleichszahlungen verpflichtet zu sein; vgl. *Pieroth/Kampmann*, 1389.

[258] Vgl. NW: § 10 Abs. 2 DSchG.

[259] Vgl. z. B. SHs: § 5 Abs. 1 DSchG: „Kulturdenkmale, die wegen ihres geschichtlichen, wissenschaftlichen, künstlerischen, städtebaulichen oder die Kulturlandschaft prägenden Wertes von besonderer Bedeutung sind, sind in das Denkmalbuch einzutragen."

[260] *Fechner* Rechtlicher Schutz, 24.

verzeichnisse eingetragen sind, ist genehmigungspflichtig. Die Genehmigung wird versagt, wenn „wesentliche Belange des deutschen Kulturbesitzes überwiegen" (§ 1 Abs. 4 Satz 2).

§ 30 Frankreich

A. Exportgesetzgebung vor dem 1. 2. 1993

I. Gesetz vom 31. 12. 1913 über die historischen Denkmäler

Das noch geltende Gesetz vom 31. Dezember 1913 über die historischen Denkmäler[261] verbietet die Ausfuhr von unter Denkmalschutz gestellten Gegenständen (Art. 21).

II. Gesetz vom 1. 5. 1920

Das Gesetz vom 1. Mai 1920 über das Ausfuhrverbot von Kunstwerken und antiken Möbeln[262] war nur während etwas mehr als eines Jahres gültig. Das Gesetz verbot nicht nur die Ausfuhr von unter Schutz gestellten Kunstgegenständen, sondern auch von Objekten, die nicht als historisches Denkmal *(monument historique)* nach dem Gesetz vom 31. Dezember 1913 klassifiziert waren. Unter das Ausfuhrverbot fielen alle Kunstwerke, deren Urheber im Zeitpunkt der Ausfuhr seit mehr 20 Jahren verstorben waren. Spätestens nach der Verweigerung der Ausfuhr von nicht klassifizierten Gegenständen, musste der Staat den Exportgegenstand unter Schutz stellen, wobei eine Entschädigung des Eigentümers, dessen Objekt von Amts wegen als historischen Denkmal klassifiziert wurde, nicht vorgesehen war. Die Unterschutzstellung war zudem fünf Jahre lang gültig und konnte erneuert werden. Da das Gesetz die Ausfuhr von der Bezahlung einer Steuer abhängig machte, die bis 25% des Werts des Exportgegenstands erreichen konnte, wurde das Gesetz auch als Steuergesetz bezeichnet.[263] Diese ungünstigen Bedingungen in Frankreich führten zur Verlagerung des Kunstmarkts nach Genf und London.[264]

III. Haushaltsgesetz vom 31. 12. 1921

Die *Loi portant fixation du budget général de l'exercice* vom 31. Dezember 1921 modifizierte das Gesetz über die historischen Denkmäler vom 31. Dezember

---

[261] *L. du 31. 12. 1913 sur les monuments historiques.*

[262] *L. du 1. 5. 1920 prohibant l'exportation des objets d'art et ameublement anciens et soumettant à des droits de sortie ceux de ces objets dont l'exportation aura été autorisé.*

[263] *Eygout,* 476.

[264] *Eygout,* 478.

1913 und beschränkte das Ausfuhrverbot auf die unter Schutz gestellten Kunstwerke. Zudem hatte der Staat bei öffentlichen Versteigerungen ein Vorkaufsrecht.

IV. Gesetz Nr. 41-2595 vom 23. 6. 1941 über die Ausfuhr von Kunstwerken

Das nur fünf Artikel umfassende und in der Zeit der Vichy-Regierung unter Maréchal Pétain (1856–1951)[265] erlassene Gesetz vom 23. Juni 1941 über die Ausfuhr von Kunstwerken[266] war bis zum Inkrafttreten des Gesetzes Nr. 92-1477 vom 31. Dezember 1992[267] am 1. Februar 1993 gültig.[268] Es lehnte sich stark an das Gesetz vom 31. August 1920 an, so dass für die Auslegung des Gesetzes die Gesetzesmaterialien für das Gesetz vom 31. August 1920 herangezogen werden können.[269]

1. Ausfuhrverbot mit Erlaubnisvorbehalt

Da das Gesetz die Kontrolle über die Ausfuhr von Kunstwerken nur in den Grundzügen regelte, mussten sog. Exportmitteilungen *(avis aux exportateurs)* das Gesetz präzisieren. Rechtsgrundlage war ein Dekret vom 30. November 1944[270]. Diese Bekanntmachungen hatten den Zweck, über die Tragweite der Exportkontrollgesetzgebung zu informieren. Alle Güter bedurften einer Ausfuhrgenehmigung.[271]

---

[265] Philippe Henri Bénoni Omer Pétain, 1856–1951; vgl. IBF, Bd. 6, 2611.

[266] *L. n° 41-2595 du 23. 6. 1941 relative à l'exportation des œuvres d'art*; geändert durch *D. n° 58-1063 du 7. 11. 1958.*

[267] *L. n° 92-1477 du 31. 12. 1992 relative aux produits soumis à certaines restrictions de circulation et à la complémentarité entre les services de police, de gendarmerie et de douane.*

[268] Die stetige Entwertung des Geldes führte zu grossen Investitionen in Kunstwerke, v. a. Gemälden, die ins Ausland abzuwandern drohten. Das strenge Gesetz Nr. 41–2595 sollte deshalb die Verbringung des französischen Kulturerbes ins Ausland verhindern. Durch Schmiergelder an die französischen Kontrollbeamten wurde dieses Gesetz jedoch umgangen; vgl. *Chandernagor,* 120; *Feliciano,* 122–128. *Buomberger, 33*, erwähnt das Exportkontrollgesetz nicht, spricht aber von einem „Protest der Vichy-Regierung gegen die Ausplünderung des französischen Kulturgutes, und in einzelnen Fällen versuchte sie sogar, dies zu verhindern."

[269] Vgl. *Chatelain* Observations, 451; *Mesnard,* bei III.

[270] *Décret du 30. 11. 1944 fixant les conditions d'exportation et de réexportation des marchandises hors de France et des territoires d'outre-mer à destination de l'étranger, et établissant certaines formalités au point de vue des échanges entre la France et les territoires français d'outre-mer.*

[271] Vgl. Art. 5 D. 30. 11. 1944: „L'exportation et la réexportation [...] de toute marchandise [ne sont] permises qu'avec une autorisation individuelle d'exportation."

a) Objekte von nationaler historischer oder künstlerischer Bedeutung

Die Ausfuhr von „Objekten von nationaler geschichtlicher oder künstlerischer Bedeutung" war nach Art. 1 Abs. 1 genehmigungspflichtig.[272] Nicht geregelt wurde die Frage, ob nur Kunstwerke französischen Ursprungs unter die Exportkontrolle fielen, oder ob auch die Ausfuhr von Kulturgut ausländischer Provenienz einer Bewilligung bedurfte.[273]

b) Vor 1830 hergestellte Möbel

Die Genehmigungspflicht galt nach Art. 1 Abs. 2 nicht nur generell für alle „Objekte von nationaler geschichtlicher oder künstlerischer Bedeutung", sondern auch für Möbel, die vor dem Jahre 1830 hergestellt wurden. Es fällt auf, dass hier nur das Alter der Objekte eine Rolle spielte, nicht aber deren nationale historische oder künstlerische Bedeutung.[274] Die Exportmitteilungen grenzten den Anwendungsbereich der Genehmigungspflicht ein. Danach war die Ausfuhr handgemachter Gegenstände *(articles manufacturés décorés à la main)* frei.[275]

c) Vor dem 1.1.1900 hergestellte Kunstwerke

Die Exportmitteilungen erweiterten den Anwendungsbereich des Gesetzes auf Kunstwerke, die vor dem Jahre 1900 hergestellt wurden (Art. 1 Abs. 2). Sogar die Exportmitteilung vom 27. Februar 1949[276] gab Auskunft über die Exportkontrolle von „œuvres des peintres, graveurs, dessinateurs, sculpteurs, décorateurs, antérieures au 1er janvier 1900". Die Exportmitteilung vom 24. November 1964 verlangte für über 100-jährige Gravuren, Drucke und Originallithografien eine Ausfuhrgenehmigung.[277] Dasselbe galt nach der Exportmitteilung vom 30. Oktober 1975[278] für vollständig von Hand geschaffene Bilder, Zeichnungen und Radierungen sowie Skulpturen, Statuen oder Plastiken jeglichen Materials. Kunstwerke lebender Künstler sowie Kunstwerke verstorbener Künstler, die weniger als 20 Jahre vor dem Export geschaffen wurden, waren von der Geneh-

---

[272] Art. 1 Abs. 1 L. n° 41-2595 lautet: „Les objets présentant un intérêt national d'historie ou d'art ne pourront être exportés sans une autorisation du sécretaire d'Etat à l'éducation nationale et à la jeunesse".

[273] Zur richterlichen Auslegung von Art. 1 Abs. 1 L. n° 41-2595 vgl. hinten V.

[274] Vgl. *Poli* La protection, 22.

[275] Vgl. *Avis aux exportateurs du 24. 11. 1964.*

[276] *Avis du 27. 2. 1949*; ersetzt durch *Avis aux exportateurs du 24. 11. 1964*; ergänzt durch *Avis aux exportateurs du 30. 10. 1975.*

[277] Vgl. Fn. 275.

[278] *Avis du 30 octobre 1975, modifiant l'avis du 24 novembre 1964 concernant les dispositions de l'ex n° 99-01 du tarif douanier.*

migungspflicht ausgenommen. In diesem Fall genügte eine Expertise des *Comité professionnel des galeries d'art*, die diesen Zustand bestätigte. Dies galt aber nur für Werke mit einem Wert von mehr als FF 100000.[279]

d) Ausgrabungsgegenstände aus Frankreich und Algerien

Nach Art. 1 Abs. 2 Gesetz Nr. 41-2595 durften die bei Grabungen in Frankreich und Algerien gemachten Bodenfunde nicht bewilligungslos exportiert werden. Ein archäologischer Wert dieser Fundgegenstände war nicht vorausgesetzt. Die bereits erwähnte Exportmitteilung vom 24. November 1964[280] beschränkte jedoch den Anwendungsbereich auf Antiken mit Ausnahme von Musikinstrumenten, Bücher, Grafiken und geografischen Karten, die einen kulturellen Wert aufwiesen und über 100 Jahre alt waren. Dieselbe Exportmitteilung verlangte zudem eine Bewilligung der Ausfuhr von „collections et spécimens pour collections de zoologie et de botanique, de minéralogie et d'anatomie [...] autres que ceux destinés à l'enseignement des sciences naturelles ou médicales" sowie „objets pour collections présentant un intérêt historique, archéologique, paléontologique, ethnographique et numismatique, à l'exception des monnaies et médailles et médailles n'ayant pas plus de cent ans d'âge".

2. Ausnahmeklausel

Das Gesetz war nicht anwendbar auf „importierte Kunstwerke, die bei der Einfuhr vom Importeur deklariert worden sind" (Art. 3 Abs. 2). Diese Vorschrift wurde jedoch durch die Verordnung Nr. 1063 vom 7. November 1958[281] aufgehoben.

3. Ausfuhrgenehmigungsverfahren

a) Rechtsgrundlagen

Das Ausfuhrgenehmigungsverfahren wurde einerseits vom Gesetz, andererseits von den Exportmitteilungen geregelt. Wichtig waren vor allem die Mitteilungen vom 27. Februar 1949[282] und vom 30. Januar 1967[283]. Letztere betraf den Export von Gütern generell; erstere behandelte den Export von „objets d'art et de collec-

---

279 *Avis aux exportateurs du 15. 1. 1988.*

280 Vgl. Fn. 275.

281 D. n° 58–1063. Der Staatsrat hob diese Verordnung mit Urteil vom 12. 12. 1969 allerdings wieder auf; vgl. dazu hinten V 1.

282 *Avis du 27. 2. 1949.*

283 *Arrêté du Directeur Général des Douanes et Droits Indirects du 30. 1. 1967.* Erfasst wurden alle Kulturgüter wie Bilder, Zeichnungen und Radierungen, die mehr als FF 10000 wert waren. Ausgenommen waren unabhängig von ihrem Wert Werke lebender Künstler, Kulturgüter, die jünger als 20 Jahre waren sowie über 100-jährige Antiquitäten und Originalgravuren; vgl. dazu *Uhl,* 80.

tion" und enthielt eine Liste verschiedener Gegenstände, um Art. 1 Abs. 1 des Gesetzes zu präzisieren. War das auszuführende Objekt nicht auf der Liste der Exportmitteilung von 1949 aufgeführt, so hatte der Exporteur das Objekt beim Zoll nur zu deklarieren. War der Exportgegenstand auf der Liste, so war eine Exportlizenz erforderlich. Die Exportmitteilung von 1967 sah vor, dass für Objekte mit einem geringeren Wert als FF 500 keine Exportgenehmigung nötig war und frei ausgeführt werden konnten.[284] Die Gefahr einer Gesetzesumgehung war offensichtlich. So konnte ein Exporteur seine Sammlung aufteilen, um das Erfordernis einer Bewilligung zu umgehen. Allerdings war ein solches Verhalten verboten und stand unter Strafe.[285]

b) Verfahren

Das Ausfuhrgenehmigungsverfahren war zweistufig. Das *Ministère de l'éducation nationale (Direction des musées de France)*[286] prüfte die Gesuche und leitete die abgelehnten Gesuche an das *Office des changes*[287] weiter.[288] Die ausgestellte Exportlizenz wirkte nur provisorisch.[289] Erst in einer zweiten Phase entschied der *Secrétaire d'État à l'éducation nationale et à la jeunesse* innerhalb eines Monats nach der Vorweisung des Gegenstands am Zoll über die endgültige Erteilung oder Verweigerung der Ausfuhrbewilligung (Art. 1 Abs. 1). Das Ausbleiben eines ausdrücklichen Entscheids über die Erteilung oder Verweigerung der Ausfuhrbewilligung galt weder als eine stillschweigende Genehmigung noch als eine stillschweigende Verweigerung des Gesuchs.[290] Denn der Staat hatte das Recht, die Ausfuhr auch noch beim Zoll ohne Begründung zu verweigern.[291] Das Schweigen der Behörden nach Ablauf von vier Monaten seit der Vorlegung des Exportgesuchs galt aber im Lichte der Rechtsprechung des Staatsrats[292] als Verweige-

---

[284] Art. 49-2 *Arrêté du Directeur Général des Douanes et Droits Indirects du 30. 1. 1967.* Dieser Grenzwert wurde mehrmals angepasst; vgl. *Avis aux exportateurs du 15. 1. 1988.*

[285] Vgl. dazu *Poli* La protection, 34.

[286] Die DMF wurde unter André Malraux, Minister für kulturelle Angelegenheiten, dem Kulturministerium angegliedert.

[287] Es handelt sich dabei um das SAFICO *(service des autorisations financières et commerciales)*, ein Amt der Zolldirektion *(direction générale des douanes)*.

[288] Keiner weiteren Überprüfung bedurften die historischen Denkmäler, deren Ausfuhr nach Art. 21 L. 31. 12. 1913 verboten war.

[289] Vgl. die Bezeichnung „avis favorable du Directeur des Musées de France, sans garantie de valeur ni d'authenticité et sous réserve des résultats de la vérification en douane".

[290] Vgl. Cons.d'État 3. 4. 1987 (Consorts Heugel), Rec.Cons.d'État 1987, 119 (120): „le silence gardé pendant plus d'un mois sur cette demande n'a pas fait naître une autorisation implicite d'exportation." Vgl. hierzu hinten V 2.

[291] Vgl. Cons.d'État 17. 6. 1985 (Dauberville), Rec.Cons.d'État 1985, 184.

[292] Vgl. statt vieler Cons.d'État 7. 6. 1957 (Ministre de l'intérieur c. sieur Lautié), Rec.Cons.-d'État 1957, 385.

rung der Ausfuhrbewilligung, unabhängig der gesetzlichen Frist von einem Monat. Wurde die Ausstellung der Ausfuhrbewilligung verweigert, so konnte der Exporteur ein zweites Gesuch stellen. Allerdings war in keinem Rechtssatz die Dauer der Frist festgelegt. Der Exporteur konnte das zweite Gesuch zurückziehen, jedoch nur solange die zuständige Behörde über die Ausfuhr nicht entschieden hatte.[293]

Illegaler Export oder Exportversuch wurden mit Busse und Einziehung des Exportgegenstands geahndet (Art. 4 Abs. 1).

4. Erwerbsrecht bei der Ausfuhr

Der Staat hatte nach Art. 2 Abs. 1 das Recht, die „zum Export vorgeschlagenen Objekte" zu erwerben, und zwar auf eigene Rechnung oder auf Rechnung eines Departements, einer Gemeinde oder einer öffentlichen Anstalt.[294] Das Erwerbsrecht konnte während sechs Monaten ausgeübt werden (Art. 2 Abs. 2). Die Voraussetzung des „nationalen geschichtlichen oder künstlerischen Interesses" musste nicht nur im Fall der Ausfuhrverweigerung gegeben sein, sondern auch bei Ausübung des Erwerbsrechts.[295] Der Kaufpreis bestimmte sich nicht nach dem effektiven Marktpreis, sondern nach der im Exportgesuch angegebenen Höhe (Art. 2 Abs. 1).[296] Dieses Erwerbsrecht konnte der Staat innerhalb einer Frist von sechs Monaten ausüben (Art. 2 Abs. 2).

Bis zum Inkrafttreten der Verordnung vom 7. November 1958 galt die Exportgenehmigung und somit das Retentionsrecht im Falle der Ausfuhrverweigerung gemäss Art. 3 Abs. 2 jedoch nicht für Kunstwerke, die bei der Einfuhr ordnungsgemäss verzollt wurden. Danach verlangte diese Verordnung von der Verwaltung, nicht nur für jedes Objekt – somit auch für Gegenstände ausländischen Ursprungs, die bei der Einfuhr ordnungsgemäss verzollt wurden – eine Ausfuhrbewilligung, sondern erlaubte auch, das Erwerbsrecht auszuüben. Allerdings

---

[293] Vgl. hierzu die beiden Fälle Woodner und Wengraf: Cons.d'État 30. 11. 1990 (Ministre de la culture, de la communication, des grands travaux et du bicentenaire c. société Alex Wengraf limited), Rec.Cons.d'État 1990, 341; Cons.d'État 30. 11. 1990 (Ville d'Orléans, ministre de la culture, de la communication, des grands travaux et du bicentenaire c. Woodner), Rec.Cons.d'État 1990, 339; zu beiden Fällen vgl. *De Montgolfier*, 773–785.

[294] Die Einführung eines staatlichen Kaufrechts von Kunstgegenständen bei der Ausfuhr sollte Steuerumgehungen vereiteln; denn nach dem Exportgesetz vom 1. 5. 1920 wurde dem Exporteur bei Kunstwerken mit einem Wert von FF 100000 oder mehr eine Ausfuhrsteuer von bis zu 100% des Werts des Exportgegenstands auferlegt (Art. 2), was den Exporteur dazu verleitete, einen Wert weit unter dem Marktwert anzugeben. Diese Umstände veranlassten den Gesetzgeber von 1941, ein staatliches Erwerbsrecht einzuführen.

[295] Vgl. Cons.d'État 18. 2. 1966 (Biekens), Rec.Cons.d'État 1966, 123.

[296] Im Fall Talleyrand-Périgord hatte der Eigentümer den Wert seiner venezianischen Zeichnungen mit FF 562 300 angegeben. Später wurde festgestellt, dass sie einen Wert von mindestens FF 3000000 hatten; s. hierzu hinten V 1.

hob der Staatsrat die einschlägige Bestimmung (Art. 1) dieser Verordnung mit Urteil vom 12. Dezember 1969 wegen Verfassungswidrigkeit[297] auf und versagte ihre Anwendbarkeit im konkreten Fall.[298]

5. Entschädigung bei verweigerter Ausfuhr

Gemäss historischer Auslegung des Gesetzes Nr. 41-2595 war der Staat nicht verpflichtet, den Eigentümer des Kunstwerks zu entschädigen, dessen Ausfuhrgesuch abgelehnt wurde.[299] Nur bei rechtswidriger Verweigerung der Ausfuhr konnte eine Entschädigung verlangt werden.[300]

V. Richterliche Auslegung

Das Exportgesetz vom 23. Juni 1941 war sehr knapp formuliert und bedurfte neben den Exportmitteilungen der richterlichen Auslegung. Wie die Gerichte das Gesetz auslegten, zeigen folgende Beispiele aus der Rechtsprechung des Staatsrats sowie des Kassationsgerichts.

1. Affäre Talleyrand-Périgord[301]

a) Sachverhalt

Der Duc de Talleyrand-Périgord zog im Jahre 1938 nach Frankreich und nahm 80 in Italien gekaufte Zeichnungen der berühmten venezianischen Maler Giambattista Tiepolo (1696–1770) und Gianantonio Guardi (1698–1760) mit. Die Kunstwerke wurden rechtmässig aus Italien exportiert und bei der Einfuhr in

---

[297] Verletzt wurde Art. 34 der französischen Verfassung, der wie folgt lautet: „La loi détermine les principes fondamentaux [...] du régime de la propriété, des droits réels et des obligations civiles et commerciales."

[298] Die Nichtigkeit betraf nur das Erwerbsrecht, nicht aber das Exportverweigerungsrecht betreffend die importierten Kunstgegenstände und somit Objekte ausländischen Ursprungs.

[299] Vgl. Cons.d'État 3.4.1987 (Consorts Heugel), Rec.Cons.d'État 1987, 119 (121): „la loi du 23 juin 1941 a entendu exclure toute indemnisation du propriétaire auquel une telle acquisition légalement décidée causerait un préjudice." Vgl. dazu eingehend *Poli* La protection, 61–64; vgl. auch Cons.d'État 7.10.1987 (Ministre de la culture c. Consorts Genty), Rec.Cons.d'État 1987, 305; R.D.S. 1988, I, 269, note Laveissière.

[300] Vgl. Cons.d'État 7.10.1987 (Ministre de la culture c. Consorts Genty), Rec.Cons.d'État 1987, 304; s. hierzu hinten V 3. Nach Auffassung des Staatsrats besteht ein Anspruch auf Entschädigung, wenn der Gesetzgeber eine Entschädigung nicht ausschliessen wollte und der geltend gemachte Schaden „unmittelbar, bestimmbar, schwerwiegend und besonders" ist; vgl. Cons.d'État 14.3.1986 (Commune Gap-Romette c. Consorts Béraud), Rec.Cons.-d'État 1986, 73: „Le préjudice né de l'institution d'une servitude administrative ne peut ouvrir droit à réparation que si le législateur n'a pas entendu exclure toute indemnisation et dans la mesure où ce préjudice présente un caractère direct, certain, grave et spécial."

[301] Cons.d'État 12.12.1969 (Sieur de Talleyrand-Périgord), Rec.Cons.d'État 1969, 574, conclusions Kahn; JCP 1972, II, 17105, observations Mesnard; AJDA 1970, 34, conclusions Kahn.

Frankreich ordnungsgemäss verzollt. Nach dem Tod seiner Frau im Jahre 1962 wollte Talleyrand nach Italien zurückkehren und seine wertvolle Sammlung mitnehmen. Er stellte am 19. November 1963 ein Exportgesuch und bewertete die Sammlung mit FF 562300, was bei weitem nicht dem effektiven Marktwert (ca. FF 3000000) entsprach. Jean Chatelain, damaliger *Directeur des musées de France*, erwarb am 9. März 1964 die Zeichnungen zu dem im Exportgesuch angegebenen Wert. Der Ankauf wurde am 23. Juni 1964 mit einem Schreiben an Talleyrand bestätigt. Am 6. Juli 1964 teilte Talleyrand dem *Secrétaire d'État à l'Éducation nationale et à la jeunesse* mit, er ziehe sein Exportgesuch zurück und verlange die Rückgabe der Zeichnungen. Da sein Schreiben nicht beantwortet wurde, reichte er Klage beim örtlich zuständigen Verwaltungsgericht ein und verlangte die Ungültigerklärung des staatlichen Erwerbs sowie die Ungültigerklärung der stillschweigenden Ablehnung seines Antrags, ihm die Zeichnungen zurückzugeben. Die Klage wurde mit Urteil vom 4. Juli 1967 abgewiesen. Der Staatsrat hob dieses Urteil am 12. Dezember 1969 auf.

b) Rechtliche Erwägungen

Vorfrage im Prozess war, ob die Zeichnungen nach einer Belegenheitsdauer von 25 Jahren in Frankreich Kulturgüter i. S. des Exportgesetzes geworden waren.[302] Nach Art. 1 Abs. 1 Gesetz Nr. 41-2595 vom 23. Juni 1941 ist die Ausfuhr von „objets présentant un intérêt national d'histoire ou d'art" bewilligungspflichtig. Nach Art. 2 Abs. 1 konnte der Kulturminister jene Kunstgegenstände erwerben, die zur Ausfuhr bestimmt waren.[303] Der Kläger Talleyrand behauptete, seine Zeichnungen aus dem 18. Jh. seien keine Kunstgegenstände i. S. des Art. 1 Abs. 1; der Staat könne deshalb von seinem Retentionsrecht, was in Wirklichkeit ein „Vorkaufsrecht" sei, keinen Gebrauch machen. Das Vorkaufsrecht könne nur bei entgeltlichen Eigentumsübertragungen ausgeübt werden, was aber gerade nicht der Fall sei, da er keine Verkaufsabsichten hege, sondern die Sammlung lediglich nach Italien mitnehmen wolle.[304] Zudem sei das Exportgesetz auf italienische Zeichnungen gar nicht anwendbar, die sie sich erst während 25 Jahren in Frankreich befunden hätten.

Der Staatsrat hiess die Klage gut und verneinte die Anwendbarkeit des Gesetzes Nr. 41-2595 vom 23. Juni 1941 auf die Zeichnungen. Der am 9. März 1964 verfügte staatliche Erwerb war folglich mangels gesetzlicher Grundlage ungültig. Dieser Entscheid wurde mit folgenden Erwägungen begründet: Art. 1 der Ver-

---

[302] Bejahend *Kahn*, 40.

[303] Art. 2 Abs. 1 L. n° 41-2595 lautete: „L'État a le droit de retenir, soit pour son compte, soit pour le compte d'un département, d'une commune ou d'un établissement public, au prix fixé par l'exportateur, les objets proposés à l'exportation."

[304] Vgl. *Kahn*, 40. Auf die geltend gemachten Verfahrensmängeln beim staatlichen Ankauf kann verzichtet werden.

ordnung vom 7. November 1958, der Art. 3 Abs. 2 des genannten Gesetzes aufhob und somit den Anwendungsbereich desselben erheblich erweiterte, sei verfassungswidrig. Denn Art. 3 bestimme, dass das Ausfuhrgesetz keine Anwendung auf Kunstwerke finde, die bei der Einfuhr nach Frankreich ordnungsgemäss verzollt worden seien.[305] Für den staatlichen Erwerb bezüglich der im Jahre 1938 bei der Einfuhr ordnungsgemäss verzollten venezianischen Zeichnungen fehle somit die gesetzliche Grundlage.[306] Damit konnten italienische Kunstwerke frei ausgeführt werden.[307]

2. Affäre Heugel[308]

Der *Ministre de la culture et de l'environnement* erwarb gestützt auf Art. 2 Gesetz Nr. 41-2595 vom 23. Juni 1941 am 8. Dezember 1977 ein Kruxifix in Email aus dem 13. Jh. spanischen Ursprungs im Eigentum von Jacques Heugel, der die Ausfuhr beantragt hatte. Das Kunstwerk war bekannt unter dem Namen „Croix de Bonnevalle"; der Kaufpreis in Höhe von FF 50000 bestimmte sich nach dem im Exportgesuch angegebenen Wert. Nach dem Tod von Heugel im Jahre 1979 fochten die Erben den staatlichen Erwerb an und verlangten Schadenersatz mit der Begründung, der Vertrag sei nichtig, weil das Kunstwerk mindestens FF 1 500000 wert sei. Der Kultur- und Umweltminister lehnte das Begehren am 23. September 1982 ab. Das Verwaltungsgericht in Paris lehnte die Klage mit Urteil vom 15. Juni 1983 ab. Der Staatsrat bestätigte dieses Urteil am 3. April 1987.[309]

Das Urteil zeigt, dass der Exporteur den Marktwert hätte angeben sollen. Wusste der Exporteur damals nicht, dass das Kunstwerk viel mehr wert war als angegeben, hat der Staat offensichtlich von der günstigen Gelegenheit profitiert.

---

305 Art. 3 Abs. 2 L. n° 41-2595 lautete: „les autres dispositions de la présente loi, ne s'appliqueront aux œuvres d'art importées qui auront été déclarées à l'entrée, toute justification devant être fournie par l'importateur."

306 Cons.d'État 12.12.1969 (Sieur de Talleyrand-Périgord), JCP 1972, II, 17105: „l'arrêté du 9 mars 1964 par lequel le Ministre d'Etat chargé des Affaires culturelles a déclaré lesdits dessins acquis au profit de l'Etat sur le fondement de l'article 2 précité de la loi du 23 juin 1941 modifiée, et les décisions subséquentes par lesquelles il a refusé de restituer lesdits dessins au sieur de Talleyrand-Périgord, sont dépourvus de base légale".

307 *Kahn*, 36.

308 Cons.d'État 3.4.1987 (Consorts Heugel), Rec.Cons.d'État 1987, 119; AJDA 1987, 534, conclusions Hubac; AJDA 1987, 720, observations Azibert/De Boisdeffre; R.D.S. 1988, I, somm. comm., 59; R.D.S. 1987, inf. rap., 100.

309 Cons.d'État 3.4.1987 (Consorts Heugel), Rec.Cons.d'État 1987, 120: „l'acquisition par l'État de l'objet appartenant à M. Heugel a été faite au prix qu'il avait lui-même fixé; que la circonstance que ce prix aurait été très inférieur à la valeur réelle de l'objet n'entache pas d'illégalité la décision prise".

3. Affäre Genty

Der Staatsrat bestätigte mit Urteil vom 7. Oktober 1987[310], dass in Anwendung des Gesetzes Nr. 41-2595 vom 23. Juni 1941 die ausländische Herkunft des zum Kauf angebotenen Kunstgegenstands dem Kulturminister keineswegs verbietet, ihn unter das Gesetz zu subsumieren.[311]

Das Konsortium Genty war Eigentümer einer chinesischen Vase aus der Zeit der Yuan-Dynastie (1279–1368) und hatte die Absicht, dieses äusserst seltene Stück auf einer Auktion zu verkaufen. Noch vor der Versteigerung liess der *Directeur des musées de France* verkünden, die Vase sei mit einem Ausfuhrverbot belegt worden. Trotz des Exportverbots wurde die Vase einem in Singapur ansässigen Käufer für FF 2090000 zugeschlagen.

Der Eigentümer machte einen Wertverlust der Vase geltend mit der Begründung, viele ausländische Kaufinteressenten hätten ihre Kaufangebote zurückgezogen oder auf ein Mitbieten auf der Versteigerung verzichtet. Das erstinstanzliche Verwaltungsgericht sprach dem Kläger am 13. März 1985 Schadenersatz in Höhe von FF 2 500 000 zu.[312] Der Staatsrat hob diese Entscheidung mit Urteil vom 7. Oktober 1987 auf und verneinte eine Staatshaftung im Wesentlichen mit der Begründung, der Kulturminister hätte „in einem allgemeinen Interesse" gehandelt.[313]

4. Affäre Biekens

Der Staatsrat befasste sich am 18. Februar 1966[314] mit der Auslegung von Art. 1 Abs. 2 Gesetz Nr. 41-2595 vom 23. Juni 1941, wonach dieses Gesetz auf vor dem Jahre 1830 hergestellte Möbel sowie vor dem 1. Januar 1900 geschaffene „Kunstwerke von Malern, Graveuren, Zeichnern, Skulpteuren und Dekorateuren" anwendbar sei, und stellte fest, die Aufzählung in Art. 1 Abs. 2 sei nicht abschliessend.[315]

---

[310] Cons.d'État 7. 10. 1987 (Ministre de la culture c. Consorts Genty), Rec.Cons.d'État 1987, 305; R. D. S. 1988, I, 269, note Laveissière; AJDA 1987, 768, Rev.fr.dr.adm. 1988, 858, conclusions Van Ruymbeke.

[311] Cons.d'État 7. 10. 1987 (vorige Fn.), R. D. S. 1988, I, 269: „Considérant que la circonstance que l'objet d'art mis en vente soit d'origine étrangère n'interdisait nullement au ministre de la Culture de le regarder comme présentant un intérêt national d'histoire ou d'art au sens de l'art. 1 de la loi du 23 juin 1941".

[312] Tribunal administratif de Paris 13. 3. 1985, unveröffentlicht; vgl. Rec.Cons.d'État 1987, 304.

[313] R. D. S. 1988, I, 269: „le directeur des Musées de France, qui a agi dans un but d'intérêt général, n'a pas commis de faute de nature à engager la responsabilité de l'État."

[314] Vgl. Cons.d'État 18. 2. 1966 (Biekens), Rec.Cons.d'État 1966, 123; Gaz. Pal. 1967, I, 83: Ausfuhrverweigerung eines Oldtimer-Automobils.

[315] Cons.d'État 18. 2. 1966 (Biekens), Rec.Cons.d'État 1966, 123; Gaz. Pal. 1967, I, 83: „les catégories que l'on présentera ne peuvent être considérées comme exhaustives, et le pouvoir

5. Affäre Amon [316]

Der Schweizer Industrielle Amon erwarb am 16. April 1986 das Bild *Le duc d'Orléans* von Jean Auguste Dominique Ingres (1789–1867) vom damaligen Eigentümer, dem Comte de Paris, für angeblich FF 15000000.[317] Ein Jahr später stellte Amon ein Exportgesuch und gab als Wert des Bildes knapp FF 50000000 an. Während des Prüfungsverfahrens sprachen sich die eingeholten Gutachten eindeutig für die Verweigerung der Ausfuhrbewilligung aus.[318] Da das Bild im Jahre 1953 bei der Einfuhr verzollt worden war, konnte der Staat die Ausfuhr nicht nach Art. 1 Gesetz Nr. 41-2595 vom 23. Juni 1941 verweigern,[319] sondern war gezwungen, das Kunstwerk als *monument historique* zu klassifizieren, um die dauernde Ausfuhr aus Frankreich zu verhindern. Der Staatsrat kündigte schliesslich am 26. Oktober 1987 die Eröffnung eines Klassifizierungsverfahrens an und stellte mit Dekret vom 16. September 1988 das Gemälde gegen den Willen des Eigentümers unter Schutz; der Eigentümer rekurrierte erfolglos.[320]

6. Affäre Wengraf [321]

Die Affäre Wengraf handelt vom staatlichen Erwerb von Kulturgut, welches für den Export vorgelegt wurde. Strittig war die Auslegung von „*proposés à l'exportation*" nach Art. 2 Abs. 1 Gesetz Nr. 41-2595 vom 23. Juni 1941. Die Gesellschaft Wengraf mit Sitz in England erwarb am 25. Juni 1987 auf einer öffentlichen Auktion in Château de la Mercerie à Magnac-Lavalette (Charente) eine marmorne Ausfertigung der griechischen Göttin Aphrodite italienischer Provenienz aus dem 19. Jh. und beantragte am 5. August 1987 die Ausfuhr. Der *Directeur des musées de France* übte das Erwerbsrecht nach Art. 2 am 17. Dezember 1987 aus, was er bereits am 4. September 1987 ankündigte. Der Rechtsvertreter

---

prétorien peut intervenir, confirmant l'action administrative, pour décider que tel objet, non compris dans les énumerations, a un intérêt d'art ou d'histoire."

316 Cons.d'État 24. 1. 1990 (Amon), Rec.Cons.d'État 1990, 13; AJDA 1990, 423, note De Saint-Pulgent; Les Petites affiches 26. 2. 1992, Nr. 25, 27, note Robert.

317 Der Staat versuchte im Jahre 1983 vergeblich, das Gemälde für FF 35000000 zu erwerben.

318 Der damalige Direktor der Museen Frankreichs, Pierre Rosenberg, bezeichnete das Gemälde als „le plus important portrait historique du XIXe siècle avec le portrait de Napoléon qui se trouve à Washington" und dürfe Frankreich unter keinen Umständen verlassen; vgl. *De Saint-Pulgent,* 421.

319 Ein Gutachten stützte sich auf das im Jahre 1969 gefällte Urteil Talleyrand-Périgord (s. vorne 1), welches die Verfassungswidrigkeit der Verordnung vom 7. 11. 1958 feststellte.

320 Neben formellen Mängeln machte Amon die ungenügende Begründung der Klassifizierung geltend.

321 Cons.d'État 30. 11. 1990 (Ministre de la culture, de la communication, des grands travaux et du bicentenaire c. Société Alex Wengraf Limited), Rec.Cons.d'État 1990, 341; AJDA 1991, 118, observations Honorat/Schwartz; JCP 1991, II, 21778, observations Chatelain; Rev.fr.dr.adm. 1991, 773, conclusions Montgolfier; vgl. hierzu *Poli* La protection, 49f.

der Kapitalgesellschaft Wengraf zog mit Schreiben vom 29. September 1987 das Exportgesuch zurück. Der Staatsrat erachtete als zweite Instanz den Widerruf als rechtzeitig erfolgt und hob die Verfügung betreffend des Kaufs der Plastik mit Urteil vom 30. November 1990 auf.[322]

7. Affäre Woodner[323]

Bei diesem am gleichen Tag gefällten Urteil derselben Instanz ging es um die Frage des rechtzeitigen Widerrufs eines Ausfuhrgesuchs in Bezug auf ein Gemälde des französischen Künstlers Jean-Babtiste-Siméon Chardin (1699–1779). Ian Woodner, amerikanischer Staatsbürger und Eigentümer einer weltweit einzigartigen Sammlung von Zeichnungen, erwarb am 24. April 1986 auf einer öffentlichen Auktion das im Jahre 1773 entstandene Pastell *Autoportrait* für FF 6000000 und stellte ein Exportgesuch für die Verbringung des Kunstwerks in die Vereinigten Staaten von Amerika. Am 12. Juni 1986 wurde die Ausfuhr vorerst verweigert, um das Gesuch genau prüfen zu können. Der *Directeur des musées de France* übte das Erwerbsrecht nach Art. 2 Gesetz Nr. 41-2595 vom 23. Juni 1941 am 6. November 1986 aus, obwohl der Eigentümer am 14. Oktober 1986 sein Gesuch zurückgezogen hatte. Der Staatsrat schützte als zweite Instanz den staatlichen Erwerb und wies die Berufung Woodners mit der Begründung ab, dass das Gesuch nach Ablauf von vier Monaten seit Zugang des Gesuch bei der zuständigen Behörde als stillschweigend abgelehnt zu gelten habe.[324]

8. Affäre Grouet

Das Kassationsgericht hielt mit Urteil vom 11. Juni 1990 fest, dass ein Manuskript von de Sade (1740–1814)[325] unter Art. 1 Abs. 1 Gesetz Nr. 41-2595 vom 23. Juni 1941 subsumiert werden könne, auch wenn Art. 1 Abs. 2 nur Möbel, die vor 1830

---

[322] Cons.d'État 30. 11. 1990, Rec.Cons.d'État 1990, 342: „la société Alex Wengraf Limited avait été valablement retirée à une date à laquelle il n'avait été statué ni explicitement ni implicitement sur ladite demande et que [...] le 17 décembre 1987, le directeur des Musées de France ne pouvait plus regarder la statue en cause comme 'proposée à l'exportation' et user du droit de rétention".

[323] Cons.d'État 30. 11. 1990 (Ville d'Orléans, Ministre de la culture, de la communication, des grands travaux et du bicentenaire c. Woodner), Rec.Cons.d'État 1990, 339; AJDA 1991, 118, observations Honorat/Schwartz; JCP 1991, II, 21778, observations Chatelain; Rev.fr.dr.adm. 1991, 773, conclusions Montgolfier; vgl. hierzu *Carducci* La restitution, 106 bei Nr. 75; *Poli* La protection, 44–49.

[324] Vgl. Cons.d'État 30. 11. 1990 (vorige Fn.), Rec.Cons.d'État 1990, 340: „en l'absence d'une décision explicite de refus d'exportation et alors que l'expiration du délai d'un mois prévu à l'article 1er de la loi du 23 juin 1941 n'a pas pour effet de faire naître une décision tacite d'autorisation, la demande de licence d'exportation [...] devait être regardée comme implicitement rejetée quatre mois après sa réception par l'administration [...] au plus tard le 12 octobre 1986".

[325] Es handelte sich um das zwischen 1782 und 1785 geschriebene Buch *Les 120 journées de Sodom* von Donatien Alphonse François Marquis de Sade (1740–1814).

und Werke von Malern, Graveuren, Zeichnern und Dekorateuren, die vor dem 1. Januar 1900 hergestellt wurden sowie archäologische Funde aus Grabungen in Frankreich und Algerien, aufzähle.[326] Da das Manuskript ohne Bewilligung ausgeführt wurde, war die Ausfuhr nach Art. 1 Abs. 1 illegal.[327]

VI. Zwischenergebnis und Kritik

Vor dem 1. Februar 1993 hatte der Staat drei Möglichkeiten, sich der Ausfuhr von Kulturgütern zu widersetzen: Er konnte zunächst nach Art. 16 Abs. 2 Gesetz vom 31. Dezember 1913 das Kunstwerk von Amts wegen als historisches Denkmal klassifizieren, wobei er allerdings Gefahr lief, den Eigentümer entschädigen zu müssen.[328] Zweitens hatte er bei öffentlichen Verkäufen *(ventes publiques)* ein Vorkaufsrecht (Art. 37 L. 31. 12. 1921), und drittens konnte der Staat die zur Ausfuhr vorgelegten Gegenstände nach Art. 2 des umstrittenen[329] Gesetzes Nr. 41-2595 vom 23. Juni 1941 erwerben.

Die legale Ausfuhr von Objekten, die ein nationales Interesse im Hinblick auf die Geschichte oder die Kunst aufwiesen, war nur mit einer staatlichen Genehmigung möglich, falls der Exportgegenstand in eine der Kategorien der *avis aux exportateurs* fiel und die dort angegeben Wertgrenzen erreichte. Traf dies nicht zu, so konnten die staatlichen Behörden auch noch beim Zoll die Ausfuhr verweigern, wenn es sich um einen Gegenstand von historischem und künstlerischen Interesse handelte. Ob eine Ausfuhrgenehmigung nötig war oder nicht, spielte also für die Verweigerung der Ausfuhr keine Rolle.[330]

---

326 Cour de cassation (crim.) 11. 6. 1990 (Grouet), R. D. S. 1990, II, inf. rap., 206: „Les précisions apportées par l'aliéna 2 de l'article 1er de la loi du 23 juin 1941 à la définition de certains des objets visés au 1er alinéa du même article n'excluent pas de la définition générale qui y figure l'ensemble des objets présentant un intérêt national d'histoire ou d'art autres que les objets d'ameublement, les œuvres d'artistes ou les produits des fouilles."

327 Das Strafurteil hatte Folgen auf ein Zivilverfahren in der Schweiz: Nathalie de Noailles, französische Staatsangehörige mit Wohnsitz in Fontainebleau, Frankreich, und Eigentümerin des wertvollen Manuskripts, hatte die wertvolle Schrift, ohne ihr Eigentum aufzugeben, Grouet anvertraut, der es in die Schweiz schmuggelte. Am 17. Dezember 1982 verkaufte dieser die Schrift in Genf an den bekannten Kuriositätensammler Gérard Nordmann für FF 300000. De Noailles klagte nun in Genf auf Herausgabe des Schriftstücks. Der *Tribunal de première instance de Genève* wies die Klage am 13. März 1997 mit der Begründung ab, Nordmann habe gemäss Art. 933 ZGB gutgläubig Eigentum erworben. Die *Cour de justice du canton de Genève* wies eine dagegen erhobene Berufung mit Urteil vom 14. November 1997 ab. Das BGer wies die Berufung ab und bestätigte das Urteil der Vorinstanz; vgl. BGer 28. 5. 1998 (De Noailles g. Nordmann), 5C.16/1998, unveröffentlicht. M. E. hätte die Gutgläubigkeit von Nordmann verneint werden müssen; kritisch auch *Lemme* Valgono, 32; über diesen Entscheid berichtet auch *Reutter*, 24.

328 Zu den Fällen Schlumpf und Walter s. vorne § 7 D III 1 und 2.

329 *Chatelain* Observations, 453, bezeichnet das Ausfuhrverfahren nach dem Exportgesetz Nr. 41-2595 „sans nul doute obscur, confus, trop secret et trop long"; ähnlich *Chandernagor*, 120.

330 So auch *Poli* La protection, 29.

B. Exportgesetzgebung seit dem 1. 2. 1993

I. Allgemeines

Das seit dem 1. Februar 1993 geltende neue Regime der Exportkontrolle von Kulturgütern wird im zweiten Titel des Gesetzes Nr. 92-1477 vom 31. Dezember 1992 über den beschränkten Verkehr von Gütern usw.[331] sowie von der Verordnung Nr. 93-124 vom 29. Januar 1993 über den beschränkten Verkehr von Kulturgütern[332] geregelt. Das Gesetz von 1992 hob das Gesetz Nr. 41-2595 vom 23. Juni 1941 auf.

II. Faktisches Ausfuhrverbot von nationalem Kulturgut

1. Nationale Schätze (trésors nationaux)

Zu den nationalen Schätzen *(trésors nationaux)* gehören nach Art. 4 drei Arten von Kulturgütern.[333]

a) Objekte öffentlicher Sammlungen

Sammlungsobjekte öffentlicher Sammlungen gehören als Gesamtheit aber auch als Einzelgegenstände zum *domaine public*. Eine zulässige Ausfuhr widerspräche aber den Bestimmungen zum *domaine public*.[334] Vorbehalten bleibt eine Entwidmung, welche die Veräusserlichkeit, Ersitzbarkeit und somit auch die Exportfähigkeit zur Folge hätte.

b) Klassifizierte Objekte

Die unter Denkmalschutz gestellten Kulturgüter[335] unterliegen nach Art. 21 L. 31. 12. 1913 einem absoluten Ausfuhrverbot.[336] Dasselbe gilt nach Art. 21 L. n° 79-18 für klassifizierte Archive.[337]

---

[331] *Loi n° 92-1477 du 31. 12. 1992 relative aux produits soumis à certaines restrictions de circulation et à la complémentarité entre les services de police, de gendarmerie et de douane*; zuletzt geändert durch Artt. 1–4 *Loi n° 2000-643 du 10. 7. 2000 relative à la protection des trésors nationaux et modifiant la Loi no 92-1477 du 31 décembre 1992* ... Im nachfolgenden Text wird lediglich von „Gesetz" gesprochen. Ist ein anderer Erlass gemeint, so ist dies angegeben. Zitierte Gesetzesbestimmungen ohne Zusatz sind Bestimmungen des Gesetzes Nr. 92-1477.

[332] *Décret n° 93-124 du 29. 1. 1993 relatif aux biens culturels soumis à certaines restrictions de circulation.*

[333] Art. 4 L. n° 92-1477 lautet: „Les biens appartenant aux collections publiques, les biens classés en application de la loi du 31 décembre 1913 sur les monuments historiques ou de la loi n° 79-18 du 3 janvier 1979 sur les archives ainsi que les autres biens qui présentent un intérêt majeur pour le patrimoine national au point de vue de l'histoire, de l'art ou de l'archéologie sont considérés comme trésors nationaux".

[334] Güter des *domaine public* können nach Art. 52 *C. dom. État* weder veräussert noch ersessen werden; zu den domanialen Kulturgütern siehe vorne § 7 C I–V.

[335] Zur Klassifizierung als *monument historique* s. vorne § 7 C VI 2 u. D I 1.

[336] Art. 21 L. 31. 12. 1913 lautet: „L'exportation hors de France des objets classés est interdite."

[337] Art. 21 L. n° 79-18, geändert durch Art. 11 L. n° 92-1477 lautet: „L'exportation des archives classés est interdite." Obwohl Art. 21 unter dem Titel „Privatarchive" steht, gilt das Aus-

c) Güter, welche ein gehobenes Interesse für das nationale Kulturerbe aufweisen

Güter, welche ein gehobenes Interesse *(intérêt majeur)* für das nationale Erbe *(patrimoine national)* im Hinblick auf die Geschichte, die Kunst oder die Archäologie aufweisen, bilden die dritte Art von nationalem Kulturgut. Ob ein Exportgegenstand ein solches Interesse erfüllt, wird nicht einfach zu bestimmen sein, handelt es sich doch beim Begriff des *trésor national* um einen weiten Begriff.[338]

2. Anwendungsbereich

Nach Art. 7 Abs. 1 *kann* die Ausfuhr nur von *trésors nationaux* verweigert werden.[339] Wird die Ausfuhr verweigert, so ist keine Entschädigung geschuldet (Art. 7 Abs. 2).[340] Obwohl Art. 7 Abs. 1 nicht ausdrücklich von einem Ausfuhrverbot spricht, ist diese Kann-Vorschrift als Ausfuhrverbot zu interpretieren.[341] Ob das zur Ausfuhr vorgelegte Objekt als Nationalschatz *(trésor national)* zu qualifizieren ist, entscheidet die zuständige Behörde im Einzelfall.[342]

Art. 10 Abs. 1 lässt jedoch eine vorübergehende Ausfuhr in vier bestimmten Fällen zu: Im Falle von Restaurierungen, einer Expertise, einer Teilnahme an einem kulturellen Anlass oder als Leihgabe für öffentliche Sammlungen.[343] Die Dauer der bewilligten Ausfuhr ist objektabhängig (Art. 10 Abs. 2). Die Bewilli-

---

fuhrverbot auch für öffentliche Archive. Nach der alten Fassung von Art. 21 Abs. 1 bedurfte die Ausfuhr einer Bewilligung der Archivbehörde.

338 Vgl. *Heinick* Nicht, 33, wonach sich dieser Begriff „ins Unklare" ausweitet.

339 Art. 7 Abs. 1 Satz 1 L. n° 92-1477 lautet: „Le certificat ne peut être refusé qu'aux biens culturels présentant le caractère de trésor national."

340 Art. 7 Abs. 2 L. n° 92-1477, eingefügt durch Art. 2 L. n° 2000-643, lautet: „Aucune indemnité n'est due en cas de refus de délivrance du certificat."

341 Der Gesetzgeber hätte besser folgende Formulierung verwendet: „Le certificat doit être refusé aux biens culturels présentant le caractère de trésor national" oder noch klarer: „L'exportation des trésors nationaux est interdite"; denn die Formulierung „ne peut être refusé que" kann dahin ausgelegt werden, dass die zuständige Behörde die Ausfuhr von nationalen Schätzen nicht verweigern *muss*, sondern nur verweigern *kann*. Auf Grund der Gesetzesmaterialien kann aber davon ausgegangen werden, dass der Gesetzgeber die Ausfuhr von Nationalschätzen verbieten wollte; gl. M. *Carducci* La restitution, 109 bei Nr. 83; *Poli* La protection, 78.

342 Nach *Poli* La protection, 78f., ist eine Aufzählung von nationalen Kulturgütern deshalb unmöglich, weil der Begriff „patrimoine national" einen evolutiven Charakter aufweise und die französische Behörde mangelhafte Kenntnis vom französischen kulturellen Patrimonium habe.

343 Art. 10 Abs. 1 L. n° 92-1477 lautet: „L'exportation des trésors nationaux hors du territoire douanier peut être autorisé, à titre temporaire, par l'autorité administrative, aux fins de restauration, d'expertise, de participation à une manifestation culturelle ou de dépôt dans une collection publique".

gung gibt neben dem genauen Bestimmungsort auch das Datum der Rückführung des Kulturguts an und kann auf Antrag des Exporteurs verlängert werden (Art. 10 Abs. 3 D. n° 93-124). Wird ein nationaler Schatz vorübergehend in einen Nichtmitgliedstaat der EU exportiert, so bedarf der Exporteur neben der Bewilligung eine „autorisation de sortie" (vgl. Art. 10 D. n° 93-124).

III. Genehmigungspflichtige Ausfuhr von Kulturgütern

Die dauernde und vorübergehende Ausfuhr von Gütern von historischem, künstlerischem oder archäologischem Interesse, welche unter eine der Kategorien im Anhang zur Verordnung Nr. 93-124[344] fallen, ist bewilligungspflichtig (Art. 5).

IV. Verfahren

1. Ausfuhr in EU-Mitgliedstaaten

a) Dauernde Ausfuhr

Der Eigentümer stellt dem Kulturminister ein Gesuch um Erteilung einer Ausfuhrbescheinigung *(certificat)*.[345] Im Antragsformular müssen u.a. Angaben über den Gesuchsteller und den Exportgegenstand gemacht werden.[346] Eine physische Präsentation ist in diesem Zeitpunkt des Exportverfahrens nicht nötig. Der Kulturminister *(ministre chargé de la culture)* muss nun innerhalb von vier Monaten die Ausfuhrbewilligung erteilen oder verweigern.[347] Es wird zuerst überprüft, ob es sich um einen „Nationalschatz" *(trésor national)* i. S. v. Art. 4 oder um ein „einfaches" Kulturgut *(bien culturel)* i. S. v. Art. 5 handelt. Ist das Objekt ein Kulturgut, so ist ferner zu prüfen, ob es unter eine der Kategorien im Anhang zur Verordnung Nr. 93-124 fällt. Trifft dies nicht zu, so wird das Gesuch um Erteilung der Ausfuhrbescheinigung mit dem Vermerk „demande sans objet" dem Gesuchsteller zurückgeschickt (Art. 4 Abs. 2 D. n° 93-124).

Hat der Kulturminister den Exportgegenstand als nationalen Schatz oder „einfaches" Kulturgut qualifiziert, so leitet er das Gesuch an die Kommission[348] weiter, welche das Objekt unter dem Blickwinkel der historischen, künstlerischen

---

[344] Frankreich hat die VO (EWG) Nr. 3911/92 durch D. n° 93-124 in nationales Recht umgesetzt, obwohl diese unmittelbar gilt und keiner Umsetzung bedarf.

[345] Art. 2 Abs. 2 D. n° 93-124 i. V. m. Art. 4 Abs. 1 L. n° 92-1477.

[346] Namentlich müssen die Herkunft des Objekts und die Kategorie des Anhangs zur französischen VO Nr. 93-124 angegeben werden; vgl. dazu *Poli* La protection, 80, Fn. 260 m. w. H.

[347] Art. 2 Abs. 2 D. n° 93-124. Nach altem Regime der Exportkontrolle galt der unbenutzte Ablauf von vier Monaten als stillschweigende Verweigerung der Ausfuhr; vgl. dazu die Fälle Woodner und Wengraf vorne A V 6 u. 7.

[348] Diese von einem Mitglied des Staatsrats präsidierte Kommission ist paritätisch aus Vertretern des Staats und qualifizierten Personen zusammengesetzt (Art. 7 Abs. 4 Satz 1). Die dazugehörenden Ausführungsbestimmungen wurden noch nicht erlassen.

oder archäologischen Bedeutung untersucht (Art. 3 Abs. 1 D. n° 93-124). In diesem Verfahrensabschnitt kann der Kulturminister die Präsentation des Objekts verlangen (Art. 8 Abs. 2). Die Erteilung der Ausfuhrbescheinigung kann nur nach erfolgter Begründung durch die Kommission verweigert werden. Die Verweigerung bedarf der Begründung durch rechtliche und tatsächliche Erwägungen und ist zu veröffentlichen (Art. 7 Abs. 5 L. n° 92-1477).[349]

Hingegen wird die Ausfuhrbescheinigung automatisch für jene Kulturgüter ausgestellt, die vor weniger als 50 Jahren nach Frankreich importiert wurden und keine nationale Schätze sind.[350] Die Ausfuhrbescheinigung bestätigt, dass es sich um keinen nationalen Schatz handelt.[351] Ist der Exportgegenstand jünger als 100 Jahre, so ist die Ausfuhrbescheinigung während 20 Jahren gültig und erneuerbar.[352]

Die Frage, ob das Objekt nach Ausstellung der Exportlizenz unter Denkmalschutz gestellt werden kann, oder ob es dank der Lizenz vor einer Klassifizierung als historisches Denkmal gefeit ist, beantwortet das Gesetz Nr. 92-1477 nicht. Ersteres ist mit folgenden Überlegungen zu verneinen: Nach Art. 14 Abs. 1 Gesetz vom 31. Dezember 1913 kann ein Gegenstand als *monument historique* klassifiziert werden, wenn an der Unterschutzstellung ein öffentliches Interesse im Hinblick auf die Geschichte, die Kunst, die Wissenschaft oder die Technik besteht. Die Ausfuhrbescheinigung bestätigt, dass es sich nicht um ein Objekt von gehobenem Interesse *(intérêt majeur)* für das nationale Erbe im Hinblick auf die Geschichte, die Kunst oder die Archäologie handelt.[353] Eine nachträgliche Klassifizierung als historisches Denkmal wäre also nur dann denkbar, wenn der „intérêt public" i.S. des Gesetzes vom 31. Dezember 1913 bedeutender wäre als das gehobene Interesse für das nationale Kulturerbe i.S. des Gesetzes Nr. 92-1477.[354]

Die Verweigerung der Ausstellung einer Ausfuhrbescheinigung ist während 30 Monaten gültig (Art. 9 Abs. 1).[355] Die Exportlizenz kann nur dann ein zweites Mal verweigert werden, wenn der Staat von seinem gesetzlichen Erwerbsrecht Gebrauch macht und der Eigentümer das zustande gekommene Angebot inner-

---

349 Zur Begründungspflicht vgl. *Poli* La protection, 82; *Frier* L'exportation, 267.

350 Art. 7 Abs. 2 L. n° 92-1477 i.d.F. des Art. 2 Abs. 2 L. n° 2000-643.

351 Art. 5 Abs. 2 Satz 1 L. n° 92-1477 i.d.F. des Art. 1 Abs. 1 L. n° 2000-643.

352 Art. 5 Abs. 2 Satz 2 L. n° 92-1477 i.d.F. des Art. 1 Abs. 1 L. n° 2000-643. Nach altem Recht war die Ausfuhrbescheinigung lediglich während fünf Jahren gültig; vgl. Art. 5 Abs. 2 L. n° 92-1477.

353 Vgl. Art. 5 Abs. 2 i.V.m. Art. 4 L. n° 92-1477.

354 So wohl auch *Poli* La protection, 83.

355 Nach altem Recht war die Ausfuhrbescheinigung sogar während 36 Monaten gültig; vgl. Art. 9 Abs. 1 L. n° 92-1477 i.d.F. vom 31.12.1992.

halb von zwei Monaten ablehnt oder seine Zustimmung nicht rechtzeitig mitteilt.[356] Eine Entschädigung ist nicht vorgesehen (Art. 9-1 Abs. 6 Satz 2). Eine Unterschutzstellung als historisches Denkmal oder Archiv oder die geforderte Herausgabe nach den Gesetzen vom 27. September 1941 und vom 1. Dezember 1989 ist gleichbedeutend mit einem Ausfuhrverbot (vgl. Art. 9 Abs. 2).[357]

b) Vorübergehende Ausfuhr

α) Kulturgüter *(biens culturels)*

Die vorübergehende Ausfuhr kann im Falle einer Restauration, einer Expertise oder einer Teilnahme an einer Ausstellung bewilligt werden (Art. 5 Abs. 6). Der Kulturminister muss innerhalb eines Monats seit Einreichung des Exportgesuchs über die Erteilung oder Verweigerung der vorübergehenden Ausfuhr entscheiden (vgl. Art. 10 Abs. 1 D. n° 93-124). Handelt es sich um ein Objekt der Kategorien 7 bis 11 des Anhangs zur Verordnung Nr. 93-124 (Art. 10 Abs. 1 Satz 2 D. n° 93-124), so kann der Minister die Bewilligung von der Präsentation des Objekts abhängig machen (Art. 10 Abs. 2 D. n° 93-124). Wird das Kulturgut nach Frankreich zurückgebracht, so muss der Exporteur das Kulturgut erneut vorlegen (Art. 10 Abs. 4 D. n° 93-124).

β) Nationale Schätze *(trésors nationaux)*

Die Bewilligung der vorübergehenden Ausfuhr von *trésors nationaux* kann anlässlich einer Restauration, Expertise, Teilnahme an einer kulturellen Veranstaltung oder als befristete Leihgabe erteilt werden (Art. 10 Abs. 1).[358] Die Dauer der Bewilligung hängt vom Objekt ab (Art. 10 Abs. 2). Der Kulturminister muss auch hier innerhalb eines Monats über das Ausfuhrbegehren entscheiden (Art. 10 Abs. 1 Satz 2 D. n° 93-124).

---

[356] Art. 9 Abs. 2 i. V. m. Art. 9-1 Abs. 6 L. n° 92-1477.

[357] Das alte Recht war strenger: Wollte der Staat die Abwanderung eines Kulturguts „definitiv" verhindern, so musste er das Objekt unter Schutz stellen oder die Herausgabe an den Staat nach den Gesetzen vom 31. 12. 1913 und vom 1. 12. 1989 verlangen. Verzichtete der Staat darauf, so hatte er die Ausfuhr zu genehmigen.

[358] Es fällt auf, dass das Gesetz Nr. 92–1477 bei nationalen Kulturgütern von „manifestation culturelle" (Art. 10 Abs. 1) spricht, hingegen bei Kulturgütern von „participation à une exposition" (Art. 5 Abs. 3). M. E. ist der Begriff „manifestation culturelle" weiter gefasst als der Begriff „participation à une exposition". Ein möglicher Unterschied darf aber zumindest keine rechtlichen Folgen haben; vgl. auch *Poli* La protection, 89; i. E. wohl gleich *Frier* L'exportation, 266, wonach „la participation à une manifestation culturelle [est] conforme à la logique des grandes expositions" sei. Zudem ist die vorübergehende Ausfuhr von Leihgaben nur bei nationalen Kulturgütern möglich (vgl. Art. 10 Abs. 1 und Art. 5 Abs. 3). Es wäre wünschenswert, diese vierte Möglichkeit auch bei Kulturgütern zuzulassen.

γ) Frei auszuführende Kulturgüter

Objekte, die unter die Kategorien des Anhangs zur Verordnung Nr. 93–124 fallen, oder solche, die zwar darunter fallen, jedoch den angegebenen Wert nicht überschreiten, können aus Frankreich – unter der Voraussetzung der Ausstellung der Ausfuhrbescheinigung *(déclaration d'échange des biens entre États membres de la CEE)* – frei ausgeführt werden.

2. Dauernde und vorübergehende Ausfuhr in Drittstaaten

Jegliche Ausfuhr von Kulturgütern aus der EU bedarf einer Exportdeklaration. Dies gilt auch für Kulturgüter, die nicht unter die Kategorien des Anhangs zur Verordnung Nr. 93-124 fallen.

Massgeblich für das Exportverfahren in einen Staat ausserhalb der EU ist der zweite Titel der Verordnung Nr. 93-124[359] und der dazugehörende Anhang, welcher vierzehn verschiedene Kategorien von Gütern abschliessend aufzählt. Diese Kategorien sind deckungsgleich mit den Kategorien des Anhangs zur Verordnung (EWG) Nr. 3911/92 vom 9. Dezember 1992[360]. Die Kategorien werden nach den Kriterien „Wert", „Alter" sowie der Kombination „Wert/Alter" unterschieden. Bei gewissen Objekten wird nur auf den finanziellen Wert abgestellt.[361] Andere Güter benötigen eine Ausfuhrgenehmigung unabhängig von ihrem Wert.[362] Andere wiederum müssen ein gewisses Alter und einen bestimmten Wert erreichen.[363] Die genauen Vorschriften enthalten jeweils die Erlasse (hier *arrêtés*) des *Conseil d'État*.[364]

Um das Gut in ein Land ausserhalb der EU zu exportieren, braucht der Exporteur oder sein Vertreter[365] eine sog. *autorisation de sortie temporaire*.[366] Der Exporteur oder sein Vertreter muss ein Formular *(Communauté européenne –*

---

359 „Exportation de biens culturels et exportation temporaire de trésors nationaux hors du territoire douanier de la communauté économique européenne".

360 Verordnung (EWG) Nr. 3911/92 des Rates vom 9. 12. 1992 über die Ausfuhr von Kulturgütern.

361 Anhang zu D. n° 93-124, Kategorie 12: Sammlungen naturhistorischen Ursprungs (a) sowie Sammlungen, die ein historisches, paläontologisches, ethnografisches oder numismatisches Interesse aufweisen (b). Der Grenzwert ist mit 50000 ECU angegeben.

362 Anhang zu D. n° 93-124, Kategorien 1, 2, 8 u. 11.

363 Anhang VO 93-124, Kategorien 3, 4, 5, 6, 7, 9, 10, 13 u. 14.

364 Vgl. Art. 11 D. n° 93-124, geändert durch Art. 2 D. n° 95-24. Die aktuelle „Verordnung" ist der *Arrêté du 28. 4. 1993 relatif aux modalités de délivrance de l'autorisation d'exportation temporaire ou définitive de biens culturels et de l'autorisation d'exportation temporaire de trésors nationaux*. Dieser Erlass ersetzte denjenigen vom 5. 2. 1993.

365 Art. 4 *Arrêté du 28. 4. 1993*.

366 Art. 11 Abs. 1 und Art. 12 Abs. 1 D. n° 93-124 i. d. F. des Art. 2 D. n° 95-24.

biens culturels) in dreifacher Ausfertigung ausfüllen.[367] Adressat dieses Formulars ist der SETICE[368]. Dieses Amt stellt die Zertifikate für die dauernde oder vorübergehende Ausfuhr aus[369] und hat das Recht, die Vorlage des Exportgegenstands zu verlangen.[370] Wird das Zertifikat ausgehändigt, kann der Exporteur oder sein Vertreter die Dokumente beim Zollbüro vorweisen.[371] Bei diesem auf Kulturgüter spezialisierten Amt kann der Exporteur eine sog. Ausfuhrerklärung *(déclaration d'exportation)* hinterlegen. Diese Deklaration wird, sobald die auszuführenden Objekte gezeigt werden, unterschrieben.

V. Keine Entschädigung bei verweigerter Ausfuhr

Nach Art. 7 Abs. 2 ist keine Entschädigung bei der ersten Verweigerung der Ausfuhr geschuldet. Dasselbe gilt auch für die zweite Verweigerung der Ausfuhrbewilligung, wenn der Exporteur das vorherige staatliche Kaufangebot innerhalb der zweimonatigen Frist abgelehnt oder nicht mitgeteilt hat, ob er die Offerte annimmt (Art. 9-1 Abs. 6).

Stellt der Staat das Kulturgut nachträglich unter Schutz, so ist der Eigentümer gut beraten, sich der Unterschutzstellung zu widersetzen, um in den Genuss einer Entschädigung zu gelangen, die im Lichte der Rechtsprechung[372] zu leisten ist.

VI. Erwerbsrecht bei der Ausfuhr

Der Staat kann innerhalb einer Frist von 30 Monaten seit der Verweigerung der Ausstellung der Ausfuhrbestätigung dem Eigentümer ein Kaufangebot unterbreiten (Art. 9-1 Abs. 1).

VII. Zollbehördliche Kontrolle

Bei der Ausfuhr von Kulturgut in ein Land ausserhalb der EU muss der Exporteur zusätzlich zur Zolldeklarierung eine vom Zollminister ausgestellte Exportbewilligung *(autorisation d'exportation)* vorweisen. Für das Verbringen von Kul-

---

[367] Art. 3 *Arrêté du 28. 4. 1993*: Das erste Exemplar ist für das Zollamt, welches das Ausfuhrzertifikat aushändigt, das zweite ist für den Exporteur, das dritte ist beim Zollbüro vorzuweisen.

[368] SETICE = *Service des titres du commerce éxterieur* (früher SAFICO) hat ihren Sitz in der 8, Rue de la Tour des dames, 75436 Paris Cedex 09.

[369] Art. 4 Abs. 3 und 4 *Arrêté du 28. 4. 1993*.

[370] Art. 4 Abs. 5 *Arrêté du 28. 4. 1993*.

[371] Der Gang zu diesem Zollamt bleibt dem Inhaber der vorübergehenden Ausfuhrbewilligung erspart; denn die Vorlegung der Dokumente ist nur für den Export von Kulturgüter, die keine Nationalschätze sind, erforderlich; vgl. *Poli* La protection, 91, Fn. 340 m. w. H.

[372] Zu den Fällen Schlumpf und Walter vorne § 7 D III 1 u. 2.

turgut innerhalb der EU genügt das Vorlegen der Ausfuhrbescheinigung sowie gegebenenfalls der *déclaration d'échange des biens*.[373]

Die Zollbeamten haben jederzeit das Recht, die Vorlage der Bescheinigung der freien Ausfuhr *(certificat de libre circulation)* zu verlangen.[374] Ferner haben sie ein Hinterlegungsrecht in Bezug auf die auszuführenden Waren, um die legale Ausfuhr zu überprüfen.[375] Die Ware darf nach Aufforderung während höchstens zehn Tagen hinterlegt werden. Die Frist kann aber auf höchstens um elf Tage verlängert werden (Art. 322bis Abs. 1 *Code des douanes*).

VIII. Strafrechtliche Sanktionen

Wer ohne Bewilligung einen nationalen Schatz dauernd oder vorübergehend ausser Landes bringt oder auch nur versucht oder die festgelegten Auflagen nicht befolgt,[376] wird mit Gefängnis bis zu zwei Jahren und einer Busse von FF 3000000 bestraft (Art. 13).[377]

IX. Praxis: Affäre Liotard

Der Genfer[378] Künstler Jean-Étienne Liotard (1702–1789) malte in den Jahren 1738 und 1742 im Auftrag des Marquis de Villeneuve, damals französischer Botschafter in Konstantinopel, das Ölgemälde *Portrait de Monsieur Levett et Mademoiselle Glavani assis sur un divan*. Das Bild, das sich während fast 250 Jahren[379]

---

[373] Die illegale Ausfuhr von Kulturgut wird in Frankreich hart bestraft. So wurden im April 2000 deutsche Schmuggler, die am 22. Mai 1996 146 Kunstwerke des deutsch-französischen Künstlers Hans Arp (1887–1966) illegal über die französisch-belgische Grenze verbringen wollten, von einem Zivilgericht in Valenciennes zu einer Busse von insgesamt FF 68100000 bestraft. Dies ist die höchste Geldstrafe, die jemals von einem Gericht in der EU wegen Kulturgüterschmuggels ausgesprochen wurde. Die deutschen Schmuggler gingen in Berufung; wie die zweite Instanz entschied, konnte nicht in Erfahrung gebracht werden. Zum Ganzen vgl. *Attias* Court fines, 6.

[374] Art. 6 *Code des douanes*.

[375] Art. 322bis Abs. 1 *Codes des douanes*; eingefügt durch Art. 25 L. n° 92-1477; zuletzt geändert durch Art. 23 Abs. 4 L. n° 2001-6 du 4.1.2001. Der *Code des douanes* ist gemäss seinem Art. 2bis Abs. 2 auf Güter, die in einen anderen EWR-Staat exportiert werden, nicht anwendbar. Art. 322bis Abs. 1 verweist jedoch auf Art. 38 Abs. 4, eingefügt durch Art. 29 L. n° 92-1477, der die Artt. 4, 5, 16, 17 u. 19 L. n° 92-1477 aufzählt, welche somit unter den Regelungsbereich des *Code des douanes* fallen.

[376] Wenn z. B. das Objekt erst nach Ablauf der nach Art. 10 Abs. 2 L. n° 92-1477 vereinbarten Frist zurückgebracht wird.

[377] Art. 13 L. n° 92-1477, geändert durch Art. 60 III und IV *L. n° 94-679 du 8.8.1994 portant diverses dispositions d'ordre économique et financier*.

[378] Liotard war nicht Schweizer, da Genf zu seinen Lebzeiten eine eigenständige Republik war und sich erst im Jahre 1814 der helvetischen Konföderation anschloss; ungenau daher der Hinweis von *Powell* Ministry, 27, Liotard sei ein „Swiss artist".

[379] *Hanisch* Der Fall, 29.

ständig in Privatbesitz in Frankreich befand, wurde zuerst vom Kaufmann und Schriftsteller Pierre-Augustin Guys aus Marseille und dann von Jourdan Barry, Reeder in Marseille, erworben. Aus dem Familiennachlass wurde es am 4. Juni 1993 auf einer Auktion bei Drouot für etwa FF 9000000 an eine schweizerische Stiftung verkauft.[380]

Auf Vorschlag von Pierre Rosenberg, damals noch Chef-Kurator für die Gemäldesammlungen des Louvre, verweigerte die zuständige Kommission[381] die Ausfuhr in die Schweiz, weil das Bild zum nationalen französischen Kulturvermögen gehöre.[382] Der Verkäufer verlangte die Zahlung des Zuschlagspreises, was die Käuferin aber verweigerte.[383] Der damalige Kulturminister Jacques Toubon bestätigte im Juli 1993 diesen negativen Entscheid.[384] Nach Auffassung von Rosenberg gehöre das Bild zum nationalen Kulturvermögen, *„weil es gut für die Nation ist, dass es ein Teil davon ist."*[385] Eine an Sachkriterien orientierte Begründung für die Qualifikation als französisches nationales Kulturgut und für das Ausfuhrverbot ist nie publiziert worden. Für ein besseres Verständnis der französischen Haltung mag die Berücksichtigung der traditionellen Einstellung zum Schutz nationaler Kulturgüter sein.[386]

Am 20. September 1995, also noch bevor die dreijährige Sperrfrist zur Einreichung eines zweiten Exportgesuchs abgelaufen war, kaufte der Louvre[387] das mit dem Ausfuhrverbot belegte Gemälde im Einverständnis aller Parteien zum Versteigerungspreis von FF 9000000. Der grosse finanzielle Aufwand der Republik Frankreich, das Gemälde vor dessen Abwanderung zu schützen, mag jeden Kunsthistoriker überraschen, da Liotards Malweise zu seinen Lebzeiten in Frankreich nicht sehr geschätzt war, und er während seines zweiten Aufenthalts in Paris in den Jahren 1748 bis 1753 nicht in die *Académie de peinture* aufgenommen worden war.[388]

---

380 Die schweizerische Erwerberin soll angeblich das Bild verdeckt für das Getty Museum in Malibu, Kalifornien, erworben haben; vgl. *Powell* Getty, 35.

381 Vgl. Art. 7 Abs. 4 L. n° 92-1477; Art. 5 L. n ° 93-124.

382 Vgl. dazu die Diskussion am Symposium „Works of Art in the European Single Market" vom 27.9.1993 in Genf. In: *Byrne-Sutton/Renold* Les objets, 152–154.

383 *Powell* Damned, 23.

384 Vgl. *Heinick* Nicht, 33; *Powell* Damned, 23; *Ders.* Ministry, 27f.; *Byrne-Sutton* It is, 27f.; *„French art export: a case history"*, 5.

385 „Il en fait partie parce qu'il est bon pour la nation qu'il en fasse partie." Zit. gemäss *Alain Walther*. In: Hebdo 4.11.1993, 87; vgl. dazu die Kritik von *Byrne-Sutton* It is, 27.

386 Das „französische Kunstwerk" versteht sich danach unabhängig vom historischen, soziologischen und ethnischen Kontext und steht im Zusammenhang mit der universellen Bedeutung der französischen Wissenschaft, politischen Philosophie und Kunst; vgl. *Leniaud,* 57–70 (61f.).

387 Der Louvre besass vor diesem Erwerb kein Gemälde von Liotard; vgl. *Powell* Ministry, 27.

388 Vgl. dazu *Fosca,* 51–53.

X. Statistik

1. Ausfuhr

Die folgende Übersicht zeigt die Anzahl genehmigter und verweigerter Exportgesuche von Kulturgütern *(biens culturels)* und nationale Schätze *(trésors nationaux)* gestützt auf das Gesetz Nr. 92-1477 in den Jahren 1994 bis 1998.[389]

Jahr		**1994**[390]	**1995**[391]	**1996**[392]	**1997**[393]	**1998**[394]
Total gestellte Gesuche		2477[395]	1797	2800	3301	3768
Ausgestellte Zertifikate für den dauernden Export von	*Biens culturels* i. S. v. Art. 5	2409	1688	2673	3137	3561
Ausgestellte Zertifikate für den vorübergehenden Export von		6	717[396]	700[397]	313[398]	813[399]

[389] Bei Drucklegung waren die statistischen Zahlen des Jahres 1999 noch nicht veröffentlicht.

[390] Rapport 1994, 45, 47.

[391] Rapport 1995, 57.

[392] Rapport 1996, 66.

[393] Rapport 1997, 76.

[394] Rapport 1998, 94.

[395] Diese Angabe verdanke ich der schriftlichen Auskunft vom 5.9.2001 des DMF, Bureau du mouvement des œuvres et de l'inventaire.

[396] In 713 Fällen wurde die Genehmigung für die Teilnahme an einer Ausstellung, für zwei Restaurationen sowie für zwei Expertisen im Ausland erteilt; vgl. Rapport 1995, 46.

[397] In 699 Fällen wurde die Genehmigung für die Teilnahme an einer Ausstellung und eine Expertise im Ausland erteilt; vgl. Rapport 1996, 56.

[398] Die Genehmigung wurde in 311 Fällen für die Teilnahme an einer Ausstellung und zwei Expertisen im Ausland erteilt; vgl. Rapport 1997, 68.

[399] Die Genehmigung wurde in 811 Fällen für die Teilnahme an einer Ausstellung und zwei Expertisen im Ausland erteilt; vgl. Rapport 1998, 80.

Jahr		1994	1995	1996	1997	1998
Exportverweigerungen von	*Trésors nationaux* i. S. v. Art. 4	10[400]	10[401]	8[402]	3[403]	20[404]
Ausgestellte Zertifikate für den vorübergehenden Export von		7930	6826	8604	10600	11396[405]

400 Die Verweigerung betraf u. a. die Gemälde *L'Été*, *Le voyage* und *Le Plaisir* von Pierre Bonnard (1867–1947).

401 Die Ausfuhrverweigerung betraf u. a. ein Manuskript zum Stück *Die Hochzeit* von Igor Strawinsky (1882–1971), eine Collage/Gouache von Pablo Picasso (1881–1973) mit dem Titel *Verre, bouteille de vin, paquet de tabac, journal,* welches der Staat zwei Jahre später erwarb (vgl. Rapport 1997, 45), sowie das im Jahre 1868 entstandene Ölgemälde *Le cercle de la rue Royale* von James Tissot (1836–1902), welches am 30. 3. 1998 zum nationalen Kulturgut erklärt und mit Verfügung vom 3. 9. 1998 als *monument historique* klassifiziert wurde; vgl. Rapport 1998, 82. – Die am 26. 6. 1995 verweigerte Ausfuhr für das 1873 entstandene Ölgemälde *Marine* von Claude Monet (1840–1926) wurde schliesslich im Jahre 1998 erteilt; vgl. Rapport 1998, 82.

402 Es handelte sich dabei um die Gemälde *Berthe Morisot au bouquet de violettes* (1872) und *Le bouquet de violettes* (1872) von Edouard Manet (1832–1883), *Berthe Morisot et sa fille, Julie Manet* (1894) von Pierre-Auguste Renoir (1841–1919), *La duchesse de Montejasi et ses filles* (1876) von Edgar Degas (1834–1917), *Le jardinier Vallier* (1900–1906) von Paul Cézanne (1839–1906) und *Portrait de Mademoiselle Juliette de Villeneuve* (1824) von Jacques-Louis David (1748–1825) sowie um das Manuskript *Vol de nuit* (1930) von Antoine de Saint-Éxupery (1900–1944) und ein Martin Carlin (1730–ca. 1785) zugeschriebenes Schmuckkästchen. Die Ausfuhr des Renoir-Gemäldes *Berthe Morisot et sa fille, Julie Manet* wurde offensichtlich erteilt, da es im Mai 2000 auf einer Auktion bei Christie's in New York für US$ 8800000 die Hand wechselte; vgl. *Barker* Christie's, 2. Das David-Porträt und das Schmuckkästchen sind im Jahre 1997 für das Schloss Versailles bzw. für den Louvre erworben worden; vgl. Rapport 1996, 57; Rapport 1997, 45. Im Jahre 1998 erwarb der Musée d'Orsay das Manet-Gemälde *Berthe Morisot au bouquet de violettes,* und die Eigentümerin schenkte das Manuskript von Antoine de Saint-Éxupery der Nationalbibliothek; vgl. Rapport 1998, 82.

403 Es handelte sich dabei um das Ölgemälde *La chasse* von Claude Monet (1840–1926), eine Zeichnung mit dem Titel *Portrait d'Édouard Manet* von Edgar Degas (1834–1917), sowie um eine im Jahre 1925 gefertigte frz. Kommode; vgl. Rapport 1997, 68. Da diese Kunstwerke zu den wichtigsten Werken der genannten Künstler gehören, wurde die Ausfuhr verweigert; vgl. dazu *Schmitt* France's, 5. Der Staat hat die Degas-Zeichnung noch im selben Jahr auf einer Auktion kraft Vorkaufsrecht erworben; vgl. Rapport 1997, 48. Das Möbelstück wurde für die *Union centrale des arts décoratifs* im Jahre 1998 erworben; vgl. Rapport 1998, 82.

404 Der französische Staat ist noch im gleichen Jahr Eigentümer von elf Kunstwerken geworden: Sieben davon durch Schenkung, drei Objekte kraft Vorkaufsrecht auf Auktionen, und eines

Im Jahre 1996 wurden drei Exportgesuche zum zweiten Mal geprüft. Da der Staat die Kunstwerke nicht für seine Sammlungen erwerben konnte und sie auch nicht als *monument historique* klassifizierte, musste die Ausfuhr schliesslich bewilligt werden.[406] Im Jahre 1997 bewilligte der Kulturminister die Ausfuhr von drei Kulturgütern, deren Ausfuhr vorher verweigert wurde.[407]

Am 28. Januar 2001 ist die dreijährige Frist für den Ankauf des Gemäldes *Portrait de la jeune marquise de Monte-Hermoso* (1810–1813) von Francisco José de Goya (1746–1828) unbenutzt verstrichen.[408]

2. Ausgaben der öffentlichen Hand

Die folgende Aufstellung zeigt die Zuwendungen der öffentlichen Hand in Frankreich für den Erwerb von Kulturgütern in den Jahren 1994 bis 1998 (in Mio FF).[409]

Jahr	**1994**[410]	**1995**	**1996**	**1997**	**1998**
Vorkaufsrecht auf Auktionen (Anzahl Objekte)	14,0 59	3,9 35	4,9 62	4,14 39	2,36 19
Direkte staatl. Subventionen	14,26	7,28	6,05	7,87	11,90
Fonds du Patrimoine[411]	15,0	9,30	36,20	57,34	70,28
Réunion des Musées de France	77,29	54,80	43,62	26,51	54,50
Commission nationale de la photographie	0,62	0,20	0	0,05	0,50
Zwischentotal 1	107,17	71,60	85,87	91,77	137,18

---

durch Kauf. – Verweigert wurde neben der Ausfuhr verschiedener Werke von Pablo Picasso (1881–1973) auch das Ölgemälde *Portrait de la jeune marquise de Monte-Hermoso* von Francisco José de Goya; vgl. Rapport 1998, 81f.

405 Davon gelangten 417 Objekte vorübergehend in die Schweiz, 1553 nach Japan und 1432 in die USA; vgl. Rapport 1998, 85.

406 Es handelte sich dabei um die Gemälde *L'Agonie au Jardin des oliviers* von Nicolas Poussin (1594–1665) und *La décollation de saint Jean-Baptiste* von Peter Paul Rubens (1577–1640) sowie um ein Manuskript mit Texten von Archimedes (um 285–212); vgl. Rapport 1996, 57.

407 Es handelte sich dabei um die Gemälde *Le plaisir* von Pierre Bonnard (1867–1947) und *La danseuse du Rat mort* von Maurice de Vlaminck (1876–1958) sowie um ein bebildertes Manuskript aus dem 12. Jh. *(Psautier manuscrit illustré, atelier de Noyon);* vgl. Rapport 1997, 68.

408 So die schriftliche Auskunft vom 24.4.2001 des DMF, Bureau du mouvement des œuvres et de l'inventaire.

409 Rapport 1998, 54, 68.

3. Ausgaben von Privatpersonen

Die folgende Aufstellung zeigt die Zuwendungen Privater für die öffentliche Hand in Frankreich für den Erwerb von Kulturgütern in den Jahren 1994 bis 1998 (in Mio FF).[412]

Jahr	**1994**	**1995**	**1996**	**1997**	**1998**
Schenkung/Legat	20,42	6,30	0,95	37,13	15,50
Mäzenatentum	11,72	9,70	7,79	14,87	16,26
Zwischentotal 2	32,14	16,00	8,74	52,00	31,76

4. Gesamtausgaben

Jahr	**1994**	**1995**	**1996**	**1997**	**1998**
Zwischentotal 1	107,17	71,60	85,87	91,77	137,18
Zwischentotal 2	32,14	16,00	8,74	52,00	31,76
Total	139,31	87,60	94,61	143,77	168,94

C. Zwischenergebnis und Kritik

Massgeblich für die Exportkontrolle ist v.a. das Gesetz Nr. 92-1477 vom 31. Dezember 1992. Die dauernde Ausfuhr von unter Denkmalschutz gestellten Objekten *(monuments historiques* und *archives historiques)*, von Objekten aus öffentlichen Sammlungen sowie Gütern von „gehobenem" Interesse *(intérêt majeur)* für das nationale Kulturvermögen hinsichtlich der Geschichte, der Kunst oder der Archäologie, ist verboten. In bestimmten Fällen kann die vorübergehende Ausfuhr bewilligt werden. Die Ausfuhr von Kulturgütern von „einfachem Interesse" *(biens culturels)* bedarf der Genehmigung.

Wird die Ausfuhr verweigert, so ist der Eigentümer des Exportgegenstands nicht zu entschädigen. Der Staat ist auch nicht verpflichtet, den Exportgegenstand zu erwerben, sondern hat lediglich das *Recht*, dem Eigentümer den Kauf im Interesse der öffentlichen Sammlungen anzubieten. Lehnt der Exporteur dieses Angebot ab, so ist die Ausfuhr entschädigungslos verweigert. Versäumt es hingegen

---

[410] Rapport 1997, 45.

[411] Der *Fonds du Patrimoine* ist nicht zu verwechseln mit der *Fondation du patrimoine*.

[412] Rapport 1998, 54, 68.

der Staat, dem Eigentümer ein Kaufangebot zu unterbreiten, so ist die Ausfuhr genehmigt.

Frankreich hat mit der jüngsten Revision des Gesetzes Nr. 92-1477 hinsichtlich der Bestimmung des Kaufpreises beim Erwerb von Export-Kulturgut im Grundsatz die Regelung des Vereinigten Königreichs übernommen. Die Festlegung des „Übernahmepreises" richtet sich nunmehr nach dem internationalen Marktwert.[413]

Lehnt die zuständige Behörde ein Exportgesuch ab, so kann der Eigentümer ein zweites Gesuch erst nach Ablauf von zweieinhalb Jahren ab dem Zeitpunkt der Ausfuhrverweigerung stellen. Das zweite Gesuch darf nur verweigert werden, wenn er ein staatliches Kaufangebot definitiv ablehnt.

Vorbehalten bleibt dem Staat, den Exportgegenstand als historisches Denkmal oder Archivgut zu klassifizieren. Allerdings sind solche gegen den Willen des Eigentümers angeordnete Unterschutzstellungen mit hohen Kosten verbunden.[414] Abhilfe könnte z. B. die Einrichtung eines Lotteriefonds nach dem Modell Grossbritanniens schaffen.

§ 31 Italien

A. Gesetzgebung

I. Historisches

1. Bis zur Einigung Italiens

Mit Ausnahme Piemonts[415] beeinflusste der päpstliche Denkmalschutz[416] erheblich die Gesetzgebung der übrigen italienischen Staaten. Das toskanische Gesetz vom 30. Mai 1571[417] regelte zwar noch keine Ausfuhr von Gemälden, verbot aber die Wegnahme von Kunstgegenständen aus öffentlichen und privaten Gebäuden.

Im Grossherzogtum Toskana wurde mit Erlass vom 24. Oktober 1602[418] generell die Ausfuhr aus der Stadt Florenz von Gemälden beschränkt und jene für

---

413 Auch nach geltendem französischem Recht fehlt – im Gegensatz zum System Grossbritanniens – die Möglichkeit für Private, Kaufofferten abzugeben; vgl. dazu die Kritik von *Polonsky/Canat*, 588.

414 Vgl. dazu *Fessy*, 27.

415 Im Piemont wurde lediglich in einem Erlass vom 24.11.1832 der Auftrag erteilt, geeignete Massnahmen zur Förderung der Erforschung und Konservierung bedeutender Kunstschätze vorzuschlagen; vgl. *Regio brevetto* vom 24. 11. 1832; abgedr. bei *Emiliani*, 197f.; *Mariotti*, 307f.

416 Vgl. hierzu vorne § 25.

417 *Legge contro chi rimovesse o violasse armi, inscrittioni o memorie existenti apparentemente nelli edifitii così publici come privati* vom 30. 5. 1571; abgedr. bei *Emiliani*, 23f.

418 *Deliberazione* vom 24. 10. 1602; abgedr. bei *Emiliani*, 28f.; *Mariotti*, 248f.; vgl. dazu *Condemi*, 16; *Mansi* La tutela, 14; *Speroni*, 54–56. Nach *Jacobitti*, 194, ist dieser Beschluss der erste

Gemälde von Michelangelo (1475–1564), Raffael (1483–1520), Leonardo da Vinci (1452–1519), Tizian (1488–1576) und vierzehn weiteren Malern gänzlich verboten. Die Ausfuhrlizenz für Werke anderer, nicht in der „Liste der 18" erwähnter Künstler konnte vom Statthalter der *Accademia del Disegno* erteilt werden.[419] Die Ausfuhr von Werken lebender Künstler war frei.[420] Mit diesem Erlass wurde zum ersten Mal der Handel mit privatem Kulturgut in öffentlichem Interesse beschränkt.[421]

Auch in der Emilia-Romagna, also im Herzogtum Parma und Herzogtum Modena, befassten sich eigene Regelungen mit der Ausfuhr von Kunstgegenständen,[422] währenddessen sich die Erlasse der Lombardei und Venetiens beispielsweise auch mit der Ausübung von künstlerischen Berufen und der Katalogisierung von Kunstwerken befassten.[423]

Im Königreich beider Sizilien betrafen die frühesten Regelungen nur archäologische Ausgrabungen.[424] Erst im Jahre 1822 wurden auf der Grundlage des Edikts Pacca von 1820 zwei Dekrete von Ferdinando I (1751–1825) ausgearbeitet, welche Normen über den Denkmalschutz, über archäologische Ausgrabungen und über die Ausfuhr enthielten.[425] Diese Dekrete wurden später durch Ferdinando II (1810–1859) mehrmals bestätigt und teilweise ergänzt.[426]

Erlass „che esprime la preoccupazione dei governi dell'epoca per il fenomeno della fuga di beni artistici mobili oltre i confini." Ebenso *Pontrelli,* 246.

419 Er erteilte sie zusammen mit den übrigen Mitgliedern der Akademie, welche die zwölf der grössten Maler der Stadt Florenz waren. Die „Liste der 18" wurde mit der *Deliberazione* vom 6. 11. 1602 auf 19 Künstler erweitert; abgedr. bei *Emiliani,* 31 f.

420 Mit diesem Erlass wird wohl zum ersten Mal bezüglich des Schutzes von Kunstwerken zwischen antiker Kunst und zeitgenössischer Kunst unterschieden; vgl. *Jacobitti,* 195.

421 *Condemi,* 16.

422 Vgl. für das Herzogtum Parma die Erlasse vom 8. 6. 1760, 20. 1. 1822 und 28. 10. 1856 sowie für das Herzogtum Modena die *Tariffa daziaria degli stati estensi* von 1857; alle auszugsweise abgedr. bei *Emiliani,* 195 f.

423 Vgl. für die Lombardei: Dekret Maria Theresias vom 13. 4. 1745 (Regelung künstlerischer Berufe und Ausfuhr von Kunstgegenständen); *Circolare ai prefetti* vom 20. 8. 1802 (Veräusserung kirchlicher Kunstwerke); Dekret vom 6. 10. 1804 (Ausfuhr). Vgl. für die Republik Venedig: Erlass vom 31. 7. 1773 (Katalogisierung). Vgl. für Lombardei-Venetien unter österreichischer Herrschaft: *Sovrane Risoluzioni* vom 19. 9. 1818 u. vom 23. 12. 1818, notifiziert am 10. u. 17. 2. 1819 (Ausfuhr); *Sovrana Risoluzione* vom 18. 3. 1827, notifiziert am 19. 4. 1827 (Umwandlung des Ausfuhrverbots in eine Anzeigepflicht mit Vorkaufsrecht); diese u. weitere Erlasse der Provinzen Lombardei und Venetien sind abgedr. bei *Emiliani,* 117–170.

424 Vgl. *Prammatica LVII* von Karl III. vom 16. 10. 1755.

425 Vgl. Dekrete von Ferdinando I vom 13. und 14. 5. 1822.

426 Vgl. die Dekrete von Ferdinando II vom 11. 3. 1839 und vom 16. 9. 1839; *Regole da osservarsi per le estraregnazioni di oggetti antichi o di arte, e per le scavazioni* vom 30. 8. 1843 sowie Dekret vom 21. 8. 1851; alle abgedr. bei *Emiliani,* 188–193.

2. Nach der Einigung Italiens

Nach der ersten Einigung im Jahre 1861 galten die einzelstaatlichen Regelungen zwar grundsätzlich weiterhin, sie waren aber voneinander sehr verschieden;[427] zudem fehlte eine einheitliche staatliche Verwaltung, welche den Anforderungen eines wirksamen Schutzes genügt hätte.[428] Trotz der zuvor in den Einzelstaaten gemachten negativen Erfahrungen gelang es dem jungen Nationalstaat vorerst nicht, eine neue Regelung zum Schutz seiner Kulturgüter zu erlassen. Dies nicht zuletzt deswegen, weil Kulturgüterschutz mit staatlichen Eingriffen und daher mit Beschränkungen des Eigentums und freien Handels, zweier wichtiger Güter des Liberalismus des 19. Jh., verbunden war.[429] Der *Codice civile* von 1865 und die vorübergehende Abschaffung der Fideikommisse, welche die wichtigsten Sammlungen vor Veräusserung und Zerstückelung schützten, sowie die zulässige Veräusserung von bedeutenden privaten Kulturgütern ins Ausland stärkten das Bewusstein Italiens von der Gefahr der Abwanderung von Kunstschätzen ins Ausland. Erst nach einzelnen Erlassen mit begrenztem Anwendungsbereich sowie verschiedenen, nicht verabschiedeten Gesetzesentwürfen wurden in den Jahren 1902[430] und 1909[431] die ersten nationalen Gesetze auf dem Gebiete des Kulturgüterschutzes erlassen. Nach Art. 23 Abs. 1 L. 12. 6. 1902 mussten besonders wichtige Kulturgüter katalogisiert werden. Die Ausfuhr dieser eingetragenen Kulturgüter war verboten, wenn die Ausfuhr einen grossen Schaden *(danno grave)* für das künstlerische Vermögen und für die Geschichte darstellen würde (Art. 23 Abs. 4).[432] Nach Art. 8 Abs. 1 L. 20. 6. 1909 war die Ausfuhr verboten, wenn die Ausfuhr des Kunstwerks einen wesentlichen Verlust nicht nur für die Geschichte, sondern auch für die Archäologie und die Kunst darstellte.[433]

---

[427] Vgl. dazu *Alibrandi/Ferri* I beni, 5–15; *Cantucci* La tutela, 19–22.

[428] *Grisolia,* 35f.

[429] *Alibrandi/Ferri* I beni, 5.

[430] L. 12. 6. 1902, n. 185, *portante disposizioni circa la tutela e la conservazione dei monumenti ed oggetti aventi preggio d'arte o d'antichità.*

[431] L. 20. 6. 1909, n. 364, *Norme per l'inalienabilità delle antichità e delle belle arti.*

[432] Art. 23 Abs. 4 L. 1902/185 lautete: „L'inscrizione d'ufficio nel catalogo di oggetti d'arte o di antichità di proprietà privata, si limiterà agli oggetti d'arte o d'antichità di sommo preggio, la cui esportazione dal Regno costituisca un danno grave per il patrimonio artistico e per la storia." Abgedr. bei *Falcone,* 331.

[433] Art. 8 Abs. 1 L. 1909/364 lautete: „È vietata l'esportazione dal Regno delle cose che abbiano interesse storico, archeologico o artistico tale che la loro esportazione costituisca un danno grave per la storia, l'archeologia o l'arte".

a) Affäre Sciarra

Sechs verschiedene Instanzen haben sich zur berühmten *Affaire Galerie de la Sciarra*[434] in insgesamt acht Entscheidungen geäussert: der *Tribunale di Roma* am 29. Januar 1892[435], die *Cour d'appel de Paris* am 27. April 1892[436], der *Tribunale di Roma* am 27. März 1893[437], die *Cour de cassation* am 20. November 1893[438], die *Corte di appello di Roma* am 8. März 1894[439], die *Corte di cassazione* am 14. Mai 1894[440] und schliesslich die *Corte di appello di Ancona* am 12. Oktober 1894[441]. Zudem wurde ein Strafverfahren kraft Verfügung vom 22. April 1893[442] eingestellt.

α) Kunstsammlung Sciarra

Principe Maffeo II. Barberini Colonna di Sciarra (1850–1925)[443] war Eigentümer einer wertvollen Kunstsammlung *(Galleria di Colonna Sciarra)*.[444] Die Sammlung stammte ursprünglich aus einem von Urban VIII. (1568–1644)[445] im

---

434 Vgl. dazu *Fineschi* Un episodio, Bd. 2, 87–184, insb. 169–184; *Dies.* Lo scandolo, 42–50; *Lepelletier,* 962–981.

435 Trib. di Roma 29. 1. 1892, unveröffentlicht; vgl. Clunet 19 (1892) 974.

436 Cour d'appel de Paris 27. 4. 1892, unveröffentlicht; vgl. Clunet 19 (1892) 973.

437 Trib. di Roma 27. 3. 1893, unveröffentlicht; vgl. *Lepelletier,* 966.

438 Cour de cassation, req., 20. 11. 1893 (Ministre de l'Instruction publique d'Italie c. Prince Colonna di Sciarra [collection Barberini]), Clunet 21 (1894) 311; *Niboyet,* 392 bei Nr. 1197, Fn. 2.

439 Corte di appello di Roma, sez. penale, 8. 3. 1894 (Pubblico Ministero c. Principe Maffeo Barberini-Colonna di Sciarra), unveröffentlicht; abgedr. bei *Fineschi* Un episodio, Bd. 2, Anhang.

440 Corte di cassazione 14. 5. 1894, unveröffentlicht; vgl. *Lepelletier,* 976.

441 Corte di appello di Ancona 12. 10. 1894, unveröffentlicht; vgl. *Lepelletier,* 977–979.

442 *Decreto amnistia* vom 22. 4. 1893, unveröffentlicht; vgl. *Lepelletier,* 973.

443 Sohn des Principe Maffeo I. Sciarra di Carbognano, Herzog von Bassanello, und der Carolina d'Andrea dei marchesi di Pescopagano. Der Mäzen Maffeo I. erwarb im Jahre 1884 die italienische Tageszeitung *La Tribuna.* Er gründete die Zeitschriften *Rivista politica e letteraria* und die dritte Serie der *Cronaca bizantina.* Zur Biografie vgl. DBI, Bd. 6 (1964), 182f.; *Fineschi* Un episodio, Bd. 1, 4–41 u. 58–60, En. 2.

444 Die Sammlung Sciarra stammt aus der Sammlung von Kardinal Francesco Barberini (Fn. 852) und wurde im Jahre 1811 von der Sammlung Barberini abgespaltet; vgl. *Il Poussin Barberini,* 113; vgl. die falsche Jahresangabe (1810) bei *Fineschi* Un episodio, Bd. 2, 135. Zur Sammlung Colonna di Sciarra vgl. *Fineschi* Un episodio, Bd. 2, 87–135. Gemäss zwei Stadtführern von Rom aus den Jahren 1847 und 1870 bestand die Sammlung Sciarra aus 131 Skulpturen und 153 Gemälden; vgl. *Fineschi* Lo scandolo, 43, 53, En. 2 m. w. H.; vgl. aber das am 9. 7. 1817 erstellte und 129 Gemälde umfassende Inventar der Sammlung Barberini; abgedr. bei. *Mariotti,* 126–131. Zu dieser Sammlung gehörte u. a. auch das im Jahre 1518 entstandene Bild *Il violonista* von Raffael (1483–1520), welches am 30. Januar 1892 verkauft wurde; vgl. dazu *Fineschi* Un episodio, Bd. 2, 96f.

445 Pontifex ab 1623.

Jahre 1628 errichteten Fideikommiss.[446] Kardinal Francesco Barberini[447], einst Eigentümer der Sammlung Barberini, schützte mit Kodizill vom 6. April 1678 seine gleichnamige Kunstsammlung und Bibliothek vor deren Zersplitterung.[448] Kardinal Carlo Barberini (1630–1704), Neffe von Kardinal Francesco Barberini (1597–1679), verfügte mit Testament vom 4. November 1703, dass alle „carte, lettere, libri e altre cose" seiner Bibliothek in die *Grande libreria* integriert und somit als Sachgesamtheit durch den jeweils Erstgeborenen der Familie Barberini weitervererbt werden sollen.[449] Cornelia Costanza Barberini, letzte Erbin der Familie Barberini, heiratete im Jahre 1728 Giulio Cesare Colonna di Sciarra. Durch die Heirat wurden zwei bedeutende Kunstsammlungen vereint.[450] Die Sammlung Barberini[451] wurde am 2. Juli 1811 unter französischer Besatzung in das Fideikommiss Maffeo Sciarra seniore *(Galleria Colonna di Sciarra)*[452] und das Fideikommiss Francesco Barberinis *(Galleria Barberini)* aufgeteilt.[453] Italienische und französische Gerichte mussten sich schliesslich mit dem Streit über die Aufteilung der Sammlung beschäftigen.[454]

β) Inventarisierung der Sammlung

Der Bestand der *Galleria Colonna di Sciarra* wurde am 21. September 1818 sowie am 22. Februar 1850 inventarisiert.[455] Fürst Maffeo I. Barberini Colonna di Sciarra wollte die beweglichen Kunstgegenstände (Gemälde, Statuen) gestützt auf Art. 132 des Motuproprio Papst Pius VII. (1742–1823) vom 6. Juli 1816 nicht

---

446 Vgl. *Lepelletier*, 964.

447 Vgl. vorne § 8, Fn. 852.

448 Vgl. dazu die H. vorne § 8, Fn. 853.

449 *Testamento fatto dal cardinal Carlo Barberini in data 4 novembre 1703 ed aperto il giorno 11 di ottobre 1704*; abgedr. bei *Mariotti*, 126.

450 Vgl. *Fineschi* Un episodio, Bd. 2, 87; *Reinhardt*, 52 m. w. H.

451 Vgl. *Inventario dei beni fidecommissari della famiglia Barberini, fra i quali la biblioteca e gli oggetti di arte* vom 25. 9. 1738; abgedr. bei *Mariotti*, 127–131.

452 Vgl. *Iscrizione fidecommissaria del 21 settembre 1818, quindi rinnovata il 22 febbraio 1850*; abgedr. bei *Mariotti*, 133–137. Das Inventar von 1818 umfasste 191 Gemälde; vgl. *Ders.*, 134–136. Das Inventar von 1850 umfasste 762 Gemälde; vgl. *Lemme* La situazione, 12. Die Linie Barberini-Sciarra erlosch im Jahre 1891, als Maria Barberini-Colonna Namen und Titel auf ihren Mann Luigi Sacchetti übertrug; vgl. *Reinhardt*, 52.

453 *Mariotti*, 132; *Bedin*, 53f. Auch in der Provinz Rom galt der französische Code Napoléon von 1804, welcher die Fideikommissen aufhob. Rechtsklarheit über die Zulässigkeit der Fideikommissen brachte erst das Motuproprio Papst Pius VII. vom 6. Juli 1816; zum Motuproprio s. vorne § 8 D I 2.

454 Vgl. etwa Corte di cassazione di Roma 22. 2. 1877 (Principe Barberini c. Principe Barberini Sciarra); zit. gemäss Foro it. 1877, I, 392, Fn. 2.

455 Vgl. *Mariotti*, 134; vgl. auch Clunet 19 (1892) 975 unter Angabe des falschen Datums der ersten Inventarisierung (20. 8. 1818).

in das Inventar aufnehmen lassen.[456] Das Motuproprio sei nur auf die unbeweglichen Sachen anwendbar. Die *Corte di appello di Roma* hielt mit Urteil vom 11. Dezember 1875[457] fest, dass „wenn Fürst Sciarra bei der Lektüre des Motuproprio nicht bei Art. 132 stehen geblieben wäre, sondern weitergelesen hätte, hätte er nicht daran gezweifelt, dass die Statuen und die Gemälde des alten Fideikommisses hätten inventarisiert werden müssen“,[458] und dass in Auslegung der Artt. 133, 136 und 137 des Motuproprio „auch die beweglichen Kunstgegenstände hätten inventarisiert werden müssen und sich somit Signor Principe don Maffeo Barberini Colonna di Sciarra nicht habe der Pflicht entziehen können, die beweglichen Kunstgegenstände des Fideikommisses unterzuordnen“.[459]

γ) Teilverkauf der Sammlung

Auch Fürst Sciarra blieb nicht von der italienischen Wirtschaftskrise des 19. Jh. verschont und sah sich gezwungen, einen Teil seiner Sammlung zu verkaufen. Er bot die Sammlung zunächst dem Staat an. Da der Kaufpreis von LIT 700000[460] für die ganze Sammlung und LIT 500000 für die Gemäldegalerie (ohne Skulpturen) dem Staat zu hoch war, und nach einem weiteren fehlgeschlagenen Vor-

---

[456] Art. 132 Motuproprio vom 6. 7. 1816 lautete: „Rimarrà in vigore il vincolo di fidecommisso che non hanno sofferto“. Dies schrieb er auch in einem Brief vom 12. 8. 1818 an Kardinal Pacca; vgl. *Bedin,* 54; abgedr. bei *Mariotti,* 133.

[457] Corte di appello di Roma 11. 12. 1875, unveröffentlicht; vgl. *Notizie sul fidecommisso Colonna di Sciarra leggonsi nella sentenza della Corte di appello di Roma dell'11 dicembre 1875 tra i fratelli Barberini e Maffeo Colonna di Sciarra; della quale conservasi anche una copia nell'Archivio romano di Stato*; abgedr. bei *Mariotti,* 132.

[458] Corte di appello di Roma 11. 12. 1875 (vorige Fn.): „Se V. E. [Principe don Maffeo Barberini Colonna di Sciarra] non si fosse fermata alle prime parole del detto articolo, ma avesse proseguito a leggere quelle che seguono, non avrebbe dubitato che le statue e i quadri degli antichi fidecommissi debbono iscriversi.“ Abgedr. bei *Mariotti,* 132.

[459] Corte di appello di Roma 11. 12. 1875 (Fn. 457): „risulta, che tanto l'E. V. [Principe don Maffeo Barberini Colonna di Sciarra] quanto il signor principe don Francesco Barberini non possono sottrarsi all'obbligo di assoggettare gli oggetti della galleria caduni nella rispettiva divisione al vincolo del fidecommisso, ossia maggiorasco, e perciò si compiacerà l'E. V. di eseguire quanto viene prescritto su tal proposito nel citato articolo 137.“ Zit. gemäss *Mariotti,* 132. Art. 137 Motuproprio vom 6. 7. 1816 lautete: „Sono eccettuate le raccolte di statue, di pitture e di altri oggetti di arti, come ancora le raccolte di monumenti ed altri oggetti di antichità, e [...] le quali potranno, in aggiunta ai fidecommissi da istituirsi sopra gli stabili, assoggettarsi all'obbligo della conservazione e restituzione, qualora vi acceda l'approvazione del cardinal camerlengo pro tempore, il quale potrà accordarla, sempreché [...] consti del pregio e della rarità di sì fatte collezioni, e [...] che crederà opportuno di ordinare per assicurarne la identità e la inalienabilità durante il vincolo fidecommissario a cui saranno assoggettate.“ Abgedr. bei *Mariotti,* 3.

[460] Corte di appello di Roma 8. 3. 1894 (Fn. 439), unveröffentlicht; abgedr. bei *Fineschi* Un episodio, Bd. 2, Anhang (Seiten X, XLI); ungenau daher *Fineschi* Lo scandolo, 47; *Dies.* Un episodio, Bd. 2, 170, wo von einem Angebot von LIT 750 000 für die ganze Sammlung die Rede ist.

haben Sciarras, die Sammlung dem Staat mit einem zu seinen Gunsten vereinbarten (Rück-)Kaufsrecht anzubieten, verkaufte er im Dezember 1891 einundzwanzig Gemälde und eine Bronzestatue an den ebenfalls in Rom ansässigen Franzosen Marquis de Ribiers, der später zehn Gemälde[461] mit nach Paris nahm.[462]

δ) Zivilverfahren

Der Präsident des *Tribunale di Roma* verfügte am 29. Januar 1892[463] gestützt auf Art. 1875 Cci sowie Art. 921 und Art. 927 der italienischen Zivilprozessordnung die Beschlagnahme der ganzen Sammlung, mithin auch die sich nun in Paris befindlichen Gemälde.[464] Italien begehrte die Vollstreckung der angeordneten vorsorglichen Massnahme. Die *Cour d'appel de Paris* lehnte das Vollstreckungsbegehren am 27. April 1892[465] gestützt auf das Gesetz Nr. 286 vom 28. Juni 1871, dem Vollstreckungsabkommen zwischen Frankreich und Sardinien vom 24. März 1760[466] sowie Art. 2123 Ccf wegen formellen Mängeln ab.[467] Das Kassationsgericht in Paris bestätigte am 20. November 1893 die Entscheidung der Vorinstanz.[468] Somit waren die zivilrechtlichen Rechtsmittel erschöpft, um die vom Erwerber Marquis de Ribiers ausgeführten Kunstgegenstände nach Rom „zurückzuholen".

---

[461] Vgl. *Fineschi* Lo scandolo, 43. Von zehn Gemälden existieren Fotos, mit denen man die Bilder noch viele Jahre später orten konnte. So z. B. das Gemälde *I Bari* von Michelangelo Merisi da Caravaggio (1573–1610), welches sich gegenwärtig im *Kimbell Art Museum*, Fort Worth (Texas) befindet. *Il violonista* von Raffael (1483–1520) gehört zur Sammlung E. de Rothschild, Paris, und wird heute Sebastiano del Piombo zugeschrieben (vgl. *Prisco/De Vecchi*, 116, Nr. 129). Das Ölgemälde *Cristo nell'orto* von Nicolas Poussin (1594–1665) aus der Sammlung Barberini kam am 30. 1. 1999 bei Sotheby's New York zur Versteigerung (Sammlung Anthony Blunt); vgl. *Il Poussin Barberini*, 113.

[462] Vgl. *Fineschi* Un episodio, Bd. 2, 170; *Lepelletier*, 965.

[463] Vgl. Fn. 435.

[464] Der Gerichtspräsident verfügte die Beschlagnahme mit folgenden Argumenten: „Poiche [...] apparisce che realmente siavi pericolo di sottrazione della cosa su cui cade la lite [...] Il presidente, visti gli articoli 1875 Codie civile, 921 e 927 Codice di procedura civile, ordina il sequestro giudiziario di tutta la collegione di oggetti d'arte, provenienti dal maggiorasco Barberini [...] e nomina a sequestratario il sig. Professore Adolfo Venturi"; vgl. Clunet 21 (1894) 313.

[465] Vgl. Fn. 436.

[466] *Treaty of Limits between France and Sardinia signed at Turin, 24 March 1760*; vgl. Clunet 21 (1894) 315 mit Angabe der ital. Übers. des Titels.

[467] Cour d'appel de Paris 27. 4. 1892, unveröffentlicht; vgl. Clunet 19 (1892) 973.

[468] Cour de cassation 20. 11. 1893 (Ministre de l'Instruction publique d'Italie c. Prince Colonna di Sciarra [collection Barberini]), Clunet 21 (1894) 311, 321 (Dispositiv). Das Kassationsgericht stützte zwar in seinem Urteil den vorinstanzlichen Entscheid, jedoch mit anderen rechtlichen Erwägungen; vgl. dazu Clunet 21 (1894) 319–321.

ε) Strafverfahren

Noch bevor das zivilgerichtliche Verfahren abgeschlossen war, wurde gegen Prinz Sciarra ein Strafverfahren eröffnet. Die Staatsanwaltschaft warf ihm mit Anklageschrift vom 17. März 1893 vor, er habe die Straftatbestände in Artt. 203 und 434 *Codice penale*[469] erfüllt, indem er trotz des Veräusserungsverbots von Kunstgegenständen aus fideikommissarischen Sammlungen, 21 Gemälde und eine Bronzestatue verkauft habe. Das Römer Strafgericht verurteilte ihn mit Urteil vom 27. März 1893 gestützt auf Art. 61 des Edikts Pacca[470] wegen der vorsätzlichen Verletzung von Vorschriften desselben sowie des Gesetzes Nr. 286 vom 28. Juni 1871 zu einer Freiheitsstrafe von drei Monaten, einer Busse von LIT 5000 sowie einer Strafzahlung von LIT 1266000 als Entschädigung für den Verlust der Kunstwerke.[471] Die letztgenannte Summe entsprach dem Wert der veräusserten Kunstwerke. Fürst Sciarra gelangte an die *Corte di appello* und verlangte einen Freispruch. Seine Berufung begründete er im Wesentlichen mit dem Argument, dass der Käufer eine Ausfuhrbewilligung habe einholen müssen und nicht er als Verkäufer. Das Berufungsgericht hielt an der Strafbarkeit des Fürsten fest; reduzierte aber die Strafzahlung auf LIT 500000.[472] Das Kassationsgericht[473] hob das

---

[469] Art. 203 *Codice penale* von 1889 lautete: „Chiunque sottrae o converte in profitto proprio o di altrui, o rifiuta di consegnare a chi di ragione cose sottoposte a pignoramento o a sequestro ed affidate alla sua custodia, è punito con la reclusione da tre a trenta mesi e con la multa da LIT trecento a tremila."
Art. 434 *Codice penale* von 1889 lautete: „Chiunque trasgredisce ad un ordine legalmente dato all'autorità competente, ovvero non osserva un provvedimento legalmente dato dalla medesima per ragione di giustizia e di pubblica sicurezza, è punito con l'arresto sino ad un mese e con l'ammenda da LIT venti a trecento." Beide Bestimmungen sind abgedr. bei *Parpagliolo,* 491 f.

[470] Irrig *Engstler,* 28, Fn. 13, der eine letztinstanzliche Verurteilung gestützt auf das Edikt Doria-Pamphilj annimmt. Vielmehr ging es um die Anwendung des Edikts Pacca. Dies geht auch aus dem Hinweis in Clunet 19 (1892) 975 hervor: „il y a lieu de comprendre l'édit Pacca, du 7 april 1820." Richtig daher *Lepelletier,* 979: „la Cour [...] déclare le prince coupable d'avoir contrevenu à l'édit Pacca et le condamne de ce chef à une amende de 1.800 LITs". Art. 61 Edikt Pacca ist abgedr. bei *Emiliani,* 110 f.; *Lepelletier,* 970 (frz. Übers.); *Wussow,* 291 (dt. Übers.).

[471] Trib. penale di Roma 27. 3. 1893 (Fn. 437). Nach Art. 61 Edikt Pacca sind Übertretungen strafbar, auch „wenn die betreffenden Gegenstände nicht mehr bestehen sollten; für solche Fälle ordnet das Edikt an, dass die Übertreter auch den vermuthlichen, taxirten Preis als Strafe zahlen müssen"; so übersetzt bei *Wussow,* 291. Die Strafzahlung erscheint extrem hoch, verlangte doch Sciarra vom Staat für seine ganze Gemäldesammlung LIT 750000; vgl. *Fineschi* Lo scandolo, 47.

[472] Corte di appello di Roma 8. 3. 1894 (Fn. 439). Nach Auffassung des Gerichts verstiess Sciarra gegen die Artt. 9, 12, 23 und 61 Edikt Pacca und Art. 5 L. 28. 6. 1871, n. 286. Mit Amnestieverfügung vom 22. 4. 1893 wurde die Nichtüberschreitung einer Höchststrafe von sechs Monaten Freiheitsentzug sowie einer Busse nicht über LIT 1 800 zugesichert; vgl. *Fineschi* Un episodio, Bd. 2, 175 f.; *Lepelletier,* 973 f.

[473] Corte di cassazione 14. 5. 1894 (Fn. 440); vgl. dazu *Lepelletier,* 976.

zweitinstanzliche Urteil auf und wies die Sache – ohne auf die Amnestieverfügung vom 22. April 1893[474] einzugehen – zur Neubeurteilung an die *Corte di appello di Ancona*, welche die Busse mit Urteil vom 12. Oktober 1894 auf LIT 1800 reduzierte, indem sie zum Schluss kam, dass er sich keines Verbrechens schuldig gemacht hat, sondern nur einer Übertretung.[475] Ausschlaggebend war nicht die Tatsache, dass er keine Genehmigung der Veräusserung verlangte, sondern dass er in Kenntnis der darauffolgenden Verbringung durch den Käufer Marquis de Ribiers ins Ausland wertvolle Kunstwerke verkaufte, welche nach der Verweigerung der Genehmigung nur innerhalb Roms hätten veräussert werden dürfen.[476] Der Einwand Sciarras, die Veräusserung sei gestützt auf Art. 11 des Edikts Pacca[477] gültig, da Kunstwerke in Privateigentum, die nicht in der Liste aufgeführt sind, frei aus Rom ausgeführt werden können, wurde nicht gehört.[478]

Dank des Falles Sciarra wurde die Reform zum Schutz von Kunstgegenständen erheblich vorangetrieben. So trat bereits am 27. Juni 1902 das Gesetz Nr. 185 vom 12. Juni desselben Jahres[479] in Kraft.

b) Affäre Chigi[480]

Die Gerichte Roms beurteilten wenige Jahre später einen weiteren Fall, bei dem es um die Verletzung der Bestimmungen des Edikts Pacca ging. Fürst Mario Chigi-Altieri, Eigentümer einer durch Fideikommiss vinkulierten Gemäldesammlung, veräusserte aus dem *Palazzo di Corso* das Gemälde *Une vierge à l'enfant* von Sandro Botticelli (1444/45–1510) an den ebenfalls in Rom ansässigen Papi, der sich später als Strohmann entpuppte.

Prinz Chigi war in finanziellen Schwierigkeiten und hatte die Absicht, das bedeutende Botticelli-Gemälde auf einer Auktion versteigern zu lassen. Ausländische

---

[474] Vgl. Fn. 442.

[475] Corte di appello Ancona 12.10.1894 (Fn. 441). Das Gericht stützte die ausgesprochene Busse auf Art. 24 *Codice civile* von 1889, der eine Busse von höchstens LIT 2000 vorsah; berücksichtigt wurden zudem die besonderen Umstände, was nach Art. 59 *Codice civile* von 1889 zulässig war. Die Busse von LIT 1800 wurde allerdings auf Grund der Amnistieverfügung nicht erhoben; vgl. dazu *Lepelletier*, 978f.

[476] *Lepelletier*, 976.

[477] Art. 11 Edikt Pacca (Fn. 70) lautete: „Es wird der Verkauf von nicht im §. 7 bezeichneten Gegenständen der Kunst und des Alterthums ganz freistehen, so lange derselbe innerhalb Roms erfolgt." Vgl. *Wussow*, 281. Das bedeutet, dass die Veräusserung von Kunstwerken im Eigentum Privater keiner Genehmigung bedurfte; immerhin muss der Verkäufer den Kauf der zuständigen Behörde anzeigen. Diese Regelung wurde im Gesetz Nr. 185 vom 12. 6. 1902 übernommen; vgl. dazu *Chrétien*, 742.

[478] *Lepelletier*, 975.

[479] L. 12. 6. 1902, n. 185, *portante disposizioni circa la tutela e la conservazione dei monumenti ed oggetti aventi preggio d'arte o d'antichità*.

[480] Vgl. Clunet 26 (1899) 1094; Clunet 28 (1901) 202, 892. Welche Gerichte diesen Fall entschieden haben, ist aus diesen Fundstellen jedoch nicht ersichtlich.

Kaufinteressenten kamen nach Rom. Der *Ministro per l'istruzione pubblico* liess verlauten, dass der Verkauf einer Bewilligung bedürfe. Chigi informierte die Interessenten im Ausland über die Unmöglichkeit, das Bild nach der Ersteigerung aus Italien zu exportieren. Fürst Chigi-Altieri hielt schriftlich fest, er habe das Bild für LIT 315000 an einen in Rom ansässigen Erwerber verkauft, und der Käufer würde sich verpflichten, sich an die italienischen Gesetze zu halten. Als die Direktion der Schönen Künste diese Angaben überprüfen wollte, stellte sich heraus, dass nicht Papi, sondern der in London wohnhafte Desprez[481] der wahre Käufer war. Vom Bild fehlte allerdings jede Spur.[482]

Der Staat klagte nicht auf Rückgabe des Bildes, sondern verlangte solidarisch vom Verkäufer Chigi, vom Käufer Desprez sowie von den anderen am Kauf beteiligten Personen Schadenersatz in Höhe von LIT 315000. Chigis Rechtsvertreter stellte sich auf den Standpunkt, Chigi habe den Staat über den beabsichtigten Verkauf informiert. Zudem habe das Gemälde nicht den Wert, den das Ministerium diesem zuschreibe. Zudem sei das Edikt Pacca selbst unter den Päpsten nicht immer angewandt worden. Die Regierung hielt diesem Argument entgegen, dass eine Anzeige der Veräusserung nicht genüge, sondern dass eine Bewilligung vorliegen müsse. Der *Tribunale di Roma* verurteilte schliesslich nicht nur den Verkäufer Chigi, sondern auch den Käufer Desprez solidarisch zu einer Geldstrafe in Höhe des vereinbarten Kaufpreises, nämlich LIT 315000.[483] Die *Corte di appello* di *Roma* reduzierte schliesslich die Busse auf LIT 2000 mit der Begründung, die Veräusserung sei kein Verbrechen i.S. des Edikts Pacca, sondern lediglich als Übertretung zu qualifizieren, wobei eine königliche Amnestieverfügung die Busse schliesslich auf LIT 200 reduzierte.[484]

---

481 Desprez scheint sich Ende des 19. Jh. bemüht zu haben, Eigentümer von bedeutenden Kunstwerken italienischer Provenienz zu werden; denn noch während den Untersuchungen zum Fall Chigi geriet Desprez erneut in Konflikt mit der römischen Justiz. Er kaufte von Marchese Altoviti eine Bronzebüste des Fiorentiner Skulpteurs Benvenuto Cellini (1500–1571). Die Büste stammte aus der Sammlung der römischen Adelsfamilie Altoviti, die sie zunächst erfolglos dem Staat für LIT 80000 angeboten hatte. Altoviti verlautete im Oktober 1898, er habe die Absicht, die Büste, für die schon LIT 140000 geboten worden waren, an einen in Rom ansässigen Interessenten zu verkaufen, wobei er mit dem Käufer Sanguinetti vereinbarte, dass das Kunstwerk Rom nicht verlassen dürfe. Sanguinetti verkaufte schliesslich die Büste entgegen der vertraglichen Abmachung an den in England lebenden Desprez für LIT 100000; vgl. Clunet 28 (1901) 204. – Von einem anderen Fall berichtet *Barellini,* 35f.: Die aus Florenz stammende Adelsfamilie Altoviti wollte eine Büste, welche Bindo Altoviti darstellt, von Rom nach Florenz bringen. Der Familie wurde dies aber nicht gestattet. Ob es sich dabei um dieselbe Büste wie im eingangs genannten Fall handelte, konnte nicht in Erfahrung gebracht werden.

482 Vgl. Clunet 26 (1899) 1094f.

483 Trib. di Roma, ohne Datumsangabe; vgl. Clunet 28 (1901) 203.

484 Corte di appello, ohne Datumsangabe; vgl. Clunet 28 (1901) 892.

II. Geltendes Recht

1. Export innerhalb der EU

Was den Export von Kulturgütern aus Italien in einen anderen EU-Mitgliedstaat betrifft, so gilt hauptsächlich die Rechtsverordnung Nr. 490 vom 29. Oktober 1999[485]. Bis zum Inkrafttreten einer Ausführungsverordnung gelten nach Art. 12 Abs. 2 weiterhin die Bestimmungen des Dekrets Nr. 363 vom 30. Januar 1913[486].

a) Verbot der dauernden Ausfuhr

Nach Art. 65 Abs. 1 ist die dauernde Ausfuhr von Kulturgütern i. S. der Artt. 2[487], 3 Abs. 1 lit. d[488], lit. e[489] und lit. f[490] verboten, falls die Ausfuhr einen Schaden für das nationale Kulturvermögen darstellen würde.[491] Dabei spielt es bei den Kulturgütern in Privateigentum keine Rolle, ob das künstlerische, historische, archäologische oder demo-ethno-antropologische Interesse des Objekts notifiziert wurde.[492] Art. 65 Abs. 2 lit. a erwähnt lediglich, dass das Ausfuhrverbot auch für private Kulturgüter, deren besonders wichtiges künstlerische, historische, archäologische oder demo-ethno-antropologische Interesse notifiziert wurde. Eine Aus-

---

485 D.L. 29.10.1999, n. 490, *Testo unico delle disposizioni legislative in materia di beni culturali e ambientali, a norma dell'articolo 1 della legge 8 ottobre 1997, n. 352 (Suppl. Ordinario n. 229)*. Folgende Gesetzesbestimmungen ohne Zusatzangabe sind diejenigen des D.L. 1999/490.

486 R.D. 30.1.1913, n. 363, *Regolamento di esecuzione delle Leggi 20 giugno 1909, n. 364, e 23 giugno 1912, n. 688, per le antichità e le belle arti.*

487 Vgl. Art. 2 Abs. 1: Unbewegliche und bewegliche Sachen von künstlerischem, historischem, archäologischem oder demo-ethno-antropologischem Interesse; unbewegliche Sachen von besonders wichtigem politisch-, militärisch-, literarisch-, kunst-, und kulturhistorischem Interesse; Sammlungen oder Sachgesamtheiten, die wegen ihrer Tradition, Ruhm oder besonderen Umgebung von aussergewöhnlich künstlerisch-historischem Interesse sind; Archive; und Bücher *(beni librari)*.
Vgl. Art. 2 Abs. 2: Unbewegliche und bewegliche Sachen von paläontologischem, prähistorischem Interesse sowie von Bedeutung für die Urzivilisationen *(civiltà primitive)*; Manuskripte, Handschriften, Briefe *(carteggi)*, bemerkenswerte Dokumente, Inkunabeln, Bücher, Drucke, rare und wertvolle Gravuren; rare Landkarten und Partituren von künstlerisch-historischem Interesse; rare Fotografien und dazugehörige Matrizen von künstlerisch-historischem Interesse.

488 Mehr als 25 Jahre alte Fotografien, Bild- und Tonaufzeichnungen.

489 Mehr als 75 Jahre alte Transportmittel.

490 Mehr als 50 Jahre alte Güter und Instrumente von wissenschafts- und technisch-historischem Interesse.

491 Art. 65 Abs. 1 D.L. 1999/490 lautet: „È vietata, se costituisce danno per il patrimonio storico e culturale nazionale, l'uscita dal territorio della Repubblica dei beni".

492 *Papa,* 147.

nahme vom Ausfuhrverbot bildet Art. 69 Abs. 9[493]. Die abgeschwächte Voraussetzung eines „Schadens“ galt zwar noch nicht nach der ursprünglichen Fassung des Gesetzes Nr. 1089 vom 1. Juni 1939[494], sondern wurde erst im Jahre 1968 infolge eines Urteils des EuGH[495] eingeführt.[496]

b) Genehmigungspflicht der vorübergehenden Ausfuhr

Die vorübergehende Ausfuhr von den vorne unter a) genannten Kulturgütern in einen anderen EU-Mitgliedstaat kann anlässlich von Veranstaltungen *(manifestazioni)*, Messen *(mostre)* und Kunstausstellungen oder Ausstellungen von hohem kulturellem Interesse *(esposizioni d'arte o di alto interesse culturale)* bewilligt werden, wenn die Integrität und Sicherheit der Kulturgüter garantiert wird (Art. 69 Abs. 1). Kulturgüter hingegen, die Transportschäden erleiden könnten, dürfen nicht einmal vorübergehend ausgeführt werden (Art. 69 Abs. 2 lit. a). Dasselbe gilt für Gegenstände, die einen sehr bedeutenden Teil eines Museums, einer Gemäldegalerie, eines Archivs oder einer künstlerischen oder bibliografischen Sammlung darstellen (Art. 69 Abs. 2 lit. b).

Das Ministerium für Kulturgüter und kulturelle Angelegenheiten[497] kann der vorübergehenden Ausfuhr für höchstens ein Jahr zustimmen, eine Fristverlängerung ist möglich (Art. 69 Abs. 4). Die Zustimmung des Ministeriums ist zudem abhängig von der Versicherung der Kunstwerke, deren Versicherungswert das Ministerium festlegt (Art. 69 Abs. 5). Wird jedoch die Ausstellung im Ausland vom Ministerium gefördert, so kann die Versicherung vom Staat übernommen werden (Art. 69 Abs. 6). Diese Staatsgarantie bedarf der Zustimmung des *Ministero del tesoro, del bilancio e della programmazione economica* (Art. 69 Abs. 7).

---

493 Mehr als 75 Jahre alte Transportmittel können grundsätzlich zum Zwecke der Beteiligung an internationalen Ausstellungen *(mostre)* und Veranstaltungen *(raduni)* vorübergehend ausgeführt werden.

494 L. 1.6.1939, n. 1089, *Tutela delle cose d'interesse artistico e storico.*

495 EuGH 10.12.1968 (Kommission der Europäischen Gemeinschaften g. Italienische Republik), Rs. 7/68, EuGHRspr. 1968, 643 = NJW 1969, 1550 = Eur.R. 69, 44; Foro it. 1969, V, 89, nota Catalano.

496 Die ursprüngliche Fassung von Art. 35 Abs. 1 L. 1939/1089 lautete: „È vietata l'esportazione dal Regno delle cose indicate nell'articolo 1 quando presentino tale interesse che la loro esportazione costituisca un ingente danno per il patrimonio nazionale tutelato dalla presente legge.“ Abgedr. bei *Italia,* 142. Art. 35 Abs. 1 L. 1939/1089 i.d.F. der L. 5.7.1972, n. 288, konvertiert in L. 8.8.1972, n. 487, lautete: „È vietata nei casi in cui costituisca danno per il patrimonio storico e culturale nazionale, l'esportazione dal territorio della Repubblica.“ Art. 35 Abs. 1 L. 1939/1089 i.d.F. des Art. 17 L. 88/1998 (neu geregelt in D.L. 1999/490) hat diese Formulierung übernommen.

497 Vgl. Art. 1 Abs 1 D.L. 368/1998; abgedr. bei *Caputi Jambrenghi* La cultura, 584; *Cortese* I beni, 502; *Vaccaro Giancotti,* 523. Ist im Folgenden von Ministerium die Rede, dann ist jeweils dieses Ministerium gemeint.

Um die rechtzeitige Rückkehr des Exportgegenstands sicherzustellen, muss eine Kaution hinterlegt werden, die wenigstens zehn Prozent des Schätzwertes des Gegenstands beträgt, wobei Objekte in Staatseigentum keiner Kautionspflicht unterliegen (vgl. Art. 69 Abs. 8).

c) Zeitlich beschränktes Ausfuhrverbot

Der Minister hat die Möglichkeit, nach Anhörung des zuständigen Ausschusses des *Consiglio nazionale per i beni culturali e ambientali*, die Ausfuhr für gewisse Kategorien von Kulturgütern[498] für eine bestimmte Zeitdauer zu verweigern (Art. 65 Abs. 2 lit. b Satz 2).[499]

d) Zeitgenössische Kunstwerke

Kunstwerke lebender Künstler oder verstorbener Urheber, deren Werke vor weniger als 50 Jahren geschaffen wurden, fallen nach Art. 2 Abs. 6[500] nicht unter den Anwendungsbereich der Rechtsverordnung 1999/490.[501] Das nach Art. 12 Abs. 2 immer noch gültige Dekret 1913/363 verlangt aber in Art. 130 Abs. 1 für die Ausfuhr von zeitgenössischer Kunst, einschliesslich deren Kopien und Fälschungen, eine Freizügigkeitsbescheinigung *(nulla osta)*.[502]

Dieser Normenkonflikt bereitet Schwierigkeiten und wird in der Literatur verschiedentlich beantwortet. Die Lehre legte Art. 1 Abs. 3 L. 1939/1089 (neu geregelt in Art. 2 Abs. 6 D. L. 1999/490) in differenzierter Weise aus. So bestehen nach der einen Auffassung[503] die Kriterien „lebender Künstler" und „Werke jünger als 50 Jahre" unabhängig voneinander. Das heisst, ein Werk eines lebenden Künstlers, welches vor mehr als 50 Jahren geschaffen wurde und ein Werk eines verstorbenen Künstlers, welches vor weniger als 50 Jahren geschaffen wurde, geniessen den Schutz des Gesetzes Nr. 1939/1089 und fallen nicht unter die

---

498 S. vorne a.

499 So auch schon Art. 2 D. L. 288/1972; vgl. dazu *Petraroria*, 44; *Roccella*, 976.

500 Art. 2 Abs. 6 D. L. 1999/490 lautet: „Non sono soggette alla disciplina di questo Titolo, a norma del comma 1, lettera a), le opere di autori viventi o la cui esecuzione non risalga ad oltre cinquanta anni." Diese Bestimmung entspricht dem praktisch gleichlautenden Art. 1 Abs. 3 L. 1939/1089.

501 Vgl. *Alibrandi/Ferri* I beni, 208. Nach *Anzon*, 102, wollte der Gesetzgeber die mögliche Einflussnahme auf die Bewertung des künstlerischen Werts von Werken lebender Künstler oder neueren Werken und somit den Kunstmarkt zeitgenössischer Werke vermeiden.

502 Art. 130 Abs. 1 R. D. 1913/363 lautet: „Debbono essere presentate agli uffici di esportazione [...] a fine di ottenere il nulla osta per la esportazione, le pitture, le sculture e qualsiasi oggetto d'arte, eseguito da artefici viventi o morti da non altre cinquanta anni, comprese le copie e contraffazioni."

503 *Grisolia*, 271.

Ausnahmebestimmung von Art. 1 Abs. 3. Nach einer anderen Auffassung[504] ist das Gesetz Nr. 1939/1089 nicht anwendbar auf Werke lebender Künstler, auch wenn das Werk vor mehr als 50 Jahren geschaffen wurde und auf Werke verstorbener Künstler, deren Werke vor weniger als 50 Jahren geschaffen wurden. Das gilt sowohl für einzelne bewegliche Sachen als auch für Sachgesamtheiten.[505] Der einzige Schutz von zeitgenössischer Kunst ist demnach die Eingliederung in den *demanio pubblico* (Art. 823 Abs. 1 Cci). Um den Charakter einer *res extra commercium* zu erhalten, muss die bewegliche Sache allerdings Teil einer staatlichen Museumssammlung, Gemäldegalerie oder Bibliothek sein (Art. 822 Abs. 2 Cci).

Die Differenzierung lässt über die Ausfuhr von zeitgenössischer Kunst verschiedene Schlüsse zu. Ein Teil der Lehre[506] bejaht die Anwendbarkeit von Art. 130 R.D. 1913/363 und somit das Erfordernis einer Freizügigkeitsbescheinigung und will so die Ausfuhrkontrolle ausweiten. Eine andere Auffassung[507] zielt auf das entgegengesetzte Ergebnis ab mit der Begründung, dass Art. 1 Abs. 3 L. 1939/1089 Kunstwerke lebender Künstler oder verstorbener Urheber, deren Werke vor weniger als 50 Jahren geschaffen wurden, ausdrücklich vom Anwendungsbereich des Gesetzes Nr. 1939/1089 ausschliesse und somit Art. 130 R.D. 1913/363 nicht zum Tragen komme.[508] M.E. sollte die Freizügigkeitsbescheinigung nach Art. 130 R.D. 1913/363 für die Ausfuhr von zeitgenössischer Kunst verlangt werden dürfen, um einer erhöhten Transparenz im Kulturgütertransfer gerecht zu werden.[509] Wie auch immer: In aller Regel dürfte die Verweigerung der Ausfuhr von solchen Kunstwerken mangels gesetzlicher Grundlage gegen die nach Art. 42 der italienischen Verfassung geschützte Eigentumsgarantie verstossen.[510]

Allerdings ist die Erlangung einer Freizügigkeitsbescheinigung nach Art. 130 Abs. 1 R.D. 1913/363 nur eine Obliegenheit und keine gesetzliche Pflicht. Zudem erteilt die Rechtsverordnung 1999/490 der Verwaltung keine Befugnis, die Aus-

---

[504] *Geraci* La tutela, 14; *Alibrandi/Ferri* I beni, 208, nach grammatikalischer und teleologischer Auslegung von Art. 1 Abs. 3 L. 1939/1089.

[505] *Alibrandi/Ferri* I beni, 209.

[506] *Cantucci* La tutela, 398, Fn. 1; *Papa,* 151.

[507] *Alibrandi/Ferri* I beni, 568; *Geraci* La tutela, 97.

[508] Vgl. auch die Zweifel an der Anwendung des R.D. 1913/363 auf zeitgenössische Kunstwerke seitens des Berufungsgerichts im Fall Jeanneret v. Vichey: „Even if the 1913 regulations are still in effect for paintings less than 50 years old, which we are inclined to doubt"; vgl. F.2d 259 (1982) 268.

[509] Klarheit über diese Fragen wird allerdings erst die Verordnung zum Gesetz Nr. 88 vom 30.3.1998 schaffen.

[510] Gl.M. *Piva,* 111; *Anzon,* 115.

fuhr von Werken der Gegenwartskunst zu verbieten.[511] Somit bleibt die Nichteinhaltung der Obliegenheit, das zu exportierende Objekt dem zuständigen Exportbüro vorzuweisen, sanktionslos und kann auf die Rechtmässigkeit der Ausfuhr keinen Einfluss haben.[512] Um aber Schwierigkeiten beim Zoll zu vermeiden, ist es für die Praxis empfehlenswert, eine solche Freizügigkeitsbescheinigung einzuholen.[513] Grundsätzlich gilt aber, dass zeitgenössische Kunst frei aus Italien ausgeführt werden kann.[514]

e) Ausfuhrverfahren

α) Anzeige und Vorlage

Wer Kulturgüter i. S. v. Art. 65 exportieren will, muss die Ausfuhr unter Vorlage des Gegenstands und unter Angabe des Verkehrswerts *(valore venale)* dem zuständigen Exportbüro anzeigen (Art. 66 Abs. 1).[515] Die Anzeige kann entweder durch den Eigentümer selbst oder einen Beauftragten oder einen seit mehr als drei Jahren zugelassenen Spediteur erfolgen, welche beide dann für sämtliche Handlungen als rechtmässige Vertreter des Eigentümers gelten (vgl. Art. 129 Abs. 1 Satz 2 R. D. 363/1913). Erfolgt die Anzeige durch andere Personen, ist diese rechtlich irrelevant und begründet insbesondere kein staatliches Erwerbsrecht.[516] Die Anzeige enthält u. a. neben den allgemeinen Angaben des Namens und der Adresse des Eigentümers sowie des Bestimmungsorts auch die Bestätigung, dass die Ausfuhr noch nie verboten worden war und ob und wann bereits eine Notifikation erfolgt ist.[517] Unvollständige Anzeigen werden nicht angenom-

---

511 Vgl. Trib.amm.reg. Lazio, sez. II, 16. 4. 1992, n. 1106 (The Isamu Noguchi Fondation Inc. Ed altro c. Min. B.C.A.), TAR 1992, I, 1779.

512 So *Alibrandi/Ferri* I beni, 568 f.

513 *Loosli,* 125 f.

514 Vgl. *Alibrandi/Ferri* I beni, 568; *Piva,* 110; *Merryman* The Protection of Patrimony, 260: „A work by a living artist or a work no more than fifty years old is freely exportable." A. A. *Cantucci* La tutela, 398; *Grisolia,* 381.

515 Vgl. auch Artt. 129–138 R. D. 1913/363.

516 Vgl. Cons.Stato, sez. VI, 25. 8. 1990, n. 752 (Soc. Kirzam c. Min. beni culturali), Rass.Cons.Stato 1990, I, 1019; *Alibrandi/Ferri* I beni, 569; *Carugno/Mazzitti/Zucchelli,* § 146, 471; a. A. Trib.amm.reg. Veneto, sez. I, 25. 10. 1986, n. 64, Foro amm. 1987, 1499; Cons.Stato, sez. VI, 30. 10. 1993, n. 787 (Pastega ed altro c. Min. B. C. A. ed altro), Rass.Cons.Stato 1993, I, 1325 (1326), wonach es genügen soll, dass die Anzeige durch den Besitzer der Sache erfolgt.

517 Vgl. im Einzelnen Art. 134 R. D. 1913/363: „Lo speditore nel presentare la cosa esibirà copia, scritta sui moduli a ciò destinati e gratuitamente forniti dall'ufficio, la denuncia di esportazione, indicando: a) nome, cognome e domicilio del proprietario, nonché dell'esportatore quando questi sia persona diversa dal proprietario; b) luogo di destinazione delle cose e via che debbono percorrere per giungere al confine italiano; c) nome, cognome e domicilio del destinatario; d) numero d'ordine dei colli, marca e contrassegni, peso denunciato per ciascun collo, ove sia possibile; e) natura, descrizione delle cose; f) prezzo che se ne dichiara,

men (Art. 135 Abs. 2 Satz 1 R.D. 1913/363). Werden mehrere Kulturgüter zusammen ausgeführt, oder bereitet die Beschreibung jeder einzelnen Sache besondere Schwierigkeiten, so genügt unter Umständen eine summarische Anzeige, wobei aber der Preis für jeden Gegenstand einzeln deklariert werden muss (Art. 135 Abs. 2 Sätze 2 und 3 R.D. 1913/363). Sind die auszuführenden Güter schwer zu transportieren (Grösse, Gewicht), kann auf eine Vorlage verzichtet werden. In diesem Fall ist die Prüfung am Ort der gelegenen Sache vorzunehmen, wobei die entsprechenden Kosten vom Antragsteller zu tragen und vorzuschiessen sind (Art. 133 R.D. 1913/363).

β) Prüfung der angezeigten Ausfuhr

Das Exportbüro hat die Anzeige innerhalb von drei Tagen seit der Vorlage des Exportgegenstands dem zuständigen Zentralverwaltungsbüro mitzuteilen, welches innerhalb zehn Tagen die Ausstellung der Freizügigkeitsbescheinigung *(attestato di libera circolazione)* untersagen kann (Art. 66 Abs. 2).[518] Das Exportbüro überprüft den angegebenen Wert auf dessen Richtigkeit und erteilt oder verweigert mit Begründung die Ausstellung einer Freizügigkeitsbescheinigung (Art. 66 Abs. 3).[519] Diese Bescheinigung wird frühestens nach fünfzehn Tagen, spätestens aber nach Ablauf einer Frist von 40 Tagen seit der Vorlage des Exportgegenstands ausgestellt (Art. 66 Abs. 4). Bei der Prüfung des Exportgegenstands hält sich das zuständige Exportbüro an die Vorgaben des zuständigen Ausschusses des *Consiglio nazionale per i beni culturali e ambientali* (Art. 66 Abs. 5). Die in dreifacher Ausfertigung ausgestellte Freizügigkeitsbescheinigung ist drei Jahre lang gültig (Art. 66 Abs. 6). Wird die Ausfuhr verweigert und übt der Staat sein Erwerbsrecht[520] nicht aus, so wird die Sache dem Eigentümer zurückgegeben; dabei wird das besonders wichtige künstlerische, historische, archäologische oder demo-ethno-antropologische Interesse und die damit zusammenhängenden

---

scritto in tutte lettere e in numeri arabi. Nella denuncia si dovrà anche attestare 1) che la cosa non proviene dagli enti di cui all'art. 2 della L. 20 giugno 1909, n. 364; 2) che di essa non fu mai vietata la esportazione a norma dell'art. 9 della legge anzidetta; 3) se avenne notificazione dell'importante interesse agli effetti degli articoli 5, 6, 7 e 13 della L. 20 giugno 1909, n. 364, e in qual data. Auf letzteres könnte m. E. verzichtet werden; denn für die Ausfuhr spielt die Notifizierung der künstlerisch-historischen Bedeutung des Kulturguts keine Rolle.

[518] Nach altem Recht handelte es sich um eine eigentliche Genehmigung der Ausfuhr; vgl. Art. 36 Abs. 1 L. 1939/1089, wonach eine „Lizenz" ausgestellt wird.

[519] Zur Prüfung der Ausfuhranzeige vgl. auch die Artt. 136–138 R.D. 1913/363.

[520] Es wird hier bewusst von „Erwerbsrecht" gesprochen und nicht von einem Vorkaufsrecht; denn der Staat kann den vorgelegten Exportgegenstand erwerben, auch wenn der Exporteur die Sache nicht ins Ausland verkaufen will. Das Schrifttum macht diese Unterscheidung häufig nicht und gebraucht daher auch beim Export den Begriff „Vorkaufsrecht", was einer klaren Begriffsverwendung nicht einträglich ist; so aber *Prott/O'Keefe* Law, III, 502, Rn. 960; *Jaeger,* 90.

Pflichten notifiziert (Art. 66 Abs. 7).[521] In diesem Fall kann der Eigentümer aber die Aufbewahrung des Kulturguts in einer staatlichen Einrichtung verlangen (Art. 147 R.D. 1913/363).

γ) Rechtsmittel

Der Beschwerte kann gegen die Verweigerung der Ausstellung der Freizügigkeitsbescheinigung innerhalb dreissig Tagen beim Generaldirektor *(direttore generale)* Einsprache erheben (Art. 67 Abs. 1). Dieser entscheidet dann innerhalb 90 Tagen und nach Anhörung des zuständigen Ausschusses des *Consiglio nazionale per i beni culturali e ambientali* über die Einsprache (Art. 67 Abs. 3). Heisst der Generaldirektor die Einsprache gut, so hat das zuständige Exportbüro die Freizügigkeitsbescheinigung innerhalb einer Frist von zwanzig Tagen auszustellen (Art. 67 Abs. 4).

2. Ausfuhr in Staaten ausserhalb der EU

a) Rechtsgrundlagen

Für die Ausfuhr von Kulturgütern aus Italien in einen Staat ausserhalb der EU ist neben der Rechtsverordnung 1999/490[522] die VO (EWG) Nr. 3911/92 des Rates vom 9. Dezember 1992 über die Ausfuhr von Kulturgütern massgeblich.

b) Verfahren

Die Ausfuhr in einen Staat ausserhalb der EU bedarf nach Art. 2 VO 3911/92 einer Ausfuhrlizenz. Diese ist sechs Monate lang gültig (Art. 72 Abs. 2). Bei der vorübergehenden Ausfuhr von Kulturgut i. S. des Anhangs A zum D. L. 1999/490 stellt das Exportbüro die Ausfuhrlizenz gemäss der Zustimmung des Ministeriums für Kulturgüter und kulturelle Angelegenheiten aus (Art. 72 Abs. 3).

3. Erwerbsrecht

Das Exportbüro kann dem Ministerium oder der Region den Erwerb *(aquisto coattivo)* des zur Ausfuhr vorgelegten Gegenstands vorschlagen und teilt den Vorschlag dem Betroffenen mit (Art. 68 Abs. 1 Satz 1).

4. Sanktionen

Wer ein Kulturgut ohne Ausfuhrbewilligung oder ohne Freizügigkeitsbescheinigung ausser Landes bringt, oder wer die Bedingungen einer vorübergehenden

---

[521] Vgl. auch Art. 146 R. D. 1913/363.

[522] Folgende Gesetzesbestimmungen ohne Zusatzangabe sind solche dieser Rechtsverordnung.

Ausfuhr nicht einhält, wird mit Gefängnis von einem bis zu vier Jahren oder mit Busse von LIT 500000 bis 10000000 bestraft (Art. 123 Abs. 1 und 2). Der Richter ordnet sodann die Einziehung *(confisca)* an (Art. 123 Abs. 3).[523]

B. Rechtsprechung

I. Jeanneret v. Vichey[524]

1. Sachverhalt

Bei diesem von New Yorker Gerichten entschiedenen Fall ging es um das in Frankreich entstandene Gemälde *Portrait sur Fond Jaune* von Henri Matisse (1869–1954). Das Gemälde befand sich in der Sammlung des Mailänder Kunstsammlers Carlo Frua DeAngeli, der das in den 1920er-Jahren[525] entstandene Gemälde im Jahre 1951 nach Italien importiert hatte. Als DeAngeli im Jahre 1969 in Mailand starb, wurde er von seiner Witwe und seinen drei Kindern beerbt. Die Tochter Anna Vichey erhielt das Bild durch Erbteilung im Jahre 1970. Die Eheleute Anna und Luben Vichey lebten als amerikanische Staatsbürger in New York City, und seit 1970 schmückte das Gemälde ihre Wohnung. Wie das Gemälde aus Italien verbracht wurde, war unklar. Fest stand im Prozess nur, dass die italienischen Behörden die Ausfuhr des Gemäldes nicht genehmigt hatten. Im Jahre 1973 veräusserte Frau Vichey das Gemälde für CHF 700000 (damals US$ 230000) an die Genfer Kunsthändlerin Marie Louise Jeanneret. Frau Jeanneret stellte das Gemälde in Genf, Basel und Paris aus und bot es für CHF 1300000 zum Verkauf an. Im Katalog gab sie als Entstehungszeitpunkt „ca. 1924“ an und vermerkte als Provenienz „Sammlung Frau DeAngeli, Mailand und Privatsammlung New York“. Das Gemälde blieb schliesslich unverkauft. Der stellvertretende italienische Kulturminister notifizierte mit Verfügung vom 28. März 1979 – also erst nach Einreichung der Klage in New York – die

---

[523] Art. 123 Abs. 3 D. L. 1999/490 entspricht dem aufgehobenen Art. 66 L. 1939/1089, welcher im Schrifttum offensichtlich falsch verstanden wurde, so spricht z. B. *Knott*, 107, von einem „Verfall an den Staat“. Zur richtigen Auslegung von Art. 123 Abs. 3 D.L. 1999/490 vgl. *Papa*, 187–189.

[524] Jeanneret v. Vichey, 541 F. Supp. 80 (S.D.N.Y. 1982), *reversed and remanded* 693 F.2d 259 (2d Cir. 1982); abgedr. auch bei *Feldman/Weil/Duke/Biederman*, Bd. 2, § 9.2.7; vgl. hierzu *Merryman/Elsen*, 117–124; *Frigo* L'acquisto, 592, Fn. 72; *Loosli* 150f.; *Nass*, 999–1019; *Pearlstein*, 275–319; *Pinkerton*, 22f.; *Siehr* Die EG-Richtlinie, 40–42; *Ders.* Europäisches, 967; *Ders.* International Art, 36–40; *Ders.* Öffentliches, 98f.; *Spinellis*, 455f.

[525] Der Entstehungszeitpunkt des Gemäldes war im Prozess deshalb von entscheidender Bedeutung, weil die Exportbestimmungen des italienischen Gesetzes 1939/1089 nach Art. 1 Abs. 3 nur auf Güter anwendbar war, welche bei der Ausfuhr älter als 50 Jahre oder deren Urheber bereits verstorben waren. Matisse verstarb im Jahre 1954. Umstritten war lediglich, ob das Gemälde im Zeitpunkt der illegalen Ausfuhr das Alter von 50 Jahre überschritten hatte.

besonders wichtige künstlerisch-historische Bedeutung des Gemäldes gemäss Art. 3 Abs. 3 L. 1939/1089, datierte das Bild zwischen 1920 und 1923 und liess es in die Liste der notifizierten Kulturgüter eintragen.[526] Im Jahre 1974 besuchte Frau Jeanneret die Nationalgalerie moderner Kunst in Rom und erfuhr von zuständigen Stellen, das Matisse-Gemälde sei illegal aus Italien ausgeführt worden. Daraufhin wandte sich Frau Jeanneret an Anna Vichey und schlug vor, den Verkauf des Gemäldes rückgängig zu machen; denn sie könne sich als angesehene Kunsthändlerin es nicht leisten, geschmuggelte Kunstwerke auszustellen und feilzubieten. Vichey lehnte den Vorschlag ab. Jeanneret reichte im Juli 1977 beim *District Court for the Southern District of New York* Klage gegen Vichey ein und verlangte die Rückzahlung des Kaufpreises gegen Rückgabe des Gemäldes zuzüglich US$ 4770000 Schadenersatz (etwa das Zwanzigfache des bezahlten Kaufpreises) inklusive Strafzahlung *(punitive damages)*, Schadenersatz wegen Rufschädigung *(loss of business and reputation)* und Schadenersatz in Höhe der Differenz zwischen dem gezahlten Kaufpreis und dem Preis, den Frau Jeanneret bei einem weiteren Verkauf hätte verlangen können, falls das Gemälde rechtmässig aus Italien ausgeführt worden wäre.

2. Rechtliche Erwägungen

Die Geschworenen[527] bejahten die Haftung aus Rechtsgewährleistung der Beklagten Vichey und verurteilten sie mit Spruch vom 28. Juli 1981 gestützt auf § 2-312(1) N.Y.U.C.C.[528] zur Zahlung von US$ 1688000 Schadenersatz wegen Vertragsbruchs *(breach of contract)* und stillschweigender Rechtsgewährleistung *(breach of an implied warranty of title)*, nicht aber wegen ausdrücklicher Rechtsgewährleistung *(breach of express warranty of title)* oder arglistiger Täuschung *(fraudulent representation)*. Die Jury kam zum Schluss, dass die Ausfuhr des Gemäldes von den italienischen Behörden nicht genehmigt worden sei und die Verkäuferin kein unbelastetes Eigentum an dem Gemälde habe verschaffen können. In einem neuen Verfahren, in welchem nur die Höhe des Schadenersatzes zu bestimmen war, verurteilte der *Federal District Court for the Southern District of New York* die Beklagte Vichey zur Zahlung von US$ 938000 Schadenersatz

---

[526] 693 F.2d 263. Das Gericht äusserte sich nicht zum Umstand, dass das Gemälde sich im Zeitpunkt der Unterschutzstellung nicht in Italien befand.

[527] 541 F. Supp. 80.

[528] § 2-312(1) N.Y.U.C.C. *[Warranty of Title and Against Infringement; Buyer's Obligation Against Infringement]* lautet: „(1) Subject to subsection (2) there is in a contract for sale a warranty by the seller that
(a) the title conveyed shall be good, and its transfer rightful; and
(b) the goods shall be delivered free from any security interest or other lien or encumbrance of which the buyer at the time of the contracting has no knowledge." Abgedr. bei *Nass,* 1012.

(etwa das Vierfache des bezahlten Kaufpreises).[529] Das Gericht bestätigte die Auffassung der Geschworenen, wonach die italienische Regierung einen Rechtsanspruch auf das Bild geltend machen könne und somit die Beklagte Vichey aus Rechtsgewährleistung hafte. Zum einen habe Italien ein Strafverfahren gegen Vichey wegen Verletzung italienischer Exportbestimmungen eingeleitet, zum anderen sei das Gemälde nach Klageerhebung als Kulturgut von besonders wichtigem künstlerisch-historischem Interesse notifiziert worden.[530] Nicht erörtert wurde die Frage, ob Italien zu Recht eine Ausfuhrgenehmigung verlangen durfte.[531]

Der *United States Court of Appeals (Second Circuit)* hob das Urteil auf und wies die Sache zur Neubeurteilung an die Geschworenen zurück.[532] Das Bundesberufungsgericht verneinte die Rechtsgewährleistung nach § 2-312(1)(a) N.Y.U.C.C.[533], weil Vichey Eigentümerin des Gemäldes gewesen sei und somit einen einwandfreien Titel *(good title)* an die Klägerin weitergeben konnte. Sogar die Unhandelbarkeit des angeblich illegal aus Italien exportierten Gemäldes würde nicht für eine bemakelte Rechtsgewährleistung nach § 2-312(1)(b) N.Y.U.C.C. sprechen.[534] Die Berufungsinstanz umging die Prüfung der Frage, ob ein Verstoss gegen die italienische Exportgesetzgebung überhaupt zu einem Wesentlichen Mangel des Titels *(substantial cloud on title)* führen könne, und somit eine Haftung wegen stillschweigender Zusicherung des Fehlens eines Rechtsmangels *(breach of implied warranty of title)*[535] bejaht werden müsse.[536] Die Aufhebung des erstinstanzlichen Urteils wurde auch damit begründet, dass eine nur mögliche Verletzung italienischer Ausfuhrbestimmungen zu keiner Haftung aus Rechtsgewähr gemäss § 2-312(1)(b) N.Y.U.C.C.[537] führen könne. Unerörtert blieb zudem die Frage, ob die Verkäuferin nicht auch dann wegen Verschaffung eines bemakelten Titels *(cloud on title)* nach § 2-314 N.Y.U.C.C.[538]

---

[529] Die zugesprochene Summe setzt sich wie folgt zusammen: US$ 750000 für den gegenwärtigen Wert des Gemäldes, US$ 184000 für Aufwendungen der Beklagten sowie US$ 4000 für entgangenen Gewinn.

[530] 541 F. Supp. 83 n. 5.

[531] Zur Ausfuhr von zeitgenössischen Kunstwerken s. vorne A II 1 d.

[532] 693 F.2d 269.

[533] Zum Wortlaut vgl. Fn. 528.

[534] *Siehr* International Art, 38, Nr. 20.

[535] Nach Auffassung von *Picker,* 252, stellt die Verletzung eines öffentlich-rechtlichen Ausfuhrverbots für den Käufer einen Sach-, jedoch keinen Rechtsmangel dar, da das Ausfuhrverbot kein Recht eines Dritten i. S. v. § 434 BGB sei.

[536] Kritisch *Nass,* 1009; *Siehr* International Art, 39.

[537] Vgl. Fn. 528.

[538] § 2-314 N.Y.U.C.C. *(Implied Warranty: Merchantability; Usage of Trade)* lautet: „(1) Unless excluded or modified [...] a warranty that the goods shall be merchantable is implied in a contract for their sale if the seller is a merchant with respect to goods of that kind [...].

hafte, wenn das Gemälde wegen unbegründeter, trotzdem jedoch erhobener italienischer Rückgabeansprüche für die Klägerin unverkäuflich sei.[539] Die Sache wurde an die Geschworenen der unteren Instanz zurückgewiesen, weil die Geschworenen über die Bedeutung des Alters des Gemäldes nicht ausreichend belehrt worden seien, was jedoch für die Bestimmung des italienischen Rechts entscheidend sei.[540]

Welche Bestimmungen des italienischen Sachrechts auf den in New York abgeschlossenen Kaufvertrag über das Matisse-Gemäldes anwendbar waren, nämlich das Gesetz 1939/1089 oder das Dekret 1913/363, war umstritten und konnte nicht abschliessend geprüft werden, da der Entstehungszeitpunkt des Gemäldes von der ersten Instanz nicht erörtert wurde. Auch wenn das Bild im Zeitpunkt der Ausfuhr vor weniger als 50 Jahren gemalt worden wäre und nach einem Teil der Lehre nicht unter das aufgehobene Gesetz 1939/1089 fällt, hätte die Ausfuhr nach Art. 130 R.D. 1913/363 einer Unbedenklichkeitsbescheinigung *(nulla osta)* bedurft.

Würde der in New York abgeschlossene Vertrag über ein unrechtmässig aus Italien ausgeführtes Kulturgut wegen einem Rechtsmangel als ungültig betrachtet und die Haftung aus Rechtsgewährleistung bejaht, so würde *de facto* das amerikanische Gericht ausländische öffentlich-rechtliche Normen zur Durchsetzung verhelfen.[541] Die Verkäuferin Vichey wäre somit mit dem Abschluss eines an einem Rechtsmangel leidenden Vertrags haftbar und schadenersatzpflichtig geworden. Die Haltung des italienischen Staats erscheint jedoch in jedem Fall bedenklich, indem er die Rückgabe eines Kunstwerks verlangt, welches von einem ausländischen Künstler im Ausland geschaffen wurde und sich über 20 Jahre lang in einer öffentlich nicht zugänglichen Privatsammlung befand.

---

(2) Goods to be merchantable must be at least such as
(a) pass without objection in the trade under the contract description; and
(b) are fit for the ordinary purposes for which such goods are used;
(3) Unless excluded or modified (2-316) other implied warranties may arise from course of dealing or usage of trade.“

[539] Das hätte nur zur Rückzahlung des Kaufpreises von CHF 700000 geführt; vgl. *Pearlstein*, 307–311.

[540] 693 F.2d 269. Laut Expertisen entstand das Matisse-Gemälde frühestens im Jahre 1919 und spätestens im Jahre 1928. In einem Brief vom 20. 7. 1977 an Jeanneret erwähnt die Tochter des Künstlers, dass das Gemälde zwischen 1922 und 1923 entstanden sei. Dieser Brief ist jedoch im Prozess nicht als Beweismittel verwertet worden; vgl. 693 F.2d 264, Fn. 8; *Nass*, 1006 m. w. H.

[541] Fortschrittlich in dieser Hinsicht ist das portugiesische Kulturgüterschutzgesetz Nr. 13 vom 6. 7. 1985. Gemäss Art. 31 Abs. 2 sind auf portugiesischem Territorium abgeschlossene Rechtsgeschäfte nichtig, wenn sie Kulturgüter betreffen, die aus dem Ausland unter Verletzung der Bestimmungen des Herkunftsstaats eingeführt werden. Diese Bestimmung steht allerdings nach Abs. 3 unter dem Vorbehalt der Gegenseitigkeit, d.h. sie greift nur, wenn in dem Herkunftsland portugiesische Kunstwerke ebenso geschützt werden. Der Wortlaut von Art. 31 Abs. 2 Gesetz 13/85 ist abgedr. in Fn. 804.

Noch vor dem neuen Gerichtsverfahren zog Frau Jeanneret ihre bundesrechtliche Klage zurück, nachdem sie kraft eines italienischen Gerichtsbeschlusses die Erlaubnis erhalten hatte, das Bild zu veräussern. Herr und Frau Vichey verklagten schliesslich Frau Jeanneret vor einem New Yorker Gericht auf Schadenersatz wegen böswilliger Prozessführung in der Schweiz und Italien. Die Klage wurde gutgeheissen.[542]

Auch wenn der Fall die USA und Italien betraf, so ist er jedoch lehrhaft für die heutige Rechtslage innerhalb der Europäischen Union, nämlich für die Frage, ob ein Kunsthändler für den Verkauf von illegal aus einem anderen EU-Mitgliedstaat ausgeführte Kunstwerke haften soll. Das Gericht machte deutlich, dass im Falle der bewiesenen illegalen Ausfuhr des Gemäldes, eine vertragliche Haftung der Verkäuferin Vichey wegen Vorliegens eines Rechtsmangels bestehen könnte. Das gefährliche[543] Präjudiz spricht klar dafür, dass eine Anwendung ausländischen öffentlichen Rechts nicht ausgeschlossen ist.

II. Fall Pagenstecher[544]

Bei diesem ebenfalls nach altem italienischem Kulturgüterrecht beurteilten Fall ging es um die Ausfuhrverweigerung einer privaten Gemäldesammlung. Die Eigentümerin verkaufte ihre Gemälde nicht ins Ausland, sondern wollte sie nur nach London, ihrem neuen Wohnsitz, mitnehmen. Mit der Ausfuhrverweigerung war mittelbar die Frage gestellt, ob Verbringungsverbote die Freizügigkeit der EU-Bürger beschränken dürfen.

1. Sachverhalt

Das in den 1950er-Jahren von England nach Italien eingewanderte deutsch-österreichische Ehepaar Hermann von Lutterotti di Caldaro und Lucy Irma Pagenstecher besass eine Gemäldesammlung französischer Impressionisten. Nach dem Tod ihres Gatten im Jahre 1982 wollte die Witwe Pagenstecher zu ihrer Schwester nach London ziehen und ersuchte am 17. September 1987 die zuständige italienische Behörde, ihr das Verbringen von 13 Gemälden[545] nach

---

542 Ungewiss ist, wie die Auseinandersetzung im Endergebnis ausgegangen ist; vgl. *Siehr* International Art, 40.

543 *Nass,* 1019.

544 Cons.Stato, ad.plen., 23.9.1991, n. 7 (Pagenstecher c. Provincia autonoma di Bolzano, Ministero B.C.A. e altro), Rass.Cons.Stato 1991, I, 1293 = Foro it. 1992, III, 1 = Foro amm. 1992, I, 2242, nota Cannada-Bartoli (744) = Riv.it.dir.pubbl.com. 1992, 949, nota Roccella (780) = Riv.dir.int.priv.proc. 29 (1993) 431; *Lemme* Il caso, 29; *Ders.* Tra arte, 163–168; *Ress,* 950f.; *Roccella,* 980f.; *Siehr* Die Richtlinie, 234; *Ders.* Freizügigkeit, 484f., 491f.; *Ders.* International Protection, 774; *Tiemann,* 31.

545 Die Bilder stammten u.a. von Cézanne, Manet, Matisse, Pissarro, Renoir, Sisley, Utrillo und Van Gogh; vgl. *Lemme* Tra arte, 163.

England zu gestatten. Gemäss der Ausfuhranzeige betrug der Wert dieser Bilder LIT 548000000. Das Exportbüro in Verona lehnte das Gesuch ab. Die Sammlung wurde zudem zu wertvollem Kulturgut erklärt, das Italien nicht verlassen darf.[546] Mit Schreiben vom 30. Oktober 1987 teilte Frau Pagenstecher dem Exportbüro in Verona mit, dass sie auf die Ausfuhr verzichten würde. Das Kulturministerium erhielt aber erst am 19. November 1987 Kenntnis vom Rückzug des Ausfuhrbegehrens. Gleichentags teilte ihr das Exportbüro mit, dass die Ausfuhr erst zurückgezogen werden könne, nachdem sich die Provinz Bozen und der Kulturminister über die Ausübung des Kaufrechts geäussert hätten. Die autonome Provinz Bozen erwarb sodann gestützt auf Art. 39 L. 1939/1089 mit Verfügung vom 4. Dezember 1987 elf der insgesamt 13 Gemälde zum Preis von LIT 344600000.

Die Eigentümerin focht die Ausfuhrverweigerung und die Notifikation zu wertvollem Kulturgut an. Die sechste Kammer des *Consiglio di Stato* verwies die Sache mit Beschluss vom 24. Januar 1989[547] an das Plenum des *Consiglio di Stato*, welches den Rekurs Pagenstechers abwies.

Leider entschied sich die Eigentümerin für das Verbleiben in Italien und verzichtete auf einen Wohnsitzwechsel ins Ausland sowie auf die Ausfuhr der restlichen zwei Gemälde, so dass kein Gerichtsentscheid über die Frage erging, ob Verbringungsverbote die Freizügigkeit der EU-Bürger beschränken dürfen.

2. Rechtliche Erwägungen

Die autonome[548] Provinz Bozen stützte ihr Kaufrecht auf die Artt. 137 und 138 R.D. 1913/363 sowie auf Art. 39 L. 1939/1089.[549] Diese beiden Erlasse sagen nichts über das Verhältnis eines Rückzugs des Ausfuhrbegehrens und der Ausübung des öffentlichen Kaufrechts. Die Eigentümerin konnte jedoch im Prozess beweisen, dass der schriftlich mitgeteilte Widerruf des Ausfuhrbegehrens noch vor der Verfügung des Ministers erfolgte, elf der 13 Bilder zu erwerben. Zudem verstiess die Ausübung des Kaufrechts gegen Art. 39 Abs. 2 und 3 L. 1939/1089,[550] da der aufgehobene Art. 39 Abs. 1 nur für die Ausfuhr von

---

[546] Vgl. *Siehr* Die Richtlinie, 234.

[547] Cons.Stato, sez. VI, 24.1.1989, n. 22 (Pagenstecher c. Provincia autonoma di Bolzano, Ministero B.C.A. e altro), Foro amm. 1989, I, 177.

[548] Die zur Region Trentino-Alto Adige gehörende Provinz Bozen ist kompetent, Bestimmungen über den Schutz des historischen, künstlerischen und volkstümlichen Kulturerbes *(patrimonio popolare)* zu erlassen; vgl. Art. 8 Abs. 4 D.P.R 31.8.1972, n. 670. Ausgenommen sind Ausfuhrvorschriften, die nur die Republik erlassen darf.

[549] Nach dem aufgehobenen Art. 39 Abs. 1 L. 1939/1089 kann zwar der Staat das für den Export bestimmte Kulturgut erwerben, die Provinz hat aber gegenüber dem Staat Vorrang; vgl. dazu *Roccella,* 966–975.

[550] Cons.Stato, ad.plen., 23.9.1991, n. 7, Foro it. 1992, III, 6.

Kulturgut in einen Nichtmitgliedstaat der EU galt.[551] Da das Vereinigte Königreich aber Mitglied der EU ist, war die zuletzt genannte Bestimmung nicht anwendbar; ein Kauf zu dem Preis, der in der Ausfuhranzeige angegeben war, fiel somit ausser Betracht.[552] Die Provinz hätte also die elf Bilder nicht zu dem in der Ausfuhranzeige genannten Preis erwerben dürfen, sondern hätte den Kaufpreis mit der Exporteurin gemeinsam bestimmen müssen.[553]

3. Kritik

Es ist zweifelhaft, ob die autonome Provinz Bozen im Falle des Wegzugs der Eigentümerin der Gemäldesammlung in einen anderen EU-Mitgliedstaat die bisher nie öffentlich gezeigten Gemälde als „nationales Kulturgut" beanspruchen darf. Die aufgehobene L. 1939/1089 erlaubte den Erwerb von Kulturgut, welches für den Export bestimmt war auch wenn dessen historisch-künstlerische Bedeutung noch nicht notifiziert wurde. Im Gegensatz zum innerstaatlichen Rechtsverkehr musste das Kulturgut weder notifiziert worden sein, noch musste ein entgeltliches Veräusserungsgeschäft vorliegen, damit der Staat das Kulturgut erwerben konnte (vgl. Art. 31 Abs. 1 i. V. m. Art. 30 L. 1939/1089). Der Erwerb von Kulturgütern, welche nicht zu einem ausländischen Käufer gebracht werden sollen, sondern die lediglich vom Eigentümer an seinen neuen Wohnsitz im Ausland mitgenommen werden, erscheint im Lichte des Grundsatzes des freien Personenverkehrs innerhalb der EU nicht ganz unproblematisch.[554] Hätte sich Frau Pagenstecher für den Wegzug aus Italien entschieden und an der Ausfuhr ihrer Gemäldesammlung festgehalten, so hätte m. E. der Europäische Gerichtshof in Luxemburg als letzte Instanz die Verletzung des Freizügigkeitsgebots innerhalb der EU bejahen müssen. Denn das Recht auf Freizügigkeit darf nicht dadurch ausgehöhlt werden, dass ein Mitgliedstaat einem EU-Bürger verbietet, Eigentum, das bislang noch nicht durch eine *notifica* als „nationales Kulturgut" territorial gebunden war, mitzunehmen.[555] Wurde das Kulturgut bereits vor den Umzugsabsichten des Eigentümers notifiziert, so wird der Staat diesem ebenfalls

---

[551] Vgl. dazu *Mansi* La tutela, 401–404.

[552] Cons.Stato, ad.plen., 23. 9. 1991, n. 7 (Pagenstecher c. Provincia autonoma di Bolzano, Ministero B. C. A. e altro), Foro it. 1991, III, 4. Der aufgehobene Art. 39 Abs. 1 L. 1939/1089 lautete: „Entro il termine di novanta giorni dalla denuncia, il Ministro per i beni culturali e ambientali ha facoltà di acquistare per il valore dichiarato nella denuncia stessa, le cose che presentino interesse per il patrimonio tutelato della presente legge."

[553] Zustimmend *Cannada-Bartoli* In tema, 745.

[554] In der Schweiz wäre ein solches Vorgehen des Staats unmöglich. Im Kanton Jura darf der Kanton die Ausfuhr nicht verweigern, wenn der Eigentümer seinen Wohnsitz in einen anderen Kanton oder ins Ausland verlegt; vgl. Art. 5 Abs. 3 *Loi sur la conservation des objets d'art et monuments historiques du 9. 11. 1978*. Vgl. auch das am 1. 1. 2001 aufgehobene Berner Gesetz über die Erhaltung der Kunstaltertümer und Urkunden vom 16. 3. 1902 (Art. 5 Abs. 3).

[555] *Siehr* Freizügigkeit, 491 f.

nicht verbieten dürfen, seine Kunstgegenstände ausser Landes zu bringen. Die Richtlinie 93/7 und die nationalen Umsetzungsnormen sind also europaverfassungskonform dahingehend auszulegen, dass einer bisher ungebundenen Person das Recht auf Freizügigkeit nicht dadurch beeinträchtigt werden darf, dass ihr das Verbringen bisher nicht notifizierter Kulturgüter verboten wird.[556]

C. Zwischenergebnis

Italien kennt eine strenge Exportkontrolle über Kulturgüter. Massgeblich sind die Bestimmungen des Gesetzes Nr. 88 vom 30. März 1998, welche neben anderen Erlassen in der Rechtsverordnung Nr. 490 vom 29. Oktober 1999 *(Testo unico)* zusammengefasst worden sind. Die Ausfuhr von Kulturgut in Privateigentum ist verboten, wenn die Abwanderung des Kulturguts einen Verlust für das nationale historische Kulturvermögen bedeuten würde. Eine vorgängige Erklärung des besonders wichtigen künstlerischen, historischen, archäologischen oder demo-ethno-antropologischen Interesses ist nicht erforderlich. Die Notifizierung dieses Interesses spielt also für die Erteilung oder Verweigerung der Ausfuhrbewilligung keine Rolle. Das Gesetz lässt die vorübergehende Ausfuhr in bestimmten Fällen zu. Abgesehen vom Erfordernis der Freizügigkeitsbescheinigung ist die Ausfuhr von Werken der Gegenwartskunst sowie von Kulturgütern, die weniger als 50 Jahre alt sind, frei. Der Staat kann zudem Kulturgüter, die zur Ausfuhr vorgelegt werden, ankaufen.

§ 32 Vereinigtes Königreich

A. Historisches

I. Allgemeines

Vor Inkrafttreten des *Import, Export and Customs Powers (Defence) Act 1939* bestanden im Vereinigten Königreich keine Regelungen über die Ausfuhr von Kunstwerken, Möbeln, antiquarischen Büchern und Manuskripten oder anderen wertvollen Gegenständen. Es gibt auch heute keine spezielle gesetzliche Regelung über die Ausfuhr von Kulturgütern. Obwohl man schon früh erkannt hatte, dass der freie Kunsthandel ein Problem werden könnte, gab es bis Anfang der 1950er-Jahre keine Kontrollen der Ausfuhr von Kunstwerken oder sonstige Beschränkungen. Die Furcht vor grossen Verlusten wichtiger Werke führte immerhin schon im Jahre 1903 zur Gründung des *National Art Collections Fund* mit dem Ziel, mit Hilfe von Spenden britisches Kulturgut *(national treasures)*

---

[556] *Siehr* Die Richtlinie, 234.

anzukaufen und so deren Ausfuhr zu verhindern.[557] Das im Jahree 1911 unter dem Vorsitz von Earl Curzon of Kedleston konstituierte Komitee kam in einem zwei Jahre später publizierten Bericht zum Schluss, der Export von Kunstwerken solle beschränkt oder sogar verboten werden. Es stützte sich dabei auf eine Liste von 500 wichtigen Gemälden, die v. a. in die USA und nach Berlin verkauft worden waren.[558] Zwischen den beiden Weltkriegen gewährte das Parlament Kredite, um herausragende Gemälde für die nationalen Sammlungen anzukaufen, da sie ins Ausland abzuwandern drohten.[559]

II. Ausfuhrverfahren vor 1952

Der *Act 1939* galt ursprünglich als Notgesetz[560] mit dem ökonomischen Zweck, die Rohstoffe während des Kriegs im Königreich zu bewahren und die Kapitalflucht zu verhindern.[561] Im Jahre 1940 fiel auch die Ausfuhr von Antiquitäten *(antiques)* und Kunstgegenständen unter den Anwendungsbereich dieses Erlasses. Der Handelsausschuss *(Board of Trade)* konnte die Ausfuhr von Gemälden, Büchern, Manuskripten, Möbeln und anderen wertvollen Gegenständen verweigern, ohne dem Eigentümer ein Kaufangebot unterbreiten zu müssen.[562]

Die Inflation und die Entwertung des englischen Pfunds machten es dem Staat nach Kriegsende unmöglich, mit ausländischen Käufern zu konkurrieren, die zu exportierenden Kunstgegenstände zu erwerben und somit die Verbringung ins Ausland zu verhindern. Da das Exportsystem als kontrovers und ungerecht galt, wurde im Jahre 1950 das Waverley-Komitee gegründet, um die Missstände und deren Lösungen aufzuzeigen.

---

[557] Vgl. *The Export of Works of Art etc. Report of a Committee appointed by the Chancellor of the Exchequer in December 1952,* paras. 5–7; zum Waverley-Bericht s. hinten III.

[558] Vgl. Report 1952, paras. 8f.

[559] Die Gemälde wurden in die sog. „paramount list" eingetragen. Nicht alle Gemälde dieser Liste konnten jedoch vor der Abwanderung geschützt werden; so wurde das Gemälde *Three Maries at the Sepulchre* von Jan van Eyck (um 1390–1441) einem Privaten in Holland zu Beginn des Zweiten Weltkriegs verkauft; vgl. Report 1952, para. 13. *Rosenberg,* 62, erwähnt die Abwanderung des Gemäldes *Juan de Pareja* von Diego Rodríguez de Silva y Velásquez (1599–1660), welches heute im Metropolitan Museum of Art, New York, hängt.

[560] Vgl. sect. 9(3) Act 1939: „This act shall continue in force until such date as His Majesty may by Order in Council declare to be the date on which the emergency that was the occasion of the passing of this Act came to an end, and shall then expire"; aufgehoben durch *Import and Export Control Act 1990*: *An Act to repeal section 9(3) of the Import, Export and Customs Powers (Defence) Act 1939,* sect. 1.

[561] Vgl. Report 1952, para. 3.

[562] Report 1952, para. 19: „In the case of pictures and portraits anything [...] of any intrinsic value at all is always brought to the notice of both the National Gallery and the National Portrait Gallery. If they raise any doubt, automatically the licence is not granted; there is no question of proving a case, they have only to say ‚we do not think that this is a proper thing to export' and straight away that licence is not granted."

III. Waverley-Bericht von 1952

Im Jahre 1949 wurde einigen wichtigen Kunstwerken die Exportbewilligung mit der Begründung verweigert, es handle sich um nationale Schätze.[563] Dies führte knapp drei Jahre später zur Konstituierung des *Waverley Committee* unter dem Vorsitz von Lord Viscount Waverley. Dieses im Auftrag des damaligen Finanzministers *(Chancellor of the Exchequer)* gebildete Komitee schlug vor, den Verlust von wertvollen Kunstwerken zu Gunsten eines freieren internationalen Kunsthandels als unvermeidbar in Kauf zu nehmen und favorisierte das Prinzip des „two-way-traffic"[564]. Der Schlussbericht des Komitees bezeichnete das damals geltende Ausfuhrverfahren als „unsicher, ungerecht und ineffizient".[565] Die Eigentümer seien zudem verhindert, ihre Kunstwerke im Ausland zu verkaufen, weil ihnen nachträglich die Ausfuhr verboten wird. Die Eigentümer von Kunstgegenständen sowie Kunsthändler wüssten nicht, ob sie die Kunstwerke dem Meistbietenden verkaufen könnten, falls dieser ein Ausländer wäre, oder ob es nicht besser wäre, die einem Einheimischen anzubieten. Kunsthändler hätten auf diese Weise Klientel verloren, weil sie ihren Abnehmern die Ausfuhr nicht hätten garantieren können, da sogar mit einer möglichen Ausfuhrverweigerung zu rechnen gewesen sei. Das geltende System bestrafe daher die ehrlichen Kunsthändler und Exporteure und fördere gleichzeitig die illegale Ausfuhr. Die Exportkontrolle solle deshalb nur auf besonders wichtige Gegenstände *(limited categories of objects of high importance)* anwendbar sein.[566]

Das Komitee lehnte die Einführung eines Verzeichnisses von national bedeutendem Kulturgut ab. Ebenfalls abgelehnt wurde die Besteuerung der Ausfuhr von Kunstwerken und die Einführung von öffentlichen Fonds, um den Erwerb von solchem Kulturgut zu ermöglichen.[567] Schon damals herrschte die Auffassung, dem Eigentümer von Kulturgut, dessen Ausfuhr verweigert wurde, den Kauf zum gerechten Marktpreis anzubieten.[568]

---

[563] Vgl. Report 1952, para. 22.

[564] Report 1952, paras. 76, 164.

[565] Report 1952, para. 65.

[566] Vgl. Report 1952, paras. 65–97; vgl. auch *Maurice/Turnor*, 33–35.

[567] Vgl. Report 1952, paras. 110–113, 114–117, 118–120.

[568] Vgl. Report 1952, para. 125: „in every case in which export is prevented, the owner must be assured of an offer to purchase at a fair price."

B. Geltendes Recht

Sect. 1 des im Jahre 1990 neugefassten *Act 1939* diente als Grundlage für den Erlass der *Export of Goods (Control) Orders.*[569] Seit 1992 regelt die *Export of Goods (Control) Order 1992* die Ausfuhr von Antiquitäten *(antiques)*.[570] Zu den Grundlagen gehören neben den Waverley-Kriterien[571] auch die Exportanleitungen *(Guidances)*[572], die dem Exporteur von Kunstwerken helfen sollen, sich im englischen Exportsystem zurechtzufinden.

I. Waverley-Kriterien

Ob ein zur Ausfuhr vorgelegter Gegenstand Teil des britischen Kulturerbes ist, wird auf Grund von drei Fragen, den Waverley-Kriterien, beurteilt:[573]

> „1. Ist das Objekt derart eng mit unserer Geschichte und unserem nationalem Lebensbereich verbunden, so dass seine Abwanderung ein erheblicher Verlust wäre?[574]
> 2. Ist das Objekt von herausragendem ästhetischen Wert?[575]
> 3. Ist das Objekt von aussergewöhnlicher Bedeutung für das Studium eines bestimmten Zweiges der Kunst, Wissenschaft oder Geschichte?"[576]

Diese Kriterien sollen keine Behinderung des allgemeinen Kunstmarkts bewirken, sondern verfolgen das Ziel, Ausfuhrlizenzen nur in eng begrenzten Fällen zu verweigern.[577] Die Nationalität des Künstlers spielt für die Beurteilung der Kri-

---

[569] Vgl. *Export of Goods (Control) Order 1992*; *Export of Goods (Control) Order 1994; Export of Goods (Control) Order 1994 (Amendment) Order 1996*.

[570] Vgl. para. 2, Schedule 1, Group 2 *Export of Goods (Control) Order 1992*. Dieser Erlass bleibt gemäss sect. 9(1) *Export of Goods (Control) Order 1994* für die Ausfuhr von „antiques" in Kraft.

[571] S. hierzu sogleich I.

[572] Vgl. die aktuelle *United Kingdom Export licensing for cultural goods. Procedures and guidance for exporters of works of art and other cultural goods* vom 23. 7. 1997; *Uhl*, 87, nennt sie „verwaltungsrechtliche Mitteilungen".

[573] Die Waverley-Kriterien sind abgedr. in: Report 1952, para. 187; Report 1995–96, para. 33; Report 1996–97, para. 30; Report 1997–98, para. 36; Report 1998–99, para. 42; Review 1991, para. 1, Guidance 23. 7. 1997, para. 26; *Bamforth*, 147; *Bush*, 277; *Bator*, 320; *Chong*, 169; *Fraoua* Le trafic, 85f. (frz. Übers.); *Carducci* La restitution, 86, Fn. 229; *Gillman*, 279; *Maurice/Turnor*, 37; *Polonsky/Canat*, 563. Eine andere dt. Übers. verwendet *Uhl*, 89; ebenso *Berndt*, 63 mit Hinweis auf *Uhl*, 89; *Voggenauer*, 41.

[574] (1) Is the object so closely connected with our history and national life that its departure would be a misfortune?

[575] (2) Is it of outstanding aesthetic importance?

[576] (3) Is it of outstanding significance for the study of some particular branch of art, learning, or history?

[577] Report 1952, para. 162; zur Auslegung der Waverley-Kriterien vgl. Report 1988–89, paras. 32–34.

terien keine Rolle.[578] Es können also auch Werke ausländischer Künstler zum schützenswerten britischen Kulturerbe gehören.[579]

II. Von der Kontrolle erfasste Gegenstände

Grundsätzlich bedürfen alle Güter einer Ausfuhrlizenz *(export licence)*, die mehr als 50 Jahre vor dem Exportzeitpunkt geschaffen wurden und mindestens einen Wert von £ 39600 aufweisen.[580] Welche Güter keiner Ausfuhrlizenz bedürfen, hängt von der Art des Kulturguts und vom Bestimmungsort ab. So bedarf z. B. die Ausfuhr von mehr als 50 Jahre alten Ölgemälden einer Lizenz, wenn sie mindestens £ 119000 wert sind. Für Möbel liegt die Wertgrenze bei £ 39600. Die Ausfuhr von acht Kategorien von Gütern in andere EU-Mitgliedstaaten fallen nicht unter die Exportkontrolle.[581] Bei der Ausfuhr in Drittstaaten sind es deren sieben.[582] Solche Gegenstände erhalten eine *Open General Export Licence*[583] und können frei ausgeführt werden.

---

[578] Vgl. *Polonsky/Canat*, 563.

[579] Dies geschah erstmals im Frühjahr 1998. Es handelte sich um das Gemälde *Nearing Camp on the Upper Colorado River* (1882) des in England geborenen US-Amerikaners Thomas Moran (1837–1926); vgl. Report 1997–98, Fall 17, 40–42, Abb. auf Tafel XIII. Das Bolton Museum erwarb es schliesslich mit der Unterstützung des HLF und des NACF; vgl. Report 1998–99, para. 28; The Art Newspaper, Mai 1998, 1.

[580] *Export of Goods (Control) Order 1992*, Schedule 1, Part 1, Group 2; vgl. auch Guidance 23.7.1997, Tab. 2, Kat. 32 (Export in einen Nichtmitgliedstaat der EU) und Tab. 3, Kat. 32 (Export in einen Mitgliedstaat der EU).

[581] Darunter fallen Briefmarken, Geburts-, Ehe- oder Todesurkunden, Briefe oder andere Schriftstücke, die vom oder an den Exporteur oder dessen Ehefrau geschrieben wurden; alle Objekte im Eigentum des Exporteurs, die von ihm hergestellt wurden; Musikinstrumente, die für weniger als drei Monate von einem Berufsmusiker ausgeführt werden; Musikinstrumente, die anlässlich der Arbeit eines Berufsmusikers weniger als drei Monate im Vereinigten Königreich waren; Motorfahrzeuge (nicht militärisch), die älter als 50 Jahre sind und für weniger als drei Monate zu Vergnügungszwecken ausgeführt werden; ausländische, registrierte Motorfahrzeuge (keine zu militärischen Zwecken), die während weniger als drei Monate zu Vergnügungszwecken im Vereinigten Königreich waren.

[582] Darunter fallen Briefmarken, Geburts-, Ehe- oder Todesurkunden; Briefe oder andere Schriftstücke, die vom oder an den Exporteur geschrieben wurden; alle Objekte im Eigentum des Exporteurs, die von ihm hergestellt wurden; alle Objekte nach Tab. 4 der Guidance 23.7.1997, die von der Ehefrau oder Witwe des Herstellers ausgeführt werden; Motorfahrzeuge (keine zu militärischen Zwecken), die älter als 50 Jahre und jünger als 75 Jahre sind und für weniger als drei Monate zu Vergnügungszwecken ausgeführt werden; ausländische, registrierte Motorfahrzeuge (nicht militärisch), die während weniger als drei Monate zu Vergnügungszwecken im Vereinigten Königreich waren.

[583] *Open General Export Licence (Antiques)* vom 3.9.1993.

1. Werke lebender Künstler

Auch Werke lebender Künstler können eines oder mehrere Waverley-Kriterien erfüllen.[584] Sie bedürfen in diesem Fall aber nur einer Ausfuhrlizenz, falls sie im Exportzeitpunkt vor mehr als 50 Jahren geschaffen wurden und nicht der Künstler selbst das Kunstwerk exportieren will.[585]

2. Werke im Eigentum des Urhebers

Gemäss der *Open General Export Licence (Antiques)* vom 3. September 1993 kann der Künstler seine eigenen Kunstwerke, die ihm gehören, frei ausser Landes bringen.[586] Die Ausfuhrlizenz muss erteilt werden, auch wenn das Werk älter als 50 Jahre ist und bei Erfüllung eines der drei Waverley-Kriterien.[587]

Die mögliche Umgehung des Exportsystems liegt auf der Hand; denn die Ausfuhr von Kunstwerken durch den Künstler selbst kann nicht verweigert werden, auch wenn das Kunstwerk älter als 50 Jahre ist. Interessiert sich also ein Käufer mit Wohnsitz im Ausland für ein Werk eines lebenden britischen Künstlers, und möchte er eine mögliche Ausfuhrverweigerung umgehen, so lässt er den Künstler das Kunstwerk aus dem Vereinigten Königreich ausführen und kauft es ihm erst nach der erfolgreichen Ausfuhr ab.[588]

III. Erweiterung der Waverley-Kriterien

In einem viel beachteten Ausfuhrverfahren bezüglich einer der beiden Statuengruppen „Die Drei Grazien" von Antonio Canova (1757–1822) Anfang der

---

584 Vgl. Guidance 23. 7. 1997, para. 14; zu den Argumenten für und gegen die Anwendung der Waverley-Kriterien auf Kunstwerke lebender Künstler vgl. Consultation Paper 30. 4. 1996, 3f.; Report 1994–95, paras. 8f.

585 Der Handels- und Industrieminister verweigerte im Jahre 1994 erstmals die Ausfuhr eines Kunstwerks eines lebenden Künstlers. Es handelte sich dabei um das Ölgemälde *The Painter's Room* von Lucien Freud (geb. 1922), Enkel des Psychoanalytikers Sigmund Freud (1856–1939). Lucien Freud gilt als wichtigster lebender britischer Maler; vgl. dazu die Hinweise in Fn. 611.

586 Vgl. Guidance 23. 7. 1997, Tab. 1, Kat. 4 (Ausfuhr in einen EU-Mitgliedstaat), Kat. 12 (Ausfuhr in einen Drittstaat).

587 Interessant wäre die Reaktion der britischen Behörden bei der Ausfuhr eines Freud-Gemäldes durch den Künstler selbst, erzielen doch Freuds Bilder auf dem internationalen Kunstmarkt Höchstpreise. Das Ölgemälde *Naked Portrait with Reflection* (1980) war einem Käufer auf einer Auktion am 9. 12. 1998 in London £ 2800000 (CHF 6950000) inkl. Zuschlagstaxe wert. Das Bild gilt als teuerstes der in Europa je versteigerten Gemälde eines lebenden Künstlers; vgl. *Inside view*, 67; *Waser*, 68. Das Bild ist abgedr. in: *Sotheby's* (Hg.), Contemporary Art. Part 1. Auction of 9 december 1998. Los Nr. 15, 38–41 (39). Hingegen ging das Bild *The Painter's Room* bei Sotheby's in New York auf der Auktion vom 14. 5. 1998 als unverkauft an den Einlieferer zurück; s. hierzu die Hinweise in Fn. 611.

588 Diese Überlegung fand bisweilen im Exportverfahren kein Gehör.

1990er-Jahre[589] schlug das *Reviewing Committee* die Erweiterung der Waverley-Kriterien um ein viertes Kriterium vor, welches den Verkauf ins Ausland von Objekten aus wichtigsten Sammlungen *(key collections)* verhindern soll.[590] Das sog. *Collection criterion* soll Kunstsammlungen in ihrem Bestand schützen, welche als Sachgesamtheit einen grösseren Wert haben als deren einzelne Objekte zusammen.[591]

Die Vorschläge der verschiedenen Studien für eine Erweiterung der Waverley-Kriterien wurde schliesslich aus praktischen und rechtlichen Problemen abgelehnt. Die Ablehnung wurde mit der Schwierigkeit begründet, solche Sammlungen zu definieren.[592]

IV. Ausfuhrverfahren

1. Prüfung des Exportgegenstands

Der *Expert Adviser*, zumeist ein Museumsdirektor, Konservator einer staatlichen Sammlung oder Vertreter des Kunstmarkts,[593] prüft, ob das Objekt von nationaler Bedeutung ist; dies trifft zu, sobald eines der drei Waverley-Kriterien gegeben ist.[594] Wenn der *Expert Adviser* eines oder mehrere der drei Kriterien als erfüllt ansieht,[595] so weist das Departement für Kultur, Medien und Sport das Gesuch an das *Reviewing Committee on the Export of Works of Art*[596] weiter.

---

589 Zum Fall „Die Drei Grazien" s. hinten E.

590 Vgl. Review 1991, para. 84; Report 1991–92, para. 16. Das *Reviewing Committee* verlangte auch später die Erweiterung der Waverley-Kriterien; vgl. Report 1992–93, para. 4f.; Report 1993–1994, para. 18; Report 1994–95, paras. 4f.; Report 1995–96, para. 13; Report 1996–97, para. 18; Report 1997–98, paras. 26–29 (29); Report 1998–99, para. 34.

591 Die Diskussion über die Erweiterung der Waverley-Kriterien entbrannte erneut während des Ausfuhrverfahrens von Zeichnungen aus der berühmten Sammlung Alter Meister der *Holkham Hall*; vgl. Report 1991–92, Fälle 25–47, 26–39, Report 1992–93, Fälle 4 und 14, 16–18; Abb. auf Tafeln IVf.; Report 1993–94, Fälle 6 und 23, 21–23, Abb. auf Tafel VIII; Report 1994–95, Fälle 1 und 2, 14–16. Vgl. auch die Verkäufe dreier Gemälde aus der 77 Bilder umfassenden *Holloway's Picture Collection*, die Bestandteil eines Trusts und im *Royal Holloway and Bedford College*, London, untergebracht ist. Zwei davon fanden für £ 3500000 bzw. £ 6700000 im Oktober 1993 bzw. im April 1995 einen privaten britischen Käufer. Ausfuhrgesuche wurden keine gestellt; vgl. Report 1992–93, Fall 6, 19f., Abb. auf Tafel VI; *Chong*, 176–179. Da das zeitlich beschränkte Kaufsrecht unbenutzt ablief, kam eines der drei Bilder Ende Sommer 1993 für £ 11000000 in das J. Paul Getty Museum, Kalifornien, USA; vgl. Report 1992–93, Fall. 19, 31f., Abb. auf Tafel XIV. Zur Holloway Affäre vgl. Report 1992–93, paras. 6–11; *Chong*, 167–184.

592 Vgl. dazu Report 1997–98, paras. 26–29; Report 1998–99, para. 34.

593 Vgl. Report 1952, para. 274; *Fraoua* Le trafic, 85, Fn. 44 m. H. auf *Bator*, 320, Fn. 83.

594 Vgl. Guidance 23. 7. 1997, para. 14.

595 Guidance 23. 7. 1997, para. 15.

596 Das *Reviewing Committee* wurde im Jahre 1952 auf Empfehlung des *Waverley Committee* gegründet. Das Komitee besteht aus acht vom *Secretary of State for Culture, Media and*

Dieses Komitee wiederholt dieselbe Prüfung erneut nach den Waverley-Kriterien, wobei der Exporteur ein Mitwirkungsrecht hat und anzuhören ist.[597] Ist nach Auffassung des Komitees keines der drei Kriterien gegeben, so schlägt das Komitee dem *Secretary for Trade and Industry*[598] die Erteilung der Ausfuhrlizenz vor,[599] was dieser in aller Regel auch tun wird.[600]

2. Zeitlich beschränktes Erwerbsrecht

Kommt das Komitee zum Schluss, dass eines oder mehrere der Waverley-Kriterien erfüllt sind, so empfiehlt das Komitee dem *Secretary for Trade and Industry*, den Entscheid über die Bewilligung oder Verweigerung der Ausfuhr für zwei bis sechs Monate aufzuschieben.[601] Innerhalb dieser Frist können öffentliche Institutionen wie Museen, Galerien oder Bibliotheken mit Hilfe von staatlichen Fonds[602] sowie seit 1990 auch Private dem Eigentümer eine Kaufofferte abgeben, um den Exportgegenstand zu erwerben.[603]

Lehnt der Exporteur das zustande gekommene Kaufangebot ab, so wird der Handels- und Industrieminister die Ausfuhr in aller Regel verweigern.[604] Verzichtet der Exporteur von vorneherein auf einen Verkauf, so kann der Minister die Ausfuhrgenehmigung verweigern, ohne eine Frist für die Ausübung des Erwerbsrechts ansetzen zu müssen.[605] Bringen die öffentlichen oder privaten Institutionen das Geld für den Kauf zu dem im Exportgesuch angegebenen Preis oder zum gerechten Marktpreis *(fair market price)*[606] innerhalb der fest

Sport ernannten Mitgliedern; vgl. Guidance 23. 7. 1997, para. 25 und Anhang D. Die Berichte des *Reviewing Committee* werden jährlich vom *Stationery Office Publications Centre,* PO Box 276, London SW8 5DT, publiziert. Diese Jahresberichte enthalten neben Kommentaren zu einzelnen Fällen auch Rechenschaftsberichte und Statistiken.

597 Guidance 23. 7. 1997, paras. 28f.

598 Der *Secretary for Trade and Industry* ist Mitglied der Regierung und Vorsteher des Departements für Handel und Industrie (Handels- und Industrieminister).

599 Vgl. Guidance 23. 7. 1997, para. 30.

600 Vgl. Guidance 23. 7. 1997, para. 16.

601 Vgl. Guidance 23. 7. 1997, para. 30. Die Dauer der Frist hängt ab namentlich vom Wert des Objekts und vom Vorliegen eines möglichen „Fundraising“. Das Komitee kann gegebenenfalls aber auch eine längere Frist als sechs Monate ansetzen; vgl. Guidance 23. 7. 1997, para. 32.

602 Z. B. *National Art Collections Fund* oder *Heritage Lottery Fund.*

603 Vgl. Guidance 23. 7. 1997, para. 31.

604 Vgl. Guidance 23. 7. 1997, para. 44.

605 Dies geschah in einem Fall Ende der 1970er-Jahre und ist seither gängige Praxis; vgl. *Bator,* 321, Fn. 85.

606 Bietet z. B. ein Käufer in New York £ 1250000 für eine Holzplastik von Henri Moore (1898–1986), so ist der Staat nicht an diesen Preis gebunden, sondern kann den sog. *fair market price* bestimmen; siehe zu diesem konkreten Fall Report 1997–98, Fall 9, 28f.

gesetzten Frist nicht zusammen, so wird die Ausfuhrlizenz in aller Regel erteilt.[607]

Das *Reviewing Committee* beantragt dem *Secretary for Trade and Industry* die Erteilung der Ausfuhrlizenz oder die Fristansetzung für den Ankauf des Exportgegenstands. Der *Secretary for Trade and Industry* ist aber keineswegs an den Entscheid des *Reviewing Committee* gebunden.[608] Zudem kann er die ausgestellte Ausfuhrlizenz jederzeit widerrufen oder die Ausfuhrlizenz mit Auflagen versehen.[609]

Entschliesst sich der Eigentümer, die Ausfuhr für dasselbe Objekt nochmals zu beantragen, so beginnt das beschriebene Ausfuhrverfahren von Neuem.[610] Der Exporteur muss allerdings die geänderten Umstände schriftlich darlegen können. Denkbar ist z. B. die Angabe eines anderen Entstehungszeitpunkts des Kunstwerks.[611] Liegen nach Auffassung des *Reviewing Committee* im zweiten Ausfuhrgesuch keine überzeugenden neuen Umstände vor, so beantragt es dem *Secretary for Trade and Industry*, die Ausfuhr ohne Aufschub zu verweigern.[612] Das Komitee schlägt zudem vor, den Eigentümer im Zeitpunkt des Ausfuhrantrags zu verpflichten, den Exportgegenstand zu dem im Gesuch angegebenen Preis oder zum

---

607 Vgl. Guidance 23. 7. 1997, para. 50: „If you don't receive a purchase offer, your export licence will normally be granted at the end of the deferral period".

608 Vgl. Guidance 23. 7. 1997, para. 52.

609 Vgl. Sect. 7(1) *Export of Goods (Control) Order 1994*; Guidance 23. 7. 1997, paras. 18, 52.

610 Nicht geregelt ist die „Strafwartefrist", die verstreichen muss, bevor ein neues Exportgesuch gestellt werden kann.

611 Dies geschah im Jahre 1997 beim zweiten Exportgesuch des Ölgemäldes *The Painter's Room* von Lucien Freud. Im ersten Gesuch des Jahres 1994 wurde irrtümlicherweise vom Entstehungsjahr 1943 ausgegangen. Der Eigentümer lehnte damals die Kaufofferten der *Tate Gallery* und einer Privatsammlung *(Chatsworth House Trust)* zu knapp £ 516000 ab. Die Ausfuhr wurde daraufhin verweigert; vgl. Report 1994–95, Fall 9, 22f. Im Dezember 1997 wurde das angeblich erst im Jahre 1944 entstandene und von Paula Cussi, Vize-Präsidentin des *Centro Cultural Arte Contemporáneo* (Mexiko) erworbene Gemälde erneut dem *Reviewing Committe* vorgelegt. Im zweiten Gesuch wurde richtigerweise das Jahr 1944 als Entstehungsjahr angegeben. Das zur Ausfuhr beauftragte Auktionshaus Sotheby's machte geltend, das Gemälde sei im Zeitpunkt des ersten Gesuchs tatsächlich erst 49 Jahre alt und hätte folglich frei ausgeführt werden können. Das *Reviewing Committee* erachtete wiederum die Waverley-Kriterien Nr. 2 und 3 als erfüllt. Offensichtlich trug der Handels- und Industrieminister aber diesem besonderen Umstand Rechnung, denn er erteilte die Ausfuhrlizenz; vgl. Report 1997–98, Fall 8, 26f. (27), Abb. auf Tafel XIII; zum Ganzen vgl. *Bailey* Private, 7; *Who can't count then?*, 7. Gemäss telefonischer Auskunft vom 3. 9. 2000 von Herrn Molina, Sotheby's Zürich, ging das Bild bei Sotheby's auf der Auktion vom 14. 5. 1998 in New York unverkauft an den Einlieferer zurück. Für weitere Angaben zum Bild vgl. *Sotheby's* (Hg.), Contemporary Art. Part I. Auction of 14 May 1998, Los Nr. 33, 27.

612 Vgl. Guidance 23. 7. 1997, para. 57; Review 1991, para. 86. So z. B. geschehen im Fall der beantragten Ausfuhr einer aus der Zeit um 1867 gefertigten Tischuhr; vgl. Report 1993–94, Fall 1; Report 1994–95, Fall 32.

gerechten Marktpreis unter der Bedingung eines zustande gekommenen Kaufangebots zu verkaufen *(compulsory purchase)*.[613] Dieser Vorschlag wird damit begründet, dass das Museum, welches für den Kauf des Exportgegenstands Geld zusammengetragen hat, in seiner Erwartung enttäuscht wird, wenn der Eigentümer das Kaufangebot ablehnt.

Obwohl zwischen EU-Lizenzen und Lizenzen des Vereinigten Königreichs unterschieden wird, wenden die britischen Behörden für die EU-Lizenzen das gleiche Verfahren für die Bestimmung der nationalen Bedeutung des Objekts an, nämlich das Verfahren nach den Waverley-Kriterien.[614]

3. Gerechter Marktpreis

Innerhalb der im Einzelfall angesetzten Frist sollen die nötigen finanziellen Mittel gefunden werden, um dem Eigentümer ein Kaufangebot zum gerechten Marktpreis *(fair market price)*[615] zu unterbreiten.[616] Der Preis soll vernünftig sein *(reasonable)*, aber den Interessen des Eigentümers und der Museen sowie dem Steuerzahler gerecht werden. Schon im Waverley-Report von 1952 fand die Bezahlung des internationalen Marktpreises breite Unterstützung.[617] Wird das Kunstwerk auf einer Auktion ersteigert, so bemisst sich der Kaufpreis nach dem Versteigerungspreis inkl. Käuferprämie.[618] Keine Berücksichtigung finden demgegenüber Versicherungs- und Transportkosten mit der Begründung, dass sich ausländische Käufer dem Risiko einer Aufschiebung des Entscheids über die Ausfuhr bewusst seien.[619]

4. Private Kaufangebote

Im Ausfuhrverfahren betreffend die Statuengruppe „Die Drei Grazien“[620] kündigte Handels- und Industrieminister Lord Nicholas Ridley am 2. März 1990 an, auch private Kaufinteressenten zuzulassen, falls kein öffentliches Museum dazu in der Lage sei.[621] Am 4. Mai 1990 gab Ridley eine schriftliche Erklärung zur Rechtfertigung seines Vorhabens vor dem Parlament ab.[622] Die geplante

---

[613] Vgl. Review 1991, para. 86.

[614] Vgl. *Polonsky/Canat*, 565.

[615] Vgl. Consultation Paper 6. 6. 1996.

[616] Vgl. Guidance 23. 7. 1997, para. 30.

[617] Report 1952, para. 245.

[618] Vgl. Guidance 23. 7. 1997, paras. 35f.

[619] Vgl. Guidance 23. 7. 1997, para. 37.

[620] S. hierzu hinten E III.

[621] Vgl. Report 1989–90, para. 2; *Uhl*, 91, nennt diese Order „Lex Canova“.

[622] Vgl. *Written reply to a Parliamentary Question*; abgedr. in: Report 1989–90, para. 4; zur Kritik des *Reviewing Committee* vgl. Report 1989–90, paras. 11–31.

Einführung dieser sog. *Ridley Rules*[623] wurde damals nicht nur vom *Reviewing Committee* kritisiert, sondern stiess auch vereinzelt im Schrifttum auf Widerstand.[624] Das Komitee kritisierte den Vorschlag, den Erwerb von Kulturgut auch Privaten zu ermöglichen mit der Begründung, dass „ein privater Käufer den Zugang für die Öffentlichkeit nicht garantieren oder die Konservierung gewährleisten würde."[625] Trotz aller Kritik werden seit dem 4. Mai 1990 nun auch private Kaufofferten mit bestimmten Auflagen auf alle zukünftigen Fälle berücksichtigt.[626]

Offen bleibt die Frage, ob der Eigentümer des Exportgegenstands ein Wahlrecht hat zwischem dem öffentlichen und dem privaten Kaufangebot. M. E. kann der Vorzug nicht generell dem einen oder anderen Angebot gegeben werden. Massgebliche Kriterien für die Beantwortung der Frage sind vielmehr die besseren Aufbewahrungsmöglichkeiten des Kulturguts und die Garantie der Zugänglichkeit für die Öffentlichkeit.[627] Der *Secretary of State for Trade and Industry* wird allerdings nur dann ein privates Kaufangebot zulassen, wenn der Käufer folgende Voraussetzungen erfüllt:[628]

1. Garantie einer vernünftigen öffentlichen Zugänglichkeit;
2. Gewährleistung hinreichender Aufbewahrungsbedingungen und
3. Verpflichtung, das Kulturgut für eine bestimmte Zeit nicht zu veräussern.

---

623 Vgl. Consultation Paper 30. 5. 1990.

624 Vgl. z. B. *Crewdson,* 353: „The whole object of the Waverley system was to preserve important works of art for the nation, not for wealthy individuals."

625 Consultation Paper 30. 5. 1990, para. 7: „there is no guarantee that, once a private buyer has acquired an object, he will allow public access to it or ensure its proper conservation."

626 Die Regeln über die Berücksichtigung von privaten Angeboten wurde aber erst am 3. 3. 1997 veröffentlicht; vgl. *UK Export licensing for cultural goods. Procedures and guidance for exporters of works of art and other cultural goods of March 3, 1997*; aufgehoben durch diejenige vom 23. 7. 1997; vgl. dazu *Bailey* Private, 7. Im Jahre 1992 erwarb erstmals ein Privater ein Kunstwerk, das ins Ausland abzuwandern drohte. Es handelte sich um ein Barometer aus Silber und Elfenbein zum Preis von £ 275000; vgl. Report 1991–92, Fall. 18, Abb. auf Tafel VII. – Missverständlich zum privaten Ankauf von Kulturgütern äussert sich *Merryman* The Free, 303, der die privaten Kaufangebote nicht erwähnt: „In the United Kingdom export permission is required but will be granted in all but a few cases and will issue even in those cases in which local institutions fail to purchase the object at its full price."

627 A. A. wohl das *Reviewing Committee*, Review 1991, para. 104, wonach der Eigentümer kein Wahlrecht habe und das öffentliche Angebot annehmen müsse.

628 Guidance 23. 7. 1997, para. 45; Consultation Paper 30. 5. 1990, paras. 11, 20; *Crewdson,* 354:
„(1) guarantee reasonable public access to the object;
(2) provide satisfactory conservation conditions; and
(3) not to sell the object for a specified period."
Ähnlich schon die im Jahre 1990 vorgeschlagegenen Bedingungen des *Reviewing Committee*; vgl. Report 1989–90, para. 26. Vorgeschlagen wurde u. a. die öffentliche Zugänglichkeit für mindestens 20 Jahre; vgl. Report 1989–90, paras. 20, 29.

Die Prüfung dieser Auflagen lassen folgende Fragen unbeantwortet: Ist die öffentliche Zugänglichkeit „vernünftig", wenn das Kulturgut ein Mal wöchentlich oder nur ein Mal monatlich der Öffentlichkeit zugänglich ist? Wann genügen die örtlichen Aufbewahrungsbedingungen? Wie lange darf eine Weiterveräusserung des Kulturguts verboten werden?[629] Private Erwerber sind faktisch gezwungen, die zum *fair market price* verkauften Kunstwerke als Leihgaben in öffentlich zugänglichen Museen auszustellen.[630]

Nimmt der Eigentümer die öffentliche oder die private Kaufofferte an, so fällt das Exportgesuch dahin.[631] Lehnt er sie ab, so wird das Gesuch in aller Regel abgelehnt.[632]

V. Lizenzarten

Es wird zwischen EU-Lizenzen und Lizenzen des Vereinigten Königreichs unterschieden. Letzteres ist erforderlich, wenn der Exportgegenstand in einen anderen EU-Mitgliedstaat verbracht werden soll, sobald der Wert des Exportgegenstands gewisse Wertgrenzen erreicht.[633] Bei Ausfuhr in einen Staat ausserhalb der EU bedarf es immer eine Lizenz, wenn der Exportgegenstand auf der Liste des Anhangs zur VO 3911/92 steht und die dort angegebenen Wert- und Altersgrenzen erreicht.[634] Zusätzlich zur EU-Lizenz ist u. U. eine Lizenz des Vereinigten Königreichs erforderlich. Dies ist dann der Fall, wenn der Exportgegenstand die Wert- und Altersgrenzen der EU-Lizenz nicht erreicht, hingegen die Wert- und Altersgrenzen der Lizenz des Vereinigten Königreichs erreicht.[635]

---

[629] So auch *Crewdson*, 354.

[630] Dies geschah im Jahre 1998 bezüglich des Gemäldes *Girl with a Tambourine* von Jusepe de Ribera (1591–1652). Einem anonym gebliebenen Briten war das Werk mehr als £ 1800000 wert. Das Bild hängt heute als Leihgabe in der *Laing Art Gallery*, Newcastle-upon-Tyne; vgl. Report 1997–98, Fall 15, 38, Abb. auf Tafel XII. Das Gemälde *A Repentant Sinner turning away from Temptation* von Johann Liss (1597–1629/30) wurde im Jahre 1995 von einem ebenfalls anonym gebliebenen Briten für mehr als £ 1000000 gekauft. Es hängt seitdem in der *Pyms Gallery*, London; vgl. Report 1994–95, Fall 23, 37f., Abb. auf Tafel XII. Das Gemälde *La lecture de Molière* von Jean-François de Troy (1679–1752) war im gleichen Jahre einem ebenfalls anonym gebliebenen britischen Käufer knapp £ 4500000 wert; vgl. Report 1994–95, Fall 21, 35f., Abb. auf Tafel X; Report 1995–96, para. 28. Ein Brite kaufte das im Jahre 1885 entstandene und für den Export in die Schweiz bestimmte Gemälde *Le Ruisseau* von Paul Gauguin (1848–1903) für £ 1200000. Das Bild hängt seither als Leihgabe im *National Museum of Wales*, Cardiff; vgl. Report 1998–99, Fall 19, 49, Abb. auf Tafel XVI.

[631] Guidance 23. 7. 1997, para. 47.

[632] Vgl. Guidance 23. 7. 1997, para. 44. Es konnte kein Fall gefunden werden, in welchem der *Secretary for Trade and Industry* die Ausfuhr genehmigte, nachdem der Eigentümer die Kaufofferte ablehnte.

[633] Guidance 23. 7. 1997, para. 5.

[634] Guidance 23.7.1997, para. 4.

[635] Vgl. Guidance 23. 7. 1997, Tab. 4.

1. Ausfuhr in einen Mitgliedstaat der EU

Einer Lizenz des Vereinigten Königreichs bedürfen grundsätzlich alle Güter, welche im Zeitpunkt der Ausfuhr älter als 50 Jahre und mindestens £ 39600 wert sind.[636] Ölgemälde bedürfen z.B. nur dann einer solchen Lizenz, wenn sie mindestens £ 119000 wert sind.[637]

2. Ausfuhr in einen Nichtmitgliedstaat der EU

Steht fest, dass der Exporteur eine Ausfuhrlizenz benötigt, dann muss geprüft werden, welche Lizenz der Exporteur für die Ausfuhr in einen Nichtmitgliedstaat der EU beantragen muss. Archäologische Gegenstände, die ausserhalb des Vereinigten Königreichs gefunden wurden und die weniger als 100, aber mehr als 50 Jahre alt sind, bedürfen einer Lizenz des Vereinigten Königreichs. Sind sie älter als 100 Jahre, so bedarf die Ausfuhr einer EU-Lizenz. Dasselbe gilt für archäologische Fundobjekte, die vor mehr als 50 Jahren im Vereinigten Königreich entdeckt wurden.[638] Bücher bedürfen einer Lizenz des Vereinigten Königreichs, wenn sie zwischen 50 und 100 Jahre alt sind. Sind sie älter als 100 Jahre, so muss eine EU-Lizenz beantragt werden.[639] Der Eigentümer eines Gemäldes, welches älter als 50 Jahre ist, muss eine EU-Lizenz beantragen.[640]

Die VO 3911/92 verlangt zudem einen Mindestwert von ECU 150000 (Anhang B i.V.m. Anhang A, Ziff. 1). Dies gilt nicht für Aquarelle, Gouachen und Pastelle, bei denen der Grenzwert bei ECU 30000 liegt (Anhang, Abschnitt B i.V.m. Abschnitt A, Ziff. 3a).[641] Die Ausfuhr von Transportmittel bedürfen einer EU-Lizenz, wenn sie älter als 75 Jahre sind; weisen sie ein Alter zwischen 50 und 75 Jahren auf, so genügt eine Lizenz des Vereinigten Königreichs.[642]

---

636 Vgl. *Export of Goods (Control) Order 1992*, para. 2, Schedule 1, Group 2. Vier Kategorien von Kulturgütern haben den Wert „£ 0". Es handelt sich dabei um Manuskripte und andere Dokumente wie Landkarten und Musiknoten als Einzelstücke und Sachgesamtheiten, Archivalien, von Hand gefertigte architektonische, wissenschaftliche und technische Zeichnungen sowie im Vereinigten Königreich aufgefundenes archäologisches Material; vgl. Guidance 23.7.1997, Tab. 3, Kat. 1–4.

637 Guidance 23.7.1997, Tab. 3, Kat. 31.

638 Vgl. Guidance 23.7.1997, Tab. 4, Kat. 4, 5.

639 Vgl. Guidance 23.7.1997, Tab. 4, Kat. 20.

640 Vgl. Guidance 23.7.1997, Tab. 4, Kat. 31.

641 Aquarelle, Gouachen und Pastelle wurden am 17.2.1997 als eine eigene Kategorie in den Anhang zur RL 93/7 eingefügt; vgl. RL 96/100. Dieser Anhang entspricht dem Anhang zur VO 3911/92.

642 Vgl. Guidance 23.7.1997, Tab. 4, Kat. 21.

3. Open Individual Export Licences

Das *Department of National Heritage* (DNH) hat den beiden Auktionshäusern Sotheby's und Christie's sog. individuelle Ausfuhrlizenzen *(Open Individual Export Licences)* ausgestellt. Mit diesen Lizenzen haben sie die Möglichkeit, ganz generell Kulturgüter zu exportieren, ohne eine Ausfuhrlizenz beantragen zu müssen. Voraussetzung ist lediglich, dass die Kulturgüter vor nicht mehr als 50 Jahren im Zeitpunkt der Ausfuhr in das Vereinigte Königreich importiert worden sind, und dass die Berechtigten die Ausfuhr selber organisieren.[643] Die *Open Individual Export Licences* gelten aber nur für Lizenzen des Vereinigten Königreichs.[644]

VI. Sanktionen

Die Verletzung des *Act 1939* wird mit Verfall der Güter an den Staat *(forfeiture)* und Busse bestraft.[645] In der Praxis wird die Missachtung von Exportvorschriften allerdings in Anwendung des *Customs and Excise Management Act 1979* geahndet. Danach sind Bussen in unbeschränkter Höhe und/oder eine Freiheitsstrafe von höchstens sieben Jahren möglich.[646]

C. Reformvorschläge

Die geltende Exportkontrolle nach dem *Act 1939* stiess auf Kritik, weil dieses Gesetz aus der Zeit des Zweiten Weltkriegs stamme und im Verfahren der Notgesetzgebung erlassen worden sei.[647] Das *Reviewing Committee* schlug vor, die für das britische Kulturerbe bedeutenden Kulturgüter in ein Verzeichnis ein-

---

643 Vgl. *Maurice/Turnor,* 41.

644 Zum Ganzen vgl. *Polonsky/Canat,* 568 f. Es gibt keine publizierten Dokumente über das Verfahren der Ausstellung der *Open Individual Export Licences*; vgl. *Dies.*, 568, Fn. 37 m.w.H.

645 Sect. 3(1) *Act 1939.*

646 Sect. 68(2) und (3) *Customs and Excise Management Act 1979.* Diese Strafbestimmungen verhindern die Missachtung einer vorübergehend genehmigten Ausfuhr nicht. So wurde im August 1968 die Ausfuhr eines Gemäldes des amerikanischen Malers Gilbert Stuarts (1755–1828) für sechs Monate in die USA erteilt, um es in der Smithsonian Institution, Washington, D.C., auszustellen. Das George Washington (1732–1799, erster Präsident der USA 1789–1797) darstellende Porträt kehrte aber auch nach Ablauf der um neun Monate verlängerten Ausfuhrgenehmigung nicht ins Vereinigte Königreich zurück, sondern verblieb in der Smithsonian Institution. Das Bild war Eigentum des 7. Earl of Rosebery, ehe er es 1992 seinem Sohn verkaufte. Dieser verkaufte es schliesslich im Frühjahr 2001 an die Smithsonian Institution für US$ 20000000, obwohl das Kunstwerk weder öffentlichen noch privaten britischen Museen oder Privaten zum Kauf angeboten worden war; vgl. *Bailey* Smithsonian, 18.

647 Vgl. *Polonsky/Canat,* 564 m.w.H.

zutragen *(listing)*.[648] Die Ausfuhr dieser eingetragenen Kulturgüter wäre verboten. Eine volle Entschädigung der Eigentümer von einzutragendem Kulturgut wäre dabei nicht vorgesehen.[649] Die Ablehnung einer vollen Entschädigung wird im Wesentlichen damit begründet, dass der nationale und internationale Marktwert eines Kunstwerks schwierig zu berechnen sei und der Staat in vielen Fällen finanziell gar nicht in der Lage wäre, voll zu entschädigen.[650] Ferner bestehe der Verdacht, dass dadurch Leihgaben grosszügiger Sammler zurückgehen würden.[651] Hingegen kämen Steuererleichterungen, die Berücksichtigung bei der Hingabe des eingetragenen Kulturguts zur Zahlung von Steuerschulden sowie die Auszahlung von Bargeld zu Gunsten des Eigentümers in Frage, die für die Konservierung und Zugänglichmachung für die Öffentlichkeit fällig würde.[652] Der *Secretary of State for National Heritage* lehnte schliesslich diesen Vorschlag mit folgender Begründung ab:[653]

> „The disadvantages of listing far outweigh the advantages. Listing would present a diminution in the rights of owners to dispose of their property as they saw fit. And prohibition upon the export of outstanding heritage items would distort the market value, both for outstanding items and others. Therefore, I have firmly decided against the committee's recommendation, made most reluctantly, to list works of art. The protection of the heritage is one of prime concerns. There are, however, ways of achieving that aim other than listing, such as the scheme for acceptances in lieu of tax."

Das Komitee verlangt nun die Bereitstellung von finanziellen Mitteln, um Ankäufe von bedeutendem Kulturgut zu ermöglichen. Gleichzeitig hält es am Verfahren nach den Waverley-Kriterien fest, indem es erklärt:[654]

> „the Waverley system is strongly supported by owners, museums and the trade in this country [...] In the total sum of things, the amount of funding needed to rehabilitate it [das Waverley System] and thus avoid the need for listing is not great. [...] After the most intense investigation we find ourselves in agreement with all those who, from very different standpoints, have given us their opinion that the Waverley system has worked well in the past and that it could work again in the future if only funding were to be improved."

Nach Erwägung dieses Berichts des *Reviewing Committee* beschloss der damalige Handels- und Industrieminister, am Waverley-System festzuhalten und keinerlei Änderungen vorzunehmen.[655]

---

648 Vgl. dazu Report 1991–92, paras. 19–75.

649 Vgl. Review 1991, para. 54.

650 Vgl. dazu Review 1991, paras. 50–52.

651 Vgl. Review 1991, para. 35.

652 Vgl. Review 1991, para. 53.

653 208 Parliamentary Debates (Hansard), House of Commons Official Report, 22, 5 June 1992, HMSO (London) 646; zit. gemäss *Gillman*, 281, Fn. 40; vgl. auch *Maurice/Turnor*, 48, Fn. 24 mit Angabe einer anderen Fundstelle: Press Release from DNH 18/92 5th June, 1992.

654 Review 1991, paras. 61 f.; Report 1991–92, Anhang B, paras. 61 f.

655 Review 1991, para. 6.

D. Statistik

I. Ausfuhr

Die folgende Aufstellung zeigt die Ergebnisse der Überprüfung der Ausfuhrgesuche durch das *Reviewing Committee* (RC) sowie die Anzahl zurückbehaltener und aus dem Vereinigten Königreich exportierter Kulturgüter in den Jahren 1994 bis 2000.[656]

	Periode[657]	**1994–95**	**1995–96**	**1996–97**	**1997–98**	**1998–99**	**1999–00**
1	Total der gestellten Gesuche[658]	6045	6107	6756	8054	8019	18144
2	Von den *Expert Advisers* ans RC weitergeleitete Gesuche	36 0,60%	27 0,44%	29 0,43%	19 0,24%	20[659] 0,25%	29[660] 0,16%
3	Vom RC aufgeschobene Gesuche	29	24[661]	25	15	17	18
4a	Zurückbehaltene Objekte,[662]	17	14	12[663]	8[664]	7[665]	10
4b	davon angekauft	12	10	10	7	6	6

656 Vgl. Report 1998–99, Tab. 2, 17.

657 Eine Periode dauert jeweils vom 1. Juli bis 30. Juni des folgenden Jahres.

658 Ein Gesuch kann mehrere Objekte erfassen. Die Zahlen umfassen alle Gesuche, ohne Unterscheidung zwischen EU-Lizenzen und Lizenzen des Vereinigten Königreichs.

659 Eines von diesen 20 Gesuchen wurde noch vor der Prüfung durch das *Reviewing Committee* zurückgezogen; vgl. Report 1998–99, para. 40.

660 Elf der Gesuche wurden noch vor der Prüfung durch das *Reviewing Committee* zurückgezogen; vgl. Report 1999–00, para. 41.

661 Davon wurden vier Gesuche widerrufen. Zwei davon vor dem Entscheid, zwei nach dem Entscheid des zuständigen Ministers.

662 Die Differenz zwischen den Zeilen 4a und 4b ergibt sich aus dem Umstand, dass der Eigentümer das Ausfuhrgesuch zurückzog, bevor der Minister über die Ausstellung der Ausfuhrlizenz entschieden hatte.

663 In drei Fällen wurde die zustande gekommene Kaufofferte abgelehnt. Die Ausfuhr wurde folglich verweigert; falsch daher der Hinweis im Report 1997–98, Tab. 2, 15, Fn. 3, in welchem nur zwei Fälle erwähnt sind. – Der Eigentümer von zwei in den Jahren 1766–67 gefertigten und für einen Käufer in Monaco bestimmten französischen silbernen Weinkühler lehnte die Kaufofferte des *Victoria & Albert Museum* und der *National Museums of Scotland* zum Preis von £ 297605 (im Exportgesuch angegebener Wert: £ 375000) ab; vgl. Report

	Periode[666]	1994–95	1995–96	1996–97	1997–98	1998–99	1999–00
5	Exportierte Objekte	12[667]	10	13	7[668]	9[669]	3
6	Verhältnis zwischen 4a und 3 (in %)	59,6	58,3	48,00	53,33	47,06	55,55
7	Verhältnis zwischen 4b und 3 (in %)	41,3	41,6	40,00	46,66	35,29	33,33

Die Statistik zeigt, dass nur ganz wenige Gesuche von den *Expert Advisers* an das *Reviewing Committee* weitergeleitet werden, nämlich im Schnitt nur 0,35% (vgl. Zeile 2). Für alle jährlich eingegangenen Gesuche werden also in 99,65% der Fälle entweder eine *Open General Export Licence* ausgestellt,[670] oder die *Expert*

1996–97, Fall 13, 24–26, Abb. auf Tafel XIII. – Der in den USA lebende Eigentümer von zwei aus Elfenbein gefertigten und in die USA zu exportierende Lehnstühle aus dem frühen 19. Jh. lehnte die Kaufofferte des *National Trust* zum Preis von £ 138275 ab; vgl. Report 1996–97, Fall 15, 27f., 29, Abb. auf Tafel X.
Der in den USA lebende Eigentümer eines Schriftstücks, welches in den Jahren 1663–65 entstand und ebenfalls für einen in den USA wohnhaften Käufer bestimmt war, lehnte die letzte Kaufofferte des *Clockmaker's Museum & Educational Trust* zum Preis von £ 52000 ab (im Exportgesuch angegebener Wert: £ 56383.67). Die Ausfuhr wurde bereits im Jahre 1991 beantragt und verweigert (angegebener Wert: £ 23730); vgl. Report 1996–97, Fall 23, 38–40.

664 Bei einem Fall wurde die zustande gekommene Kaufofferte abgelehnt. Der Eigentümer eines um 1563 entstandenen und für einen Käufer in Kanada bestimmten Miniatur-Porträts, lehnte die Kaufofferte der *Scottish National Portrait Gallery* zum Preis von £ 122000 ab; vgl. Report 1997–98, Fall 10, 30f., Abb. auf Tafel X.

665 Der Eigentümer eines Automobil-Oldtimers lehnte die zustande gekommene Kaufofferte eines Privaten ab und zog sein Exportgesuch mit dem Bestimmungsort Florida zurück; vgl. Report 1998–99, Fall 18, 47f., Abb. auf Tafel XV.

666 Vgl. Fn. 657.

667 Die in die USA exportierte Krönungsbibel *(The Coronation Bible)* Georg III. [George William Frederick, 1738–1820, König von England, regierte ab 1760; vgl. DNB 21 (1890) 172–192] von 1761 befindet sich wieder im Vereinigten Königreich. Prinz Jefri Bolkiah von Brunei schenkte die Bibel Prince Charles zuhanden der *Royal Collection*; vgl. Report 1994–95, Fall 36; Report 1995–96, para. 28.

668 Das 1734 entstandene Gemälde *The Wedding Party* von Gawen Hamilton (1697–1737) befindet sich wieder im Vereinigten Königreich. Es wurde von der *Tate Gallery* mit Unterstützung des NACF erworben; vgl. Report 1997–98, Fall 5, 21–23, Abb. auf Tafel V; Report 1998–99, para. 28.

669 Zwei Ausfuhrgesuche wurden genehmigt, weil die Objekte nach Ansicht des *Reviewing Committee* kein Waverley-Kriterium erfüllten; vgl. Report 1998–99, Fall 9, 31 und Fall 10, 33.

670 Vgl. Guidance 23. 7. 1997, Tab. 1, Kat. 1–8 (innerhalb der EU), Kat. 1, 9–14 (ausserhalb der EU).

Advisers sehen keines der drei Waverley-Kriterien als erfüllt an und legen deshalb die Gesuche auch nicht dem *Reviewing Committee* vor.

In weniger als 40 % der nicht genehmigten Ausfuhrgesuche (vgl. Zeile 7) gelingt es den öffentlichen und privaten[671] Institutionen, die Exportgegenstände anzukaufen und den Verbleib der Kulturgüter im Vereinigten Königreich zu sichern.

II. Ausgaben der öffentlichen Hand

Die folgenden Statistik zeigt die Beteiligung der wichtigsten englischen öffentlichen Fonds am Erwerb von Kulturgütern, die abzuwandern drohten (Angaben in £).[672]

Periode[673]	**1995**	**1995–96**	**1996–97**	**1997–98**	**1998–99**	**1999–00**
Erworbene Objekte	6	10	10	7	6	6
Wert der erworbenen Objekte	6102875	5361387	1120722	4169800	2369631	490739
Beitrag des NHMF/HLF[674] (Anzahl unterstützter Objekte)	164662 (1)	2652887 (8)	461100 (7)	1180633 (3)	560000 (3)	141000 (2)
Beitrag des NACF (Anzahl unterstützter Objekte)	104000 (3)	312250 (8)	114079 (7)	376500 (5)	117320 (5)	130500 (3)
Beitrag des MGC VAM Fund (Anzahl unterstützter Objekte)	22 000 (1)	57200 (3)	4981 (1)	54500 (2)	58000 (3)	42290 (2)

671 In der Periode Juli 1995 bis Juni 1999 kamen Ankäufe durch Private nur in drei Fällen vor; vgl. Report 1998–99, Anhang G; siehe hierzu die Angaben in Fn. 630. Allgemein zur Museumsfinanzierung in Grossbritannien vgl. *Seibold-Bultmann,* 33.

672 Vgl. Report 1999–00, Anhang G, 68.

673 Vgl. Fn. 657.

674 Der *Heritage Lottery Fund* gehört neben dem *National Art Collections Fund* und dem *National Heritage Memorial Fund* zu den wichtigsten kulturellen Institutionen des Vereinigten Königreichs. Bei einem Beitrag seitens der HLF trägt dieser bis zu drei Viertel der Anschaffungskosten, sofern das Objekt mehr als £ 100000 kostet; das interessierte öffentliche Museum bezahlt die restlichen 25 %; vgl. etwa Report 1999–00, 4.

III. Erfolgreiche und gescheiterte Ankäufe von Kunstwerken

Im November 1999 konnte der Verbleib in Grossbritannien des zwischen 1481 und 1484[675] entstandenen Meisterwerks *The Virgin Adoring the Sleeping Christ Child*[676] von Sandro Botticelli (um 1444/45–1510) gesichert werden.[677] Erfolglos blieben allerdings die Versuche, ein Porträt Rembrandts (1606–1669)[678] sowie eine Büste von Jan Michiel Rijsbrack (1694–1770) anzukaufen.[679] Auch der Versuch, die Tuschzeichnung *A Rider on a Rearing Horse* von Leonardo da Vinci (1452–1519) im Vereinigten Königreich zu behalten, ging fehl.[680] Hingegen konnte die *Tate Gallery* mit Hilfe privater Spenden die Abwanderung einer Collage von Ben Nicholson (1894–1982) aus dem Jahre 1933 verhindern.[681]

---

[675] So die Angabe bei *Clifford*, 8.

[676] Das Bild befand sich seit 1859 in *Gosford House*, Longniddry, East Lothian (nahe Aberlady, Schottland). Francis Charteris (1818–1914), Viscount Elcho MP, späterer 10. Earl of Wemyss and March, erwarb das Bild am 3. August 1859 auf einer von Harry Phillips durchgeführten Versteigerung bei *Thirlestaine House*, nahe Cheltenham, Gloucestershire. Das Gemälde stammte aus dem Nachlass von John, 2. Lord Northwick (1741–1807). John Rushout, 2. Baron Northwick, kaufte es Anfang Februar 1846 auf einer Auktion in Paris zum Preis von FF 1452. Das Gemälde stammt aus dem Besitz von Baron Brunet-Denon, Neffe von Baron Dominique Vivant Denon (1747–1825), Erbauer und Kurator des *Musée Napoléon*; vgl. *Clifford*, 4, 6f.

[677] Das *Kimbell Art Museum* in Fort Worth (Texas) bot dem *Wemyss Heirloom Trust* für das Bild £ 20000000 an; vgl. *Barker* Botticelli, 5. Die Ausfuhrgenehmigung wurde vorerst aufgeschoben, um Geld für den Ankauf zu sammeln. Die *National Galleries of Scotland* haben schliesslich mit Hilfe einer Spende in Höhe von £ 7500000 vom HLF und NACF das teuerste Gemälde, das sich nicht in einem Londoner Museum befindet, zum Preis von £ 15000000 erworben; vgl. *Barker* National, 3; vgl. auch *Ein Botticelli für Schottland*, 67, wo allerdings von einem Preis von £ 10250000 die Rede ist. Die erfolgreiche Ausfuhr in die USA hätte den bisher grössten Verlust für das britische Kulturerbe bedeutet seit der Abwanderung des Bildes *Seascape, Folkstone* von Joseph Mallord William Turner (1775–1851) nach Kanada im Jahre 1989, welches mit £ 20000000 bewertet war; vgl. Report 1988–89, paras. 35, 36 und Fall 13, 26f., Abb. auf Tafel XVI.

[678] Der Erwerb des im Jahre 1667 entstandenen Gemäldes *Portrait of an Elderly Man* Rembrandt van Rijns scheiterte; es wurde schliesslich für mehr als £ 9300000 an das *Mauritshuis Museum* in Den Haag verkauft wurde; vgl. Report 1998–99, Fall 15; *Bailey* Experts, 4; *Gleadell*, 4.

[679] Die Neuanschaffungen scheiterten v. a. wegen der fehlenden Unterstützung des HLF; vgl. *Barker* Botticelli, 6.

[680] Vgl. *Barker* Botticelli, 6.

[681] Vgl. Report 1999–00, para. 33.

E. Praxis: „Die Drei Grazien“[682]

I. Vorgeschichte

Der Bildhauer Antonio Canova (1757–1822)[683] fertigte zweimal die marmorne Skulpturengruppe „Die Drei Grazien“[684] aus. Das erste Exemplar, das in den Jahren 1812–1814 entstand,[685] steht heute in St. Petersburg. Die im Jahre 1817 vollendete zweite Skulpturengruppe kam in einen zur Skulpturengalerie gehörenden Tempel von John Russell, 6. Duke of Bedford (1766–1839) in Woburn Abbey[686], wo sie seit dem Jahre 1819 blieb, bis sie im Jahre 1972 als Leihgabe in der Ausstellung „The Age of Neo-Classicism“ in der Royal Aca-

---

682 Vgl. dazu Report 1988–89, para. 27 und Fall 23, 36f.; Report 1989–90, paras. 53–57; Report 1993–94, paras. 3–7 und Fall 11, 27f., 29f.

683 Canova beschäftigte sich neben seiner künstlerischen Tätitgkeit auch mit dem Denkmalschutz in Rom, so war er seit 1802 Generalinspektor der Schönen Künste; vgl. dazu die Angaben in Fn. 53. Canova setzte sich zudem für die Rückgabe von den nach Frankreich geraubten Kunstgegenständen an den Kirchenstaat ein; vgl. dazu *Weber* Die Verbringung, 299–307, insb. 300f.; zur Biografie Canovas vgl. DBI 18 (1975) 197–222.

684 Die Statuengruppe „Die Drei Grazien“ stellt Aglaia, Talia und Eufrosine, drei Töchter von Zeus, dar; Abb. bei *Angelicoussis,* Fig. II; *Bush,* 271; *Honour/Weston-Lewis,* figs. 50f.; *The Arts Council of Great Britain,* vorderes Umschlagblatt; *Pavanello,* Umschlagblatt u. 124, Nr. 172 (Tafeln LIVf.); Report 1993–94, Tafel IX; *Varese,* 66.

685 Eine erste Statuengruppe „Die Drei Grazien“ schuf Canova bereits in den Jahren 1812–1814 im Auftrag von Josephine Bonaparte (1761–1814). Im Mai 1814, noch vor der Vollendung der Plastik, starb diese. John Russell konnte sie jedoch nicht kaufen, weil ihr Sohn und Erbe Eugène Beauharnais die Plastik für sich beanspruchte; vgl. Report 1988–89, 36. Diese erste Skulptur gelang nach dem Tod von Eugène Beauharnais ins Eigentum von Herzog Niklaus von Leuchtenberg, der sie über Monaco nach St. Petersburg brachte; vgl. *Pavanello,* 124 bei Nr. 270; ungenau daher *Jayme* Die Nationalität, 16; *Ders.* Kunstwerk und Nation, 62, der irrtümlicherweise schreibt, dass die im Auftrag von Josephine Bonaparte gefertigte Statuengruppe nach ihrem Tod an den Herzog von Bedford nach England gelangte; richtig aber *Honour,* 43.

686 Woburn war ursprünglich eine im Jahre 1145 gegründete Zisterzienserabtei. Im Jahre 1547 wurde die Mehrheit der nun säkularisierten Gebäude John Lord Russell of Chenies, dem späteren ersten Earl of Bedford, zugesprochen. Der britische Architekt Henry Holland baute in den Jahren 1787–1790 einen Wintergarten für den damals erst 21-jährigen Francis Russell, Marquis of Tavistock, 1739–1767, Sohn des 4. Duke of Bedford, wobei Holland in den Jahren 1801–1803 den Bau ergänzte. Der Wintergarten wurde später zur Skulpturengalerie und im Jahre 1818 vom britischen Architekten Jeffry Wyatt (später Wyatville) für den vorgesehenen Standort der „Drei Grazien“ umfunktioniert; vgl. dazu *Pevsner,* 166–171, mit Abb. 90, 91 und 93. Im Jahre 1802 kam Woburn Abbey durch Erbfall an John Russell, 6. Duke of Bedford, der im Jahre 1813 nach Portugal und gegen Ende 1814 von Florenz nach Rom reiste, wo er Gemälde und Antiken für die Ausstattung seines Anwesens in Bedfordshire erwarb, das Atelier von Canova besuchte und vom Meisterwerk „Die Drei Grazien“ fasziniert wurde; vgl. *Angelicoussis,* 20f.; ungenau daher *Bush,* 269, wonach John Russell in den Jahren 1813 bis 1815 in Italien war.

demy zu sehen war.[687] Nach der Ausstellung in London kehrte die Plastik nach Woburn Abbey zurück, allerdings nicht in die dortige Skulpturengalerie.[688] Im Jahre 1979 bot John Robert Russell, 13. Duke of Bedford, die Plastik zur Zahlung von Steuerschulden dem britischen Staat an, aber das *Office of Arts and Libraries* lehnte das Angebot in Höhe von £ 1200000 im Jahre 1983 ab.[689] Der zuständige Minister genehmigte zwei Jahre später die vorübergehende Ausfuhr für die Teilnahme an der Ausstellung „Treasure Houses of Britain" in Washington, D.C. Die damaligen Eigentümer, die *trustees of the Bedford Settled Estate*, verkauften die Skulpturengruppe noch vor der Eröffnung der Ausstellung für £ 1250000 an die *Fine Art Investment and Display Ltd.* (FIAD) mit Sitz auf den Cayman Inseln. Dennoch wurde nach Beendigung der Ausstellung die Skulpturengruppe in das Vereinigte Königreich zurückgebracht. Im Juni 1989 einigten sich die FIAD und der *J. Paul Getty Trust* (Malibu, Kalifornien) über den Verkauf der Skulptur in Höhe von £ 7600000. Im Kaufvertrag wurde ausdrücklich vereinbart, dass der Kauf nur unter der Bedingung der Erteilung der Ausfuhrgenehmigung zustande kommen soll.[690] Die FIAD beantragte die Erteilung der Ausfuhrlizenz. Dieses Exportgesuch bewog die britischen Behörden, die Wegnahme der Statuengruppe aus der Skulpturengalerie von Woburn Abbey juristisch zu überprüfen. Damit wurde die Statuengruppe in den Jahren 1989 bis 1994 Gegenstand eines in der internationalen Presse[691] viel beachteten Ausfuhrverfahrens.

II. Woburn Abbey und der Denkmalschutz

Umstritten war, ob die Statue ein Zugehör *(fitting)* oder ein fester Bestandteil *(fixture)* der Skulpturengalerie von Woburn Abbey sei.[692] Die Beantwortung dieser Frage aber war entscheidend für die Prüfung der Rechtmässigkeit der Wegnahmen der Skulptur aus dem Tempel in den Jahren 1972 und 1985.[693] Als

---

[687] Vgl. *The Arts Council of Great Britain,* Nr. 322, 207f.; missverständlich daher Report 1988–89, 36, wonach sich die Skulptur von 1819 bis 1985 in der Skulpturengalerie befunden habe.

[688] *Bush,* 272 m.w.H.

[689] Der Verkauf scheiterte damals u.a. wegen der unklaren Aufbewahrungsmodalitäten in Woburn Abbey; vgl. Report 1993–94, 28.

[690] Report 1993–94, 28.

[691] Vgl. z.B. *Beaumont,* 138f.; *Boucher,* 4; *Kipphoff,* 61; *Somers Cocks* Les Trois, 2; *Thomas* Drei Grazien, 31; *Drei Grazien bitten zur Kasse,* 33; *Canova für Getty,* 33; *„My dear readers",* 1; *Thomas* Drei Grazien gerettet, 35; *Grazien-Klage,* 35; *Sie bleiben,* 35.

[692] Vgl. dazu *Scott,* 320–322; zu anderen Fällen, wo diese Frage zu prüfen war, vgl. *Scott,* 322–328.

[693] Der damalige Umweltminister brachte es auf den Punkt und sagte, es ginge nur um die Frage, ob die Statue „was fixed to the building on the date on which that building was listed." Zit. gemäss *Bush,* 275, En. 28.

Zugehör hätte die Skulptur nicht zum Gebäude gehört und wäre denkmalrechtlich nicht geschützt gewesen. Hätte die Skulptur als fester Bestandteil des Tempels als Nebengebäude des unter Denkmalschutz stehenden Skulpturengalerie gegolten, wäre die Skulptur ebenfalls von der Unterschutzstellung betroffen. In diesem letzteren Fall wären die Wegnahmen aus der Skulpturengalerie von Woburn Abbey in den Jahren 1972 und 1985 unrechtmässig gewesen.[694]

Unter Denkmalschutz stehende Gebäude dürfen ohne Genehmigung der örtlich zuständigen Planungsbehörde *(planning authority)* in Absprache mit dem DNH weder abgebrochen noch baulich verändert oder erweitert werden.[695] Woburn Abbey steht seit dem Jahre 1952 unter Denkmalschutz und ist im Verzeichnis geschützter historischer Gebäude eingetragen.[696] Im Jahre 1961 wurden verschiedene Nebengebäude von Woburn Abbey, u. a. auch die Skulpturengalerie und mithin der Tempel, in dem sich die Skulptur während mehr als 150 Jahren befunden hatte, unter Denkmalschutz gestellt.[697]

Als in den Jahren 1972 und 1985 die Statuengruppe aus der Skulpturengalerie der Woburn Abbey herausgenommen und während der Wegnahme im Jahre 1985 ins Ausland verbracht wurde, galt bereits der *Town and Country Planning Act 1971*[698]. Nach sect. 54(9)[699] bestimmt sich die Eigenschaft als Zugehör *(fitting)* oder Bestandteil *(fixture)* nach dem Grad und der Zweckbestimmung der Verbindung des Gegenstands zum Gebäude.[700] Erst eine Pressemitteilung vom 27. März 1991 schaffte Klarheit und bezeichnete die Canova-Plastik als beweg-

---

694 Vgl. Report 1988–89, 37; differenzierend *Shelbourn,* 772, 775.

695 Das *Department for National Heritage* ist erst seit April 1992 für die Führung der Liste schützenswerter historischer Gebäude zuständig. Vorher lag die Kompetenz beim Umweltminister *(Secretary of State of the Environment);* vgl. *Bush,* 287, En. 12. Für unter Denkmalschutz stehende Gebäude bestehen drei Schutzgrade: *grade* I: hoher Schutzgrad; *grade* II*: mittlerer Schutzgrad und *grade* II: niederer Schutzgrad; vgl. dazu *Bush,* 272f.

696 Woburn Abbey hat den Schutzgrad I (vgl. vorige Fn.). Im Jahre 1961 wurden verschiedene Nebengebäude des Anwesens, mithin auch der Tempel, in dem sich die Canova-Skulptur befand, in das Verzeichnis eingetragen; vgl. *Bush,* 273.

697 *Bush,* 273.

698 *Town and Country Planning Act 1971*; aufgehoben durch *Town and Country Planning Act 1990* und *Planning (Listed Buildings and Conservation Areas) Act 1990.* Gemäss sect. 1(5) *Planning (Listed Buildings and Conservation Areas) Act 1990* gilt Folgendes: „any object or structure fixed to a listed building shall be treated as part of that building." Vgl. dazu *Palmer/Hudson,* 39.

699 Nach sect. 54(9) *Town and Country Planning Act 1971*, geändert durch *Housing and Planning Act 1986*, enthält ein eingetragenes Gebäude:
„Any object or structure fixed to a building;
Any object or structure within the curtilage of the building which, although not fixed to the building, forms part of the land and has done so since before July 1, 1948." Abgedr. bei *Shelbourn,* 772.

700 Vgl. *Bush,* 273.

liche Sache *(chattel)*.[701] Das *Department for National Heritage* schloss sich dieser Meinung an, indem es erklärte, dass „works of art which were placed in a building primarly to be enjoyed as objects in their own right, rather than forming part of the land or the building, are not likely to be properly considered as fixtures."[702]

Leider fehlt bis heute eine Legaldefiniton von *fitting* und *fixture*. Angesichts vorliegender und inskünftiger Rechtsprobleme empfiehlt es sich, dass der Gesetzgeber diese Lücke baldmöglichst schliesst.[703]

III. Ausfuhrverfahren

Der zuständige *Expert Adviser* erachtete im Juni 1989 alle drei Waverley-Kriterien[704] als erfüllt und wies das Gesuch an das *Reviewing Committee* weiter.[705] Die Entscheidungsfrist wurde zunächst auf sechs Monate angesetzt, dann um drei Monate verlängert, um öffentlichen Museen die Möglichkeit zu geben, der Eigentümerin den Kauf der Skulptur zum Preis von £ 7600000 anzubieten. Der damalige Minister für Handel und Industrie, Lord Ridley of Liddendale, kündigte am 2. März 1990 an, dass in Abweichung von der gängigen Praxis auch Kaufofferten von Privatpersonen berücksichtigt werden könnten und schob den Entscheid über die Ausfuhrlizenz um einen weiteren Monat auf.[706] Im Mai 1990 verweigerte er schliesslich die Ausfuhr, obwohl ein privates Angebot[707] zum gerechten Marktpreis vorhanden war.[708]

---

[701] Vgl. *Bush,* 276.

[702] *Planning Policy Guidance Note* vom 15.9.1994, sects. 3.31–3.32; zit. gemäss *Bush,* 277, Fn. 34.

[703] So auch *Bush,* 277: „The courts continue to hand down conflicting decisions and have yet to provide an authoritative definition of fixtures and fittings." Zur schwierigen Abgrenzung zwischen „beweglicher Sache" und „Ausstattung eines Gebäudes" vgl. auch den bei *Hudson,* 179–183 (179, Fn. 1), besprochenen unveröffentlichten Entscheid *Lancaster City Council v. Whittingham.* Der Eigentümer eines mit Schutzgrad II* unter Denkmalschutz gestellten Hotels (zu den Schutzgraden vgl. Fn. 695) gab im Jahre 1992 die seit den 1930er-Jahren an der Mauer der Hotelhalle befestigte Skulptur als Leihgabe an eine Ausstellung. Da der Eigentümer keine Bewilligung dafür einholte, ordnete die Behörde dessen Rückkehr an. Die früheren Hoteleigentümer beantragten bereits im Jahre 1980, die Skulptur als Dauerleihgabe im VAM auszustellen, sowie das Original durch eine Kopie zu ersetzen. Das Gesuch wurde damals abgelehnt, weil „its permanent removal would seriously harm the character of the building." Zit. nach *Hudson,* 180.

[704] S. hierzu vorne B I.

[705] Vgl. Report 1988–89, 37.

[706] Die unter „Lex Canova" bekannte Order wurde am 4.5.1990 als sog. *Ridley Rules* in Kraft gesetzt; vgl. dazu Ridleys Erklärung vor dem Parlament; abgedr. in: Report 1989–90, para. 4; vgl. dazu die Kritik des *Reviewing Committee,* in: Report 1989–90, paras. 11–31.

[707] Die Gebrüder David und Frederick Barclay unterbreiteten der *Fine Art Investment and Display Ltd.* ein Kaufangebot; vgl. Report 1989–90, para. 57.

[708] Report 1993–94, 28.

Im Jahre 1993 haben die Eigentümerin *Fine Art Investment and Display Ltd.* (FIAD) und der *J. Paul Getty Trust* einen zweiten Kaufvertrag abgeschlossen, wieder mit der Suspensivbedingung einer erteilten Ausfuhrgenehmigung. Im September 1993 beantragte die FIAD ein zweites Exportgesuch.[709] Der zuständige *Expert Adviser* und das *Reviewing Committee* erachteten erneut alle drei Waverley-Kriterien als erfüllt.[710] Der damalige Handels- und Industrieminister lehnte den Antrag ab, die Entscheidung über die Erteilung oder Verweigerung der Ausstellung der Ausfuhrlizenz um weitere 18 Monate aufzuschieben und setzte im Februar 1994 die Frist bei sechs Monaten an, um mögliche Kaufangebote zu prüfen.[711] Im August 1994 verlängerte sein Nachfolger die Frist schliesslich ein letztes Mal um weitere drei Monate, da noch £ 1800000 auf die Kaufsumme fehlten.[712]

Die FIAD reichte am 9. September 1994 Klage ein und verlangte eine juristische Überprüfung des Ausfuhrverfahrens.[713] Der *High Court* lehnte die Klage mit Urteil vom 13. September 1994 ab.[714] Eine dagegen erhobene Berufung wies der *Court of Appeal* mit Urteil vom 27. Oktober 1994 ab.[715]

Die FIAD akzeptierte schliesslich am 23. November 1994 das zustande gekommene Kaufangebot des VAM und der *National Gallery of Scotland* zum Preis von £ 7600000.[716] Die Ausfuhr wurde folglich verweigert. Die Skulptur kam in das VAM und wurde am 23. August 1995 in die *National Gallery of Scotland* verbracht, wo sie bis Anfang Februar 1999 zu bewundern war. Seit dem 7. Februar 1999 befindet sie sich wieder im VAM und wird voraussichtlich bis 2006 dort bleiben.[717]

---

709 Es handelte sich dabei um eine EU-Lizenz; vgl. dazu Guidance 23.7.1997, Tab. 4, para. 19.

710 Report 1993–94, 27, 29.

711 Vgl. Report 1993–94, 29.

712 Dies verärgerte den Schweizer Anwalt der Verkäuferin FAID: „I am going to ask for a judicial review of this decision because this is going too far. We will ask an English judge whether this is fair and reasonable. As far as we are concerned, the Government are no longer sticking to the rules, they are changing them from day to day. This has now gone on for five years. We hope that the Getty Museum will soon be the proud owner". Zit. gemäss *Bennett,* 6.

713 Vgl. *Grazien-Klage,* 35.

714 Vgl. dazu *Bamforth,* 148–152.

715 Vgl. R. v. Secretary of State for National Heritage and another, ex parte J. Paul Getty Trust, Court of Appeal (Civil Division) 27.10.1994, unveröffentlicht; zit. gemäss *Bush,* 281.

716 Baron Thyssen-Bornemisza und J. Paul Getty II. spendeten £ 800000 bzw. £ 1000000; vgl. Report 1993–94, 30; *Thomas,* 35; *Why I supported the appeal,* 5; falsch der Hinweis von *Berndt,* 64, wonach ein Privatmann die Statuengruppe erworben habe.

717 So die schriftliche Auskunft vom 25.7.2000 von Frau Penelope Carter, *National Gallery of Scotland.* Der Bestand von 22 Canova-Skulpturen im Vereinigten Königreich bleibt somit bestehen: zehn Skulpturen befinden sich in öffentlichen Sammlungen (vier davon im VAM), drei Skulpturen gehören der Krone und neun Skulpturen befinden sich in Privatsammlungen; vgl. Report 1988–89, 36f.

IV. Kritik

Wegen den verschiedenen Fristverlängerungen entschloss sich der *J. Paul Getty Trust*, mit britischen Institutionen anlässlich Kunstkäufen im Vereinigten Königreich nicht mehr zu konkurrieren. Diese Haltung mag auch andere ausländische Käufer dazu zu verleiten, auf Kunstkäufe zu verzichten, um nicht einem Ausfuhrverfahren mit nahezu willkürlichen Fristverlängerungen zu unterliegen. Die Umstände im Fall „Die Drei Grazien" waren allerdings aussergewöhnlich.

F. Zwischenergebnis

Die Exportkontrolle im Vereinigten Königreich zeichnet sich durch ein sehr liberales Verfahren aus. Private Eigentümer können ohne staatlichen Eingriffe frei über ihr Kulturgut verfügen. Erst bei der Ausfuhr schreiten die Behörden ein und können – zumindest vorübergehend – die Ausfuhr verweigern, falls die sog. Waverley-Kriterien erfüllt sind. Diese sind erfüllt, wenn die Abwanderung des Kulturguts ein erheblicher Verlust wäre, das Objekt von herausragendem Wert oder von aussergewöhnlicher Bedeutung für die Kunst, die Wissenschaft oder die Geschichte ist. Grundsätzlich bedürfen alle Kunstgegenstände, die älter als 50 Jahre sind und mehr wert sind als £ 39600 sowie nicht Eigentum des Urhebers sind, einer Ausfuhrbewilligung. Gewisse Objekte müssen keinen Mindestwert erreichen. Je nach Destination (EU-Mitgliedstaat oder Drittstaat) und Wert des Exportgegenstands bedarf es einer EU-Lizenz oder einer Lizenz des Vereinigten Königreichs.

Ein zeitlich beschränktes Kaufrecht ermöglicht so den öffentlichen Museen, Gemäldegalerien, Bibliotheken und anderen öffentlichen Institutionen sowie seit dem Jahre 1990 auch den Privatpersonen, die Abwanderung von herausragenden Kunstwerken von nationaler Bedeutung *(outstanding objects of national importance)* zu verhindern, indem sie den Exportgegenstand zum gerechten Marktpreis dem Eigentümer abkaufen. Lehnt der Eigentümer die zustande gekommene Kaufofferte ab, so wird die Ausfuhrgenehmigung verweigert. In weniger als 50% der Fälle gelingt es den staatlichen und privaten Institutionen, Kulturgüter, die abzuwandern drohen, anzukaufen. Da das Ausfuhrverfahren im Kunsthandel bei Eigentümern und bei Museen breite Unterstützung findet, konnten sich Revisionsvorschläge bislang nicht durchsetzen.[718]

---

[718] Vgl. Review 1991, para. 61; *Maurice/Turnor*, 43.

3. Teil: Res extra commercium im internationalen Rechtsverkehr

1. Kapitel: Rechtsprechung als Anschauungsmaterial[1]

§ 33 Öffentliche Kulturgüter

A. Alf. Geri c. l'État français[2]

I. Sachverhalt

Im Jahre 1911 wurde das Porträt *Mona Lisa (La Joconde)* von Leonardo da Vinci (1452–1519) aus dem Louvre gestohlen.[3] Zwei Jahre später tauchte es beim Antiquitätenhändler Alfredo Geri in Florenz wieder auf, als es ihm der Dieb Perugia zeigte und für FF 500000 anbot. Das Gemälde sollte nach Abschluss des Kaufvertrags in die Uffizien von Florenz transportiert werden, worüber der Direktor der Uffizien informiert gewesen war. Kurz darauf wurde Perugia verhaftet, das Kunstwerk beschlagnahmt. Die italienischen Behörden gaben das Gemälde nach einer kurzen Ausstellung in den Uffizien bedingungslos an Frankreich zurück,[4] wo es nun seit dem Jahre 1966 in der *Salle des États* des *Louvre* zu bestaunen ist.[5] Das vor bald 500 Jahren durch den französischen König Franz I. (1494–1547) von Leonardo da Vinci (1452–1519) erworbene Gemälde ist als Teil des französischen *domaine public* in Frankreich unveräusserlich und unersitzbar.[6]

---

1 Die Unterteilung des Kap. 1 in „Öffentliche Kulturgüter" (§ 33) und „Private Kulturgüter" (§ 34) hat keine Bedeutung für die kritische Auseinandersetzung der Gerichtsentscheidungen, soll aber die Unterteilung nach Vorlage von Teil 1 und Teil 2 konsequent weiterführen.

2 Trib.di Firenze 2.6.1914, Ragguagli giuridici 1914, 563, nota De Bacci Venuti = Rep.Foro it. 1914, Sp. 100, *Azione penale in genere*, Nr. 15; Trib. civ. de la Seine 26.6.1918 (Alf. Geri c. l'État français), Clunet 45 (1918) 1249; vgl. hierzu *De Visscher,* 50f.; *Niboyet,* Nr. 1197, 391, Fn. 2.

3 Vgl. dazu *Reit,* 17–45; *Chastel,* 36–63; *Vannucci,* 11–177; *Wehner,* 127–136.

4 Vgl. *Esterow,* 161–176; JZ 1914, 150, Anm. Hachenburg.

5 Gemäss telefonischer Auskunft vom 21.12.2000 seitens der *Administration du Musée du Louvre* war das Porträt seit seiner Rückgabe bis in die 1950er-Jahre im *Salon Carré* ausgestellt; in den Jahren 1957–1963 befand es sich in der *Grande Galerie*. Für eine Sonderausstellung im Jahre 1972 kam das Gemälde in den *Salon Carré*. In den Jahren 1963 und 1974 war das Bild als Leihgabe in den USA und Japan. Derzeit ist das Porträt wegen Umbauarbeiten (März 2001 bis Ende 2002) in der *Grande Galerie* zu bewundern. Vgl. *Monna Lisa,* 33. Ungenau daher *Greenfield,* 314, 331, En. 50, die behauptet, das Porträt befände sich seit dessen Rückgabe im „Salon Cave".

6 Vgl. Trib. civ. de la Seine 26.6.1918 (Alf. Geri c. l'État français), Clunet 45 (1918) 1251: „Attendu que le gouvernement italien [...] reconnut les droits de l'Etat français sur ce tableau, régulièrement acquis, il y a quatre cents ans, par le roi François Ier de Vinci lui-même, qui avait vécu auprès de lui et qui était mort en France; – que ce tableau, faisant partie sans dicussion possible du domaine public, comme tel inaliénable et imprescriptible".

II. Rechtliche Erwägungen

An einer sofortigen Rückgabe bestanden keine Zweifel, da es sich beim Porträt *Mona Lisa* um ein weltberühmtes Gemälde handelt, an dem deswegen erstens kein gutgläubiger Erwerb möglich war, und zweitens Alfredo Geri keine Finderrechte geltend machen konnte. Deshalb klagte dieser erfolglos in Paris gegen die französische Republik auf Zahlung eines Finderlohns nach Art. 718 Cci 1865.[7]

B. King of Italy v. Marquis Cosimo de Medici Tornaquinci[8]

Dieser am 31. Juli 1918 von einem englischen Gericht entschiedenen Fall bestätigt den internationalprivatrechtlichen Grundsatz, wonach Exportvorschriften eines Herkunftsstaats als ausländisches öffentliches Recht von den Gerichten des Forumstaats in aller Regel nicht durchzusetzen sind.[9]

---

[7] Der Kläger stützte sein Begehren auf Art. 718 Cci 1865, wonach der Finder einen Anspruch gegen den Eigentümer auf Zahlung von 10–20% des Werts des aufgefundenen Objekts hat. Entscheidende Rechtsfrage war, ob Art. 718 Cci 1865 auch vor einem französischen Gericht angerufen werden könne. Das Gericht verneinte die Frage und wies die Klage mit der Begründung ab, Art. 718 Cci 1865 sei als „Polizei- und Sicherheitsgesetz" nur in Italien anwendbar und komme im konkreten Fall nicht zur Anwendung. Daneben hielt es das Gericht für äusserst zweifelhaft, dass in Italien einerseits gemäss Art. 718 Cci 1865 derjenige einen Anspruch auf Entschädigung habe, der das gestohlene Objekt unmittelbar vom Dieb erhalten habe und andererseits das Objekt auch nicht im eigentlichen Sinne „gefunden" worden sei, sondern vielmehr vom Dieb dem vermeintlichen „Finder" angeboten wurde, dieser also von der rechtswidrigen Herkunft wusste. Allerdings mache es den Anschein, dass Geri bewusst den Transport von Frankreich nach Italien veranlasst habe, um so in den Genuss von Art. 718 Cci 1865 zu kommen. Als Geri zum ersten Mal von der Verkaufsofferte des Diebes erfahren hatte, war das Gemälde in Paris gelegen; von einem „Fund" in Italien könne daher keine Rede sein. Vgl. Trib. civ. de la Seine 26. 6. 1918 (Alf. Geri c. l'État français), Clunet 45 (1918) 1252f.

[8] The King of Italy and Italian Government v. Marquis Cosimo de Medici Tornaquinci and Christie, Manson and Woods [1917/18] 34 Times L.Rep. 623 (Ch. D.); Riv.dir.int. 14 (1921/22) 194 (ital. Übers. mit Anm.); vgl. hierzu *Byrne-Sutton* Le trafic, 127f., 176f., 180; *De Visscher,* 58f.; *Dormann Bessenich,* 122–124; *Frigo* La protezione, 339f.; *Hollander,* 29f.; *Jaeger,* 93f.; *Knott,* 123f.; *Loosli,* 151f.; *Merryman/Elsen,* 96–98; *Müller-Katzenburg* Internationale, 87f., 189; *Niboyet,* Nr. 1197, 391f., Fn. 2; *O'Keefe* Export, 352, 362f.; *Plutschow,* 213f., mit dem Schwerpunkt auf das Vorkaufsrecht; *Prott/O'Keefe* Law, III, 628, Nr. 1224; *Siehr* International Art, 184, Nr. 235; *Ders.* Völkerrecht, 63.

[9] Dieser Fall könnte auch unter Kap. 2 (Private Kulturgüter) abgehandelt werden, da der Streitgegenstand auch Kulturgüter in Privateigentum betraf.

I. Sachverhalt

Der Beklagte Cosimo de Medici Tornaquinci[10] hatte Schriftstücke, die als Medici-Archiv bekannt waren, illegal[11] aus Italien nach London gebracht, um sie dort bei *Christie, Manson and Woods Ltd.* im Mai 1919 versteigern zu lassen. Ein Teil der historischen Dokumente war Eigentum des italienischen Staats, ein anderer gehörte dem Marchese de Medici.[12] Die staatlichen und privaten Dokumente waren von historischem Interesse i. S. v. Art. 1 L. 1909/364, die staatlichen waren zudem nach Art. 2 L. 1909/364 unveräusserlich.

Die italienische Regierung und der italienische König als Nebenkläger verlangten vor dem englischen Gericht *(Chancery Division)*, die Dokumente seien aus dem Auktionsangebot zurückzuziehen *(ask for an injunction to refrain from disposing of the illicitly exported papers)* sowie deren Rückgabe. Der beantragten einstweiligen Verfügung betreffend die in Staatseigentum befindlichen Dokumente wurde mit Beschluss vom 31. Juli 1918 stattgegeben, weil die italienische Regierung ihr Eigentum beweisen konnte. Die Klage auf Rückgabe der privaten Dokumente hatte hingegen keinen Erfolg.

II. Rechtliche Erwägungen

Justice Peterson anerkannte zwar das Recht der Klägerin, Verfügungen über ihr Eigentum zu verhindern,[13] lehnte aber die Klage auf Rückgabe der in Privateigentum stehenden historischen Dokumente ab, weil sonst ausländische Ausfuhrbestimmungen im Inland direkt durchgesetzt würden.[14] Der Richter hielt also den blossen Verstoss gegen italienische Ausfuhrbestimmungen für nicht ausreichend, die Rückgabe der in Privateigentum befindlichen Dokumente anzuordnen. Insbesondere könnten die italienischen Ausfuhrbestimmungen nicht angewandt werden, da diese sich nur auf Gegenstände bezögen, die sich noch in Italien befänden; mit dem Export würden diese Vorschriften jedoch unanwendbar.[15] Auch in Bezug auf Art. 33 L. 1909/364, der die Beschlagnahme illegal

---

[10] Zur Familie Medici vgl. *Reinhardt,* 338–359

[11] Die Ausfuhr von Gütern von historischem, archäologischem oder künstlerischem Interesse war verboten, wenn die Ausfuhr ein grosser Verlust für die Geschichte, Archäologie oder Kunst gewesen wäre (Art. 8 Abs. 1 L. 1909/364). Der Eigentümer oder Besitzer musste die Exportgegenstände dem Exportbüro vorweisen (Art. 8 Abs. 2 L. 1909/364).

[12] Näheres dazu bei *Hollander,* 271.

[13] The King of Italy and Italian Government v. Marquis Cosimo de Medici Tornaquinci and Christie, Manson and Woods [1917/1918] 34 Times L.Rep. 624: „the documents belonged [...] to the Italian State, and if that were so the Italian Government was entitled to prevent the disposition of their property by someone who was not entitled to it."

[14] Vgl. *Siehr* International Art, 184, Nr. 235.

[15] The King of Italy and Italian Government v. Marquis Cosimo de Medici Tornaquinci and Christie, Manson and Woods [1917/18] 34 Times L.Rep. 624: „Art. 9 [recte: 8] prohibited their exportation, but it was manifest that this only applied so long as they remained in Italy."

exportierter Kulturgüter anordnete, hielt es das Gericht für offensichlich *(evidente)*, dass eine solche Vorschrift nur innerhalb Italiens anwendbar und somit ohne Wirkung auf Güter sei, die sich im Ausland befänden.[16]

Die italienische Regierung stützte ihre Klage auf Art. 65 Abs. 4 und Art. 76 Archivgesetz[17], wonach die Staatsakten zum *demanio pubblico* gehörten und daher unveräusserlich seien.[18] Das englische Gericht kam aber zum Schluss, dass der domaniale Charakter jenen Gütern nicht zuzumessen sei, die nicht in Art. 427 Cci 1885 aufgezählt seien. Auch seien die staatlichen Dokumente nicht in den öffentlichen Archiven aufbewahrt, sondern bei der Familie Medici. Schliesslich könnten keine Herrschaftansprüche über die fraglichen Dokumente im Ausland geltend gemacht werden.[19]

Zwar ist eine einstweilige Verfügung, nämlich das richterliches Verbot, die Dokumente zu versteigern, angeordnet worden, doch zu einer Entscheidung über eine mögliche Rückgabe der privaten Dokumente an Italien kam es nie. Vielmehr wurden die Papiere, welche der Familie Medici gehörten, trotz der richterlichen Warnung vor eventuellen Schadenersatzansprüchen gegen Verkäufer und Erwerber im Mai 1919 versteigert.[20] Dagegen scheinen die Dokumente in Staatseigentum nach Italien zurückgebracht worden zu sein.[21]

C. Repubblica dell'Ecuador c. Danusso[22]

I. Sachverhalt

Der italienische Sammler Giuseppe Danusso kaufte in den Jahren 1972 bis 1975 in Ekuador von Einheimischen sowie von ekuadorianischen Händlern, Galeristen und lokalen Regierungsvertretern archäologische Fundgegenstände im Wert von

---

16 Vgl. Riv.dir.int. 14 (1921/22) 199.

17 R.D. 2.10.1911, n. 1163, *Regolamento per gli Archivi del regno*; vgl. Riv.dir.int. 14 (1921/22) 195.

18 Vgl. Riv.dir.int. 14 (1921/22) 195.

19 Vgl. Riv.dir.int. 14 (1921/22) 195.

20 Vgl. *Prott/O'Keefe* Law, III, 628, Nr. 1224.

21 Vgl. *Hollander,* 30.

22 Trib. di Torino 25.3.1982 (Repubblica dell'Ecuador, Casa della cultura ecuadoriana c. Danusso, Matta e altri), Riv.dir.int.priv.proc. 18 (1982) 625; bestätigt durch Corte di appello di Torino 18.1.1983, unveröffentlicht; zum Ganzen vgl. *Byrne-Sutton* Le trafic, 131f., 182; *Cannada-Bartoli* Sul trasferimento, 621; *Carducci* La restitution, 297f.; *Clerici,* 805, Fn. 34; *Dormann Bessenich,* 119–121; *Frigo* L'acquisto, 549–551; *Hanisch* Internationalprivatrechtliche, 200f.; *Knott,* 74; *Loosli,* 139–141; *Luzzato,* 17; *Migliorino,* 781–783; *Monaco,* 14f.; *Plutschow,* 223f.; *Prott/O'Keefe* Law, III, 628–631, Nrn. 1225–1227; *Siehr* International Art, 82f., Nr. 88; *Walter,* 24f.

LIT 50000000 bis 60000000. Die Fundstücke waren nach ekuadorianischem Recht aber unveräusserlich. Er exportierte diese Fundstücke zudem illegal nach Italien, um sie dort teilweise weiterzuverkaufen. Der ekuadorianische Konsul in Mailand erlangte durch diverse Zeitungsartikel über Danussos Sammlung Kenntnis.[23] Nachdem die Objekte zunächst infolge eines Strafverfahrens gegen Danusso und andere Personen beschlagnahmt worden waren, klagte die Republik Ekuador in Turin auf Herausgabe der archäologischen Fundstücke. Ekuador begründete seine Klage auf einen Rechtstitel, der sich aus verschiedenen ekuadorianischen Kulturgutschutznormen ergab, während Danusso sich auf den gutgläubigen Erwerb an den Sachen berief.[24]

II. Rechtliche Erwägungen

Das Gericht untersuchte zunächst die einschlägigen ekuadorianischen Vorschriften zum Kulturgüterschutz, die sich sowohl in den Verfassungen von 1945[25] und 1967[26] als auch im damals gültigen Gesetz über das Kulturerbe vom 22. Februar 1945[27] sowie im Zivilgesetzbuch[28] finden. Diese Vorschriften bedurften der Auslegung, weil das Staatseigentum aus denselben nicht zweifelsfrei ermittelt werden konnte. Ergebnis dieser Auslegung war, dass zwar private Eigentumsrechte an Kulturgut bestehen können, dass diese aber unverjährbar und unveräusserlich unter einer Art „Obereigentum" *(dominio eminente)* des Staats stehen, so dass Eigentümer nur beschränkt über Kulturgüter verfügen dürfen.[29] Dies

---

[23] Trib. di Torino 25. 3. 1982 (vorige Fn.) 625f.

[24] Trib. di Torino 25. 3. 1982 (Fn. 22) 632: „La parte attrice sostiene, che la titolarità le deriva dalla legge dell'Ecuador (titolo ex lege); il convenuto Danusso sostiene che la titolarità gli deriva dal possesso in buona fede iniziato in Ecuador (possesso vale titolo)."

[25] Art. 145 erklärt alles Kulturgut zum nationalen Kulturerbe und stellt es unter den Schutz des Staats; vgl. Trib. di Torino 25. 3. 1982 (Fn. 22) 628.

[26] Art. 58 bestätigt Art. 145 der Verfassung von 1945; vgl. Trib. di Torino 25. 3. 1982 (Fn. 22) 628.

[27] *Ley de Patrimonio Artístico de 22. 2. 1945.* Nach Art. 1 sind archäologische Gegenstände, deren künstlerisches und historisches Interesse erklärt wurde, Teil des nationalen Kulturerbes, unabhängig davon, wer der Eigentümer ist. Art. 11 Abs. 1 bestimmt sodann, dass das Staatseigentum an Kulturgut „den privaten Eigentümer nicht an der Ausübung seiner Eigentumsrechte an dem Gegenstand hindert, soweit er sich an die in dem Gesetz aufgestellten Beschränkungen hält." Zudem muss nach Art. 12 Abs. 1 „jede Eigentumsübertragung an Gegenständen, die zum nationalen Kulturerbe gehören, [...] vom Institut für das kulturelle Erbe genehmigt werden".

[28] Vgl. Art. 623 ekuadorianisches Zivilgesetzbuch, wonach sich nationales Kulturgut, dessen Benutzung nicht grundsätzlich den Bürgern zusteht, Staatseigentum oder fiskalisches Gut des Staats nennt; vgl. Trib. di Torino 25. 3. 1982 (Fn. 22), Riv.dir.int.priv.proc. 18 (1982) 629.

[29] Trib. di Torino 25. 3. 1982 (Fn. 22) 629 mit Verweis auf Art. 4 *Ley de Patrimonio Artístico de 22. 2. 1945*: „La dichiarazione [...] che conferisce il carattere di tesoro appartenente al patrimonio artistico nazionale ad un oggetto qualsiasi [...] non priva il suo proprietario di esercitare su di lui tutti i diritti relativi, al dominio con le limitazioni che stabilisce questa legge".

bedeute hingegen nicht, dass an solchen Objekten kein Privateigentum erworben werden könne.[30]

Im Zeitpunkt des Erwerbs durch Danusso waren die Sachen in Ekuador gelegen, so dass nach der *lex rei sitae* ekuadorianisches Recht zur Anwendung kam.[31] Danach waren die Objekte unveräusserliches Eigentum des Staats Ekuador,[32] so dass ein gutgläubiger Erwerb Danussos nicht in Betracht kommen konnte. Diese Lösung stünde sowohl mit dem italienischen[33] als auch mit dem internationalen[34] *ordre public* im Einklang. Hingegen kam nach Auffassung des Gerichts eine Rückgabe gestützt auf Art. 7(b)(ii) UNESCO-Konvention 1970 nicht in Betracht. Gleichwohl hatte die Herausgabeklage Ekuadors in vollem Umfang Erfolg.[35]

Zu Recht wurde im Schrifttum[36] auf die Tatsache hingewiesen, dass Danusso die Kulturgüter noch in Ekuador, also nach ekuadorianischem Recht, erworben hatte. Denn wären die archäologischen Fundgegenstände erst in Italien weiterveräussert worden, so käme nach der italienischen *lex rei sitae* (damals Art. 22 disp. prel. Cci) italienisches Recht zur Anwendung, und der Erwerber wäre Eigentümer geworden (vgl. Art. 1153 Cci). Danusso habe aber nach der aus-

---

30 Trib. di Torino 25. 3. 1982 (Fn. 22) 629, wonach der *dominio eminente dello Stato* eine „categoria fra i beni privati ed i beni nazionali dell'uso pubblico (beni demaniali e beni pubblici)" sei. Privateigentum werde dadurch zwar nicht ausgeschlossen, aber „viene irreversibilmente ‚vulnerato' per la posizione eminente dello Stato, alla cui tutela la classe dei beni viene sottomessa nell'interesse e per il beneficio della collettività sociale." Insofern könne es nicht als Eigentumsrecht qualifiziert werden, vielmehr handle es sich um ein „istituto giuridico distinto dalla ‚proprietà civile' e dalla ‚proprietà commune'". Nach *Siehr* International Art, 83, Nr. 88, kann *dominio eminente* mit dem deutschen Begriff „öffentliche Sache, die öffentlichen Zwecken gewidmet ist" verglichen werden.

31 Trib. di Torino 25. 3. 1982 (Fn. 22) 632: „consegue che, trattandosi di beni ubicati originariamente in Ecuador, ancorché trasferiti successivamente in Italia, per lex loci regolatrice del rapporto, ai sensi dell'art. 22 delle preleggi, deve intendersi la legge del luogo in cui il titolo di proprietà di è formato".

32 Trib. di Torino 25. 3. 1982 (Fn. 22) 632.

33 Trib. di Torino 25. 3. 1982 (Fn. 22) 633: „è perfettamente coincidente con la normativa positiva vigente in Italia, con i princípi generali dell'ordinamento giuridico e con i princípi fondamentali dettati dalla Costituzione."

34 Obwohl Italien die UNESCO-Konvention 1970 erst per Gesetz Nr. 873 vom 30. 10. 1975 ratifiziert hat, und für Italien erst am 2. 1. 1979 in Kraft getreten ist, verstiesse nach Auffassung des Gerichts die Abweisung der Klage Ekuadors gegen den internationalen *ordre public*. Vgl. Trib. di Torino 25. 3. 1982 (Fn. 22) 634: „nel momento in cui riconosce all'Ecuador la titolarità del diritto di proprietà sui beni archeologici in sequestro, non si pone in alcun modo in contrasto con i princípi di ordine pubblico internazionale vigenti nello Stato, ma si adegua allo spirito di solidarietà e di collaborazione fra Stati, raccomandato esplicitamente nel preambolo della convenzione."

35 Bestätigt durch Corte di appello 28. 1. 1983, unveröffentlicht; vgl. *Clerici,* 805.

36 Vgl. *Stoll,* 64.

ländischen *lex rei sitae* kein Eigentum erwerben können.[37] Die italienischen Richter bejahten den Herausgabeanspruch ausschliesslich auf Grund des *dominio eminente*, und nicht auf Grund des privatrechtlichen Eigentums des ekuadorianischen Staats.[38]

D. De Raad v. OvJ[39]

I. Sachverhalt

Streitgegenstand dieses strafrechtlich gelagerten und unter „Batz-sur-Mer" bekannten Falls war eine holzgeschnitzte Madonnenstatue, die im Jahre 1978 aus der katholischen Kirche von Batz-sur-Mer (Frankreich) gestohlen worden war. Die Statue gehörte dem französischen Staat und war nach französischem Recht unveräusserlich und unersitzbar.[40]

Nachdem der Kunsthändler De Bruin die Statue im Jahre 1979 auf einem Markt in Brüssel gekauft hatte, verkaufte er sie gleichentags in den Niederlanden[41] an den niederländischen Antiquitätenhändler De Raad zum Preis von NLG 26000 weiter. Dieser liess sie für NLG 4500 restaurieren, stellte die Statue später auf Messen aus und bot sie in seinen Katalogen an. Im Oktober 1981 wurde die Holzstatue auf einer Messe in Maastricht von einem Besucher als die gestohlene wiedererkannt und anschliessend von der niederländischen Polizei beschlagnahmt. Der Staatsanwalt wollte die Statue wieder nach Frankreich zurückgeben,

---

37 Trib. di Torino 25.3.1982 (Fn.22) 630; vgl. dazu *Siehr* Nationaler, 536.

38 Trib. di Torino 25.3.1982 (Fn. 22) 630.

39 Hoge Raad (Strafkammer) 18.1.1983 (De Raad v. OvJ), Ned.Jur. 1983, Nr. 445, 1402; vgl. hierzu *Verheul*, 420–422; *Byrne-Sutton* Le trafic, 158f.; *Dormann Bessenich*, 137; *Jaeger*, 71f.; *Knott*, 129f.; *Müller-Katzenburg* Internationale, 187f., 293; *Prott/O'Keefe* Law, III, 634f., Nr. 1231; *Siehr* International Art, 84f.; *Spinellis*, 470f.

40 Vgl. Art. 18 Abs. 2 und 1 L. 31.12.1913. Ob die Statue Teil des *domaine public* war, geht weder aus dem Sachverhalt noch aus den Urteilserwägungen hervor. Dies spielt aber nur eine untergeordnete Rolle, weil die Statue als historisches Denkmal gemäss den genannten Vorschriften unveräusserlich und unersitzbar war. Zudem war die Ausfuhr von klassifizierten Objekten gemäss Art. 21 L. 31.12.1913 verboten. Da die katholische Kirche in Batz-sur-Mer seit dem Trennungsgesetz keinen öffentlichen Zweck erfüllt, werden sie und somit auch die sich in der Kirche befindlichen Mobilien nicht zum *domaine public* gehören, sondern vielmehr zum *domaine privé de l'État*. Die Statue war also keine klassische *res extra commercium*. Gerade weil die Domanialität von kirchlichen Kulturgütern umstritten ist, erstaunt es umso mehr, dass keine der in Fn. 39 angegebenen Autoren den möglichen *domaine public*-Charakter des Streitgegenstands geprüft haben oder zumindest erwähnen.

41 Hoge Raad 18.1.1983 (Fn. 39), Ned.Jur. 1983, Nr. 445, 1402. Dass De Raad die Statue in den Niederlanden gekauft hat, verschweigt *Verheul*, 420: „It turned out to have been purchased by a Dutch art dealer from someone who had allegedly bought it at an market in Brussels."

obwohl die niederländische Strafprozessordnung vorsieht, dass bei ungeklärten Eigentumsverhältnissen die Rückgabe vorerst an den letzten Besitzer (De Raad) zu erfolgen hatte, also an den, bei dem sie beschlagnahmt wurde.[42] De Raad verlangte nun die gerichtliche Überprüfung der staatsanwaltlichen Entscheidung.[43] Das erstinstanzliche Gericht bestätigte die angeordnete Rückgabe des Staatsanwalts an den französischen Staat, die angerufene *Rechtbank* lehnte die Beschwerde von De Raad ab. Der *Hoge Raad* wies die Berufung von De Raad gut und hob das Urteil der Vorinstanz auf.[44]

II. Rechtliche Erwägungen

Seit dem Diebstahl und der Beschlagnahme waren mehr als drei Jahre vergangen, so dass De Raad gemäss dem nach niederländischer *lex rei sitae* anwendbaren Art. 2014 B.W. hätte gutgläubig Eigentum erwerben können.[45] Die Statue war aber nach französischem Recht unersitzbar und unveräusserlich; denn sie wurde als *monument historique* klassifiziert (vgl. Art. 18 Abs. 1 u. 2 L. 31. 12. 1913);[46] Veräusserungsgeschäfte sind nichtig (Art. 20 Abs. 1 L. 31. 12. 1913). Die zweitinstanzliche *Rechtbank* kam zum Schluss, dass im Inland auf französisches Kulturgut französisches Recht anzuwenden sei, weil dessen Nichtanwendung

---

42 Nach Art. 118 Abs. 3 niederländische Strafprozessordnung kann die Sache auch an eine andere Person als den letzten Besitzer herausgegeben werden.

43 Hoge Raad 18. 1. 1983 (Fn. 39), Ned.Jur. 1983, Nr. 445, 1406. Die Anordnung an eine andere Person als dem letzten Besitzer ist nach Art. 118 Abs. 3 niederländische Strafprozessordnung für ein später eingeleitetes Zivilverfahren nicht bindend; vgl. *Verheul,* 421, Fn. 7.

44 Hoge Raad 18. 1. 1983 (Fn. 39), Ned.Jur. 1983, Nr. 445, 1406f.

45 Nach niederländischem IPR bestimmen sich die Eigentumsrechte an beweglichen Sachen nach dem Recht des Staats, wo die Sache im Zeitpunkt des Eigentumserwerbs gelegen war, also nach der *lex rei sitae*. Die in Frankreich gestohlene Statue wurde in den Niederlanden gekauft, so dass niederländisches Sachrecht (vgl. Art. 2014 B.W.) anwendbar war. Ist De Raad gutgläubig gewesen, so wäre er nach Ablauf der dreijährigen Ersitzungsfrist nach Art. 2014 Abs. 2 B.W. Eigentümer geworden: „dat bij een beslissing naar redelijkheid en in overeenstemming met algemeen gangbare maatschappelijke normen, nu het betreft een kunstvoorwerp dat toebehhort aan de Franse staat, allereerst dient de worden overwogen wat rechtes is volgens het Franse recht, zulks op grond dat de openbare ordre in privaatrechtelijke zin des woords zich verzet tegen toepassing van het Nederlandse recht, indien tengevolge daarvan aan Franse regelingen tot bescherming van het nationale kunstbezit hun effect zou worden ontnomen." Vgl. Hoge Raad 18. 1. 1983 (Fn. 39), Ned.Jur. 1983, Nr. 445, 1405f.; zustimmend *Verheul,* 422; *Siehr* International Art, Nr. 92; a. A. *Frigo* La protezione, 351f.

46 Ob die Statue zum *domaine public* gehört, spielt keine Rolle, da die öffentliche Hand Eigentümerin war. Nach Auffassung von *Guinand,* 289, gehören kirchliche Kulturgüter zum *domaine public*. Diese Auffassung ist m. E. abzulehnen; vgl. dazu die Hinweise in Fn. 40. Auch wenn die Statue Teil des *domaine public* gewesen wäre, würde dies nichts an der Rechtslage in den Niederlanden ändern, da die Unveräusserlichkeit sich direkt aus der L. 31. 12. 1913 ergibt. Der entgegengesetzte Fall würde zum erstaunlichen Ergebnis führen, dass der französische Staat den gutgläubigen Besitzer, der die Statue in den Niederlanden gekauft hat, in Höhe des Kaufpreises zu entschädigen hätte, wozu er im Inland nicht verpflichtet wäre. Zum fehlenden Lösungsrecht bei domanialen Kulturgütern s. vorne § 7 C IV 5.

gegen den niederländischen *ordre public* verstossen würde.[47] Der französische Staat habe das Eigentum nicht verloren und könne die Statue jederzeit von jedem Besitzer herausverlangen. Da Zweifel an seinem guten Glauben bestünden, habe er die Statue auch nicht nach Art. 2014 B. W.[48] ersitzen können.[49]

In diesem Punkt war die Strafkammer des *Hoge Raad* mit der Vorinstanz grundsätzlich einig,[50] hob aber den Entscheid der Vorinstanz auf, weil die dreijährige Ersitzungsfrist abgelaufen, und die Bösgläubigkeit des Antiquitätenhändlers nicht erwiesen sei.[51] Allerdings eigne sich ein summarisches Verfahren für die Prüfung komplizierter Eigentumsfragen nicht. Der gute Glaube von De Raad sei daher in einem Zivilverfahren zu beurteilen.[52]

E. Stato Francese c. Ministero B.C.A. e De Contessini[53]

I. Sachverhalt

Gegenstand dieses Prozesses waren zwei Wandteppiche aus der Manufaktur von Amiens aus dem 17. Jh. mit Motiven aus der Odysee. Die dem französischen Staat gehörenden Teppiche wurden per Dekret vom 10. März 1909 auf Grund

[47] Hoge Raad 18. 1. 1983 (Fn. 39), Ned.Jur. 1983, Nr. 445, 1405f.; zustimmend *Verheul,* 422; a. A. *Knott,* 130; *Frigo* La protezione, 351f. – Die *Rechtbank* erachtete somit die französischen Kulturgutschutznormen als zwingende Vorschriften *(lois d'application immédiate, mandatory rules)*. So schon Hoge Raad 13. 5. 1966, Schip en Schade 1966, 50, 126 = Ned.Jur. 1967, Nr. 3, 16 note H. B.; Rev.crit.dr.int.priv. 56 (1967) 522 = Clunet 96 (1969) 1010; vgl. hierzu *Schultsz,* 273–277. Vgl. nun Art. 7 Abs. 1 EVÜ: „Bei Anwendung des Rechts eines bestimmten Staates auf Grund dieses Übereinkommens kann den zwingenden Bestimmungen des Rechts eines anderen Staates, mit dem der Sachverhalt eine enge Verbindung aufweist, Wirkung verliehen werden, soweit diese Bestimmungen nach dem Recht des letztgenannten Staates ohne Rücksicht darauf anzuwenden sind, welchem Recht der Vertrag unterliegt. Bei der Entscheidung, ob diesen zwingenden Bestimmungen Wirkung zu verleihen ist, sind ihre Natur und ihr Gegenstand sowie die Folgen zu berücksichtigen, die sich aus ihrer Anwendung oder ihrer Nichtanwendung ergeben würden."

[48] Diese Vorschrift entspricht Art. 2279 Ccf („la possession vaut titre"); vgl. *Verheul,* 422, Fn. 9.

[49] Vgl. *Verheul,* 421.

[50] Vgl. *Verheul,* 421: „The District Court has established, on the one hand, that more than three years had elapsed between the theft and the seizure, and, on the other hand, it has not been established that the antiques dealer was mala fide. Under these circumstances it could have been expected that the District Court, in view of Article 2014 Civil Code, would have considered restoration of the statue of the antiques dealer as prima facie reasonable."

[51] Vgl. *Verheul,* 421.

[52] Die Frage, ob der *Hoge Raad* in einem Zivilverfahren ebenso entschieden hätte, kann nicht abschliessend beantwortet werden, weil der Rechtsstreit durch einen aussergerichtlichen Vergleich ein Ende fand; vgl. *Verheul,* 422, Fn. 10, wonach De Raad die Statue gegen Erstattung des Kaufpreises und seiner Unkosten an Frankreich zurückgab.

[53] Trib. di Roma 27. 6. 1987 (Stato francese c. Ministero per i beni culturali e ambientali e De Contessini), Riv.dir.int. 71 (1988) 920, Dir.com.int. 2 (1988) 611, nota Frigo; Riv.

des französischen Gesetzes vom 30. März 1887[54] als historisches Denkmal klassifiziert und in das Verzeichnis nationaler Kulturgüter eingetragen. Die Objekte waren nach französischem Recht Teil des *domaine public*, also unveräusserlich.[55] Im Juni 1975 wurden sie aus dem Justizpalast in Riom[56] gestohlen. Zwei Jahre stellte sie die Polizei beim Mailänder Antiquitätenhändler Livio De Contessini sicher, worauf ein Strafverfahren gegen diesen eingeleitet wurde, da Art. 712 des italienischen Strafgesetzbuches den Erwerb von Sachen zweifelhafter Herkunft verbietet.[57] Die Wandteppiche wurden beschlagnahmt. Darauf klagte der französische Staat, vertreten durch dessen Kulturministerium, vor dem Zivilgericht in Rom gegen De Contessini und das italienische Kulturministerium auf Herausgabe.

II. Rechtliche Erwägungen

Streitentscheidend war, inwieweit die auf dem französischen Gesetz von 1913 beruhende Unveräusserlichkeit der Objekte vor dem angerufenen italienischen Gericht Beachtung fand, nach welchem Recht sich der Erwerb vollzog, und ob De Contessini gutgläubig Eigentum erworben hatte. Die Klägerseite berief sich darauf, die Teppiche seien nach französischem Recht unveräusserliches Staatseigentum, also *res extra commercium* und daher „non avrebbero potuto essere commercializzati né in Francia né in Italia."[58] Im Übrigen hätten weder die Beklagten De Contessini noch der Nebenintervenient Pilone, ein Zweiterwerber einer der beiden Teppiche, ihren guten Glauben beim Erwerb bewiesen.[59] Dagegen wandte der Beklagte De Contessini ein, er habe nach Art. 1153 Cci gutgläubig Eigentum an den Teppichen erworben.

---

dir.int.priv.proc. 25 (1989) 652; vgl. hierzu *Cannada-Bartoli* Sul trasferimento, 618f.; *Clerici,* 805–808; *Loosli,* 142–144; *Lo Monaco,* 842–844; *Frigo* Trasferimento, 611–626; *Ders.* La circolazione, 32f.; *Siehr* International Art, 189f.; Corte di appello di Roma 6. 7. 1992, unveröffentlicht; vgl. hierzu *Nanetti/Squillante,* 399–402; Corte di cassazione 24. 11. 1995, n. 12166 (Governo di Francia c. De Contessini e altri), Foro it. 1996, I, 1, 907, Riv.dir.int. 80 (1997) 515–519; Riv.dir.int.priv.proc. 33 (1997) 427; zum Ganzen vgl. *Biondi* The Merchant, 205f.; *Cannone,* 348f.; *Nanetti/Squillante,* 396–409; *Plutschow,* 218f.; *Zeri,* 215–217.

54 *Loi du 30. 3. 1887 relative à la conservation des monuments et objets d'art ayant un intérêt historique et artistique.*

55 Vgl. Art. 18 Abs. 2 L. 31. 12. 1913; vgl. zudem Art. L. 52 *C. dom. État.*

56 Département Puy-de-Dôme, 15 km nördlich von Clermont-Ferrand.

57 Art. 712 *Codice penale* i. d. F. des R. D. 19. 10. 1930, n. 1398 lautet: „Chiunque, senza averne prima accertata la legittima proveniena, acquista o riceve a qualsiasi titolo cose, che, per la loro qualità o per la condizione di chi le offre o per la entità del prezzo, si abbia motivo di sospettare che provengano da reato, è punito con l'arresto [...] o con l'ammenda".
„Alla stessa pena soggiace chi si adopera per fare acquistare [...] delle cose suindicate, senza averne prima accertata la legittima provenienza." Abgedr. bei *Riz,* 487f.

58 Trib. di Roma 27. 6. 1987, Riv.dir.int. 71 (1988) 921; Dir.com.int. 2 (1988) 614.

59 Trib. di Roma 27. 6. 1987, Dir.com.int. 2 (1988) 612.

Zur Bestimmung des anwendbaren Rechts zog das Gericht Art. 22 disp. prel. Cci heran, nach dem der Besitz, das Eigentum und andere Rechte an beweglichen und unbeweglichen Sachen dem Recht des Orts unterstehen, an dem sie sich befinden, d.h. nach der *lex rei sitae*.[60] Dabei griff das Gericht auf zwei unterschiedliche Ansatzpunkte zurück, nämlich auf die Belegenheit im Zeitpunkt der Klageerhebung und auf den Ort, an dem sich der letzte Eigentumserwerb vollzogen hatte. Aus beiden Ansatzpunkten ergab sich jedoch die Anwendung italienischen Rechts.[61] Eine Anwendung der *lex loci*, d. h. das Recht des Orts, an dem sich die Sache ursprünglich befunden hatte, lehnte es ab.[62] Das Gericht prüfte also den Eigentumserwerb an den Teppichen nach italienischem Recht. De Contessini und Pilone behaupteten, die Sachen in Italien erworben zu haben, so dass die französischen Regeln über die Unveräusserlichkeit keine Berücksichtigung finden könnten. Auf Grund von Art. 826 Cci kam das Gericht zum Schluss, dass diese auf ausländisches Kulturgut in Italien nicht anwendbar sei.[63] Das Gericht überprüfte sodann die Anwendbarkeit des Art. 7(b)(ii) UNESCO-Konvention 1970, lehnte diese aber mit der Begründung ab, diese Norm stelle lediglich eine Verpflichtung gegenüber anderer Staaten dar; sie führe aber zu keiner italienischen Vorschrift, die besage, der Eigentümer müsse die nach ausländischem Recht unveräusserliche Sache gegen Entschädigung zurückgeben.[64]

Sodann prüfte das Gericht die Gutgläubigkeit der Erwerber. De Contessini hatte die Teppiche von zwei verschiedenen Verkäufern in Italien erhalten, es allerdings unterlassen, sich über die Herkunft der Sachen zu informieren. Dies wertete

---

[60] Art. 22 disp. prel. Cci: „Il possesso, la proprietà e gli altri diritti sulle cose mobili ed immobili sono regolati dalla legge del luogo nel quale le cose si trovano."

[61] Vgl. *Clerici*, 806; *Frigo* Trasferimento, 614f. In der Entscheidung *Repubblica dell'Ecuador c. Danusso* ging der Trib. di Torino in gleicher Weise vor: Da der Eigentumserwerb erwiesenermassen auf ekuadorianischem Territorium erfolgte, war gemäss Art. 22 disp. prel. Cci ekuadorianisches Recht auf den Eigentumserwerb anwendbar; vgl. hierzu vorne C II.

[62] Das Gericht lehnte dabei die Rechtsprechung des Trib. di Torino in *Repubblica dell'Ecuador c. Danusso* ausdrücklich ab; vgl. *Frigo* Trasferimento, 611, 615; das jedoch zu Unrecht, da auch der Trib. di Torino ausdrücklich nach der *lex rei sitae* vorging, dabei aber auf den Zeitpunkt des Eigentumserwerbs abstellte; vgl. *Frigo* Trasferimento, 611, 615.

[63] Trib. di Roma 27. 6. 1987, Dir.com.int. 2 (1988) 617; *Frigo* Trasferimento, 613.

[64] Trib. di Roma 27. 6. 1987, Dir.com.int. 2 (1988) 618: „Il nostro ordinamento con tale norma ha assunto solo un obbligo nei confronti di altri Stati, ma non ha introdotto norme interne a stabilire che l'acquirente di buona fede o il legittimo proprietario del bene culturale proveniente dall'estero è obbligato alla restituzione dello stesso dietro compensazione con un'indennità." Hier argumentierte das Gericht ungenau; denn hätte Frankreich die Konvention ratifiziert, so hätte sich aus Völkerrecht eine Verpflichtung zur Respektierung seines nationalen Kulturguts ergeben. Art. 7(b)(ii) hätte aber auch für Italien keine Anwendung finden können, da Italien die Konvention erst im Oktober 1975 ratifizierte (vgl. L. 30. 10. 1975, n. 873), der Diebstahl sich aber bereits im Juni 1975 ereignete. Besser wäre also der Hinweis gewesen, dass mangels Ratifikation durch Frankreich das Übereinkommen gegenüber dem klagenden Staat nicht massgebend sei; vgl. *Siehr* Völkerrecht, 64.

jedoch das Gericht nicht als grobe Fahrlässigkeit.[65] Somit lag infolge der Unanwendbarkeit des französischen Rechts ein gutgläubiger Erwerb durch die Beklagten nach italienischem Recht vor (vgl. Art. 1153 Cci). Die Herausgabeklage Frankreichs wurde daher abgewiesen.

Der französische Staat legte gegen das erstinstanzliche Urteil erfolglos Berufung ein.[66] Das Berufungsgericht bestätigte zwar dieses im vollen Umfang, begründete aber seine Entscheidung aus anderen Gründen. Es hielt fest, dass die Klage des französischen Staats auf Rückgabe der gestohlenenen Objekte nicht gutgeheissen werden könne, weil der Kläger keine Entschädigung des gutgläubigen Erwerbers zu zahlen bereit war, was aber die UNESCO-Konvention 1970 verlangte.[67] Auch in einem weiteren Punkt widersprach die *Corte di appello di Roma* der ersten Instanz. So hielt es fest, dass die Artt. 826 und 828 Cci auch auf ausländische Kulturgüter anwendbar seien.[68] Das Kassationsgericht wies im Folgenden eine Nichtigkeitsbeschwerde ab.[69]

Die Kontroverse über die zwei Wandteppiche fand schliesslich ein aussergerichtliches Ende: Der französische Staat kaufte die Tapisserien in den Jahren 1994 und 1996 und führte diese wieder nach Frankreich zurück.[70]

III. Kritik

Das Urteil des *Tribunale di Roma* vom 18. März 1987 ist unbefriedigend. Es leuchtet nicht ein, weshalb Italien, das selber die Unveräusserlichkeit von öffentlichem Gut *(demanio pubblico)* kennt, eine Sache, die nach ausländischem Recht ebenfalls eine *res extra commercium* ist, nicht anerkennt, und somit die Klage des ausländischen Staats auf Rückgabe der Sache keine Aussicht auf Erfolg haben kann.[71]

---

65 Trib. di Roma 27. 6. 1987, Dir.com.int. 2 (1988) 625; vgl. dazu *Frigo* Trasferimento, 611, 622.

66 Corte di appello di Roma 6. 7. 1992, unveröffentlicht; vgl. dazu *Nanetti/Squillante,* 399f.

67 Vgl. *Nanetti/Squillante*, 400: „La ragione per la quale la domanda di restituzione dello Stato francese non può essere accolta è, invece, costituita dal fatto che il richiedente non ha avanzato alcuna offerta d'indennità, rendendo così inoperante l'applicazione della Convenzione che – come si è detto – pone come condizione per l'esercizio del diritto alla restituzione il pagamento di un'equa indennità.“

68 Vgl. *Nanetti/Squillante,* 399f.: „Per effetto della Convenzione ratificata e resa esecutiva in Italia i vincoli di indisponibilità inerenti ai beni di interesse artistico e culturale si estendono anche ai beni di Stati esteri aderenti alla Convenzione, con la conseguenza che gli articoli 826 e 828 Cod. civ. Debbono integrarsi con i principi di diritto internazionale, fissati dalla Convenzione di Parigi, e che i vincoli di inalienabilità dei beni culturali riguardano anche beni di Stati esteri.“

69 Corte di cassazione, sez. I, 24. 11. 1995, n. 12166 (Governo di Francia c. De Contessini e altri), Foro it. 1996, I, 1, 907.

70 *Bourguignon,* 2; *Carducci* La restitution, 332; *Nanetti/Squillante,* 396, Fn. 2.

71 Kritisch auch *Cannada-Bartoli* Sul trasferimento, 619, 626f.

Der einzige und schliesslich ausschlaggebende Unterschied zum Fall *Danusso* war, dass hier die Objekte im Zeitpunkt des Eigentumserwerbs in Italien, und nicht im Ausland gelegen waren.[72] Wird also ein unveräusserliches Kulturgut des Staats A in den Staat B transferiert, so wird die *res extra commercium* mit Überschreiten der Grenze des Staats A zur handelsfähigen und somit zur veräusserlichen Sache.[73] Die Unhandelbarkeit ist also nur auf das Territorium des Staats A beschränkt und fällt bei Belegenheit des Kulturguts in einem anderen Staat weg.

Eine Möglichkeit, den gutgläubigen Erwerb nach italienischem Recht auf handelsfähige Sachen zu beschränken, wäre durch eine teleologische Auslegung von Art. 22 disp. prel. Cci zu erreichen. Würde diese Vorschrift dahingehend ausgelegt, dass diese Kollisionsnorm auf nicht handelbare Sachen *(cose fuori commercio)*, mithin Güter die nach ausländischem Recht *res extra commercium* sind, nicht anwendbar wäre,[74] und bliebe den italienischen Gerichten die Anwendung des Grundsatzes der *lex rei sitae* versagt, so könnten die im Herkunftsstaat besonders geschützten Kulturgüter auch in Italien nicht Gegenstand eines gutgläubigen Erwerbs sein.

Wären italienische öffentliche Kulturgüter in Italien gestohlen worden, illegal nach Frankreich gelangt und dort gutgläubig nach Art. 2279 Ccf erworben worden, so stellt sich die Frage, ob französische Gerichte die Unveräusserlichkeit der Objekte anerkennen würden. Frankreich besitzt keine geschriebene Kollisionsnorm wie der erwähnte Art. 22 disp. prel. Cci. Allerdings wird der internationalprivatrechtliche Grundsatz der *lex rei sitae* gestützt auf Art. 3 Ccf[75] anerkannt.[76] Nach der *lex rei sitae* wäre der in Frankreich erfolgte gutgläubige Erwerb vom Nichtberechtigten nach französischem IPR zu beurteilen. Nach Art. 3 Ccf wäre französisches Sachrecht anwendbar, also Art. 2279 Ccf, der seinerseits den gutgläubigen Eigentumserwerb vom Nichtberechtigten zulässt. Dabei stellt das französische Recht allein auf den Besitz seitens des Erwerbers ab und lässt schon mit gutgläubigem Besitzerwerb das Eigentum auf den Käufer übergehen (Art. 2279 Abs. 1 Ccf: „en fait des meubles, la possession vaut titre“). Nach Art. 2279 Abs. 1 Ccf ist ein gutgläubiger Erwerb vom Nichtberechtigten unter den folgenden Voraussetzungen möglich: Der Erwerber muss die tatsächliche Sachherrschaft erlangt haben *(possession réele)*;[77] diese muss von einem *animus domini* getragen

---

[72] So auch *Frigo* Trasferimento, 616.

[73] Vgl. *Kreuzer,* 214.

[74] Ebenso *Cannada Bartoli* Sul trasferimento, 625, 629.

[75] Art. 3 Ccf lautet: „Les lois de police et de sûreté obligent tous ceux qui habitent le territoire.
Les immeubles, même ceux possédés par des étrangers, sont régis par la loi française.
Les lois concernant l'état et la capacité des personnes régissent les Français même résidant dans un pays étranger.“

[76] Vgl. *Batiffol/Lagarde,* Nr. 280.

[77] *Aubry/Rau,* Nr. 99, 153; *Marty/Raynaud,* Nr. 393, 495.

sein, und es muss sich um fehlerfreien Besitz *(possession exempte de vices)* handeln.[78] Das Erfordernis des guten Glaubens seitens des Erwerbers ist zwar in Art. 2279 Ccf nicht ausdrücklich erwähnt, ergibt sich aber aus Art. 1141 Ccf,[79] und wird zudem von der Rechtsprechung verlangt.[80] Der gute Glaube muss lediglich im Moment der Besitzergreifung vorliegen.[81] Der Erwerber wird aber erst mit Ablauf der dreijährigen Verjährungsfrist Eigentümer (Art. 2279 Abs. 2 Ccf). Ist die Sache auf dem Markt, öffentlich versteigert oder durch einen Kaufmann, der mit Waren der gleichen Art handelt, übertragen worden, so kann die gestohlene oder verlorene Sache dem gegenwärtigen Besitzer nur gegen Erstattung des von ihm bezahlten Kaufpreises abgefordert werden (Art. 2280 Abs. 1 Ccf).

F. LG Hamburg 20.6.1996[82]

I. Sachverhalt

Die Republik Portugal klagte in Deutschland gegen den Besitzer von zwei antiken Pistolen[83] auf Herausgabe, die sich seinerzeit in England befanden. Die Pistolen wurden im Jahre 1990 einem Londoner Auktionshaus zur Versteigerung angeboten. Das Auktionshaus gab die antiken Gegenstände nicht zur Versteigerung frei, da die portugiesische Polizei mitgeteilt hatte, dass es sich möglicherweise um Diebesgut handele. Der Beklagte hielt die Waffen zurück, bot sie aber ein halbes Jahr später erneut zur Versteigerung an. Das Auktionshaus rief zur Klärung der Eigentumsverhältnisse die englischen Gerichte an. Diese erklärten sich jedoch erstinstanzlich für international unzuständig, da als Wohnsitzgerichtsstand des Beklagten Hamburg zuständig sei (vgl. Art. 2 Abs. 1 GVÜ). Gegen diese Entscheidung legte das Auktionshaus Berufung ein.[84] Noch während dieses Berufungsverfahrens klagte Portugal in Deutschland auf Herausgabe der Pistolen. Die Klage wurde abgewiesen.[85]

---

78 *Marty/Raynaud,* Nr. 393, 495.

79 *Aubry/Rau,* Nr. 99, 154, Fn. 19. Art. 1141 Ccf lautet: „Si la chose qu'on s'est obligé de donner ou de livrer à deux personnes successivement, est purement mobilière, celle des deux qui en a été mise en possession réelle est préférée et en demeure propriétaire, encore que son titre soit postérieur en date, pourvu toutefois que la possession soit de bonne foi."

80 *Marty/Raynaud,* Nr. 394, 496, m. H. auf die Rechtsprechung in Fn. 6; *Ferid/Sonnenberger,* 3 B 19; *Römer,* 137 m. H. auf die Rechtsprechung.

81 *Aubry/Rau,* Nr. 99, 154.

82 LG Hamburg 20.6.1996 – 305 O 77/92, unveröffentlicht; abgedr. in: IPRspr. 1996 Nr. 55.

83 Die Waffen stammen aus dem Besitz von König Pedro IV. (1798–1834, regierte 1830–1832) und wurden im Jahre 1817 im Königreich Portugal hergestellt; vgl. LG Hamburg 20.6.1996, amtl. Abdr., 5.

84 Das Ergebnis des zweitinstanzlichen Verfahrens konnte nicht in Erfahrung gebracht werden.

85 Vgl. Fn. 800.

Die Klägerin (Portugal) behauptete im Prozess, die Pistolen seien im Jahre 1973 in Lissabon gestohlen worden, und der Beklagte habe sie dort erworben. Die Pistolen stünden zudem in öffentlichem Eigentum, da sie als Kulturgut und Museumsgegenstände in den Jahren 1972/73 inventarisiert wurden. Als öffentliches Eigentum seien sie nicht verkehrsfähig, also *res extra commercium*. Diese Sacheigenschaft habe auch in Deutschland und England Geltung. Im Weiteren habe der Beklagte die Kulturgüter ohne Verzollung und ohne Ausfuhrpapiere nach Deutschland verbracht,[86] weshalb er bösgläubig sei. Die Klägerin meinte zudem, deutsches Recht sei auf Grund konkludenter Parteivereinbarung anwendbar. Des Weiteren habe der Beklagte weder nach portugiesischem, noch nach englischem oder deutschem Recht Eigentum erworben. Dies gelte auch nach der RL 93/7.

Der Beklagte macht seinerseits geltend, dass er die Pistolen nicht in Portugal, sondern in Deutschland in den Jahren 1981/82 von seinem Vater gemeinsam mit einer ganzen Sammlung für DM 500000 gekauft habe. Sein Vater habe ihm erklärt, er habe die Waffen seiner Sammlung alle ordnungsgemäss auf Auktionen oder Kunstmessen ersteigert oder in Antiquitätengeschäften gekauft; die streitbaren Waffen habe er im Jahre 1973 von einem Antiquitätenhändler erworben.

II. Rechtliche Erwägungen

Das Landgericht Hamburg erklärte sich gemäss Art. 2 Abs. 1 GVÜ international, gemäss § 13 ZPO örtlich zuständig. Die Frage des Eigentums beurteile sich nach englischem Recht als der Rechtsordnung der Belegenheit der Sache *(lex rei sitae)*. Die *lex rei sitae* gelte im deutschen internationalen Sachenrecht kraft Gewohnheitsrecht auch für bewegliche Sachen.[87] Dies gelte auch für den Fall gestohlener Kunstgegenstände. Das Gericht erachtete die in der Literatur vorgeschlagene Anknüpfung an den Ort des Diebstahls *(lex loci delicti commissi)*[88] oder an den Herkunftsort *(lex originis)*[89] als zu unbestimmt.[90]

Nach Art. 4 Abs. 1 EGBGB komme auch das IPR des Staats zur Anwendung, auf dessen Recht verwiesen wird, sofern es nicht dem Sinn der Verweisung widerspreche. Es handle sich also um eine Gesamtverweisung auf das anwendbare

---

86 Art. 31 Abs. 2 des portugiesischen Kulturgutschutzgesetzes Nr. 13 vom 6. 7. 1985 wäre nicht anwendbar, weil die Nichtigkeit des Veräusserungsgeschäfts (hier Kaufvertrag) nur „fremde“ Kulturgüter betrifft, also diejenigen Kulturgüter, die unter Verletzung von Bestimmungen des Herkunftslands nach Portugal eingeführt worden sind. Dies traf i. c. gerade nicht zu. Art. 31 Abs. 2 Lei no. 13/85 lautet: „São nulas e nenhum efeito as transacções realizadas em território português sobre bens culturais móveis provenientes de países estrangeiros quando efectuadas com infracção das disposições da respectiva legislação interna reguladora da sua alienação ou exportação.“

87 Vgl. statt vieler BGH 20. 3. 1963, BGHZ 39, 173 (174) = IPRspr. 1962–1963 Nr. 60; BGH 8. 4. 1987, BGHZ 100, 321 (324) = IPRspr. 1987 Nr. 40; BGH 9. 5. 1996, IPRspr. 1996 Nr. 54.

88 Vgl. *Mansel*, 271.

89 Vgl. *Jayme* Internationaler, 347 f.

90 LG Hamburg 20. 6. 1996, unveröffentlicht; abgedr. in: IPRspr. 1996, Nr. 55, 121 m. w. H.

ausländische Recht.[91] Auch nach dem englischen Kollisionsrecht gelte die *lex rei sitae*.[92] Nach den sects. 3 und 4 *Limitation Act 1980* werde der gutgläubige Besitzer von gestohlenen Sachen nach Ablauf von sechs Jahren Eigentümer. Herausgabeansprüche könnten folglich nur innerhalb der sechsjährigen Ersitzungsfrist geltend gemacht werden. Gemäss sect. 21(1) *Sale of Goods Act 1979* könne der Käufer nicht mehr Rechte erwerben als dem Verkäufer zustehen;[93] ein gutgläubiger Erwerb vom Nichtberechtigten sei also nach englischem Recht ausgeschlossen. Zudem sei ein Eigentumserwerb von gestohlenen Sachen seit dem 3. Januar 1995 abgeschafft.[94]

Das Beweisverfahren ergab die Gutgläubigkeit des Beklagten. Er hatte die Pistolen seit 1981/82 in Besitz. Die Ersitzungsfrist war nach englischem Recht also bereits 1988 abgelaufen (vgl. secs. 3f. *Limitation Act 1980*).

Das Gericht kam zum Schluss, dass die Frage, ob nach portugiesischem Recht die Pistolen wirksam als *res extra commercium* qualifiziert worden seien, offenbleiben könne, weil nach englischem Recht auch in einem solchen Fall der privatrechtliche Eigentumserwerb nach dem *Limitation Act 1980* nicht ausgeschlossen sei.[95] Es bestünden auch keine Bereicherungsansprüche gegen dem Beklagten; denn nach sect. 3 (1) *Limitation Act 1980* seien infolge Zeitablaufs sämtliche Ansprüche ausgeschlossen. Der vom BGH im Fall Nigeria[96] aufgestellte Grundsatz, wonach ausländische Ausfuhrverbote im Inland über § 138 BGB durchgesetzt werden können, ändere nichts am Ergebnis. Voraussetzung einer Sittenwidrigkeit i. S. des § 138 BGB sei in einem solchen Fall, dass beiden Vertragsparteien die eine Sittenwidrigkeit begründenden Umstände bekannt sind.[97] Das sei nach dem Ergebnis des Beweisverfahrens gerade nicht der Fall.[98]

---

[91] LG Hamburg 20. 6. 1996, unveröffentlicht; aber abgedr. in: IPRspr. 1996, Nr. 55, 121 m. w. H.

[92] Vgl. *Dicey/Morris/Collins,* Rule 116, 963.

[93] Sect. 21(1) *Sales of Goods Act 1979*: „where goods are sold by a person who is not their owner, and who does not sell them under the authority or with the consent of the owner, the buyer acquires no better title to the goods than the seller had".

[94] Vgl. Sect. 22(1) *Sale of Goods Act 1979*, wonach ein Eigentumserwerb von gestohlenen Sachen, die auf dem Markt erworben wurden, möglich war; aufgehoben durch sect. 1, 3(2) *Sale of Goods (Amendment) Act 1994*; vgl. dazu *Rutherford/Bone,* 1149; *Market Overt,* 3.

[95] Der Sachverhalt ist in Bezug der Unveräusserlichkeit der Kulturgüter ungewiss. Die Klägerin behauptete lediglich, die Pistolen seien öffentliches Eigentum, „nämlich als Kulturgut und Museumsgegenstände inventarisiert." Vgl. LG Hamburg 20. 6. 1996, unveröffentlicht; aber abgedr. in: IPRspr. 1996 Nr. 55, 120. Gemäss Art. 34 Abs. 1 Lei n° 30/85 vom 6. 7. 1985 ist die dauernde Ausfuhr von unter Denkmalschutz gestellten Kulturgütern *(bens culturais classificados)* verboten.

[96] BGH 22. 6. 1972, BGHZ 59, 82; engl. Übers. in: I.L.R. 73 (1987) 226.

[97] Vgl. LG Hamburg 20. 6. 1996, unveröffentlicht; abgedr. in: IPRspr. 1996 Nr. 55, 123 m. w. H.

[98] Der Herausgabeanspruch Portugals konnte auch nicht gestützt auf die RL 93/7 erfolgreich geltend gemacht werden; denn die Richtlinie gilt ausdrücklich nur für Kulturgüter, die nach

§ 34 Private Kulturgüter

Nicht nur Gesetze können Güter zu unveräusserlichen Sachen erklären, sondern auch Privatpersonen können die Handelbarkeit gewisser Sachen beschränken, so z. B. nach *common law* durch Errichtung eines Trusts oder durch Schenkung mit Auflage. Allerdings anerkennen nicht alle Rechtsordnungen Verträge, welche Sachen dem Privatrechtsverkehr entziehen.[99]

A. Duc de Frias c. Baron Pichon[100]

Der kunstliebende Baron Pichon hatte im Oktober 1883 in Paris eine silberne Vase von einem spanischen Verkäufer erworben. Dieser hatte sie zuvor von einer Äbtissin gekauft. Wenig später stellte sich die Vase als ein Ziborium[101], welches der Kathedrale in Burgos (Kastilien) gehörte, heraus. Juan Fernández de Velasco[102], Herzog von Frias und Connétable von Kastilien, hatte dieses Ziborium dem Kloster Santa Clara, Medina del Polmar, im Jahre 1610 gestiftet.[103] Das kirchliche Kulturgut war nach dem Stifterwillen unveräusserlich.[104] Ob sie einem kultischen Zweck gewidmet war oder nicht, liess das Gericht offen.[105] Die Kathe-

---

dem 1. 1. 1993 unrechtmässig in das Hoheitsgebiet eines anderen EU-Mitgliedstaats verbracht wurden (Art. 13). Auch der Herausgabeanspruch gestützt auf die UNESCO-Konvention von 1970 scheitert, da die Konvention bisher nur von Portugal, nicht aber von Deutschland oder dem Vereinigten Königreich ratifiziert worden ist. Eine Durchsetzung über Art. 6 EGBGB *(ordre public)* fiel ausser Betracht, weil sich dies nur auf zwingendes deutsches Recht bezieht; vgl. LG Hamburg 20. 6. 1996 (Fn. 82), IPRspr. 1996 Nr. 55, 122.

99 So z. B. in Deutschland: § 137 BGB. Zum Ganzen vgl. *Prott/O'Keefe* Law, III, 237, Nr. 403.

100 Trib. civ. de la Seine 17. 4. 1885 (Duc de Frias c. Baron Pichon), Clunet 13 (1886) 593; vgl. hierzu *Byrne-Sutton* Le trafic, 135f.; *De Visscher,* 50; *Hanisch* Internationalprivatrechtliche, 211, Fn. 62; *Kreuzer,* 192; *Lagarde* Le commerce, 403f.; *Lalive* La circulation, 77; *Ders.* Le statut, 93; *Müller-Katzenburg* Internationale, 72; *Niboyet,* Nr. 1197, 391, Fn. 2; *O'Keefe* Commentary, 89f.; *Prott/O'Keefe* Law, III, 639, Nr. 1239; *Siehr* International Art, 83f.; *Ders.* Kulturgüter, 710; *Ders.* The Protection, 318.

101 „Ziborium" hat hier wohl die Bedeutung eines eucharistischen Gefässes zur Aufbewahrung der Hostien; vgl. *Emminghaus,* 1364.

102 Juan Fernández de Velasco, gestorben 1613.

103 Trib. civ. de la Seine 17. 4. 1885, Clunet 13 (1886) 594.

104 Trib. civ. de la Seine 17. 4. 1885, Clunet 13 (1886) 594: „le connétable de Castille, en déclarant inaliénables et indisponibles les objets donnés, charge ses successeurs de surveiller étroitement l'observation de sa volonté."

105 Trib. civ. de la Seine 17. 4. 1885, Clunet 13 (1886) 594: „il n'y a pas lieu de rechercher si, d'après la loi espagnole, l'objet revendiqué [...] était affecté, en tant que vase sacré, d'un caractère indélébile qui entraînerait l'indisponibilité absolue, lors même qu'il aurait cessé d'être consacré aux usages du culte ou s'il ne pouvait pas devenir aliénable dans certains cas déterminés".

drale sowie der Duc de Frias, ein Nachkomme des Stifters, klagten in Paris gegen den Käufer Baron Pichon auf Rückgabe der Vase. Das Gericht lehnte die Klage im Wesentlichen mit der Begründung ab,[106] auf den Eigentumserwerb sei im Interesse der sozialen Ordnung allein das französische Recht (Artt. 1141, 2279 Ccf) anwendbar.[107] Das französische Sachenrechtsstatut sei eine „loi de police", welche gemäss Art. 3 Ccf auf alle Personen mit Wohnsitz in Frankreich anwendbar sei.[108] Zudem sei der gute Glaube des Beklagten erwiesen.

B. Affäre Sciarra

Der Streit um die Bilder aus der italienischen Sammlung Sciarra, die Bestandteil eines Fideikommisses waren, ist hauptsächlich vor inländischen Gerichten ausgetragen worden;[109] Nebenschauplatz des berühmten Falls war Frankreich. Die *Cour d'appel de Paris* hatte zu entscheiden, ob die in Italien am 29. Januar 1892 angeordnete Beschlagnahme[110] der in Paris liegenden Bilder vollstreckt werden könne. Das Gericht lehnte das Vollstreckungsbegehren mit Urteil vom 27. April 1892[111] gestützt auf das Gesetz vom 28. Juni 1871[112], den Staatsvertrag zwischen Frankreich und Sardinien vom 24. März 1760[113] sowie Art. 2123 Ccf aus formellen Mängeln ab.[114] Die *Cour de cassation* bestätigte schliesslich am

---

[106] Trib. civ. de la Seine 17. 4. 1885, Clunet 13 (1886) 595f.

[107] Trib. civ. de la Seine 17. 4. 1885, Clunet 13 (1886) 595: „s'il s'agit, comme dans l'espèce, d'une question de possession, l'intérêt d'ordre social qui a dicté la règle posée par l'art. 2279 du Code civil, exige que la loi française soit seule appliquée".

[108] Trib. civ. de la Seine 17. 4. 1885, Clunet 13 (1886) 595: „qu'en pareil cas le statut réel s'impose et constitue, à vrai dire, une loi de police obligeant, suivant l'art. 3 du Code civil, tous ceux qui habitent sur le territoire français." Art. 3 Abs. 1 Ccf lautet: „Les lois de police et de surêté obligent tous ceux qui habitent le territoire."

[109] Vgl. hierzu vorne § 31 A I 2a.

[110] Trib. di Roma 29. 1. 1892, unveröffentlicht; vgl. Clunet 19 (1892) 974.

[111] Cour d'appel de Paris 27. 4. 1892, unveröffentlicht; vgl. Clunet 19 (1892) 973.

[112] L. 28. 6. 1871, n. 286.

[113] *Trattato politico del 24. 3. 1760*; vgl. Clunet 21 (1894) 315.

[114] Cour d'appel de Paris 27. 4. 1892, unveröffentlicht; vgl. Clunet 19 (1892) 973. Das Übereinkommen zwischen Frankreich und Sardinien von 1760 und die für dessen Auslegung herangezogene Turiner Erklärung vom 11. 9. 1860 waren nur auf Entscheidungen der sog. streitigen Gerichtsbarkeit anwendbar *(décrets et jugements)*. Das Begehren um vorsorgliche Beschlagnahme von den in Paris gelegenen Gemälden basiere aber auf keinem kontradiktorischen, sondern auf einem nichtstreitigen Verfahren. Es handle sich daher um eine „saisie judiciaire". Fürst Sciarra sei zudem bezüglich der Beschlagnahme nicht angehört worden. Ferner sei es keine Prozesspartei gewesen, die die Beschlagnahme verlangt habe, sondern es war der Gerichtspräsident des *Tribunale di Roma*, der sie zur Sicherung des Streitgegenstands angeordnet habe. Die erfolgreiche Vollstreckung der Beschlagnahmeverfügung scheiterte also an der indirekten Zuständigkeit; vgl. Clunet 19 (1892) 976f. m. w. H. Die *Cour de cassation*

20. November 1893 die Entscheidung der Vorinstanz.[115] Der Versuch der italienischen Regierung, die Bilder vom Ausland zurück nach Rom zu holen, scheiterte also aus verfahrensrechtlichen Gründen.

Nach diesem Misserfolg scheint kein Staat mehr versucht zu haben, eigene Herausgabeentscheidungen im Ausland vollstrecken zu lassen.[116] Man zog es vor, im Ausland auf Rückgabe zu klagen.

C. Van der Heydt et Burth c. Kleinberger[117]

Anfang des 20. Jh. befasste sich der *Tribunal de la Seine* mit einer Klage auf Herausgabe von Kunstgegenständen, die aus einem englischen Trust stammten und ohne Genehmigung der Treuhänder vom Begünstigten in Paris verkauft wurden.

I. Sachverhalt[118]

Begünstigter *(beneficiary)* war der Schriftsteller Sir Robert Peel[119]. Der Trust umfasste neben einem Landgut mit Schloss (Drayton Manor) auch Möbel und eine Gemäldesammlung, die *Peel collection*[120]. Im Jahre 1898 verkaufte Robert

---

bestätigte am 20. 11. 1893 die Entscheidung der Vorinstanz; vgl. Clunet 21 (1894) 311, 321 (Dispositiv).

115 Cour de cassation, req., 20. 11. 1893 (Ministre de l'Instruction publique d'Italie c. Prince Colonna di Sciarra [collection Barberini]), Clunet 21 (1894) 311, 321 (Dispositiv). Das Kassationsgericht bestätigte zwar das Ergebnis der Vorinstanz, begründete es aber mit anderen Erwägungen; vgl. dazu Clunet 21 (1894) 319–321.

116 *Siehr* Völkerrecht, 63.

117 Trib. civ. de la Seine 28. 6. 1901 (Van der Heydt et Burth c. Kleinberger), Clunet 28 (1901) 812; Gaz. Pal. 1901, II, 71; D.P. 1902, II, 361, note Decugis; vgl. hierzu *De Visscher,* 52; *Hollander,* 138–140; *Lalive* La circulation, 77; *Prott/O'Keefe* Law, III, 657f., Nr. 1263.

118 Trib. civ. de la Seine 28. 6. 1901 (vorige Fn.), D.P. 1902, II, 362.

119 Sir Robert Peel, 4. Baron, 1867–1925 (vgl. BBI, Bd. 6, 2298) war Begünstigter eines durch Sir Robert Peel, 1. Baron, 1750–1830, Unternehmer (Baumwollindustrie) und ab 1790 M. P., errichteten Trusts; zur Biografie des 1. Barons vgl. DNB 44 (1895) 209f.

120 Die einzigartige Privatsammlung wurde ab 1820 von Sir Robert Peel, 2. Baron, 1788–1850, M.P. (1809–1850) zusammengetragen; zur Biografie vgl. DNB 44 (1895) 210–223. Die *Peel collection* wurde noch zu Lebzeiten auf seine Londoner Residenz (Whitehall Gardens) und seinen Landsitz Drayton Manor aufgeteilt; vgl. *Herrmann,* 92. Die Sammlung umfasste im Zeitpunkt seines Todes 130 Gemälde (vgl. *Herrmann,* 89), und zwar Gemälde der Niederländischen Schule aus der Mitte des 17. Jh. und wenige der Flämischen Schule, über 50 Gemälde englischer Meister und 18 Zeichnungen von Peter Paul Rubens (1577–1640) und Anthony Van Dyck (1599–1641); vgl. *Peel,* 221. Nach *Armstrong,* 1, umfasste die Sammlung 55 Werke aus der Niederländischen Schule, zwölf der Flämischen Schule, zehn englischer Meister, ein Bild eines italienischen Künstlers und 18 Zeichnungen der genannten Künstler. Zu den Gemälden der *Peel collection* vgl. *Visits to private galleries ...,* 120f. Bereits im Frühjahr 1871 wurden 78 Bilder aus

Peel fünf Gemälde aus der Sammlung an den Kunsthändler Kleinberger in Paris zu einem Preis von FF 96000 und übergab sie ihm dort. Als die Treuhänder *(trustees)* Van der Heydt und Burth vom Verkauf erfuhren, verklagten sie in Paris den Verkäufer Peel und den Käufer Kleinberger. Sie machten die Nichtigkeit des Kaufvertrags geltend und verlangten die Rückgabe der wertvollen Kunstwerke. Zudem lautete ihr Eventualbegehren auf Schadenersatz in Höhe von FF 300000. Des Weiteren machten sie eine Prozessentschädigung in Höhe von FF 10000 geltend. Kleinbergers Widerklage umfasste Schadenersatz in Höhe von FF 10000 wegen schikanöser Klage.

II. Rechtliche Erwägungen

Die in Paris an den Franzosen Kleinberger verkauften Gemälde waren Teil des Trusts,[121] sie waren somit nach englischem Recht mit Ausnahme für die Kläger *(trustees)* unveräusserlich. Das Gericht hatte also zu prüfen, ob die englische Unveräusserlichkeit in Frankreich anerkannt werden müsse oder ob die Bilder auf französischem Territorium veräusserliche Sachen geworden sind und der Eigentumserwerb in Frankreich somit gültig war. Im ersten Fall wäre der Käufer Kleinberger nicht Eigentümer geworden, im zweiten Fall hätte Peel sein Eigentum an den Gemälden verloren.

Der *Tribunal de la Seine* entschied mit Urteil vom 28. Juni 1901, dass obwohl die Treuhänder Van der Heydt und Burth bezüglich der Güter des Trusts grundsätzlich eine Klagerecht haben,[122] diese nicht zur Klage auf Herausgabe der Bilder legitimiert seien, weil sie kein Eigentum am Treugut hätten, sondern nur „Beauftragte" seien.[123]

---

der *Peel collection* an die *National Gallery* in London zum Preis von £ 70000 verkauft; vgl. *The collection,* 120–122; *Minor topics,* 170; *Armstrong,* 1. Eine andere Anzahl Gemälde sowie einen anderen Kaufpreis nennt *Herrmann,* 90, 92, nämlich 77 Bilder zum Preis von £ 75000 (jeweils ohne Angabe der Fundstelle); ungenau wohl auch *Boase,* 224, der den Verkauf von 77 Gemälden und 18 Zeichnungen zum Gesamtpreis von £ 75000 erwähnt, mit Verweis auf *Parliamentary Papers,* 1872, No. 35). Zur Biografie des dritten Barons vgl. *Boase,* 223f.

[121] Clunet 28 (1901) 812 = Gaz. Pal. 1901, II, 71: „le château de Drayton, ses dépendances et une certaine quantité d'objets mobiliers le garnissant ont été de nouveau formés en majorat pour le usage et jouissance appartenir personnellement à Robert Peel, quatrième baronet".

[122] Vgl. Clunet 28 (1901) 813 = Gaz. Pal. 1901, II, 72: „Attendu qu'il en résulte que les tableaux litigeux n'ont pas cessé d'appartenir à Robert Peel, descendant direct du premier baronet, quelque restreint qu'apparaisse son droit de propriété, et que si, comme ses représentants, Van der Heydt et Burth peuvent avoir qualité pour exercer une action en justice concernant les biens du ‚trust'".

[123] Clunet 28 (1901) 813 = Gaz. Pal. 1901, II, 72: „leur intention n'a jamais été de concéder aux ‚trustees' la propriété des biens; que celle que Van der Heydt et Burth invoquent est fictive, et qu'ils ne sont, en réalité, que des mandataires chargés de gérer et administrer les biens du ‚trust', et d'en assurer la conservation et la transmission conformément aux volontées des constituants. […] ils sont mal fondés à arguer de nullité la vente qu'il a faite lui-même des

Das französische internationale Privatrecht berief damals das Personenstatut *(statut personnel)* des Verkäufers, um das auf den Kaufvertrag anwendbare Recht zu bestimmen. Da der Verkäufer englischer Staatsbürger war, kam englisches Recht zur Anwendung. Nach Auffassung des *Tribunal de la Seine* werde ausländisches Recht in Frankreich allerdings nur dann anerkannt,[124] wenn das anwendbare ausländische Recht nicht gegen den französischen *ordre public* verstosse, was aber im konkreten Fall zutraf. Das Gericht hielt fest, dass die Unveräusserlichkeit nach englischem Recht gegen den französischen Grundsatz des freien Warenverkehrs verstosse und somit ordre public-widrig sei; es wies daher die Klage ab.[125]

III. Kritik

Der *Tribunal civil de la Seine* anerkannte im Grundsatz das Rechtsinstitut des englischen Trusts,[126] lehnte aber die Herausgabeklage der *trustees* mangels Klagelegitimation ab. Diese Entscheidung ist im Ergebnis wohl richtig, die Begründung ist aber falsch; denn Eigentümer ist nicht der *beneficiary* Robert

---

tableaux en France, conformément à la loi française"; so auch schon Trib. civ. de la Seine 10. 12. 1880 (Enregistrement c. le comte de Palikao), Clunet 8 (1881) 435, wonach die Treuhänder *(trustees)* nur „des mandataires" seien und „ne sont pas revêtus de la propriété de ces biens." A. A. *Travers,* 524; a. A. wohl auch *Lehr,* Nr. 440: „En principe, le trustee a toutes les prérogatives et toutes les charges de legal estate; il peut aliéner le bien entre vifs ou par testament come tout autre propriétaire."

Das Gericht scheint sich auf die Meinung von *Lehr,* Nr. 401, abzustützen: „Le trust constitué par le testateur est un bien confié aux soins et à la bonne foi d'une personne au profit et pour l'usage d'une autre; que les trustees ne sont à aucun titre les bénéficiaires du legs dont il s'agit mais simplement des dépositaires fiduciaires; que si, par une fiction légale et dans la mesure nécessaire à l'accomplissement de leur mission de confiance, la loi anglaise les considère comme propriétaires des choses léguées, ils ne sont nullement, au fond des choses, légataires pour propre compte mais seulement des exécuteurs testamentaires d'un genre particulier, qu'on ne saurait en tout cas assimiler aux bénéficiaires grevés d'une substitution prohibée."

124 Clunet 28 (1901) 813 = Gaz. Pal. 1901, II, 72: „elle [das ausländische Personenstatut] aurait suivi la personne et la chose en France et les aurait maintenues l'une et l'autre [die Unveräusserlichkeit und Unverfügbarkeit] sous l'empire du statut anglais".

125 Clunet 28 (1901) 813 = Gaz. Pal. 1901, II, 72: „il est de principe que la loi personnelle de l'étranger n'est applicable en France que dans les limites où elle ne peut porter aucune atteinte à l'ordre public français et que notre loi considère la charge de l'inalienabilité comme contraire à la règle d'ordre public de la libre circulation des biens". Wären die Bilder im Vereinigten Königreich verkauft worden, so hätte die Klage gutgeheissen werden müssen; vgl. *Decugis,* 361.

126 So auch schon Trib. civ. de la Seine 10. 12. 1880 (Enregistrement c. le comte de Palikao), Clunet 8 (1881) 435; Trib. civ. de la Seine 8. 8. 1888 (Royle c. Linton), Clunet 16 (1889) 635; Trib. civ. de la Seine 26. 12. 1894 (Les fils de J. Mathieu c. époux Terry), Clunet 22 (1895) 587: Trust nach New Yorker Recht; Trib. civ. de la Seine 16. 5. 1906 (Sohège c. John Palmer et Sohége c. 1° Dame veuve de Polignac, 2° Mortimer Singer; Sohège c. Mortimer Singer), Rev.dr.int.privé 3 (1907) 239, observations Nast; vgl. auch Cour d'appel de Toulouse 18. 7. 1905 (Kerr c. Société Pyrénées-Minérales), Rev.dr.int.privé 3 (1907) 262, observations Nast.

Peel, sondern die *trustees* Van der Heydt und Burth.[127] Das Gericht verkannte deren Eigentum *(legal ownership)* und somit die Abgrenzung zum *beneficial ownership* von Peel.[128]

Wenn sich der Sachverhalt wirklich so zugetragen hat, kann nur die Heranziehung der Treuhandurkunde Klarheit schaffen. Das Gericht hat dies aber nur bedingt getan, indem es festhielt, die Treuhandurkunde nenne Peel als *beneficiary* und die beiden Kläger als *trustees*.

Abgesehen von der falsch beurteilten Frage des Eigentums am Trustvermögen, erstaunt ein weiterer Punkt. Nach Auffassung des Gerichts verstösst die Unveräusserlichkeit nach englischem Recht gegen den französischen *ordre public*. Jedoch kennt das französische Recht aber auch die Unveräusserlichkeit beweglicher Sachen.[129]

Hätte das Gericht nach der französischen *lex rei sitae* entschieden, wäre zwar nicht die Begründung, jedoch das Ergebnis dasselbe. Nach der *lex rei sitae* wäre auf den Eigentumserwerb französisches Recht anwendbar gewesen, weil die Kunstwerke in Frankreich verkauft worden waren. Der Käufer Kleinberger wäre nach Art. 2279 Abs. 1 Ccf[130] Eigentümer geworden. Die Herausgabeklage wäre also auch in diesem Fall abzuweisen gewesen.[131]

---

[127] So auch schon *Travers*, 524, wonach die Feststellung des Gerichts, die *trustees* seien „de simples représentants du véritable propriétaire" nicht zutreffe.

[128] Die Eigentumsrechte des *trustee* war dem französischen Recht unbekannt; vgl. *Travers*, 527. Dieses Unverständnis der französischen Gerichte ist den englischen Juristen durchaus bewusst: „The foreign judges appear to be quite incapable of grasping our idea of dual ownership, the legal ownership of the trustee and the equitable ownership of the beneficiaries [...] regarding the truste[e]s merely as mandatories or agents for them [die Begünstigten] and not as legal owners." Vgl. *Arthur Underhill*, A practical and concise manual of the law relating to private trusts and trustees, London 1904, 59; zit. gemäss *Travers*, 525, Fn. 1.

[129] So sind bewegliche Kunstgegenstände im Eigentum des Staats oder anderer Gemeinwesen (Departement, Gemeinde), die sich in ihren öffentlich zugänglichen Museen befinden, als Teil des *domaine public* unveräusserlich. Private können an solchen Gegenständen kein Eigentum erwerben. Ein Herausgabeanspruch der öffentlichen Hand ist unverjährbar. Der Besitzer muss sie entschädigungslos zurückgeben. Zum Ganzen vgl. vorne § 7 C I–V.

[130] Art. 2279 Abs. 1 Ccf lautet: „En fait de meubles, la possession vaut titre."

[131] I. E. gleich *Decugis*, 361, wonach die englische Unveräusserlichkeit in Frankreich unbeachtlich sei und es keine Rolle spiele, ob der Käufer von dieser Unveräusserlichkeit Kenntnis gehabt habe.

D. Kingdom of Spain v. Christie, Manson & Woods Ltd.[132]

I. Sachverhalt

Bei diesem von englischen Gerichten entschiedenen Fall ging es um die Klage der spanischen Krone auf Feststellung der illegalen Ausfuhr des Gemäldes *Marquesa de Santa Cruz* von Francisco de Goya (1746–1828) aus Spanien. Das Gemälde gehörte einer Spanierin, welche es im Jahre 1983 für US$ 180000 in Spanien an einen Privaten verkaufte. Dieser brachte das Bild mit einer gefälschten Ausfuhrgenehmigung aus Spanien nach Zürich und verkaufte es dort im April desselben Jahren über einen Londoner Kunsthändler für US$ 1000000 an die *Khamsin Ltd.*, welche es wenig später aus Steuergründen an die *Overseas Art Investment Ltd.* (OAI) zum gleichen Preis weiterverkaufte.[133] Diese Gesellschaft bot das Bild an das *J. Paul Getty Museum* in Kalifornien für US$ 12000000 zum Kauf an. Als die spanischen Behörden vom Export erfuhren, informierten sie das *J. Paul Getty Museum*, welches daraufhin den Erwerb des illegal ausgeführten Bildes ablehnte. Als das Bild am 11. April 1986 bei Christie's in London für angeblich mindestens US$ 20000000[134] versteigert werden sollte, klagte die spanische Regierung gegen Christie's sowie die Eigentümerin (OAI). Die Klägerin machte keine Eigentumsrechte am Gemälde geltend, sondern klagte lediglich auf Feststellung durch das Gericht, dass die vorgelegten Exportdokumente gefälscht seien, und der Export selber gegen spanisches Recht verstossen habe.[135]

II. Rechtliche Erwägungen

Die Ausfuhr des Bildes war illegal, da nach dem damals geltenden Kulturgüterschutzgesetz Spaniens vom 13. Mai 1933[136] die Ausfuhr einer Genehmigung bedurfte. Nach damaligem Recht konnte der spanische Staat bei illegal ausgeführten Kunstwerken jedoch keine Eigentumsrechte geltend machen.[137] Der

---

[132] Kingdom of Spain v. Christie, Manson & Woods Ltd., [1986] 1 W.L.R. 1120 (Ch.D.) = [1986] 3 All E.R. 28 (Ch.D.); vgl. hierzu *Agnew/Farrer*, 137–141; *Dormann Bessenich*, 81f.; *Gonzalez Campos/Virgos Soriano* Law, 122; *Jaeger*, 94f.; *Jayme* Kunstwerk und Nation, 60f.; *Merryman/Elsen*, 103–110; *Müller-Katzenburg* Internationale, 88f.; *Prott/O'Keefe* Law, III, 603f., Nr. 1143; *Siehr* Die Schweiz, 145; *Ders.* International Art, 39, Nr. 20; *Ders.* Nationaler, 537; *Ders.* Völkerrecht, 65f.; *Spinellis*, 463f.

[133] Kingdom of Spain v. Christie, Manson & Woods Ltd., [1986] 3 All E.R. 30.

[134] *Siehr* Nationaler, 537.

[135] Vgl. Richter Browne-Wilkinson in Kingdom of Spain v. Christie, Manson & Woods Ltd., [1986] 3 All E.R. 38: „The title to the picture of any buyer will not be affected by anything which eventually happens in this action. The action only relates to the question whether the picture was or was not lawfully exportetd from Spain."

[136] *Ley de 13 de mayo de 1933, sobre defensa, conservación y acrecentamiento del Patrimonio Histórico Artístico.*

[137] *Müller-Katzenburg* Internationale, 89.

Richter gab dem Feststellungsbegehren Spaniens gestützt auf ein Präjudiz aus dem 19. Jh. statt, wonach ein ausländischer Staat vor englischen Gerichten klagen kann, wenn er auf diese Weise einen eigenen geldwerten Schaden oder einen solchen seiner Einwohner abwehren kann.[138] Dies treffe hinsichtlich des Goya-Gemäldes zu; denn der ununterbrochene Gebrauch von gefälschten Exportdokumenten entwerte die rechtmässig für spanische Kunstwerke ausgestellten Ausfuhrlizenzen und damit die darin auch inskünftig erfassten Kunstwerke.[139] Im Übrigen würden dadurch die Kosten des spanischen Staats für den Rückkauf seiner Kulturgüter erhöht.[140] Nachdem das Gericht dem Antrag Spaniens stattgegeben hatte, schickte die Eigentümerin das Bild gegen eine „Entschädigung" von US$ 6000000 nach Spanien zurück, wo es heute im Prado bewundert werden kann.[141] Der von der spanischen Regierung und der Eigentümerin ausgehandelte Kaufpreis erscheint heute m. E. eher bescheiden, übte doch die spanische Regierung vergangenen Jahres sein Vorkaufsrecht in Bezug auf ein anderes Goya-Gemälde für rund CHF 40000000 (US$ 25000000) aus.[142]

§ 35 Zwischenergebnis

Nach den vorne §§ 33f. herbeigezogenen Gerichtsentscheidungen kann festgestellt werden, dass die nationalen Gesetze, die gewisse Kulturgüter zu unveräusserlichen Sachen erklären und somit dem Handel entziehen, den Schutz solcher Kulturgüter nur für den eigenen Hoheitsbereich gewährleisten. Gelangt nämlich eine *res extra commercium* ins Ausland, so bestimmt die neue *lex rei sitae*, ob sie weiterhin unveräusserlich ist oder nicht.

---

[138] Emperor of Austria v. Day and Kossuth, (1861) 3 De GF & J 217, 45 ER 861; zit. in Kingdom of Spain v. Christie, Manson & Woods Ltd., [1986] 3 All E.R. 36: Ein ungarischer Flüchtling liess in England ungarische Geldnoten drucken, was Österreich zu untersagen beantragte, weil das Land durch die Herstellung von Falschgeld geschädigt werde.

[139] Kingdom of Spain v. Christie, Manson & Woods Ltd., [1986] 3 All E.R. 38: „the Spanish government have [...] a legitmate interest which they are seeking to defend in this action, namely in preventing the continued use of forged documents of the Spanish state."

[140] Kingdom of Spain v. Christie, Manson & Woods Ltd., [1986] 3 All E.R. 38. „it may well be that the Spanish government will receive a collateral advantage by pursuing this action in the form of diminution in the price of the picture."

[141] *Agnew/Farrer,* 141; *Greenfield,* 213.

[142] Es handelte sich dabei um das im Jahre 1983 zum spanischen Kulturgut erklärte Gemälde *La Condesa de Chinchón*. Seither ist dessen dauernde Ausfuhr verboten. Die Eigentümer hatten die Absicht, das im Jahre 1800 entstandene Kunstwerk an einen bekannten spanischen Sammler zu verkaufen. Der Staat übte schliesslich sein gesetzliches Vorkaufsrecht aus. Der Kaufpreis scheint eher tief; denn der internationale Marktwert des Bildes betrug etwa das Doppelte. Zum Gemälde vgl. *Mena Marqués,* 10f.

Ob unveräusserliche Kulturgüter Staatseigentum sind oder ob sie Privaten gehören, ist für eine Klage im Ausland nicht entscheidend; denn für beide Eigentümergruppen gilt, dass Kulturgüter mit dem Grenzübertritt ihre Extrakommerzialität verlieren und zu veräusserlichen Sachen werden und somit gutgläubig erworben werden können. Es ist also die *lex rei sitae*, die eine erfolgreiche Klage im Ausland verhindert. Wurde das Kulturgut noch im Herkunftsstaat zu Eigentum erworben, so ordnen die Gerichte – wie im Fall *Danusso* (vorne § 33 C) – dessen Rückgabe an. Das einzige Gericht, welches die Unveräusserlichkeit nach ausländischem Recht im Inland anerkannte und somit auf die Anwendung der *lex rei sitae* verzichtete, ist die erstinstanzliche *Rechtbank* im Fall *De Raad v. OvJ* (vorne § 33 D). Dass die Beachtung von Staatseigentum kraft öffentlichen Rechts aber letztlich von einem fortschrittlichen Richter abhängig ist, vermag im Interesse des internationalen Rechtsverkehrs von Kulturgut allerdings nicht zu befriedigen.

2. Kapitel: Rechtslage nach der Richtlinie 93/7/EWG, Internationalem Privatrecht und Staatsverträgen

§ 36 Tabellarische Übersicht

Staat	UNESCO 1970	RL 93/7/EWG	UNIDROIT 1995
Schweiz	Ratifizierung und Umsetzung in Vorbereitung[1]		Ratifizierung nicht vorgesehen
Deutschland	Ratifizierung nicht vorgesehen[2]	KultGüRückG vom 15. 10. 1998	Ratifizierung nicht vorgesehen[3]
Frankreich	D. n° 97-435 du 25. 4. 1997	L. n° 95-877 du 3. 8. 1995	Ratifizierung vorgesehen[4]
Italien	L. 30. 10. 1975, n. 873	L. 30. 3. 1998, n. 88	L. 7. 6. 1999, n. 213
Vereinigtes Königreich	Unterzeichnung vorgesehen[5]	The Return of Cultural Objects Regulations 1994	Ratifizierung nicht vorgesehen[6]

[1] Vgl. VE KGTG vom Oktober 2000.

[2] Laut schriftlicher Auskunft vom 27. 11. 2000 von Gerd Trautmann, c/o BMK, ist die Unterzeichnung derzeit nicht vorgesehen.

[3] Vgl. vorige Fn.

[4] Vgl. *Projet de loi n° 2879*. Vgl. dazu die Kritik des französischen Kunsthandels bei *Adam* Una lotta, 10; *Ders.* French, 1.

[5] Das Vereinigte Königreich entschied am 15. 3. 2001, die Konvention zu unterzeichnen (vgl. *Bailey* Britain, 1) und folgte somit der Empfehlung einer unabhängigen Expertenkommission unter Vorsitz von Professor Norman Palmer, Rowe & Maw Professor of Commercial Law, Faculty of Laws, University College London, [vgl. <http://www.culture.gov.uk> (Stand: 1. 12. 2001)], obwohl eine Kommission des Unterhauses zum entgegengesetzten Ergebnis kam und einen Beitritt ablehnte. Vgl. *House of Commons: Seventh Report of Session 1999–2000 on Cultural Property: Retun and Illicit Trade, vol. I (HC 371-I)*, para. 109; vgl. auch die Antwort der Regierung. In: *Fourth Special Report. Cultural Property: Return and Illicit Trade: Initial government response to the seventh report from the Culture, Media and Sport Commit-*

§ 37 Rückgabe gestützt auf die Richtlinie 93/7/EWG

A. Richtlinie 93/7/EWG

I. Ziel der Richtlinie

Die Richtlinie 93/7/EWG[7] regelt die Rückgabe von illegal aus einem Hoheitsgebiet eines EWG-Mitgliedstaats verbrachten Kulturgütern, wobei nicht nur der ersuchende Staat, sondern auch der ersuchte Staat, in dessen Hoheitsgebiet sich das Kulturgut befindet, Mitgliedstaaten sein müssen. Ob der nationale Schatz zudem gestohlen wurde, spielt für die Rückgabepflicht keine Rolle. Rückgabeberechtigt sind nur die Mitgliedstaaten, nicht aber Privatpersonen.[8]

Auf kollisionsrechtlicher Stufe wird das ausländische öffentliche Recht i. d. R. nicht durchgesetzt (s. vorne Kap. 1). Die RL 93/7 statuiert jedoch eine Ausnahme. Die Pflicht der Mitgliedstaaten untereinander, das jeweils andere öffentliche Recht durchzusetzen, ist nicht nur eine Ausnahme von der allgemeinen Warenverkehrsfreiheit i. S. des Art. 30 EG, sondern verhindert überhaupt die Nichtanerkennung oder Nichtdurchsetzung gegenseitiger Ausfuhrbestimmungen.

II. Anwendungsbereich

1. Begriff „Kulturgut"

Die nationalen Umsetzungsgesetze der RL sind nur anwendbar, wenn das Kulturgut folgende drei Voraussetzugen erfüllt:[9] Ein Objekt muss erstens ein Kulturgut i. S. des Art. 30 EG sein, zweitens muss es zu den Objekten gehören, die nach dem Recht des Mitgliedstaats, in dem es vor dem Verbringen belegen war, die Qualität nationaler Kulturgüter besitzen (Art. 1 Nr. 1, 2. GS), und drittens unter eine der im Anhang zur RL aufgezählten Kategorien von Kunstwerken fallen

---

tee, session 1999–2000, Appendix, para. 1(v). Beide Berichte sind veröffentlicht unter <http://www.publications.parliament.uk/pa/cm/cmcumeds.htm> (Stand: 1. 12. 2001).

6 Die Regierung hat am 15. 3. 2001 erklärt, die UNIDROIT-Konvention nicht zu ratifizieren und folgte somit der Empfehlung der unabhängigen Expertenkommission (vorige Fn.), obwohl eine Kommission des Unterhauses die Ratifizierung empfohlen hatte. Vgl. *House of Commons 1999–2000* (vorige Fn.), para. 110; *Fourth Special Report 1999–2000* (vorige Fn.), Appendix, para. 1(vi).

7 RL 93/7/EWG des Rates vom 15. 3. 1993 über die Rückgabe von unrechtmässig aus dem Hoheitsgebiet eines Mitgliedstaates verbrachten Kulturgütern. Im Folgenden abgekürzt mit RL 93/7.

8 Die Ausdehnung der Aktivlegitimation auf Private wurde von der Niederlande vorgeschlagen; vgl. Bericht 2000, 16.

9 S. vorne § 4 B II.

oder zu öffentlichen Sammlungen gehören, die im Bestandsverzeichnis von Museen, von Archiven oder von erhaltenswürdigen Beständen von Bibliotheken aufgeführt sind (Art. 1 Nr. 1, 3. GS), oder im Bestandsverzeichnis kirchlicher Einrichtungen verzeichnet sein (Art. 1 Nr. 1, 4. GS).

2. Unrechtmässiges Verbringen nach dem 1. 1. 1993

Die Richtlinie bezieht sich ausdrücklich nur auf Kulturgüter, die nach dem 1. Januar 1993 illegal aus dem Hoheitsgebiet eines Mitgliedstaats ausgeführt wurden (Art. 13). Unrechtmässig nach Art. 1 Nr. 2 ist jede Verbringung aus dem Hoheitsgebiet eines Mitgliedstaats entgegen dessen Rechtsvorschriften für den Schutz nationaler Kulturgüter oder entgegen der VO 3911/92[10] sowie jede nicht erfolgte Rückkehr nach Ablauf der Frist für eine vorübergehende rechtmässige Verbringung bzw. jeder Verstoss gegen eine andere Bedingung für diese vorübergehende Verbringung.

Vor dem 1. Januar 1993 illegal ausgeführte Kulturgüter können mit der RL 93/7 und den nationalen Umsetzungsgesetzen nicht zurückgefordert werden. Ist unklar, wann ein Kulturgut illegal verbracht worden ist, obliegt dem zurückfordernden Mitgliedstaat die Beweislast, dass die Verbringung nach dem 31. Dezember 1992 erfolgte.

3. Belegenheit in einem Mitgliedstaat

Die Mitgliedstaaten der EWG profitieren nur von einer Rückgabe von illegal verbrachten Nationalschätzen gestützt auf die RL 93/7, wenn das Kulturgut gegenwärtig in einem Mitgliedstaat der EWG gelegen ist.

4. Entschädigung bei Rückgabe von Kulturgut

Der Eigentümer, der das Kulturgut dem ersuchenden Mitgliedstaat zurückgeben muss, ist angemessen zu entschädigen (vgl. Art. 9). Das Gericht des ersuchten Mitgliedstaats gewährt aber nur eine Entschädigung, wenn es davon überzeugt ist, dass der Eigentümer beim Erwerb mit der erforderlichen Sorgfalt vorgegangen ist (Art. 9 Nr. 1). Die Richtlinie regelt hingegen nicht, wer den guten Glauben oder die Bösgläubigkeit zu beweisen hat. Dies ist Sache des Gesetzgebers des ersuchten Mitgliedstaats *(lex fori)* (Art. 9 Nr. 2). Zudem ist unklar, was unter „angemessen" i. S. des Art. 9 Nr. 1 zu verstehen ist. Es wird wohl auch darauf abgestellt werden dürfen, ob der Herkunftsstaat alles getan hat, um illegales

---

[10] Verordnung (EWG) Nr. 3911/92 des Rates vom 9. 12. 1992 über die Ausfuhr von Kulturgütern.

Verbringen seiner Kunstwerke zu verhindern, da vermieden werden sollte, dass die Mitgliedstaaten auf ihre Kosten fremdes nationales Kulturgut schützen müssen.[11]

Interessant ist, dass nur dem verklagten Eigentümer, nicht aber dem verklagten Besitzer eine Entschädigung geschuldet wird. Dies erscheint unbillig, wenn der gutgläubige Besitzer eines unrechtmässig verbrachten Kulturguts dieses aufwendig hatte restaurieren lassen und nun als gutgläubiger Besitzer seine Aufwendungen nicht vom Kläger ersetzt verlangen kann. Ein Anspruch gegen den nichtklagenden Eigentümer nützt ihm wenig, da er gegen diesen eine neue Klage, gegebenenfalls im Ausland erheben müsste.[12] Ein Anspruch aus ungerechtfertigter Bereicherung oder Geschäftsführung ohne Auftrag scheint hierbei möglich.

III. Nationale Umsetzungen der Richtlinie 93/7/EWG

Die RL 93/7 gilt gemäss Anhang II, Kap. 28, Punkt 1 des EWR-Abkommens[13] auch für die Mitgliedstaaten der Europäischen Freihandelsassoziation (EFTA), die dem EWR angehören.[14] Alle EU-Mitgliedstaaten – mit Ausnahme von Portugal[15] – sowie das Fürstentum Liechtenstein[16], die Republik Island[17] und das Königreich Norwegen[18] haben die Richtlinie in nationales Recht umgesetzt: Belgien[19], Dänemark[20], Deutschland[21], Finnland[22], Frankreich[23], Griechen-

[11] So *Siehr* Die Richtlinie, 231.

[12] Vgl. *Siehr* Handel (1993), 2207.

[13] Abkommen über den Europäischen Wirtschaftsraum vom 2. 5. 1992.

[14] Die Republik Island und das Königreich Norwegen gehören seit dem 5. 1. 1995 dem EWR an, das Fürstentum Liechtenstein seit dem 5. 5. 1995; vgl. Bericht 2000, 13; die ersten beiden Staaten sind nicht erwähnt bei *Raschèr,* 41.

[15] Portugal ist der Meinung, sein Gesetz vom 6. 7. 1985 *(Lei 6. 7. 1985, n. 13, Património cultural português)* erfülle bereits die Voraussetzungen der Richtlinie. Diese Meinung dürfte unzutreffend sein; denn das Gesetz behandelt nicht die Rückführung der im Ausland geschützten und dort illegal verbrachten Kulturgüter; vgl. *Siehr* Die EG-Richtlinie, 41, Fn. 47. Das Gesetz von 1985 und andere Erlasse wurden im Jahre 1995 revidiert; vgl. Ermächtigung der Revision der Gesetze in *Lei no. 90-C/95* vom 1. 9. 1995, *Autoriza o Governo a apruvar a nova lei do património cultural português.*

[16] Gesetz vom 19. 5. 1999 über die Rückgabe unrechtmässig verbrachter Kulturgüter.

[17] Þjóðminjalög Nr 88 frá 29. mai 1989, síðast breytt með lögum nr. 60/1996 vegna tilskipunar ESB 93/7.

[18] Forskrift av 28. 2. 1997 nr. 236 om tilbakelevering av kulturgjenstander som er fjernet ulovlig territoriet til en stat som inngår I Det europeiske økonomiske samarbeidsområde (EÖS) og som befinner sig i Norge.

[19] Loi du 28. 10. 1996 relative à la restitution de biens culturels ayant quitté illicitement le territoire du certains États étrangers.

[20] Lov nr. 1104 af 22. December 1993 om tilbagelevering af kulturgoder, som ulovligt er fjernet fra et EU-medlemsland område m.v. (Verweisung auf die Richtlinie als unmittelbar anwendbar). Die Richtlinie wurde in Dänemark wörtlich umgesetzt: § 1 Abs. 1 Gesetz vom 22. 12. 1993.

land[24], Irland[25], Italien[26], Luxemburg[27], die Niederlande[28], Österreich[29], Schweden[30], Spanien[31] und das Vereinigte Königreich[32].

IV. Eigentumsverhältnisse nach erfolgter Rückgabe

1. Art. 12 Richtlinie 93/7 und dessen Umsetzung

Art. 12 RL 93/7 lautet: „Die Frage des Eigentums an dem Kulturgut nach erfolgter Rückgabe bestimmt sich nach dem Recht des ersuchenden Mitgliedstaates." Gemäss dieser Kollisionsnorm[33] kann jeder Mitgliedstaat nach Rückkehr seiner

---

[21] Gesetz zur Umsetzung von Richtlinien der Europäischen Gemeinschaften über die Rückgabe von unrechtmässig aus dem Hoheitsgebiet eines Mitgliedstaates verbrachten Kulturgütern und zur Änderung des Gesetzes zum Schutz deutschen Kulturgutes gegen Abwanderung (Kulturgutsicherungsgesetz – KultgutSiG) vom 15. 10. 1998, Art. 1 (Kulturgüterrückgabegesetz – KultGüRückG).

[22] Lag Nr. 1276 (16. 12. 1994) om återlämnande av kulturföremål som olagligt förts bort från en stat inom Europeiska ekonomiska samarbetsområdet.

[23] Loi n° 95-877 du 3. 8. 1995 portant transposition de la directive 93/7 du 15. 3. 1993 du Conseil des Communautés européennes relative à la restitution des biens culturels ayant quitté illicitement le territoire d'un Etat membre.

[24] Präsidialverordnung Nr. 133/98 vom 15. 9. 1998.

[25] European Communities (The Return of Cultural Objects) Regulations 1994.

[26] Legge del 30 marzo 1998, n. 88, Norme sulla circolazione dei beni culturali, Titel I. Dieses Gesetz wurde in den D. L. 1999/490, aufgenommen.

[27] Loi du 9 janvier 1998 portant transposition de la directive 93/7/CEE du 15 mars 1993 relative à la restitution des biens ayant quitté illicitement le territoire d'un État membre de l'Union européenne.

[28] Wet van 9 maart 1995 tot wijziging van enige wetten in verband met de verpflichting tot teruggave van cultuurgoederen die op onrechtmatige wijze buiten het grondgebied van een lid-staat van de Europese Unie of van een andere staat die partij is bij de Overeenkomst betreffende de Europese Economische Ruimte zijn gebracht en in verband met de uitvoer van cultuurgoederen (Implementatjewet bescherming cultuurgoederen tegen illegale uitvoer), mit Ergänzung des Burgerlijk Wetboek um u. a. Art. 3: 86a, 3: 310a, 310b und des Wetboek van Burgerlijke Rechtsvordering um die Artt. 1008–1011.

[29] Bundesgesetz Nr. 67 vom 15. 5. 1998 zur Umsetzung der Richtlinie 93/7 über die Rückgabe von unrechtmässig aus dem Hoheitsgebiet eines Mitgliedstaates der Europäischen Gemeinschaft verbrachten Kulturgütern.

[30] Lag av den 15 december 1994 om ändering i lagen (1988: 950) om kulturminnen m. m.

[31] Ley 36/1994 de 23 diciembre 1994, de incorporación al ordenamiento juridico español de la Directiva 93/7/CEE del Consejo, de 15 de marzo, relativa a la restitución de bienes culturales que hayan salido de formà ilegal del territorio de un Estado miembro de la Unión Europea.

[32] The Return of Cultural Objects Regulations 1994.

[33] *De Ceuster* Les règles, 46; *Jayme* Europäisches Kollisionsrecht, 37; *Jayme/Kohler* Das Internationale, 360; *Reichelt* Europäischer, 341; *Roth,* 173; *Plehwe,* 447. Den kollisionsrechtlichen Charakter der Regelung ergibt sich bereits aus der Begründung zu Art. 13 des ursprünglichen Richtlinienvorschlags: „Art. 13 legt eine einheitliche Kollisionsnorm fest, die von

unrechtmässig verbrachten Kulturgüter das Eigentum an ihnen nach seinem eigenen Sachrecht bestimmen und z. B. einen gutgläubigen Erwerb von unveräusserlichen Sachen im Ausland missachten, oder er kann es bei den herkömmlichen Kollisionsnormen belassen, wonach die im Ausland wohlerworbenen Rechte im Inland anerkannt werden und bestehen bleiben.[34] Das anwendbare Recht für Eigentumsfragen bestimmt sich also nach der *lex fori* des Ursprungsstaats, der die kollisionsrechtliche Qualifikation vorzunehmen hat. Da diese kollisionsrechtliche Anknüpfung an den *locus originis*[35] für den Fall, dass das Eigentum in einem anderen Mitgliedstaat oder in einem Drittstaat erworben wurde, zu einem Statutenwechsel führen kann, hat man die Verweisung auf eine Sachnormverweisung eingeschränkt.[36]

Die Bestimmung in Art. 12, die auch in englischer[37], französischer[38] und italienischer[39] Fassung den Wortlaut einer Kollisionsnorm hat, wurde in den nationalen Gesetzen zur Umsetzung der RL verschiedentlich ausgestaltet. Das französische Umsetzungsgesetz[40] – wie auch dasjenige der Niederlande und Schweden – enthält eine Norm, die dem Art. 12 mehr oder weniger entspricht. Das Umsetzungsgesetz des Vereinigten Königreichs – wie auch dasjenige von Irland, Portugal und Spanien – enthält keine Regelung nach Art. 12. Die deutsche Umsetzungsvorschrift ist insofern klar, als sich das Eigentum am Kulturgut nach erfolgter Rückgabe nach den Sachvorschriften des ersuchenden Mitglied-

---

einem Grundsatz des Internationalen Privatrechts abweicht, demzufolge das Recht der Belegenheit je nach den Rechtsvorschriften des Landes, in dem sich der Gegenstand zum Zeitpunkt der Transaktion befindet, durch einen reinen Transfer des Gegenstandes in das Staatsgebiet eines anderen Landes nicht berührt wird." Vgl. KOM (1991) 451.

34 *Siehr* Die EG-Richtlinie, 232; *Ders.* Kulturgüterschutz, 186.

35 *Jayme* Jenseits, 352.

36 *De Ceuster* Les règles, 46; *Reichelt* Europäischer, 342; *Jayme/Kohler* Europäisches Kollisionsrecht 1994, 408; *Dies.* Europäisches Kollisionsrecht 1995, 346; *Siehr* Handel (1993), 2007; a.A. *Müller-Katzenburg* Internationale, 285, wonach Art. 12 RL 93/7 als Gesamtverweisung verstanden werden müsse, und zwar in dem Sinn, dass die dinglich wirkenden Kulturgutschutznormen des ersuchenden Mitgliedstaats spätestens bei der *ex post*-Betrachtung der zwischenzeitlich erfolgten Erwerbsvorgänge deren Rechtsfolgen erforderlichenfalls „korrigieren".

37 „Ownership of the cultural object after return shall be governed by that law of the requesting Member State."

38 „La propriété du bien culturel après la restitution est régie par la législation de l'État membre requérant."

39 „La proprietà del bene culturale dopo la restituzione è disciplinata dalla legge dello Stato membro richiedente."

40 Vgl. Art. 23 L. n° 95-877: „La propriété du bien culturel ayant fait l'objet d'une procédure de retour sur le territoire d'un État membre est régie par la législation de l'État requérant." Diese Vorschrift entspricht Art. 12 RL, wobei die französische Norm nicht klar zum Ausdruck bringt, dass Art. 12 RL 93/7 sich auf die Situation nach der Rückgabe bezieht.

staats bestimmt.[41] Italien belässt es bei der *lex rei sitae* nach Art. 51 Gesetz Nr. 218 vom 31. März 1995 über die Reform des italienischen Systems des IPR[42] (vorher geregelt in Art. 22 disp. prel. Cci). Massgebend für die sachenrechtliche Zuordnung ist also auch nach Rückkehr nach Italien das von der jeweiligen *lex rei sitae* berufene Recht. Art. 81 D.L. 1999/490 (entspricht Art. 10 L. 1998/88) regelt nur die Eigentumsfragen in Bezug auf zurückgegebene Kulturgüter, die nicht dem Staat gehören. Die Sache wird verwahrt (Art. 81 Abs. 1). Der Staat kann sodann von einer Privatperson Ersatz derjenigen Kosten verlangen, die für den Rückgabeprozess aufgewendet werden mussten (Art. 81 Abs. 2). Ist der Eigentümer unbekannt, so wird er durch Publikation in der *Gazzetta Ufficiale* und anderen Medien aufgefordert, sich zu melden (Art. 81 Abs. 2). Verstreicht eine Frist von fünf Jahren, so erwirbt der Staat die Sache für ein eigenes Museum, Bibliothek oder Archiv oder für solche Institutionen seiner Regionen oder anderer öffentlich-rechtlicher Körperschaften (Art. 81 Abs. 4).[43] Gelingt die Unterbringung der Sache in eine öffentliche Sammlung, Bibliothek oder Archiv, so gelangt das Kulturgut in den *demanio pubblico*.[44]

2. Bestimmung des Eigentums nach erfolgter Rückgabe

Die Richtlinie berührt keine Eigentumsfragen.[45] Das Schrifttum zieht aus der auslegungsbedürftigen[46] Vorschrift von Art. 12 unterschiedliche Konsequenzen.[47] M.E. führt eine teleologische Auslegung von Art. 12 zu folgendem Ergebnis: Die Vorschrift erlaubt ein Abweichen von dem Grundsatz der Anerkennung

---

[41] *Jayme/Kohler* Europäisches Kollisionsrecht 1994, 408; *Roth,* 173. So auch die niederländische Umsetzungsnorm in Art. 1012 der Zivilprozessordnung: „het nationale recht"; vgl. Staatsblad 1995 Nr. 145, 7. Zu dieser Vorschrift vgl. *Jayme/Kohler* Europäisches Kollisionsrecht 1995, 346, wonach unsicher bleibe, ob diese die Sachnormen oder auch die Kollisionsnormen einschliesst.

[42] Legge 31.5.1995, n. 218, *Riforma del sistema italiano di diritto internazionale privato*. Art. 51 Abs. 1 lautet: „Il possesso, la proprietà e gli altri diritti reali sui beni mobili ed immobili sono regolati dalla legge dello Stato in cui beni si trovano." Dies gilt gemäss Abs. 2 auch für den Erwerb und Verlust dinglicher Rechte, nicht aber soweit der Erwerbstitel betroffen ist, von dem der Erwerb oder der Verlust abhängt und der seinem eigenen Recht unterstellt wird; vgl. dazu *Pocar,* 156.

[43] Zum staatlichen Eigentumserwerb durch Zeitablauf vgl. die Kritik von *Gasparini Casari,* 107.

[44] Vgl. Art. 822 Abs. 2 Cci; vgl. auch Art. 81 Abs. 4 D.L. 1999/490: „Qualora l'avente diritto non ne richieda la consegna entro cinque anni dalla data di pubblicazione nella Gazzetta Ufficiale [...] il bene è acquisito al demanio dello Stato."

[45] Vgl. *De Ceuster* Les règles, 46; so schon *Taschner,* 100.

[46] Nach *Siehr* Vereinheitlichung, 465, ist die Bedeutung dieser Vorschrift nicht offensichtlich.

[47] Zu den verschiedenen Meinungen im Schrifttum vgl. *Müller-Katzenburg* Internationale, 284f.

wohlerworbener Rechte mit der Folge, dass zwischenzeitlich wirksam begründete Eigentumsrechte an unrechtmässig verbrachtem Kulturgut nach der Rückgabe an das Herkunftsland wieder untergehen können.[48]

3. Eigentum an unveräusserlichen Kulturgütern

Ordnet das materielle Sachrecht eines EU-Mitgliedstaats die Unveräusserlichkeit eines geschützten Kulturguts an,[49] dann ist eine Veränderung der Eigentumsverhältnisse ausgeschlossen. Dies muss wohl auch für einen gutgläubigen Erwerb eines Kulturguts im Ausland gelten. Dessen Verkehrsschutznormen müssen dann zu Gunsten des Rechts des Herkunftsstaats zurücktreten. Demnach werden Länder wie Frankreich, Italien oder auch Spanien, die nach ihrem Recht für unveräusserlich erklärten staatlichen Kulturgüter im Fall ihres illegalen Exports entsprechend dem richtliniengemäss umgesetzten Recht des jeweiligen Importstaats nicht nur in ihren Herkunftsstaat, sondern auch an den ursprünglichen Eigentümer zurückfordern können.[50]

V. Klagefristen

Die Herausgabeklage ist befristet, und zwar relativ nach Ablauf eines Jahres, seitdem der ersuchende Staat vom Ort der Belegenheit des Kulturguts sowie von der Identität des Eigentümers oder Besitzers positive Kenntnis erhalten hat (Art. 7 Nr. 1). Die absolute Verjährungsfrist beträgt 30 Jahre, für Stücke aus öffentlichen Sammlungen und aus kirchlichen Einrichtungen 75 Jahre (Art. 7 Nr. 2, 1. HS). Von dieser absoluten Verjährungsfrist von 75 Jahren sind Rückführungsklagen von Mitgliedstaaten ausgenommen, in denen der Rückgabeanspruch unverjährbar ist (Art. 7 Nr. 2, 2. HS). Klagt also Frankreich in einem anderen Mitgliedstaat auf Rückführung eines domanialen Kulturguts, so ist diese Klage unverjährbar.

---

[48] So auch *Siehr* International Art, 237, Nr. 296; zum selben Ergebnis, aber mit einer anderen Begründung kommt *Müller-Katzenburg* Internationale, 285. Danach blieben gemäss dem Kollisionsrecht des ersuchenden Mitgliedstaats die unter einem früheren Belegenheitsstatut wirksam begründeten Eigentums- und anderen dinglichen Rechte auch nach erfolgter Rückgabe grundsätzlich bestehen. Allerdings werde der Herkunftsstaat bei der Beurteilung der Wirksamkeit zwischenzeitlicher Erwerbsvorgänge die nach seinem Recht ursprünglich bestehende Sachenrechtslage der Kulturgüter zugrunde legen. Insofern werde der Herkunftsstaat in Bezug auf die aktuelle Eigentumslage zurückgegebener Kulturgüter zu denselben Ergebnissen kommen, wie sie auch die konsequente Befolgung des Prinzips der Anerkennung wohlerworbener Rechte gebietet.

[49] Vgl. z. B. Frankreich: Art. 18 Abs. 2 L. 31. 12. 1913; Italien: Art. 823 Abs. 1 Cci; die Rechtsverordnung 1999/490 enthält keine Bestimmung, die gewisse Kulturgüter ausdrücklich als unveräusserlich bezeichnet. Art. 54 D. L. 1999/490 verweist lediglich auf den „regime proprio del demanio pubblico"; anders noch nach altem Recht; vgl. Art. 23 L. 1939/1089, wonach Kulturgüter im Eigentum der öffentlichen Hand unveräusserlich waren.

[50] *Müller-Katzenburg* Internationale, 286.

Wer bei der relativen Frist das Wissen des ersuchenden Staats von der Belegenheit des Kulturguts sowie der Identität des Eigentümers oder Besitzers beweisen muss, sagt die Richtlinie nicht. Dies dürfte aber nach allen Regeln der Beweislastverteilung dem Beklagten obliegen.[51]

VI. Nachträgliche Unterschutzstellung

Art. 1 Nr. 1, 1. HS RL 93/7 sieht einen Rückgabeanspruch von Kulturgut vor, welches erst nach dessen unrechtmässigen Verbringung vom ersuchenden Mitgliedstaat unter Schutz gestellt wurde. Deutschland hat diese Vorschrift bewusst nicht in sein KultGüRückG übernommen.[52] § 5 Abs. 1 KultGüRückG beschränkt den Rückgabeanspruch auf Kulturgut, das vor seiner Verbringung vor dem ersuchenden Mitgliedstaat unter Schutz gestellt wurde. Der deutsche Gesetzgeber hielt die Richtlinie in diesem Punkt für nicht vereinbar mit höherrangigem Gemeinschaftsrecht und sah die Rechtssicherheit gefährdet und die rechtsstaatlichen Prinzipien verletzt.[53]

VII. Anwendung der Rückgabeverfahren

In den Jahren 1993 bis 1999 kam es lediglich in fünf Fällen zur Rückgabe von illegal exportierten Kulturgütern, die nach der umgesetzten RL 93/7 hätten zurückverlangt werden können. Sämtliche Fälle fanden jedoch ein aussergerichtliches Ende.[54] Die geringe Anzahl Fälle ist wohl auf drei Gründe zurückzuführen. Erstens wurde die RL 93/7 in einigen Mitgliedstaaten erst Ende 1990er-Jahre in nationales Recht umgesetzt,[55] zweitens können zwischen der unrechtmässigen Ausfuhr von Kulturgütern und ihrem Auffinden mehrere Jahre vergehen, und schliesslich kommt das unrechtmässige Verbringen nationaler Schätze in andere Mitgliedstaaten selten vor, was aber gerade die RL 93/7 voraussetzt.[56]

---

51 *Siehr* Handel (1993), 2207.

52 BT-Drs. 13/10789, 1, 8f.

53 Näheres dazu bei *Hipp*, 319f., die der Meinung ist, die Bundesrepublik Deutschland habe dadurch gegen ihre gemeinschaftsrechtlichen Verpflichtungen verstossen.

54 Vgl. Bericht 2000, 15 u. Anhang III: Portugal ersuchte im Jahre 1993 Italien um Rückführung von sechs Bestandteilen eines hölzernen Altars aus dem 15. Jh. Im Jahre 1996 ersuchte Spanien Portugal um Rückführung dreier Gemälde von Juan de Landa (gestorben 1599). Im folgenden Jahr wurde erneut Italien mit einer Rückgabeklage konfrontiert. Portugal verlangte die Rückgabe von sechs Gemälden. Die Klage in England auf Rückführung einer Sammlung antiker Medaillen im Jahre 1999 wurde während des Gerichtsverfahrens gegenstandslos, da sich die finnischen Behörden und der gutgläubige Besitzer noch vor der Urteilsverkündung durch den englischen *High Court* haben einigen können.

55 Deutschland (s. Fn. 21), Griechenland (s. Fn. 24), Italien (s. Fn. 26), Luxemburg (s. Fn. 27) und Österreich (s. Fn. 29) kamen der Verpflichtung zur Umsetzung der RL 93/7 erst im Jahre 1998 nach.

56 Vgl. Bericht 2000, 15.

Die wenigen gemeldeten Rückgabeverfahren zeigen, dass die Möglichkeit einer Rückgabe auf dem gerichtlichen Weg sich positiv auf aussergerichtliche Einigungen auswirken.[57] Im Übrigen überraschen die wenigen Fälle deshalb nicht, weil kein Mitgliedstaat von der in Art. 14 RL 93/7 vorgesehenen Möglichkeit Gebrauch gemacht hat, die Verpflichtung zur Rückgabe auf andere als die im Anhang genannten Kategorien auszudehnen. Schliesslich hat nur Griechenland beschlossen, die RL 93/7 auf Kulturgüter anzuwenden, die vor dem 1. Januar 1993 unrechtmässig aus dem Hoheitsgebiet anderer Mitgliedstaaten verbracht wurden.[58]

B. Anschauungsmaterial nach geltendem Recht

Im Folgenden sollen die vorne (vgl. Kap. 1) dargestellten Fälle anhand der RL 93/7 gelöst werden. Nicht geprüft wird dabei u. a. die Rechtslage bei Klagen auf Rückführung im Forumstaat Portugal[59], dem heute noch säumigen Staat.[60]

I. Duc de Frias c. Baron Pichon

Käme der Fall *Duc de Frias c. Baron Pichon* (vorne § 34 A) nach geltendem Recht vor Gericht, so wäre das Ergebnis ein anderes. Das Königreich Spanien könnte erfolgreich in Frankreich auf Rückführung des Ziboriums klagen. Der gutgläubige Eigentümer müsste entschädigt werden, und nach Rückgabe des kirchlichen Kulturguts würde das Eigentum von spanischen Instanzen nach den allgemeinen Normen des spanischen IPR beurteilt. Der in Frankreich erfolgte gutgläubige Erwerb müsste aber auch in Spanien – vorbehaltlich des spanischen *ordre public* und eines Verfallsrechts[61] – anerkannt werden, und das Königreich Spanien müsste bei Entschädigung des Erwerbers Eigentümer des Ziboriums werden.

Gleiches müsste gelten, wenn eine französische *res extra commercium* illegal aus Frankreich nach Spanien verbracht würde. In diesem Fall könnte Frankreich erfolgreich in Spanien auf Rückführung des Kulturguts klagen. Nach der französischen Umsetzungsnorm in Art. 23 L. n° 95-877 wäre französisches Sachrecht anwendbar. Gemäss Art. L. 52 *C. dom. État* sind domaniale Güter unveräusser-

[57] Bedauerlich ist jedoch, dass diese Rückgaben nicht systematisch erfasst werden, zumal Art. 4 Ziff. 6 RL 93/7 auch gütliche Einigungen vorsieht; vgl. Bericht 2000, 16.

[58] Vgl. Bericht 2000, 16.

[59] Die Umsetzungsfrist ist für Portugal am 14. 12. 1993 abgelaufen (vgl. Art. 18 RL 93/7); zur Begründung Portugals zur Nicht-Umsetzung vgl. die Hinweise in Fn. 15.

[60] Zu diesen Fragen vgl. *Siehr* Die EG-Richtlinie, 39f.

[61] Vgl. Art. 29 Abs. 1 Satz 1 *Lei 16/85 de 25. 6. 1985*, wonach das illegal aus Spanien ausgeführte Kulturgut dem Staat verfällt.

lich und unersitzbar. Ein Eigentumserwerb wäre also nach französischem Recht ausgeschlossen. Wäre das Kulturgut im Eigentum des Staats als historisches Denkmal klassifiziert gewesen, so ergäbe sich die Unveräusserlichkeit aus Art. 18 Abs. 2 Gesetz vom 31. Dezember 1913. Auch in diesem Fall wäre ein Eigentumserwerb auf französischem Hoheitsgebiet unmöglich. Dasselbe dürfte für einen gutgläubigen Erwerb im Ausland gelten.

II. Stato Francese c. Ministero B.C.A. e De Contessini[62]

Da es sich bei den Wandteppichen um nationale Schätze handelt[63] und diese Bestandteile eines mehr als 100 Jahre alten Baudenkmals sind, gelten sie als Kulturgüter i.S. des Art. 1 RL 93/7. Das Verbringen aus Frankreich war zudem unrechtmässig i.S. des Art. 2 RL 93/7.[64] Schliesslich ist der französische Staat Kläger, und der Eigentümer hat Wohnsitz im ersuchten Staat Italien, wo sich die Gegenstände befinden (vgl. Art. 5 RL 93/7).

Ob der Beklagte Contessini zu entschädigen wäre, sagt die RL 93/7 hingegen nicht. Nach Art. 77 Abs. 2 D.L. 1999/490 muss der Ansprecher seinen guten Glauben beweisen.[65] Frankreich wendet also auf die Sachen, die nach französischem Recht unveräusserlich sind und die unrechtmässig ausser Landes gebracht worden sind (vgl. Art. 21 L. 31. 12. 1913), nach Rückgabe der Gegenstände sein eigenes Sachrecht an und negiert deswegen einen gutgläubigen Erwerb der unveräusserlichen Sachen im Ausland nach ausländischem Recht. Anwendbar ist also das materielle Sachenrecht des Herkunftsstaats und nicht das IPR des Herkunftsstaats mit dessen Garantie der im Ausland wohlerworbenen Rechte. Die Teppiche wären nach deren Rückkehr wieder Staatseigentum geworden.

Wären die unter Denkmalschutz gestellten Wandteppiche, die nach französischen Recht als Staatseigentum unveräusserlich sind, in Frankreich erworben und später nach Italien gebracht worden, dann gäben auch die italienischen Gerichte dem Eigentumsherausgabeanspruch Frankreichs statt. Sie würden nämlich die Eigentumsübertragung in Frankreich nach Art. 51 *Riforma del sistema italiano di diritto internazionale privato* nach dem Recht am Ort der belegenen Sache, also nach französischem Recht beurteilen. Damit würde das italienische Gericht auch die französische Unveräusserlichkeitsregel beachten. Folglich käme es zum Ergebnis, dass keine wirksame Eigentumsübertragung auf franzö-

---

[62] Vgl. vorne § 33, Fn. 53.

[63] Nach Art. 4 L. n° 92-1477 gilt namentlich das als *monument historique* klassifizierte Gut als *trésor national*.

[64] Gemäss Art. 21 L. 31. 12. 1913 ist die Ausfuhr von klassifizierten Denkmälern verboten.

[65] Art. 77 Abs. 2 D.L. 1999/490, der Art. 6 Abs. 2 L. 88/1998 entspricht, lautet: „il soggetto interessato è tenuto a dimostrare di aver acquisito in buona fede il possesso del bene.“

sischem Territorium stattgefunden hat und somit der französische Staat Eigentümer geblieben ist, auch wenn die Gegenstände in der Zwischenzeit nach Italien gebracht wurden.

III. Kingdom of Spain v. Christie, Manson & Woods Ltd.[66]

Wäre das in Privateigentum gestandene Goya-Gemälde nach Inkrafttreten der RL 93/7 mit gefälschten Exportdokumenten via der Schweiz nach London geschmuggelt worden, so könnte die spanische Regierung erfolgreich vor dem *High Court* auf Rückgabe klagen.[67] Wegen der zweifelhaften Gutgläubigkeit werden die Einlieferer des Gemäldes wohl auf eine Entschädigung in Höhe des Betrages beschränkt sein, den sie selbst an die Schmuggler gezahlt haben.[68] Zumindest schreibt sect. 7(1) des englischen Umsetzungsgesetzes vor, die konkreten Umstände zu berücksichtigen.[69]

Eine Klage Spaniens auf Herausgabe des Gemäldes wäre nach geltendem Recht auch ohne Richtlinie möglich, falls das Bild nach Inkrafttreten des spanischen Kulturgüterschutzgesetzes Nr. 13/85[70] illegal aus Spanien exportiert worden wäre. Spanien könnte sein Eigentum am Gemälde geltend machen, da nach Art. 29 Abs. 1 Satz 1 L. 13/1985 illegal ausgeführte Kulturgüter ins Eigentum des Staats fallen.[71] Kulturgüter in Staatseigentum sind zudem nach Satz 2 der genannten Vorschrift unveräusserlich und unersitzbar.[72] Allerdings zeigen manche Beispiele aus der Rechtsprechung, dass ausländische Gerichte kulturgutschützende Gesetze in aller Regel nicht durchsetzen, selbst wenn der klägerische Staat einen Eigentumstitel nachweisen kann.

IV. LG Hamburg 20.6.1996

Trifft der im Streit um die portugiesischen antiken Waffen dargelegte Sachverhalt zu und sind die Waffen Teil des portugiesischen nationalen Kulturerbes sowie in einem Bestandsverzeichnis eines öffentlichen Museums registriert und

---

[66] Vgl. vorne § 34, Fn. 132.

[67] Die sachliche Zuständigkeit ergibt sich aus sect. 6(3) i.V.m. sect. 2(4)(a) *The Return of Cultural Objects Regulations 1994.*

[68] Vgl. *Siehr* Die Richtlinie, 233.

[69] Sect. 7(1) *The Return of Cultural Objects Regulations 1994* lautet: „the competent court shall order [...] to pay the possessor such compensation as the court deems fair according to the circumstances of the case."

[70] *Ley 13/1985, de 25 junio, del Patrimonio Histórico Español.*

[71] Art. 29 Abs. 1 Satz 1 L. 13/1985 lautet: „Pertenecen al Estado los bienes muebles integrantes del Patrimonio Histórico Español que sean exportados sin la autorización requerida por el artículo 5.° de esta Ley."

[72] Art. 29 Abs. 1 Satz 2 L. 13/1985 lautet: „Dichos bienes son inalienables e imprescriptibles." Vgl. dazu *Gonzalez Campos/Virgos Soriano* Law, 122f.

sind die Gegenstände nach dem 1. Januar 1993 unrechtmässig aus Portugal nach England verbracht worden, so könnte Portugal in Deutschland auf Rückgabe der Waffen klagen, falls sich diese inzwischen in Deutschland befänden.

V. Andere Beispiele aus der Rechtsprechung

Die Rückgabeklagen betreffend die Gemälde aus der *Peel Collection* im Rechtsstreit *Van der Heydt et Burth c. Kleinberger* (vorne § 34 C) sowie die Gemälde aus der Sammlung Sciarra (vorne § 34 B) wären ebenso erfolgreich, wenn erstens die Kunstwerke nationale Schätze i. S. der RL wären und zweistens die anderen Voraussetzungen für eine Rückgabe erfüllt wären. Dasselbe gilt für den Rechtsstreit *De Raad v. OvJ* (vorne § 33 D) und *King of Italy v. Marquis Cosimo de Medici Tornaquinci* (vorne § 33 B). Angesichts der Weltberühmtheit des Leonardo-Porträts *Mona Lisa* wäre Frankreich wohl auf die Richtlinie als Rechtsgrundlage einer Klage in Italien nicht angewiesen.

C. Zwischenergebnis

Mit der Umsetzung der Richtlinie werden die Mitgliedstaaten der EWG gezwungen, öffentlich-rechtliche Verbringungsverbote anderer Mitgliedstaaten als eigenes innerstaatliches Recht durchzusetzen. Sie schreibt den Mitgliedstaaten aber nicht vor, ob und inwieweit sie das Verbringen eigener nationaler Kulturgüter verbieten wollen; dies bleibt jedem Mitgliedstaat überlassen. Sie führt also nicht zu einem europäischen Kulturgüterschutz, sondern sie harmonisiert nur nationale Verbringungsverbote. Auch ändert die Richtlinie das nationale IPR nicht.

Der unklar formulierte und daher auslegungsbedürftige Art. 12 RL 93/7, der eine Kollisionsnorm des IPR für das Eigentum an Kulturgütern darstellt, führt zu keinem europaweiten Sachenrecht, sei es Sach- oder Kollisionsrecht. Nationale Vorschriften über *res extra commercium* oder den gutgläubigen Erwerb beweglicher Sachen werden nicht vollständig vereinheitlicht. Art. 12 RL 93/7 bewirkt vielmehr, dass die im Ausland wohlerworbenen Rechte an der unrechtmässig verbrachten Sache vom Herkunftsstaat nicht geschützt werden, sobald die Sache wieder in den Herkunftsstaat zurückgekehrt ist. Diese wichtige Änderung des IPR der EU-Mitgliedstaaten ist auch ausserhalb der Richtlinie zu beachten, sobald es um wohlerworbene Rechte an Kulturgut im Sinne der Richtlinie geht.[73] Die RL 93/7 führt also im EU-Binnenmarkt zu einer Durchsetzung ausländischer Exportverbote durch eine inländische Rückführungsverpflichtung. Kulturgüter im Sinne der Richtlinie werden damit zumindest *res extra commercium europeum*[74] oder *res extra commercium intra communitatem*[75].

---

[73] *Siehr* Vereinheitlichung, 468.

[74] Dieser Begriff wurde von *Siehr* Kulturgüter, 719, geprägt.

[75] So der Begriff von *Siehr* Die EG-Richtline, 34.

§ 38 Rückgabe gestützt auf die UNESCO-Konvention 1970

A. UNESCO-Konvention 1970

I. Stand der Unterzeichnungen

Das mittlerweile von 91 Staaten unterzeichnete *Übereinkommen vom 14. November 1970 über Massnahmen zum Verbot und zur Verhütung der unzulässigen Einfuhr, Ausfuhr und Übereignung von Kulturgut* ist nicht *self-executing* und bedarf der Umsetzung in nationales Recht.[76] Neben Frankreich[77] und Italien[78] sind noch vier andere EU-Mitgliedstaaten der Konvention beigetreten: Finnland, Griechenland, Portugal[79] und Spanien[80]. Im Vereinigten Königreich ist der Beitritt am 15. März 2001 beschlossen worden.[81]

II. Zweck

Die Konvention formuliert Grundprinzipien zum internationalen Schutz von Kulturgütern und postuliert das Recht jedes Staats auf Anerkennung und Schutz seines kulturellen Erbes durch die Staatengemeinschaft. Sie enthält Mindestvorschriften über gesetzgeberische und administrative Massnahmen, welche die Vertragsstaaten zur Verhinderung des illegalen Kulturgütertransfers zu ergreifen haben. Ihr Zweck ist nach Art. 2 primär die Bekämpfung der rechtswidrigen Ein- und Ausfuhr von Kulturgut.

III. Regelung der Ein- und Ausfuhr

Die Ein- und Ausfuhr ist gemäss Art. 3 rechtswidrig, wenn sie „im Widerspruch zu den Bestimmungen stehen, die von den Vertragsstaaten in diesem Übereinkommen angenommen worden sind." Was als rechtswidrig gilt, sagen die natio-

---

[76] Zur UNESCO-Konvention 1970 allgemein vgl. *Fraoua* Convention; *Gordon*, 537–556; *O'Keefe* Commentary; *Prott* International, 333–351.

[77] Frankreich hat die Konvention am 7. 1. 1997 ratifiziert. Teile der Einführungsgesetzgebung wurden am 3. 8. 1997 mit der Umsetzung der RL 93/7 erlassen: D. n° 97-435 du 25. 4. 1997.

[78] Italien hat die Konvention am 2. 10. 1978 ratifiziert: L. 30. 10. 1975, n. 873. Die bestehenden Regelungen des nationalen Rechts entsprechen den Verpflichtungen der UNESCO-Konvention 1970.

[79] Portugal hat die UNESCO-Konvention 1970 am 9. 12. 1985 ratifiziert; die Umsetzungsgesetzgebung war bereits in der Lei no. 13/85 vom 6. 7. 1985 enthalten.

[80] Spanien hat die UNESCO-Konvention 1970 am 10. 2. 1986 im Amtsblatt publiziert: Gemäss Art. 96 der spanischen Verfassung und Art. 1 Abs. 5 des spanischen Zivilgesetzbuches werden die ratifizierten internationalen Verträge nach Publikation im Amtsblatt Teil des nationalen Rechts, weshalb keine unmittelbare spezifische Umsetzungsgesetzgebung notwendig ist.

[81] Vgl. dazu die Hinweise vorne § 36, Fn. 5.

nalen Bestimmungen zum Schutz des Kulturguts, die jeder Staat in Umsetzung der Konvention, insbesondere der Artt. 6 lit. b, 7 lit. b(i) und 13 lit. a, aufgestellt hat. Die Vertragsstaaten sollen zudem Massnahmen ergreifen, damit Kulturgüter, die im Ausland aus einem Museum, einem öffentlichen religiösen oder weltlichen Bauwerk oder einer ähnlichen Einrichtung gestohlen wurden, bei ihnen nicht eingeführt werden [Art. 7 lit. b(i)].

IV. Regelung der Ausfuhr

Die Vertragsstaaten sind angehalten, ein Verzeichnis der bedeutenden Kulturgüter aufzustellen, deren Ausfuhr für den Staat einen merklichen Verlust *(appreciable impoverishment, appauvrissement sensible)* an seinem kulturellen Erbe darstellen würde (Art. 5 lit. b). Die Ausfuhr eingetragener Kulturgüter bedarf der Genehmigung (Art. 6).

V. Rückgabe gestohlener Kulturgüter

Die Pflicht der Vertragsstaaten, Massnahmen für Verhinderung der Einfuhr von Kulturgut zu treffen, welches im Ausland aus einem Museum, einem öffentlichen religiösen oder weltlichen Bauwerk oder einer ähnlichen Einrichtung gestohlen wurde, erfasst neben den öffentlichen auch die privaten Museen.[82] Wird ein solches Kulturgut nach Inkrafttreten der Konvention eingeführt, so muss es zurückgegeben werden. Aber nur dann, wenn nachgewiesen werden kann, dass dieses Objekt zum Inventar jener Einrichtung gehört [Art. 7 lit. b(ii)].

VI. Rückführung rechtswidrig ausgeführter Kulturgüter und Verhinderung der Übereignung

Gemäss Art. 13 lit. d sind die Vertragsstaaten verpflichtet, das unantastbare Recht jedes Vertragsstaats, bestimmtes Kulturgut als unveräusserlich einzustufen und zu erklären, gegenseitig anzuerkennen. Dabei sollen die Dienststellen im Hinblick auf die schnellstmögliche Rückführung von rechtswidrig ausgeführtem Kulturgut zusammenarbeiten (Art. 13 lit. b). Schliesslich sollen die Vertragsparteien Übereignungen verhindern, durch die eine rechtswidrige Ein- und Ausfuhr von Kulturgut begünstigt werden könnte (Art. 13 lit. a).

B. Anschauungsmaterial nach geltendem Recht

Hätte sich der Sachverhalt im Rechtsstreit *Danusso* (vorne § 33 C) nach der Umsetzung der UNESCO-Konvention 1970 der beiden beteiligten Staaten (Ekuador und Italien) in nationales Recht zugetragen, so hätte das italienische Gericht die Rückgabe der archäologischen Bodenfunde an Ekuador anordnen

---

[82] *Fraoua* Convention, 74; a. A. *Streinz*, 85.

müssen. Dasselbe Ergebnis ergäbe sich wohl für die Fälle *Duc de Frias c. Baron Pichon* (vorne § 34 A), Sciarra (vorne § 34 B) sowie *Stato Francese c. Ministero B.C.A. e De Contessini* (vorne § 33 E). Betreffend die Rückgabe der *Mona Lisa* (vorne § 33 A) kann auf das bisher Gesagte (vorne § 37 B V) verwiesen werden.

Hätte sich der Sachverhalt von *King of Italy v. Marquis Cosimo de Medici Tornaquinci* (vorne § 33 B) nach der Unterzeichnung der UNESCO-Konvention 1970 bzw. nach deren vorgesehenen[83] Umsetzung in nationales Recht durch das Vereinigte Königreich zugetragen, so wäre die Einfuhr des aus Italien illegal ausgeführten Archivguts illegal gewesen. Die Dokumente im Eigentum des italienischen Staats sowie diejenigen in Familienbesitz müssten zurückgegeben werden, da das italienische Recht für beide Archivgüter eine Ausfuhrbewilligung verlangt (Art. 66 D.L. 1999/490).[84]

§ 39 Rückgabe gestützt auf die UNIDROIT-Konvention 1995

A. UNIDROIT-Konvention 1995

I. Allgemeines

Die seit dem 1. April 2000 in zwölf Staaten[85] grundsätzlich direkt[86] anwendbare *UNIDROIT-Konvention über gestohlene oder rechtswidrig ausgeführte Kulturgüter vom 24. Juni 1995*[87] regelt nach Art. 1 die Rückgabe von gestohlenen Kulturgütern (Artt. 3f.) sowie die Rückführung von Kulturgütern (Artt. 5–7), die unrechtmässig aus dem Hoheitsgebiet eines Vertragsstaats verbracht worden sind, und nun in einem anderen Vertragsstaat gelegen sind.[88] Restituiert müssen

---

[83] Vgl. die Hinweise vorne § 36, Fn. 5.

[84] Sind die Archivalien von künstlerischem, historischem, archäologischem oder demo-ethnoantropologischem Interesse und stellte die dauernde Ausfuhr einen Schaden für das Kulturvermögen Italiens dar, so wäre die Ausfuhr nach Art. 65 Abs. 2 lit. a D.L. 1999/490 verboten.

[85] Bolivien, Brasilien, China, Ekuador, El Salvador, Finnland, Italien, Litauen, Rumänien, Paraguay, Peru und Ungarn. Die Konvention tritt am 1. 2. 2002 für Argentinien und am 1. 3. 2002 für Norwegen in Kraft. Die Schweiz hat die Konvention am 26. 6. 1996 unterzeichnet, jedoch noch nicht ratifiziert.

[86] Vor allem müssen aber verfahrensrechtliche Details, so z. B. die Regeln der Beweisführung bei der Prüfung der Frage, ob der Besitzer entschädigt werden muss, geregelt werden.

[87] Zur UNIDROIT-Konvention 1995 vgl. etwa *Bergé*, 215–262, *Lalive* A disturbing, 219–228; *Ders.* La Convention, 13–56; *Ders.* Une Convention, 177–188; *Renold* Les principales, 1179–1186; *Sidorsky*, 19–72.

[88] Art. 1 der Konvention spricht von „Ansprüchen internationaler Art". Eine bessere Terminologie wäre wohl „grenzüberschreitender Sachverhalt" gewesen; so auch *Reichelt* Die Unidroit-Konvention, 61.

auch archäologische Fundgegenstände aus Raubgrabungen.[89] Diese können entweder nach den Regeln für gestohlene oder nach denen für rechtswidrig ausgeführte Kulturgüter zurückgefordert werden.[90] Diese Rückgabemöglichkeit trägt dem Beweis der illegalen Ausgrabung, der in einem Prozess häufig schwerer zu erbringen sein wird als der Beweis der illegalen Ausfuhr, Rechnung.[91]

Die Konvention ist nicht rückwirkend, erfasst also keine Kunstgegenstände, die vor Inkrafttreten des Übereinkommens sich in einem Vertragsstaat befanden. Zwischen den Vertragsstaaten kann die Rückgabe zudem nicht deshalb verweigert werden, weil der Besitzer das Objekt gutgläubig erworben hat (Artt. 4–6). Die Konvention ist nur anwendbar, wenn der Anspruch „internationaler Art" ist (Art. 1). Schliesslich ermöglicht Art. 13 Abs. 3 den Vertragsstaaten, die gleichzeitig EU-Mitgliedstaaten sind, der RL 93/7 den Vorrang einzuräumen.[92]

II. Begriff „Kulturgut"

Art. 2 verweist in Bezug auf den Begriff „Kulturgut" auf den Anhang zur Konvention, wo die Kulturgüter gemäss Art. 1 UNESCO-Konvention 1970 aufgelistet sind.

B. Rückgabe gestohlener Kulturgüter

Die Konvention erfasst auch die Rückgabe von „nur" gestohlenen Kulturgütern (Artt. 3f.), was die RL 93/7 nicht regelt. Ansprüche auf Rückgabe müssen innerhalb von drei Jahren ab dem Zeitpunkt geltend gemacht werden, an welchem dem Anspruchsberechtigten der Lageort des Guts und die Identität seines Besitzers bekannt waren, und in jedem Fall innerhalb einer Frist von 50 Jahren ab dem Diebstahl (Art. 3 Abs. 3). Die dreijährige relative Verjährungsfrist gilt gemäss Art. 3 Abs. 4 auch für Kulturgut als Bestandteil eines identifizierten Denkmals, einer identifizierten archäologischen Stätte oder als Teil einer öffentlichen Sammlung. Zudem kann jeder Vertragsstaat erklären, dass eine Rückgabeklage innerhalb einer Frist von 75 Jahren oder einer längeren in seinen Rechtsvorschriften vorgesehenen Frist verjährt (Art. 3 Abs. 5). Das Verfahren betreffend die Klage auf Rückgabe gestohlenen Kulturguts richtet sich nur nach der UNIDROIT-Konvention 1995, nachdem diese Konvention im Staat, in welchem

---

[89] Zum Schutz archäologischer Kulturgüter vgl. *Fechner* Rechtlicher; *Heilmeyer*, 117–126; *Krinzinger*, 45–54; *Lindsey*, 165–182.

[90] Gemäss Art. 3 Abs. 2 UNIDROIT-Konvention 1995 gilt ein rechtswidrig ausgegrabenes oder unrechtmässig ausgegrabenes, jedoch rechtswidrig einbehaltenes Kulturgut i. S. der Konvention als gestohlen.

[91] So *Reichelt* Die Unidroit-Konvention, 63.

[92] Vgl. Bericht 2000, 3.

die Klage erhoben wird, in Kraft getreten ist. Vorbehalten sind die Fälle, in denen ein Kulturgut im Hoheitsgebiet eines Vertragsstaats gestohlen wurde, nachdem das Übereinkommen in diesem Staat in Kraft getreten ist (Art. 10 Abs. 1 lit. a) sowie wenn sich das Kulturgut in einem Vertragsstaat befindet, nachdem dieses Übereinkommen in diesem Staat in Kraft getreten ist.

C. Rückführung rechtswidrig ausgeführter Kulturgüter

Für die erfolgreiche Rückgabeklage des Herkunftsstaats müssen folgende Voraussetzungen erfüllt sein: Die Ausfuhr muss rechtswidrig[93] sein (Art. 5). Die Rückführung wird nach Art. 5 Abs. 3 angeordnet, wenn der ersuchende Staat beweist, dass entweder die Entfernung aus seinem Hoheitsgebiet die materielle Erhaltung des Objekts oder seiner Umgebung (lit. a), die Unversehrtheit eines komplexen Objekts (lit. b), oder die Erhaltung von Informationen z. B. wissenschaftlicher oder historischer Art (lit. c), oder den traditionellen oder rituellen Gebrauch des Objekts durch eine Eingeborenen- oder Stammesgemeinschaft „wesentlich beeinträchtigt", oder das Objekt für den ersuchenden Staat von „wesentlicher kulturellen Bedeutung" (significant cultural importance, importance culturelle significative) ist. Die wesentliche kulturelle Bedeutung ist m. E. beispielsweise für Spanien nicht bei jedem Werk des spanischen „Nationalmalers" Francisco de Goya gegeben. Wohl wird auch nicht jedes Gemälde von John Constable (1776–1837) diese Voraussetzung für das britische Kulturerbe erfüllen.

Die Artt. 5–7 finden nur Anwendung auf Kulturgut, das rechtswidrig ausgeführt wurde, nachdem dieses Übereinkommen in Bezug auf den ersuchenden Staat wie auch den Staat, in welchem der Anspruch geltend gemacht wurde, in Kraft getreten ist (Art. 10 Abs. 2).

Der Antrag auf Rückführung des Kulturguts verjährt mit Ablauf einer Frist von drei Jahren ab dem Zeitpunkt, an welchem dem ersuchenden Staat der Lageort des Objekts und die Identität des Besitzers bekannt war. Die absolute Verjährungsfrist beträgt 50 Jahre und beginnt im Zeitpunkt der Ausfuhr oder im Zeitpunkt, in dem das Objekt hätte zurückgeführt werden müssen (Art. 5 Abs. 5).

---

[93] Als rechtswidrige Ausfuhr gilt nach Art. 1 lit. b jede Verschiebung eines Kulturguts ausserhalb der Staatsgrenzen eines Lands unter Verletzung seiner Rechtsvorschriften, welche die Ausfuhr von Kulturgütern im Hinblick auf den Schutz seines kulturellen Erbes regeln. Nach Art. 5 Abs. 2 gilt das Kulturgut als rechtswidrig ausgeführt, wenn die bei der Genehmigung der vorübergehenden Ausfuhr erteilten Bedingungen nicht beachtet werden.

D. Entschädigung

Der Besitzer eines gestohlenen Kulturguts, der zu dessen Rückgabe verpflichtet ist, hat bei der Rückgabe Anspruch auf die Zahlung einer angemessenen Entschädigung *(reasonable compensation, indémnité équitable)*, sofern er weder wusste noch vernünftigerweise hätte wissen müssen, dass das Objekt gestohlen war, und nachweisen kann, beim Erwerb des Objekts mit gebührender Sorgfalt *(due diligence)*[94] gehandelt zu haben (Art. 4 Abs. 1). Diese Vorschrift über die Entschädigung des gutgläubigen Besitzers des im ersuchenden Vertragsstaat gestohlenen Kulturguts führt zu einer Umkehr der Beweislast.[95] Zur Prüfung der Frage, ob der Besitzer mit gebührender Sorgfalt gehandelt hat, sind wohl alle für den Erwerb erheblichen Umstände zu berücksichtigen sein, namentlich die Eigenschaften der Parteien und das gezahlte Entgelt, sowie die Konsultation eines zugänglichen Verzeichnisses gestohlener Kulturgüter[96] (vgl. Art. 4 Abs. 4).

Bei unrechtmässig verbrachten Kulturgütern hat der Besitzer gegen den ersuchenden Staat Anspruch auf eine angemessene Entschädigung unter dem Vorbehalt, dass ihm bei seinem Erwerb nicht bekannt war oder vernünftigerweise hätte bekannt sein müssen, dass das Gut rechtswidrig ausgeführt worden war (Art. 6 Abs. 1). Stimmt der ersuchende Staat zu, so kann der Besitzer das Eigentum am Kulturgut behalten (Art. 6 Abs. 3 lit. a) und das Kulturgut als Dauerleihgabe in ein Museum geben, oder er kann das Eigentum am Kulturgut an eine im ersuchenden Staat ansässige Person seiner Wahl ent- oder unentgeltlich übertragen (Art. 6 Abs. 3 lit. b).

E. Andere Rechtsgrundlagen

Gemäss Art. 9 Abs. 1 hindert die Konvention einen Vertragsstaat nicht daran, andere Vorschriften als diejenigen des Übereinkommens anzuwenden, um die Rückgabe oder Rückführung gestohlener oder rechtswidrig ausgeführter Kulturgüter zu verlangen.

Da die Gerichte ausländische Exportvorschriften über Kulturgut im Inland nicht durchsetzen,[97] gibt es wohl für den Herkunftsstaat, der kein EWG-Mit-

---

[94] Bei Kunstsachverständigen sind an die Sorgfalt erhöhte Anforderungen zu stellen; vgl. dazu *Müller-Katzenburg* Internationale, 320–324. Die gebührende Sorgfalt ist m. E. nur zu bejahen, wenn das Art Loss Register (ALR) konsultiert wurde; zum ALR vgl. *Seegers,* 289–292; zur juristischen Bedeutung von Datenbanken abhanden gekommener Kulturgüter vgl. *Franz* Datenbanken, 346f.; *Müller-Katzenburg* Wieviel, 41.

[95] Vgl. *Reichelt* Die Unidroit-Konvention 1995, 64.

[96] So z. B. das Art Loss Register.

[97] Vgl. z. B. den Fall *Kingdom of Spain v. Christie, Manson & Woods Ltd.* vorne § 34 D.

gliedstaat ist, keine rechtliche Handhabe, das Eigentum am illegal aus seinem Hoheitsbereich ausgeführten Kulturgut zurückzuerlangen. Anders ist die Rechtslage bei Klagen auf Rückgabe gestohlener Kulturgüter. Für solche Klagen gelten in westeuropäischen Ländern, abgesehen vom LugÜ[98] und vom fast gleichlautenden GVÜ[99], und mit der Ausnahme der Anwendbarkeit der UNIDROIT-Konvention 1995 für Italien[100], keine internationalen Staatsverträge. Eine privatrechtliche Herausgabeklage kann durch dingliche Klage auf Herausgabe des Eigentums *(rei vindicatio)* oder als deliktsrechtliche Klage auf Wiedergutmachung durch Herausgabe der gestohlenen Sache *(replevin)* erfolgen.[101]

F. Anschauungsmaterial nach geltendem Recht

Bezüglich des Falls *Repubblica dell'Ecuador c. Danusso* (vorne § 33 C) gilt folgendes: Die UNIDROIT-Konvention 1995 ist am 1. Juli 1998 für Ekuador und am 1. April 2000 für Italien in Kraft getreten. Wären die archäologischen Bodenfunde nach dem zuletzt genannten Datum illegal aus Ekuador verbracht worden, so könnte Ekuador als Herkunftsstaat der Objekte deren Rückgabe mit Erfolg in Italien gerichtlich durchsetzen. Da die Fundstücke als „gestohlen" i. S. der Konvention gelten (Art. 3 Abs. 2), käme die Rückgabe nach dem Verfahren nach den Artt. 3f. UNIDROIT-Konvention 1995 zur Anwendung.

Ratifiziert Frankreich die UNIDROIT-Konvention 1995, was vorgesehen ist,[102] müssten die Wandteppiche im Falle *Stato Francese c. Ministero B.C.A. e De Contessini* (vorne § 33 E) an Frankreich zurückgegeben werden, falls sie nach der Ratifizierung der Konvention gestohlen würden und sich in Italien befänden (vgl. Artt. 3f.). Die Tapisserien im Eigentum des Staats waren zudem als historische Denkmäler klassifiziert und sind als solche unveräusserlich (Art. 18 Abs. 2 L. 31. 12. 1913). Ihre Ausfuhr ist verboten (Art. 21 L. 31. 12. 1913). Eine Klage Frankreichs wäre zudem gestützt auf Art. 5 erfolgreich.

Wären die Gemälde aus der Privatsammlung Sciarra nach der vorgesehenen Ratifizierung der UNIDROIT-Konvention 1995 durch Frankreich illegal von Italien nach Frankreich verbracht worden, und könnte Italien vor dem zuständigen französischen Gericht nachweisen, dass die Bilder von „wesentlicher Bedeu-

---

[98] Übereinkommen über die gerichtliche Zuständigkeit und die Vollstreckung gerichtlicher Entscheidungen in Zivil- und Handelssachen vom 16. 9. 1988.

[99] Brüsseler Übereinkommen 1968.

[100] L. 7. 6. 1999, n. 213.

[101] Vgl. dazu *Siehr* Herausgabe, 5–11.

[102] Vgl. *Projet de loi n° 2879.*

tung“ sind, so könnte Italien erfolgreich auf Rückführung der Gemälde klagen (vgl. Art. 5).

In allen Fällen bleibt die Entschädigung des gutgläubigen Besitzers durch den ersuchenden Vertragsstaat vorbehalten (vgl. Artt. 4, 6).

G. Zwischenergebnis

Die UNIDROIT-Konvention 1995 zwingt die Vertragsstaaten zur gegenseitigen Anerkennung von Exportvorschriften. Illegal ausgeführte Kulturgüter, welche in einen anderen Vertragsstaat illegal verbracht wurden, müssen zurückgegeben werden. Dasselbe gilt für Kulturgüter, welche in einem Vertragsstaat gestohlen wurden und sich nun in einem anderen Vertragsstaat befinden. Vorbehalten bleiben in beiden Fallkonstellationen eine mögliche Entschädigung des gutgläubigen Besitzers durch den ersuchenden Vertragsstaat.

3. Kapitel: Andere Möglichkeiten zur Beachtung ausländischen Kulturgüterrechts

§ 40 Kollisionsrechtliche Sonderregel zu Gunsten der lex originis

Der Vorschlag, an den *locus originis* anzuknüpfen, weicht vom internationalprivatrechtlichen Grundsatz der *lex rei sitae* ab und stellt das anwendbare Recht hinsichtlich des Erwerbs illegal exportierten oder gestohlenen Kulturguts unter die Rechtsordnung des Herkunftslands.

Die *lex rei sitae* gilt beinahe in allen Rechtsordnungen der Welt.[1] Dies führt dazu, dass die einmal nach dem massgebenden und oft zufälligen[2] Belegenheitsstatut erworbenen Rechte – von hier nicht zu beachtenden Ausnahmen abgesehen[3] – erhalten bleiben. Diese Regel wurde auch in den vorne §§ 33f. dargestellten Beispielen aus der Rechtsprechung angewandt.

Eine Abkehr von der *lex rei sitae* und Anwendung der *lex originis* wird vom *Institut de Droit international* vorgeschlagen.

A. Resolution aus dem Jahre 1991 des Institut de Droit international

Die 12. Kommission des *Institut de Droit international* hat am 3. September 1991 in ihrer 65. Sitzung in Basel zum Thema *La vente internationale d'objets d'art, sous l'angle de la protection du patrimoine culturel* eine kollisionsrechtliche Sonderregel zur Bestimmung des anwendbaren Rechts beim internationalen Verkauf von Kunstwerken unter dem Gesichtspunkt des Schutzes des kulturellen Erbes vorgeschlagen.[4] Nach dieser Resolution soll sich die Veräusserung (Art. 2)

---

[1] Vgl. *Siehr* International Art, 74, Nr. 75; zu dieser Kollisionsnorm allgemein vgl. *Venturini,* Ziff. II, 8f.; vgl. auch *Lalive* The transfer, insb. 44–102.

[2] So *Siehr* International Art, 75, Nr. 75. Allerdings ist das „Herkunftsland" eines Kulturguts meistens, aber nicht notwendigerweise, der Ort dessen ursprünglichen Belegenheit; so i. E. gleich *Ferrer-Correia* La vente, 168, 174, 185; *Ders.* Nouvelles règles, 43, 45; zum Begriff des Herkunftsstaats vgl. *Jaeger,* 11.

[3] Ausnahmen gelten insb. bei besitzlosen Sicherungsrechten an Mobilien; vgl. z. B. Art. 102 IPRG.

[4] Die Resolution vom 3.9.1991 ist abgedr. in: Ann.Inst.dr.int. 64-I (1991) 190 (frz.); Ann.Inst.dr.int. 64-II (1992) 402 (engl. u. frz.); IJCP 6 (1997) 376 (engl.); IPRax 1991, 432

und der Export (Art. 3) von nationalem Kulturgut, das durch Klassifizierung, Registrierung oder ein anderes Mittel international zulässiger Publizität identifiziert werden kann (Art. 1 Abs. 1 lit. a), dem Recht des Staats unterstehen, mit dem der Gegenstand kulturell am engsten verbunden ist, also nach der *lex originis*, dem Recht des Herkunftslands (Art. 1 Abs. 1 lit. b).[5] Die Resolution zielt also auf den Vorrang des Schutzes und Bewahrung von Kulturgut gegenüber dem Verkehrsschutz ab.[6]

I. Illegal ausgeführte Kulturgüter

Kernstück der Resolution ist eine Kollisionsnorm, die den Erwerb illegal exportierten Kulturguts, das von seinem Herkunftsland als Bestandteil seines Kulturerbes registriert, klassifiziert oder sonstwie als solches öffentlich ausgewiesen worden ist, der Rechtsordnung dieses Landes unterstellt (Art. 2[7]). Ferner bestimmt Art. 3[8] ausdrücklich, dass auch die einschlägigen Ausfuhrvorschriften des Herkunftslands anzuwenden sind.

Die Basler Resolution 1991 erscheint originell, wenn man sie mit der UNESCO-Konvention 1970 und der UNIDROIT-Konvention 1995 vergleicht. Wie die vierte Erwägung der Präambel der Basler Resolution 1991 zeigt, will die Resolution soweit wie möglich einen Ausgleich schaffen zwischen dem Anliegen, das nationale kulturelle Erbe zu schützen, und der Sicherheit des internationalen Kunsthandels.[9]

(frz.); RabelsZ 56 (1992) 566 (engl.); Rev.crit.dr.int.priv. 81 (1992) 203 (frz.); vgl. dazu *Ferrer-Correia* La vente, 90–118, 140–186. Die Lehre hat die Resolution positiv aufgenommen; vgl. etwa *Ferrer-Correia* Nouvelles, 45; *Jayme* Das Internationale, 347f.; *Jayme/Kohler* Das Internationale, 360; *Mansel,* 271; *Gonzalez Campos/Virgos Soriano* Le commerce, 348–353.

5 Art. 1 Abs. 1 lit. b der Basler Resolution 1991 lautet in seiner frz. Fassung: „pays d'origine d'un objet d'art, celui auquel, du point de vue culturel, l'objet en question se trouve rattaché par le lien le plus étroit." Abgedr. in: Ann.Inst.dr.int. 64-II (1992) 404. Zur Konkretisierung des Begriffs des Herkunftslands i. S. der vorgeschlagenen Sonderregel vgl. *Jayme* Anknüpfungsmaximen, 724–728; zu den verschiedenen Anknüpfungskriterien allgemein vgl. *Jayme* Neue Anknüpfungsmaximen, 43–49.

6 So *Ferrer-Correia* La vente, 112f.

7 Art. 2 der Basler Resolution 1991 lautet in seiner frz. Fassung: „Le transfert de la propriété des objets d'art appartenant au patrimoine culturel du pays d'origine du bien est soumis à la loi de ce pays." Abgedr. in: Ann.Inst.dr.int. 64-II (1992) 404.

8 Art. 3 der Basler Resolution 1991 lautet in seiner frz. Fassung: „Les dispositions de la loi du pays d'origine concernant l'exportation d'objets d'art seront applicables." Abgedr. in: Ann.Inst.dr.int. 64-II (1992) 406.

9 Die 4. Erwägung der Präambel der Basler Resolution 1991 lautet in seiner frz. Fassung: „Considérant que lesdites dispositions, tout en se justifiant par le besoin d'assurer la sauvegarde de ce patrimoine, devraient être conciliées dans la mesure du possible avec les intérêts généraux du commerce international des objets d'art." Abgedr. in: Ann.Inst.dr.int. 64-II (1992) 402.

II. Gestohlene Kulturgüter

Die Resolution soll gemäss seinem Art. 1 Abs. 3 auf alle künftigen Fälle anwendbar sein, in denen Kulturgut gestohlen oder sonstwie seinem Eigentümer oder Besitzer abhanden gekommen, oder illegal ausgeführt worden ist.[10]

Im Bereich gestohlener Kunstwerke gehen manche Vorschläge dahin, dass bei Veräusserungsketten das Recht am Diebstahlsort oder am Ort des Abhandenkommens anzuwenden sei.[11] Mindestens aber sollte die *lex originis* auch über die Tatbestandsmerkmale des Diebstahls bzw. Abhandenkommens bestimmen.[12]

III. Materiellrechtliche Ergänzung

Das Herkunftsland i. S. des Art. 1 Abs. 1 lit. b der Basler Resolution 1991 kann jedoch allein auf Grund der kollisionsrechtlichen Verweisung auf das Recht des Herkunftslands nur dann vom aktuellen Besitzer herausverlangen, wenn es ein entsprechendes dingliches Recht an der Sache geltend machen kann. Deshalb sieht die Empfehlung zusätzlich eine Regelung vor, wonach das Herkunftsland die Herausgabe illegal exportierten Kulturguts auch dann verlangen kann, wenn nach seinem Recht kein Eigentumswechsel stattgefunden hat, und das Fehlen der Objekte erwiesenermassen einen wesentlichen Verlust für sein Kulturerbe bedeutet (Art. 4 Abs. 1).[13] Diese materiellrechtliche Regelung ergänzt die Kollisionsregel gemäss Art. 2, um dadurch das letztlich beabsichtigte materielle Ergebnis sicherzustellen.[14] Der Entschädigungsanspruch nach Art. 4 Abs. 2 der Basler Resolution 1991 stellt ebenfalls eine solche ergänzende materiellrechtliche Regelung dar.[15]

Die ausdrückliche Unterstellung des anwendbaren Rechts unter das Recht des Herkunftslands nach Art. 2 der Basler Resolution 1991 bedeutet also für den Käufer eines Kunstwerks, dass er die in Art. 1 Abs. 1 lit. a Resolution 1991 aufgezählten Methoden beiziehen und dann feststellen muss, ob der Verkauf von

---

[10] Art. 1 Abs. 3 der Basler Resolution 1991 lautet in seiner frz. Fassung: „La résolution s'applique à tous les cas futurs où l'objet d'art a été volé ou soustrait d'une autre manière illicite à son propriétaire ou possesseur, ou illégalement exporté." Abgedr. in: Ann.Inst.dr.int. 64-II (1992) 404.

[11] So z. B. *Mansel*, 271. Für besondere Sachnormen dagegen *Byrne-Sutton* Qui est, 498f.

[12] Vgl. *Hanisch* Internationalprivatrechtliche, 215.

[13] Art. 4 Abs. 1 der Basler Resolution 1991 lautet in seiner frz. Fassung: „au regard de la loi du pays d'origine, aucun changement dans la titularité du bien ne s'est produit, le pays d'origine pourra, dans un délai raisonnable, réclamer le retour de l'objet dans son territoire, à condition de prouver que l'absence de l'objet porterait une atteinte significative à son patrimoine culturel." Abgedr. in: Ann.Inst.dr.int. 64-II (1992) 406.

[14] *Müller-Katzenburg* Internationale, 282.

[15] *Müller-Katzenburg* Internationale, 282; *Reichelt* Die Rolle, 209, spricht von einer „Art Lösungsrecht".

unveräusserlichen Kunstwerken möglich ist, d. h. ob ein solcher Verkauf verboten ist oder einer Genehmigung bedarf.[16] Im Fall *Jeanneret v. Vichey*[17] wäre somit italienisches Recht auf den Erwerb des Matisse-Gemäldes anwendbar.

B. Auflockerung der *lex rei* sitae nach Art. 12 Richtlinie 93/7

Eine praktische Tendenz zur Auflockerung der *lex rei sitae* scheint aber nicht nur Art. 2 der Basler Resolution 1991 zu enthalten, sondern auch Art. 12 RL 93/7.[18]

C. Bewertung

I. Offene Fragen

Zur Frage, welches Recht beim Verkauf eines „Kunstwerks", dessen Herkunft kontrovers oder unbekannt ist, angewandt werden soll, sagt die Resolution 1991 nicht. In solchen Fällen kann nicht auf ein „Herkunftsland" i. S. des Art. 1 Abs. 1 lit. b zurückgegriffen werden. Aber auch in anderen Fallkonstellationen verspricht Art. 2 eine adäquate Lösung unter der Voraussetzung des Bestehens eines internationalen und leicht zugänglichen Registers gestohlener Kunstwerke, so z. B. das *Art Loss Register*. Ein Erwerber gestohlener Kunstwerke ist nur dann gutgläubig, wenn er mit Hilfe dieses Registers überprüfen lässt, ob das Kunstwerk als gestohlen gemeldet wurde.

Der untersuchte Vorschlag des *Institut de Droit international* sagt zudem nichts darüber, ob das nach dem Ort des Diebstahls bestimmte Recht nur für den ersten Transfer des Kulturguts oder auch für alle folgenden Eigentumsübertragungen gelten soll. Um einen Schutz vor späteren Manipulationen des Anknüpfungspunkts bieten zu können, müsste das festgestellte Recht des Diebstahlsorts wohl auch für alle weiteren Veräusserungen gelten.[19]

II. Interessenabwägung

Der Vorschlag des *Institut de Droit international*, mit den Mitteln des IPR ausländisches öffentliches Recht im Inland zu berücksichtigen, ist nicht neu. So hat sich die 20. Kommission des Instituts bereits in seinen Resolutionen von 1975

---

[16] *Siehr* International Art, 107, Nr. 126.

[17] Jeanneret v. Vichey, 541 F. Supp. 80 (S.D.N.Y. 1982), *reversed and remanded* 693 F.2d 259 (2d Cir. 1982); vgl. hierzu vorne § 31 B I.

[18] Vgl. hierzu vorne § 37 A IV 1.

[19] *Schmeinck*, 172.

(Wiesbaden)[20] und 1977 (Oslo)[21] ausdrücklich dafür ausgesprochen, dass die Gerichte unter bestimmten Umständen auch ausländisches öffentliches Recht anwenden sollten.

Der Zweck der Abweichung von der *lex rei sitae* zu Gunsten einer Anwendung der *lex originis* ist offensichtlich. Denn kraft einer solchen Verweisung auf das Recht des Herkunftsstaats gelangen auch dessen Kulturgutschutzgesetze einschliesslich der Ausfuhrvorschriften zur Anwendung. Diese Folge verdient umso mehr Beachtung, wenn das Recht am neuen Lageort des Kulturguts grosszügigere Regelungen zum Schutz der Besitzer und gutgläubigen Erwerber vorsieht. Der Grundsatz der Nichtanwendbarkeit ausländischen öffentlichen Rechts wird auf diese Weise durchbrochen.

Die Befürworter der Anwendung der *lex originis* betonen, dass die Anknüpfung an den *locus originis* eine Möglichkeit sei, zufälligen Ergebnissen auszuweichen bzw. zu verhindern.[22] Vereinzelt stösst die Bestrebung, von der *lex rei sitae* im Bereich des Kulturgüterschutzes abzuweichen, aber auch auf Ablehnung. Die Kritiker einer Anknüpfung an den *locus originis* machen darauf aufmerksam, dass gutgläubige Personen vom *locus originis* als Ort der Begehung des Diebstahls kaum Kenntnis haben werden.[23] Zudem sei die *lex originis* in diesen Fällen für die betroffenen Personen noch zufälliger als die *lex rei sitae*.[24] Die *lex rei sitae* stelle einer der wenigen Bereiche dar, in denen die Staaten nahezu weltweit eine übereinstimmende Regelung getroffen haben und auch praktizieren.[25] Durch die Anknüpfung an den *locus originis* sei die notwendige Sicherheit und Vorhersehbarkeit der kollisionsrechtlichen Entscheidung im internationalen Sachenrecht nicht mehr gewährleistet.[26]

Bei der Beurteilung der Notwendigkeit der Modifikation durch Sonderregeln muss m. E. eine Interessenabwägung vorgenommen werden. Die Abwägung

---

20 *Résolution de la Session de Wiesbaden du 11. 8. 1975: L'application du droit public étranger, Résolution A I 1*; abgedr. in: Ann.Inst.dr.int. 56 (1975) 550 = Archiv des Völkerrechts 17 (1976) 135; zum Ganzen vgl. *Lalive* L'application, 157–183, 219–259.

21 *Résolution de la Session d'Oslo du 1. 9. 1977: Les demandes fondées par une autorité étrangère ou par un organisme public étranger sur des dispositions de son droit public, Résolutions I, II*; abgedr. in: Ann.Inst.dr.int. 57-II (1977) 328; zum Ganzen vgl. *Lalive* Les demandes, 2–18.

22 *Ferrer-Correia* La vente, 174: „le résultat auquel ladite règle nous mène est aléatoire: il dépend du droit matériel du pays où les faits déterminant le prétendu transfert le propriété ont eu lieu. Le sort d'une demande introduite par l'État d'origine du bien est lié au hasard des concrétisations successives du facteur de rattachement de la règle de conflit."

23 So *Schmeinck*, 172f.

24 So *Siehr* International Art, 75, Nr. 75.

25 *Schmeinck*, 172.

26 So ausdrücklich *Schmeinck*, 172, die von einer „schwerwiegenden Gefährdung des Rechtsverkehrs" spricht und an der Anwendbarkeit der *lex rei sitae* festhält.

zwischen der Rechtssicherheit einerseits und dem Schutz von Eigentümerinteressen andererseits, die hinsichtlich des anwendbaren Sachrechts regelmässig zurücktreten, ist jedoch nicht immer einfach vorzunehmen. Wenn diese Eigentümerinteressen durch das wohl überwiegende Interesse des Kulturgüterschutzes noch verstärkt werden, dann verliert das Verkehrsschutzinteresse an Gewicht.[27] Überdies ist das Vertrauen des Rechtsverkehrs in die Massgeblichkeit der *lex rei sitae* bei illegal exportierten Kulturgütern oft weniger schutzwürdig. Das liegt daran, dass bei erkennbar wertvollem Kulturgut ausländischer Herkunft die Nähe zum Recht des Lageorts weniger stark ausgeprägt ist. Auch ist der Lageort der beweglichen Sache oft zufällig; dieser kann sogar bewusst zum Zweck einer vorübergehend günstigen Anknüpfungssituation manipuliert sein. Die Anwendbarkeit der klassischen Kollisionsregel führt somit im hier zu beurteilenden Bereich zu zufälligen Ergebnissen.[28] Es ist daher gerechtfertigt, die *lex rei sitae* an die besondere Sach- und Interessenlage anzupassen und von der starren Anwendung dieser Regel abzukehren. Eine solche Auflockerung der *lex rei sitae* zu Gunsten der *lex originis* steht jedenfalls auch vom methodischen Ansatz im Einklang mit den aktuellen Strömungen im IPR.[29]

§ 41 Kollisionsrechtliche Sonderanknüpfung zwingender Normen

A. Kulturgutschutzgesetze als zwingende Normen

Verweist das IPRG auf die ohnehin anwendbare ausländische Rechtsordnung, so ist gemäss Art. 13 IPRG auch das öffentliche Recht dieses ausländischen Staats mitanzuwenden.[30] Ob aber ausländische Eingriffsnormen, die zwingend angewandt sein wollen (sog. *lois d'application immédiate*), und auf die unsere IPR-Kollisionsregel nicht verweist, unter Umständen gesondert angeknüpft

---

[27] So auch *Müller-Katzenburg* Internationale, 283.

[28] Vgl. *Ferrer-Correia* La vente 168, 174, 185; *Ders.* Nouvelles règles, 43, 45.

[29] *Müller-Katzenburg* Internationale, 284. Zu dieser Tendenz im IPR vgl. *Jayme* Anknüpfungsmaximen, 729f., der von einem „postmodernen" IPR spricht.

[30] Art. 13 IPRG hält ausdrücklich fest, dass eine Anwendung von ausländischem Recht wegen seines öffentlichen Charakters nicht von vornherein ausgeschlossen ist. Diese Kollisionsnorm lässt also eine Berücksichtigung und eine eventuelle Anwendung ausländischen öffentlichen Rechts zu. Der Schweizer Richter kann mithin nach der *lex fori* direkt ausländische Exportvorschriften über Kulturgüter im Inland durchsetzen. Wird ein aus einem Drittstaat illegal ausgeführtes Kulturgut in die Schweiz importiert und klagt jener Staat vor einem schweizerischen Gericht (i. d. R. am Ort der gelegenen Sache) auf Rückgabe des illegal ausgeführten Kulturguts, so *kann* das angerufene Gericht die Ausfuhrbestimmungen, deren Verletzung geltend gemacht wird, anwenden.

werden sollten, wurde seit längerem diskutiert.[31] Die Beachtung ausländischer Eingriffsnormen ist an die Voraussetzungen geknüpft, dass sie erstens extraterritorial gelten *wollen*, zweitens eine hinreichend enge Verbindung der Rechtsordnung, aus der diese Eingriffsnormen stammen, zum Sachverhalt (hier zum Schuldverhältnis) besteht und schliesslich drittens, dass sie nach inländischen Vorstellungen „anwendungsfähig" sind.[32] Dabei soll neben der von der Verweisungsnorm zur Anwendung berufenen Rechtsordnung noch das Recht eines Drittstaats anwendbar sein, weil dieses angewandt werden will und weil es auch eine nahe Beziehung zum Sachverhalt hat.[33]

Auf den ersten Blick erscheint es klar, dass die zur kollisionsrechtlichen Sonderanknüpfung von zwingenden Normen entwickelten Grundsätze auch auf ausländische Exportvorschriften für Kulturgut anwendbar sind. So vertritt die wohl h. L. die Auffassung, dass Exportverbote zu den zwingenden Eingriffsnormen gehören, die im öffentlichen Interesse in die privatrechtlichen Verhältnisse eingreifen.[34] Die Voraussetzung der engen Verbindung zum Sachverhalt ist ohne Zweifel jeweils gegeben. Denn in den Fällen des illegalen Kulturgüterexports ergibt sich die geforderte enge Verbindung des Sachverhalts zum Recht des Herkunftsstaats i. d. R. bereits aus der nationalen[35] Zugehörigkeit des illegal ausgeführten Kulturguts. Der Wille, extraterritoriale Wirkung zu haben, scheint ebenfalls offensichtlich, haben doch nahezu alle Staaten Gesetze zum Schutz ihres heimischen Kulturguts erlassen.[36] Der deutsche Bundesgerichtshof hat dies im Fall „Nigeria" unmissverständlich zum Ausdruck gebracht.[37]

---

31 Vgl. *Müller-Katzenburg* Internationale, 287, Fn. 207 m. H. auf die Lit.

32 Vgl. *Lalive* L'application, 162f.

33 *Vischer* IPRG 19, Rn. 2; *Ders.* Zwingendes, 446; a.A. *Schwander* Einführung, 248, Rn. 536, der die Meinung vertritt, dass nicht *auch*, sondern *nur* Normen, die nicht der *lex causae* angehören, über Art. 19 Abs. 1 IPRG berücksichtigt werden können; anders *Heini* IPRG 13, Rn. 23, der davon ausgeht, dass nur Staatsverträge zu einer adäquaten Lösung führen können, aber immerhin den Eingriffsnormen eines fremden Staats im Rahmen des Kulturgüterschutzes auf Grund eines universalen *ordre public* Geltung verschaffen will.

34 Vgl. *Hanisch* Internationalprivatrechtliche, 199; *Knoepfler*, 379f.; *Fraoua* Le trafic, 124; *Siehr* Ausländische, 61; kritisch *Byrne-Sutton* Le trafic, 162f.

35 Zu den möglichen Kriterien für die Bestimmung der „Nationalität" von Kulturgut vgl. *Jayme* Anknüpfungsmaximen, 723–728; *Ders.* Neue Anknüpfungsmaximen, 100–106; *Ders.* Die Nationalität, 24–29; *Hanisch* Der Fall, 22–24; vgl. auch *Reichelt* Die Rolle, 207, die neben den territorialen Anknüpfungskriterien die Beachtung der Person des Künstlers als Anknüpfungspunkt postuliert.

36 Vgl. *Prott/O'Keefe* Law, I, Rn. 207–276.

37 Vgl. BGH 22.6.1972, BGHZ 59, 82 u. 86: „dem nach heutiger Auffassung allgemein zu achtenden Interesse aller Völker an der Erhaltung von Kulturwerten an Ort und Stelle" und „in der Völkergemeinschaft bestehen [...] grundsätzlich Überzeugungen über das Recht jedes Landes auf den Schutz seines kulturellen Erbes und über die Verwerflichkeit von Praktiken [...], die es beeinträchtigen und die bekämpft werden müssen. Die Ausfuhr von

Die typischen Fälle, in denen es auf die Beachtlichkeit ausländischer Kulturgutschutznormen ankommt, sind aber nicht vertragliche Ansprüche, sondern dingliche Klagen der Herkunftsländer auf ihre illegal exportierten Kulturgüter.[38] In der Lehre hat dies zu kritischen Stellungnahmen geführt. So wird die Auffassung vertreten, dass die Theorie von der kollisionsrechtlichen Sonderanknüpfung zwingender Normen auf vertragsrechtliche Sachverhalte beschränkt und daher bei dinglichen Herausgabeklagen illegal exportierter Kulturgüter nicht anwendbar sei.[39] Die Voraussetzung der Anwendungsfähigkeit schafft wohl im Weiteren keine Probleme.

B. Sonderanknüpfung nach Art. 19 Abs. 1 IPRG

In der bisherigen Rechtsprechung ging das Bundesgericht im internationalen Vertragsrecht prinzipiell von der sog. Schuldstatuttheorie[40] aus. Diese will unter dem Vorbehalt unmittelbar anwendbarer Normen der *lex fori* (Art. 18 IPRG) ausschliesslich das auf das Schuldverhältnis anwendbare Recht massgeblich sein lassen. Geltungsansprüche anderer Rechtsordnungen und deren Einfluss auf das Schuldverhältnis können nur im Rahmen der allgemeinen materiellrechtlichen Behelfe des Vertragsstatuts, wie z. B. Verstoss gegen die guten Sitten, Berücksichtigung finden.[41]

Das IPRG folgt in Art. 19 nicht der ausschliesslichen Schuldstatuttheorie.[42] Nach Art. 19 Abs. 1 IPRG kann die Bestimmung eines anderen Rechts, die zwingend angewandt sein will, berücksichtigt werden, wenn „nach schweize-

---

Kulturgut entgegen einem Verbot des Ursprungslandes verdient daher im Interesse der Wahrung der Anständigkeit im internationalen Verkehr mit Kunstgegenständen keinen bürgerlichrechtlichen Schutz." Dabei ging es allerdings nicht um eine dingliche Herausgabeklage, sondern um obligatorische Ansprüche aus einem Transportversicherungsvertrag. Eine Firma in Nigeria schloss bei einer deutschen Versicherungsgesellschaft für einen Seetransport von afrikanischen Kunstgegenständen einen Seetransportversicherungsvertrag gemäss den Allgemeinen Deutschen Versicherungsbedingungen ab. Während des Transports gingen sechs Bronzefiguren verloren. Die versicherten Gegenstände fielen unter ein nach nigerianischem Recht bestehendes Ausfuhrverbot. Der BGH ist im konkreten Fall zu keiner kollisionsrechtlichen Sonderanknüpfung gelangt, sondern zu einer materiellen Berücksichtigung des nigerianischen Exportverbots. Zum Fall „Nigeria" vgl. *Bleckmann,* 112–132; *Mann,* 2179.

[38] Neben dem Fall „Nigeria" gilt die Entscheidung *Jeanneret v. Vichey* (Fn. 524) als weitere Ausnahme.

[39] *Byrne-Sutton* Le trafic, 158–165, im Wesentlichen mit der Begründung, dass dadurch der Gutglaubensschutz nicht mehr gewährleistet sei; ebenso *Knott,* 130f.; a.A. *Droz,* 536f.; *Knoepfler,* 379–381; *Luzzatto,* 421 f.; *Gonzalez Campos/Virgos Soriano* Le commerce, 348–350.

[40] Vgl. dazu *Erne,* 112–146.

[41] Vgl. dazu *Erne,* 12–21.

[42] *Vischer* Zwingendes, 447.

rischer Rechtsauffassung schützenswerte und offensichtlich überwiegende Interessen einer Partei es gebieten und der Sachverhalt mit jenem Recht einen engen Zusammenhang aufweist."[43] Das Ziel ist, wie Art. 19 Abs. 2 IPRG festhält, „eine nach schweizerischer Rechtsauffassung sachgerechte Entscheidung".[44]

Dem Richter ist es daher gestattet, von der nach Art. 100 IPRG üblichen Anknüpfung an den Lageort abzuweichen und die Bestimmungen eines anderen als des von der *lex rei sitae* berufenen Rechts anzuwenden. Auf diese Weise können gegebenenfalls auch die kulturgutbewahrenden Bestimmungen des Herkunftslands eines illegal in die Schweiz gelangten Kulturguts zur Anwendung gelangen.[45] Leider hatte das Bundesgericht bisher keine Gelegenheit, sich zur Berücksichtigung fremder Kulturgutschutznormen zu äussern.

C. Beispiel aus der ausländischen Praxis: De Raad v. OvJ

Es ist erst ein Mal vorgekommen, dass ein Gericht anstelle der *lex rei sitae* ausdrücklich die vorrangige Anwendbarkeit ausländischer Kulturgutschutznormen bejaht hat. In der vorne § 33 D besprochenen Entscheidung *De Raad v. OvJ* wandte die niederländische *Rechtbank* unter Berufung auf das „Alnati-Urteil" des *Hoge Raad* vom 13. Mai 1966[46] französisches Kulturgüterrecht (L. 31. 12. 1913) an, obwohl nach der *lex rei sitae* niederländisches Recht auf den Eigentumsübergang der Statue anwendbar war.[47] Die *Rechtbank* hielt daher den in den Niederlanden abgeschlossenen Kaufvertrag für nichtig (Artt. 18, 20 L. 31. 12. 1913) und verneinte damit das Eigentum des niederländischen Kunsthändlers.

D. Fazit

Es ist m. E. kein zwingender Grund ersichtlich, warum eine kollisionsrechtliche Sonderanknüpfung ausländischer Eingriffsnormen nicht auch im Sachenrecht möglich sein sollte.[48] Die Förderung internationaler Zusammenarbeit und Ent-

---

[43] Zu den einzelnen Voraussetzungen vgl. *Vischer* IPRG 19, Rn. 11–18. Vgl. zudem Art. 7 Abs. 1 EVÜ (s. vorne § 33, Fn. 47).

[44] Art. 19 IPRG lässt dem Richter einen Ermessensspielraum; die Sonderanknüpfung zeichnet also nach dem schweizerischen IPR die Rechtsfolge nicht zwingend vor; so aber *Mülbert,* 140 f.

[45] Vgl. *Knoepfler,* 379–381; *Schwander* Einführung, 253, Rn. 547.

[46] Vgl. vorne § 33, Fn. 47.

[47] Hoge Raad (Strafkammer) 18. 1. 1983 (De Raad v. OvJ), Ned.Jur. 1983, Nr. 445, 1404.

[48] So auch *Zimmer,* 65.

scheidungsharmonie spielt im internationalen Sachenrecht eine ebenso grosse Rolle wie im internationalen Vertragsrecht. Dies gilt umso mehr für wertvolle Kulturgüter und Kunstgegenstände, denen eine höhere Bedeutung zukommt als bei schuldrechtlichen Ansprüchen. Gerade hier wird daher auch sachenrechtlich ein Bedürfnis zur Sonderanknüpfung gesehen.[49]

§ 42 Materielle Berücksichtigung

Nicht geklärt ist die Rechtslage, wenn der Erwerb einer Sache zur Diskussion steht, die unter Verletzung von Ausfuhrverboten in die Schweiz gelangte. Es ist von folgender Fallkonstellation auszugehen: A verkauft B in der Schweiz eine im Zeitpunkt des Vertragsschlusses in Italien gelegene antike Statue, die dort bei archäologischen Grabungsarbeiten entdeckt worden war. Die Parteien vereinbaren, dass der Verkäufer das Kulturgut aus Italien über die Schweiz in die USA bringen soll.

Die Statue ist nach Art. 826 Abs. 2 Cci Teil des unverfügbaren Staatsvermögens *(patrimonio indisponibile)*, wenn sie von historischem, archäologischem, paläoethnologischem, paläontologischem oder künstlerischem Interesse ist. Zudem unterliegt sie einem Ausfuhrverbot, wenn die Ausfuhr des Kulturguts dem nationalen Kulturvermögen schaden würde (Art. 65 Abs. 1 D.L. 1999/490).[50] Es ist denkbar, dass der Richter die Umgehung der italienischen Kulturgüterschutznorm als Grund für die Ungültigkeit des Vertrags betrachtet. Dabei prüft der Richter die Vertragsgültigkeit unter dem Gesichtspunkt der Unsittlichkeit i.S. des Art. 20 Abs. 1 OR. Eine Unsittlichkeit würde nach der bundesgerichtlichen Rechtsprechung etwa dann vorliegen, „wenn die Duldung ihrer Verletzung auch im Inland geeignet wäre, eine dem Gemeinwohl gefährliche Verwirrung und Verwilderung der sittlichen Begriffe hervorzurufen und somit gleich die öffentliche Ordnung des Inlandes zu verletzen.“[51]

---

[49] Vgl. *Hanisch* Internationalprivatrechtliche, 213. Ebenfalls für eine kollisionsrechtliche Sonderanknüpfung ausländischer Kulturgutschutznormen bei Herausgabeklagen der Herkunftsländer *Jaeger*, 103; *Verheul*, 422; *Gonzalez Campos/Virgos Soriano* Le commerce, 348–350, 352f.; *Knoepfler*, 379–381. Vgl. auch *Siehr* Nationaler, 540–542, der eine direkte Beachtung fremder Exporthindernisse gemäss Art. 19 IPRG bzw. Art. 7 Abs. 1 EVÜ bejaht, sofern es um „wichtige Kulturgüter“ geht; ähnlich *Ders.* Ausländische, 61, wenn es sich um „nationale Kulturgüter“ handelt.

[50] Die Ausfuhr bedarf zusätzlich einer Bewilligung nach der VO 3911/92, da die Statue älter als 100 Jahre ist und deshalb unter die 1. Kategorie des Anhangs zur VO fällt.

[51] BGer 28.2.1950 (Suleyman g. Tungsram Elektrizität A.-G.), BGE 76 II 33, 41; ähnlich HGer Zürich 9.5.1968 (Kaffeeschmuggel), SJZ 1968, 354 (355): „Es besteht [...] kein Zweifel, dass eine allein durch Gewinnstreben motivierte Schmuggelaktion großen Umfanges zum Nachteile eines Nachbarstaates hierzulande von allen billig und gerecht Denkenden als Unrecht abgelehnt wird.“ Ähnlich *Tuhr*, 223f., der die „Umgehung ausländischer Zollgesetze durch Schmuggel“ ohne jede Einschränkung als „unsittliche Handlung“ bezeichnet.

Der Fall wird aus folgenden Gründen nicht über Art. 19 IPRG zu lösen sein: Zunächst ist die Gültigkeit des Kaufvertrags zu prüfen, der in der Schweiz unter Verletzung von italienischen Exportbestimmungen sowie von EG-Recht geschlossen worden ist. Unterstand der Kaufvertrag den Regeln des Exportstaats, so wird der Richter nach Art. 13 IPRG auch die öffentlich-rechtlichen Normen und somit das italienische Exportverbot zum anwendbaren Recht zählen. Ist ein anderes Recht als dasjenige des Exportstaats auf den Kaufvertrag anwendbar, so muss geprüft werden, ob die Berücksichtigung über Art. 19 IPRG erfolgen kann. Die dritte Voraussetzung von Art. 19 Abs. 1 IPRG ist aber nicht gegeben, da keine „schützenswerte und offensichtlich überwiegende Interessen einer Partei" vorliegen, welche die Anwendung dieses Rechts gebieten; denn der Exportstaat ist in aller Regel nicht Vertragspartei.[52]

---

[52] Vgl. *Heini* IPRG 100, Rn. 31; a.A. *Schwander* Einführung, 253, Rn. 547, der das Erfordernis der „nach schweizerischer Auffassung schützenswerten und offensichtlich überwiegenden Interessen einer Partei" i.S. des Art. 19 Abs. 1 IPRG als verfehlt ansieht, da die Sonderanknüpfung auch den Fall erfassen soll, in dem beide Parteien ausländische zwingende Normen umgehen, welche nach unserer Auffassung schützenswert sind.

4. Teil: Zusammenfassung

1. Nur ganz bestimmte Gruppen von Kulturgütern sind *res extra commercium* nach römisch-rechtlicher Terminologie und somit dem Rechtsverkehr gänzlich entzogen. So sind in Frankreich und Italien Kulturgüter als Teil des *domaine public* bzw. *demanio pubblico* unveräusserlich und unersitzbar. Da der *Code civil* bzw. der *Codice civile* auf Objekte im Eigentum der öffentlichen Hand keine Anwendung findet, kann an diesen kein Eigentum erworben werden. Folglich sind Herausgabeansprüche der öffentlichen Hand unverjährbar, und der gutgläubige Besitzer muss die Sache entschädigungslos herausgeben.[1] In Frankreich können nach ständiger Rechtsprechung nicht nur unbewegliche Sachen und Sachgesamtheiten Teil des *domaine public* sein, sondern auch einzelne Objekte, wenn eine Gebietskörperschaft (Staat, Departement, Gemeinde) oder öffentlich-rechtliche Anstalt Eigentümerin ist (sog. *domaine public mobilier*).[2] Hingegen kennt das italienische Recht die Domanialität nur an unbeweglichen Sachen und Sachgesamtheiten, wobei das italienische Kassationsgericht in einem neueren Entscheid feststellte, dass auch eine einzelne Sache domanialen Charakter haben kann, solange sie nicht entwidmet ist.[3]

In Frankreich sind als historische Denkmäler *(monuments historiques)* klassifizierte Güter im Eigentum des Staats von Gesetzes wegen unveräusserlich und unersitzbar. Sie gehören zum *domaine privé de l'État*, sind aber aber keine *res extra commercium.* Die in ein spezielles Verzeichnis eingetragenen privaten Kulturgüter sind ebenfalls nicht gänzlich dem Rechtsverkehr entzogen, sondern unterliegen lediglich gewissen Handelsbeschränkungen. Unter Denkmalschutz gestellte private Objekte können zudem nicht ersessen werden.[4] Der Staat hat bei allen öffentlichen Versteigerungen und Freihandverkäufen von „Kunstwerken" *(objets d'art)* ein gesetzliches Vorkaufsrecht, wobei der Staat sein Vorkaufsrecht erst innerhalb von 15 Tagen seit dem Verkauf auszuüben hat.[5]

Das italienische Recht grenzt das unverfügbare Staatsvermögen *(patrimonio indisponibile)* vom öffentlichen Gut *(demanio pubblico)* ab. Erstere sind keine *res extra commercium.* Die Veräusserung von solchen Objekten im Eigentum des Staats, von Regionen, Provinzen und Gemeinden bedarf der staatlichen Bewilligung. Archäologische bewegliche Funde gehören von Gesetzes wegen zum

---

1 S. vorne § 7 C I u. § 8 C I.

2 S. vorne § 7 C II.

3 S. vorne § 8 C I 2a u. § 8 C I 2c β.

4 S. vorne § 7 D.

5 S. vorne § 7 E IV.

patrimonio indisponibile.[6] Kulturgüter im Eigentum Privater sind nicht gänzlich dem Rechtsverkehr entzogen, unterliegen aber gewissen Handelsbeschränkungen. Veräusserungen von Objekten, deren künstlerisches, historisches, archäologisches oder demo-ethno-antropologisches Interesse erklärt und dem Eigentümer, Besitzer oder Gewahrsamsinhaber notifiziert wurde, bedürfen der staatlichen Bewilligung. Der Staat hat bei entgeltlichen Veräusserungen ein Vorkaufsrecht.[7]

In Deutschland sind Kulturgüter keine *res extra commercium*, auch nicht jene im Eigentum der öffentlichen Hand. Durch Widmung werden sie zwar zu öffentlichen Sachen, die Trägerschaft von öffentlichen Sachen verliert aber ihr Eigentum durch gutgläubigen Erwerb eines Dritten. Dagegen bleibt die öffentlich-rechtliche Zweckbindung bis zur Entwidmung bestehen. Die öffentliche Hand hat zudem einen Anspruch auf widmungsgemässen Gebrauch.[8] Der Handel mit privaten Kulturgütern ist beschränkt, da deren Veräusserung einer Bewilligung oder zumindest einer Anzeige bedarf.[9]

In der Schweiz ist auf Bundesebene nur Archivgut im Eigentum des Bundes *res extra commercium.* Einige kantonale Denkmalschutzgesetze sehen zwar die Unveräusserlichkeit und Unersitzbarkeit von inventarisierten Kulturgütern im Eigentum der öffentlichen Hand vor. Diese sind aber als öffentliche Sachen keine *res extra commercium* und können gutgläubig zu Eigentum erworben werden. Eine Veräusserung mag aber die öffentlich-rechtliche Zweckbindung nicht zu überwinden; erst die Entwidmung führt zum unbelasteten Eigentum.[10] Die in spezielle kantonale Denkmalschutzverzeichnisse eingetragenen privaten Kulturgüter sind ebenfalls keine *res extra commercium.* Der Eigentümer ist lediglich in seiner Verfügungsbefugnis beschränkt. Zu den Verfügungsbeschränkungen sind die Anzeigepflicht und die Bewilligungspflicht von Veräusserungsgeschäften zu zählen. Lediglich die Kantone Basel-Landschaft und Jura bestimmen ausdrücklich die Unersitzbarkeit von den im Denkmalschutzverzeichnis eingetragenen (privaten) Kulturgütern. Eine bisher einzigartig gebliebene kantonale Vorschrift enthält Art. 11 Abs. 2 des Berner Denkmalpflegegesetzes vom 8. September 1999 i. V. m. Art. 6 Abs. 2 Denkmalpflegeverordnung vom 25. Oktober 2000, wonach Güter, die im „Verzeichnis der beweglichen Denkmäler" eingetragen sind, „dem Rechtsverkehr entzogen" sind, sofern diese von der öffentlichen Hand „mitgetragen oder massgeblich mitfinanziert werden." Diese Extrakommerzialität entfaltet hingegen nur innerhalb des Kantonsgebiets Wirkung.[11]

---

[6] S. vorne § 8 C II 2.

[7] S. vorne § 8 D.

[8] S. vorne § 6 B.

[9] S. vorne § 6 C.

[10] S. vorne § 5 B V.

[11] S. vorne § 5 B II 1 b α.

Im Vereinigten Königreich können die Eigentümer ihre Kunstgegenstände durch Errichtung eines Trusts dem Handel entziehen. Abgesehen vom zeitlich beschränkten Kaufrecht an Kulturgut, das abzuwandern droht, bestehen keine staatlichen Verkehrsbeschränkungen.[12]

2. In allen untersuchten Rechtsordnungen sind archäologische Objekte mit deren Entdeckung Staatseigentum. In Frankreich sind diese aber nicht automatisch Teil des absolut unveräusserlichen öffentlichen Guts *(domaine public)*, sondern erst, wenn sie in einer öffentlichen Sammlung dem Publikum zugänglich sind.[13] In Italien fallen bewegliche archäologische Fundstücke in den *patrimonio indisponibile*; handelt es sich hingegen um unbewegliche Bodenfunde von archäologischem Interesse, so sind sie Teil des *demanio pubblico*.[14] Im Vereinigten Königreich gehören archäologische Bodenfunde der Krone, falls kein Dritter mit Erfolg sein Eigentum reklamiert.[15]

3. Die Rechtslage betreffend Kirchengüter unterscheidet sich nicht von derjenigen anderer Kulturgüter. Kirchliche Kulturgüter sind in Frankreich und Italien keine *res extra commercium*, da sie nicht Teil des öffentlichen Guts *(domaine public, demanio pubblico)* sind.[16] In der Schweiz und Deutschland werden Kirchengüter wie Kulturgüter als öffentliche Sachen behandelt.[17]

4. Bezüglich der Ausfuhr von Kulturgut gilt folgendes: Nur eine Minderheit der Kantone verlangt für die Ausfuhr von Kulturgut eine Bewilligung. Auf Bundesebene bestehen keine Exportvorschriften für Kulturgut.[18] Die Bundesrepublik Deutschland kennt eine liberale Ausfuhrregelung. Die in den „Verzeichnissen national wertvollen Kulturgutes und wertvoller Archive" eingetragenen Kulturgüter bedürfen einer staatlichen Bewilligung. Diese wird nicht erteilt, wenn „wesentliche Belange des deutschen Kulturbesitzes überwiegen".[19] Nach französischem Recht ist die dauernde Ausfuhr von den als *monument historique* klassifizierten Objekten verboten. Dasselbe gilt für Kulturgüter des *domaine public* sowie für Güter von „gehobenem" historischen, künstlerischen oder archäologischen Interesse.[20] Das italienische Recht verbietet die Ausfuhr von allen Kulturgütern, deren Abwanderung dem historischen und kulturellen Vermögen der Nation schaden würde. Dabei ist unerheblich, ob namentlich die historische oder

---

[12] S. vorne § 9.

[13] S. vorne § 13 B.

[14] S. vorne § 14 B.

[15] S. vorne § 15 B IV.

[16] S. vorne § 20 u. § 21.

[17] S. vorne § 18 u. § 19.

[18] S. vorne § 26 A.

[19] S. vorne § 29 C.

[20] S. vorne § 30 B.

künstlerische Bedeutung vorher notifiziert worden ist.[21] Im Vereinigten Königreich bedürfen grundsätzlich alle Objekte einer Bewilligung, die älter als 50 Jahre sind, einen Wert von mindestens £ 39600 aufweisen und nicht Eigentum des Urhebers sind. Bei archäologischen Objekten ist kein Mindestwert erforderlich. Sind die drei Waverley-Kriterien erfüllt, so wird die Ausfuhr einstweilen verweigert, um dem Eigentümer in einer im Einzelfall anzusetzenden Frist ein Kaufangebot zu unterbreiten. Kommt kein öffentliches oder privates Angebot zustande, so muss die Ausfuhrbewilligung erteilt werden. Lehnt der Eigentümer das zustande gekommene Kaufangebot ab, so wird die Ausfuhr verweigert.[22]

Kulturgut, dessen Ausfuhr verweigert wurde, ist keine *res extra commercium*. Da aber der Handel mit solchen Objekten infolge des Exportverbots auf den nationalen Markt beschränkt ist, muss von einer „partiellen Extrakommerzialität" und somit von *res non exportabilis* gesprochen werden.

5. Bezüglich des internationalen Rechtsverkehrs von unveräusserlichen Kulturgütern auf Grund des EG-Kulturgüterrechts sowie des Staatsvertragsrechts kann folgendes festgehalten werden: Die zwischen den EU-Mitgliedstaaten sowie für das Fürstentum Liechtenstein, die Republik Island und das Königreich Norwegen als EWR-Mitgliedstaaten geltende Richtlinie 93/7/EWG des Rates vom 15. März 1993 über die Rückgabe unrechtmässig aus dem Hoheitsgebiet eines Mitgliedstaats verbrachten Kulturgütern durchbricht den Grundsatz, wonach ausländisches öffentliches Recht im Inland nicht durchgesetzt werden kann. Die genannten Staaten haben die zum öffentlichen Recht zählenden Exportvorschriften gegenseitig anzuerkennen und illegal verbrachte *res non exportabilis* (s. vorne 4) zurückzugeben. Wer Eigentümer am zurückgeführten Kulturgut ist, bestimmt sich nach dem Recht des ersuchenden Mitgliedstaats. Die Richtlinie 93/7 führt so zumindest zu einer neuen Qualität von *res extra commercium europeum*.[23]

Auch die UNIDROIT-Konvention vom 24. Juni 1995 über gestohlene oder rechtswidrig ausgeführte Kulturgüter zwingt die Vertragsstaaten zur gegenseitigen Anerkennung ihrer Exportvorschriften. Die Wirksamkeit dieses Staatsvertrags ist jedoch beschränkt, da erst zwölf Staaten das Übereinkommen ratifiziert haben.[24]

Einzig die UNESCO-Konvention 1970, die in nationales Recht umzusetzen ist, sieht in Art. 13 lit. d die gegenseitige Verpflichtung vor, das Recht jedes

---

[21] S. vorne § 31 A II.

[22] S. vorne § 32 B.

[23] S. vorne § 37.

[24] S. vorne § 39.

Vertragsstaats, bestimmtes Kulturgut als unveräusserlich zu erklären, anzuerkennen.[25]

6. Nach autonomem IPR besteht folgende Situation: Eine nach französischem Recht unveräusserliche Sache kann in Italien zu Eigentum erworben werden, obwohl das italienische Recht die Extrakommerzialität eigener Kulturgüter kennt. Das mag weder die Richtlinie 93/7 noch die UNIDROIT-Konvention 1995 verhindern. Denn nach der wohl in allen Rechtsordnungen geltenden *lex rei sitae* bestimmt sich das auf den Eigentumserwerb anwendbare Recht nach dem Recht des Orts, wo die Sache im Zeitpunkt des Eigentumserwerbs gelegen war.

Der in Frankreich oder Italien abgeschlossene Kaufvertrag über ein dort gelegenes unveräusserliches Kulturgut ist nichtig. Es ist folglich auch kein Eigentum übergegangen. Wird die Sache in die Schweiz verbracht, so entsteht auch hier kein Eigentum, da es bereits an einem gültigen Rechtstitel *(iusta causa)* fehlt. Es liegt somit ein rein schuldrechtliches Problem vor; die Frage des guten Glaubens stellt sich nicht. Wird ein solches Kulturgut in der Schweiz verkauft, so kommt auf den Eigentumserwerb gemäss Art. 100 Abs. 1 IPRG schweizerisches Recht zur Anwendung. Der Käufer wird Eigentümer der nach französischem oder italienischem Recht unveräusserlichen Sache (Art. 100 Abs. 2 IPRG).

7. Für den internationalen Rechtsverkehr von Kulturgut haben sich also weder nach supranationalem Recht noch im Staatsvertragsrecht und IPR Spezialregeln für die Behandlung von Kulturgütern herausgebildet. Hingegen liefert hierbei die Sonderanknüpfung nach Art. 19 IPRG einen fortschrittlichen Ansatz.

Die vom *Institut de Droit international* am 3. September 1991 vorgeschlagene Anknüpfung an den *locus originis* beim Erwerb von gestohlenen oder illegal ausgeführten Kulturgütern hat bisher keine Gefolgschaft gefunden.

---

[25] S. vorne § 38 A VI.

5. Teil: Summary

1. Only a select group of cultural property is considered *res extra commercium* under Roman legal terminology and, thus, not subject to trade. In France and Italy, cultural property is considered *domaine public* or *demanio pubblico* respectively and cannot therefore be sold or otherwise be acquired through positive prescription. Since neither the *Code civil,* nor the *Codice civile* may be applied to public property, private parties cannot acquire title to the same. Accordingly, the right of return for public property is not subject to a statute of limitations and even good faith possessors must return the objects without compensation.[1] In France, the courts have consistently held that *domaine public* is not limited to real property or a group of assets, but that individual objects may fall into this category when a territorial corporation (state, department, municipality) or public institution owns the object *(domaine public mobilier)*.[2] Conversely, Italian law recognizes the concept of domain as applied to real property or groups of assets. Recently, however, the Italian Cassation Court determined that individual objects may acquire domain character as long as the object is not annulled from its public purpose.[3]

In France, goods classified as historical monuments *(monuments historiques)* and property of the state are not saleable or otherwise acquirable by law. Such items belong to the *domaine privé de l'État*, but are not *res extra commercium.* Privately owned cultural property registered in a special registry is not fully withdrawn from commerce, but is subject to certain commercial restrictions. Furthermore, private objects protected as monuments cannot be acquired by positive prescription.[4] The state retains a statutory right of first refusal for "works of art" *(objets d'art)* at public auctions or sales by private treaty. The state must, however, exercise its pre-emptive option within 15 days from the sale.[5]

Italian law differentiates between unavailable assets *(patrimonio indisponibile)* and public goods *(demanio pubblico)*. The former are not *res extra commercium.* The sale of such objects owned by the state, regions, provinces, and municipalities may be approved by the state. Archeological, moveable finds belong by law to *patrimonio indisponibile.*[6] Cultural property owned by private parties is not completely removed from commerce, but is subject to certain commercial restrictions.

---

1 Cf. *supra* § 7 C I and § 8 C I.

2 Cf. *supra* § 7 C II.

3 Cf. *supra* § 8 C I 2a and § 8 C I 2c β.

4 Cf. *supra* § 7 D.

5 Cf. *supra* § 7 E IV.

6 Cf. *supra* § 8 C II 2.

State approval is required for the sale of items of artistic, historical, archeological or demo-ethnic-anthropological interest, when the owner, possessor or custodian has been notified. The state has a right of first refusal for cash sales.[7]

In Germany, cultural property is not *res extra commercium*, not even state-owned property. The objects do become public objects by means of dedication, but the public owner can lose title through good-faith acquisition by a third party. Conversely, the dedicated public purpose of the item is retained until the item is discharged from the same. The public authority also has a claim to the proper dedicated use of the object.[8] Commerce of private cultural property is limited, since the sale requires an approval or, at the very least, public notification.[9]

In Switzerland – at the federal level – only archival materials owned by the federal government are *res extra commercium*. Some cantonal statutes for the protection of historical monuments prohibit the commerce and prescription of inventoried cultural property owned by the state. This property, however, is not *res extra commercium* and can therefore be acquired in good faith. The sale of such items does not overcome the public nature of the assets: only when the objects are not longer dedicated to a public purpose, are the titles of ownership clear.[10] Private cultural property, registered in special cantonal historical preservation directories, also is not considered *res extra commercium*. The owner is simply limited in his or her ability to dispose of the objects. Limitations include an obligation of notification and prior approval of sale. Only the cantons Basel-land and Jura expressly prohibit the prescription of (private) cultural property registered in the historical preservation directories. The canton Berne retains a unique regulation under the Berne Act on Preservation of Monuments of September 8, 1999, whereby goods registered in the directory of moveable monuments are "removed from commerce" (Art. 11, para. 2) if the goods are "sponsored or significantly financed by the public" (Art. 6, para. 2 Regulations on Preservation of Monuments of October 25, 2000). This extra-commercial aspect only applies within the cantonal territory.[11]

In the United Kingdom, the owners may remove works of art from commerce by establishing a trust. Other than a limited right of first refusal for cultural property – threatened with expiration – there are no other state limitations to commerce.[12]

---

7 Cf. *supra* § 8 D.

8 Cf. *supra* § 6 B.

9 Cf. *supra* § 6 C.

10 Cf. *supra* § 5 B V.

11 Cf. *supra* § 5 B II 1 b α.

12 Cf. *supra* § 9.

2. Under all the legal systems subject to this inquiry, archeological objects are property of the state upon discovery. In France, such objects do not automatically become absolute non-commercial public goods *(domaine public)*, rather only after they are made available to the public in a public collection.[13] In Italy, moveable archeological finds are considered *patrimonio indisponibile*; if, conversely, the objects are immovable finds of archaeological interest, they belong to the *demanio pubblico*.[14] In the United Kingdom, archeological, excavational finds belong to the Crown, unless a third party can successfully reclaim his or her property.[15]

3. The legal position of religious goods does not differ materially from other cultural property. Religious cultural property in France and Italy is not *res extra commercium*, since they do not belong to the public *(domaine public, demanio pubblico)*.[16] In Switzerland and Germany, religious property is treated – similar to cultural property – as public property.[17]

4. Regarding the export of cultural property, the following applies: only a minority of the cantons require approval for the export of cultural property. At the federal level, there are no export regulations for cultural property.[18] The Federal Republic of Germany has a liberal export regime. Cultural property registered in the "Directory of Nationally Significant Cultural Property and Archives" require state approval. The request will be denied if *important concerns of the German cultural possession outweigh* the export.[19] The standing export of objects classified as *monument historique* is forbidden under French law. The same is true for cultural property belonging to the *domaine public* as well as for goods of "heightened" historical, artistic or archaeological interest.[20] Italian law prohibits the export of all cultural property if the export damages the historical and cultural wealth of the nation. It is irrelevant whether or not the property was previously specified as such.[21] In the United Kingdom, all property must be approved for export that is older than 50 years, worth more than £ 39,600 and not owned by the original artist. If the three Waverley criteria are fulfilled, then the export request will be temporarily denied. A time limit will be set on a case-by-case basis for the owner to find buyers. If no offers (public or private) are made, the export

---

[13] Cf. *supra* § 13 B.

[14] Cf. *supra* § 14 B.

[15] Cf. *supra* § 15 B IV.

[16] Cf. *supra* § 20 and § 21.

[17] Cf. *supra* § 18 and § 19.

[18] Cf. *supra* § 26 A.

[19] Cf. *supra* § 29 C.

[20] Cf. *supra* § 30 B.

[21] Cf. *supra* § 31 A II.

request will be granted. If the owner refuses a suitable offer, the export request will be denied.[22]

Cultural property, for which the export request is denied, is not *res extra commercium*. Since the export restrictions limit the sale of such objects to the domestic market, they are only "partially subject to commerce" and thus characterized as *res non exportabilis*.

5. Regarding the international trade in non-saleable cultural property based on EC cultural law as well as international treaties, the following applies: Council Directive 93/7/EEC applies among EU member states as well as for the Duchy of Liechtenstein, the Republic of Iceland, and the Kingdom of Norway as members of the EEA governing the return of cultural property illicitly removed from the sovereign territory of a member state. The Directive preempts the principle that foreign public law does not apply domestically. The aforementioned states recognize the export regulations (belonging to public law) of the others and must return illicitly removed cultural property as *res non exportabilis* (cp. *supra* 4). The law of the member state applying for the return governs the ownership of the returned cultural property. The Directive 93/7 thus adds a new quality to the *res extra commercium europeum*.[23]

The UNIDROIT Convention, from June 24, 1995 on stolen or illicitly exported cultural property also requires the contracting states to reciprocally recognize export regulations. The scope of the convention is, however, limited since only twelve states have ratified the convention.[24]

The UNESCO Convention of 1970, which is non-self executing, requires in Art. 13 let. d, a reciprocal obligation to recognize a contracting state's right to declare certain cultural property as non-saleable.[25]

6. Autonomous PIL is confronted with the following situation: an object otherwise non-saleable under French law can still be acquired for ownership under Italian law, although Italian law recognizes the extra-commercial nature of its own cultural property. Neither Directive 93/7 nor the UNIDROIT Convention of 1995 can prevent the acquisition. The universally recognized legal principle of *lex rei sitae* applies the law of the location where the object is located at the time the transfer of title is perfected.

A sales contract concluded in France or Italian concerning a non-saleable cultural object is null and void. As such, transfer of title is not perfected. If the item is

---

22 Cf. *supra* § 32 B.

23 Cf. *supra* § 37.

24 Cf. *supra* § 39.

25 Cf. *supra* § 38 AVI.

imported into Switzerland, transfer of title is likewise prevented for lack of legal title *(iusta causa)*. In other words, the problem is of a purely contractual nature. If a cultural good is sold in Switzerland, Swiss law applies to the transfer of title under Art. 100, para. 1 Swiss Act of Private International (APIL). The purchaser acquires title to an object otherwise non-saleable in France or Italy (Art. 100 para. 2, APIL).

7. No special rules for the treatment of cultural property have been developed under supra-national law, international treaties or private international law. Conversely, special reference to Art. 19, APIL (consideration of mandatory provisions of foreign law) provides a progressive approach to resolving this problem.

The *Institut de Droit international* recommendation for applying *locus originis* (September 3, 1991) to the acquisition of stolen or illicitly exported cultural property has found little support to date.

6. Teil: Résumé

1. Seuls certains biens culturels sont, selon le terme consacré du droit romain, des *res extra commercium*, autrement dit des objets inaliénables. En France et en Italie, ces biens font partie respectivement du domaine public et du *demanio pubblico*: à ce titre, ils sont inaliénables et imprescriptibles. Comme les codes civils français et italien n e s'appliquent pas aux objets appartenant aux collectivités publiques, aucun droit de propriété ne peut être acquis sur ces biens. Les prétentions des pouvoirs publics à leur restitution ne se prescrivent donc pas, et le possesseur de bonne foi doit les restituer sans pouvoir prétendre à une indemnisation.[1] En France, selon la jurisprudence constante, appartiennent au domaine public non seulement les biens et les ensembles de biens immobiliers, mais aussi les biens qui relèvent de la propriété de collectivités publiques (État, départements, communes) ou d'institutions de droit public (biens que l'on désigne par le terme de domaine public mobilier).[2] Le droit italien, au contraire, ne reconnaît le caractère de domanialité qu'aux biens et aux ensembles de biens immobiliers, bien que la Cour italienne de cassation ait statué, dans un récent jugement, qu'un objet isolé pouvait lui aussi être considéré comme un bien domanial, du moins tant qu'il n'était pas désaffecté.[3]

En France, les biens culturels classés monuments historiques et relevant de la propriété de l'État sont inaliénables et imprescriptibles de par la loi. Ils appartiennent au domaine privé de l'État, mais ne sont pas des *res extra commercium*. Les biens culturels appartenant à des particuliers et recensés dans un registre spécial sont aliénables, mais leur commerce est limité par certaines restrictions. En outre, les objets de particuliers classés monuments historiques ne peuvent être acquis par prescription.[4] En vertu de la législation française, l'État possède un droit de préemption en cas de ventes publiques ou de ventes de gré à gré d'œuvres d'art, droit qu'il doit faire valoir dans un délai de quinze jours à compter de la vente.[5]

Le droit italien fait une distinction entre le patrimoine „indisponible" de l'État *(patrimonio indisponibile)* et les biens du domaine public *(demanio pubblico)*. Les biens appartenant au premier ne sont pas considérés comme des *res extra commercium*. L'aliénation de ces objets, qui sont la propriété de l'État, d'une

---

[1] Cf. *supra* § 7 C I et § 8 C I.

[2] Cf. *supra* § 7 C II.

[3] Cf. *supra* § 8 C I 2a et § 8 C I 2c β.

[4] Cf. *supra* § 7 D.

[5] Cf. *supra* § 7 E IV.

région, d'une province ou d'une commune, est soumise à une autorisation officielle. Le patrimoine archéologique mobilier fait partie du *patrimonio indisponibile* de par la loi.[6] L'aliénation d'un bien culturel appartenant à un particulier est possible mais à certaines conditions. Ainsi, un objet dont la valeur artistique, historique, archéologique, ethnologique et anthropologique a été reconnue et notifiée à son propriétaire, à son possesseur ou à son détenteur ne peut être aliéné qu'avec l'autorisation de l'État. Ce dernier possède un droit de préemption, qu'il peut faire valoir lorsqu'il y a aliénation à titre onéreux.[7]

En Allemagne, les biens culturels – y compris ceux qui appartiennent aux pouvoirs publics – ne sont pas des *res extra commercium*. Ils ont beau devenir, par affectation, des choses publiques, leur propriétaire perd son titre de propriété au profit d'un acquéreur de bonne foi. L'affectation de droit public demeure en revanche jusqu'à ce que la chose soit soustraite à l'usage du public par désaffectation. Les pouvoirs publics peuvent en outre exiger que ces objets soient utilisés conformément à leur affectation.[8] Le commerce de biens culturels appartenant à des particuliers est limité puisque leur aliénation est soumise à une autorisation ou doit tout au moins faire l'objet d'une déclaration.[9]

Au niveau fédéral en Suisse, seules les archives qui sont la propriété de la Confédération sont considérées comme des *res extra commercium*. Bien que, conformément à certaines lois cantonales régissant la conservation des monuments historiques, les biens culturels inventoriés des pouvoirs publics aient la qualité de biens du domaine public et qu'ils soient, en tant que tels, inaliénables et imprescriptibles, ils ne sont pas considérés comme des *res extra commercium*: leur acquisition de bonne foi est possible. Leur aliénation ne modifiera cependant en rien leur affectation; seule une soustraction officielle à l'usage du public permettra au propriétaire d'en disposer librement et pleinement.[10] Les biens culturels que possèdent des particuliers et qui sont recensés dans des registres cantonaux de monuments historiques ne sont pas non plus des *res extra commercium*. Le propriétaire est simplement restreint dans son droit de disposer de son bien, notamment parce qu'il est contraint de se procurer une autorisation avant d'aliéner l'objet et de déclarer son aliénation. Seules les législations des cantons du Jura et de Bâle-Campagne prévoient expressément l'imprescriptibilité des biens culturels (de particuliers) recensés dans des registres de monuments historiques. Le canton de Berne est le seul canton de Suisse a avoir arrêté une loi – la loi du 8 septembre 1999 sur la protection du patrimoine –, selon laquelle les biens du patrimoine

---

6 Cf. *supra* § 8 C II 2.

7 Cf. *supra* § 8 D.

8 Cf. *supra* § 6 B.

9 Cf. *supra* § 6 C.

10 Cf. *supra* § 5 B V.

mobilier qui sont la propriété de particuliers et qui sont recensés „sont inaliénables" (article 11 aliéna. 2) s'ils sont „cogérés ou largement cofinancés" par les pouvoirs publics (article 6 aliéna 2 Ordonnance sur la protection du patrimoine du 25 octobre 2000). L'application de cette législation se limite toutefois au territoire cantonal.[11]

Au Royaume-Uni, les propriétaires peuvent constituer un trust pour soustraire leurs objets d'art au commerce. Le droit britannique ne connaît pas de dispositions restreignant le commerce des biens culturels, à l'exception d'un droit d'achat limité dans le temps sur les objets risquant de quitter le territoire national.[12]

2. Dans tous les ordres juridiques examinés, l'État devient le propriétaire d'objets archéologiques dès leur découverte. En France, ils ne sont incorporés au patrimoine inaliénable du domaine public qu'à partir du moment où ils deviennent accessibles au public après avoir été versés à une collection publique.[13] En Italie, les biens archéologiques mobiliers font partie *ex lege* du *patrimonio indisponibile*, alors que le patrimoine archéologique immobilier relève du *demanio pubblico*.[14] Au Royaume-Uni, les découvertes archéologiques appartiennent à la Couronne, à moins qu'un tiers ne parvienne à faire valoir un droit légitime de propriété.[15]

3. Les objets religieux ont le même statut juridique que les autres biens culturels. En France et en Italie, ils ne sont pas considérés comme des *res extra commercium* puisqu'ils n'appartiennent respectivement ni au domaine public ni au *demanio pubblico*.[16] En Suisse et en Allemagne, les objets religieux sont, tout comme les autres biens culturels, des choses publiques.[17]

4. L'exportation de biens culturels est soumise à une autorisation dans une minorité des cantons suisses. Sur le plan fédéral, il n'existe pas de prescriptions réglementant l'exportation de biens culturels.[18] La République fédérale d'Allemagne connaît une réglementation libérale: l'exportation des biens recensés dans les inventaires nationaux des biens culturels ou des archives d'importance nationale *(Verzeichnisse national wertvollen Kulturgutes und wertvoller Archive)* est soumise à autorisation. Celle-ci n'est pas délivrée si des intérêts importants du patrimoine culturel allemand *(wesentliche Belange des deutschen Kulturbesitzes)* sont prépondérants.[19]

---

[11] Cf. *supra* § 5 B II 1 b α.

[12] Cf. *supra* § 9.

[13] Cf. *supra* § 13 B.

[14] Cf. *supra* § 14 B.

[15] Cf. *supra* § 15 B IV.

[16] Cf. *supra* § 20 et § 21.

[17] Cf. *supra* § 18 et § 19.

[18] Cf. *supra* § 26 A.

[19] Cf. *supra* § 29 C.

Selon le droit français, l'exportation durable d'objets classés monuments historiques, de biens culturels du domaine public et de biens présentant un intérêt historique, artistique ou archéologique élevé est interdite.[20] Le droit italien interdit l'exportation de tous les biens culturels dont la perte pourrait porter atteinte au patrimoine historique et culturel de la nation, peu importe si l'intérêt historique ou artistique a été notifié au préalable ou non. [21] Au Royaume-Uni, une autorisation d'exporter est requise pour tous les objets vieux de plus de 50 ans, d'une valeur de 39600 livres sterling au moins et qui n'appartiennent plus à leur auteur. Le droit britannique ne fixe pas de valeur minimale pour les objets archéologiques. Si les trois critères de Waverley sont remplis, l'exportation est provisoirement refusée pour que l'on puisse faire au propriétaire une proposition d'achat dans un délai à déterminer dans chaque cas d'espèce. Si aucun acquéreur public ou privé ne soumet d'offre, l'autorisation d'exportation doit être délivrée. Si le propriétaire décline l'offre d'achat, l'exportation sera refusée.[22]

Un bien culturel dont l'exportation est interdite n'est pas une *res extra commercium*. Mais comme il ne peut être échangé que sur le marché national en raison de l'interdiction d'exporter qui le frappe, il est partiellement inaliénable. C'est pourquoi il est qualifié de *res non exportabilis*.

5. Comment le droit communautaire en matière de biens culturels et le droit international public règlent-ils les transactions à caractère international de biens culturels inaliénables ? La Directive 93/7/CEE du Conseil du 15 mars 1993 relative à la restitution de biens culturels ayant quitté illicitement le territoire d'un État membre, qui s'applique à l'égard des pays membres de l'Espace économique européen (EEE) – autrement dit les quinze Etats de l'Union européenne, le Liechtenstein, l'Islande et la Norvège –, prime le principe selon lequel le droit public d'un autre État ne peut s'appliquer sur le territoire national. En vertu de cette directive, les États cités doivent reconnaître mutuellement leurs prescriptions en matière d'exportation – qui relèvent du droit public – et restituer une *res non exportabilis* (cf. *supra* 4) ayant quitté illicitement le territoire d'un autre État membre de l'EEE. Le propriétaire du bien restitué est déterminé en fonction du droit de l'État membre demandeur à l'égard duquel s'applique ladite directive. La directive définit ainsi une nouvelle catégorie de biens: les *res extra commercium europeum*.[23]

La Convention d'Unidroit du 24 juin 1995 sur les biens culturels volés ou illicitement exportés oblige elle aussi les États parties à reconnaître mutuellement leurs pre-

---

[20] Cf. *supra* § 30 B.

[21] Cf. *supra* § 31 A II.

[22] Cf. *supra* § 32 B.

[23] Cf. *supra* § 37.

scriptions en matière d'exportation. L'efficacité de cette convention est néanmoins limitée puisque, pour l'heure, seuls douze États l'ont ratifiée.[24]

Seule la Convention de l'UNESCO de 1970 – qui doit être transposée dans la législation nationale de chaque État l'ayant ratifiée – oblige les États parties, conformément à son article 13, lettre d, à reconnaître le droit d'un autre État contractant de déclarer inaliénables certains biens culturels.[25]

6. Conformément au droit international privé propre à chaque État, un bien inaliénable en vertu du droit français peut être acquis en Italie bien que ce pays considère certains de ses biens culturels comme des *res extra commercium*. Ni la Directive 93/7/CEE ni la Convention d'Unidroit de 1995 ne peuvent empêcher ce genre de situations. Conformément au principe de la *lex rei sitae* – un principe de droit international privé –, le droit régissant l'acquisition de la propriété se détermine en effet en fonction du lieu où se trouve l'objet en question au moment de son acquisition.

Un contrat de vente conclu en France ou en Italie visant un bien culturel inaliénable se trouvant dans un de ces deux pays est frappé de nullité. Il n'y a donc aucun transfert de propriété. Si l'objet est transféré en Suisse, il n'y a pas non plus transfert de propriété, à défaut d'un titre juridique valable *(iusta causa)*. Le problème relevant dans ce cas du droit des obligations uniquement, la question de la bonne foi ne se pose pas. Si un tel bien est vendu en Suisse, c'est le droit suisse qui s'applique au transfert de propriété, en vertu de l'article 100, alinéa 1, de la loi fédérale sur le droit international privé (LDIP). La propriété passe à l'acquéreur de l'objet qui était inaliénable selon le droit français ou italien (art. 100, al. 2, LDIP).

7. S'agissant des transactions à caractère international de biens culturels, ni le droit communautaire, ni les droits internationaux public et privé n'ont débouché sur l'élaboration d'une réglementation spéciale s'appliquant à ces objets. À cet égard, l'article 19 LDIP offre une approche intéressante, susceptible de faire avancer les choses.

La proposition formulée par l'*Institut de Droit international* le 3 septembre 1991, selon laquelle il faudrait tenir compte du *locus originis* en cas d'achat de biens culturels volés ou illicitement exportés, est restée pour l'instant sans écho.

---

[24] Cf. *supra* § 39.

[25] Cf. *supra* § 38 A VI.

7. Teil: Sommario

1. Soltanto specifici gruppi di beni culturali sono *res extra commercium* secondo la terminologia del diritto romano e dunque del tutto sottratti al commercio giuridico. Così, in Francia e in Italia i beni culturali, in quanto parte del *domaine public*, rispettivamente del *demanio pubblico*, sono inalienabili e non usucapibili. Poiché il *Code civil*, rispettivamente il *Codice civile*, non trova applicazione ai beni pubblici, non è possibile acquisire alcuna proprietà su di essi. Di conseguenza, i diritti alla restituzione della mano pubblica sono imprescrittibili e il possessore in buona fede è tenuto a consegnare la cosa senza alcun indennizzo.[1] Secondo la giurisprudenza costante francese, possono costituire parte del *domaine public* non soltanto cose immobili e universalità di cose, ma anche singoli oggetti, se essi sono di proprietà di un ente locale (Stato, dipartimento, comune) o di un'istituzione di diritto pubblico (il cosiddetto *domaine public mobilier*).[2] Il diritto italiano riconosce invece la demanialità unicamente per cose immobili e universalità di cose; in questo contesto, la Corte di Cassazione ha riconosciuto in una recente decisione che anche una singola cosa può avere carattere demaniale se non è sottratta alla sua destinazione.[3]

In Francia, i beni classificati come monumenti storici *(monuments historiques)* di proprietà dello Stato sono inalienabili e non usucapibili per legge. Essi appartengono al *domaine privé de l'État*, ma non sono *res extra commercium*. Anche i beni culturali privati iscritti in un apposito inventario non sono del tutto esclusi dal commercio giuridico, ma sono soggetti unicamente a determinate limitazioni commerciali. Gli oggetti privati posti sotto la tutela dei monumenti non possono inoltre essere usucapiti.[4] Lo Stato gode di un diritto legale di prelazione in tutte le aste pubbliche e le vendite a trattativa privata di „oggetti d'arte“ *(objets d'art)*; esso è tenuto tuttavia far valere il proprio diritto entro 15 dalla vendita.[5]

Il diritto italiano delimita il *patrimonio indisponibile* dal *demanio pubblico*. I beni che rientrano nel primo non costituiscono *res extra commercium*. L'alienazione di tali oggetti – di proprietà dello Stato, delle regioni, delle province o dei comuni – necessità dell'autorizzazione statale. I reperti archeologici mobili rientrano di diritto nel *patrimonio indisponibile*.[6] I beni culturali di proprietà di privati non sono interamente sottratti al commercio giuridico, ma sono soggetti a determinate

---

1 Cfr. *supra* § 7 C I e § 8 C I.

2 Cfr. *supra* § 7 C II.

3 Cfr. *supra* § 8 C I 2a e § 8 C I 2c β.

4 Cfr. *supra* § 7 D.

5 Cfr. *supra* § 7 E IV.

6 Cfr. *supra* § 8 C II 2.

restrizioni commerciali. L'alienazione di oggetti che presentano un interesse artistico, storico, archeologico, demografico, etnografico o antropologico dichiarato che è stato notificato al proprietario, al possessore o al detentore necessitano dell'autorizzazione statale. Lo Stato gode di un diritto di prelazione in caso di vendita a titolo oneroso.[7]

In Germania i beni culturali, anche di proprietà pubblica, non sono *res extra commercium*. Con la destinazione essi divengono cose pubbliche; tuttavia, il titolare di una cosa pubblica ne perde la proprietà con l'acquisto in buona fede da parte di un terzo. Al contrario, il vincolo a uno scopo di diritto pubblico resta in essere sino alla sottrazione del bene alla destinazione pubblica. La pubblica amministrazione ha inoltre un diritto all'uso del bene secondo destinazione.[8] Il commercio di beni culturali privati è limitato, poiché la loro alienazione necessita di un'autorizzazione o quanto meno di una notifica.[9]

In Svizzera, a livello federale soltanto i beni d'archivio di proprietà della Confederazione costituiscono *res extra commercium*. Alcune leggi cantonali sulla tutela dei monumenti storici prevedono l'inalienabilità e la non usucapibilità di beni culturali inventariati di proprietà pubblica, ma questi non costituiscono, in qualità di cose pubbliche, *res extra commercium* e la loro proprietà può essere acquisita in buona fede. La vendita non può tuttavia superare la destinazione pubblica; soltanto la sottrazione alla destinazione consente di accedere alla proprietà senza gravame.[10] Nemmeno i beni culturali privati iscritti in speciali inventari cantonali dei monumenti storici sono *res extra commercium*. Il proprietario è limitato unicamente nel suo potere di disposizione. Fra le limitazioni della facoltà di disporre rientrano l'obbligo di notifica e l'obbligo di autorizzazione di operazioni di vendita. Soltanto i cantoni di Basilea Campagna e Giura stabiliscono espressamente la non usucapibilità di beni culturali (privati) iscritti nell'inventario dei monumenti storici. Una norma cantonale rimasta finora ineguagliata è contenuta nella legge sulla tutela dei monumenti storici del Cantone di Berna dell'8 settembre 1999, secondo cui beni iscritti nell'„inventario dei monumenti storici mobili" sono „sottratti al commercio giuridico" (art. 11, 2° comma), qualora questi siano „cosostenuti o cofinanziati in misura rilevante" dalla mano pubblica (art. 6, 2° comma del Regolamento sulla tutela dei monumenti storici del 25 ottobre 2000). La non commerciabilità ha effetto invece unicamente sul territorio del cantone.[11]

---

7 Cfr. *supra* § 8 D.

8 Cfr. *supra* § 6 B.

9 Cfr. *supra* § 6 C.

10 Cfr. *supra* § 5 B V.

11 Cfr. *supra* § 5 B II 1 b α.

Nel Regno Unito, i proprietari di oggetti d'arte possono sottrarli al commercio mediante l'istituzione di un trust. Eccettuato il diritto d'acquisto temporalmente limitato del bene culturale che minaccia di lasciare il territorio, lo Stato non impone alcuna limitazione commerciale.[12]

2. Negli ordinamenti giuridici esaminati, i reperti archeologici diventano di proprietà dello Stato con la loro scoperta. In Francia, essi non entrano tuttavia automaticamente a far parte di un patrimonio pubblico assolutamente inalienabile *(domaine public)*, bensì soltanto quando essi sono accessibili al pubblico nell'ambito di una collezione pubblica.[13] In Italia i reperti archeologici mobili sono parte del patrimonio indisponibile; i reperti del sottosuolo immobili di interesse archeologico sono invece parte del demanio pubblico.[14] Nel Regno Unito i reperti archeologici del sottosuolo appartengono alla Corona qualora nessun terzo ne rivendichi con successo la proprietà.[15]

3. La situazione giuridica dei beni ecclesiastici non si differenzia da quella di altri beni culturali. Non essendo parte del demanio pubblico *(domaine public)*[16], in Francia e in Italia i beni culturali di proprietà della chiesa non sono *res extra commercium*. In Svizzera e in Germania, essi sono trattati invece come cose pubbliche.[17]

4. Per quanto concerne l'esportazione di patrimonio culturale, vale quanto segue: soltanto una minoranza dei cantoni richiede un'autorizzazione all'esportazione di patrimonio culturale. Il diritto federale non prevede alcuna norma relativa all'esportazione di demanio culturale.[18] La Repubblica federale tedesca disciplina tali esportazioni in modo liberale. I beni culturali iscritti negli „inventari dei beni culturali e degli archivi di valore per la nazione" necessitano di un'autorizzazione statale. Questa non viene impartita se „prevalgono interessi sostanziali della proprietà culturale tedesca".[19] Il diritto francese vieta l'esportazione continua di oggetti classificati come *monument historique*. Lo stesso vale per i beni culturali del *domaine public* come pure per beni di „elevato" interesse storico, artistico o archeologico.[20] Il diritto italiano vieta l'esportazione di tutti i beni culturali il cui espatrio nuocerebbe al patrimonio storico e culturale della nazione. In questo contesto, è irrilevante se in particolare la loro importanza storica o

---

[12] Cfr. *supra* § 9.

[13] Cfr. *supra* § 13 B.

[14] Cfr. *supra* § 14 B.

[15] Cfr. *supra* § 15 B IV.

[16] Cfr. *supra* § 20 e § 21.

[17] Cfr. *supra* § 18 e § 19.

[18] Cfr. *supra* § 26 A.

[19] Cfr. *supra* § 29 C.

[20] Cfr. *supra* § 30 B.

artistica sono state precedentemente notificate.[21] Nel Regno Unito, tutti gli oggetti vecchi almeno di 50 anni che presentano un valore di almeno 39600 sterline e non sono di proprietà dell'autore richiedono per principio un'autorizzazione. In caso di reperti archeologici non è previsto alcun valore minimo. Se i tre „criteri di Waverley" sono soddisfatti, l'esportazione è provvisoriamente respinta per poter sottoporre al proprietario un'offerta d'acquisto entro un termine da definire caso per caso. Se non si giunge ad alcuna offerta pubblica o privata, l'autorizzazione di esportazione deve essere concessa. Se il proprietario respinge l'offerta d'acquisto presentatagli, l'esportazione è negata.[22]

I beni culturali la cui esportazione è stata respinta non sono *res extra commercium*. Poiché tuttavia il commercio di tali oggetti è limitato al mercato nazionale a causa del divieto di esportazione, si parla di „non commerciabilità parziale" e dunque *di res non exportabilis*.

5. Per quanto concerne il commercio giuridico internazionale di beni culturali inalienabili secondo la normativa CE vigente in materia e il diritto internazionale, è possibile affermare quanto segue: la direttiva 93/7/CEE del Consiglio del 15 marzo 1993 valida fra gli Stati membri della CEE nonché fra il Principato del Liechtenstein, la Repubblica d'Islanda e il Regno di Norvegia relativa alla restituzione dei beni culturali usciti illecitamente dal territorio di uno Stato membro infrange il principio secondo cui il diritto pubblico straniero non può essere imposto all'interno del paese. Gli Stati citati si impegnano a riconoscere le norme di diritto pubblico sull'esportazione e a restituire le *res non exportabilis* uscite illegalmente dal territorio di uno Stato membro (cfr. *supra* 4). Il proprietario del bene culturale restituito è identificato in base al diritto dello Stato membro richiedente. La Direttiva 93/7 introduce così quanto meno una nuova categoria di *res extra commercium* europeum.[23]

Anche la convenzione UNIDROIT del 24 giugno 1995 sui beni culturali rubati o illecitamente esportati impegna gli Stati che vi aderiscono al mutuo riconoscimento delle rispettive norme di esportazione. L'efficacia di tale convenzione internazionale è tuttavia limitata, poiché a tutt'oggi soltanto dodici Stati l'hanno ratificata.[24]

Soltanto la convenzione UNESCO 1970, che deve essere tramutata in diritto nazionale, prevede all'art. 13 lett. d l'impegno reciproco a riconoscere il diritto di ogni Stato aderente alla convenzione di dichiarare inalienabile determinati beni culturali.[25]

---

[21] Cfr. *supra* § 31 A II.

[22] Cfr. *supra* § 32 B.

[23] Cfr. *supra* § 37.

[24] Cfr. *supra* § 39.

[25] Cfr. *supra* § 38 A VI.

6. Il diritto internazionale privato autonomo prevede quanto segue: la proprietà di una cosa inalienabile ai sensi del diritto francese acquisita in Italia, sebbene il diritto italiano riconosca la non commerciabilità di alcuni beni culturali. Ciò non può essere impedito né dalla Direttiva 93/7, né dalla convenzione dell'-UNIDROIT del 1995, poiché secondo la *lex rei sitae* riconosciuta da tutti gli ordinamenti giuridici il diritto applicabile all'acquisto della proprietà è stabilito secondo il diritto del luogo in cui la cosa si trovava al momento dell'acquisto della proprietà.

Il contratto d'acquisto stipulato in Francia o in Italia per un bene culturale inalienabile che si trova all'interno del paese è nullo. Non ha luogo pertanto alcun passaggio di proprietà. Anche se la cosa viene portata in Svizzera non si verifica alcun trasferimento di proprietà, poiché manca a priori la giusta causa *(iusta causa)*. Vi è dunque un problema strettamente contrattuale; la questione della buona fede non si pone. Se un simile bene culturale è venduto in Svizzera, secondo l'art. 100, 1° comma LDIP l'acquisto della proprietà sullo stesso è disciplinato dal diritto svizzero. Il compratore diventa proprietario della cosa inalienabile secondo il diritto francese o italiano (art. 100, 2° comma LDIP).

7. Né a livello di diritto sovranazionale, né a livello di convenzioni internazionali e di diritto internazionale privato si sono dunque enucleate norme speciali concernenti il trattamento dei beni culturali nel commercio giuridico internazionale di tali oggetti. La considerazione in via straordinaria di norme straniere di applicazione necessaria ai sensi dell'art. 19 LDIP costituisce invece un approccio progressista in questo contesto.

Il riferimento *al locus originis* nell'acquisto di beni culturali rubati o esportati illegalmente proposto dall'*Institut de Droit international* il 3 settembre 1991 non ha trovato finora alcun seguito.

Quellenübersicht

Quellenverzeichnis

A. Chronologisches Verzeichnis der Staatsverträge, des EG-Rechts, der Gesetze und Verordnungen

I. Internationales Recht

1. Multilaterale Staatsverträge

Internationale Übereinkunft vom 29. Juli 1899 betreffend die Gesetze und Gebräuche des Landkriegs/*International Convention with respect to the Laws and Customs of War by Land between Austria-Hungary ...*, 187 CTS 429 (frz.); SR 0.515.111

Haager Abkommen vom 18. Oktober 1907 betreffend die Gesetze und Gebräuche des Landkriegs/*Hague Convention of 18 October 1907 Concerning the Laws and Customs of War on Land*, 205 CTS 277; SR 0.515.112

General Agreement on Tariffs and Trade/Allgemeines Zoll- und Handelsabkommen vom 30. Oktober 1947 [55 UNTS 94] i. d. F. vom 15. 4. 1994 [Übereinkommen zur Errichtung der Welthandelsorganisation (WTO), Int.Leg.Mat. 33 (1994) 1154; SR 0.632.21

Konvention zum Schutze der Menschenrechte und Grundfreiheiten [Europäische Menschenrechtskonvention] vom 4. November 1950, ETS No. 5; 213 UNTS 221; SR 0.101

Haager Abkommen vom 14. Mai 1954 für den Schutz von Kulturgut bei bewaffneten Konflikten/*Hague Convention of 14 May 1954 for the Protection of Cultural Property in the Event of Armed Conflict*, 249 UNTS 240; SR 0.520.3; auch bei *Hollander*, 252–270; auszugsweise in: *Prott* Commentary, Anhang IX (inkl. 1. Protokoll)

Europäisches Kulturabkommen vom 19. Dezember 1954, ETS No. 18; SR 0.440.1

Vertrag zur Gründung der Europäischen Gemeinschaft vom 25. März 1957 [298 UNTS 11] i. d. F. des Vertrags zur Gründung der Europäischen Union vom 7. 2. 1992 [Vertrag von Maastricht], ABl. EG Nr. C 191/1 vom 29. 7. 1992

Vertrag zur Gründung der Europäischen Gemeinschaft vom 25. März 1957 [298 UNTS 11] i.d.F. des Vertrages von Amsterdam zur Änderung des Vertrags über die Europäische Union, der Verträge zur Gründung der Europäischen Gemeinschaften sowie einiger damit zusammenhängender Rechtsakte vom 2. Oktober 1997 [Vertrag von Amsterdam], ABl. EG Nr. C 340/173 vom 10. 11. 1997; auszugsweise bei *Jayme/Hausmann*, Nr. 0

Europäisches Übereinkommen über die Rechtshilfe in Strafsachen vom 20. April 1959, ETS No. 30; SR 0.351.1

Brüsseler Übereinkommen über die gerichtliche Zuständigkeit und die Vollstreckung gerichtlicher Entscheidungen in Zivil- und Handelssachen vom 27. September 1968 [BGBl. 1972 II 774] i. d. F. 4. Beitrittsübereinkommens vom 29. 11. 1996, BGBl. 1998 II 1412; auch bei *Jayme/Hausmann*, Nr. 150

Übereinkommen über Massnahmen zum Verbot und zur Verhütung der unzulässigen Einfuhr, Ausfuhr und Übereignung von Kulturgut vom 14. November 1970/*Multilateral Convention on the Means of Prohibiting and Preventing the Illicit Import, Export and Transfer of Ownership of Cultural Property, Adopted by the General Conference of the United Nations Educational, Scientific and Cultural Organization as its Sixteenth Session, Paris, 14.11.1970,* 823 UNTS 231, Int.Leg.Mat. 10 (1971) 289; auch bei *Byrne-Sutton/Mariéthoz/Renold,* 131–145 (frz.); *Carducci* La restitution, Anhang 1 (frz.); *Jaeger,* Anhang A (engl.); *Lanciotti,* 193–201 (engl.); *O'Keefe* Commentary, 1–7 (engl.); *Prott* Commentary, Anhang 10 (engl.); JCP 1997, III, 68428; *Walter,* 225–230 (dt. Übers.); *BAK* Internationaler Kulturgütertransfer (Bericht), Anhang B (dt. Übers.)

Übereinkommen der EG-Staaten über das auf vertragliche Schuldverhältnisse anzuwendende Recht vom 19. Juni 1980, ABl. Nr. L 266/1 vom 9. 10. 1980 i. d. F. des 3. Beitrittsübereinkommens vom 29. November 1996, BGBl. 1999 II 7; auszugsweise auch bei *Jayme/Hausmann,* Nr. 70

United Nations Convention on the Law of the Sea = Seerechtsübereinkommen der Vereinten Nationen vom 10. Dezember 1982, Int.Leg.Mat. 21 (1982) 1261

Übereinkommen über die gerichtliche Zuständigkeit und die Vollstreckung gerichtlicher Entscheidungen in Zivil- und Handelssachen vom 16. September 1988, BGBl. 1994 II 2660; SR 0.275.11; auch bei *Jayme/Hausmann,* Nr. 160

Europäisches Übereinkommen zum Schutz des archäologischen Erbes vom 16. Januar 1992 ETS No. 143; SR 0.440.5

Abkommen über den Europäischen Wirtschaftsraum (EWR-Abkommen) vom 2. Mai 1992 [BGBl. 1993 II 267] i. d. F. des Anpassungsprotokoll vom 17. 3. 1993, BGBl. 1993 II 1294

UNIDROIT-Konvention vom 24. Juni 1995 über gestohlene oder rechtswidrig ausgeführte Kulturgüter, *Convention of June 24, 1995 on Stolen or Illegally Exported Cultural Objects,* Int.Leg.Mat. 34 (1995) 1330; auch in: IJCP 5 (1996) 155–165 (engl.); SZIER 1997, 55–66 (frz.); ZvglRWiss 95 (1996) 203–213 (engl.); ZvglRWiss 95 (1996) 214–225 (nichtamtl. deutsche Übers.); RDU 1996-I, 110–129 (engl. und frz.); *BAK* Internationaler Kulturgütertransfer, Anhang C (dt. Übers.); *Bergé,* 252–262 (frz.); *Breitler/Byrne-Sutton/Geisinger-Mariéthoz/Renold,* 101–111 (frz.); *Coulée,* 252–262; *Caracciolo La Grotteria,* 211–224 (frz.); *Carducci* La restitution, 473–482 (frz.); *Lanciotti,* 203–213 (frz.); *Marletta,* 229–240 (frz.); *O'Keefe* Commentary, Anhang I (engl.); *Reichelt* Neues Recht, 163–174 (dt. Übers.)

2. Bilaterale Staatsverträge

Treaty of Limits between France and Sardinia signed at Turin, 24 March 1760, 41 CTS 403; Rev.gén.dr.int.publ. 6 (1899) 746

Trattato fra la Santa Sede e l'Italia del 11 febbraio 1929, AAS 21 (7. 6. 1929) 209

Concordato fra la Santa Sede e l'Italia del 11 febbraio 1929, AAS 21 (7. 6. 1929) 275

Convenzione finanziaria [fra la Santa Sede e l'Italia] *del 11 febbraio 1929,* AAS 21 (7. 6. 1929) 273

Accord entre le Gouvernement de la République Française et le Gouvernement de S. A. S. le Prince de Monaco concernant la protection des patrimoines historiques ou culturels des deux pays du 1 août 1977, J.O. 18. 12. 1977, 5910

Accordo tra la Santa Sede e la Repubblica Italiana che apporta modificazioni al concordato lateranense del 18 febbraio 1984, AAS 77 (3. 6. 1985) 521, ratifiziert durch L. 25. 3. 1985, n. 121

II. Supranationales Recht

Verordnung (EWG) Nr. 3911/92 des Rates vom 9. Dezember 1992 über die Ausfuhr von Kulturgütern, ABl. EG Nr. L 395/1 vom 31. 12. 1992; auch in: IJCP 6 (1997) 378 (engl.); und bei *Berndt,* 174–181; *Byrne-Sutton/Renold* La libre, 217–221 (engl.); *dies.* Les objets, 183–187 (engl.); *Byrne-Sutton/Mariéthoz/Renold,* 153–157 (frz.); *Caracciolo La Grotteria,* 179–189 (ital.); *Costanza,* 103–111 (ital.); *Lanciotti,* 167–173 (ital.); *Marletta,* 213–220 (ital.); *Tamiozzo,* 391–397 (ital.)

RL 93/7/EWG des Rates vom 15. März 1993 über die Rückgabe von unrechtmässig aus dem Hoheitsgebiet eines Mitgliedstaats verbrachten Kulturgütern, ABl. EG Nr. L 74/74 vom 27. 3. 1993; auch in: Rev.crit.dr.int.privé 82 (1993) 354–359 (frz.); Riv.dir.int.priv.proc. 29 (1993) 1074–1079 (ital.); *BAK* Internationaler, Anhang D (dt. Übers.); und bei *Berndt,* 165–173; *Byrne-Sutton/Renold* La libre, 223–228 (engl.); *Byrne-Sutton/Mariéthoz/Renold,* 159–164 (frz.); *Caracciolo La Grotteria,* 197–209 (ital.); *Carducci* La restitution, 458–465 (frz.); *Costanza,* 113–124 (ital.); *Jaeger,* 173–177 (dt. Übers.); *Lanciotti,* 174–180 (ital.); *Marletta,* 221–227 (ital.); *O'Keefe* Commentary, Anhang II (engl.); *Prott* Commentary, Anhang XI (engl.); *Tamiozzo,* 398–406 (ital.)

Verordnung (EWG) Nr. 752/93 der Kommission vom 30. März 1993 zur Durchführung der Verordnung (EWG) Nr. 3911/92 des Rates über die Ausfuhr von Kulturgütern, ABl. Nr. L. 77/24 vom 31. 3. 1993; auch in: *BAK* Internationaler, Anhang E (dt. Übers.); und bei *Byrne-Sutton/Renold* Les objets, 189-197 (engl.); *Caracciolo La Grotteria,* 191–196 (ital.)

Verordnung (EG) Nr. 2469/96 des Rates vom 16. Dezember 1996 zur Änderung des Anhangs der Verordnung (EWG) Nr. 3911/92 über die Ausfuhr von Kulturgütern, ABl. Nr. L 335/9 vom 24. 12. 1996

RL 96/100/EG des Europäischen Parlaments und des Rates vom 17. Februar 1997 zur Änderung des Anhangs der Richtlinie 93/7/EWG über die Rückgabe von unrechtmässig aus dem Hoheitsgebiet eines Mitgliedstaats verbrachten Kulturgütern, ABl. EG Nr. L 60/59 vom 1. 3. 1997

III. Nationales Recht[1]

Belgien

Loi du 28 octobre 1996 relative à la restitution de biens culturels ayant quitté illicitement le territoire de certains Etats étrangers: Moniteur belge du 21 décembre 1996, N. 245, 31865

Dänemark

Lov nr. 1104 af 22. December 1993 om tilbagelevering af kulturgoder, som ulovligt er fjernet fra et EU-medlemsland område m.v., Lovtidende A 1993, 6135; Karnovs Lovsamling, Bd. 4 (13. Aufl. 1993) 4637

---

[1] Die amtl. Veröffentlichungen sind alphabetisch nach Staaten und innerhalb des Staats chronologisch geordnet.

Deutschland

Reich / Bund

Strafgesetzbuch vom 15. Mai 1871 [RGBl. 1871, 195] i. d. F. der Bekanntmachung vom 10. März 1987 [BGBl. 1987 I 945]; zuletzt geändert durch Gesetz vom 21. August 1995, BGBl. 1995 I 1050

Zivilprozessordnung vom 30. Januar 1877 i. d. F. der Bekanntmachung vom 12. 9. 1950 [BGBl. 1950 I 533]; zuletzt geändert durch Gesetz vom 19. 2. 2001, BGBl. 2001 I 288

Gesetz über eine vereinfachte Form der Gesetzgebung für die Zwecke der Übergangswirtschaft vom 17. April 1919, RGBl. 1919, 394 [aufgehoben]

Verordnung über die Ausfuhr von Kunstwerken vom 11. Dezember 1919, RGBl., 1919, 1961; verlängert durch Gesetz vom 21. 12. 1925, RGBl. 1925, 470; 21. 12. 1927, RGBl. 485; 24. 12. 1929, RGBl. 1929, 244; Sechster Teil der Verordnung des Reichspräsidenten vom 23. 12. 1931, RGBl. 1931, 786; zuletzt geändert durch Verordnung vom 20. 12. 1932, RGBl. 1932, I 572 [aufgehoben]

Ausführungsbestimmungen zur Verordnung über die Ausfuhr von Kunstwerken vom 11. Dezember 1919, RGBl. 1919, 1962 [aufgehoben]

Ergänzung der Ausführungsbestimmungen zur Verordnung über die Ausfuhr von Kunstwerken vom 27. Januar 1920, RGBl. 1920, 125 [aufgehoben]

Verordnung über den Schutz von Denkmalen und Kunstwerken vom 8. Mai 1920, RGBl. 1920, 913 [aufgehoben]

Zwangsauflösungsverordnung vom 19. November 1920, Preussische Gesetzessammlung 1920, 463

Gesetz über die Ausfuhr von Kunstwerken vom 24. Dezember 1929, RGBl. 1929 I 244

Grundgesetz für die Bundesrepublik Deutschland vom 23. Mai 1949 [BGBl. 1949 I 1] i. d. F. des Gesetzes zur Änderung des Grundgesetzes vom 27. 10. 1994, BGBl. 1994 I 3146; zuletzt geändert durch Gesetz vom 19. 12. 2000, BGBl. I 1755

Gesetz zum Schutz deutschen Kulturgutes gegen Abwanderung (AbwSchG) vom 6. August 1955, BGBl. 1955 I 501 i. d. F. der Änderungsgesetze vom 24. 5. 1968 [BGBl. 1968 I 503, Art. 33] und vom 2. 3. 1974 [BGBl. 1974 I 469, Art. 86]; geändert durch Anlage I, Kapitel II, Sachgebiet B, Abschnitt II, Nr. 4 des Vertrages vom 31. 8. 1990 zwischen der Bundesrepublik Deutschland und der Deutschen Demokratischen Republik über die Herstellung der Einigung Deutschland [Einigungsvertrag, BGBl. 1990 II 889] i. V. m. Art. 1 des Gesetzes zum Einigungsvertrag vom 23. 9. 1990 [BGBl. 1990 II 885] und durch Art. 2 des Gesetzes zur Umsetzung von Richtlinien der Europäischen Gemeinschaften über die Rückgabe von unrechtmässig aus dem Hoheitsgebiet eines Mitgliedstaats verbrachten Kulturgütern und zur Änderung des Gesetzes zum Schutz deutschen Kulturgutes gegen Abwanderung (Kulturgutsicherungsgesetz – KultgutSiG) vom 15. Oktober 1998 [BGBl. 1998 I 3162]. Die aktuelle F. ist abgedr. in: Bekanntmachung der Neufassung des Gesetzes zum Schutz deutschen Kulturgutes gegen Abwanderung vom 8. Juli 1999, BGBl. 1999 I 1754; auch in: KUR 1999, 282–285; die a. F. ist bei *Stich/Burhenne,* Nr. 413, 11–16; zusammenhängende Darstellung der wichtigsten Bestimmungen bei *Adriani,* 92–94; *Maresca Compagna/Petraroia,* 341–346 (ital.) und 533–536

Erbschaft-und Schenkungsteuergesetz vom 17. April 1974 [BGBl 1974 I 1933] i. d. F. der Bekanntmachung vom 27. 2. 1997, BGBl. 1997 I 378

Verwaltungsgerichtsordnung vom 19. März 1991 [BGBl. 1991 I 686] i.d.F. der Bekanntmachung vom 19.3.1991, BGBl. 1991 I 686; zuletzt geändert durch Gesetz vom 3.5.2000, BGBl. 2000 I 632

Gesetz über die Sicherung und Nutzung von Archivgut des Bundes (Bundesarchivgesetz – BArchG) vom 6. Januar 1988, BGBl. 1988 I 62; zuletzt geändert durch Gesetz zur Änderung des Bundesarchivgesetzes vom 13.3.1992, BGBl. 1992 I 506

Einführungsgesetz zum Bürgerlichen Gesetzbuch i.d.F. der Bekanntmachung vom 21. September 1994, BGBl. 1994 I 2494, bereinigt BGBl. 1997 I 1061; zuletzt geändert durch Gesetz vom 2.11.2000, BGBl. 2000 I 1481

Gesetz zur Änderung des Grundgesetzes (Artikel 3, 20a ...) vom 27. Oktober 1994, BGBl. 1994 I 3147

Gesetz zur Umsetzung von Richtlinien der Europäischen Gemeinschaften über die Rückgabe von unrechtmässig aus dem Hoheitsgebiet eines Mitgliedstaats verbrachten Kulturgütern (Kulturgüterrückgabegesetz – KultGüRückG) vom 15. Oktober 1998, BGBl. 1998 I 3162

Gesetz zur Änderung des Gesetzes zum Schutz deutschen Kulturgutes gegen Abwanderung (Kulturgutschutzgesetzänderungsgesetz – KultgSchGÄndG) vom 15. Oktober 1998, BGBl. 1998 I 3162

Gesetz zur Umsetzung von Richtlinien der Europäischen Gemeinschaften über die Rückgabe von unrechtmässig aus dem Hoheitsgebiet eines Mitgliedstaats verbrachten Kulturgütern und zur Änderung des Gesetzes zum Schutz deutschen Kulturgutes gegen Abwanderung (Kulturgutsicherungsgesetz – KultgutSiG) vom 15. Okotber 1998, BGBl. 1998 I 3162; auch in: Art, Ant. & L. 4 (1999) 275–279 (engl.); IPRax 2000, 340–342

Länder

Baden Württemberg

[Württembergisches] Gesetz betreffend den vorläufigen Schutz von Denkmalen und heimatlichem Kunstbesitz vom 14. Mai 1920, Regierungsblatt für Württemberg 1920, 305 [aufgehoben]

Badisches Denkmalschutzgesetz vom 12. Juli 1949, Badisches GVBl. 1949, 303 [aufgehoben]

Verwaltungsverfahrensgesetz für Baden-Württemberg vom 21. Juni 1977 [GVBl. 1977, 277]; zuletzt geändert durch Gesetz vom 24.11.1997, GVBl. 1997, 470

Gesetz zum Schutz der Kulturdenkmale (Denkmalschutzgesetz – DSchG) i.d.F. vom 6. Dezember 1983, GBl. 1983, 797; zuletzt geändert am 23.7.1993, GVBl. 1993, 533; auch bei *Eberl/Kleeberg*, 11–15; *Stich/Burhenne*, Nr. 215

Gesetz über die Pflege und Nutzung von Archivgut (Landesarchivgesetz – LarchG) vom 27. Juli 1987 i.d.F. vom 12.3.1990, GBl. 1987, 230; 1990, 89

Wassergesetz für Baden-Württemberg (BW WassG) vom 1. Juli 1988 [GBl. 1988, 269] i.d.F. der Bekanntmachung vom 1.1.1999, GBl. 1999, 1

Bayern

Gesetz über die Ausfuhr von Kunstwerken vom 30. Mai 1949, BayGVBl. 1949, 120 [kraft §§ 22 AbwSchG i.d.F. 6.8.1955 [aufgehoben]

Gesetz zum Schutz und zur Pflege der Denkmäler (Denkmalschutzgesetz – DSchG) vom 25. Juni 1973, Bayerische Rechtssammlung 2242-1-K; zuletzt geändert durch Gesetz vom 16. 12. 1999, GVBl. 1999, 521; auch bei *Eberl/Kleeberg,* 19–24; *Stich/Burhenne,* Nr. 220

Verfassung des Freistaates Bayern vom 2. Dezember 1946, Bayerisches GVBl. 1946, 333; zuletzt geändert durch Gesetz vom 27. 10. 1995; auszugsweise bei *Stich/Burhenne,* Nr. 220, 5

Bayerisches Archivgesetz (BayArchivG) vom 22. Dezember 1989, GVBl. 1989, 710

Berlin

Gesetz über die Sicherung und Nutzung von Archivgut des Landes Berlin (Archivgesetz des Landes Berlin) vom 29. November 1993, GVBl. 1993, 576, zuletzt geändert durch Gesetz vom 15. Oktober 1999, GVBl. Nr. 45, 564

Gesetz zum Schutz von Denkmalen in Berlin (Denkmalschutzgesetz Berlin – DSchG) vom 24. April 1995, GVBl. 1995, 274, geändert durch Gesetz vom 17. 5. 1999, GVBl. 1999, 178; auch bei *Eberl/Kleeberg,* 29–33; *Stich/Burhenne,* Nr. 225

Brandenburg

Gesetz über den Schutz und die Pflege der Denkmale und Bodendenkmale im Land Brandenburg (Brandenburgisches Denkmalschutzgesetz BbgDSchG) vom 22. Juli 1991, GVBl. 1991, 311; zuletzt geändert am 18. 12. 1997, GVBl. 1997, I, 124; auch bei *Eberl/Kleeberg,* 37–42; *Stich/Burhenne,* Nr. 230

Gesetz über die Sicherung und Nutzung von öffentlichem Archivgut im Land Brandenburg (Brandenburgisches Archivgesetz – BbgArchivG) vom 7. April 1994, GVBl. 1994 I 94

Bremen

Gesetz zur Pflege und zum Schutz der Kulturdenkmäler (Denkmalschutzgesetz – DSchG) vom 27. Mai 1975, GBl. 1975, 265, geändert durch Gesetz vom 13. 6. 1989, GBl. 1989, 230; auch bei *Eberl/Kleeberg,* 47–50; *Stich/Burhenne,* Nr. 235

Gesetz über die Sicherung und Nutzung öffentlichen Archivguts im Lande Bremen (Bremisches Archivgesetz – BremArchivG) vom 7. Mai 1991, GBl. 1991, 159

Hamburg

Hamburgisches Denkmal- und Naturschutzgesetz vom 6. Dezember 1920, ABl. 1920, 1441 [aufgehoben]

Wegegesetz (HambWegeG) vom 4. April 1961, GVBl. 1961, 117

[Hamburgisches] Gesetz zur Ordnung deichsrechtlicher Verhältnisse (HambDOG) vom 29. April 1964, GVBl 1964, 79; geändert durch Gesetz vom 29. November 1977, GVBl. 1977, 363

Denkmalschutzgesetz vom 3. Dezember 1973, GVBl. 1973, 466; zuletzt geändert am 26. 11. 1999, GVBl. 1999, 225; auch bei *Eberl/Kleeberg,* 57–61; *Stich/Burhenne,* Nr. 240

Hamburgisches Archivgesetz vom 21. Januar 1991, GVBl. 1991, I, 7

Hessen

Gesetz vom Grossherzogtum Hessen-Darmstadt, den Denkmalschutz betreffend, vom 16. Juli 1902, Reg.Bl. 1902, 275 [aufgehoben]

Verordnung über die Befugnisse nach der Verordnung der Reichsregierung über die Ausfuhr von Kunstwerken vom 11. Dezember 1919, vom 22.9.1948, HessGVBl. 1948, 134 i.V.m. Gesetz über den Erlass von Rechtsvorschriften vom 11.3.1948, GVBl. 1948, 47 [aufgehoben]

Gesetz zum Schutze der Kulturdenkmäler (Denkmalschutzgesetz) i. d. F. vom 5. September 1986, GVBl. 1986 I 269; auch bei *Eberl/Kleeberg*, 65–69; *Stich/Burhenne*, Nr. 245

Hessisches Archivgesetz (HArchivG) vom 18. Oktober 1989, GVBl. 1989, I, 270

Mecklenburg-Vorpommern

Denkmalschutzgesetz von Mecklenburg-Schwerin vom 5. Dezember 1929, GBl. 1929, 309 [aufgehoben]

Denkmalschutzgesetz (DSchG M-V) i. d. F. der Bekanntmachung vom 6. Januar 1998, GVOBl. 1998, 12, bereinigt am 16.2.1998, GVOBl. 1998, 247, geändert durch Gesetz vom 21.7.1998, GVOBl. 1998, 647; auch bei *Stich/Burhenne*, Nr. 250

Archivgesetz für das Land Mecklenburg-Vorpommern (Landesarchivgesetz – LarchivG M-V) vom 7. Juli 1997, GVOBl. 1997, 282

Niedersachsen

Denkmalschutzgesetz für das Grossherzogtum Oldenburg vom 18. Mai 1911, GBl. 1911, 959 [aufgehoben]

Lippisches Heimatschutzgesetz vom 17. Januar 1920, Lippische Gesetzessammlung 1920, 15 [aufgehoben]

Heimatschutzgesetz [des Rechtskreises Braunschweig] vom 17. September 1934, Sammlung des bereinigten niedersächsischen Rechts 1.1.1919–8.5.1945, Sonderband II, 415 [aufgehoben]

Niedersächsisches Denkmalschutzgesetz vom 30. Mai 1978, GVBl. 1978, 517; zuletzt geändert am 28.5.1996, GVBl. 1996, 241; auch bei *Eberl/Kleeberg*, 81–86; *Stich/Burhenne*, Nr. 255

Gesetz über die Sicherung und Nutzung von Archivgut in Niedersachsen (Niedersächsisches Archivgesetz – NArchivG) vom 25. Mai 1993, GVBl. Nr. 18/1993

Nordrhein-Westfalen

Gesetz zum Schutz und zur Pflege der Denkmäler im Lande Nordrhein-Westfalen (Denkmalschutzgesetz – DSchG) vom 11. März 1980, GV NW 1980, 226; zuletzt geändert druch Gesetz vom 25.11.1997, GV 1997, 430; auch bei *Eberl/Kleeberg*, 89–96; *Stich/Burhenne*, Nr. 260

Gesetz über die Sicherung und Nutzung öffentlichen Archivguts im Lande Nordrhein-Westfalen (Archivgesetz Nordrhein-Westfalen – ArchivG NW) vom 16. Mai 1989, GV 1989, 302

Rheinland-Pfalz

Landesgesetz zum Schutz und zur Pflege der Kulturdenkmäler (Denkmalschutz- und -pflegegesetz – DSchPflG) vom 23. März 1978, GVBl. 1978, 159; zuletzt geändert durch Gesetz vom 12. 10. 1999, GVBl. 1999, 325; auch bei *Eberl/Kleeberg*, 103–110; *Stich/Burhenne*, Nr. 270

Landesarchivgesetz (LarchG) vom 5. Oktober 1990, GVBl. 1990, 277

Gemeindeordnung von Rheinland-Pfalz vom 31. Januar 1994 (RH-PfGemO), GVBl. 1994, 154

Gesetz vom 27. Oktober 1995, GVBl. 1995, 730

Saarland

Gesetz zum Schutz und zur Pflege der Kulturdenkmäler im Saarland (Saarländisches Denkmalschutzgesetz – SDSchG) vom 12. Dezember 1977, ABl. 1977, 993; zuletzt geändert am 27. 11. 1996, ABl. 1996, 1313; auch bei *Eberl/Kleeberg*, 115–121; *Stich/Burhenne*, Nr. 275

Saarländisches Archivgesetz (SArchG) vom 23. September 1992, ABl. 1992, 1094

Sachsen

Sächsisches Gesetz zum Schutze von Kunst-, Kultur- und Naturdenkmalen (Heimatschutzgesetz) vom 13. Januar 1934, GBl. 1934, 13 [aufgehoben]

Ausführungsverordnung zum Gesetz zum Schutze von Kunst-Kultur- und Naturdenkmalen (Heimatschutzgesetz) vom 17. Januar 1934, GBl. 1934, 19 [aufgehoben]

Gesetz zum Schutz und zur Pflege der Kulturdenkmale im Freistaat Sachsen (Sächsisches Denkmalschutzgesetz – Sächs.DSchG) vom 3. März 1993, GVBl. 1993, 229, geändert am 4. 7. 1994, GVBl. 1994, 1261; auch bei *Stich/Burhenne*, Nr. 280

Archivgesetz für den Freistaat Sachsen vom (SächsArchivG) 17. Mai 1993, GBl. Nr. 24, 449

Sachsen-Anhalt

Denkmalschutzgesetz des Landes Sachsen-Anhalt vom 21. Oktober 1991, GVBl. 1991, 368; zuletzt geändert durch Gesetz vom 13. 4. 1994, GVBl. 1994, 508; auch bei *Eberl/Kleeberg*, 135–141; *Stich/Burhenne*, Nr. 283

Landesarchivgesetz Sachsen-Anhalt (ArchG-LSA) vom 28. Juni 1995, GVBl. Nr. 22/1995

Schleswig-Holstein

Gesetz über die Sicherung und Nutzung öffentlichen Archivgutes in Schleswig-Holstein (Landesarchivgesetz – LArchG) vom 11. August 1992, GS SH II, Gl. Nr. 224–5

Gesetz zum Schutz der Kulturdenkmale (Denkmalschutzgesetz – DSchG) i. d. F. vom 21. November 1996, GVBl. 1996, 677, berichtigt am 3. 7. 1997, GVOBl. 1997, 360; auch bei *Eberl/Kleeberg*, 145–150; *Stich/Burhenne*, Nr. 285

Thüringen

Gesetz zur Pflege und zum Schutz der Kulturdenkmale im Land Thüringen (Thüringer Denkmalschutzgesetz – ThDSchG) vom 7. Januar 1992, GVBl. 1992, 17, berichtigt am 21. 10. 1992, GVBl. 1992, 550; auch bei *Eberl/Kleeberg*, 155–161; *Stich/Burhenne*, Nr. 290

Thüringer Gesetz über die Sicherung und Nutzung von Archivgut (Thüringer Archivgesetz – ThürArchivG) vom 23. April 1992, GVBl. 1992, 139

Ekuador

Ley de Patrimonio Artístico de 22 de Febrero 1945, No. 235 del Registro Oficial de 14 de Marzo 1945 [aufgehoben]

Finnland

Lag Nr. 1276 (16. 12. 1994) om återlämnande av kulturföremål som olagligt förts bort från en stat inom Europeiska ekonomiska samarbetsområdet, Finlands lag 1994, 3733

Frankreich

Édit du 30 juin 1539 qui porte que le domaine de la couronne est inaliénable, ...; bei *Isambert*, Bd. 12 (1828), 567–570 [aufgehoben]

Édit [de Moulins] *du 15 février 1566 sur l'inaliénabilité du domaine de la couronne*; bei *Néron,* Bd. 1, 442–444 [aufgehoben]

Ordonnance [de Moulins] *sur la réforme de la justice* [vom Februar 1566]; bei *Isambert,* Bd. 14 (1829), 189–212 [aufgehoben]

Décret des 22 novembre 1790–1 décembre 1790 relatif aux domaines nationaux, aux échanges et concessions et aux apanages, S. 1789–1830, 77 [aufgehoben]; auch bei *Duvergier,* Bd. 2 (1790–91), 30–53

Sénatus-Consulte du 30 janvier 1810 relatif à la dotation de la couronne, S. 1789–1830, 809 [nur Anmerkungen]; auch bei *Duvergier,* Bd. 17 (1810–11), 12–18 (mit Kommentar), [aufgehoben]

Loi du 8 novembre 1814 relative à la liste civile et à la dotation de la couronne, S. 1789–1830, 909; auch bei *Duvergier,* Bd. 19 (1814–15), 234–236 [aufgehoben]

Loi des 2–7 mars 1832 sur la liste civile, S. 1831–1848, 94; *Duvergier,* Bd. 32 (1832), 82–90 [mit Kommentar] [aufgehoben]

Ordonnance du roi sur le domaine en Algérie des 9–26 novembre 1845, D.P. 1846, III, 10

Loi des 16–25 juin 1851 sur la constitution de la propriété en Algérie, D.P. 1851, IV, 91; S. 1848–1854, 74 [aufgehoben]; auszugsweise auch bei *Duvergier,* Bd. 45 (1845), 597–599 [Artt. 1–18]

Décret des 15 février–20 mars 1852 portant création d'un musée destiné à recevoir les objets ayant appartenu aux souverains qui ont régné sur la France, D.P. 1852, IV, 75; auszugsweise bei *Duvergier,* Bd. 52 (1852), 217f.

Loi du 30 mars 1887 relative à la conservation des monuments et objets d'art ayant un intérêt historique et artistique, S. 1887, 225; D.P. 1887, IV, 57 (mit Kommentar) [aufgehoben]

Loi du 9–11 décembre 1905 concernant la séparation des Églises et de l'État, D.P. 1906, IV,1 (mit Kommentar)

Loi du 2 janvier 1907 concernant l'exercice public des cultes, D.P. 1907, IV, 1

Loi du 31 décembre 1913 sur les monuments historiques, D.P. 1915, IV, 153; S. 1915, 823

Décret du 1 mai 1920 prohibant l'exportation des objets d'art et ameublement anciens et soumettant à des droits de sortie ceux de ces objets dont l'exportation aura été autorisé, Bulletin Législatif Dalloz 1920, 214; D. 1920, IV, 114 [aufgehoben]

Loi du 31 décembre 1921 portant fixation du budget général de l'exercice 1922, J.O. 1. 1. 1922, 2; auch in: D. 1923, IV, 41; Le Bulletin législatif Dalloz 1921, 707

Loi n° 41-2595 du 23 juin 1941 relative à l'exportation des œuvres d'art, J.O. 19.7.1941, 3030; auch bei *Maresca Compagna/Petraroia*, 104 (ital.) u. 459f. (frz.) [aufgehoben]

Loi du 27 septembre 1941 portant réglementation des fouilles archéologiques, J.O. 15.10.1941, 4438; Bulletin Législatif Dalloz 1941, 1158; auch bei *Maresca Compagna/Petraroia*, 105–109 (ital.) und 462–464; *Rigambert*, 227–231

Décret du 30 novembre 1944 fixant les conditions d'exportation et de réexportation des marchandises hors de France et des territoires d'outre-mer à destination de l'étranger, et établissant certaines formalités au point de vue des échanges entre la France et les territoires français d'outre-mer, J.O. 1.12.1944, 1585

Ordonnance n° 45-1546 du 13 juillet 1945 portant organisation provisoire des musées des beaux arts, J.O. 14.7.1945, 4342

Décret du 19 avril 1947 portant règlement d'administration publique concernant les expertises des objets provenant de fouilles archéologiques, J.O. 20.4.1947, 3756; auch bei *Rigambert*, 243f.

Avis du 27 février 1949, Aux importateurs et avis n° 377 de l'office des changes complétant l'avis aux importateurs et avis n° 360 relatif aux formalités et procédures à respecter par les importateurs titulaires de licences finançables dans le cadre de l'aide américaine à l'Europe (plan Marshall), J.O. 27.2.1949, 2138

Décret n° 58-1063 du 7 novembre 1958 modifiant la loi du 23 juin 1941 relative à l'exportation des œuvres d'art, J.O. 8.11.1958, 10109

Décret n° 62-298 du 14 mars 1962 portant revision du code du domaine de l'État, J.O. 18.3.1962, 2901; auch in: Code administratif, Paris: Dalloz 1994, 812

Loi n° 63-1178 du 28 novembre 1963 relative au domaine public maritime, J.O. 29.11.1963, 10673

Avis aux exportateurs du 24 novembre 1964, J.O. 24.11.1964, 10547

Loi n° 66-1069 du 31 décembre 1966 sur les communautés urbaines, J.O. 4.1.1967, 99

Arrêté du Directeur Général des Douanes et Droits Indirects du 30 janvier 1967, J.O. 31.1.1967, 1127

Loi n° 68-1251 du 31 décembre 1968 tendant à favoriser la conservation du patrimoine artistique national, J.O. 3.1.1969, 77

Décret n° 70-1046 du 10 novembre 1970, J.O. 11.10.1970, 10438

Loi n° 70-1219 du 23 décembre 1970 modifiant et complétant la loi du 31 décembre 1913, J.O. 25.12.1970, 11955; auch in: JCP 1971, III, 37326

Loi n° 71-1060 du 24 décembre 1971 relative à la délimitation des eaux territoriales françaises, J.O. 30.12.1971, 12899

Loi n° 75-1 du 3 janvier 1975 portant création du centre national d'art et de culture Georges-Pompidou, J.O. 4.1.1975, 196; zuletzt geändert durch Art. 7 L. n° 2000-643

Avis du 30 octobre 1975, modifiant l'avis du 24 novembre 1964 concernant les dispositions de l'ex n° 99-01 du tarif douanier, J.O. 30.10.1975, 11212

Décret n° 76-83 du 27 janvier 1976 portant statut du centre national d'art et de culture Georges Pompidou, J.O. 29.1.1976, 741

Loi n° 79-18 du 3 janvier 1979 sur les archives, J.O. 5.1.1979, 43; auch in: Le Bulletin législatif Dalloz 1979, 62; R.D.S. 1979, I, 62; auch bei *Maresca Compagna/Petraroia*, 110–115 (ital.) und 460–462 (frz.)

Loi n° 87-571 du 23 juillet 1987 sur le développement du mécénat, J.O. 24.7.1987, 8255

Loi n° 88-13 du 5 janvier 1988 d'amélioration de la décentralisation, J.O. 8.1.1988, 208

Avis aux exportateurs du 15 janvier 1988, J.O. 16.1.1988, 750

Loi n° 89-874 du 1 décembre 1989 relative aux biens culturels maritimes et modifiant la loi du 27.9.1941 portant réglementation des fouilles archéologiques, J.O. 5.12.1989, 15033; auch in: JCP 1989, III, 63350; Dalloz: Code administratif 2000, 1868; auch bei *Rigambert*, 232–234

Décret n° 91-1226 du 5 décembre 1991 pris pour l'application de la loi n° 89-874 du 1.12.1989 relative aux biens culturels maritimes et modifiant la loi du 27.9.1941 portant réglementation des fouilles archéologiques, J.O. 7.12.1991, 16017

Décret n° 92-1338 du 22 décembre 1992 portant création de l'Etablissement public du musée du Louvre, J.O. 23.12.1992, 17596

Décret n° 92-1351 du 24 décembre 1992 portant statut et organisation du Centre national d'art et de culture Georges Pompidou, J.O. 26.12.1992, 17737

Loi n° 92-1477 du 31 décembre 1992 relative aux produits soumis à certaines restrictions de circulation et à la complémentarité entre les services de police, de gendarmerie et de douane, J.O. 5.1.1993, 198; auch in: JCP 1993, III, 65890; modifiziert durch *Loi n° 94-679 du 8 août 1994 portant diverses dispositions d'ordre économique et financier,* J.O. 10.8.1994, 11668; JCP 1994, III, 66972

Décret n° 93-124 du 29 janvier 1993 relatif aux biens culturels soumis à certaines restrictions de circulation, J.O. 30.1.1993, 1600; JCP 1993, III, 65962

Arrêté du 5 février 1993 relatif aux modalités de délivrance de l'autorisation d'exportation temporaire ou définitive de biens culturels et de l'autorisation d'exportation temporaire de trésors nationaux, J.O. 12.2.1993, 2354

Arrêté du 28 avril 1993 relatif aux modalités de délivrance de l'autorisation d'exportation temporaire ou définitive de biens culturels et de l'autorisation d'exportation temporaire de trésors nationaux, J.O. 7.5.1993, 7071

Décret n° 94-3 du 3 janvier 1994 portant création de la Bibliothèque nationale de France, J.O. 4.1.1994, 149

Loi n° 94-679 du 8 août 1994 portant diverses dispositions d'ordre économique et financier, J.O. 10.8.1994, 11668; auch in: JCP 1994, III, 66972; R.D.S. 1994, I, 430

Décret n° 95-24 du 9 janvier 1995 modifiant le décret n° 93-124 du 29 janvier 1993 relatif aux biens culturels soumis à certaines restrictions de circulation, J.O. 11.1.1995, 499; auch in: JCP 1995, III, 67242

Décret n° 95-463 du 27 avril 1995 portant création de l'Etablissement public du musée et du domaine national de Versailles, J.O. 28.4.1995, 6588

Loi n° 95-877 du 3 août 1995 portant transposition de la directive 93/7 du 15.3.1993 du Conseil des Communautés européennes relative à la restitution des biens culturels ayant quitté illicitement le territoire d'un Etat membre, J.O. 4.8.1995, 11664; auch in: JCP 1995, III, 67565; Rev.crit.dr.int.priv. 86 (1997) 354; und bei *Carducci* La restitution, 466–472 (frz.)

Décret n° 95-1300 du 19 décembre 1995 portant création de l'Etablissement public de la Cité de la musique, J.O. 20.12.1995, 18434

Loi n° 96-590 du 2 juillet 1996 relative à la „Fondation du patrimoine", J.O. 3.7.1996, 1002; auch in: JCP 1997, III, 68043

Arrêté du 28 janvier 1997 relatif à l'insaisissabilité des biens culturels prêtés par la Fédération de Russie pour l'exposition Pouchkine chez Balzac, J.O. 14.2.1997, 2548

Décret n° 97-286 du 27 mars 1997 relatif à la restitution des biens culturels ayant quitté illicitement le territoire d'un État membre de la Communauté européenne, J.O. 28.3.1997, 4847; auch in: JCP 1997, III, 68388; Rev.crit.int.privé 86 (1997) 358

Décret du 18 avril 1997 portant reconnaisance d'utilité publique et approbation des statuts de la Fondation du patrimoine, J.O. 20.4.1997, 6016

Décret n° 97-435 du 25 avril 1997 portant publication de la Convention concernant les mesures à prendre pour interdire et empêcher l'importation, l'exportation et le transfert de propriété illicites des biens culturels, faite à Paris le 14 novembre 1970, J.O. 3.5.1997, 6680; auch in: JCP 1997, III, 68425; Rev.crit.int.privé 86 (1997) 608

Loi n° 2000-642 du 10 juillet 2000 portant réglementation des ventes volontaires de meubles aux enchères publiques, J.O. 11.7.2000, 10474

Loi n° 2000-643 du 10 juillet 2000 relative à la protection des trésors nationaux et modifiant la Loi no 92-1477 du 31 décembre 1992 relative aux produits soumis à certaines restrictions de circulation et à la complémentarité entre les services de police, de gendarmerie et de douane publiée au Journal officiel du 11 juillet 2000 (rectificatif), J.O. 11.7.2000, 10481

Loi n° 2001-6 du 4 janvier 2001 portant diverses dispositions d'adaptation au droit communautaire en matière de santé des animaux et de qualité sanitaire des denrées d'origine animale et modifiant le code rural, J.O. 5.1.2001, 214

Griechenland

Präsidialverordnung Nr. 133/98 vom 15. September 1998: Koinodikion 1998, 355

Irland

European Communities (Return of Cultural Objects) Regulations 1994, S.I. 1994 No. 182

Island

Þjóðminjalög Nr 88 frá 29. mai 1989, síðast breytt með lögum nr. 60/1996 vegna tilskipunar ESB 93/7, Stjórnartídindi A 10 – 1996, 11.6.1996

Italien

Stati italiani preunitari[2]

Emilia

Erlasse vom 8. Juni 1760, 20. Januar 1822 und 28. Oktober 1856; alle auszugsweise bei *Emiliani,* 196.

Tariffa daziaria degli stati estensi von 1857; auszugsweise bei *Emiliani,* 195f.

Lombardovenetien

Dekret von Maria Theresia vom 13. April 1745; bei *Emiliani,* 117–121

---

[2] Die hier aufgeführten Erlasse sind aufgehoben.

Erlass vom 31. Juli 1773; bei *Emiliani,* 121f.

Circolare ai prefetti del 20 agosto 1802; bei *Emiliani,* 130

Dekret vom 6. Oktober 1804; bei *Emiliani,* 132

Sovrane Risoluzioni del 19 settembre 1818 e del 23 dicembre 1818, notifiziert am 10. u. 17.2.1819; bei *Emiliani,* 157f. u. 158

Sovrana Risoluzione del 18 marzo 1827, notifiziert am 19.4.1827; bei *Emiliani,* 158f.

Meridionali

Prammatica LVII von Karl III. vom 16. Oktiber 1755; bei *Emiliani,* 171–174

Dekrete von Ferdinando I vom 13. u. 14. Mai 1822; bei *Emiliani,* 182–186

Dekrete von Ferdinando II vom 11. März 1839; bei *Emiliani,*188f.

Dekrete von Ferdinando II vom 16. September 1839; bei *Emiliani,* 189–191

Regole da osservarsi per le estraregnazioni di oggetti antichi o di arte, e per le scavazioni del 30 agosto 1843; bei *Emiliani,* 191f.

Dekret von Ferdinando II vom 21. August 1851; bei *Emiliani,* 192f.

Decreto della Commissione provvisoria di governo dello Stato romano sull'abolizione delle sostituzioni ed altri vincoli contro la libertà dei beni vom 2 gennaio 1849; bei *Mariotti,* 187f.

Piemont

Regio brevetto del 24 novembre 1832 von König Carlo Alberto; bei *Emiliani,* 197f.; *Mariotti,* 307f.

Sardinien

Codice per gli Stati di S. M. Il re di Sardegna, promulgato da Carlo Alberto [Codice Sardegna]

Toskana

Legge contro chi rimovesse o violasse armi, inscrittioni o memorie existenti apparentemente nelli edifitii così publici come privati del 30 maggio 1571; bei *Emiliani,* 23f.

Deliberazione del 24 ottobre 1602; bei *Emiliani,* 28f.; bei *Mariotti,* 248f.

Deliberazione del 6 novembre 1602; bei *Emiliani,* 31 f.; bei *Mariotti,* 249f.

Königreich und Republik Italien

Codice civile von 1865; auszugsweise bei *Falcone,* 638–645 [aufgehoben]

Statut vom 28. Oktober 1856 [aufgehoben]; auszugsweise bei *Emiliani,* 195f.

Legge del 25 giugno 1865, n. 2359, Disciplina delle espropriazioni forzate per causa di utilità pubblica; auszugsweise bei *Falcone,* 651–655

Regio Decreto del 30 novembre 1865, n. 2606 che approva le disposizioni transitorie per l'attuazione del Codice civile; auszugsweise (Artt. 24f.) bei *Falcone,* 649f.

Legge del 28 giugno 1871, n. 286; auszugsweise (Artt. 4, 5) bei *Mariotti,* 188f.; *Kohler* Das Recht der Kunstwerke, 72

Regolamento per l'esecuzione dell'articolo 4 della Legge 28 giugno 1871, n. 286 (serie 2a), e della Legge 8 luglio 1883, n. 1461 (serie 3a); bei *Mariotti,* 192f.

Legge del 8 luglio 1883, n. 1461; bei *Falcone,* 657f.; *Mariotti*, 189

Legge del 7 febbraio 1892, n. 31; bei *Falcone,* 658f.

Legge del 12 giugno 1902, n. 185, portante disposizioni circa la tutela e la conservazione dei monumenti ed oggetti aventi preggio d'arte o d'antichità, G.U. 27.6.1902, n. 149; auch bei *Falcone,* 321–336; *Chrétien,* 744–752 (frz. Übers.); zu den Gesetzesvorarbeiten vgl. *Mariotti,* 311–355 [aufgehoben]

Legge del 20 giugno 1909, n. 364, Norme per l'inalienabilità delle antichità e delle belle arti, G.U. 27.6.1909, n. 150; auch bei *Cantucci* Le cose, 169–175; *Emiliani,* 245–255; *Falcone,* 340–360; *Tamiozzo,* 341–351 [aufgehoben]

Regio decreto del 2 ottobre 1911, n. 1163, Regolamento per gli Archivi di Stato, G.U. 8.11.1911, n. 260; auch bei *Carugno/Mazzitti/Zucchelli,* § 83

Regio decreto del 30 gennaio 1913, n. 363, Regolamento di esecuzione delle Leggi 20 giugno 1909, n. 364, e 23 giugno 1912, n. 688, per le antichità e le belle arti, G.U. 5.6.1913, n. 130; auch bei *Carugno/Mazzitti/Zucchelli,* § 97; *Catelani/De Marco/Gasparini Casari/Papa/Tivelli,* 208–222 (Artt. 129–177); *Coppola,* 99–136; *Cortese* I beni, 412–465

Regio decreto del 23 maggio 1924, n. 827, Regolamento per l'amministrazione del patrimonio e per la contabilità generale dello Stato, G.U., suppl., 3.6.1924, n. 130

Legge del 1 giugno 1939, n. 1089, Tutela delle cose d'interesse artistico e storico, G.U. 8.8.1939, n. 184, 892; in urspr. F. bei *Cantucci* Le cose, 219–229; abgedr. in der F. des Decreto legge 5.7.1972, n. 288, konvertiert in L. 8.8.1972, n. 487; bei: *Caputi Jambrenghi* La cultura, 501–516; *Carugno/Mazzitti/Zucchelli,* § 96; *Catelani/De Marco/Gasparini Casari/Papa/Tivelli,* 223–225 (Artt. 35–42); *Coppola,* 165–177; *Cortese* I beni, 393–411; *Cortese* Lezioni, 217–232; *Loosli,* 193–202; *Maresca Compagna/Petraroia,* 227–235; *Reverdini/Biscaretti di Rufia/Frigo,* 338–344; *Tamiozzo,* 352–369; *Vaccaro Giancotti,* 527–549 [aufgehoben].

Legge del 25 settembre 1940-XVIII, n. 1424, Legge doganale, G.U. 24.10.1940, n. 250

Codice civile, aprrovato con regio decreto 16 marzo 1942, n. 262 (G. U. 4.4.1942, nn. 79e 79bis) i.d.F. vom 3. Juni 1999

Costituzione della Repubblica italiana, approvata dall'Assemblea Costituente il 22 dicembre 1947, promulgata dal Capo provvisorio dello Stato il 27 dicembre 1947 ed entrata in vigore il 1° gennaio 1948, G.U. 27.12.1947, n. 298; auch bei *Caputi Jambrenghi,* 455–476

Legge del 7 febbraio 1958, n. 279, Ratifica es esecuzione della convenzione internazionale per la protezione dei beni culturali in caso di conflitto armato, firmata all'Aja il 14 maggio 1954, con annesso Regolamento di esecuzione e del relativo Protocollo di pari data, G.U. 11.4.1958, suppl. ord., n. 87

Decreto del Presidente della Repubblica del 30 settembre 1963, n. 1409, Norme relative all'ordinamento ed al personale degli Archivi di Stato, G.U. 31.10.1963, n. 285; auch bei *Caputi Jambrenghi,* 698–719

Legge del 26 aprile 1964, n. 310, Costituzione di una Commissione d'indagine per la tutela e la valorizazzione del patrimonio storico, archeologico, artistico e del paesaggio, G.U. 26.5.1964; auch in: *Per la salvezza,* I, XIXf.

Legge del 16 maggio 1970, n. 281, Provvedimenti finanziari per l'attuazione delle Regioni a statuto ordinario, G.U. 22.5.1970, n. 127

Decreto legge del 5 luglio 1972, n. 288, Nuove norme sulla esportazione delle cose di interesse artistico ed archivistico di cui alla L. 1° giugno 1939, n. 1089, ed al D. P. R. 30 settembre 1963, n. 1409, G.U. 6.7.1972, n. 174, konvertiert in L. 8.8.1972, n. 487; auszugsweise bei *Carugno/Mazzitti/Zucchelli,* § 149; *Maresca Compagna/Petraroia,* 242–245 [aufgehoben]

Legge dell'8 agosto 1972, n. 487, Convenzione in legge, con modificazioni, del decreto-legge 5 luglio 1972, n. 288, concernente nuove norme sulla esportazione delle cose di interesse artistico ed archivistico di cui alla legge 1° giugno 1939, n. 1089, e al decreto del Presidente della Repubblica 30 settembre 1963, n. 1409, G.U. 28.8.1972, n. 233 [aufgehoben]

Decreto del Presidente della Repubblica del 31 agosto 1972, n. 670, Approvazione del testo unico delle leggi costituzionali concernenti lo statuto speciale per il Trentino-Alto Adige, G.U. 20.11.1972, n. 233

Legge del 29 gennaio 1975, n. 5, Conversione in legge, con modificazioni, del legge 14 dicembre 1974, n. 657, concernente la istituzione del Ministero per i beni culturali e ambientali, G.U. 14.2.1975, n. 43; auch bei *Carugno/Mazzitti/Zucchelli,* § 5

Legge del 30 ottobre 1975, n. 873, Ratifica ed esecuzione della convenzione concernente le misure da adottare per interdire e impedire la illecita importazione, esportazione e trasferimento di proprietà dei beni culturali, adottata a Parigi il 14 novembre 1970, G.U. 24.2.1976, suppl. ord., n. 49

Legge del 2 agosto 1982, n. 512, Regime fiscale dei beni d'interesse culturale, G.U. 7.8.1982, n. 216

Legge del 25 marzo 1985, n. 121, Ratifica ed esecuzione dell'accordo, con protocollo addzionale, firmato a Roma il 18 febbraio 1984, che apporta modificazioni, al concordato lateranense dell'11 febbraio 1929, tra la Repubblica italiana e la Santa Sede, G.U., suppl. ord., 10.4.1985, n. 85

Legge del 7 agosto 1990, n. 241, Nuove norme in materia di procedimento amministrativo e di diritto di accesso ai documenti amministrativi, G.U. 18.8.1990, n. 192

Legge del 31 maggio 1995, n. 218, Riforma del sistema italiano di diritto internazionale privato, G.U. 3.6.1995, n. 128, serie generale; auch in: RabelsZ 61 (1997) 344

Legge del 30 marzo 1998, n. 88, Norme sulla circolazione dei beni culturali, G.U. 10.4.1998, n. 84; Riv.dir.int.priv.proc. 34 (1998) 486–495; auch bei *Caputi Jambrenghi,* 556–569; *Catelani/De Marco/Gasparini Casari/Papa/Tivelli,* 228–239; *Cortese* I beni, 484–494; *Costanza,* 125–137; *Mansi* La tutela, 486–497; *Tamiozzo,* 392–405; *Vaccaro Giancotti,* 511–517; zu den Gesetzesvorarbeiten vgl. *Mansi* La tutela, 498–517 [aufgehoben]

Decreto legislativo del 31 marzo 1998, n. 112, Conferimento di funzioni e compiti amministrativi dello Stato alle Regioni e agli Enti locali, in attuazione del Capo I della legge 15 marzo 1997, n. 59, G.U. 21.4.1998, n. 92; auch bei *Cortese* I beni, 495–501; *Vaccaro Giancotti,* 518–522; *Tamiozzo,* 421–427

Decreto legislativo del 20 ottobre 1998, n. 368, Istituzione del Ministero per i beni e le attività culturali, a norma dell'articolo 11 della legge 15 marzo 1997, n. 59, G.U. 26.10.1998, n. 250; auch bei *Caputi Jambrenghi* La cultura, 584; *Cortese* I beni, 502; *Vaccaro Giancotti,* 523; *Tamiozzo, 428–436*

Legge del 7 giugno 1999, n. 213, Ratifica ed esecuzione dell'atto finale della conferenza diplomatica per l'adozione del progetto di Convenzione dell'UNIDROIT sul ritorno internazionale dei beni culturali rubati o illecitamente esportati, con annesso, fatto a Roma il 24 giugno 1995, G. U. 2. 7. 1999, serie generale, n. 153

Ministero degli affari esteri – comunicato. Entrata in vigore dell'atto finale della conferenza diplomatica per l'adozione della convenzione dell'UNIDROIT sul ritorno internazionale dei beni culturali rubati o illecitamente esportati, con annesso, fatto a Roma il 24 giugno 1995, G. U. 27. 10. 1999, n. 253

Decreto legislativo del 29 ottobre 1999, n. 490, Testo unico delle disposizioni legislative in materia di beni culturali e ambientali, a norma dell'articolo 1 della legge 8 ottobre 1997, n. 352 (Suppl. Ordinario n. 229), G.U. 27. 12. 1999, n. 302; auch bei *Assini/Francalacci,* 453–520; *Tamiozzo,* 437–502

Kirchenstaat, ab 1870 Vatikanstaat

Cum Almam Nostram Urbem vom 28. April 1462; bei *Theiner,* Nr. 369, 422f.; *Müntz,* 352f. [aufgehoben]

Et si in cunctarum vom 30. März 1425; bei *Theiner,* Nr. 231, 290f.; *Müntz,* 335–337 [aufgehoben]

Cum Provida vom 7. April 1474; bei *Bedin,* 34 [aufgehoben]

Breve Cum ad Principis Apostolorum vom 27. August 1515; gemäss *Speroni,* 13f.; *Bedin,* 60, 121f. [aufgehoben]

Prohibitione sopra l'estrattione di statue di marmo o di metallo, figure, antichità e simili del 5 ottobre 1624; bei *Mariotti,* 208 [aufgehoben]

Editto sopra l'estrattioni, e cave di statue, figure, intagli, medaglie, inscrittioni di marmo, di mischio, metallo, oro, argento, gioie, e cose simili antiche e moderne del 29 gennaio 1646; bei *Emiliani,* 56–61; *Mariotti,* 208–211 [aufgehoben]

Superni dispositione consili vom 30. August 1655; gemäss *Bedin,* 140 [aufgehoben]

Editto contro quelli che caveranno, o guasteranno edifizi antichi, e loro platee, e pozzolana con burbore del 9 maggio 1685; gemäss *Bedin,* 72, Fn. 37, u. 143; *Speroni,* 14 [aufgehoben]

Proibitione sopra l'estrattione di statue di marmo, o metallo, figure, antichità e simili del 5 febbraio 1686; bei *Emiliani,* 61–66; *Mariotti,* 211–214 [aufgehoben]

Proibitione sopra l'estrattione di statue di marmo, o metallo, figure, antichità e simili del 18 luglio 1701; bei *Emiliani,* 66; *Mariotti,* 215 [aufgehoben]

Editto sopra le pitture, stucchi, mosaici, et altre antichità, che si trovano nelle cave, inscrizioni antiche, sritture, e libri manoscritti del 30 settembre 1704; bei *Emiliani,* 66–69; *Mariotti,* 215f. [aufgehoben]

Proibizione sopra l'estrazione di statue di marmo, o metallo, figure, antichità e simili del 3 aprile 1717; bei *Emiliani,* 69f.; *Mariotti,* 216f. [aufgehoben]

Editto sopra li scarpellini, segatori di marmi, cavatori, ed altri del 21 ottobre 1726; bei *Emiliani,* 70f.; *Mariotti,* 217f. [aufgehoben]

Proibizione dell'estrazione delle statue di marmo, o metallo, pitture, antichità, e simili del 10 settembre 1733; bei *Emiliani,* 72–75; *Mariotti,* 218–220 [aufgehoben]

Proibizione sopra l'estrazione delle statue di marmo o metallo, pitture, antichità e simili del 21 ottobre 1726; bei *Speroni,* 191–194 [aufgehoben]

Editto sopra l'estrazione, vendita, distrazione e rimozione delle pitture, disegni, intagli ecc. del 8 febbraio 1749; gemäss *Bedin,* 149; *Speroni,* 23, Fn. 41 [aufgehoben]

„L'abuso da qualche tempo" del 21 agosto 1801; bei *Emiliani*, 84f.; *Mariotti*, 225f. [aufgehoben]

Editto Doria Pamphili del 1 ottobre 1802; bei *Emiliani*, 86–95; auszugsweise bei *Lepelletier*, 967–969 (Artt. 1, 2, 3 und 4, frz. Übers.) [aufgehoben]

Moturproprio del 6 luglio 1816; auszugsweise bei *Mariotti*, 3 (Artt. 135, 136, 137) [aufgehoben]

Editto Pacca sopra le scritture ed i libri manoscritti del 8 marzo 1819; bei *Emiliani*, 97–100; *Mariotti*, 233–235 [aufgehoben]

Editto Bartolomeo per la Misericordia di Dio Vescovo di Frascati Card. Pacca delle S. R. C. Camerlengo del 7 aprile 1820; bei *Emiliani*, 100–111; *Falcone*, 49–62; *Mariotti*, 235–241; *Wussow*, Anlage XVII (277–291, dt. Übers.); auszugsweise bei *Lepelletier*, 969f. (Artt. 9, 11, 12, 23, 43 und 61, frz. Übers.) [aufgehoben]

Regolamento per le Commissioni ausiliarie di belle arti istituite nelle Legazioni, e Delegazioni dello Stato pontificio del 6 agosto 1821; bei *Falcone*, 63–69 [aufgehoben]

Enzyklika *Une foie encore* vom 6. Januar 1907, ASS 40 (1907) 3

Enzyklika *Vehementer nos* vom 11. Februar 1906, ASS 39 (1906) 3

Enzyklika *Gravissimi offici munere* vom 10. August 1906, Archiv für katholisches Kirchenrecht 87 (1907) 108–111

Liechtenstein

Gesetz vom 19. Mai 1999 über die Rückgabe unrechtmässig verbrachter Kulturgüter, Liechtensteinisches Landesgesetzblatt vom 29. 7. 1999, Nr. 166, 461

Luxemburg

Loi du 9 janvier 1998 portant transposition de la directive 93/7/CEE du 15 mars 1993 relative à la restitution des biens ayant quitté illicitement le territoire d'un État membre de l'Union européenne, Journal officiel du Grand-Duché de Luxembourg A No. 8 du 6. 2. 1998, 136

Niederlande

Wet van 9 maart 1995 tot wijziging van enige wetten in verband met de verpflichting tot teruggave van cultuurgoederen die op onrechtmatige wijze buiten het grondgebied van een lid-staat van de Europese Unie of van een andere staat die partij is bije de Overeenkomst betreffende de Europese Economische Ruimte zijn gebracht en in verband met de uitvoer van cultuurgoederen (Implementatiewet bescherming cultuurgoederen tegen illegale uitvoer), Staatsblad van het Koninkrijk der Nederlanden 1995 n. 145

Norwegen

Forskrift av 28. 2. 1997 nr. 236 om tilbakelevering av kulturgjenstander som er fjernet ulovlig territoriet til en stat som inngår I Det europeiske økonomiske samarbeidsområde (EÖS) og som befinner sig i Norge, Norsk Lovtidende Avd. I No. 8 – 1997, 25. 4. 1997

Österreich

Bundesgesetz Nr. 67 vom 15. Mai 1998 zur Umsetzung der Richtlinie 93/7 über die Rückgabe von unrechtmässig aus dem Hoheitsgebiet eines Mitgliedstaates der

Europäischen Gemeinschaft verbrachten Kulturgütern, Bundesgesetzblatt für die Republik Österreich 1998 I 685

Portugal

Lei no. 13/85 de 6 Julho de 1985, Património cultural português, Diário de República 1985 I No. 153 de 6. 7. 1985, 1865

Lei no. 90-C/95 vom 1. 9. 1995, Autoriza o Governo a aprovar a nova lei do património cultural português, Diário de República 1995 I série A, J. 5508-(5)

Schweden

Lag av den 15 december 1994 on ändering i lagen (1988: 950) om kulturminnen m.m., Svensk författningssamling (SFS) 1994: 1523

Schweiz

Bund

Bundesverfassung der Schweizerischen Eidgenossenschaft vom 29. Mai 1874, SR 101 [aufgehoben]

Bundesgesetz über die Organisation der Bundesrechtspflege vom 16. Dezember 1943, SR 173.110

Bundesgesetz über den Schutz der Kulturgüter bei bewaffneten Konflikten vom 6. Oktober 1966, SR 520.3

Verordnung über das Bundesinventar der schützenswerten Ortsbilder von nationaler Bedeutung vom 9. September 1981 (VISOS), SR 451.12 [Stand 6. 6. 2000]

Reglement über die Aufsichtskommission für die Sammlung Oskar Reinhart „Am Römerholz" in Winterthur vom 1. Januar 1984, SR 172.010

Bundesgesetz über die Archivierung (Archivgesetz, BGA) vom 26. Juni 1998, SR 152.1

Bundesverfassung der Schweizerischen Eidgenossenschaft vom 18. April 1999, SR 101

Verordnung zum Bundesgesetz über die Archivierung (Archivierungsverordnung, VBGA) vom 8. September 1999, SR 152.11

Kantone

Aargau

Dekret über den Schutz von Kulturdenkmälern (Denkmalschutzdekret) vom 14. Oktober 1975, SAR 497.110

Vollziehungsverordnung zum Gesetz über die Förderung des kulturellen Lebens vom 25. April 1969, SAR 495.111

Verordnung über die Archivierung (Archivverordnung) vom 6. Mai 1998, SAR 150.711

Appenzell Innerrhoden

Standeskommissionsbeschluss betreffend das Landesarchiv vom 27. Oktober 1992, Gesetzessammlung Appenzell Innerhoden Nr. 176

Verordnung zum Kulturgesetz vom 14. Juni 1999, Gesetzessammlung Appenzell Innerhoden Nr. 472

Appenzell Ausserrhoden

Gesetz über die Einführung des Bundesgesetzes über die Raumplanung (EG RPG) vom 28. 4. 1985, Bereinigte (systematische) Gesetzessammlung (bGS) Nr. 721.1

Verordnung über das Archivwesen (Archivverordnung) vom 14. November 1988, Bereinigte (systematische) Gesetzessammlung (bGS) Nr. 421.11

Basel-Landschaft

Verordnung betreffend die Erhaltung von Altertümern vom 10. Oktober 1921, Systematische Gesetzessammlung Nr. 791.2

Regierungsratsbeschluss des Kantons Basel-Landschaft betreffend die Anlegung und Inventarisierung von lokalen Sammlungen von Altertümern durch Gemeinden, öffentlich-rechtliche Korporationen, wissenschaftliche Vereinigungen und private Personen vom 2. Oktober 1937, Systematische Gesetzessammlung Nr. 791.21

Verordnung über die Besorgung und die Benützung des Staatsarchivs vom 21. 1. 1961, Systematische Gesetzessammlung Nr. 147.12

Gesetz über den Denkmal- und Heimatschutz (DHG) vom 9. April 1992, Systematische Gesetzessammlung Nr. 791

Basel-Stadt

Gesetz über den Denkmalschutz vom 20. März 1980, Systematische Gesetzessammlung, Nr. 497.100

Gesetz über das Archivwesen (Archivgesetz) vom 11. September 1996, Systematische Gesetzessammlung, Nr. 153.600

Verordnung über die Registraturen und das Archivieren (Registratur- und Archivierungsverordnung) vom 13. Oktober 1998, Systematische Gesetzessammlung, Nr. 153.610

Bern

Gesetz über die Familienkisten und Familienstiftungen vom 6. Mai 1837, Amtliche Sammlung der Gesetze, Dekrete und Verordnungen des Kantons Bern, Bd. I, 83

Gesetz über die Erhaltung der Kunstaltertümer und Urkunden vom 16. März 1902, BSG 426.412 [aufgehoben]

Verordnung über die Bezirksarchive vom 6. August 1943, BSG 421.211

Verordnung über das Staatsarchiv des Kantons Bern vom 24. Juni 1992, BSG 421.21

Gesetz über die Denkmalpflege (Denkmalpflegesetz, DPG) vom 8. September 1999, BSG 426.41

Verordnung über die Denkmalpflege (Denkmalpflegeverordnung, DPV) vom 25. Oktober 2000, BSG 426.411

Freiburg

Gesetz über die kulturellen Institutionen des Staates vom 2. Oktober 1991, SGF 481.0.1

Gesetz über den Schutz der Kulturgüter vom 7. November 1991, SGF 482.1

Reglement des Staatsarchiv vom 2. März 1993, SGF 481.1.11

Ausführungsreglement zum Gesetz über den Schutz der Kulturgüter vom 17. August 1993, SGF 482.11

Genf

Loi sur les archives publiques du 2 décembre 1925, Recueil officiel systématique de la législation genevoise en vigueur, B-2-5

Loi sur la protection des monuments, de la nature et des sites du 4 juin 1976, Recueil officiel systématique de la législation genevoise en vigueur, L-4-05

Glarus

Gesetz über den Natur- und Heimatschutz vom 2. Mai 1971, Sammlung des glarnerischen Rechtes, Gesetzessammlung, Bd. 3, IV G/1

Reglement über die Organisation des Landesarchivs und die Ablieferung von Akten vom 4. April 1972, Sammlung des glarnerischen Rechtes, Gesetzessammlung, Bd. 3, IV F/3

Graubünden

Verordnung über den Natur- und Heimatschutz vom 27. November 1946, BR 496.100

Gesetz über die Förderung des Natur- und Heimatschutzes im Kanton Graubünden vom 24. Oktober 1965, BR 496.000

Verordnung für das Staatsarchiv Graubünden vom 5. September 1988, BR 490.100

Gesetz über die Förderung der Kultur (Kulturförderungsgesetz, KFG) vom 28. September 1997, BR 494.300

Jura

Loi sur la conservation des objets d'art et monuments historiques du 9 novembre 1978, RS JU 445.1

Loi sur les archives de la République et Canton du Jura du 11 octobre 1984, RS JU 441.21

Ordonnance sur les archives publiques de la République et Canton du Jura du 7 avril 1988, RS JU 441.211

Luzern

Gesetz über den Schutz der Kulturdenkmäler vom 8. März 1960, SRL 595

Reglement für das Staatsarchiv des Kantons Luzern vom 24. Mai 1976, SRL 585

Verordnung über die Verwaltung des Schriftgutes und seine Ablieferung an das Staatsarchiv vom 18. Oktober 1988, SRL 586

Neuenburg

Loi sur les archives de l'Etat du 9 octobre 1989, RSN 442.20

Loi sur la protection des biens culturels du 27 mars 1995, RSN 461.30

Règlement d'application de la loi sur la protection des biens culturels du 30 août 1995, RSN 461.301

Nidwalden

Verordnung über das Staatsarchiv vom 12. Juni 1975, Nidwaldner Gesetzessammlung Nr. 323.1

Einführungsgesetz zur Bundesgesetzgebung über den Schutz von Kulturgütern bei bewaffneten Konflikten des Kantons Nidwalden vom 29. April 1979, Nidwaldner Gesetzessammlung Nr. 322.1

Verordnung über das Nidwaldner Mueum (Museumsverordnung) vom 2. Dezember 1983, Nidwaldner Gesetzessammlung Nr. 325.11

Gesetz über den Natur- und Heimatschutz (Heimatschutzgesetz) vom 24. April 1988, Nidwaldner Gesetzessammlung Nr. 331.1

Vollziehungsverordnung zum Gesetz über die Kulturförderung (Kulturförderungsverordnung) vom 21. Dezember 1988, Nidwaldner Gesetzessammlung Nr. 321.11

Obwalden

Verordnung über Natur- und Heimatschutz und die Erhaltung von Altertümern und Kunstdenkmälern vom 8. November 1932 [Landbuch für den Kanton Unterwalden ob dem Wald, Bd. 6 (1922), 367] i. d. F. vom 5. 6. 1961, Landbuch für den Kanton Unterwalden ob dem Wald, Bd. 10 (1963), 368

Verordnung über den Schutz von Bau- und Kulturdenkmälern (Denkmalschutzverordnung) vom 30. März 1990, Landbuch des Kantons Obwalden, Bd. 21 (1990 und 1991), 27

Verordnung über das Staatsarchiv vom 18. Oktober 1996, Landbuch des Kantons Obwalden, Bd. 24 (1996 und 1997), 109

Schaffhausen

Verordnung betreffend den Schutz der Kulturdenkmäler vom 20. September 1939, SHR 452.001

Verordnung über das Staatsarchiv und die Archivierung der Verwaltungsakten (Archivverordnung) vom 8. Februar 1994, SHR 172.301

Schwyz

Verordnung betreffend den Natur- und Heimatschutz und die Erhaltung von Altertümern und Kunstdenkmälern vom 29. November 1927 i. d. F. vom 24. September 1992, SRSZ 720.110

Verordnung über das Archivwesen des Kantons Schwyz vom 10. Mai 1994, SRSZ 140.611

Solothurn

Weisungen für das Staatsarchiv. Regierungsratsbeschluss vom 11. August 1992, Bereinigte Sammlung der Solothurnischen Erlasse. Solothurnische Gesetzessammlung Nr. 122.581

Verordnung über den Schutz der historischen Kulturdenkmäler (Kulturdenkmäler-VO) vom 19. Dezember 1995, Bereinigte Sammlung der Solothurnischen Erlasse. Solothurnische Gesetzessammlung Nr. 436.11

St. Gallen

Übereinkunft betreffend das Eigentum und die Verwaltung des Stiftsarchives St. Gallen vom 2. Juni 1953, sGS 271.3

Verordnung über das Staatsarchiv vom 26. Juni 1984, sGS 271.1

Verordnung über die Gemeindearchive vom 26. Juni 1984, sGS 157.57

Verordnung betreffend den Schutz von Naturkörpern und Altertümern vom 21. März 1933, sGS 271.51

Tessin

Decreto legislativo del 24 novembre 1874 sulla riorganizzazione dell'Archivio cantonale, Bollettino Officiale della Repubblica e Cantone del Ticino, Bd. 1 (1874) 168

Legge sulla conservazione dei monumenti storici ed artistici del 14 gennaio 1909, Bollettino Officiale della Repubblica e Cantone del Ticino, Bd. [N. F.] 35 (1909) 45 [aufgehoben]

Legge per la protezione dei monumenti storici ed artistici del 15 aprile 1946, Raccolta delle leggi vigenti del Cantone Ticino, n. 9.3.2.1 [aufgehoben]

Regolamento concernente l'organizzazione e il funzionamento degli archivi e la microfilmatura all'interno dell'Amministrazione Pubblica del 16 marzo 1983, Beschluss des RR P[ubblica] A[mministrazione] No. 9/1983

Legge sulla protezione dei beni culturali del 13 maggio 1997, Raccolta delle leggi vigenti del Cantone Ticino n. 9.3.2.1

Thurgau

Reglement des Regerungsrats über das Staatsarchiv vom 6. Dezember 1988, Thurgauer Rechtsbuch, Bd. III/3, Nr. 432.111

Gesetz zum Schutz und zur Pflege der Natur und der Heimat vom 8. April 1992, Thurgauer Rechtsbuch, Bd. III/3, Nr. 450.1

Verordnung der Katholischen Synode über die Archivalien, Kult- und Kunstgegenstände (Archivverordnung) vom 4. Dezember 1995, Thurgauer Rechtsbuch, Bd. 3/II, Nr. 188.29

Uri

Gesetz über den Natur- und Heimatschutz vom 18. Oktober 1987, Urner Rechtsbuch, Bd. IV, Nr. 10.5101

Gesetz über den Schutz von Personendaten vom 20. Februar 1994, Urner Rechtsbuch, Bd. 1/I, Nr. 2.2511

Waadt

Loi du 10 décembre 1969 sur la protection de la nature, des monuments et des sites, Recueil systématique de la législation vaudoise, n. 6.7

Loi sur les activités cùlturelles du 19 décembre 1978, Recueil systématique de la législation vaudoise, n. 4.13 A

Règlement du 6 octobre 1989 pour les Archives cantonales vaudoises, Recueil systématique de la législation vaudoise, n. 4.11 C

Wallis

Beschluss vom 19. Juni 1968 betreffend die Organisation des Staatsarchivs und der Kantonsbibliothek, Gesetzessammlung der Republik und des Kantons Wallis, Nr. 1104

Reglement vom 17. November 1982 betreffend die Archive der Staatsverwaltung, Gesetzessammlung der Republik und des Kantons Wallis, Nr. 1108

Kulturförderungsgesetz vom 15. November 1996, Gesetzessammlung der Republik und des Kantons Wallis, Nr. 1110

Reglement zur Kulturförderung vom 7. Juli 1999, Gesetzessammlung der Republik und des Kantons Wallis, Nr. 1111

Gesetz über den Natur- und Heimatschutz vom 13. November 1998, Gesetzessammlung der Republik und des Kantons Wallis, Nr. 451.1

Verordnung über den Natur- und Heimatschutz vom 20. September 2000, Gesetzessammlung der Republik und des Kantons Wallis, Nr. 451.100

Zug

Verordnung über das Staatsarchiv vom 5. April 1982, BGS 152.4

Gesetz über Denkmalpflege, Archäologie und Kulturgüterschutz (Denkmalschutzgesetz) vom 26. April 1990, BGS 423, 11

Zürich

Gesetz über die Raumplanung und das öffentliche Baurecht (Planungs- und Baugesetz, PBG) vom 7. September 1975, LS 700.1

Verordnung des Kantons Zürich über das Natur und Heimatschutzgesetz (Natur- und HeimatschutzVO) vom 20. Juli 1977, LS 702.11

Archivgesetz vom 24. September 1995, LS 432.11

Archivverordnung vom 9. Dezember 1998, LS 432.111

Spanien

Ley 13/1985, de 25 junio, del Patrimonio Histórico Español, Boletín oficial del Estado, 29. 6. 1985, no. 155, 2939; zuletzt geändert durch *Ley 50/1998 de 30 diciembre, sobre Medidas fiscales, administrativas y de orden social*, Boletín oficial del Estado 31. 12. 1998, no. 313, 44488

Ley 36/1994 de 23 diciembre 1994, de incorporación al ordenamiento juridico español de la Directiva 93/7/CEE del Consejo, de 15 de marzo, relativa a la restitución de bienes culturales que hayan salido de forma ilegal del territorio de un Estado miembro de la Unión Europea, Boletín oficial del Estado 24. 12. 1994, no. 307, 38672. [engl. Übers. in: Commercial Laws of Europe 1995, 431]; geändert durch *Ley 18/1998 de 15 de junio 1998,* Boletín oficial del Estado 16. 6. 1998, no. 143, 19799

Vereinigtes Königreich

Import, Export and Customs Powers (Defence) Act 1939 (2 & 3 Geo. Ch. 69), Halsbury's Statutes of England and Wales, Bd. 48 (4. Aufl., 1995 Reissue), 935; auch bei *Reverdini/Biscaretti di Ruffia/Frigo*, 263–269

Town and Country Planning Act 1971 (c. 78), Halsbury's Statutes of England and Wales, Bd. 41 (3. Aufl., 1971), 1571 [aufgehoben]

Customs and Excise Management Act 1979 (c. 2), Halsbury's Statutes of England and Wales, Bd. 13 (4. Aufl. 1991 Reissue), 246

Sale of Goods Act 1979 (c. 54), Halsbury's Statutes of England and Wales, Bd. 39 (4. Aufl. 1995 Reissue), 68

Import and Export Control Act 1990: An Act to repeal sect. 9(3) of the Import, Export and Customs Power (Defence) Act 1939, House of Lords Bill 12, London: HMSO 1990

Town and Country Planning Act 1990 (c. 8), Halsbury's Statutes of England and Wales, Bd. 46 (4. Aufl., 1998 Reissue), 500

Planning (Listed Buildings and Conservation Areas) Act 1990 (c. 9), Halsbury's Statutes of England and Wales, Bd. 46 (4. Aufl. 1998 Reissue), 932

Museum and Galleries Act 1992 (c. 44); vgl. <http://www.hmso.gov.uk/acts/acts1992/Ukpga_19920044_en_1.htm> (Stand: 1.9.2001)

Export of Goods (Control) Order 1992, S.I. 1992 No. 3092

Open General Export Licence (Antiques) dated 3 September 1993, in: Guidance 23.7.1997, Tabelle 1

Export of Goods (Control) Order 1994, S.I. 1994 No. 1191

Sale of Goods (Amendment) Act 1994 (1994 c. 32), Halsbury's Statutes of England and Wales, Bd. 39 (4. Aufl. 1995 Reissue), 221

Export of Goods (Control) Order 1994 (Amendment) Order 1996, S.I. 1996 No. 1341, 2663

European Communities (Return of Cultural Objects) Regulations, 1994, S.I. 1994 No. 182

The Return of Cultural Objects Regulations 1994, S.I. 1994 No. 501, *amended as* S.I. 1997 No. 1719

Treasure Act 1996 (1996 c. 24); in: Art, Ant. & L. 1 (1996) 313–318; *Carleton,* 345–352.

Treasure Act 1996: Code of Practice (England and Wales); in: Art, Ant. & L. 3 (1998) 73–99

Treasure Act 1996 (Commencement No. 2) Order 1997, S.I. 1997 No. 1977

Human Rights Act 1998 (1998 ch. 42); in: Int.Leg.Mat. 38 (1999) 464

Vereinigte Staaten von Amerika

N.Y.U.C.C. (McKinney's 1964)

IV. Kanonisches Recht

CIC 1917; bei *Jone*

CIC 1983; in: *Codex des kanonischen Rechtes*

V. Römisches Recht

C. 6, 38, 5; in: Corpus iuris civilis. Volumen secundum, 271

C. 8, 10, 2 & 7; in: Corpus iuris civilis. Volumen secundum, 334

D. 1, 8, 2; in: Corpus iuris civilis. Volumen primum, 39

D. 30, 41, 3 & 5 & 8 & 9; in: Corpus iuris civilis. Volumen primum, 459

D. 31, 32, 6; in: Corpus iuris civilis. Volumen primum, 472

D. 31, 69, 3; in: Corpus iuris civilis. Volumen primum, 476

Gai Institutiones 2, 1–10; bei *Gaius,* 45f.

D. 1, 8, 9, pr. & 1; in: Corpus iuris civilis. Volumen primum, 40

B. Materialien

Bericht 2000	Bericht der Kommission an den Rat, das Europäische Parlament und den Wirtschafts- und Sozialausschuss über die Durchführung der Verordnung (EWG) Nr. 3911/92 des Rates über die Ausfuhr von Kulturgütern und der Richtlinie 93/7/EWG des Rates über die Rückgabe von unrechtmässig aus dem Hoheitsgebiet eines Mitgliedstaats verbrachten Kulturgütern, vom 25. Mai 2000, KOM (2000) 325 endg.
BT-Drs. 13/10789	Entwurf eines Gesetzes zur Umsetzung von Richtlinien der Europäischen Gemeinschaften über die Rückgabe von unrechtmässig aus dem Hoheitsgebiet eines Mitgliedstaats verbrachten Kulturgütern und zur Änderung des Gesetzes zum Schutz deutschen Kulturgutes gegen Abwanderung (Kulturgutsicherungsgesetz – KultgutSiG), Deutscher Bundestag, 13. Wahlperiode 1998, BT-Dr. 13/10789
BT-Drs. 76/6	Amtliche Begründung zum Regierungsentwurf eines Kulturgutschutzgesetzes vom 19. November 1953, Deutscher Bundestag, 2. Wahlperiode 1953, Drucksache 76/6
Consultation Paper 30. 5. 1990	Department of National Heritage. Consultation Paper of May 30, 1990. Private offers policy (known as the „Ridley Rules"); in: Art, Ant. & L. 1 (1996) 332–337
Consultation Paper 30. 4. 1996	Department of National Heritage. Consultation Paper of April 30, 1996. Application of the Waverley System of Export Controls on Works by Living Producers
Consultation Paper 6. 6. 1996	Department of National Heritage. Consultation Paper of June 6, 1996. Policy on establishing a fair market price for objects under export-deferral and a dealer's commission; in: Art, Ant. & L. 1 (1996) 329–331
E KultgSRG	Entwurf Rahmengesetz zum Schutz nationalen Kulturgutes (Kulturgutschutzrahmengesetz – KultgSRG) vom 10. Oktober 1997, unveröffentlicht
Empfehlung 1976	Empfehlung der Kultusministerkonferenz vom 3. Dezember 1976 über die Ausdehnung des Gesamtverzeichnisses im Gesetz zum Schutz deutschen Kulturgutes gegen Abwanderung vom 6. 8. 1955, GMBl. 1977, 85; auch bei *Bernsdorff/Kleine-Tebbe*, Rn. 3, 144f.
Gesamtverzeichnisse 1995	Gesamtverzeichnisse national wertvollen Kulturgutes und national wertvoller Archive vom 18. Dezember 1995, Bundesanzeiger Nr. 19a vom 27. 1. 1996
Gesamtverzeichnisse 1999	Gesamtverzeichnisse national wertvollen Kulturgutes und national wertvoller Archive vom 19. April 1999, Bundesanzeiger Nr. 97a vom 28. 5. 1999
Guidance 23. 7. 1997	Department for Culture, Media and Sport (Hg.), UK Export Licensing for Cultural Goods. Procedures and

	Guidance for Exporters of Works of Art and other Cultural Goods, Issue 2 (revised) of July 23, 1997. London: DNH 1997
Kriterienkatalog 1983	Kriterienkatalog vom 20. Mai 1983 zum Vollzug des Gesetzes zum Schutz deutschen Kulturgutes gegen Abwanderung vom 6. August 1955, GMBl. 1983, 442; auch bei *Bernsdorff/Kleine-Tebbe,* Rn. 4, 145f.; *Stich/Burhenne,* Nr. 313, 21
Projet de loi n° 2879	*Projet de loi n° 2879 autorisant l'approbation de la convention d'Unidroit sur les biens culturels volés ou illicitement exportés du 24 janvier 2001*; vgl. <http://www.assemblee-nationale.fr/2/projets/pl2879.asp> (Stand: 1.9.2001)
Rapport 1994	Ministère de la culture et de la communication. Direction des museées de France. Rapport d'activité 1994. Paris: Imprimerie Nationale 1995
Rapport 1995	Ministère de la culture et de la communication. Direction des museées de France. Rapport d'activité 1995. Paris: Imprimerie Nationale 1996
Rapport 1996	Ministère de la culture et de la communication. Direction des museées de France. Rapport d'activité 1996. Paris: Imprimerie Nationale 1997
Rapport 1997	Ministère de la culture et de la communication. Direction des museées de France. Rapport d'activité 1997. Paris: Imprimerie Nationale 1998
Rapport 1998	Ministère de la culture et de la communication. Direction des musées de France. Rapport d'activité 1998. Paris: Imprimerie Nationale 2000
Report 1952	The Export of Works of Art etc. Report of a Committee appointed by the Chancellor of the Exchequer, December 1952. London: HMSO 1952
Report 1988–89	Secretary of State for Culture, Media and Sport (Hg.), Export of Works of Art 1988–89. Thirty-fifth Report of the Reviewing Committee appointed by the Chancellor of the Exchequer in December 1952. London: HMSO 1989
Report 1989–90	Secretary of State for Culture, Media and Sport (Hg.), Export of Works of Art 1989–90. Thirty-sixth Report of the Reviewing Committee appointed by the Chancellor of the Exchequer in December 1952. London: HMSO 1990
Report 1990–91	Secretary of State for Culture, Media and Sport (Hg.), Export of Works of Art 1990–91. Thirty-seventh Report of the Reviewing Committee appointed by the Chancellor of the Exchequer in December 1952. London: HMSO 1991
Report 1991–92	Secretary of State for Culture, Media and Sport (Hg.), Export of Works of Art 1991–92. Thirty-eighth Report of the Reviewing Committee appointed by the Chancellor of the Exchequer in December 1952. London: HMSO 1992

Report 1992–93 — Secretary of State for Culture, Media and Sport (Hg.), Export of Works of Art 1992–93. Thirty-ninth Report of the Reviewing Committee appointed by the Chancellor of the Exchequer in December 1952. London: HMSO 1993

Report 1993–94 — Secretary of State for Culture, Media and Sport (Hg.), Export of Works of Art 1993–94. Fortieth Report of the Reviewing Committee appointed by the Chancellor of the Exchequer in December 1952. London: HMSO 1994

Report 1994–95 — Secretary of State for Culture, Media and Sport (Hg.), Export of Works of Art 1994–95. Forty-first Report of the Reviewing Committee appointed by the Chancellor of the Exchequer in December 1952. London: HMSO 1995

Report 1995–96 — Secretary of State for Culture, Media and Sport (Hg.), Export of Works of Art 1995–96. Forty-second Report of the Reviewing Committee appointed by the Chancellor of the Exchequer in December 1952. London: HMSO 1996

Report 1996–97 — Secretary of State for Culture, Media and Sport (Hg.), Export of Works of Art 1996–97. Forty-third Report of the Reviewing Committee appointed by the Chancellor of the Exchequer in December 1952. London: HMSO 1997

Report 1997–98 — Secretary of State for Culture, Media and Sport (Hg.), Export of Works of Art 1997–98. Forty-fourth Report of the Reviewing Committee appointed by the Chancellor of the Exchequer in December 1952. London: HMSO 1998

Report 1998–99 — Secretary of State for Culture, Media and Sport (Hg.), Export of Works of Art 1998–99. Forty-fifth Report of the Reviewing Committee appointed by the Chancellor of the Exchequer in December 1952. London: HMSO 1999

Report 1999–00 — Secretary of State for Culture, Media and Sport (Hg.), Export of Works of Art 1999-2000. Forty-sixth Report of the Reviewing Committee appointed by the Chancellor of the Exchequer in December 1952. London: HMSO 2000

Resolution 1991 — La vente internationale d'objets d'art, sous l'angle de la protection du patrimoine culturel. Resolution vom 3. September 1991 des Institut de Droit international; in: Ann.Inst.dr.int. 64-I (1991) 190 (frz.); Ann.Inst.dr.int. 64-II (1992) 402–407 (engl. u. frz.); IPRax 1991, 432 (frz.); RabelsZ 56 (1992) 566–574 (engl.); Rev.crit.dr.int.priv. 81 (1992) 203f. (frz.); auch bei *Jayme* Protection, 376–378 (engl.)

Review 1991 — A Review of the Current System of Controls on the Export of Works of Art from October 1991. London: HMSO 1991; auch in: Report 1991–92, Anhang B

Richtlinienvorschlag 93/7 — Vorschlag für eine Richtlinie des Rates betreffend die Rückgabe von Kulturgütern, die unrechtmässig aus dem Staatsgebiet eines Mitgliedstaats verbracht wurden, KOM (1991) 447; Abl. 1992 C 53/11

VE KGTG	Vernehmlassungsentwurf zu einem Bundesgesetz über den internationalen Kulturgütertransfer (Kulturgütertransfergesetz, KGTG) [Stand: Oktober 2000]. In: *BAK* Bundesgesetz, Anhang
Vortrag RR 1998	Vortrag des Regierungsrates an den Grossen Rat vom 14. Oktober 1998 zum Gesetz über die Denkmalpflege, Tagblatt des Grossen Rates des Kantons Bern. Session vom 26. April bis 6. Mai 1999, Heft 3, Beilage 12. Bern: Staatskanzlei 1999, 1–23

C. Entscheidungsverzeichnis

I. Europäischer Gerichtshof

EuGH 10. 12. 1968, C 7/68 (Kommission der Europäischen Gemeinschaften g. Italienische Republik), EuGHRspr. 1968, 633; NJW 1969, 1550; Eur.R. 4 (1969) 44; Foro it. 1969, V, 89, nota Catalano

EuGMR 23. 9. 1982 (Sporrong und Lönnroth g. Schweden), EuGMRRspr. 1983, 523; Clunet 112 (1985) 205, note Tavernier

EuGMR 5. 1. 2000 (Beyeler g. Italien), Human Rights L.J. 21 (2000) 61–73

II. Nationale Gerichte[3]

Deutschland

RGer 5. 5. 1882 (i. S. N. w. v. N.), RG 7, 136

RGer 24. 4. 1914, Verw.Arch. 24 (1916) 167

BGH 14. 7. 1953, NJW 1953, 1705

BGH 20. 3. 1963, BGHZ 39, 173 = IPRspr. 1962–1963 Nr. 60

VGH München 22. 3. 1963, BayVBl. 1963, 254

BVerwG 28. 5. 1965, BVerwGE 21, 191 = NJW 1965, 1932

BGH 25. 4. 1969, NJW 1969, 1437

BGH 22. 6. 1972, BGHZ 59, 82 = NJW 1972, 2, 1575; engl. Übers in: I. L. R. 73 (1987) 226

BVerwG 24. 6. 1960, BVerwGE 11, 32

BVerfG 10. 3. 1976, BVerfGE 42, 20

VG Sigmaringen 21. 4. 1983 – 4 K 1746//81, unveröffentlicht

BVerwG 3. 4. 1984, DVBl. 1984, 638

VG Sigmaringen 31. 1. 1985 – 2 K 874/83, unveröffentlicht

VG Gelsenkirchen 5. 6. 1985 – 4 K 1357/84, unveröffentlicht

VG Sigmaringen 25. 11. 1985 – 1 K 313/84, unveröffentlicht

VGH Mannheim 14. 3. 1986, NJW 1987, 1440

BGH 8. 4. 1987, BGHZ 100, 321 = IPRspr. 1987 Nr. 40

VGH München 6. 5. 1987, BayVBl. 1987, 720

BVerwG 10. 7. 1987, NJW 1988, 505

OVG Rheinland-Pfalz 13. 11. 1987, DÖV 1988, 433

BGH 20. 1. 1988, NJW 1988, 2593 = JZ 1988, 915 = JZ 1988, 665, Anmerkung Gursky

BVerfG 18. 5. 1988, BVerfGE 78, 205 = NJW 1988, 2593 = JZ 1988, 915

VG München 30. 11. 1988 – M 6 K 88.1457, unveröffentlicht

OLG Schleswig-Holstein 10. 2. 1989, NJW 1989, 3105 = IPRspr. 1989 Nr. 75

---

[3] Die Urteile/Beschlüsse sind alphabetisch nach Staaten und innerhalb des Staats chronologisch geordnet. Die Urteile des Vereinigten Königreichs sowie der USA sind alphabetisch nach den Parteien geordnet.

VG Hannover 9. 6. 1989, NVwZ-RR 1991, 643

BGH 5. 10. 1989, NJW 1990, 899 = JuS 1990, 411 = BHGWarn 1989, 598

VGH München 4. 12. 1991, NJW 1992, 2584

VG Köln 20. 3. 1991, NJW 1991, 2584; NWfVBL 1991, 425

OVG Lüneburg 19. 5. 1992, NVwZ-RR 1993, 79

OVG Münster 25. 2. 1993, NJW 1993, 2635 = NWfVBl. 1993, 348

BVerwG 30. 3. 1992, NJW 1992, 2584

BVerwG 27. 5. 1993, BVerwGE 92, 288 = NJW 1993, 3280; DVBl. 1993, 1099

BVerwG 12. 8. 1993, NJW 1993, 2635 = NJW 1994, 144

VG Berlin 9. 2. 1994 – VG 1 A 29.92, unveröffentlicht

BGH 9. 5. 1996, IPRspr. 1996 Nr. 54

LG Hamburg 20. 6. 1996, 305 – O 77/92, unveröffentlicht; abgedr. in: IPRspr. 1996 Nr. 55

BVerwG 21. 11. 1996, NJW 1997, 1171

BFH 10. 12. 1997, BFHE 1998, 58 = BStBl. 1998 II 114

Frankreich

Cour de cassation 24. 6. 1835 (Commune d'Aiguetebia c. le préfet des Pyrénées orientales), S. 1835, I, 501

Trib. de la Seine 25. 3. 1837, unveröffentlicht

Cour royale de Paris 24. 4. 1838, unveröffentlicht

Cour royale de Paris 25. 6. 1838, unveröffentlicht

Cour de cassation 10. 8. 1841 (Cousin c. la liste civile et les hérit. de Maillé), S. 1841, I, 742; Bull. civ. 1841, Nr. 104

Cour royale de Paris 3. 1. 1846 (Bibliothèque royale c. Charron), D.P. 1846, II, 212; S. 1846, II, 77

Cour d'appel de Paris 18. 8. 1851 (Bibliothèque nationale c. Feuillet de Conches), D.P. 1852, II, 96; S. 1851, II, 475

Cour d'Orléans 25. 8. 1853 (Min pub. c. Fouchart), D.P. 1855, II, 102

Cour d' appel d'Orléans 6. 9. 1853 (Min pub. c. Fouchart), D.P. 1855, II, 103

Cons.d'État 7. 12. 1854 (de Matha), Rec.Cons.d'État 1854, 951

Cour de cassation, req., 24. 4. 1855 (Gorsse c. Commune de Cranaux), S. 1856, I, 443

Cour d' Orléans 25. 8. 1853 (Min pub. c. Fouchart), D.P. 1855, II, 102

Cour d'appel d'Agen 23. 1. 1860 (Fabrique de Barbaste c. Crabit-Anzex), S. 1860, II, 317

Cour de cassation 8. 5. 1863 (Chemin de fer de Lyon c. Domaine de l'Etat), S. 1865, I, 273

Cour de cassation, req., 4. 6. 1866 (Flamenq c. Ville de Toulon), S. 1866, I, 446

Cons.d'État 18. 7. 1866 (Dora), Rec.Cons.d'État 1866, 854

Cour de cassation, req., 15. 11. 1869 (Viard c. Commune de Clinchamp), S. 1870, I, 20

Cour d'appel de Lyon 19. 12. 1873 (Commune de Nantua c. Conseil de fabrique et Brame), D.P. 1876, II, 89

Trib. civil de la Seine 22. 6. 1877 (Préfet de la Seine ès noms c. Récappé et de Camondo), D.P. 1880, II, 97

Cour d'appel de Paris 12.7.1879 (Préfet de la Seine ès noms c. Récappé et de Camondo), D.P. 1880, II, 101

Trib. civil de la Seine 10.12.1880 (Enregistrement c. le comte de Palikao), Clunet 8 (1881) 435

Cour de cassation, req., 13.12.1881 (Moley c. Pigné), S. 1882, 255

Trib. civil de la Seine 17.4.1885 (Duc de Frias c. Baron Pichon), Clunet 13 (1886) 593

Cour d'appel de Dijon 3.3.1886 (Richard de Vesvrotte c. l'État), D.P. 1887, II, 253; S. 1890, II, 74

Trib. civ. de la Seine 8.8.1888 (Royle c. Linton), Clunet 16 (1889) 635

Trib. civil de Mâcon 18.6.1890 (Ville de Mâcon c. Bonnin), S. 1895, II, 187

Cour d'appel de Paris 27.4.1892, unveröffentlicht

Trib. civil de Lyon 21.1.1893 (Jean Bonnin c. Villes de Mâcon et de Lyon), D.P. 1894, II, 163; S. 1895, I, 188

Cour de cassation, req., 20.11.1893 (Ministre de l'Instruction publique d'Italie c. Prince Colonna di Sciarra [collection Barberini]), Clunet 21 (1894) 311

Cour d'appel de Lyon 10.7.1894 (Ville de Mâcon c. Ville de Lyon et Bonnin), S. 1895, II, 185, note Saleilles

Trib. civ. de la Seine 26.12.1894 (Les fils de J. Mathieu c. époux Terry), Clunet 22 (1895) 587

Cour d'appel de Nancy 16.5.1896 (Dufresne c. l'État), D.P. 1896, II, 411

Cour de cassation, req., 17.6.1896 (Jean Bonnin c. Villes de Mâcon et de Lyon), S. 1896, I, 408; D. 1897, I, 257, note Guenée

Trib. civil de Lyon 20.2.1897 (Départements de la Loire c. consorts de Verna), Gaz. Pal. 1897, I, 615

Trib. civil de Lyon 25.1.1899 (Départements du Rhône de la Loire, de l'Isère, la Ville de Lyon, la Ville et les Hospices de Crémieu c. les héritiers de Verna), D. 1899, II, 230

Trib. civil de la Seine 28.6.1901 (Van der Heydt et Burth [Robert Peel] c. Kleinberger), Clunet 28 (1901) 812; Gaz. Pal. 1901, II, 71; D.P. 1902, II, 361, note Decugis

Cour d'appel de Toulouse 18.7.1905 (Kerr c. Société Pyrénées-Minérales), Rev.dr.int.privé 3 (1907) 262, observations Nast

Trib. civ. de la Seine 16.5.1906 (Sohège c. John Palmer et autres; Sohége c. 1° Dame veuve de Polignac, 2° Mortimer Singer; Sohège c. Mortimer Singer), Rev.dr.int.privé 3 (1907) 239, observations Nast

Trib. civil de la Seine 26.6.1918 (Alf. Geri c. l'État français, [Affaire du tableau du Louvre: la Joconde de L. de Vinci]), Clunet 45 (1918) 1249

Conseil d'État 10.6.1921 (Commune de Monségur c. Lalanne e sieur Brousse), R.P. 1922, III, 26, conclusions Corneille; Rev.dr.publ. 1921, 367, conclusions Corneille, note Jèze

Cour de cassation 19.5.1926 (L'Etat c. Viala), S. 1926, I, 230

Cons.d'État 2.7.1930 (Kersaho), Rec.Cons.d'État 1930, 680

Cour de Poitiers 21.7.1931 (Jaurand c. Chemins de fer de l'Etat), S. 1931, II, 229

Cons.d'État 17.2.1932 (Commune de Barran), D. 1933, III, 49, note Capitant

Cons.d'État 1.2.1935 (Ministre des travaux publics), Rec.Cons.d'État 1935, 274

Cons.d'État 28. 6. 1935 (Mougamadousadagnetoullah Marécar), D. 1936, III, 20, conclusions Latournerie; S. 1937, III, 43, conclusions Latournerie

Conseil d'État 30. 10. 1936 (Cotteraux), D.H. 1937, 55

Cour de cassation, req., 25. 3. 1942 (Soc. française des charbonnages du Tonkin c. Soc. des charbonnages d'Along et Dong Dong), S. 1942, I, 115

Cour d'appel de Nîmes 4. 12. 1944, (État français c. Brun), D. 1946, II, 28, note Waline

Trib. civil de la Seine 20. 1. 1949 (Thomas c. Ministre de l'éducation nationale), S. 1949, II, 84

Trib. civ. de la Seine 1. 6. 1949 (Paludet et autres c. Cts. Nivelle et Préfet de la Seine), JCP 1949, 5211; D. 1949, I, 350

Cour d'appel de Paris 3. 1. 1951 (Musées de France c. Thomas), S. 1951, II, 77 = Gaz. Pal. 1951, I, 370

Trib. civ. de Villefranche-sur-Saône 11. 2. 1954 (Moulin c. Ville de Villefranche-sur-Saône), Gaz. Pal. 1954, I, 1, 401

Cour de cassation 25. 5. 1956 (Thomas c. Musées de France), Gaz. Pal. 1956, II, 67

Cons.d'État 19. 10. 1956 (Société Le Béton), Rec.Cons.d'État 1956, 375, conclusions Long; D. 1956, I, 681, conclusions Long

Cour de cassation 31. 10. 1956 (E.D.F. c. Kohler et Criblez), JCP 1957, II, 9916

Cons.d'État 7. 6. 1957 (Ministre de l'intérieur c. sieur Lautié), Rec.Cons.d'État 1957, 385

Cour de cassation 23. 10. 1957 (Société anonyme des Plâtrières du Vaucluse c. Chirouze et Admin. De l'enregistrement du département de la Drôme), D. 1957, I, 745

Cour de cassation 23. 4. 1958 (Trésorier payeur général c. Borne), AJDA 1958, II, 397

Cons.d'État 11. 5. 1959 (Dauphin), Rec.Cons.d'État 1959, 294; D. 1959, I, 314, conclusions Mayras; JCP 1959, II, 11269, note De Lanversin; AJDA 1959, II, 113, observations Combarnous/Galabert und 228, note Dufau

Cons.d'État 27. 5. 1959 (Secrétaire d'État aux transports c. Baylaucq), Rec.Cons.d'État 323

Cour de cassation 2. 4. 1963 (Sieur Montagne c. Réunion des musées de France et autres), AJDA 1963, II, 486, observations Dufau

Cons.d'État 19. 3. 1965 (Société Lyonnaise des eaux et de l'éclairage), Rec.Cons.d'État 1965, 184; JCP 1966, II, 14583, note Dufau

Trib. correctionnel de Montluçon 29. 9. 1965 (Min. publ. c. B. et W.), D. 1965, I, 774, note Delpech

Cons.d'État 18. 2. 1966 (Sieur Biekens), Rec.Cons.d'État 1966, 123; Gaz. Pal. 1967, I, 83

Cons.d'État 13. 10. 1967 (Cazeux), Rec.Cons.d'État 1967, 367; Rev.dr.publ. 1968, 887, note Waline

Cons.d'État 12. 12. 1969 (Sieur de Talleyrand-Périgord), Rec.Cons.d'État 1969, 574, conclusions Kahn; JCP 1972, II, 17105, observations Mesnard; AJDA 1970, 34, conclusions Kahn

Cons.d'État, 6. 7. 1973 (Michelin et Veyret), D. 1974, I, 370, note Homont; AJDA 1973, 587

Cons.d'État 22. 12. 1976 (Consorts Roux et Pelenc), Rec.Cons.d'État 1976, 916

Trib.gr.inst. de Mulhouse 2. 3. 1977, unveröffentlicht

Trib. correctionnel de Bar-le-Duc 20. 5. 1981 (Ministère public c. Isnard et Decheppe), unveröffentlicht

Cons.d'État 14. 4. 1978, unveröffentlicht

Cons.d'État 27. 3. 1981 (Schlumpf), Rec.Cons.d'État 1981, 168

Trib. correctionnel de Bar-le-Duc 20. 5. 1981 (Ministère public c. Isnard et Decheppe), unveröffentlicht

Cons.d'État 13. 1. 1984 (Commune de Thiais), D. 1984, I, 607, note Bon

Cons.d'État 25. 1. 1984 (Ville de Grasse c. Montlaur et autres), R. D. S. 1985, 466, note Gilli

Conseil d'État 21. 3. 1984 (Guy Mansuy), Rec.Cons.d'État 1984, 616, D. 1984, 510, note Moderne; JCP 1985, II, 20393, observations Hervouët; Rev.dr.publ. 1984, 1059, note Gaudemet

Cons.d'État 17. 6. 1985 (Dauberville), Rec.Cons.d'État 1985, 184

Cour de cassation 12. 2. 1986 (Société Notre-Dame des Fleurs c. S. A. R. L. Montlaur-Grasse et autres), AJDA 1986, 391, observations Chatelain

Cons.d'État 14. 3. 1986 (Commune Gap-Romette c. Consorts Béraud), Rec.Cons.d'État 1986, 73

Conseil d'État 23. 6. 1986 (Thomas), AJDA 1986, II, 598, note Azibert/Boisdeffre (550)

Cons.d'État 24. 10. 1986 (Société Jan Kooren, Oude Hoofdhoofdtlein), Rec.Cons.-d'État 1986, 525, 642; JCP 1988, II, 21011, observations Hervouët

Cons.d'État 3. 4. 1987 (Consorts Heugel), Rec.Cons.d'État 1987, 119; AJDA 1987, 534, conclusions Hubac; AJDA 1987, 720, observations Azibert/De Boisdeffre; R. D. S. 1988, I, somm. comm., 59; R. D. S. 1987, inf. rap., 100

Cons.d'État 7. 10. 1987 (Ministre de la culture c. Consorts Genty), Rec.Cons.d'État 1987, 305; R. D. S. 1988, I, 269, note Laveissière; AJDA 1987, 768, Rev.fr.dr.adm. 1988, 858, conclusions Van Ruymbeke; JCP 1987, 403

Cons.d'État 18. 3. 1988 (Maron), JCP 1988, II, 21152, observations Davignon

Cour de cassation 3. 5. 1988 (Consorts Renault c. Électricité de France, Société Verte Campagne Sovercam et Société d'Aboville et Cie.), R. D. S. 1988, II, inf. rap., 139; AJDA 1988, 679, note Dufau; Cah.jur.élect.gaz 1989, 37, note Delvolvé; JCP 1989, II, 21203, observations Hervouët

Cour d'appel de Colmar 23. 1. 1989, unveröffentlicht

Cons.d'État 24. 1. 1990 (Amon), Rec.Cons.d'État 1990, 13; AJDA 1990, 423, note De Saint-Pulgent (420); Les Petites Affiches 26. 2. 1992, Nr. 25, 27, note Robert

Cour de cassation, crim., 11. 6. 1990 (Grouet), R. D. S. 1990, II, inf. rap., 206

Cons.d'État 30. 11. 1990 (Ministre de la culture, de la communication, des grands travaux et du bicentenaire c. Sté Alex Wengraf limited), Rec.Cons.d'État 1990, 339; AJDA 1991, 118, observations Honorat/Schwartz; JCP 1991, II, 21778, observations Chatelain; Rev.fr.dr.adm. 1991, 773, conclusions Montgolfier

Cons.d'État 30. 11. 1990 (Ville d'Orléans, Ministre de la culture, de la communication, des grands travaux et du bicentenaire c. Woodner), Rec.Cons.d'État 1990, 339; AJDA 1991, 118, observations Honorat/Schwartz; JCP 1991, II, 21778, observations Chatelain; Rev.fr.dr.adm. 1991, 773, conclusions Montgolfier

Cour de cassation 28. 5. 1991 (Agent judiciaire du Trésor et Ministre de la culture c. MM. Dufay et Trensz, ès-qualités de syndics à la liquidation des biens de MM.

Schlumpf), JCP 1992, II, 21864, note Pollet; Gaz. Pal. 1991, II, panor., 268; Gaz. Pal. 1991, V, 73

Trib. conflits, req., 24. 2. 1992 (Couach), JCP 1993, II, 21984, 22, note Lavialle

Cour de cassation, crim., 16. 6. 1992 (Ville de Chartres et autres), R. D. S. 1993, somm. comm., 35

Cons.d'État 31. 7. 1992 (Jacques Walter), Rec.Cons.d'État 1992, 313; JCP 1993, II, 22044, note Brichet; R. D. S. 1994, I, 17, note Thomas; Rev.fr.dr.adm. 1994, 266, note Poli; Gaz. Pal., tables 1992–1994, 2, 291; Gaz. Pal. 1993, I, panor. adm., 64

Cour d'appel de Paris 6. 7. 1994 (Agent judiciaire du Trésor c. Walter), R. D. S. 1995, I, 254, note Edelman; Gaz. Pal. 1994, II, somm., 440

Trib. correctionnel de Brest 25. 10. 1994 (Ministère public c. C. S., M. P., T. W., K. C., C. G., M. C., R. D., M. G. et C. H.), unveröffentlicht

Cour d'appel de Metz 22. 5. 1995 (Mes Dufay et Trensz ès qualités, liquidateurs à la liquidation de biens de MM. Fritz et Hans Schlumpf c. ministre de la culture et de la Communication, Trésor public État français et Mme Nass veuve Schlumpf), Gaz. Pal. 1997, somm., 149, note Vray

Cour de cassation 15. 11. 1995 (Cusset c. Cravam), Dr.adm. 1996, n° 8/9, 1, note Moysan

Cour de cassation 20.2.1996 (Agent judiciaire du Trésor c. Walter), JCP 1996, II, 22672, note Poli; R. D. S. 1996, I, 511, note Edelman; R. D. S. 1996, inf. rap., 81

Trib. correctionnel de Draguignan 15. 5. 1997 (Ministère public c. M. M., J.-P. J. et A. J.), unveröffentlicht

Cour de cassation 16. 7. 1998 (Agent judiciaire du Trésor et Ministre de la culture c. MM. Dufay et Trensz, ès-qualités de syndics à la liquidation des biens de MM. Schlumpf), unveröffentlicht

Italien

Corte di appello di Roma 11. 12. 1875, unveröffentlicht

Corte di cassazione 22. 2. 1877 (Principe Barberini c. Principe Barberini Sciarra), Foro.it. 1877, I, 391

Trib. Roma 29. 1. 1892, unveröffentlicht

Trib. Roma 27. 3. 1893, unveröffentlicht

Decreto amnistia 22. 4. 1893, unveröffentlicht

Corte di appello di Roma, sez. penale, 8. 3. 1894 (Pubblico Ministero c. Principe Maffeo Barberini-Colonna di Sciarra), unveröffentlicht

Corte di cassazione 14. 5. 1894, unveröffentlicht

Corte di appello di Ancona 12. 10. 1894, unveröffentlicht

Corte di cassazione, sez. un., 5. 8. 1935 (Atticciati c. Ministero istruzione e Comune di Chiusino), Foro it. 1935, I, 1449

Corte di cassazione, sez. I, 13. 2. 1942, n. 436 (Panzarasa c. Battaglia), Foro it. 1942, I, 394

Corte di cassazione, sez. I, 4. 5. 1946 (Piervenanzi c. Finanze), Mass.Foro it. 1948, 133

Corte di cassazione, sez. I, 14. 4. 1947, n. 554 (Coppola c. Confederazione commerciante), Foro it. 1948, I, 32

Corte di cassazione 2. 8. 1949, n. 2098 [ohne Nennung der Parteien], Rep.Giur.it. 1949, voce *Demanio,* n. 1–4

Corte di appello di Firenze 19. 5. 1950 (Ministero istruzione c. Cini, Osthein Sassonia Weimar e altri), Foro it. 1951, I, 353, nota Sandulli

Corte di cassazione 12. 2. 1953, sez. I, n. 359 (D'Osthein c. Min. istruzione; Min. istruzione c. Cini, D'Osthein, Belli, Mazzetti, Geri, Trabaldo), Foro it. 1954, I, 352, nota Gismondi

Cons.Stato, sez. VI, 9. 3. 1955, n. 123 (Congr. S. Filippo Neri di Padova c. Min. pubblica istruzione), Rass.Cons.Stato 1955, I, 341

Corte di cassazione, sez. I, 24. 3. 1955, n. 869 (Campolmi c. Vannucci), Foro it. 1956, I, 154

Cons.Stato, sez. VI, 9. 11. 1955, n. 762 (Pallavicini c. Min. pubblica istruzione), Rass.Cons.Stato 1955, 1258; Trib.amm.reg. Lazio, sez. II, 18. 4. 1979, n. 246 (Occhiuzzi c. Comune di Roma), TAR 1979, I, 1500

Cons.Stato 6. 2. 1957, sez. VI, n. 52 (Soc. Fr. lli Pisa e C. di Ferrara c. Ministero pubblica istruzione), Foro amm. 1957, I, 3, 208

Cons.Stato, sez. VI, 27. 2. 1957, n. 96 (Gargini c. Ministero pubblica istruzione), Foro amm. 1957, I, 3, 241

Corte di cassazione, sez. un., 25. 10. 1957, n. 4118 (Monaco c. Ministero P.I.), Giust.civ. 1958, I, 1108; Corte di cassazione, sez. un., 16. 1. 1991, n. 377 (Soc. Fiera dell'Automezzo d'Occasione c. Ministero Finanze), Riv.giur.edil. 1991, I, 1020

Cons.Stato, sez. VI, 12. 11. 1958, n. 843 (Comune di Pesato c. Ministero pubblica istruzione), Foro amm. 1958, I, 3, 541

Corte di cassazione sez. III, 9. 12. 1960, n. 3209 (Ministero della pubblica istruzione c. Società S.a.g.i.c., Comune di Villaricca), Foro it. 1961, I, 624

Corte di cassazione, sez. III, 21. 8. 1962, n. 2613 (Ministero pubblica istruzione c. Cattania ed altri), Foro it. 1963, I, 303 = Giust.civ. 1963, I, 324

Trib. di Sciacca 9. 1. 1963 (Scaglione c. Comune di Sciacca), Foro it 1963, I, 1317

Corte di cassazione, sez. I, 27. 4. 1964, n. 1011 (Longo e altro c. Cacciatore e altri), Giust. civ. 1964, I, 1064

Corte di cassazione, sez.un., 6. 4. 1966, n. 898 (Finanze c. Chiesa parrocchiale di S. Stefano in Venezia; Chiesa parrocchiale di S. Stefano in Venezia c. Finanze), Foro it. 1966, I, 2061, osservazioni Branca

Cons.Stato, sez. II, 9. 5. 1967, n. 428 (Quesito del Ministero della marina mercantile), Riv.giur.edil. 1968, I, 1514

Corte di cassazione, sez. I, 17. 6. 1967, n. 1429 (De Leoni c. De Leoni), Rep.Giur.it. 1967, voce *Antichità e belle arti*, n. 32

Corte di appello di Firenze 22. 11. 1967 (Soc. Sacleac e Soc. Mineraria c. Albani ed altri), Foro pad. 1969, I, 221

Corte di cassazione, sez. I, 3. 4. 1971, n. 965 (Sorice c. Iannicelli), Rep.Foro it. 1971, voce *Usucapione*, n. 17; Rep.Giur.it. 1971, voce *Usucapione*, n. 8

Corte di cassazione, sez. III, 14. 2. 1975, n. 590 (Danieli c. Nani Mocenigo), Foro it. 1975, I, 1108, 1110; Corte di cassazione, sez. un., 15. 5. 1971, n. 1440 (De Angeli c. Ministero per la pubblica istruzione; Ministero per la pubblica istruzione c. De Angeli), Foro it. 1971, I, 2829

Cons.Stato, sez. IV, 29. 7. 1976, n. 663 (Rossi e altra c. Prefetto di Viterbo), Rass.Avv.Stato 1977, I, 145, nota Tamiozzo

Corte di cassazione, sez. un., 27. 1. 1977, n. 401 (Min. p. i. c. Soldini) Giust.civ. 1977, I, 1600; Giur.it. 1977, I, 550; Rass.Avv.Stato 1977, I, 408, nota Vitaliani

Cons.Stato, sez. VI, 15. 7. 1977, n. 747 (Rubin de Cervin Albrizzi c. Provincia autonoma di Trento e Soc. Casa vinicola Castel Monreale di Karl Schmid), Rass.Cons.Stato 1977, I, 1246

Cons.Stato, sez. IV, 15. 12. 1978, n. 1224 (Com. Como c. Min. ll. pp.), Rep.Foro it. 1979, voce *Espropriazione,* n. 52

Corte di cassazione 12. 11. 1979, sez. III, n. 5835 (Soc. Medusa c. Com. Como), Rep.Foro it. 1979, voce *Demanio,* n. 11 = Rep.Foro it. 1979, voce *Usucapione*, n. 6

Corte di cassazione, sez. III, 8. 1. 1980 (Schiavo), Giur.it. 1981, II, 12, nota Testori

Cons.Stato, sez. VI, 6. 2. 1981, n. 30 (Franz e Luis Widmann c. Provincia Autonoma di Bolzano, Centro Provinciale di Sperimentazione Agraria e Forestale), Giur.it. 1981, III, 1, 355

Trib. di Arezzo 21. 10. 1981, unveröffentlicht

Trib.amm.reg. Lazio, sez. II, 28. 10. 1981, n. 1021 (Spinosa c. Min. beni culturali), Rep.Foro it. 1982, voce *Antichità e belle arti,* n. 36

Cons.Stato, sez. VI, 23. 3. 1982, n. 129 (Soc. Tradizione Romana e Sforza Ruspoli c. Min. pubblica istruzione, Min. beni culturali), Foro it. 1982, III, 285; Rass.Cons.Stato 1982, I, 356

Corte di cassazione, sez. I, 24. 3. 1982, n. 2042 (Ministero B.C.A. c. Sacerdoti), Foro it. 1983, I, 1, 88; Foro amm. 1983, I, 1, 611, nota Bonamore; Giust.civ. 1982, I, 2, 2999

Trib. di Torino 25. 3. 1982 (Repubblica dell'Ecuador, Casa della cultura ecuadoriana c. Danusso, Matta e altri), Riv.dir.int.priv.proc. 18 (1982) 625

Corte di appello di Torino 18. 1. 1983, unveröffentlicht

Corte di cassazione, sez. I, 17. 1. 1985, n. 117 (Min. beni culturali e ambientali c. Cranito di Belmonte), Foro it. 1985, I, 1070

Cons.Stato, sez. VI, 19. 1. 1985, n. 8 (Min. beni culturali e Comune di Roma c. Società centrale immobili-S.C.I.), Rass.Cons.Stato 1985, I, 60; Rep.Foro.it 1985, voce *Antichità e belle arti,* n. 58

Trib.amm.reg. Lazio, sez. II, 17. 10. 1983, n. 900 (Soc. Confcopper 2 e d altri c. Ministero beni culturali e ambientali), TAR 1983, I, 3112 = Foro amm. 1984, I, 159; Rep.Foro it. 1984, voce *Antichità e belle arti,* n. 52

Cons.Stato, sez. VI, 19. 1. 1985, n. 8 (Min. beni culturali e Comune di Roma c. Società centrale immobili-S.C.I.), Rass.Cons.Stato 1985, I, 60; Rep.Foro.it 1985, voce *Antichità e belle arti,* n. 58

Trib.amm.reg. Veneto, sez. I, 25. 10. 1986, n. 64 (Pastega e altro c. Ministero beni culturali ed ambientali), Foro amm. 1987, 1499

Cons.Stato, sez. VI, 2. 3. 1987, n. 91 (Ministero B.C.A. ed altri c. Russo ed altri), Rass.Cons.Stato 1987, I, 372

Corte di appello Firenze 11. 3. 1987, unveröffentlicht

Cons.giust.amm., sez. Sicilia, 25. 3. 1987 (Lanucara c. Assessorato regionale Beni culturali e ambientali e Pubblica istruzione, Soprintendente ai beni artistici e storici di Palermo), Foro amm. 1987, I, 554

Cons.Stato, sez. VI, 10. 6. 1987, n. 400 (Calabresi e altro c. Ministero beni culturali e ambientali), Foro amm. 1987, I, 1455

Cons.Stato, sez. VI, 10.6.1987, n. 373 (Pecchioli c. Ministero B.C.A.), Rep.Foro it. 1987, voce *Antichità e belle arti,* n. 17

Trib. di Roma 27.6.1987 (Stato francese – Ministero francese dei beni culturali c. Ministero per i beni culturali ed ambientali e De Contessini), Riv.dir.int 71 (1988) 920; Dir.com.int. 2 (1988) 611, nota Frigo; Riv.dir.int.priv.proc. 25 (1989) 652

Cons.Stato, sez. VI, 7.10.1987, n. 802 (Bartolini e altri c. Min. p.i.), Riv.giur.edil. 1987, I, 1043

Trib.amm.reg. Sicilia, sez. Palermo, 22.1.1988, n. 27 (Fatta c. Comune di Isnello), TAR 1988, I, 984

Trib.amm.reg. Lazio, sez. II, 6.4.1988, n. 546 (Soc. Mobili imbottili c. Min. finanze), Foro it. 1990, I

Cons.Stato, sez. VI, 7.5.1988, n. 568 (Ministero B.C.A. c. Regione Veneto), Foro amm. 1988, 3688, nota Quaglia = Foro it. 1990, III, 357

Cons.Stato, sez. IV, 19.12.1988, n. 1073 (Pelzer c. Min. finanze, Min. beni culturali e ambientali), Foro it. 1990, III, 357

Cons.Stato, sez. VI, 24.1.1989, n. 22 (Pagenstecher c. Provincia autonoma di Bolzano, Ministero B.C.A. e altro), Foro amm. 1989, I, 177

Corte di cassazione, sez. un., 17.3.1989 (Ministero Beni culturali c. Sciarra e altro), Foro amm. 1991, 311, nota Fantini

Cons.Stato, ad.gen., 13.7.1989, n. 59/89 (Ministero B.C.A.), Foro it. 1990, III, 356

Trib. di Napoli, 24.7.1989 (Nuti Palmieri Sobilia ved. Carafa di Roccella c. Ministero per i beni culturali e ambientali e Comune di Napoli), Giur.it. 1991, I, 2, 226, considerazioni Cozzuto Quadri

Corte di cassazione, sez. II, 24.11.1989, n. 5070 (Com. Roma c. Soc. Cig.; Min. pubblica istruzione c. De Angeli), Rep.Giur.it. 1989, voce *Antichità e belle arti,* n. 42

Trib.amm.reg. Lazio, sez. II, 26.1.1990, n. 224 (Beyeler c. Ministero B.C.A., Pierangeli), Foro it. 1991, III, 37

Corte cost. 9.3.1990, n. 118 (Perugia ed altri – Ministero per i beni culturali ed ambientali ed altro – Presidente del consiglio dei Ministri), Giur.cost. 1990, 660

Corte di cassazione, sez. I, 26.6.1990, n. 6492 (Ministero Lavori Pubblici c. Medici), Giust.civ.Mass. 1990, 2867 = Riv.giur.edil. 1990, I, 864, nota Testori

Cons.Stato, sez. VI, 25.8.1990, n. 752 (Soc. Kirzam c. Min. beni culturali), Rass.Cons.Stato 1990, I, 1019

Cons.Stato, sez. VI, 30.1.1991, n. 58 (Verusio, Pierangeli, Beyeler c. Ministero B.C.A.), Foro it. 1991, III, 345; Foro amm. 1992, I, 86, nota Anselmo (2344)

Corte di cassazione, sez. II, 26.4.1991, n. 4559 (Sorcinelli c. Com. Trescore Balneario), Rep.Foro it. 1991, voce *Antichità e belle arti,* n. 73

Cons.Stato, ad.plen., 23.9.1991, n. 7 (Pagenstecher c. Provincia autonoma di Bolzano, Ministero B.C.A. e altro), Rass.Cons.Stato 1991, I, 1293 = Foro it. 1992, III, 1 = Foro amm. 1992, I, 2242, nota Cannada-Bartoli (744) = Riv.it.dir.pubbl.com. 1992, 949, nota Roccella (780) = Riv.dir.int.priv.proc. 29 (1993) 431

Trib.amm.reg. Lazio, sez. I, 21.2.1992, n. 449 (Pasetti ed altro c. Ministero beni culturali), TAR 1992, I, 286

Trib.amm.reg. Lazio, sez. II, 16.4.1992, n. 1106 (The Isamu Noguchi Fondation Inc. Ed altro c. Min. B.C.A.), TAR 1992, I, 1779

Corte di cassazione, sez. un., 1.7.1992, n. 8079 (Di Salvo E Sciacca c. Assessore ai B.C.A. e della pubblica istruzione della Regione siciliana), Giur.it. 1993, I, 1, 812, nota De Mare

Corte di cassazione, sez. I, 7.4.1992, n. 4260 (Ministero B.C.A. c. Cucci), Foro it. 1992, I, 2402 = Giur.it. 1994, I, 2, 1242, nota Deangeli = Giust.civ. 1992, I, 2, 2386

Trib.amm.reg. Lazio, sez. II, 16.4.1992, n. 1106, TAR 1992, I, 1779

Corte di cassazione, sez. un., 1.7.1992, n. 8079 (Di Salvo E Sciacca c. Assessore ai B.C.A. e della publica istruzione), Giur.it. 1993, I, 1, 812

Corte di cassazione, sez. I, 4.3.1993, n. 2635 (Reg. Friuli-Venezia Giulia c. Min. finanziara), Mass.Foro it. 1993, 268; Rep.Foro it. 1993, voce *Demanio,* n. 14

Cons.Stato, sez. VI, 22.3.1993, n. 255 (Comune di Milano c. Ministero B.C.A. ed altro), Giur.it. 1994, III, 506 = Rass.Cons.Stato 1993, I, 414

Corte di cassazione, sez. III, 4.2.1993 (Gentili), Foro it. 1993, II, 631, nota Benin

Cons.Stato, sez.un., 23.6.1993, n. 6950 (Tomaino c. Comune Genova), Mass.Giust.civ. 1993, 1069

Cons.Stato, sez. VI, 30.10.1993, n. 787 (Pastega ed altro c. Min. B.C.A. ed altro), Rass.Cons.Stato 1993, I, 1325

Corte di cassazione, sez. un., 26.1.1994, n. 728 (Lapiccirella, Ministero B.C.A. e Salina), Foro it. 1994, I, 1, 1053 = Giur.it. 1994, I, 1, 1469

Corte di cassazione, sez. un., 19.3.1994, ord. n. 228 (Verusio c. Ministero B.C.A., Beyeler, Pierangeli), Giust.civ. 1994, I, 1, 609

Corte di cassazione 24.11.1995, n. 12166 (Governo di Francia c. De Contessini e altri), Foro it. 1996, I, 1, 907, Riv.dir.int. 80 (1997) 515; Riv.dir.int.priv.proc. 33 (1997) 427

Corte costituzionale 20.6.1995, n. 269 (Verusio, Pierangeli e Beyeler c. Pres. cons. ministri), G.U., 1a serie speciale 28.6.1995, n. 27; Foro it. 1996, I, 1, 807

Corte di cassazione, sez. I, 24.11.1995, n. 12166 (Stato francese – Ministero dei beni culturali c. De Contessini e altri), Foro it. 1996, I, 1, 907 = Riv.dir.int. 80 (1997) 515 = Riv.dir.int.priv.proc. 33 (1997) 427

Cons.Stato, sez. VI, 30.11.1995, n. 1362 (Ministero B.C.A. c. Comune di Bari), Foro it. 1996, III, 399

Cons.Stato, sez. VI, 25.10.1996, n. 1400 (Renna c. Ministero B.C.A.), Foro it. 1997, III, 81

Corte di cassazione, sez. un., 11.3.1996, n. 1950 (Verusio c. Ministero B.C.A. e altri; Pierangeli c. Ministero B.C.A. e altri; Beyeler c. Ministero B.C.A. e altri), Foro it. 1996, I, 2, 2444

Cons.Stato, sez. VI, 25.10.1996, n. 1400 (Renna c. Ministero B.C.A.), Foro it. 1997, III, 81

Corte di cassazione, sez. I, 20.11.1996, n. 10160 (Comune di Dovadola c. Cabiati), Foro it 1997, I, 504

Corte di cassazione, sez. I, 28.8.1998, n. 8589 (Comune di Camerino – Ministero per i beni e culturali), Foro it. 1998, I, 3167; Nuova giur.civ. 1999, I, 389, nota Mansi

Niederlande

Hoge Raad 13.5.1966, Schip en Schade 1966, 50, 126 = Ned.Jur. 1967, Nr. 3, 16 note H.B.; Rev.crit.dr.int.priv. 56 (1967) 522 = Clunet 96 (1969) 1010

Hoge Raad [Strafkammer] 18.1.1983 (De Raad v. OvJ), Ned.Jur. 1983, Nr. 445, 1402

Schweiz

BGer 12. 10. 1883 (i. S. Solothurn g. Erben Tugginer), BGE 9, 577

BGer 18. 7. 1941 (in Sachen Wettstein), unveröffentlicht

BGer 28. 2. 1950 (Suleyman g. Tungsram Elektrizität A.-G.), BGE 76 II 33, 41

HGer Zürich 9. 5. 1968, SJZ 1968, 354 [ohne Angabe der Parteien]

BGer 26. 8. 1975 (Stato della Repubblica Italiana c. Camera dei ricorsi penali del Tribunale di Appello del Cantone Ticino), BGE 101 Ia 163

Trib. cantonale amministrativo 29. 9. 1979, unveröffentlicht

Trib. di espropriazione della giurisdizione sopraceneri 4. 1. 1982, unveröffentlicht

Trib. amministrativo cantonale 30. 6. 1982, unveröffentlicht

BGer 25. 1. 1984 (Gemeinde Oberstammheim g. Hermann Farner und Verwaltungsgericht des Kantons Zürich), BGE 110 Ib 29

BGer 3. 12. 1986 (Comune di Locarno c. Alessandra Balli e litisconsorti), BGE 112 Ib 496

BGer 23. 12. 1987 (Balli c. Stato del Cantone Ticino), BGE 113 Ia 368 = Pra 78 (1989) Nr. 159 = Sem.jud. 110 (1988) Nr. 271 = J.Trib. 137 (1989) I 411

Trib. amministrativo cantonale 7. 11. 1990, unveröffentlicht

BGer 15. 7. 1991, 1P.786/1990 [Balli-Entscheid], unveröffentlicht

BGer 1. 4. 1997 (L. c. Chambre d'accusation du canton de Genève), BGE 123 II 134 = Sem.jud. 119 (1997) 529

BGer 28. 5. 1998 (De Noailles g. Nordmann), 5C.16/1998, unveröffentlicht

Trib. delle espropriazioni della giurisdizione sopracenerina 23. 8. 2000, Nr. 143/51 (Comunione ereditaria fu Valentino Balli c. Stato del Cantone Ticino), unveröffentlicht

Vereinigtes Königreich

Attorney General of New Zealand v. Ortiz and others, [1982] 1 Q. B. 349, [1984] 1 A. C. 1 (H. L.); [1982] 3 All E. R. (Q. B. and CA) 432; [1982] 3 W. L. R. (CA) 570; [1982] 2 W. L. R. (Q. B.) 10; [1983] 2 All E. R. (H. L.) 93

Attorney General of the Duchy of Lancaster v. G. E. Overton (Farms) Ltd., [1982] 2 W. L. R. 397 = [1982] 1 All E. R. 524 (CA); [1980] 3 All E. R. 503 (Ch. D.)

Attorney General v. British Museum, [1903] 2 Ch. 598

Bumper Development Corporation Ltd. v. Commissioner of Police for the Metropolis, [1991] 4 All E. R. 638

Elwes v. Brigg Gas Company, (1886) 33 Ch. D. 562

Emperor of Austria v. Day and Kossuth, 45 E. R. 861

In re St. Mary's, [1987] Family Reports 41 (Lincoln Const. Ct.)

Kingdom of Spain v. Christie, Manson & Woods Ltd., [1986] 1 W. L. R. 1120 (Ch. D.) = [1986] 3 All E. R. 28 (Ch. D.)

Lancaster City Council v. Whittingham, High Court at Liverpool 18. 9. 1995, unveröffentlicht

MCC Proceeds Inc. v. Lehman Bros International (Europe), [1998] 4 All E. R. 675 (CA)

Moffat v. Kazana, [1969] 2 W. L. R. 71

Pierce v. Bemis, [1986] Q.B. 384, [1986] 1 All E.R. 1001

R. v. Hancock, [1990] 2 Q.B. 242; [1990] 3 All E.R. 183 (CA)

R. v. Her Majesty's Coroner for the County of Wiltshire, ex parte Chaddock, unveröffentlicht

R. v. Secretary of State for National Heritage and Another, ex parte J. Paul Getty Trust, Court of Appeal (Civil Division) 27. 10. 1994, unveröffentlicht

The King of Italy and the Italian Government v. Marquis Cosimo de Medici Tornaquinci, Marquis Averardo de Medici Tornaquinci, and Christie, Manson, and Woods, [1917/1918] 34 Times L.Rep. 623 (Ch.D.); ital. Übers. in: Riv.dir.int. 14 (1921/1922) 194

Waverley Borough Council v. Fletcher, [1995] 4 All E.R. 756 (CA)

Vereinigte Staaten von Amerika

Jeanneret v. Vichey, 541 F. Supp. 80 (S.D.N.Y. 1982), *reversed and remanded* 693 F.2d 259 (2d Cir. 1982)

D. Literaturverzeichnis[4]

A[dam], G[uillaume] French trade mounts opposition to Unidroit. In: The Art Newspaper, Juni 2001, 1

A[dam], G[uillaume] Una lotta contro Unidroit per l'„onore degli antiquari". In: Il Giornale dell'Arte, Juni 2001, 10

Adam, Guillaume „Jardin à Auvers": fino al 7 maggio è di van Gogh. In: Il Giornale dell'Arte, April 2001, 73

Adriani, Thomas Das Recht der Kulturdenkmalpflege unter besonderer Berücksichtigung der Verhältnisse in Niedersachsen. Diss. iur. Göttingen 1962

Agnew, Julian/Farrer, Matthew Goya's ‚The Marquesa de Santa Cruz'. In: IJCP 1 (1992) 137–141

Alagna, Sergio Ritrovamento e scoperta di beni aventi valore culturale. In: Contr. e imp. 1986, 434–475

Alibrandi, Tommaso/Ferri, Piergiorgio I beni culturali e ambientali. 4. Aufl., Mailand: Giuffrè 2001

– Il diritto dei beni culturali. La protezione del patrimonio storico-artistico. 5. Neudruck der 1. Aufl. (1988). Rom: La Nuova Italia Scientifica 1997

Amberg, R. Lässt die Regelung des Zivilgesetzbuches die Aufstellung eines besonderen Begriffes des öffentlichen Eigentums zu? In: ZSR N.F. 39 (1920) 421–454

Ammann, Renato Das Fundrecht des Schweizerischen Zivilgesetzbuches. Diss. iur. Zürich 1960

Angelicoussis, Elisabeth The Woburn Abbey Collection of Classical Antiquities. (Monumenta artis Romanae, 20: Classical sculpture in British private collections) (= Corpus signorum imperii romani. Corpus of sculptures of the roman world. Great Britain, III/3). Mainz: Philipp von Zabern 1992

Anzon, Adele Il regime dei beni culturali nell'ordinamento vigente e nelle prospettive di riforma. In: Ricerca sui beni culturali. Vol I: Servizio Studi, Legislazione e Inchieste Parlamentari (Hg.). Rom: Segretariato Generale della Camera dei Deputati 1975, 91–195

Armstrong, Walter The Peel collection and the dutch school of painting. London/New York: Selley and Co. Limited/E. P. Dutton & Co. 1904

Assini, N[icola]/Francalacci, P[aolo] (Hg.) Manuale dei beni culturali. Padua: Cedam 2000

Attias, Laurie Court Fines Germans in Arp Case. In: ARTnewsletter XXV (2000) Nr. 18, 6f.

– French Reaction To Van Gogh Controversy. In: ARTnewsletter XXII (1997) Nr. 24, 5

– Landmark Ruling Over Van Gogh: Victory for Owner. In: ARTnewsletter XXI (1996) Nr. 14, 2

– Landmark Van Gogh Goes to Auction. In: ARTnewsletter XXII (1996) Nr. 4, 7f.

– Sale of Jardin à Auvers Ruled Valid. In: ARTnewsletter XXV (2000) Nr. 19, 8

---

[4] Die im Folgenden aufgeführten Publikationen werden grundsätzlich nur mit dem Verfassernamen zitiert. Zur Unterscheidung verschiedener Veröffentlichungen desselben Autors wird der Name um einen Zusatz aus dem Titel ergänzt.

– Van Gogh Exhibit Includes Authenticity Results. In: ARTnewsletter XXIV (1999) Nr. 13, 6f.

Aubert, Jean-François Avis de droit relatif à la ratification, par la Confédération suisse, de deux conventions internationales concernant le traffic illicite des biens culturels (Convention de l'UNESCO, de 1970, et Convention d'Unidroit, de 1995), 29 février 1996. In: *BAK* Dokumentation

Aubry, Charles/Frédéric, Charles Rau Droit civil français. Bd. 2. 7. Aufl., Paris: Librairies techniques 1961

Axer, Peter Das Hamburger Stadtsiegel – ein Problem des Rechts der öffentlichen Sachen. In: NWVBl. 1992, 11–13

Azzurri, Gustavo L'editto Pacca in Roma e nelle province pontificie. In: *Azzurri* Per la libertà, 7–13

– L'abolizione dell'editto Pacca. In: *Azzurri* Per la libertà, 43–51

– L'editto Pacca e le sue conseguenze. In: *Azzurri* Per la libertà, 19–25

– Per la libertà delle belle arti in Italia. Bologna: Tipografia Mareggiani 1897

B[ailey], M[artin] Experts weary of pointless referrals. In: The Art Newspaper, Februar 2001, 4

Bailey, Martin A top collector revealed. In: The Art Newspaper, Februar 1997, 4

– Britain says yes to Unesco convention. In: The Art Newspaper, April 2001, 1

– Forty-five Van Gogh fakes. In: The Art Newspaper, Juli-August 1997, 21–24

– Medico, amico e anche falsario di van Gogh? In: Il Giornale dell'Arte, Februar 1999, 18

– Private Buyers of export-stopped works must allow access to them. In: The Art Newspaper, April 1997, 7

– Reform Treasure Trove law, says BM. In: The Art Newspaper, Januar 1995, 16

– Smithsonian buys Lansdowne portrait of George Washington. In: The Art Newspaper, Juni 2001, 18

BAK (Hg.) Ergebnisse des Vernehmlassungsverfahrens zu Handel und Verkehr mit Kulturgütern. Vorschlag für eine neue Gesetzgebungskompetenz des Bundes (Ergänzung von Art. 24sexies [a]BV). Ratifikation der UNESCO-Konvention 1970. Bern: EDMZ 1995

– Handel und Verkehr mit Kulturgütern, Texte und erläuternder Bericht betreffend eine Änderung der Bundesverfassung zur Schaffung einer Bundeskompetenz für die Gesetzgebung über die Ein- und Ausfuhr von Kulturgütern (Art. 24sexies Abs. 3bis BV) sowie den Vorschlag zur Ratifikation der UNESCO-Konvention 1970. Bern: EDMZ 1993

– Hearings vom 14., 22. und 24. September 1999 zur Umsetzung der UNESCO-Konvention vom 14. November 1970 über Massnahmen zum Verbot und zur Verhütung der unzulässigen Einfuhr, Ausfuhr und Übereignung von Kulturgut. Bern: EDMZ 1999

– Internationaler Kulturgütertransfer, UNESCO-Konvention 1970 und Unidroit-Konvention 1995. Bericht der Arbeitsgruppe. Bern: EDMZ 1998

– Internationaler Kulturgütertransfer, UNESCO-Konvention 1970 und Unidroit-Konvention 1995. Dokumentation. Vom Bund in Auftrag gegebene Rechtsgutachten. Bern: EDMZ 1998

– Kulturgüter im Eigentum der Eidgenossenschaft. Untersuchung zum Zeitraum 1933 bis 1945. Bericht der Arbeitsgruppe des Bundesamtes für Kultur. Bern: EDMZ 1998

Bamforth, Nicholas Protecting the National Heritage? Judicial Review and The Three Graces. In: Art, Ant. & Law 1 (1996) 147–152

Barellini, F. Le belle arti in Roma e l'editto Pacca richiamato a vita dal nostro governo. Due lettere a sua eccelenza il Ministro della pubblica istruzione. Rom: Tipografia Righetti 1890

Barker, Godfrey Botticelli Plight for U.K. In: ARTnewsletter XXV (1999) Nr. 5, 5

– Christie's $104.5 Million Sale. In: ARTnewsletter XXV (2000) Nr. 19, 1f.

– Koenigs Heirs Claim Dr. Gachet. In: ARTnewsletter XXIV (1999) Nr. 15, 3

– National Gallery of Scotland Buys Botticelli for £15 Million. In: ARTnewsletter XXV (1999) Nr. 8, 3

Bartlsperger, Richard Verkehrssicherungspflicht und öffentliche Sache. Hamburg: Joachim Heitmann 1970

Bastien, Hervé À quoi sert le domaine public mobilier? L'exemple des biens culturels. In: AJDA 1993, 675–681

Batiffol, Henri/Lagarde, Paul Traité de droit international privé. Bd. 1. 8. Aufl., Paris: LGDJ 1993

Bator, Paul M. An Essay on the International Trade in Art. In: Stan.L.Rev. 34 (1982) 275–384

B[eaucamp], E[duard] Der Verlorene Ensor. In: FAZ 15.10.1987, 27

Beaucamp, Eduard Mobil. In: FAZ 24.7.1992, 25

Beaumont, Mary Rose Amazing Graces. In: ARTnews, Januar 1995, 138f.

Beauregard-Berthier, David Domaine public et droits réels. Commentaire de la loi n° 94-631 du 25.7.1994 complétant le Code du domaine de l'Etat et relative à la constitution de droits réels sur le domane public. In: JCP 1995, I, 3812, 1–10

Beck, Herbert/Bol, Peter C. (Hg.) Forschungen zur Villa Albani. Antike Kunst und die Episode der Aufklärung. (Frankfurter Forschungen zur Kunst, 10). Berlin: Mann 1982

Beck, Wilh[elm] Das Fundrecht nach dem schweizer. Zivilgesetzbuch unter Berücksichtigung des kantonalen und ausländischen Rechts dargestellt. Diss. iur. Zürich 1911

Beckert, Erwin/Breuer, Gerhard Öffentliches Seerecht. Berlin: Walter de Gruyter 1991

Bedin, Simonetta Parte prima. Documenti e provvedimenti per la conservazione e la tutela. In: *Bedin/Bello/Rossi*, 1–183

Bedin, Simonetta/Bello, Laura/Rossi, Alessia (Hg.) Tutela e restauro nello stato pontificio. Mailand: Cedam 1998

Bekker, Ernst Emmanuel System des heutigen Pandektenrechts. Bd. 1. Weimar: Hermann Böhlau 1886; Neudruck: Aalen: Scientia 1979

Bello, Laura Parte seconda. Il „commissario delle antichità" Carlo Fea: Il progetto per la rinascita di Roma. In: *Bedin/Bello/Rossi,* 185–277

Benini, Stefano Sulla liceità del possesso di oggetti archeologici da parte di privati. In: Foro it. 1993, II, 632–640

Bennett, Will Tug-of-War over „Three Graces" To Go To Court: Owners Angry as Sale is Delayed Again. In: The Independent 10.8.1994, 6

Bergé, Jean-Sylvestre La Convention d'Unidroit sur les biens culturels: remarques sur la dynamique des sources en droit international. In: Clunet 127 (2000) 215–262

Berndt, Joachim Internationaler Kulturgüterschutz. Abwanderungsschutz, Regelungen im innerstaatlichen Recht, im Europa- und Völkerrecht. (Völkerrecht – Europarecht – Staatsrecht, 22). Köln: Carl Heymanns 1998

Bernet, Felix Rechtliche Probleme der Pflege von Kulturdenkmälern durch den Staat unter besonderer Berücksichtigung der Verhältnisse in Kanton Zürich. Diss. iur. Zürich 1975

Bernsdorff, Norbert/Kleine-Tebbe, Andrea Kulturgutschutz in Deutschland. Ein Kommentar. Köln: Carl Heymanns 1996

Bila, Jacqueline Nationaler Kulturgüterschutz in der Europäischen Union. Diss. iur. Bonn 1997

Biondi, Andrea The Merchant, the Thief and the Citizen: The Circulation of Works of Art within the European Union. In: Art, Ant. & Law 4 (1999) 205–218

Biondi, Biondo La vendita di cose fuori commercio. In: Studi in onore di Salvatore Riccobono nel XL anno del suo insegnamento. Bd. 4. Palermo: Arti grafiche G. Castiglia, 1–56

Bismuth, Jean-Louis Rapport général: La dation en paiement d'œuvres d'art. In: *Briat*, 481–560

Blake, Janet On defining the cultural heritage. In: Int.Comp.L.Q. 49 (2000) 61–85

Bland, Roger Treasure trove and the case for reform. In: Art, Ant. & Law 1 (1996) 11–26

Bleckmann, Albert Sittenwidrigkeit wegen Verstosses gegen den ordre public international. In: ZaöRV 34 (1974) 112–132

Boase, G. C. Peel, Sir Robert, third baronet. In: DNB, Bd. 44 (1895), 223f.

Boguslavskij, Mark M. Der Begriff des Kulturguts und seine rechtliche Relevanz. In: *Dolzer/Jayme/Mussgnug*, 3–12

Bordonali, Salvatore I beni culturali di interesse religioso dopo il d.lgs. 112/98. In: Dir. eccl. 2000, I, 3–26

Boucher, Isabel Délai de grâce pour les Trois Grâces. In: Le J. des Arts, September 1994, 4

Boulet-Sautel, Marguerite De Choppin à Proudhon: Naissance de la notion moderne de domaine public. In: Droits 22 (1995) 91–102

Brard, Yves Domaines public et privé des personnes publiques. Paris: Dalloz 1994

Brentano, Lujo Familienfideikommisse und ihre Wirkungen. (Volkswirtschaftliche Zeitfragen, 258). Berlin: Leonhard Simion 1911

Briat, Martine (Hg.) International Sales of Works of Art. Geneva Workshop 1987. [Vol.] II. Paris/New York: Institute of International Business Law and Practice/International Chamber of Commerce/Faculté de Droit de Genève 1990

Briat, Martine/Freedberg, Judith A. (Hg.) International Sales of Works of Art. Legal Aspects of International Art Trade. Bd. 4. Paris/New York: Institute of International Business Law and Practice/International Chamber of Commerce 1993

Brichet, Robert Note [sous Cons.d'État 31. 7. 1992]. In: JCP 1993, II, 22044, 174–177

Broaddus, Will Not for Sale. In: ARTnews, November 1999, 70

Buchert, Ulf Denkmalpflege im antiken Griechenland. Massnahmen zur Bewahrung historischer Bausubstanz. (Europäische Hochschulschriften, Reihe XXXVIII Archäologie, 73). Frankfurt a. M.: Lang 2000

Bühler, Theodor Der Kampf um das Fideikommiss im 19. Jahrhundert. In: ZSR N.F. 88 (1969) I, 131–164

Buholzer, Josef Die Säkularisationen katholischer Kirchengüter während des 18. und 19. Jahrhunderts, insbesondere in Frankreich, Deutschland, Oesterreich und der Schweiz. Luzern: Räber 1921

Buomberger, Thomas Raubkunst – Kunstraub. Die Schweiz und der Handel mit gestohlenen Kulturgütern zur Zeit des Zweiten Weltkriegs, hg. von dem Bundesamt für Kultur (BAK) und der Nationalen Informationsstelle für Kulturgütererhaltung (NIKE). Zürich: Orell Füssli 1998

Bush, Sara E. The Protection of British Heritage: Woburn Abbey and the Three Graces. In: IJCP 5 (1996) 269–290

Byrne-Sutton, Quentin „It is not acceptable that works be classified as national patrimony merely to fill gaps in public collections". In: The Art Newspaper, Dezember 1993, 27

– Le trafic international des biens culturels sous l'angle de leur revendication par l'Etat d'origine. Aspects de droit international privé. (Schweizer Studien zum internationalen Recht, 52). Zürich: Schulthess 1988

– Qui est le propriétaire légitime d'un objet d'art volé? Une source de conflits dans le commerce international. In: *Lalive* International, 483–501

Byrne-Sutton, Quentin/Renold, Marc-André (Hg.) Les objets d'art dans l'union européenne. Aspects juridiques et pratiques. (Études en droit de l'art, 4). Zürich: Schulthess 1994

– (Hg.) La libre circulation des collections d'objets d'art. (Études en droit de l'art, 3). Zürich: Schulthess 1993

Campenhausen, Axel von Staatskirchenrecht. 3. Aufl., München: C.H. Beck 1996

Cannada-Bartoli, Eugenio In tema di acquisto all'esportazione di beni d'interesse artistico. In: Foro amm. 1992, I, 744f.

Cannada-Bartoli, Luigi Sul trasferimento di beni fuori commercio nel diritto internazionale privato. In: Riv.dir.int. 72 (1989) 618–631

Cannone, Andrea Recenti sviluppi in materia di protezione internazionale di beni culturali: in particolare il trasferimento illecito di beni culturali e la loro restituzione. In: *Caputi Jambrenghi* La cultura, 335–354

Cantucci, Michele Beni culturali e ambientali. In: Noviss.Dig.it., Bd. 1 (1980), 722–729

– La tutela giuridica delle cose d'interesse artistico o storico. Cedam: Padua 1953

– La prelazione dello Stato nelle alienazioni delle cose di interesse artistico e storico. In: Riv.trim.dir.pubbl. 1952, 565–610

Capitant, René Note [sous Cons.d'État 17.2.1932]. In: D. 1933, III, 49f.

Cappelli, A[driano] Cronologia, Cronografia e Calendario perpetuo. Dal principio dell'era cristiana ai nostri giorni. Tavole cronologico-sincrone e quadri sinottici per verificare le date storiche. 6. Aufl., Mailand: Ulrico Höppli 1988

Caputi Jambrenghi, Vincenzo Beni pubblici. In: Enc. giur., Bd. 5 (1988), 1–22

– (Hg.) La cultura e i suoi beni giuridici. Mailand: Giuffrè 1999

Caracciolo la Grotteria, Alfredo I trasferimenti onerosi dei beni culturali nell'ordinamento italiano e comunitario. (Pubblicazioni della Facoltà di Giurisprudenza della Università di Messina, 195). Mailand: Giuffrè 1998

Carducci, Guido La restitution internationale des biens culturels et des objets d'art. Droit commun, Directive CEE, Conventions de l'Unesco et d'Unidroit. Paris: LGDJ 1997

– L'obligation de restitution des biens culturels et des objets d'art en cas de conflit armé: droit coutumier et droit conventionnel avant et après la convention de la Haye de 1954. In: Rev.gén.dr.int.publ. 104 (2000) 289–357

Carleton, James Protecting the National Heritage: The Implications of the British Treasure Act 1996. In: IJCP 6 (1997) 343–355

Caron, Pier Giovanni Pacca, Bartolomeo (Cardinale). In: Noviss.Dig.it., Bd. 12 (1965), 298

Carugno, G[iuseppe] N[erio]/Mazzitti, W[alter]/Zucchelli, C[laudio] Codice dei beni culturali. Annotato con la giurisprudenza. Mailand: Giuffrè 1994

Cassanelli, Luciana et al. (Hg) Il cardinale Alessandro Albani e la sua villa. (Quaderni sul neoclassico, 5). Rom: Bulzoni 1980

Cassese, Sabino L'autorizzazione agli acquisti degli enti ecclesiastici. In: Contr. e imp. 1996, 139–146

Catelani, Alessandro/De Marco, Eugenio/Gasparini Casari, Vittorio/Papa, Anna/Tivelli, Massimo La circolazione dei beni culturali. Commento alla legge 30 marzo 1998, n. 88. Mailand: Giuffrè 1998

Cattaneo Beretta, Patrizia La legge cantonale sulla protezione dei beni culturali. In: Riv.dir.amm.trib. 2000, 139–155

Cendon, Paolo Commentario al codice civile. Vol. III: Art. 810–1172. Turin: Utet 1991

Cerulli Irelli, Vincenzo Beni pubblici. In: Dig. disc. pubbl., Bd. 2 (1987), 273–303

– Proprietà pubblica e diritti collettivi. Padua: Cedam 1983

Chandernagor, André La nouvelle réglementation francaise sur l'exportation des biens culturels. In: *Byrne-Sutton/Renold* Les objets, 119–125

Chastel, André L'illustre incomprise. Paris: Gallimard 1988

Chatelain, Françoise/Pattyn, Christian/Chatelain, Jean Œuvres d'art et objets de collection en droit français. 3. Aufl., Nancy: Berger-Levrault 1997

Chatelain, Jean Observations [sous Cons.d'État 30. 11. 1990]. In: JCP 1991, II, 21778, 451–453

Chong, Derrick The Case of Thomas Holloway's Picture Collection. In: IJCP 5 (1996) 167–184

Choppin, René Traité du domaine de la couronne de France. 5 Bde. Paris: Louis Billaine 1662

Chrétien, A. De la protection et de la conservation des monuments et objets précieux d'art et d'antiquité, d'après la nouvelle loi italienne. In: Clunet 30 (1903) 736–752

Ciciriello, Maria Clelia Italy. In: *Dromgoole* Legal, 101–118

Clemente, Pietro/Candeloro, Ilaria Beni culturali demo-etno-antropologici. In: *Assini/Francalacci*, 191–220

Clerici, Roberta La protection des biens culturels vis-à-vis des règles italiennes de conflit. In: Riv.dir.int.priv.proc. 25 (1989) 799–808

Clifford, Timothy Botticellis's Wemyss Madonna. In: Apollo, August 2000, 3–10

[Clottu Kommission] Beiträge für eine Kulturpolitik in der Schweiz. Bericht der eidgenössischen Expertenkommission für Fragen einer schweizerischen Kulturpolitik. (Kommissionspräsident: Gaston Clottu). Bern: EDMZ 1975

Coing, Helmut Europäisches Privatrecht. Bd. I: Älteres Gemeines Recht (1500 bis 1800). München: C.H. Beck 1985

[Commissione d'indagine per la tutela e la valorizzazione del patrimonio storico, archeologico, artistico e del paesaggio]. Per la salvezza dei beni culturali in Italia. Atti e documenti della Commissione ... del paesaggio. 3 Bde. Rom: Colombo 1967

Condamy, Laurent Modalités de protection des objets mobiliers ni inscrits, ni classés. In: Les Petites affiches 17.4.1992, n° 47, 12–20

Condemi, Simonella La salvaguardia dei beni culturali. Lineamenti di storia della tutela. Florenz: Istituto per l'Arte e il Restauro 1993

Coppola, A. La Legislazione sui Beni Culturali con appendice legislativa. Neapel: Esselibri-Simone 1997

Corneille, Louis Conclusions [sous Conseil d'État 10.6.1921]. In: D.P. 1922, III, 26–28

Cornforth, John Queen Elisabeth The Queen Mother at Clarence House. London: Michael Joseph 1997

Corpus iuris civilis. Volumen primum. Institutiones recognovit Paulus Krueger. Digesta recognovit Theodorus Mommsen retractavit Paulus Krueger. 16. Aufl., Berlin: Weidmann 1954

Corpus iuris civilis. Volumen secundum. Codex Iustinianus recognovit et retractavit Paulus Krueger. 11. Aufl., Berlin: Weidmann 1954

Cortese, Ennio Demanio. In: Enc. dir., Bd. 12 (1964), 70–83

Cortese, Wanda Lezioni di legislazione dei beni culturali. Padua: Cedam 1997

– I beni culturali e ambientali. Profili normativi. Padua: Cedam 1999

Costanza, Maria (Hg.) Commercio e circolazione delle opere d'arte. Padua: Cedam 1999

Cotterrell, Roger Power, Property and the Law of Trusts: A Partial Agenda for Critical Legal Scholarship. In: J.L.Society 14 (1987) 77–90

Cozzuto Quadri, Maria Rosaria Considerazioni sulla procedura espropriativa dei beni di interesse storico-artistico. In: Giur.it. 1991, I, 2, 225–234

– La circolazione delle „cose d'arte". Jovene: Neapel 1997

– La prelazione artistica. In: Nuova giur.civ. 1990, I, 193–196

Crewdson, Richard Waverley Adrift. In: IJCP 6 (1997) 353–355

Crowell, Deidre L. Autocephalous Greek-Orthodox Church of Cyprus v. Goldberg & Feldman Fine Arts, Inc.: Choice of Law in the Protection of Cultural Property. In: Texas Int.L.J. 27 (1992) 173–209

D'Amico, Angelo Beni pubblici e autotutela esecutiva con particolare riguardo ai beni di riforma fondiaria. In: Giur.it. 1992, IV, 57–69

Davenport, Brian/Ross, Anthony Market Overt. In: IJCP 2 (1993) 25–45

De Cazotte, Jacques Miranda 1750–1816. Histoire d'un séducteur. Paris: Perrin 2000

De Ceuster, Jan Les règles communautaires en matière de restitution de biens culturels ayant quitté illicitement le territoire d'un Etat membre. In: Rev.Marché unique eur. 2 (1993) 33–87

De Ridder, Alfred Pot (Phillipe). In: BNB, Bd. 18 (1905), 74–76

De Visscher, Charles La protection internationale des objets d'art et des monuments historiques. Première partie. La conservation du patrimoine artistique et historique en temps de paix. In: Rev.dr.int.lég. 16 (1935) 32–74

Deangeli, Andrea Sull'opponibilità al terzo di buona fede della nullità dell'alienazione di bene artistico. In: Giur.it. 1994, I, 2, 1241–1246

Debbasch, Charles/Bourdon, Jacques/Pontier, Jean-Marie/Ricci, Jean-Claude Droit administratif des biens. 2. Aufl., Paris: Presses Universitaires de France 1994

Decker, Andrew Dr. Gachet at Sotheby's. In: ARTnewsletter XXIII (1997), Nr. 6, 2

Decugis, H. Note [sous Tribunal civil de la Seine 28.6.1901]. In: D.P. 1902, II, 361 f.

Defago, Alfred Darf die Sammlung Oskar Reinhart ausgeliehen werden? In: NZZ 17.7.1992, 15

Delafaye, Bernard Observations orales contraires du ministère public. In: Gaz. Pal. 1995, I, 18–22

Descimon, Robert L'union au domaine royal et le principe d'inaliénabilité. La construction d'une loi fondamentale aux XVIe et XVIIe siècles. In: Droits 22 (1995) 91–102

Dicey, Albert Venn/Morris, John Humphrey Carlile/Collins, Lawrence et al. (Hg.) The Conflict of Laws. Bd. 2. 13. Aufl., London: Sweet & Maxwell 2000

Dicke, Detlev Christian Die verfassungsrechtliche Problematik des Hamburger Deichordnungsgesetzes. In: DÖV 1969, 554–557

Doemming, Klaus-Berto v./Füsslein, Rudolf/Matz, Werner Entstehungsgeschichte der Artikel des Grundgesetzes. Abschnitt VII. Gesetzgebung des Bundes. In: JöR N.F. 1 (1951) 453–621

Dolzer, Rudolf/Jayme, Erik/Mussgnug, Reinhard (Hg.) Rechtsfragen des internationalen Kulturgüterschutzes. Symposium vom 22./23. Juni 1990 im Internationalen Wirtschaftsforum Heidelberg. Heidelberg: C.F. Müller 1994

Dominicé, Christian/Patry, Robert/Reymond, Claude (Hg.) Études de droit international en l'honneur de Pierre Lalive. Basel/Frankfurt a.M.: Helbing & Lichtenhahn 1993

Dörffeldt, Siegfried/Viebrock, Jan Nikolaus Hessisches Denkmalschutzrecht. Kommentar. 2. Aufl., Mainz-Kostheim: Deutscher Gemeindeverlag 1991

Dormann Bessenich, Agnes Der ausländische Staat als Kläger. (Schriftenreihe des Instituts für Internationales Recht und Internationale Beziehungen, 60). Basel/Frankfurt a.M.: Helbing & Lichtenhahn 1993

Drapier, Monique Entre personnes privées et mission d'intérêt: la „Fondation du patrimoine", une institution à l'équilibre incertain. In: R.D.S. 1997, III, 212–218

Dromgoole, Sarah (Hg.) Legal protection of the underwater cultural heritage: National and international perspectives. Im Haag: Kluwer Law International 1999

– United Kingdom. In: *Dromgoole* Legal, 181–203; später publiziert als: Legal protection of the underwater cultural heritage: The United Kingdom perspective. In: Art, Ant. & Law 4 (1999) 135–157

Droz, Georges A.L. La protection internationale des biens culturels et des objets d'art, vue sous l'angle d'une convention de droit international privé. In: *Lalive* International, 535–543

Dufau, Jean Observations [sous Cour de cassation 2.4.1963]. In: AJDA 1963, 487

– Le domaine public. Bd. 1. Paris: Éditions du Moniteur 1990

Duvergier, J[ean]-B[aptiste] (Hg.) Collection complète des lois, décrets, ordonnances, réglemens et avis du Conseil d'État. 78 Bde. Paris: Guyot et Scribe 1 (1824) – 78 (1878)

Eberl, Wolfgang/Kleeberg, Rudolf Denkmalschutzgesetze. (Schriftenreihe des Deutschen Nationalkomitees für Denkmalschutz, 54). 3. Aufl., Wolfenbüttel: Roco-Druck 1997

Eckert, Jörn Der Kampf um die Familienfideikommisse in Deutschland. Studien zum Absterben eines Rechtsinstituts. (Rechtshistorische Reihe, 104). Frankfurt a.M.: Lang 1992

Edelman, Bernard Note [sous Cour d'appel de Paris 6.7.1994]. In: R.D.S. 1995, I, 256–260

EDI (Hg.) Bundesgesetz über den internationalen Kulturgütertransfer (Kulturgütertransfer-gesetz, KGTG). Entwurf, Text und erläuternder Bericht. Bern: EDMZ 2000

Ehlers, Dirk Das öffentliche Sachenrecht – ein Trümmerhaufen. In: NWVBl. 1993, 327–333

– Die gemeinsamen Angelegenheiten von Staat und Kirche. In: ZevKR 32 (1987) 158–185

Emiliani, Andrea Leggi, bandi e provvedimenti per la tutela dei Beni Artistici e Culturali negli antichi stati italiani 1571–1860. 2. Aufl., Bologna: Nuova Alfa Editoriali 1996

Emminghaus, J. H. Ziborium. In: LThK, Bd. 10 (1965), 1363f.

Engstler, Ludwig Die territoriale Bindung von Kulturgütern im Rahmen des Völkerrechts. (Schriftenreihe Annales Universitatis Saraviensis, Rechts- und wirtschaftswissenschaftliche Abteilung, 8). Köln: Carl Heymanns 1964

Erbguth, Wilfried/Passlick, Hermann/Püchel, Gerald Denkmalschutzgesetze der Länder. Rechtsvergleichende Darstellung unter besonderer Berücksichtigung Nordrhein-Westfalens. (Beiträge zum Siedlungs- und Wohnungswesens und zur Raumplanung, 97). Münster: Selbstverlag des Instituts für Siedlungs- und Wohnungswesen und zur Raumplanung 1984

Erne, Monica Vertragsgültigkeit und drittstaatliche Eingriffsnormen. Rechtsvergleichende Studie aus dem internationalen Vertragsrecht. (Schweizer Studien zum internationalen Recht, 41). Zürich: Schulthess 1985

Esmein, Adhèmar L'inaliénabilité du domaine de la Couronne devant les Etats Généraux du XVIe siècle. In. Festschrift Otto Gierke zum siebzigsten Geburtstag, dargebracht von Schülern, Freunden und Verehrten. Weimar: Hermann Böhlaus Nachfolger 1911; Nachdruck: Frankfurt: Antiquariat und Verlag Keip 1987, 361–381

Esterow, Milton Mit Mona Lisa leben. Die grossen Kunstdiebstähle unserer Zeit. Oldenburg/Hamburg: Stalling 1967

Eygout, Henry La protection des objets mobiliers d'art et d'histoire. In: Rev.dr.publ. 1922, 460–493

Faber Castell, Christian von In Reaction to Unidroit, Collection Leaves Switzerland. In: ARTnewsletter XXII (1997) Nr. 23, 3f.

Falcone, N. A. Il codice delle belle arti ed antichità. Raccolta di leggi, decreti e disposizioni relativa ai Monumenti, antichità e scavi dal diritto romano ad oggi corredata dalla legislazione complementare e dalla giurisprudenza. Florenz: Baldoni 1913

Falzone, Guido I beni del patrimonio indisponibile. Mailand: Giuffrè 1957

Fantini, Stefano Il diritto al premio nei ritrovamenti di beni archeologici. In: Foro amm. 1991, 314–322

Farrer, Matthew Church property. [Vortrag gehalten am Symposion „Title and Time in Art and Antiquity Claims", November 1995, organisiert vom Institute of Art and Law (Leicester); unveröffentlicht

Fea, Carlo Relazione di un viaggio ad Ostia e alla Villa di Plinio detta Laurentino. Rom: Fulgoni 1802

Fechner, Frank Der Hamburger Stadtsiegelfall. In: JuS 1993, 704

– Rechtlicher Schutz archäologischen Kulturguts. Regelungen im innerstaatlichen Recht, im Europa- und Völkerrecht sowie Möglichkeiten zu ihrer Verbesserung. (Tübinger Schriften zum internationalen und europäischen Recht, 25). Berlin: Duncker & Humblot 1991

Fechner, Frank/Oppermann, Thomas/Prott, Lyndel V. (Hg.) Prinzipien des Kulturgüterschutzes. Ansätze im deutschen, europäischen und internationalen Recht. (Tübinger Schriften zum internationalen und europäischen Recht, 37). Berlin: Duncker & Humblot 1996

Felber, Markus Antike Grabstelen in Basel. Definitiv abgewiesene Klage der Türkei. In: Bundesgerichtsentscheide. Die vollständigen NZZ-Berichte zu publizierten und unpublizierten Urteilen 1996. Zürich: NZZ 1997, 213

Feldman, Franklin/Weil, Stephen E./Duke Biederman, Susan Art Law. Rights and Liabilities of Creators and Collectors. 2 Bde. Boston: Little, Brown & Co. 1986

Feliciano, Hector The lost Museum. The Nazi conspiracy to steal the world's greatest works of art. New York: Basic Books 1997 [engl. Übersetzung von: Le Musée disparu. Paris: Austral 1995]

Ferid, Murad/Sonnenberger, Hans Jürgen Das französische Zivilrecht. Bd. 2. Schuldrecht: Die einzelnen Schuldverhältnisse. Sachenrecht. 2. Aufl., Heidelberg: Recht und Wirtschaft 1986

Ferrer-Correia, Antonio de Arruda La vente internationale d'objets d'art sous l'angle de la protection du patrimoine culturel. In: Ann.Inst.dr.int. 64-I (1991) 90–192

– Nouvelles règles de conflit de lois sur la vente internationale d'objets d'arts. In: *Briat/Freedberg*, 41–46

Fessy, Emmanuel „Our British neighbours are protectionists". In: The Art Newspaper, März 1997, 27f.

F[essy], E[mmanuel]/P[owell], N[icholas] L'État condamné à payer 422 187 693 francs. In: Le Journal des Arts, April 1994, 31, 35

Fiale, Aldo La commerciabilità dei beni culturali. In: *Assini/Francalacci*, 419–449

Fiedler, Wilfried Vom territorialen zum humanitären Kulturgüterschutz. Zur Entwicklung des Kulturgüterschutzes nach kriegerischen Konflikten. In: *Fechner/Oppermann/Prott*, 159–173

Fineschi, Anna Lisa Lo scandalo Sciarra: libero mercato o pubblico interesse? La vendita della celebre collezione romana: un fatto cronaca del XIX secolo ancora attuale. In: Gaz. Antiquaria 1995, n. 25–26, 42–53

– Un episodio di dispersione del patrimonio artistico: La vendita della collezione Sciarra nel XIX secolo. 2 Bde. Tesi di laurea. Florenz 1993; unveröffentlicht

Finocchiaro, Francesco I beni culturali d'interesse religioso: tra formalismo giuridico e sistema delle fonti. In: Dir. eccl. 1994, I, 427–445

– Il regime del patrimonio storico e artistico degli enti ecclesiastici nel diritto dello Stato. In: *Commissione*, Bd. 2, 638–653

Forsthoff, Ernst Lehrbuch des Verwaltungsrechts. Erster Band: Allgemeiner Teil. 10. Aufl., München: C. H. Beck 1973

Fosca, François La vie, les voyages et les œuvres de Jean-Étienne Liotard, citoyen de Genève, dit le peintre turc. Lausanne: Bibliothèque des Arts 1956

Franz, Michael Datenbanken abhanden gekommener Kulturgüter am Beispiel der Koordinierungsstelle der Länder für die Rückführung von Kulturgütern. In: KUR 1999, 345–351

Franz, Michael Markus Zivilrechtliche Probleme des Kulturgüteraustausches. (Europäische Hochschulschriften, Reihe II Rechtswissenschaft, 1920). Frankfurt a. M. etc.: Lang 1996

Fraoua, Ridha Convention concernant les mesures à prendre pour interdire et empêcher l'importation, l'exportation et le transfert de propriété illicite des biens culturels. (Paris, 1970). Commentaire et aperçu de quelques mesures nationales d'exécution. Paris: UNESCO 1986

– Le trafic illicite des biens culturels et leur restitution. Analyse des réglementations nationales et internationales. Critiques et propositions. (Travaux de la faculté de droit de l'université de Fribourg Suisse, 68). Freiburg: Universitätsverlag 1985

Frehner, Christina/Frehner, Matthias Sammlung Oskar Reinhart „Am Römerholz" Winterthur. (Museen der Schweiz). Disentis: Condrau 1993

Friederichs, Karl Bürgerliches und öffentliches Sachenrecht. In: AöR N.F. 7 (1921) 257–348

Friedrich, Hans-Peter Privatrechtliche Probleme der Denkmalpflege. In: Ivo Hangartner (Hg.), Rechtsfragen der Denkmalpflege. (Veröffentlichungen des Schweizerischen Instituts für Verwaltungskurse an der Hochschule St. Gallen, N. R. 3). St. Gallen: Schweizerisches Institut für Verwaltungskurse an der Hochschule St. Gallen 1981, 99–114

Frier, Pierre Laurent Droit du patrimoine culturel. Paris: Presses Universitaires de France 1997

– L'exportation des biens culturels. In: AJDA 1993, 264–270

Frigo, Manlio L'acquisto di beni mobili dal titolare apparente nel diritto internazionale privato: il caso del trasferimento illecito di opere d'arte di proprietà dello Stato. In: Comunicazioni e studi, Bd. 17/18 (1985), 547–592

– La protezione dei beni culturali nel diritto internazionale. Mailand: Giuffrè 1986

– Questioni in tema di rivendicazione e restituzione di beni culturali di proprietà privata al termine di conflitti armati. In: Dir.comm.int. 1998, 355–384

– Trasferimento illecito di beni culturali e legge applicabile. In: Dir.comm.int. 1988, 611–626

Frotscher, Werner Probleme des öffentlichen Sachenrechts. In: Verw.Arch. 62 (1971) 153–168

Fuller, David Racing art at Clarence House. The collection of Queen Elizabeth the Queen Mother. In: Apollo, Juni 2001, 3–10

[Gaius] Gai Institutiones ad codicis veronensis apographum studemundianum novis curis actum in usum scholarum ... 3. Aufl., Berlin: Weidmann 1891

Gasparini Casari, Vittorio Sezione II. Azione di restituzione dei beni culturali usciti illecitamente dall'Italia. In: *Catelani/De Marco/Gasparini Casari/Papa/Tivelli*, 56–107

Gassner, Edmund Geschichtliche Entwicklung des Denkmalrechts und des städtebaulichen Gestaltungsrechts. In: *Stich/Burhenne*, Nr. 090, 1–51

Gauchat, Patrice Hierarchia Catholica medii et recentioris aevi sive summorum pontificum – S.R.E. cardinalium ecclesiarum antistitum series e documentis tabularii praesertim vaticani, collecta – digesta – edita, volumen quartum, a pontificatu Clementis PP. VIII (1592) usque ad pontificatum Alexandri PP. VII (1667). Münster: Regensburger Buchhandlung 1935

Geis, Max-Emanuel Die „Kulturhoheit der Länder". Historische und verfassungsrechtliche Aspekte des Kulturföderalismus am Beispiel der Bundesrepublik Deutschland. In: DÖV 1992, 522–529

Geis, Walter Kapelle im Paulushaus. In: Wilhelm Passavanti (Hg.), Bonner Kirchen und Kapellen. Geschichte und Kunst der Katholischen Gotteshäuser und Pfarreien. Bonn: Dümmler 1989, 43

Geisinger-Mariéthoz, Fabienne Le projet de ratification par la Suisse de la Convention de l'UNESCO de 1970 sur l'importation, l'exportation et le transfert de propriété illicites des biens culturels. In: ZSR N.F. 119 (2000) 273–311

Gelinsky, Katja Der Schutz des Eigentums gemäß Art. 1 des Ersten Zusatzprotokolls zur Europäischen Menschenrechtskonvention. Eine Analyse der Rechtsprechung der Straßburger Organe. (Schriften zum Europäischen Recht, 31). Berlin: Duncker & Humblot 1996

Gelmi, Josef Die Päpste in Lebensbildern. Graz: Styria 1983

Geraci, Placido Olindo La tutela del patrimonio d'antichità e d'arte. Neapel: Jovene 1956

Ghandhi, Sandy/James, Jennifer The God That Won. In: IJCP 1 (1992) 369–381

Giannini, Massimo Severo I beni culturali. In: Riv.trim.dir.pubbl. 1976, 3–38

Gierke, O[tto von] Fideikommisse. In: Handwörterbuch der Staatswissenschaften. Bd. 3. Jena: Gustav Fischer 1900, 880–892

Gillman, Derek The export of national treasures: Reasonable or treasonable? In: Art, Ant. & Law 3 (1998) 271–285

Giovetti, Giovanna Brevi osservazioni circa il nuovo statuto giuridico dei beni culturali di interesse religioso. In: Dir. eccl. 1999, I, 990–1010

Gleadell, Colin Wanted in Holland: $ 15 Million Rembrandt. In: ARTnewsletter XXIV (1999) Nr. 16, 4

Godfrin, Philippe Droit administratif des biens. Domaine, travaux, expropriation. 3. Aufl., Paris: Masson 1987

Goerlich, Helmut Res sacrae und Rechtsweg. In: JZ 1984, 221–225

Gonzalez Campos, Julio D./Virgos Soriano, Miguel Le commerce international de l'art en droit espagnol. In: *Lalive* International, 333–357

– Law and Practice of International Art Trade in Spain. In: *Briat*, 103–126

Gordon, John B. The UNESCO Convention on the Illicit Movement of Art Treasures. In: Harv.Int.L.J. 12 (1971) 537–556

Grell, Boris Thorsten Entartete Kunst. Rechtsprobleme der Erfassung und des späteren Schicksals der sogenannt Entarteten Kunst. Diss. iur. Zürich 1999

Greenfield, Jeanette The Return of Cultural Treasures. 2. Aufl., Cambridge/New York: Cambridge University Press 1996

Grisolia, Mario La tutela delle cose d'arte. Rom: Soc. Ed. del Foro italiano 1952

Grossvogel, Jill-Elyse Les désarrois du peintre Claude-Émile Schuffenecker. In: Le Journal des Arts 4. 7. 1997, 6f.

Grotius, Hugo Hugo Grotius. De jure belli ac pacis. Libri tres. Drei Bücher vom Recht des Krieges und des Friedens, Paris 1625 nebst Vorrede von Christian Thomasius zur ersten deutschen Ausgabe des Grotius vom Jahre 1707. Neuer deutscher Text und Einleitung von Dr. Walter Schätzel. (Die Klassiker des Völkerrechts in modernen deutschen Übersetzungen, 1). Tübingen: J.C.B. Mohr 1950

Guicciardi, Enrico Il demanio. Padua: Cedam 1934

Guinand, Henri Le régime légal des biens culturels en France. Paris: Sirey 1938

Gursky, Karl-Heinz § 984 BGB. In: J. von Staudingers Kommentar zum Bürgerlichen Gesetzbuch mit Einführungsgesetz und Nebengesetzen. Drittes Buch. Sachenrecht. §§ 925–984. 13. Bearbeitung. Berlin: de Gruyter 1995

Gurun, Gwenaëlle France. In: *Dromgoole* Legal, 43–63

Haab, Robert Art. 724 ZGB. In: Kommentar zum Schweizerischen Zivilgesetzbuch. IV. Band: Das Sachenrecht. Erste Abteilung. Das Eigentum. Art. 641–729. 2. Aufl., Zürich: Schulthess 1977

Häfelin, Ulrich/Müller, Georg Grundriss des Allgemeinen Verwaltungsrechts. 3. Aufl., Zürich: Schulthess 1998

Hammer, Felix Das Recht des Denkmalschutzes in den neuen Bundesländern. In: NVwZ 1994, 965–970

– Die geschichtliche Entwicklung des Denkmalrechts in Deutschland. (Jus ecclesiasticum. Beiträge zum evangelischen Kirchenrecht und zum Staatskirchenrecht, 51). Tübingen: J.C.B. Mohr 1995

– Die geschützten Denkmale der Landesdenkmalschutzgesetze. In: DÖV 1995, 358–365

Händler, Ruth/Schweighöfer, Kerstin Trotz Reiseverbot zum Gastspiel nach Amerika. In: art 1992, Heft 7, 10–12

Hanisch, Hans Der Fall Liotard und die nationale Zuordnung eines Kunstwerks. In: Rainer Frank (Hg.), Recht und Kunst. Symposium aus Anlaß des 80. Geburtstages von Wolfram Müller-Freienfels. (Freiburger rechts- und staatswissenschaftliche Abhandlungen, 61). Heidelberg: C. F. Müller 1996, 19–36

– Internationalprivatrechtliche Fragen im Kunsthandel. In: Albrecht Dieckmann/Rainer Frank/Hans Hanisch/Spiros Simitis (Hg.), Festschrift für Wolfram Müller-Freienfels. Baden-Baden: Nomos 1986, 193–224

Hänni, Peter Die Auswirkungen auf das kantonale Recht bei der Umsetzung völkerrechtlicher Verpflichtungen durch die Schweiz auf dem Gebiete des Kulturgüterschutzes. In: *BAK* Dokumentation

Hänni, Peter/Lischer, Judith Die Schweiz und der internationale Kulturgüterschutz. In: ZBl 100 (1999) 345–371

Hardinghaus, Herbert Öffentliche Sachherrschaft und öffentliche Sachwaltung. Eine

Untersuchung des deutschen Rechts der öffentlichen Sachen verglichen mit dem französischen Recht des domaine public. (Schriften zum Öffentlichen Recht, 39). Berlin: Duncker & Humblot 1966

Hausmaninger, Herbert/Selb, Walter Römisches Privatrecht. 6. Aufl., Wien: Böhlau 1991

Hayton, David Selling, giving and acquiring works of art in breach of trust or condition. In: *Palmer* The recovery, 121–125

Heckel, Martin Gesammelte Schriften. Staat, Kirche, Recht, Geschichte. Bd. 2, hg. von Klaus Schlaich. (Jus ecclesiasticum. Beiträge zum evangelischen Kirchenrecht und zum Staatskirchenrecht, 38). Tübingen: J. C. B. Mohr 1989, 1075–1094

– Staat, Kirche, Kunst. Rechtsfragen kirchlicher Kulturdenkmäler. (Tübinger Rechtswissenschaftliche Abhandlungen, 22). Tübingen: J. C. B. Mohr 1968

Heilmeyer, Wolf-Dieter Schutz archäologischer Kulturgüter aus der Sicht der Archäologie. In: ZvglRWiss 95 (1996) 117–126

Heini, Anton Ausländische Staatsinteressen und internationales Privatrecht. In: ZSR N. F. 100 (1981) I, 65–83

– Artt. 13 u. 100 IPRG. In: IPRG Kommentar. Kommentar zum Bundesgesetz über das Internationale Privatrecht (IPRG) vom 1. Januar 1989, hg. von Anton Heini/Max Keller/Kurt Siehr/Frank Vischer/Paul Volken. Zürich: Schulthess 1993

H[einick], A[ngelika] Keine Annullierung. Urteil zum „Garten in Auvers". In: FAZ 6. 5. 2000, 53

Heinick, Angelika Nicht ohne Zertifikat. In: FAZ 25. 9. 1993, 33

– Zweifellos ein echter Vincent van Gogh. In: FAZ 3. 7. 1999, 49

– Van-Gogh-Affäre. In: FAZ 19. 2. 1994, 33

Henckaerts, Jean-Marie New rules for the protection of cultural property in armed conflict. The significance of the Second Protocol to the 1954 Hague Convention for the Protection of Cultural Property in the Event of Armed Conflict. In: International Review of the Red Cross 81 (1999) 593–620.

Henle, Susanne Nach dem Vorbild Rogiers. In: FAZ 2. 5. 1998, 41

Hensel, Albert Art. 150 der Weimarer Verfassung und seine Auswirkung im preussischen Recht. In: AöR N. F. 14 (1928) 321–421

Herchenröder, Christian Religiöser Bürgersinn für ein Triptychon. In: NZZ 30./31. 5. 1998, 47

Herdegen, Matthias Der Kulturgüterschutz im Kriegsvölkerrecht. In: *Dolzer/Jayme/Mussgnug*, 161–173

Herrmann, Frank Peel and Solly. Two nineteenth-century art collectors and their sources of supply. In: J.Hist.Collect. 3 (1991) 89–96

Herrmann Fiore, Kristina Führer durch die Borghese Galerie. Rom: Ministero per i Beni Culturali e Ambientali 1997

Hewitt, Simon Auctioneers (Cautiously) Celebrate French Reform. In: ARTnewsletter XXV (2000) Nr. 24, 1–3

– Delays for French Auction Reform. In: The ARTnewsletter XXVI (2000) Nr. 8, 8

– No Buyer for Jardin à Auvers. In: ARTnewsletter XXII (1996) Nr. 9, 2f.

– Sotheby's France: Court Intervenes. In: ARTnewsletter XXVI (2001) Nr. 24, 8

– Walter Decision Rocks French Art World. In: ARTnewsletter XXI (1996) Nr. 14, 3

Hipp, Anette Schutz von Kulturgütern in Deutschland. (Schriften zum Kulturgüterschutz). Berlin/New York: de Gruyter 2000

Hoffmann, Hans Die Familienstiftung nach schweizerischem Recht und ihr Unterschied zum Familienfideikommiss. Diss. iur. Bern 1918

Hollander, Barnett The International Law of Art. For Lawyers, Collectors and Artists. London: Bowes & Bowes 1959

Homberger, A[rthur] Art. 933 ZGB. In: Kommentar zum Schweizerischen Zivilgesetzbuch. IV. Band: Das Sachenrecht. Dritte Abteilung. Besitz und Grundbuch. Art. 919–977. 2. Aufl., Zürich: Schulthess 1938

Hönes, Ernst-Rainer Das Gesetz zum Schutz deutschen Kulturgutes gegen Abwanderung vom 6. August 1955. In: BayVBl. 1989, 38–42

– Das Schatzregal. In: DÖV 1992, 425–432

– Kommentar zum Gesetz zum Schutz deutschen Kulturgutes gegen Abwanderung (KultgSchG). In: *Stich/Burhenne,* Nr. 420, 1–15

– Zum Denkmalschutzrecht in der Bundesrepublik Deutschland. In: NVwZ 1983, 213–214

– Zum Kulturgutbegriff der Haager Konventionen von 1899 bis heute. In: DÖV 1998, 985–995

– Zur Kennzeichnung des Kulturgutes nach der Haager Konvention vom 14. Mai 1954 in Friedenszeiten. In: DÖV 1988, 538–547

Honour, Hugh Canova's Three Graces. In: *Honour/Weston-Lewis,* 19–60

Honour, Hugh/Weston-Lewis, Aidan The Three Graces. Antonio Canova. Edinburgh: BAS Printers Ltd. 1995

Honsell, Heinrich Römisches Recht. 4. Aufl., Berlin: Springer 1997

Hoog, Michel Introduction. In: Michel Hoog (Hg.), Musée de l'Orangerie. Catalogue de la collection Jean Walter et Paul Guillaume. Paris: Réunion des musées nationaux 1984, 5–11

Huber, Hans Art. 6 Abs. 2 ZGB. In: Schweizerisches Zivilgesetzbuch. Bd. I. Einleitung und Personenrecht. Bern: Stämpfli 1962

Hudson, A. H. Historic buildings, listing and fixtures. In: Art, Ant. & Law 2 (1997) 179–183

Hulsker, Jan The new complete Van Gogh: paintings, drawings, sketches. 2. Aufl., Amsterdam/Philadelphia: Meulenhoff/Benjamin 1996

Ingrosso, Gustavo Demanio. In: Noviss.Dig.it. Bd. 5 (1957), 427–438

Ipsen, Winrich Theorie und Recht des Domaine Public. Das öffentliche Sachenrecht in Frankreich. Diss. iur. Göttingen 1969

Isambert, François-André et al. (Hg.) Recueil général des anciennes lois françaises, depuis l'an 420, jusqu'à la révolution de 1789. 29 Bde. Paris: Belin-Leprieur 1821–1833

Isele, Eugen Probleme des kirchlichen Vermögensrechts. Laiengedanken zur Reform des kirchlichen Gesetzbuches. In: Mélanges en l'honneur de Wilhelm Schönenberger, offerts à l'occasion de son 70e anniversaire le 21 septembre 1968. Freiburg: Universitätsverlag 1968, 41–68

Israely, Jeff Italy to Compensate Beyeler for a Sale of van Gogh Portrait. In: ARTnewsletter XXV (2000) Nr. 12, 7

Italia, Salvatore L'amministrazione dei beni culturali. 2. Aufl., Udine: Del Bianco 1988

Jacobitti, Giammarco Il controllo della circolazione dei beni culturali nello stato pontificio. In: *Caputi Jambrenghi* La cultura, 191–197

Jaeger, Andrea Internationaler Kulturgüterschutz: Rechtslage, Rechtspraxis, Rechtsentwicklung. (Internationales Wirtschaftsrecht, 11). Köln: Carl Heymanns 1993

Jayme, Erik Antonio Canova. La repubblica delle arti ed il diritto internazionale. In: Riv.dir.int. 75 (1992) 889–902

– Anknüpfungsmaximen für den Kulturgüterschutz im Internationalen Privatrecht. In: *Dominicé/Patry/Reymond*, 717–731

– Das Internationale Privat- und Verfahrensrecht der EG nach Maastricht. In: IPRax 1992, 346–356

– Die Nationalität des Kunstwerks als Rechtsfrage. In: *Reichelt* Internationaler Kulturgüterschutz, 7–29

– Europäisches Kollisionsrecht: Neue Aufgaben, neue Techniken. In: Peter Hommelhoff/Erik Jayme/Werner Mangold (Hg.), Europäischer Binnenmarkt, Internationales Privatrecht und Rechtsangleichung. Beiträge und Diskussionen des Symposiums 1994 in Heidelberg. (Motive –Texte – Materialien, 68). Heidelberg: C.F. Müller 1995

– Internationaler Kulturgüterschutz: Lex originis oder lex rei sitae – Tagung in Heidelberg. In: IPRax 1990, 347f.

– Jenseits des Rechts: Ethik des transnationalen Geschäftsverkehrs und IPR. In: IPRax 1993, 351f.

– Kunstwerk und Nation: Zuordnungsprobleme im internationalen Kulturgüterschutz. (Sitzungsberichte der Heidelberger Akademie der Wissenschaften, Philosophisch-historische Klasse, Jg. 1991, Bericht 3). Heidelberg: Carl Winter Universitätsverlag 1991; Neudruck in: *Jayme* Nationales, 54–74

– Nationales Kunstwerk und Internationales Privatrecht. Vorträge, Aufsätze, Gutachten. (Erik *Jayme*. Gesammelte Schriften, 1 (= Motive – Texte – Materialien, 85). Heidelberg: C.F. Müller 1999

– Neue Anknüpfungsmaximen für den Kulturgüterschutz im internationalen Privatrecht. In: *Dolzer/Jayme/Mussgnug*, 35–52; Neudruck in: *Jayme* Nationales, 95–108

– Rechtsbegriffe und Kunstgeschichte. In: *Reichelt* Neues Recht, 11–27

– Protection of Cultural Property and Conflict of Laws: The Basel Resolution of the Institute of International Law. In: IJCP 6 (1997) 376–378

Jayme, Erik/Kohler, Christian Das Internationale Privat- und Verfahrensrecht der EG 1993 – Spannungen zwischen Staatsverträgen und Richtlinien. In: IPRax 1993, 357–371

– Europäisches Kollisionsrecht 1994: Quellenpluralismus und offene Kontraste. In: IPRax 1994, 405–415

– Europäisches Kollisionsrecht 1995: Der Dialog der Quellen. In: IPRax 1995, 343–354

Jayme, Erik/Hausmann, Rainer (Hg.) Internationales Privat- und Verfahrensrecht. Textausgabe. 10. Aufl., München: C.H. Beck 2000

Jefferson, M. An Attempt to Evade the Lex Situs Rule for Stolen Goods. In: L.Q.Rev. 96 (1980) 508–511

Jenny, Kurt Fideicommiss und Erbrecht. Ausschnitte aus der Geschichte der Fideicommisse. Diss. iur. Basel 1956 (Maschinenschrift)

Jèze, Gaston Définition du domaine public. In: Rev.dr.publ. 1931, 763–768

– La notion de travaux publics et de domaine public. In: Rev.dr.publ. 1921, 360–367

Jone, Heribert P. Gesetzbuch des kanonischen Rechtes. Erklärung der Kanones. 3 Bde. Wien: F. Haindrich 1939 u. 1940

Jung, Joseph Das imaginäre Museum. Privates Kunstengagement und staatliche Kulturpolitik in der Schweiz. Die Gottfried Keller-Stiftung 1890–1922. Zürich: NZZ 1998

Jungo, Marianne La protection des biens culturels mobiliers selon le nouveau droit fribourgeois. In: SJZ 1993, 349–352

Kahn, Jean Conclusions [sous Cons.d'État 12. 12. 1969]. In: AJDA 1970, 34–43

Kaser, Max Römisches Privatrecht. 16. Aufl., München: C. H. Beck 1992

Kaufmann, Robert Begriff und Zweck der Familienstiftung und ihre Abgrenzung von ähnlichen Instituten. Diss. iur. Bern 1954

Kinderman, Spencer A. The Unidroit Draft Convention on Cultural Objects: an examination of the need for a uniform legal framework for controlling the illicit movement of cultural property. In: Emory Int.L.Rev. 7 (1993) 457–584

Kipphoff, Petra Drei Grazien, eine Frage. In: Die Zeit 16. 9. 1994, 61

Kleeberg, Rudolf/Eberl, Wolfgang Kulturgüter in Privatbesitz. Handbuch für das Denkmal- und Steuerrecht. Heidelberg: Recht und Wirtschaft 1990

Klein, Frédéric-Edouard En relisant la Convention UNIDROIT du 24 juin 1995 sur les biens culturels volés ou illicitement exportés: Réflexions et suggestions. In: ZSR N.F. 118 (1999) I, 263–285

Knapp, Blaise La protection des biens culturels. In: Rapports suisses présentés au XIIIème Congrès international de droit comparé, Montréal 19–24 août 1990. (Veröffentlichungen des Schweizerischen Instituts für Rechtsvergleichung, 12). Zürich: Schulthess 1990, 227–246

– Précis de droit administratif. 4. Aufl., Basel/Frankfurt a. M.: Helbing & Lichtenhahn 1991

– Rapport général. In: La protection des biens culturels (Journées polonaises). (Travaux de l'Association Henri Capitant des amis de la culture juridique française, 40). Paris: Economica 1989, 315–338

Knoepfler, François Le commerce de l'art en droit international privé suisse. In: *Lalive* International, 359–387

Knott, Hermann J. Der Anspruch auf Herausgabe gestohlenen und illegal exportierten Kulturguts. Internationalprivatrechtliche und rechtsvergleichende Aspekte zum Herausgabeanspruch des privaten Eigentümers und des Herkunftsstaates. (Arbeiten zur Rechtsvergleichung, 147). Baden-Baden: Nomos 1990

Kohler, Josef Das Recht an Denkmälern und Altertumsfunden. In: JZ 9 (1904) 771–778

– Das Recht der Kunstwerke und Alterthümer. In: Archiv für Bürgerliches Recht (1894) 56–84

Kösters, Friedrich Die Anwendung ausländischer Eingriffsnormen im französischen Recht. Diss. iur. Münster 1991

Kreuzer, Karl La propriété mobilière en droit international privé. In: Rec. des Cours 259 (1996) 27–315

Krinzinger, Friedrich Schutz von archäologischem Kulturgut – Betrachtungen zur Kontextarchäologie. In: *Reichelt* Neues Recht, 45–54

Kromer, Michael Sachenrecht des Öffentlichen Rechts. Probleme und Grundlagen eines Allgemeinen Teils des Öffentlichen Sachenrechts. (Schriften des Öffentlichen Rechts, 493). Berlin: Duncker & Humblot 1985

Kropholler, Jan Internationales Privatrecht. 3. Aufl., Tübingen 1997

Krynen, Jacques L'empire du Roi. Idées et croyances politiques en France. XIIIe–XVe siècle. Paris: Gallimard 1993

Lacroce, Luigi I beni culturali d'interesse religioso e l'interesse sull'Art. 12 dell'Accordo del 1984. In: Dir. eccl. 1998, I, 483–537

Lagarde, Paul Le commerce de l'art en droit international privé français. In: *Lalive* International, 389–408

Lalive, Pierre A Disturbing International Convention: Unidroit. In: Art, Ant. & Law 4 (1999) 219–228

– L'application du droit public étranger. In: Ann.Inst.dr.int. 56 (1975) 157–183, 219–259

– La Convention d'UNIDROIT sur les biens culturels volés ou illicitement exportés (du 24 juin 1995). In: SZIER 1997, 13–56

– Les demandes fondées par une autorité étrangère ou par un organisme public étranger sur des dispositions de son droit public. In: Ann.Inst.dr.int. 57-II (1977) 2–18

– Le statut des biens culturels en droit international privé suisse. In: Rapports suisses présentés au XIVème Congrès international de droit comparé, Athènes, 31 juillet au 6 août 1994. (Veröffentlichungen des Schweizerischen Instituts für Rechtsvergleichung, 24). Zürich: Schulthess 1994, 91–108

– The Transfer of Chattels in the Conflict of Laws. A Comparative Study. Oxford: Clarendon Press 1955

– Une Convention internationale qui dérange: La Convention Unidroit sur les biens culturels. In: Mélanges en l'honneur de Nicolas Valticos. Droit et justice. Paris: A. Pedone 1999, 177–188

– (Hg.) International Sales of Works of Art. [Vol.] I. Geneva Workshop 11–13 April 1985, Genf: Institute of International Business Law and Practice/Faculté de droit de Genève 1988

Lanciotti, Alessandra La circolazione dei beni culturali nel diritto internazionale privato e comunitario. (Pubblicazioni dell'Università degli Studi di Perugia, 56). Neapel: Edizioni Scientifiche Italiane 1996

Landais, Benoit „Les tournesols", un „chef-d'œuvre" en péril. In: Le Journal des Arts 4. 7. 1997, 8

Landolt, Hanspeter Warnung an schenkungswillige Kunstsammler. In: NZZ 28. 4. 1992, 27

Lasnier, Jean-François Test case for French archaeology. In: The Art Newspaper, Mai 2001, 43

Laubadère, André de/Venezia, Jean-Claude/Gaudemet, Yves Traité de droit administratif. Bd. 2. 9. Aufl., Paris: LGDJ 1992

Lavialle, Christian Droit administratif des biens. Paris: Presses Universitaires de France 1996

– Du domaine public comme fiction juridique. In: JCP 1994, I, 3766, 259–265

– L'imprescriptibilité du domaine public. In: Rev.fr.dr.adm. 1 (1985) 27–44

– La loi du 1er décembre 1989 relative aux biens culturels maritimes. In: JCP 1991, I, 3489, 63–70

Leemann, Hans Art. 724 ZGB. In: Kommentar zum Schweizerischen Zivilgesetzbuch. Bd. IV. Sachenrecht. I. Abteilung. Art. 641–729. 1. Aufl., Bern: Stämpfli 1911

Lehr, Ernest Éléments de droit civil anglais. 1. Aufl., Paris: Larose et Forcel 1885

Leisching, Peter Roma Restauranda. Versuch einer Geschichte des Päpstlichen Denkmalschutzrechtes. In: Erwin Gatz (Hg.), Römische Kurie. Kirchliche Finanzen. Vatikanisches Archiv. Studien zu Ehren von Hermann Hoberg. Erster Teil. (Miscellanea Historiae Pontificiae, 45). Rom: Università Gregoriana Editrice 1979, 425–443

Lemme, Fabrizio La situazione giuridica della collezione Colonna. In: Eduard A. Safarik (Hg.), Catalogo sommario della Galleria Colonna in Roma: Dipinti. Busto Arsizio: Bramante 1981, 10–13

– Il Bellotto scampato all'agguato dello Stato italiano. In: Il Giornale dell'Arte, Dezember 1995, 1

– Il caso Pagenstecker: lo stato non può essere un mercante affarista e senza scrupoli. In: Il Giornale dell'Arte, April 1992, 29

– Potete comprare la „Primavera" se non sapete che è degli Uffizi. In: Il Giornale dell'Arte, September 1995, 26

– Temporanea importazione e notifica: come si concilia l'inconciliabile. In: Il Giornale dell'Arte, Januar 1996, 61

– Tra arte e diritto. Turin: Umberto Allemandi 1993

– Valgono 5 milioni l'una le 120 giornate di Sodoma. In: Il Giornale dell'Arte, Oktober 1998, 32

Leniaud, Jean-Michel Les fondements et l'évolution de l'approche française de la protection du patrimoine culturel. In: *Byrne-Sutton/Renold* La libre, 57–70

Lepelletier, F. De la prohibition d'exporter des objets d'art à l'étranger, d'après la législation italienne. Affaire de la galerie Sciarra. In: Clunet 23 (1896) 962–981

Lewis, Geoffrey Heritage Giving Through Taxation in the U.K. In: *Briat*, 589–598

Leyte, Guillaume Prescriptibilité et imprescriptibilité dans l'ancien droit public français (XVIe – XVIIIe siècle). In: Droits 31 (2000) 3–18

– Domaine et domanialité publique dans la France médiévale (XIIe – XVe siècles). Strassburg: Presses Universitaires de Strasbourg 1996

Lindsey, Mark F. The Recovery of Cultural Artifacts: The Lecacy of our Archaeological Heritage. In: Case West.Res.J.Int.L. 22 (1990) 165–182

Liver, Peter Schweizerisches Privatrecht. Fünfter Band. Sachenrecht. Erster Halbband, hg. von Arthur Meier-Hayoz. Basel/Stuttgart: Helbing & Lichtenhahn 1977, 1–401

Lo Monaco, Anna Sulla restituzione di beni culturali rubati all'estero secondo la Convenzione dell'UNESCO. In: Riv.dir.int. (1988) 842–855

Lolli, Alessandro I beni pubblici per destinazione: formazione ed estinzione della fattispecie. In: Riv.trim.dir.proc.civ. 1997, 629–649

Lombardi, Giorgio Die behördliche Kontrolle des grenzüberschreitenden Handels mit Kunstwerken und sonstigen Kulturgütern in Italien. In: *Dolzer/Jayme/Mussgnug*, 191–198

Loosli, Mauro Kulturgüterschutz in Italien. Rechtliche Grundlagen und Instrumente; Handel und Verkehr. (Schweizer Studien zum Internationalen Recht, 96). Zürich: Schulthess 1996

Lord Mackay of Clashfern Crown chattels and personality. In: Halsbury's Laws of England. (Gesamtred. Lord Hailsham of St. Marylebone). Bd. 12(1). 4. Aufl., Reissue. London: Butterworths 1998

Lupoi, Maurizio Introduzione ai trusts. Diritto inglese. Convenzione dell'Aja. Diritto italiano. Mailand: Giuffrè 1994

Luzzatto, Riccardo Trade in Art and Conflict of Laws: The position in Italy. In: *Lalive* International, 409–424

MacMillan, Catherine Burying treasure trove. In: New L. J. 146 (1996) 1346–1348

Mann, Frederic A. Anmerkung zu BGH 22. 6. 1972. In: NJW 1972, 2, 2179

Mansel, Heinz-Peter DeWeerth v. Baldinger – Kollisionsrechtliches zum Erwerb gestohlener Kunstwerke. In: IPRax 1988, 268–271

Mansi, Antonio Il nuovo testo unico per i beni culturali e ambientali. Padua: Cedam 2000

– La tutela dei beni culturali. Analisi e commento della legge 01.06.1939 n. 1089 e di tutte le altre norme di tutela con ampi riferimenti di dottrina e giurisprudenza; nonché sulla circolazione delle opere d'arte nel diritto interno, in quello comunitario ed in quello internazionale; sul commercio dei beni culturali e sulla figura dell'artista. 2. Aufl., Mailand: Giuffrè 1998

– Limiti alla circolazione di un „bene culturale" facente parte di una universalità. In: Nuova giur.civ. 1999, I, 391–393

Manssen, Gerrit Der Hamburger Stadtsiegelfall. In: JuS 1992, 745–748

Maresca Compagna, Adelaide/Petraroia, Pietro (Hg.) Beni culturali e mercato europeo. Norme sull'esportazione nei paesi della Comunità. Rom: Istituto Poligrafico e Zecca dello Stato 1991

Mariotti, Filippo La legislazione delle belle arti. Rom: Unione Cooperativa Editrice 1892

Marletta, Marilù La restituzione dei beni culturali. Normativa comunitaria e Convenzione Unidroit (Studi e documenti sulle comunità europee, n. 8). Padua: Cedam 1997

Marti, Arnold Art. 6 ZGB. In: Schweizerisches Zivilgesetzbuch. Einleitung. 1. Teilband. Art. 1–7 ZGB. 3. Aufl., Zürich: Schulthess 1998

Martiny, Dieter Der deutsche Vorbehalt gegen Art. 7 Abs. 1 des EG-Schuldvertragsübereinkommens vom 19. 6. 1980 – seine Folgen für die Anwendung ausländischen zwingenden Rechts. In: IPRax 1987, 277–280

Marty, Gabriel/Raynaud, Pierre Droit civil. Tome II: Les biens. 2. Aufl., Paris: Sirey 1980

Masi, Alessandro Giuseppe Bottai. La politica delle arti, scritti 1918–1943. Rom: Editalia 1992

Masoero, Ada 2 millioni di dollari per la Milano di Bellotto. In: Il Giornale dell'Arte, Dezember 1998, 6

Mastrangelo, Donatantonio Aspetti e problemi della tutela archeologica. In: *Caputi Jambrenghi* La cultura, 383–392

Maunz, Theodor Art. 74 GG. In: Theodor Maunz/Günter Dürig/Roman Herzog etc. (Hg.), Grundgesetz. Kommentar. Bd. 3, Art. 38–87. Loseblattsammlung, 23. Lieferung (Oktober 1984). München: C.H. Beck 1984

Maurice, Clare/Turnor, Richard The Export Licensing Rules in the United Kingdom and the Waverley Criteria. [Neue Fassung des gleichlautenden Aufsatzes in: IJCP 1 (1992) 273–295]. In: *Byrne-Sutton/Renold* La libre, 31–55

Mayer, Otto Der gegenwärtige Stand der Frage des öffentlichen Eigentums. In: AöR 21 (1907) 499–522

– Deutsches Verwaltungsrecht. Bd. 2. 1. Aufl., München/Leipzig: Duncker & Humblot 1896; 2. Aufl. (1917); 3. Aufl. (1924)

– Neues vom öffentlichen Eigentum. In: AöR N.F. 6 (1920) 77–95

Mayer-Maly, Th[eo] Schatz. In: Handwörterbuch zur deutschen Rechtsgeschichte. Bd. 4. Berlin: Erich Schmidt 1990, Sp. 1360–1364

Medicus, Dieter Erläuterungen zum Gesetz zum Schutz deutschen Kulturgutes gegen Abwanderung. In: Das Deutsche Bundesrecht. Loseblattsammlung, 360. Lieferung (1975), VIII A 80, 7–11

Meier-Hayoz, Arthur Schweizerisches Zivilgesetzbuch. Bd. IV: Das Sachenrecht. 1. Abteilung. Das Eigentum. 1. Teilband: Systematischer Teil und Allgemeine Bestimmungen. Artikel 641–654 ZGB. 5. Aufl., Bern: Stämpfli 1981

Mena Marqués, Manuela La Condesa de Chinchón by Goya at the Museo del Prado, Madrid. In: Apollo, Dezember 2000, 10f.

Merryman, John Henry The Free International Movement of Cultural Property. In: N.Y.Univ.J.Int.L. & Pol. 31 (1998) 1–14; Neudruck in: John Henry Merryman, Thinking about the Elgin marbles. Critical essays on cultural property, art and law. Im Haag: Kluwer Law International 2000, 300–311

– The Protection of Patrimony. In: Leonard D. DuBoff, Art Law. Domestic and International. South Hackensack: Fred. B. Rothman 1975, 255–261

Merryman, John Henry/Elsen, Albert E. (Hg.) Law, Ethics and the Visual Arts. 3. Aufl., London: Kluwer Law International 1998

Mesnard, André-Hubert Note [sous Cons.d'État 12.12.1969]. In: JCP 1972, II, 17105

Metz, René Les nominations épiscopales en France, et plus spécialement dans les diocèses concordataires de Strasbourg et de Metz. In: Rev.dr.can. 8 (1958) 97–121

Meyer von Schauensee, Pl. Rechtliche Natur des Familienfideikommisses nach luzernischem Recht. In: ZBJV 44 (1908) 219–224, 292–296

– Über die rechtliche Natur des Fideikommisses. In: SJZ 1930, 61–64

Meyer, Franz Drastisch und widersprüchlich. In: NZZ 11.7.1997, 43

Migliorino, Luigi In margine ad una recente sentenza inglese in tema di trasferimento internazionale illecito di opere d'arte. In: Riv.dir.int.priv.proc. 18 (1982) 774–783

Miller, Carey D. L./Sheridan, Alison Treasure Trove in Scots Law. In: Art, Ant. & Law 1 (1996) 393–404

Moench, Christoph Die Entwicklung des Denkmalschutzrechts. In: NVwZ 1988, 304–316

– Reichweite und Grenze des Denkmalschutzes. In: NJW 1983, 2, 1998–2007

Monaco, Riccardo La protezione internazionale dei beni culturali. In: *Maresca Compagna/Petraroia*, 9–24

Moor, Pierre Droit administratif. Vol. III: L'organisation des activités administratives. Les biens de l'Etat. Bern: Stämpfli 1992

Moroni, Gaetano Dizionario di erudizione storico-ecclesiastica. 103 Bde., Venedig: Tipografia Emiliani 1840–1861

Mülbert, Peter O. Ausländische Eingriffsnormen als Datum. In: IPRax 1986, 140–142

Müller-Katzenburg, Astrid Internationale Standards im Kulturgüterverkehr und ihre Bedeutung für das Sach- und Kollisionsrecht. (Schriften zum Internationalen Recht, 72). Berlin: Duncker & Humblot 1996

– Wieviel Gutgläubigkeit darf's sein? In: FAZ 18. 4. 1998, 41

Müller-Volbehr, Jörg Körperschaftsstatus und Sachenrecht der Kirchen. In: ZevKR 33 (1988) 153–183

– Res sacra und Sachgebrauch. In: NVwZ 1991, 142–145

Müntz, Eugène Les arts à la cour des papes pendant le XVe siècle et le XVIe siècle. Première partie: Martin V – Pie II. 1417–1464. Bibliothèque des écoles françaises d'Athènes et de Rome. Fasc. 4. Paris: Thorin 1878

Mussgnug, Reinhard Das Kunstwerk im internationalen Recht. In: Deutsche Richterakademie (Hg.), Kunst und Recht. Justiz und Recht. (Schriften der Deutschen Richterakademie, 2). Heidelberg: C. F. Müller 1985, 15–42

– Europäischer und nationaler Kulturgüter-Schutz. In: Reinhard Mussgnug/Gerd Roellecke (Hg.), Aktuelle Fragen des Kulturgüterschutzes. Beiträge zur Reform des deutschen Kulturgutschutzes 1955 und seiner Angleichung an den europäischen Kulturgüterschutz. (Motive – Texte – Materialien, 79). Heidelberg: C. F. Müller 1998, 11–28

– Museums- und Archivgut als „res extra commercium"? In: *Dolzer/Jayme/Mussgnug*, 199–209

– Überlegungen zur Umsetzung der neuen EU-Vorschriften über den Verkehr mit Kulturgütern. In: Ulrich Beyerlin/Michael Bothe/Rainer Hofmann/Ernst-Ulrich Petersmann (Hg.), Recht zwischen Umbruch und Bewahrung. Völkerrecht, Europarecht, Staatsrecht. Festschrift für Rudolf Bernhardt. (Beiträge zum ausländischen öffentlichen Recht und Völkerrecht, 120). Berlin: Springer 1995, 1225–1250

Nahlik, Stanislaw E. La protection internationale des biens culturels en cas de conflit armé. In: Rec. des Cours 120 (1967-I) 61–163

Nanetti, Francesco/Squillante, Francesca In tema di restituzione di beni culturali illecitamente trasferiti. In: Riv.dir.int. 80 (1997) 396–420

Nass, Herbert E. Jeanneret v. Vichey: Evaporating the Cloud. In: N.Y.Univ.J.Int.L. & Pol. 15 (1983) 999–1019

Naurois, Louis de La mise en œuvre juridique de la séparation des églises et de l'État (loi du 9 décembre 1905). In: Rev.dr.can. 13 (1963) 65–80

Néron, Pierre Recueil d'édicts et d'ordonnances royaux sur le fait de la justice et autres matières les plus importantes, contenant les ordonnances des rois Philippe VI, Jean Ier, Charles V, Charles VI, Charles VII, Charles VIII, Louis XII, François Ier, Henri

II, François II, Charles IX, Henry III, Henry IV, Louis XIII, Louis XIV et Louis XV, et plusieurs arrêts rendus en conséquence, augmenté, sur l'édition de Mes Pierre Néron et Etienne Girard, d'un très grand nombre d'ordonnances et quantité de notes, conférences et commentaires. 2 Bde. Paris: Montalant 1720

N[eumeister], E[rdmann] Vertragsbruch. In: FAZ 19. 5. 1992, 33

Niboyet, Jean [Hippolyte] Paulin Traité de droit international privé français. Vol. 4: La territorialité. Paris: Sirey 1947

Niebaum, Frank Verhinderung von „Raubgrabungen". Möglichkeiten und Grenzen nach dem niedersächsischen Denkmalschutzrecht. In: NdsVBl. 1995, 31–35

Niebaum, Frank/Eschenbach, Jürgen Von der Angst, ein Denkmal zu besitzen. Der Widerstreit zwischen effektivem Denkmalschutz und effektivem Rechtsschutz bei der Unterschutzstellung von Kulturdenkmalen. In: DÖV 1994, 12–22

Noack, C. L. Frithjof Zur Entstehung des Adelsfideikommisses in Unteritalien. Eine sozialgeschichtliche Untersuchung. (Münchener Volkswirtschaftliche Studien, 113). Stuttgart/Berlin: J. G. Cotta'sche Buchhandlung Nachfolger 1911

O'Keefe, Patrick J. Commentary on the UNESCO 1970 Convention on illicit traffic. Leicester: Institute of Art and Law 2000

– Export and import controls on movement of the cultural heritage: problems at the national level. In: Syr.J.Int.L. & Com. 10 (1983) 353–370

Pagenstecher, Ernst Die römische Lehre vom Eigenthum in ihrer modernen Anwendbarkeit, Erste Abtheilung: Begriff und gesetzliche Beschränkungen des Eigenthums. Heidelberg: Bangel & Schmitt 1857

Palma, Giuseppe Beni di interesse pubblico e contenuto della proprietà. Jovene: Neapel 1971

Palmer, Norman Statutory, forensic and ethical initiatives in the recovery of stolen art and antiquities. In: *Palmer* The recovery, 1–31

– Title to antiquarian finds: Perpetuating the impenetrable. In: Art, Ant. & Law 1 (1996) 157–161

– Treasure Trove and Title to Discovered Antiquities. In: IJCP 2 (1993) 275–318

– (Hg.) The recovery of stolen art, a collection of essays. London: Kluwer Law International 1998

Palmer, Norman/Hudson, Anthony Improving stolen art. In: *Palmer* The recovery, 127–144

– Fixtures and historic buildings. In: Art, Ant. & Law 5 (2000) 37–46

Papa, Anna Capo IV. Modificazioni alla legge n. 1089. In: *Catelani/De Marco/Gasparini Casari/Papa/Tivelli*, 145–191

Papier, Hans-Jürgen Recht der öffentlichen Sachen. 3. Aufl., Berlin/New York: de Gruyter 1998

Pappenheim, Max Eigenthumserwerb an Alterthumsfunden. In: JherJb 45 (1903) 141–160

Parpagliolo, Luigi Codice delle antichità e degli oggetti d'arte. Raccolta di leggi, decreti, regolamenti, circolari relativi alla conservazione delle cose d'interesse storico-artistico e alla difesa delle bellezze naturali. Rom: Libreria dello Stato 1932

Pavanello, Giuseppe Apparati critici e filologici. In: Mario Praz, L'opera completa del Canova. (Classici dell'Arte, 85). Mailand: Rizzoli 1976, 11–147

Pearlstein, William Jeanneret v. Vichey – Sales of Illegally Exported Art Under the Uniform Commercial Code. In: Northwestern J.Int.L. & Business 6 (1984/85) 275–319

Penzel, Hans Rechtssubjektivität der katholischen Kirche und ihrer Institute in Frankreich seit Inkrafttreten des Trennungsgesetzes vom 9. Dezember 1905. (Leipziger rechtswissenschaftliche Studien, 28). Leipzig: Weicher 1928

Pescatore, Gabriele Nullità o inefficacia delle alienazioni di cose di interesse artistico avvenute senza denuncia all'autorità amministrativa? In: Foro it. 1948, I, 32–35

Peters, D. Die Ersitzbarkeit von Gegenständen öffentlichrechtlichen Eigentums in besonderer Beziehung auf Stücke aus Archiven des Staates oder anderer öffentlichrechtlicher Körperschaften in Preussen. In: Verw.Arch. 24 (1916) 167–183

Petroncelli Hübler, Flavia I beni culturali religiosi. Quali prospettive di tutela. Neapel: Jovene 1996

– In tema di tutela degli archivi storici delle confessioni religiose. In: Dir. eccl. 1995, I, 473–483

Pettit, Philip H. Charities. In: Halsbury's Laws of England (Gesamtred. Lord Hailsham of St. Marylebone). Bd. 5. 4. Aufl,. Reissue. London: Butterworths 1993

– Trusts. In: Halsbury's Laws of England (Gesamtred. Lord Hailsham of St. Marylebone). Bd. 48. 4. Aufl., Reissue. London: Butterworths 1995

Pevsner, Nikolaus The buildings of England. Bedfordshire and the County of Huntingdon and Peterborough. London: Penguin Books 1968

Phelan, Marilyn Cultural Property. In: Int.Lawyer 32 (1998) 447–451

Phillips, Arthur/Aussant, Jill/Bursell, Rupert/Wakefield, Robert Ecclesiastical Law. In: Halsbury's Laws of England (Gesamtred. Lord Hailsham of St. Marylebone). Bd. 14. 4. Aufl., London: Butterworths 1975

Picker, Günther Kunstgegenstände & Antiquitäten: Kauf, Recht, Steuern, Versicherungen. München: Stiebner 2000

Piehl, Hansjörg Ausländische zwingende Vorschriften und deutsches Schuldstatut. In: RIW 34 (1988) 841–843

Pieroth, Bodo/Kampmann, Bernd Aussenhandelsbeschränkungen für Kunstgegenstände. In: NJW 1990, 1385–1390

Pinelli, Antonio Storia dell'arte e cultura della tutela. Le „Lettres à Miranda" di Quatremère de Quincy. In: Ricerche di Storia dell'arte 1979, 43–62

Pinkerton, Linda F. Due Diligence in Fine Art Transactions. In: Case W.Res.J.Int.L. 22 (1990) 1–29

Piva, Giorgio Cose d'arte. In: Enc. dir., Bd. 11 (1962), 93–121

Plehwe, Thomas von European Union and the Free Movement of Cultural Goods. In: European L.Rev. 20 (1995) 431–450

Plutschow, Matthias H. Staatliche Vorkaufsrechte im internationalen Kulturgüterschutz. Diss. iur. Basel 2000

Pocar, Fausto Das neue italienische Internationale Privatrecht. In: IPRax 1997, 145–161

Poli, Jean-François La protection des biens culturels meubles. (Bibliothèque de droit de l'urbanisme et de l'environnement, 3). Paris: LGDJ 1996

– Le classement d'un tableau de Van Gogh comme „monument historique". Note sous Conseil d'État 31 juillet 1992. M. Jacques Walter. In: Rev.fr.dr.adm. 10 (1994) 259–266

– Note [sous la Cour de cassation 20. 2. 1996]. In: JCP 1996, II, 22672, 303–305

Pollet, Roger Le classement de la „collection Schlumpf" au titre des monuments historiques: la loi du 23 juin 1941 paralyse-t-elle les dispositions indemnitaires de la loi 31 décembre 1913? In: JCP 1992, II, 21864, 190f.

Polonsky, Michael/Canat, Jean-François The british and french systems of control of the export of works of art. In: Int.Comp.L.Q. 45 (1996) 557–591

Pontrelli, Adele L'organizzazione e la tutela dei beni culturali. In: *Caputi Jambrenghi* La cultura, 245–327

Powell, Nicholas Chi rompe paga: la notifica è un danno da risarcire? In: Il Giornale dell'Arte, Januar 1996, 7

– Damned if they sell, damned if they don't. In: The Art Newspaper, Oktober 1993, 23

– For sale: the Van Gogh that forced a change in goverment policy. In: The Art Newspaper, Dezember 1996, 5

– L'état loses to the citoyen. In: The Art Newspaper, Juli-September 1993, 1 f.

– Ministry unrepentant over blocked FFr 9 million Liotard. In: The Art Newspaper, Dezember 1993, 27f.

– The difference an export ban makes. In: The Art Newspaper, Januar 1993, 20

– Van Gogh's „Jardin à Auvers" in the courts. In: The Art Newspaper, April 1993, 1, 3

– Getty try to purchase the Liotard. In: The Art Newspapaper, April 1994, 35

Prisco, Michael/De Vecchi, Pierluigi L'opera completa di Raffaelo. Mailand: Rizzoli 1966

Prott, Lyndel V. Commentary on the Unidroit Convention on Stolen and Illegally Exported Cultural Objects 1995. Leicester: Institute of Art and Law 1997

– International Control of Illicit Movement of the Cultural Heritage: The 1970 UNESCO Convention and Some Possible Alternatives. In: Syracuse J.Int.L. & Com. 10 (1983) 333–351

Prott, Lyndel V./O'Keefe, Patrick J. Law and the Cultural Heritage. Volume 1. Discovery. Oxford: Professional Books 1984

– Law and the Cultural Heritage. Volume 3. Movement. London/Edingburgh: Butterworths 1989

Proudhon, J[ean] B[aptiste] [Victor] Traité du domaine public ou de la distinction des biens. 3 Bde. 1. Aufl., Lyon: Larcier 1833; 2. Aufl. (1843/45)

Puza, Richard Das staatliche Religionsrecht in Italien. In: Richard Puza/Abraham Peter Kustermann (Hg.), Staatliches Religionsrecht im europäischen Vergleich. (Freiburger Veröffentlichungen aus dem Gebiete von Kirche und Staat, 40). Freiburg: Universitätsverlag 1993, 59–77

Quack, Friedrich § 984 BGB. In: Münchener Kommentar zum Bürgerlichen Gesetzbuch. Bd 6: Sachenrecht (§§ 854 – § 1296). 3. Aufl., München: C.H. Beck 1997

Quatremère de Quincy, Antoine Chrysostome Lettres au Général Miranda sur le préjudice qu'occasionnens aux arts et à la science. Le déplacement des monuments de l'art de l'Italie. Le démembrement de ses écoles, et la spoliation de ses collections, galeries, musées etc. In: Quatremère de Quincy. Considérations morales sur la destination des ouvrages de l'art [Paris: Crapelet 1815] suivi de lettres sur l'enlèvement des ouvrages de l'art antique à Athènes et Rome [Paris: Le Clere/Bourgeois-Maze 1836]; Neudruck: Paris: Fayard 1989, 189–247

Ramier, Timothy P. Agent Judiciaire du Trésor v. Walter; Fait du Prince and a King's Ransom. In: IJCP 6 (1997) 337–342

Ranelletti, O[reste] Concetto, natura e limiti del demanio pubblico. In: Giur.it. 1897, IV, 325–375

Raschèr, Andrea F. G. Kulturgütertransfer und Globalisierung. UNESCO-Konvention 1970 – Unidroit-Konvention 1995 – EG-Verordnung 3911/92 – EG-Richtlinie 93/7 – Schweizerisches Recht. Zürich/Baden-Baden: Schulthess/Nomos 2000

Reggio, Savino/D'Urso Pignataro, Giuseppe Tutela e valorizzazione dei beni pubblici quale concreta manifestazione della sovranità dello Stato e dell'autonomia finanziaria degli enti territoriali autonomi costituzionali. In: Amm.it. 1997, 31–34, 733–747

Reichelt, Gerte Die Rolle von UNIDROIT für den Internationalen Kulturgüterschutz. Neue methodische Ansätze im „UNIDROIT-Entwurf 1990 über gestohlene und unerlaubt ausgeführte Kulturgüter". In: Europa im Aufbruch. Festschrift für Fritz Schwind zum 80. Geburtstag, hg. von Franz Matscher/Ignaz Seidl-Hohenveldern. Wien: Manz 1993, 205–214

– Die Unidroit-Konvention 1995 über gestohlene oder unerlaubt ausgeführte Kulturgüter. Grundsätze und Zielsetzungen. In: *Reichelt* Neues Recht, 55–67

– Die Vereinheitlichung des privatrechtlichen Kulturgüterschutzes nach dem UNIDROIT-Vertragsentwurf 1990. In: *Dolzer/Jayme/Mussgnug*, 67–81

– Europäischer Kunstmarkt. In: ÖJZ 49 (1994) 339–342

– Internationaler Kulturgüterschutz – rechtliche und kulturpolitische Aspekte. (Vorträge, Reden und Berichte aus dem Europa-Institut der Universität des Saarlandes, 143). Saarbrücken: Universität des Saarlandes 1988

– Kulturgüterschutz in Österreich. In: ZfRV 31 (1990) 61–69

– (Hg.) Neues Recht zum Schutz von Kulturgut. Internationaler Kulturgüterschutz. EG-Richtlinie, UNIDROIT-Konvention und Folgerecht. Wien: Manz 1997

Reinhardt, Volker (Hg.) Die grossen Familien Italiens. Stuttgart: Kröner 1992

Reit, Seymour V. The Day They Stole the Mona Lisa. London: Robert Hale 1981

[Relazione Franceschini]. Relazione della Commissione d'indagine per la tutela e la valorizzazione del patrimonio storico, archeologico, artistico e del paesaggio (10.3.1996). In: Riv.trim.dir.pubbl. 1966, 119–244 = *Commissione*, Bd. 1, 3–152

Renck, Ludwig Grundfragen des Rechts der res sacrae. In: DÖV 1990, 333–336

– Res sacra und Sachgebrauch. In: NVwZ 1990, 38–40

Renold, Marc-André A Landmark Decision in Art Law by the European Court of Human Rights: Beyeler v. Italy. In: Art, Ant. & Law 5 (2000) 73–76

– Les principales règles de la Convention d'Unidroit sur les biens culturels volés ou illicitement exportés. In: AJP 1998, 1179–1186

Ress, Georg Die neue Kulturkompetenz der EG. In: DÖV 1992, 944–955

Resta, Raffaele/Jaricci, Pietrangelo Dei beni pubblici. In: Antonio Scialoja/Giuseppe Branca (Hg.), Commentario del codice civile. Parte III: Della proprietà. Art. 810–956. 4. Aufl., Bologna/Rom: Zanichelli/Soc. ed. del Foro italiano 1976, 68–143

Reutter, Mark A. Nur der vorsichtige Käufer wird geschützt. Rückgabepflicht von gestohlenen Kunstwerken – Wann gilt ein Erwerb als gutgläubig – Entscheid des Bundesgerichts. In: Finanz und Wirtschaft 5. 12. 1998, 24

Reverdini, Beno/Biscaretti di Ruffia, Claudio/Frigo, Manlio (Hg.) La tutela e la circolazione dei beni culturali nei paesi membri della C. E. E. Atti del convegno di Milano – 14 maggio 1990. Rom: Nagard 1992

Revillout, Eugène La propriété, ses démembrements, la possession et leurs transmissions en droit égyptien comparé aux autres droits de l'antiquité. Paris: E. Leroux 1897

Rey, Heinz Die Grundlagen des Sachenrechts und das Eigentum. Grundriss des schweizerischen Sachenrechts. Band I. 2. Aufl., Bern: Stämpfli 2000

Reymond, François Le domaine public mobilier. In: Rev.dr.publ. 1960, 49–65

Rhinow, René Art. 28 [a]BV. In: Kommentar zur Bundesverfassung der schweizerischen Eidgenossenschaft. Loseblattsammlung (Juni 1988). Basel et al.: Helbing Lichtenhahn et al. 1–28

Riemer, Hans Michael Art. 335 ZGB. In: Schweizerisches Zivilgesetzbuch. Das Personenrecht. 3. Abteilung. Die juristischen Personen. Dritter Teilband. Die Stiftungen. Systematischer Teil und Kommentar zu Art. 80–89bis ZGB. 3. Aufl., Bern: Stämpfli 1975

– Die Einleitungsartikel des Schweizerischen Zivilgesetzbuches (Art. 1–10 ZGB). Eine Einführung. Bern: Stämpfli 1987

Riesenberg, Peter N. Inalienability of Sovereignty in Medieval Political Thought. New York: Columbia University Press 1956

Rigambert, Catherine Le Régime juridique de l'archéologie française. Paris: Picard 1996

Ritzler, Remigius/Sefrin, Pirmin (Hg.) Hierarchia Catholica medii et recentioris aevi sive summorum pontificum – S. R. E. cardinalium ecclesiarum antistitum series e documentis tabularii praesertim vaticani, collecta – digesta – edita, volumen quintum, a pontificatu Clementis PP. IX (1667) usque ad pontificatum Benedicti PP. XIII (1730). Padua: Il Messaggero di S. Antonio 1952

– Hierarchia Catholica medii et recentioris aevi sive summorum pontificum – S. R. E. cardinalium ecclesiarum antistitum series e documentis tabularii praesertim vaticani, collecta – digesta – edita, volumen sextum, a pontificatu Clementis PP. XII (1730) usque ad pontificatum Pii PP. VI (1799). Padua: Il Messaggero di S. Antonio 1958

– Hierarchia Catholica medii et recentioris aevi sive summorum pontificum – S. R. E. cardinalium ecclesiarum antistitum series e documentis tabularii praesertim vaticani, collecta – digesta – edita, volumen septimum, a pontificatu Pii PP. VII (1800) usque ad pontificatum Gregorii PP. XVI (1846). Padua: Il Messaggero di S. Antonio 1968

Riz, Roland (Hg.) Il Codice Penale Italiano. Regio Decreto 19 ottobre 1930, n. 1398. Traduzione con introduzione, annotazioni, indice analitico e tavola di raffronto. (Sammlung Außerdeutscher Strafgesetzbücher in deutscher Übersetzung, XC: Das italienische Strafgesetzbuch. Zweisprachige Ausgabe). Berlin: de Gruyter 1969

Roccella, Alberto Esportazione di beni culturali e facoltà di acquisto dello Stato. In: Riv.it.dir.pubbl.com. 1992, 954–981

Rodriguez, Richard Jardin à Auvers: suite. In: Le Journal des Arts 4. 7. 1997, 7

Römer, Hermann Der gutgläubige Mobiliarerwerb im französischen Recht. Diss. iur. Münster 1984

Rosenberg, Pierre Les musées nationaux dans le marché de l'art. In: Édouard Bonnefous/Éric Peuchot/Laurent Richer (Hg.), Droit au musée. Droit des musées. Paris: Dalloz 1994, 59–67

Rossel, Virgile/Mentha, F[ritz]-H[enri] Manuel du droit civil suisse. Bd. 2. 2. Aufl., Lausanne/Genf: Payot [o. J.]

Rossi Pinelli, Orietta Carlo Fea e il chirografo del 1802: cronaca, giudiziaria e non, delle prime battaglie per la tutela delle „Belle Arti". In: Ricerche di Storia dell'arte 1979, 27–42

Rossmann, Andreas Kalvarienberg. In: FAZ 11.5.1998, 46

– Empörung in Bonn: Die Jesuiten verkaufen einen Altar des Meisters der Georgslegende. In: FAZ 9. 5. 1998, 33

– Kardinalfrage. In: FAZ 12. 5. 1998, 43

Roth, Wulf-Hennig Angleichung des IPR durch sekundäres Gemeinschaftsrecht. In: IPRax 1994, 165–174

Röttgen, Steffi Alessandro Albani. In: *Beck/Bol*, 123–152

– Die Villa Albani und ihre Bauten. In: *Beck/Bol*, 59–122

Ruck, Erwin Das Eigentum im Schweizerischen Verwaltungsrecht. In: Festgabe der Juristischen Fakultät der Universität Basel zum achtzigsten Geburtstag von Paul Speiser, 16. Oktober 1926. Basel: Helbing & Lichtenhahn 1926, 16–38

– Schweizerisches Verwaltungsrecht. Erster Band. Allgemeiner Teil. 2. Aufl., Zürich: [Schulthess] Polygraphischer Verlag 1939

Rutherford, Leslie/Bone, Sheila Market overt over. From 3 January 1995 the market overt exception will be no more. In: Solicitors Journal 1994, 1149

Ryback, Timothy W. The So-Called Van Goghs. In: ARTnews, Sommer 2000, 184–196

Salzwedel, Jürgen Anstaltsnutzung und Nutzung öffentlicher Sachen. In: Hans-Uwe Erichsen/Wolfgang Martens (Hg.), Allgemeines Verwaltungsrecht. 9. Aufl., Berlin/New York: de Gruyter 1992, 515–574

Sandevoir, Pierre La notion d'aménagement spécial dans la détermination du domaine public. In: AJDA 1966, 84–103

Sandulli, Aldo M. Beni pubblici. In: Enc. dir., Bd. 5 (1959), 277–300

– Manuale di diritto amministrativo. Bd. 2. Neapel: Jovene 1989

– Spunti per lo studio dei beni privati di interesse pubblico. In: Diritto dell'economia 1956, 163–176

Sautier, Alfred Die Familienfideikommisse der Stadt und Republik Luzern. (Abhandlungen zum schweizerischen Recht, 30). Bern: Stämpfli 1909

Scalera, Lucia Alcune riflessioni in tema di tutela dei beni culturali delle confessioni acattoliche. In: Dir. eccl. 1996, I, 249–259

Schelcher, Herbert Zur Lehre vom öffentlichen Eigentum. In: Fischers Zeitschrift 48 (1918) 345–397

Scherrer, Werner Art. 723/724 ZGB. In: Kommentar zum Schweizerischen Zivilgesetzbuch, bearbeitet von Robert Haab/August Simonius/Werner Scherrer/Dieter Zobl, IV. Band: Das Sachenrecht. Erste Abteilung. Das Eigentum. Art. 641–729. 2. Aufl., Zürich: Schulthess 1977

Schindler, Wolfgang Römische Kaiser. Herrscherbild und Imperium. Wien: Hermann Böhlaus Nachfahren 1986

Schlink, Bernhard Neuere Entwicklungen im Recht der kirchlichen öffentlichen Sachen und der res sacrae. In: NVwZ 1987, 633–640

Schmeinck, Sabine Internationalprivatrechtliche Aspekte des Kulturgüterschutzes. (Münsterische Beiträge zur Rechtswissenschaft, 82). Berlin: Duncker & Humblot 1994

Schmidlin, Josef Papstgeschichte der neuesten Zeit. Erster Band. Papsttum und Päpste im Zeitalter der Restauration (1800–1846). München: Josef Kösel & Friedrich Pustet 1933

Schmidt, Arthur B. Art. 150. Denkmalschutz. In: Hans Nipperdey/Hans Carl (Hg.), Die Grundrechte und Grundpflichten der Reichsverfassung. Kommentar zum zweiten Teil der Reichsverfassung. Dritter Band: Artikel 143–165 und „Zur Ideengeschichte der Grundrechte". Berlin: Hobbing 1930, 99–124

Schmitt, Jean-Marie Classement d'office: l'État une nouvelle fois condamné. In: Le Journal des Arts, September 1996, 61

– Exportation: projet de loi début 1999. In: Le Journal des Arts 9. 10. 1998, 26

– France's liberal approach to art exports revealed. In: The Art Newspaper, September 1998, 5

Schnyder, Bernhard Zur Rückführung gestohlener oder rechtswidrig ausgeführter Kulturgüter gemäss Unidroit-Konvention aus der Sicht des schweizerischen Privatrechts. (Gutachten). In: *BAK* Dokumentation

Schöbi, Felix Der Schutz des Eigentums in Europa. Urteil des Europäischen Gerichtshofs für Menschenrechte vom 5. Januar 2000 in der Rechtssache Beyeler gegen Italien. In: recht 2000, 78–83

Schorlemer, Sabine von Internationaler Kulturgüterschutz. Ansätze zur Prävention im Frieden sowie im bewaffneten Konflikt. (Schriften zum Völkerrecht, 102). Berlin: Duncker & Humblot 1992

Schorn, Franz Hubert Franz Virnich, 1882–1943. Opfer der NS-Justiz. Bericht und Dokumentation. Langwaden: Bernardus-Verlag 1998

Schott, Clausdieter (Hg.) Eike von Repgow. Der Sachsenspiegel. 3. Aufl., Zürich: Manesse 1996

Schroeder, Klaus-Peter Grundgesetz und Schatzregal. In: JZ 1989, 676–679

Schultsz, Jan C. Dutch Antecedents and Parallels to Article 7 of the EEC Contracts Convention of 1980. In: RabelsZ 47 (1983) 267–283

Schwander, Ivo Einführung in das internationale Privatrecht. Erster Band: Allgemeiner Teil. 3. Aufl., St. Gallen: Dike 2000

– Art. 724 ZGB. In: Kommentar zum Schweizerischen Privatrecht. Schweizerisches Zivilgesetzbuch II. Art. 547–977 ZGB. Art. 1–61 SchlT ZGB, hg. von Heinrich Honsell/Nedim Peter Vogt/Thomas Geiser. Basel/Frankfurt a. M.: Helbing & Lichtenhahn 1998

Schwarze, Jürgen Der Schutz nationalen Kulturguts im europäischen Binnenmarkt. In: JZ 1994-I, 111–117

Scott, Jeremy Le M. Classification of fixtures under english law: An inspector's whim? In: Art, Ant. & L. 5 (2000) 319–332

Scovazzi, T[ullio] Il Melqart di Sciacca 35 anni dopo. In: Riv.dir.int. 73 (1990) 915–917

Seegers, Ulli The Art Loss Register und die internationale Kunstkriminalität. In: KUR 1999, 289–294

Seibold-Bultmann, Ursula Gewinnt, wer wagt? Museumsfinanzierung in Grossbritannien. In: NZZ 27. 11. 2000, 33

Shelbourn, Carolyn Saving graces – the protection of the national heritage. In: New L. J. 140 (1990) 772, 775f.

Sidorsky, Emily The 1995 Unidroit Convention on Stolen or Illegally Exported Cultural Objects: The Role of International Arbitration. In: IJCP 5 (1996) 19–72

Siebertz, Paul Denkmalschutz in Bayern. Ursprünge, Entwicklung und gegenwärtige Rechtslage. Diss. iur. Wien 1977

Siehr, Kurt Ausländische Eingriffsnormen im inländischen Wirtschaftskollisionsrecht. In: RabelsZ 52 (1988) 41–103

– Die EG-Richtlinie von 1993 über die Rückgabe von Kulturgütern und der Kunsthandel. In: *Reichelt* Neues Recht, 29–43

– Die Richtlinie 93/7/EWG des Rates vom 15. März 1993 über die Rückgabe von unrechtmäßig aus dem Hoheitsgebiet eines Mitgliedstaats verbrachten Kulturgütern und das Privatrecht der Mitgliedstaaten der EWG. In: KUR 1999, 225–236

– Die Schweiz und der Kulturgüterschutz in Europa. In: *Fechner/Oppermann/Prott*, 145–157

– Europäischer Kulturgüterschutz. In: Fritz Reichert-Facilides (Hg.), Recht und Europa. Ringvorlesung am Zentrum für europäisches Recht. Bd. 2. Wien: Braumüller 1998, 187–194

– Europäisches Recht des Kulturgüterschutzes und die Schweiz. Auswirkungen des Rechts unserer Nachbarstaaten auf die Schweiz. In: AJP 1999, 962–970

– Freizügigkeit und Kulturgüterschutz in der Europäischen Union. In: Ulrich Immenga/Wernhard Möschel/Dieter Reuter (Hg.), Festschrift für Ernst-Joachim Mestmäcker zum siebzigsten Geburtstag. Baden-Baden: Nomos 1996, 483–496

– Handel mit Kulturgütern in der Europäischen Union und der Schweiz. In: Hans-Ulrich Walder/Tobias Jaag/Dieter Zobl (Hg.), Aspekte des Wirtschaftsrechts. Festgabe zum Schweizerischen Juristentag. Zürich: Schulthess 1994, 353–372

– Handel mit Kulturgütern in der EWG. In: NJW 1993, 2006–2009

– International Art Trade and the Law. In: Rec. des Cours 243 (1993-VI) 9–292

– International Protection of Cultural Property in the European Community. In: *Dominicé/Patry/Reymond*, 763–775

– Kulturgüter als res extra commercium im internationalen Rechtsverkehr. In: Friedrich Graf von Westphalen/Otto Sandrock (Hg.), Festschrift für Reinhold Trinkner zum 65. Geburtstag. Heidelberg: Recht und Wirtschaft 1995, 703–722

– Kulturgüterschutz innerhalb der Europäischen Union. In: ZvglRWiss 95 (1996) 170–187

– Nationaler und Internationaler Kulturgüterschutz. Eingriffsnormen und der internationale Kunsthandel. In: Bernhard Pfister/Michael R. Will (Hg.), Festschrift für Werner Lorenz. Tübingen: J.C.B. Mohr 1991, 526–542

– Öffentliches Recht und internationales Privatrecht beim grenzüberschreitenden Kulturgüterschutz. In: *Dolzer/Jayme/Mussgnug*, 83–104

– The UNIDROIT Draft Convention on the International Protection of Cultural Property. In: IJCP 1 (1992) 321–330

– The UNIDROIT Draft Convention on the International Protection of Cultural Property. In: IJCP 1 (1994) 301–307

– Vereinheitlichung des Mobiliarsachenrechts in Europa, insbesondere im Hinblick auf Kulturgüter. In: RabelsZ 59 (1995) 454–468

– Völkerrecht und internationaler Kulturgüterschutz vor Gericht. In: Rainer Frank (Hg.), Recht und Kunst. Symposium aus Anlaß des 80. Geburtstages von Wolfram Müller-Freienfels. (Freiburger Rechts- und Staatswissenschaftliche Abhandlungen, 61). Heidelberg: C.F. Müller 1996, 57–72

Siehr, Kurt/Üstün, Çagla Antike Grabstelen aus der Türkei bleiben in der Schweiz. In: IPRax 1999, 489–492.

Siorat, Lucien La notion d'affectation en matière domaniale. In: Rev.dr.publ. 1958, 866–917

Solarsky, Viràg Astrid Der englische *trust* im internationalen Erbrecht der Schweiz. Eine Diskussion unter dem Standpunkt des Kollisionsrechts. Diss. iur. Zürich 1999

Somers Cocks, Anna European Court of Human Rights decides for dealer Ernst Beyeler and against the Italian State over Van Gogh. In: The Art Newspaper, Februar 2000, 43

– Les Trois Grâces, grand finale. In: Le Journal des Arts, September 1994, 2

Speroni, Mario La tutela dei beni culturali negli stati italiani preunitari. [Vol.] I: L'età delle riforme. (Collana degli annali della facoltà di giurisprudenza dell'università di Genova, 59). Mailand: Giuffrè 1988

Spinellis, Evangelos Das Vertrags- und Sachenrecht des internationalen Kunsthandels, zugleich ein Beitrag zur Bedeutung der Eingriffsnormen im heutigen internationalen Rechtsverkehr. (Schriften zum Internationalen Privatrecht und zur Rechtsvergleichung, 10). Osnabrück: Rasch 2000

Staechelin, Ruedi Unidroit, Diebstahl und illegaler Export. Exportverbote mit konfiskatorischem Charakter. In: NZZ 23./24. 1. 1999, 47

Stark, Emil W. Art. 933 ZGB. In: Schweizerisches Zivilgesetzbuch. Das Sachenrecht. Band IV, 3. Abteilung. Besitz und Grundbuch. 1. Teilband. Der Besitz. Artikel 919–941 ZGB. 2. Aufl., Bern 1984

Steiger, Erwin Die Familienfideikommisse in der Schweiz. Diss. iur. Zürich 1986

Steinauer, Paul-Henri Les droits réels. Bd. 2. 2. Aufl., Bern: Stämpfli 1994

Steinberg, Rudolf Verfassungsfragen des ipso-iure-Systems im Hessischen Denkmalschutzgesetz. In: NVwZ 1992, 14–18

Stern, Klaus Zur Problematik des energiewirtschaftlichen Konzessionsvertrages. In: AöR N.F. 45 (1959) 137–184, 273–330

– Die öffentliche Sache. In: VVDStRL 21 (1964) 183–228

Stettler, Max Die bernischen Familienkisten. In: ZBJV 58 (1922) 97–111, 145–163

Stich, Rudolf/Burhenne, Wolfgang E. (Hg.) Denkmalrecht der Länder und des Bundes. Ergänzbare Sammlung mit Erläuterungen, Rechts- und Verwaltungsvorschriften, amtlichen Informationen, Rechtsprechung und Literatur. Loseblattsammlung, Bd. 1, 41. Lieferung (April 2001). Berlin: Erich Schmidt 2001

Stoll, Hans Sachenrechtliche Fragen des Kulturgüterschutzes in Fällen mit Auslandberührung. In: *Dolzer/Jayme/Mussgnug*, 53–66

Stolz, George $25 Million Goya Goes to Prado. In: ARTnewsletter XXV (2000) Nr. 12, 5f.

Streinz, Rudolf Handbuch des Museumsrechts 4: Internationaler Schutz von Museumsgut. (Schriften zur Museumskunde, 4). Opladen: Leske + Budrich 1998

Stückelberger, Johannes Lehrer und Gelehrter. Zum Tode des Kunsthistorikers Hanspeter Landolt. In: NZZ 13. 3. 2001, 68

Tamiozzo, Raffaele La legislazione dei beni culturali. Guida ragionata per studenti, specializzandi e operatori, amministrativi e tecnici, delle pubbliche istituzioni di tutela. 2. Aufl., Mailand: Giuffrè 2000

Taschner, Hans Claudius Kulturgüterschutz aus der Sicht des EG-Rechts. In: Gerte Reichelt (Hg.), Internationaler Kulturgüterschutz. Wiener Symposion 18./19. Oktober 1990. Wien: Manz 1992, 97–102

The Arts Council of Great Britain (Hg.) The fourteenth exhibition of the Council of Europe. The Age of Neo-Classicism. The Royal Academy and The Victoria & Albert Museum. London 9 September – 19 November 1972. London/Harlow: Shenval Press 1972

Theiner, Augustin Codex diplomaticus domini temporalis S. Sedis. Recueil de documents pour servir à l'histoire du gouvernement temporel des Etats du Saint-Siège. Bd. 3. Rom: Imprimerie du Vatican 1862

Theler, Johannes Einige Anmerkungen zum neuen Bundesgesetz über die Archivierung. In: Niklaus Herzog/Franz Xaver von Weber (Hg.), Festschrift Professor Dr. Louis Carlen. Freiburg: Universitätsverlag 1999, 157–171

Thieme, Hans Die Funktion der Regalien im Mittelalter. In: SavZ/Germ. 62 (1942) 75

Thomas, Dominique Note [sous Cons.d'État 31. 7. 1992]. In: R. D. S. 1994, I, 18–21

T[homas], G[ina] Drei Grazien. In: FAZ 18. 12. 1989, 31

– Drei Grazien gerettet. In: FAZ 5. 9. 1994, 35

Thormann, Martin Nochmals: Das Hamburger Stadtsiegel. In: NWVBl. 1992, 354–357

Tiemann, G[abriele] Gesetze statt Grenzen. In: FAZ 25. 4. 1992, 31

Tissot, Nathalie Protection juridique des vestiges archéologiques: problèmes liés au droit des expropriations et de l'aménagement du territoire. Diss. iur. Neuenburg 1991

Travers, Maurice De la validité, au point de vue du droit français, des trusts crées par des étrangers sur des biens soumis à la loi française ou par des Français sur des biens situés hors de France. In: Rev.dr.int.priv. 5 (1909) 521–535

Trifone, Romualdo Fedecomesso. In: Noviss.Dig.it., Bd. 7 (1965), 188–207

Trott zu Solz, Thilo von Erbrechtlose Sondervermögen. Über die Möglichkeiten fideikommißähnlicher Vermögensbindungen. (Europäische Hochschulschriften: Reihe 2, Rechtswissenschaft, 2544). Frankfurt a. M.: Peter Lang 1999

Tuhr, Andreas von Allgemeiner Teil des Schweizerischen Obligationenrechts. Erster Halbband: Wesen und Inhalt der Obligation. Entstehung aus Vertrag, unerlaubter Handlung und ungerechtfertigter Bereicherung. Tübingen: J. C. B. Mohr 1924

Uhl, Antje-Katrin Der Handel mit Kunstwerken im europäischen Binnenmarkt. Freier Warenverkehr versus nationaler Kulturgüterschutz. (Tübinger Schriften zum internationalen und europäischen Recht, 2). Berlin: Duncker & Humblot 1993

Vaccaro Giancotti, Wanda (Hg.) Beni e attività culturali nell'evoluzione del sistema giuridico. La legge 1089/1939: dottrina, giurisprudenza, legislazione a confronto. Rom: Istituto Poligrafico e Zecca dello Stato 1998

Vannucci, Marcello Il furto della Gioconda. Vincenzo Peruggia e la sua storia. Palermo: Edizione Novecento 1993

Varese, Ranieri Canova. Le tre Grazie. Mailand: Electa 1997

Vasella, A[lcides] Die Rechtsverhältnisse des katholischen Kirchenvermögens im Kanton Graubünden. (Freiburger Veröffentlichungen aus dem Gebiete von Kirche und Staat, 2). Basel: J. & F. Hess 1933

Vasella, Hans Die Grundbucheintragung der kirchlichen Güter. (Freiburger Veröffentlichungen aus dem Gebiete von Kirche und Staat, 4). Freiburg: Rütschi & Egloff 1938

Vegting, Wilhelmus Gerardus Domaine public et res extra commercium. Étude historique du droit romain, français et néerlandais. [Übersetzung von Lilian Gomperts/Claude Bernardin]. Paris: Sirey 1950 [Originalausgabe: Alphen aan den Rijn: Samson 1950]

Venturini, Gian Carlo Property. [Chapter 21]. In: International Encyclopedia of Comparative Law. Bd. 3 (Private International Law). Mouton etc.: J.C.B. Mohr 1976, 1–37

Verheul, J. P. Foreign Export Prohibitions: Cultural Treasures and Minerals. In: Neth.Int.L.Rev. 31 (1984) 419–427

Virga, Pietro Diritto amministrativo. Vol I: I principi. 4. Aufl., Mailand: Giuffrè 1995; Vol. II: Atti e ricorsi. 2. Aufl., Mailand: Giuffrè 1992

Vischer, Frank Art. 19 IPRG. In: IPRG Kommentar. Kommentar zum Bundesgesetz über das Internationale Privatrecht (IPRG) vom 1. Januar 1989, hg. von Anton Heini/Max Keller/Kurt Siehr/Frank Vischer/Paul Volken. Zürich: Schulthess 1993

– Zwingendes Recht und Eingriffsgesetze nach dem schweizerischen IPR-Gesetz. In: RabelsZ 53 (1989) 438–461

Vismara, Giulio Codicillo. In: Enc. dir., Bd. 7 (1960), 290–295

Voci, Pasquale Fedecommesso. In: Enc. dir., Bd. 17 (1968), 103–109

Voggenauer, Michael Erlaubnis auf Empfehlung. In: FAZ 7. 9. 1996, 41 f.

Volken, Paul Gutachten zur Unidroit-Konvention vom 24. Juni 1995 über gestohlene oder rechtswidrig ausgeführte Kulturgüter, 25. März 1997. In: *BAK* Dokumention

Vray, Henri Note [sous Cour d'appel de Metz 22. 5. 1995]. In: Gaz. Pal. 1997, II, somm., 149

Waline, Marcel Note [sous Cour d'appel de Nîmes 4. 12. 1944]. In: D. 1946, II, 28–31

– Note [sous Cour d'appel de Paris 13. 5. 1933]. In: D. 1934, II, 101–104

Walter, Bernhard Rückführung von Kulturgut im internationalen Recht. (Veröffentlichungen aus dem Übersee-Museum Bremen, Reihe D, 14). Bremen: Verlag des Übersee-Museums 1988

Wappäus, Heinrich Zur Lehre von den dem Rechtsverkehr entzogenen Sachen nach römischem und heutigem Recht. Eine juristische Abhandlung. Göttingen: Vandenhoeck & Ruprecht's Verlag 1867

Ward, Alan Treasure Trove and the Law of Theft. In: IJCP 1 (1992) 195–198

– Treasure Trove: Challenging the Decision of Coroner's Courts. In: IJCP 3 (1994) 121–124

Waser, Georges Vom Akt zur Queen. In: NZZ 16. 5. 1999, 68

Weber, Marc Archäologische Objekte vor US-amerikanischen Gerichten. In: *Weber/Weber/Seitz/Künzle*, 225–264

Weber, Peter Johannes/Weber, Marc/Seitz, Riccardo/Künzle, Hans Rainer (Hg), Liber discipulorum et amicorum. Festschrift für Prof. Dr. Kurt Siehr zum 65. Geburtstag.

(Schweizer Schriften zur Vermögensberatung und zum Vermögensrecht, 2). Zürich: Schulthess 2001

Weber, Peter Johannes Die Verbringung der Kulturgüter aus dem Kirchenstaat und ihre Rückholung am Ende der Napoleonischen Ära. In: Römische Quartalschrift für christliche Altertumskunde und Kirchengeschichte 94 (1999) 275–310

– Kulturgüterschutz im Kirchenstaat bis zum Ende des 18. Jahrhunderts. In: *Weber/Weber/Seitz/Künzle*, 265–302

Weber, Werner Die öffentliche Sache. In: VVDStRL 21 (1964) 145–182

Wehner, Wolfgang Schach dem Verbrechen. Geschichte der Kriminalistik. Köln: J.P. Bachem 1963

Werner, Götz Die Norddeutsche Provinz überläßt das Kalvarienberg-Triptychon aus der Kapelle des Paulushauses in Bonn dem Erzbistum Köln für die Kölner Basilika St. Kunibert. In: Nachrichten der Norddeutschen Provinz, Juli 1998, Nr. 4, 144f.

Whittingham, Selby Breach of Trust Over Gifts of Collections. In: IJCP 4 (1995) 255–309

Wiedemann, Hans Der räumliche Umfang der Bundesseewasserstraßen. In: DVBl. 1965, 17–22

Wiederkehr Schuler, Elsbeth Kulturgüterschutz – Freier Kunstmarkt. Zwei internationale Konventionen: Unidroit und UNESCO 70. Zürich: Schulthess 2000

Wieland, Carl Art. 724 ZGB. In: Kommentar zum Schweizerischen Zivilgesetzbuch. Das Sachenrecht des Schweizerischen Zivilgesetzbuchs. 1. Aufl., Zürich: Schulthess 1909

Wissowa, Georg (Hg.) Paulys Realencyclopädie der Classischen Altertumswissenschaft. Neue Bearbeitung. 47 Bde. Stuttgart: J. B. Metzler 1894–1963

Wolff, Hans J./Bachof, Otto/Stober, Rolf Verwaltungsrecht. Bd. 2. 6. Aufl., München: C.H. Beck 2000

Wolkowitsch, Gilles Bibliothèques, Archives, Musées: Statut des collections accessibles au public. Paris: Economica 1986

Wussow, A. von Die Erhaltung der Denkmäler in den Kulturstaaten der Gegenwart. Bd. 2. Berlin: Carl Heymanns 1885

Zeri, Federico Orto aperto. Centoventi illustrazioni. Mailand: TEA 1993

Zeumer, Karl Der begrabene Schatz im Sachsenspiegel I, 35. In: Mitteilungen des Instituts für österreichische Geschichtsforschung 22 (1901) 420–442

Zimmer, Daniel Ausländisches Wirtschaftsrecht vor deutschen Zivilgerichten: Zur Unterscheidung zwischen einer normativen Berücksichtigung fremder zwingender Normen und einer blossen Beachtung ihrer tatsächlichen Folgen. In: IPRax 1993, 65–69

Zimmermann, Horst Aus Protest: Jesuiten versteigern Altar-Triptychon. In: Welt am Sonntag 10.5.1998, 95

Ohne Autor

„French art export: a case history". In: The Art Newspaper, November 1995, 5

„Jardin à Auvers": ridateci i soldi. In: Il Giornale dell'Arte, Januar 1999, 4

„My dear readers, a valedictory appeal". In: The Art Newspaper, Juli–September 1994, 1

Basler Kunsthändler erhält recht im Streit um van Gogh. In: NZZ 7. 1. 2000, 52

Canova für Getty. In: FAZ 2. 10. 1993, 33

Codex des kanonischen Rechtes. Lateinisch-deutsche Ausgabe. Mit Sachverzeichnis (= Codex iuris canonici, auctoritate Ioannis Pauli PP. II promulgatus). Hg. im Auftrag der Deutschen und der Berliner Bischofskonferenz, ... 3. Aufl., Kevelaer: Butzon & Bercker 1989

Der Diözese vermittelt. In: Handelsblatt 12. 5. 1998, 57

Drei Grazien bitten zur Kasse. In: FAZ 27. 1. 1990, 33

Echt van Gogh. „Sonnenblumen" belegt. In: FAZ 5. 3. 1998, 39

Ein Botticelli für Schottland. In: NZZ 27./28. 11. 1999, 67

Ein Gemälde von Goya für Spanien. In: NZZ 5./6. 2. 2000, 67

Ein Streit um des Ministers Akten. In: FAZ 17. 11. 2000, 12

Grazien-Klage. In: FAZ 14. 9. 1994, 35

Il Poussin Barberini. In: Il Giornale dell'Arte, Dezember 1998, 113

Inside view: contemporary art, Sotheby's, 9 December. In: The Art Newspaper, Januar 1999, 67

Käfersammlung endgültig nach Basel. In: NZZ 3. 10. 1997, 21

Käfersammlung endlich in die Schweiz. In: NZZ 25./26. 10. 1997, 20

Kunstraub von Rom aufgeklärt. In: NZZ 7. 7. 1998, 18

Market Overt goes at last. In: The Art Newspaper, Oktober 1994, 3

Minor topics of the Month ... In: The Art J., Juni 1871, 170

Missachtung des Willens von Oskar Reinhart? In: NZZ 8. 7. 1992, 19

Monna Lisa in galleria fino al 2002. In: Il Giornale dell'Arte, Februar 2001, 33

Sie bleiben. In: FAZ 29. 10. 1994, 35

Staechelinsche Gemäldesammlung verlässt die Schweiz. In: NZZ 4. 7. 1997, 14

The collection of Sir Robert Peel, M.P. In: The Art J., April 1871, 120–122

Trustees must observe benefactor's wishes. In: The Art Newspaper, Februar 2001, 12

Van Goghs ‚Sonnenblumen' eine Fälschung? In: NZZ 27. 10. 1997, 14

Visits to private galleries, No. XI, The Right Hon. Sir Robert Peel, Bart, Whitehall-gardens. In: The Art J., Mai 1846, 120 f.

Who can't count then? In: The Art Newspaper, April 1997, 7

Why I supported the appeal. In: The Art Newspaper, Oktober 1994, 5

Stichwortverzeichnis

Personenverzeichnis

FSC
www.fsc.org
MIX
Papier | Fördert gute Waldnutzung
FSC® C083411

Kolibri 360 GmbH
Ferdinand-Jühlke-Straße 7
99095 Erfurt, Deutschland
produktsicherheit@kolibri360.de